Michel Foucault

Michel Foucault

Esta obra foi dirigida por
Philippe Artières, Jean-François Bert,
Frédéric Gros e Judith Revel

Tradução
Abner Chiquieri

Revisão Técnica
Manoel Barros da Motta

▪ Traduzido de
Cahier Foucault
Copyright © Editions de L'Herne, 2011

▪ **Michel Foucault**
ISBN 978-85-309-5101-6
Direitos exclusivos da presente edição para o Brasil
Copyright © 2014 by
FORENSE UNIVERSITÁRIA um selo da EDITORA FORENSE LTDA.
Uma editora integrante do GEN | Grupo Editorial Nacional
Travessa do Ouvidor, 11 – 6º andar – 20040-040 – Rio de Janeiro – RJ
Tels.: (0XX21) 3543-0770 – Fax: (0XX21) 3543-0896
bilacpinto@grupogen.com.br | www.grupogen.com.br

1ª edição – 2014

Tradutor: Abner Chiquieri
Revisor técnico: Manoel Barros da Motta
Encarte preto e branco: Fotos de Michel Foucault: Copyright © Michèle Bancilhon
Capa: Fotos de Michel Foucault: Copyright © Michèle Bancilhon

▪ CIP – Brasil. Catalogação-na-fonte.
Sindicato Nacional dos Editores de Livros, RJ.

M569
Young, Julian
    Michel Foucault: Esta obra foi dirigida por Philippe Artières, Jean-François Bert, Frédéric Gros e Judith Revel / organização revisor técnico Manoel Barros da Motta; tradução Abner Chiquieri. – 1. ed. – Rio de Janeiro: Forense, 2014.
    il.

    Tradução de: *Michel Foucault*
    Inclui bibliografia
    ISBN 978-85-309-5101-6

    1. Foucault, Michel, 1926-1984. 2. Filosofia. I. Motta, Manoel Barros da. II. Título.

14-09031
                                          CDD: 194
                                          CDU: 1(44)

Índice sistemático

V – GEOGRAFIAS

VI – USOS E VARIAÇÕES

ARTES

PSIQUIATRIA E MEDICINA

VII – SOBRE MANET

AGRADECIMENTOS

Queremos agradecer a Denys Foucault, Francine Fruchaud e Daniel Defert pelo seu apoio e sua generosidade.
A François Ewald, Mathieu Lindon, Danielle Rancière, Thierry Voeltzel por terem aceitado nossa proposta de entrevista.
À Senhora Claude Mauriac.
A Jean-Baptiste Beyssade.
A Michelle Bancilhon.

A Claude Picasso e Senhora Christine Pinault, da Picasso Administration.
Às edições Denoël.
À Reunião dos Museus Nacionais.
À Biblioteca Nacional da França e ao Instituto Memórias da Edição Contemporânea.
À Agência Nacional de Pesquisa Científica, Programa Corpus.

À Associação para o Centro Michel Foucault.

E, enfim, a todos os que, de uma maneira ou de outra, tornaram possível a produção desta obra.

Prefácio

Philippe Artières, Jean-François Bert,
Frédéric Gros e Judith Revel

Mais de 25 anos depois do desaparecimento de Michel Foucault, como se transformou, em nossas práticas e nossas teorias, em nossas maneiras de fazer e nossos modos de vida, em nossas pesquisas e nossas formas de envolvimento, o que constituiu a trama complexa de seu pensamento?

É preciso render-se à evidência: Michel Foucault tornou-se hoje, por um bom número de trabalhos de filosofia e ciências humanas e sociais, na França como no exterior, uma referência incontornável. É citado em rodapés não somente em filosofia, mas em história, sociologia, antropologia, crítica literária, geografia, estudos de gênero, *postcolonial studies* e *subaltern studies*... Mas também – de maneira mais inesperada – em comunicação, administração, economia, direito, ou na reflexão em torno do trabalho social.

Poder-se-ia acrescentar muitas coisas a essa longa lista de referências e de usos – às vezes perfeitamente justificados, outras vezes mais eventuais, e, em certos casos, completamente improváveis. Amiúde, à maneira dessa "enciclopédia chinesa" segundo Borges, que abria num grande riso *As palavras e as coisas*, em 1966: inúmeros colóquios e números de revista, trabalhos eruditos, artigos e livros; biografias, adaptações teatrais, documentários, textos para as provas do *baccalauréat* [fim do ensino médio]; personagens de romance, performances artísticas, cartazes nos muros de nossas cidades, citações nos discursos políticos de personalidades tão diferentes como Bill Clinton, Hugo Chavez ou o *subcomandante* Marcos, referências explícitas no contexto de lutas, às vezes, muito duras, aplicações a campos e a objetos surgidos após a morte do filósofo (a engenharia genética, as políticas de segurança do após-11 de setembro, a mundialização), e mais de um milhão e meio de páginas da *web*.

Nessa longa enumeração, de que só damos alguns exemplos, a identidade de Foucault é, ao mesmo tempo, declarada, onipresente e fugaz.

Então: que aparência lhe dar?

Essa pergunta foi feita muito cedo, Foucault ainda vivo, e no próprio interior de seu trabalho. Com efeito, sua "obra" – termo que Foucault, nós nos lembramos, detestava – parecia renitente a qualquer tentativa de periodização muito rígida. Os "recortes", em geral quadrífidos – um primeiro Foucault, nos anos 1950, ainda ligado à fenomenologia e ao marxismo; um segundo, na década seguinte, interessado essencialmente pelos problemas da linguagem e das classificações; um terceiro, nos anos 1970, construindo uma ambiciosa "analítica dos poderes", e um último Foucault, pensador dos processos históricos e de subjetivação – são, em geral, denunciados como insatisfatórios. Seu pensamento era vivo e jamais cessou de se desinteressar e de se interessar de novo, de se reorientar e de bifurcar – em suma: rejeitar a atribuição a uma identidade estável e a redução à unidade tranquilizante.

No mesmo momento e num jogo quase perverso de contrapartida, as tentativas de identificação pulularam tanto, sem dúvida, que acontecia a Foucault trabalhar estrategicamente com algumas máscaras, transformando as vizinhanças de método em parentescos efetivos, os empréstimos em filiações, as trocas intelectuais em sujeições, ou as admirações em fidelidades. Tivemos, portanto, um por vez, e, às vezes, até de maneira simultânea, um Foucault historiador das ciências, teórico da literatura, figura "incontrolável" do pensamento crítico dos anos 1970, "papa do estruturalismo", intelectual esquerdista, revelador de novos filósofos, historiador dos prazeres, teórico da causa *gay*, pensador moral, genealogista, arqueólogo, libertário, liberal, anarquista, individualista, nietzscheano, heideggeriano, braudeliano, canguilhemiano, deleuzeano... Ainda assim, a lista seria infinita.

O projeto coletivo deste *Cahier de l'Herne* quis deliberadamente partir dessa diversidade. Essa multiplicidade era, com efeito, o sinal da riqueza de seu pensamento e testemunhava a incrível extensão de seus usos possíveis. A ética da pesquisa foucauldiana – uma atitude que sempre rejeitou a ortodoxia de "escola" ou a fixação de um cânon – impedia de fazer um trabalho incessantemente relançado – o seu então, o nosso hoje – um objeto embalsamado no pequeno altar de nossas certezas.

Nenhum Panteão, portanto – a ideia teria, sem dúvida, sacudido Foucault com o riso que conhecemos: irônico, malvado e engraçado; nenhuma estátua de sal; nada de comemoração, mesmo que fosse emocionada e sincera.

Esta obra não é um *Túmulo para Michel Foucault*.

Ele gostaria mais de ser – e somos conscientes da aposta – um *Foucault vivo*, que não excluiria nem as distorções nem os usos; mas que lembraria, antes de mais nada, que o pensamento não é uma coisa abstrata; que ele se realiza no quotidiano da pesquisa, das trocas e das discussões; que ele é feito de retalhos, de fragmentos, de pequenos trechos, de hipóteses, de pistas seguidas ou abandonadas, de empréstimos, de contatos, de discussões – em resumo, que ele é um canteiro, um *trabalho*.

Encontraremos, pois, nesse *Cahier*, ao mesmo tempo, testemunhos – conforme o caso, de colaborações, de leituras, de recepções, de usos – de Poitiers à rua de Vaugirard, da Tunísia ao Collège de France, de Vincennes a Berkeley..., mas também análises específicas sobre este ou aquele aspecto do pensamento de Foucault; e a tentativa incompleta e parcial, ainda balbuciante e, no entanto, já abundante, de restituir precisamente esse "Foucault no trabalho", sobre o qual, paradoxalmente, muito poucas coisas foram ditas no enorme ruído dos comentários que lhe são, entretanto, consagrados. É o arquivo desse trabalho que forma o cerne deste volume e que deve permitir ler de maneira diferente as intervenções que o enquadram.

Este arquivo da pesquisa, pela primeira vez mostrado aqui, dá testemunho de um pensador que trabalha quotidianamente, levando à frente vários canteiros, erudito envolvido nas tarefas de sua época. A exploração e o recente exame dessa massa documental permitem entrar em cheio na "oficina" foucauldiana e compreender a maneira como Foucault articulava a leitura e a escrita, trabalhava na biblioteca, redigia alguns desses livros, efetuava suas pesquisas sozinho ou em grupo, dialogava com outros, retomava trabalhos anteriores, lançava projetos de pesquisa etc.

Porque havia urgência em tirar do esquecimento em que haviam caído – por falta de interesse, por falta de curiosidade – verdadeiras artes de fazer, isto é, práticas eruditas que informavam sobre os gestos materiais do trabalho intelectual (constituir uma bibliografia, organizar uma obra, anotá-la, extrair dela uma citação...). E era preciso encontrar os elementos de uma restituição tão importante, a dos resultados dessa atividade prática de pesquisa. Escolhemos, pois, apresentar neste *Cahier* alguns vestígios das inúmeras intervenções públicas de Foucault pelo mundo, ou projetos diversos aos quais ele tinha sido convidado a associar-se.

Durante todos os 30 anos de trabalho, o filósofo não cessou, com efeito, de tomar a palavra, testando aqui uma hipótese, arriscando-se lá numa leitura, oferecendo, em outro lugar, uma análise. Se Foucault interveio na atualidade de seu tempo, tomar a palavra não consistiu simplesmente para ele em colocar à prova de um público tal ou tal movimento de seu pensamento, mas em construir uma *postura filosófica* nova, surpreendente, deliberadamente alterada. Foi essa postura que procuramos tornar legível.

Ela assume forma no arquivo do trabalho foucauldiano, um arquivo é no mais das vezes composto de textos perfeitamente redigidos, como o que abre este *Cahier*, um texto inédito consagrado a *As Meninas* de Picasso. Mas pode-se tratar de simples observações, que tomarão mais tarde a aparência de um texto articulado, constituído por Foucault sobre Manet, e que encerra este volume. Enfim, os cursos e seus manuscritos preparatórios, de que temos também o vestígio escrito, formam um extrato essencial nessa exumação de um trabalho fazendo-se: vê-se aí como Foucault testa pistas, abandona-as, ou se investe nelas mais adiante. Este arquivo, de que ainda escolhemos mostrar elementos, não é sempre totalmente desconhecido, mas o movimento que ele restitui ficou, em grande parte, sem ser observado. Gostaríamos que ele impulsionasse a levar em consideração, pela primeira vez, a maneira como procede o pensamento foucauldiano – por avanços, hipóteses e revelações sucessivas, em lugares e diante de auditórios sempre diferentes.

Michel Foucault

Para restituir esses arquivos da pesquisa, vários dispositivos foram escolhidos. A opção em geral mantida é a da apresentação do maior número de documentos originais em seu estado primitivo; a materialidade dos arquivos informa muito, como se verá, sobre as maneiras de trabalhar de Foucault. Apresentados com a ajuda de uma contextualização que é sempre necessária – o pensamento nunca é independente das condições materiais, cronológicas, espaciais e institucionais de sua produção – introduzidos por notas, todos esses vestígios se mostram aqui não como ilustração ou prova de uma hipótese abstrata de que não seriam, no melhor dos casos, senão a confirmação – e no pior, a decoração –, mas como o verdadeiro cadinho do pensamento.

É esse cadinho que este *Cahier* gostaria de convidar a visitar.

Existe, por outro lado, um segundo grande amontoado de arquivos, tão importante quanto o primeiro. É feito por usuários do pensamento foucauldiano: os colegas, os discípulos, os amigos, os alunos, os especialistas, mas também – e, talvez, principalmente – todos os outros, anônimos usuários de um pensamento que eles fazem viver e prosperar – num serviço de psiquiatria, numa exposição de arte contemporânea, nos estudos pós-coloniais, no discurso militante, pouco importa.

Esses arquivos são colossais – só mostramos aqui uma ínfima parte. Eles permitem a avaliação múltipla, proteiforme, às vezes até extravagante, da extraordinária inventividade dos conceitos foucauldianos. Eles dão testemunho de uma pesquisa trabalhada, deformada, em resumo: *apropriada* – isto é, ao mesmo tempo ingerida e reinvestida, o mais perto possível do que o pensamento foucauldiano queria para ela própria. Longe das leituras impróprias – identificadoras, identificáveis, imóveis. Longe do simples comentário, da homenagem ou da hagiografia.

Este outro arquivo é o de um formidável canteiro coletivo – o dos usos atuais de Michel Foucault. Podem ser vistas aí diferenças importantes nas maneiras de escrever, de viver e de ler o trabalho do filósofo, mas também todos os diferentes acontecimentos que ele possibilitou e suscitou, por toda parte onde Foucault servia de instrumento para o trabalho quotidiano da problemática: a gama infinita das maneiras de que esses usos – cada um à sua maneira, em disciplinas muito diferentes, acadêmicas ou não acadêmicas, científicas, políticas, literárias ou artísticas – fizeram, e continuam ainda hoje *a fazer experiência*, por intermédio de Foucault. Todavia, os usos norte-americanos de Foucault, pensador hoje incorporado além-Atlântico pela maioria das disciplinas, aí não figuram. O que o conjunto desses usos conta é a maneira como se produzem efeitos, deslocam-se linhas e posições – resumindo, obriga a pensar e a agir diferentemente – no trabalho da pesquisa e nas práticas, nos discursos e nas formas de vida. Há, inegavelmente, um *efeito Foucault* de que gostaríamos de esboçar a cartografia provisória e falar, ao mesmo tempo, dos contornos móveis e da intensidade.

Foucault vivo. Aquele de quem desejaríamos mostrar a presença abundante – às vezes até à desordem; os usos possíveis – às vezes até à traição; o trabalho sem fim – às vezes até ao esgotamento. O que não possui um só rosto – todo rosto, na beira do mar, não se acaba apagando um dia? – mas uma postura incessantemente questionada, redefinida em função das urgências e dos sobressaltos do mundo, em função das exigências do pensamento.

As Meninas, de Picasso

Foi depois da publicação, em 1966, da obra As palavras e as coisas, *que se abria pela análise do quadro* As Meninas, *de Velásquez, capítulo inicialmente publicado na revista do* Mercure de France *("Les suivantes", 1964), que Guy de Cambure contactou Michel Foucault para lhe propor participar da escrita de um roteiro para a galeria Maeght sobre a série* As Meninas *(58 pinturas a óleo) pintada entre agosto e dezembro de 1957 por Pablo Picasso.*

Foucault aceitou essa proposta (duas correspondências atestam isso, a primeira datada de 3 de julho de 1970, de Aimé Maeght; a segunda, de 29 de dezembro de 1970, de Alain de Chambure). Ele trabalhou nisso a partir de julho de 1970.

Começa, então, uma colaboração com a célebre galeria, reforçada pelo envolvimento, no ano seguinte, do pintor Paul Rebeyrolle, no seio do Grupo de informação sobre as prisões. Foucault encontra o pintor por intermédio de Dominique Éluard, viúva do poeta, e redige, em 1973, o catálogo da exposição de Rebeyrolle, na revista da galeria Maeght, Derrière le miroir.

Quanto ao roteiro Picasso, ele não foi jamais acompanhado de uma filmagem, em razão de dificuldades jurídicas e técnicas (Alain de Chambure observa em sua carta que Guy de Chambure teve proibido o acesso ao Prado, fazendo-se também confiscar os filmes que ele tinha rodado em Barcelona).

Está aqui reproduzido o datilograma de Michel Foucault. A numeração da série de pinturas que Picasso consagrou ao tema As Meninas, *conservadas no museu de Barcelona segue a da edição " Picasso: variations on Velazquez' painting "The maids of honor" and other recent works", publicada por Abrams, em New York, em 1959.*

I. La disparition du peintre

Le peintre a été agrandi aux dimensions de la toile.

De la toile qu'il est en train de peindre. Il la dépasse même
légèrement; son regard est à la hauteur du bord supérieur. Il est
tout près derrière elle; les lignes de son vêtement, de sa palette,
de ses pinceaux, de la croix qui orne sa poitrine s'enchevêtrent
si bien avec les montants du chevalet et le cadre de la toile
qu'ils forment, sur toute la droite du tableau, un seul et même
hérissement, un grand quadrillage qu'on ne saurait décomposer, –
comme si là, une fois pour toutes, avaient été données toutes les
lignes dont le tableau et ses variations pourront disposer par la
suite. A mesure qu'on va vers la droite du tableau, ~~ce réseau~~ *et enchevêtrement*
~~craquelées~~ se défait et il ne restera plus à l'extrême bord que
de grandes nappes noires et blanches, avec, seulement, le croisillon régulier des fenêtres, et la silhouette sinueuse, arrondie
de l'enfant au chien. ~~Mais là-bas, vers la gauche, équilibrant ces~~
~~taches, il y a le grand emmêlement du peintre et du tableau dans~~
~~un réseau de lignes qu'on a du mal à débrouiller.~~

Grand par rapport à sa toile (Velasquez, lui, l'avait représenté un peu en recul et deux fois plus petit) le peintre occupe,
ou presque, toute la hauteur de ~~la toile~~ *la toile lui-même*. A vrai dire, il n'est
plus logé, parmi les autres personnages, au milieu d'un espace
qui leur serait commun: il est plutôt, hors de toute dimension,
l'échelle, l'universelle mesure. A partir de lui, de son architec-
ture majeure et exemplaire, les lignes se dessinent, les personnages se distribuent: sur son épaule s'articule l'angle du plafond,
– Atlas. Sous son pinceau et sa palette, le troupeau des enfants
et des servantes agenouillées. Sur sa poitrine, les axes verticaux
et horizontaux. A sa main, un faisceau de diagonales: les pinceaux.
Il est la nervure même de la toile: moins un spectateur aux aguets
que l'araignée, qui, de son propre ~~corps~~ *corps*, tisse la trame.
Il est le mètre, l'équerre, le fil.

I. O desaparecimento do pintor

O poeta foi aumentado nas dimensões da tela.

Da tela que ele está pintando. Ele até a ultrapassa levemente; seu olhar está na altura da margem superior. Ele está pertinho, atrás dela; as linhas de sua roupa, de sua paleta, de seus pincéis, da cruz que orna seu peito se encaixam tão bem com os pés do cavalete e o quadro da tela que eles formam, em toda a direita do quadro, um só e mesmo eriçamento, um grande quadriculado que não se conseguiria decompor, como se aí, uma vez por todas, tivessem sido mostradas todas as linhas de que o quadro e suas variações poderão dispor em seguida. À medida que se vai para a direita do quadro, um emaranhado se desfaz e só ficarão na extrema margem grandes manchas pretas e brancas, com, somente, a travessa regular das janelas, e a silhueta sinuosa, arredondada da criança com o cachorro.

Grande em relação à sua tela (Velásquez, ele, o tinha representado um pouco em recuo e duas vezes menor), o pintor ocupa toda a altura, ou quase, do próprio quadro. Dizendo a verdade, ele não está mais alojado, entre os outros personagens, no meio de um espaço que lhes seria comum: ele é, antes, fora de toda dimensão, a escala, a universal medida. A partir dele, de sua arquitetura maior e exemplar, as linhas se desenham, os personagens se distribuem: em seu ombro se articula o ângulo do teto – Atlas. Sob seu pincel e sua paleta, o grupo de crianças e de criadas ajoelhadas. Em sua mão, um feixe de diagonais: os pincéis. Ele é a própria nervura da tela: menos um espectador à espreita do que a aranha, que, com seu próprio corpo, tece a teia. Ele é o metro, o esquadro, o fio.

De là une première série de variations.

Le quadrillage qui se défaisait assez tôt dans la variation 1, — n'imposant guère sa formule qu'à la première des suivantes — gagne en puissance et en extension. Il a maîtrisé maintenant toute la toile. Le peintre peut alors se résorber ~~dans sa toile~~, apparaître bien sagement à sa place (31), se fondre parmi les lignes ou les couleurs comme un personnage dans une devinette (33) ou demeurer aux aguets dans sa pyramide. (34) En apparence, il est réduit à n'être plus qu'un personnage parmi les autres. Et pourtant son sort est particulier, puisque, des 6 personnages qui sont au premier plan du tableau de Velasquez, il est le seul qui n'ait pas été traité à part, le seul auquel aucune toile ne soit singulièrement consacrée. Comme si, seul de tous, il ne pouvait pas être mis à part ni détaché. Après tout, c'est lui qui fait la toile. Même invisible, même repoussé hors d'elle, même passé de l'autre côté du bord, il ne peut s'en détacher.

Un nouvel ensemble de variations se comprend alors. Le peintre a disparu de la toile. Mais il a laissé une trace. Zigzag bleuté de 13 qui résume dans ce seul signe la manche claire et la palette colorée qui font tache sur la gauche du tableau de Velasquez. Ce petit tourbillon (bras, pinceau, palette), c'est le sillage du geste rapide qui fait osciller le pinceau sur la pâte des couleurs: comme si le peintre en disparaissant avait laissé derrière lui, à la manière d'une spirale de fumée, le mouvement par lequel il mélangeait les couleurs, choisissait la nuance, en imprégnait son pinceau, hésitait et laissait un instant balancer sa main déjà certaine. Sortant du tableau, pivotant sur lui-même, et se mettant au travail sur cette toile que nous voyons maintenant, le peintre aurait laissé en surimpression la trace du dernier geste qu'il avait fait avant de commencer à réellement peindre.

En 14, son absence est presque un vide: l'équivalent en tous cas de la fenêtre bleue, de l'autre côté de la pièce. Chez Velasquez

Daí uma primeira série de variações.

O quadriculado que se desfazia logo na variação 1 – só impondo sua fórmula à primeira das seguintes – ganha em potência e em extensão. Ele dominou agora toda a tela. O pintor pode então se reabsorver, aparecer bem sabiamente em seu lugar (31), fundir-se entre as linhas ou as cores como um personagem em uma adivinhação (33) ou ficar à espreita em sua pirâmide (34). Na aparência, ele é reduzido a ser apenas um personagem entre os outros. E, no entanto, seu destino é particular, visto que, dos seis personagens que estão no primeiro plano do quadro de Velásquez, ele é o único que não foi tratado à parte, o único ao qual nenhuma tela foi singularmente consagrada. Como se, único de todos, ele não pudesse ser posto à parte nem destacado. Afinal das contas, é ele quem faz a tela. Mesmo invisível, mesmo lançado para fora dela, mesmo tendo passado para o outro lado da margem, ele não pode destacar-se dela.

Um novo conjunto de variações se compreende então. O pintor desapareceu da tela. Mas ele deixou um vestígio. Ziguezague azulado de 13 que resume nesse único sinal a manga clara e a paleta colorida que fazem mancha na esquerda do quadro de Velásquez. Esse pequeno turbilhão (braço, pincel, paleta) é o traço do gesto rápido que faz oscilar o pincel na massa das cores: como se o pintor, desaparecendo daí, tivesse deixado atrás dele, à maneira de uma espiral de fumaça, o movimento pelo qual ele misturava as cores, escolhia o matiz, impregnasse com ele seu pincel, hesitasse e deixasse um instante balançar sua mão já certa. Saindo do quadro, pivotando sobre ele mesmo, e colocando-se ao trabalho nessa tela que vemos agora, o pintor teria deixado em sobreimpressão o vestígio do último gesto que ele tinha feito antes de começar a realmente pintar.

Em 14, sua ausência é quase um vazio: o equivalente, em todo caso, da janela azul, do outro lado do cômodo. Em Velásquez,

le côté de la toile s'opposait à celui de la fenêtre comme l'obscurité à la lumière: dans la variation 33, Picasso lui-même l'opposait comme le rouge au jaune. Ici la symétrie pour la première
fois est posée: la toile vaut une ouverture; elle fait sortir de
l'espace clos, plus largement encore que, de l'autre côté, la
petite croisée bleue. De part et d'autre de la pièce, c'est le
vide.

Devenus la réplique du jour, le peintre et sa toile peuvent
encore subir une transformation: se faire eux-mêmes lumière.
Dans la transformation 28, là où devrait être la main du peintre,
là où dans la variation première le bras, les doigts, les pinceaux,
la palette formaient un faisceau d'angles, il n'y a plus qu'un
triangle clair et vide, entre deux grandes plages vertes: comme
une lampe ou un grand oeil lumineux qui prendraient la scène dans
leur faisceau, l'illumineraient ou le donneraient en spectacle;
ou comme une lanterne magique qui ferait pour un instant apparaître
les personnages avant de les effacer à nouveau; au milieu de la
pénombre verte et bleue, à mi-chemin entre cette source invisible
et les rectangles pâles des fenêtres, la robe de l'infante forme
une surface jaune. Jaune est la lumière dans la version 29: elle
répartit, au dessus d'elle-même, une région noire; au dessous et
courant jusqu'à l'autre bout de la pièce, une grande plage rouge;
au centre se découpe la silhouette épaisse, verte et bleue, de la
suivante agenouillée. Dans ces deux versions, le peintre a glissé
hors du tableau: ce lieu surdéterminé qui chez Velasquez, mais
encore dans la première des interprétations de Picasso, était oeil,
main, palette, pinceau, n'est plus maintenant, de l'autre côté du
bord, que le point d'origine d'un "pinceau de lumière".

32: C'est l'inverse des variations précédentes. Le peintre a
disparu tout à fait; et là où il y avait la marque lumineuse de
sa présence décalée, il n'y a plus que le monument de son oeuvre
(presque un cercueil dressé): un hexagone noir fendu en son milieu.

o lado da tela se opunha ao da janela, como a obscuridade à luz: na variação 33, o próprio Picasso o opunha como o vermelho ao amarelo. Aqui, a simetria pela primeira vez é colocada: a tela vale uma abertura; ela tira do espaço fechado, mais amplamente ainda que, do outro lado, a pequena janela azul. De ambos os lados do cômodo, é o vazio.

Tornados a réplica do dia, o pintor e sua tela podem ainda sofrer uma transformação: fazerem-se por eles mesmos luz. Na transformação 28, onde deveria estar a mão do pintor, onde na variação primeira o braço, os dedos, os pincéis, a paleta formavam um feixe de ângulos, há apenas um triângulo claro e vazio, entre duas grandes praias verdes: como uma lâmpada ou um grande olho luminoso que tomariam a cena em seu feixe, o iluminariam ou o dariam em espetáculo; ou como uma lanterna mágica que faria, por um instante, aparecerem os personagens, antes de apagá-los de novo; no meio da penumbra verde e azul, a meio-caminho entre essa fonte invisível e os retângulos pálidos das janelas, o vestido da infanta forma uma superfície amarela. Amarela é a luz na versão 29: ela reparte, acima dela mesma, uma região negra; abaixo e correndo até a outra ponta da peça, uma grande superfície vermelha; no centro se recorta a silhueta espessa, verde e azul, da acompanhante ajoelhada. Nessas duas versões, o pintor deslizou para fora do quadro: esse lugar sobredeterminado que em Velásquez, mas ainda na primeira das interpretações de Picasso, era olho, mão, paleta, pincel, é apenas, agora, do outro lado da margem, o ponto de origem de um "pincel de luz".

32: é o inverso das variações precedentes. O pintor desapareceu completamente; e onde havia a marca luminosa de sua presença distanciada, há somente o monumento de sua obra (quase um caixão erguido): um hexágono negro fendido em seu meio.

Et du coup le tableau tout entier passe à la nuit; les fenêtres qui partout ailleurs jettent une grande clarté sont maintenant murées. A gauche, aucune lumière ne vient plus du côté du peintre; à droite, de façon symétrique, aucune clarté ne passera par les fenêtres. Toile sombre d'un côté, murs noirs de l'autre: seul un serpent de lumière les sillonnent, une étoile filante, un éclair courbe qui, pour une seconde, fait surgir, sur un fond rouge et noir, des robes vertes, jaunes, bleues, des visages gris.

Dans les deux dernières versions d'ensemble, toutes les marques du peintre ont été effacées; la scène se déroule comme un pur spectacle: elle nous est donnée sur fond d'un rideau rouge sans qu'il y ait sur le côté ce spectateur-ouvrier, cet oeil-lumière, qui à la fois la contemple, la fait exister et la donne à voir. Faut-il, entre 47 et 48, qui sont assez proches l'une de l'autre, reconnaître pourtant une différence importante? L'espace qui est vide dans la version 47, est peuplé, en 48, de petites surfaces rondes, jumelles , lumineuses et noires qui forment comme autant de paires d'yeux attentifs. On dirait que l'infante et sa suite sont maintenant épiées de partout: ou que la présence latérale du peintre s'est dispersée dans tout l'espace du tableau; que son regard passe à travers toutes les ouvertures ou lacunes de la toile rouge. Chez Velasquez, le peintre (représenté sur le tableau) se penchait légèrement sur le côté de la toile (représentée) qu'il était en train de peindre pour regarder le modèle - ou nous-mêmes peut être regardant la scène, et le regardant regarder. Ici le peintre (non représenté) est passé tout à fait derrière la toile (non celle qui était représentée, mais celle que nous voyons); et il profite de toutes ces lacunes pour glisser son regard, et surveiller, d'en haut ou du fond de la pièce, les personnages qui à leur tour semblent regarder, à leurs pieds, le chien. Le chien qui nous regarde d'un regard fixe, intense, où se cache sans doute, de nouveau, le regard du peintre.

Michel Foucault

E, assim, o quadro inteiro torna-se noite; as janelas que, por toda parte em outro lugar, lançam uma grande claridade estão agora fechadas. À esquerda, nenhuma luz vem mais do lado do pintor; à direita, de maneira simétrica, nenhuma claridade passará pelas janelas. Tela sombria por um lado, paredes negras por outro: só uma serpente de luz a sulcam, uma estrela cadente, um clarão curvo que, por um segundo, faz surgir, sobre um fundo vermelho e negro, vestidos verdes, amarelos, azuis, rostos cinza.

Nas duas últimas versões de conjunto, todas as marcas do pintor foram apagadas; a cena se desenrola como um puro espetáculo: ela nos é apresentada sobre um fundo de cortina vermelha sem que haja no lado esse espectador-operário, esse olho-luz, que, ao mesmo tempo, contempla, a faz existir e a dá a ver. Será preciso, entre 47 e 48, que são bastante próximas uma da outra, reconhecer, no entanto, uma diferença importante? O espaço que é vazio, na versão 47, é povoado, em 48, com pequenas superfícies redondas, gêmeas, luminosas e negras, que formam como pares de olhos atentos. Dir-se-ia que a infanta e seu acompanhamento são agora espiados de todas as partes: ou que a presença lateral do pintor se dispersou em todo o espaço do quadro; que seu olhar passa através de todas as aberturas ou lacunas da tela vermelha. Em Velásquez, o pintor (representado no quadro) se inclinava levemente do lado da tela (representada) que ele estava pintando para olhar o modelo – ou nós mesmos, talvez, olhando a cena, e vendo olhar. Aqui o pintor (não representado) passou completamente atrás da tela (não a que estava representada, mas a que nós vemos); e ele aproveita de todas essas lacunas para lançar seu olhar, e vigiar, do alto ou do fundo do cômodo, os personagens que, por sua vez, parecem olhar, aos seus pés, o cachorro. O cachorro que nos olha com um olhar fixo, intenso, onde se esconde, sem dúvida, de novo, o olhar do pintor.

II. La croissance du musicien

Dans la première interprétation, Picasso a donné une importance et des dimensions singulières au personnage que Velasquez
a placé à l'extrême droite: ~~xxxxxxx~~ *le bouffon* qui joue avec le chien.
Il l'a fait grandir de moitié ou presque, alors que chez Velasquez
il a la taille (et l'âge) de l'infante elle-même; il l'a opposé
comme une simple silhouette claire plongée dans la lumière au
hérissement du peintre qui veille dans l'obscurité; enfin il a
effacé tous les traits de son visage et de son costume, il l'a
réduit à un seul contour, alors que de l'autre côté, il surchargeait
la forme du peintre et de la suivante à genoux. Il se donne là
comme une figure à remplir, un point d'inachèvement; un problème
peut-être à résoudre. Sur la gauche le peintre aura à disparaître;
sur la droite, l'enfant à peine ébauché devra se mettre à exister.

De tous les éléments du tableau, il est, avec l'infante, l'un
des plus constants. Il est toujours là - à une exception près -
debout, la main levée, le pied en avant, esquissant un étrange pas
de danse parmi tous ces personnages figés dans des gestes qui vénèrent. Insolent danseur, insolemment rouge.

~~Il exerce trois fonctions: il s'oppose au peintre; il est la
dernière note, la plus haute, de cette gamme de personnages qui se
succèdent de gauche à droite sur le front de la scène; enfin il
règne insidieusement sur tout le tableau.~~

Il s'oppose au peintre
Le peintre sortait de la toile: l'espiègle y entre. Dans la
première interprétation, c'est une silhouette vide; il a la transparence de cette lumière qui se déverse largement par la fenêtre
de droite; on dirait qu'il a été introduit par elle, ou formé à
travers elle par une danse de poussières. Il est de couleur invisible et d'impalpable substance. Il n'a d'autre corps que la lumière
elle-même; et s'il est porté par elle, il la transmet à son tour,

Michel Foucault

II. O crescimento do músico

Na primeira interpretação, Picasso deu uma importância e dimensões singulares ao personagem que Velásquez colocou à extrema direita: o palhaço que brinca com o cachorro. Ele o aumentou a metade ou quase, enquanto em Velásquez ele tem o tamanho (e a idade) da própria infanta; ele o opôs como uma simples silhueta clara mergulhada na luz para o eriçamento do pintor que vela na obscuridade; enfim, ele apagou todos os traços de seu rosto e de sua roupa, ele o reduziu a um único contorno, enquanto, do outro lado, ele sobrecarregava a forma do pintor e da acompanhante de joelhos. Ele se apresenta aí como uma figura a preencher, um ponto inacabado; um problema talvez a resolver. Na esquerda, o pintor terá que desaparecer; na direita, a criança apenas esboçada deverá começar a existir.

De todos os elementos do quadro, ela é, com a infanta, um dos mais constantes. Está sempre aí - com mais ou menos uma exceção - de pé, com a mão erguida, o pé para a frente, esboçando um estranho passo de dança entre todos esses personagens paralisados em gestos que veneram. Insolente dançarino, insolentemente vermelho.

Ela se opõe ao pintor. O pintor saía da tela: o travesso entra nela. Na primeira interpretação, é uma silhueta vazia; ele tem a transparência dessa luz que se derrama amplamente pela janela da direita; dir-se-ia que foi introduzido por ela, ou formado através dela por uma dança de poeira. É de cor invisível e de substância impalpável. Não tem outro corpo além da própria luz; e se é levado por ela, ele a transmite, por sua vez,

l'introduisant dans l'ombre de la pièce et du tableau par le
triangle effilé de sa main tendue, par l'avancée de son genou
et de sa jambe. En face, de tous les personnages graves (c'est-à-
dire lourds) et posés (c'est-à-dire solidement installés sur la
terre), il est composé d'une autre matière; il leur apporte ce qui
les rend visibles: cette clarté qui baigne le visage de la suivante
agenouillée, ou qui vibre sur le satin de la robe de l'infante.
N'est-ce pas, peut-être, cette lumière dont il est fait, n'est-ce
pas lui-même, qui viennent se défaire et se recomposer, de l'autre
côté du tableau, dans le geste du peintre mélangeant ses couleurs,
– très exactement dans ce zigzag qui éclate sur sa manche au dessus
de la palette et qui marque la vibration du pinceau? Le ludion de
lumière a traversé la scène et disparaît dans un éclair. Le peintre
l'a capté d'un geste avide et va le transcrire sur la toile.
A moins que ce soit lui qu'on voit réapparaître – par une nouvelle
métamorphose de la lumière – au creux du miroir; ou lui encore qui
s'introduit, au fond de la pièce, par une enjambée analogue, mais
devenu cette fois le négatif de lui-même, ombre dense. Aux quatre
coins de l'espace, il court et joue avec lui-même: danse, éclair,
visage, sournoise silhouette; éclat, image, reflet, ombre; lumière,
peinture, miroir, substance épaisse.

Il a joué tous ses tours. Il disparaît. Ou plutôt le voilà
déjà qui réapparaît; (13) il glisse sa jambe gauche à travers le bord
droit du tableau. Non plus lumière cette fois, mais large graphisme.
Puis le voilà tout entier, (14) mais très discret encore. Entre le chien
et la naine, il n'est qu'un jeu de traits noirs autour desquels
tournent des flocons de lumière; il se dessine sur fond de cette
couleur rouge qui va maintenant devenir sa substance propre.
Désormais il peut croître sans interruption et prendre une importance de plus en plus considérable dans le tableau. C'est encore
un petit bonhomme marginal au n° 28; de 30 à 33, il grandit; en 34,
c'est une violente virgule rouge qui barre tout le devant du tableau, faisant reculer au loin tous les personnages. De 42 à 44,
il domine largement ses compagnons. Par rapport à eux, il est aussi

introduzindo-a na sombra do cômodo e do quadro pelo triângulo desfiado de sua mão estendida, pelo avanço de seu joelho e de sua perna. Frente a todos os personagens sérios (isto é, pesados) e instalados (isto é, solidamente instalados no chão), ele é composto de uma outra matéria; ele lhes traz o que os torna visíveis: essa claridade que inunda o rosto da acompanhante ajoelhada, ou que vibra no cetim do vestido da infanta. Não é, talvez, essa luz de que é feito, não é ele próprio que se vem desfazer e se recompor, do outro lado do quadro, no gesto do pintor misturando suas cores - mais exatamente nesse ziguezague que explode sobre sua manga acima da paleta e que marca a vibração do pincel? O ludião de luz atravessou a cena e desaparece num clarão. O pintor o captou com um gesto ávido e vai transcrevê-lo na tela. A menos que seja ele que se vê reaparecer - por uma nova metamorfose da luz - no oco do espelho; ou ele ainda que se introduz, no fundo do cômodo, com um salto análogo, mas tornado, desta vez, o negativo dele mesmo, sombra densa. Nos quatro cantos do espaço, ele corre e brinca com ele mesmo: dança, clarão, rosto, dissimulada silhueta; brilho, imagem, reflexo, sombra; luz, pintura, espelho, substância espessa.

Ele fez de tudo. Ele desaparece. Ou, antes, ei-lo que já reaparece (13); desliza sua perna esquerda através da margem direita do quadro. Não mais luz, desta vez, mas amplo grafismo. Depois, ei-lo por completo (14), mas ainda muito discreto. Entre o cachorro e a anã, ele é apenas um jogo de traços negros em torno dos quais giram flocos de luz; ele se desenha ao fundo com essa cor vermelha que vai agora tornar-se sua substância própria. Doravante, ele pode crescer sem interrupção e ganhar uma importância cada vez mais considerável no quadro. É ainda um homenzinho marginal no n° 28; de 30 a 33, ele cresce; em 34, é uma violenta vírgula vermelha que risca toda a frente do quadro, fazendo recuar para longe todos os personagens. De 42 a 44, ele domina amplamente seus companheiros. Em relação a eles, ele é tão

grand, aussi dominateur que l'était le peintre dans l'interprétation première. Son geste qui était alors de transmettre à des personnages attendant immobiles, dans l'ombre, la lumière qui le
portait lui-même, est maintenant, semble-t-il, de les offrir au
spectateur; plus encore de les faire naître, de les façonner de
ses propres mains, de les pousser du pied sur le devant de la
scène. Sur le côté gauche du tableau, le peintre regardait en face
de lui, dans le vide, vers un spectacle inaccessible, et cachait
avec soin ce qu'il transcrivait sur sa toile. Sur le côté droit,
le démon danseur porte vers l'intérieur du tableau et la lumière
et son regard; c'est lui finalement qui devient, aux dépens du
peintre distrait, puis disparaissant, le démiurge de ce petit
monde.

Michel Foucault

grande, tão dominador quanto o era o pintor na interpretação primeira. Seu gesto que era, então, de transmitir a personagens esperando imóveis, na sombra, a luz que o levava a ele próprio, é agora, parece, de oferecê-los ao espectador; mais ainda, de fazê-los nascer, de modelá-los com suas próprias mãos, de empurrá-los com o pé para a dianteira da cena. No lado esquerdo do quadro, o pintor olhava à sua frente, no vazio, para um espetáculo inacessível, e escondia com cuidado o que ele transcrevia na tela. No lado direito, o demônio dançarino leva para o interior do quadro não só a luz, mas também seu olhar: é ele finalmente que se torna, às custas do pintor distraído, depois desaparecendo, o demiurgo desse pequeno mundo.

III. Les transformations de la phrase

Rouge est la couleur du ludion de droite: celle dans laquelle
il est plongé (14); celle qui l'oppose aux autres personnages (42,
43); celle qui est infléchie vers l'orange quand la tonalité générale du tableau est bleu-vert (28), ou vers le rose-mauve, quand
elle est rouge et bleue (33). ~~Celui~~ Rouge, ~~qu'~~il reste lorsqu'il
est traité pour lui-même (41). C'est ce même rouge qu'il semble
répandre sur tout le tableau dans quelques unes de ses apparitions
dernières (47-48). Il est le maître du rouge - et par là de toutes
les couleurs - comme le peintre, de l'autre côté de la scène, était
le maître du dessin et des lignes.

Dans le tableau de Velasquez, chacun des 5 personnages porte
la couleur qui lui est propre. Vert pour la duègne à genoux, jaune
pour l'infante, vert à nouveau pour la dame d'honneur, bleu pour
la naine, rouge pour le bouffon. Celui-ci formait la note la plus
intense et la plus chaude de cette mélodie simple. Mais en surimpression, une série de petites taches rouges parcourait ~~en~~ comme un feston
tous les personnages de gauche à droite, annonçant et préparant le
costume rouge du petit danseur. Ces notations rouges, il en faisait
varier la hauteur dans l'espace et l'intensité dans la couleur.
La grande croix rouge, en haut, sur la poitrine du peintre (et qui
fut rajoutée lorsque le roi honora Velasquez); plus bas, sur la
palette, trois taches (une orange, une rose, et une rouge); plus
bas encore et plus à droite, le petit vase d'un rouge intense,
brillant, et sphérique, offert par la suivante à la princesse;
plus haut et à l'alignement l'un de l'autre, deux noeuds roses,
l'un sur la poitrine, l'autre dans les cheveux de l'infante; plus
bas de nouveau, un ruban rose à son poignet; enfin toutes deux à
la même hauteur deux taches roses aux manches de la dame d'honneur.

Ce feston de points roses et rouges qui monte et descend
autour des visages et des mains, ces rubans qui se répondent des
chevelures aux poignets, Picasso les neutralise: il les fait passer

Michel Foucault

III. As transformações da frase

Vermelho é a cor do ludião da direita: aquela na qual ele está mergulhado (14); aquela que o opõe aos outros personagens (42, 43); aquela que está inclinada para o laranja quando a tonalidade geral do quadro é azul-verde (28), ou para o rosa-malva, quando ela é vermelha e azul (33). Vermelho, fica quando ele é tratado por ele mesmo (41). É esse mesmo vermelho que ele parece expandir em todo o quadro em algumas de suas aparições últimas (47- 48). Ele é o mestre do vermelho — e assim, de todas as cores — como o pintor, do outro lado da cena, era o mestre do desenho e das linhas.

No quadro de Velásquez, cada um dos cinco personagens leva a cor que lhe é própria. Verde para a velha de joelhos, amarelo para a infanta, verde de novo para a dama de honra, azul para a anã, vermelho para o palhaço. Este formava a nota mais intensa e a mais quente dessa melodia simples. Mas em sobreimpressão, uma série de pequenas manchas vermelhas percorria como um festão todos os personagens da esquerda à direita, anunciando e preparando a roupa vermelha do pequeno dançarino. Essas notações vermelhas, ele fazia variar sua altura no espaço e na intensidade de sua cor. A grande cruz vermelha, no alto, no peito do pintor (e que foi acrescentada quando o rei honrou Velásquez); mais baixo, sobre a paleta, três manchas (uma laranja, uma rosa e uma vermelha); mais baixo ainda e mais à direita, o pequeno vaso com um vermelho intenso, brilhante e esférico, oferecido pela acompanhante à princesa; mais alto e no alinhamento um do outro, dois laços rosas, um no peito, o outro nos cabelos da infanta; mais baixo de novo, uma fita rosa em seu pulso; enfim, as duas na mesma altura, duas manchas rosas nas mangas da dama de honra.

Esse festão de pontos rosas e vermelhos que sobe e desce em torno dos rostos e das mãos, essas fitas que se respondem das cabeleiras aos pulsos, Picasso as neutraliza: ele as faz passar

au jaune (12), au vert (14, 16), au blanc et vert (47). Quant au
petit vase rouge et luisant qui, dans l'espace sombre entre la
robe claire de l'infante et le corsage satiné de la duègne, épin-
glait un minuscule point lumineux, - de ce vase Picasso retient
le geste de l'offrande, le mouvement d'un personnage à l'autre,
l'échange et l'enchaînement, et non point la rencontre du rayon
lumineux, de la forme sphérique et de la couleur rouge: noir et
blanc (2), jaune (3), blanc (4), blanc et gris (6), jaune (11),
noir (13), ocre (27), vert clair (28), blanc (30). Un instant (36)
le vase redevient rouge, mais pour se décomposer aussitôt en brun,
violet, orange (37, 38, 39).

La phrase fondamentale que Picasso reprend telle quelle à
Velasquez - vert, jaune, vert, bleu, rouge -, dépouillée de sa
surimpression rose et rouge, dégagée aussi du clair obscur et de
la lumière dorée où elle était plongée, va maintenant chanter pour
elle-même - chaque note pouvant être portée à sa plus haute intensité, à sa plus grande force de contraste (32, 34).

C'est là que réside le principe des deux grands séries ~~ensembles~~ de
variations qui sont au centre de la série.

Dans le premier ensemble, tous les éléments de la variation
sont ramenés au seul personnage, à la seule figure de l'infante.
Chante une seule voix. Grise et neutre d'abord (4, 5); puis jaune
(6), de la couleur qui la caractérise - couleur de la majesté,
disait au XVIIème siècle la vieille symbolique; grise encore une
dernière fois (7), avant d'apparaître enfin en couleurs (8): les
couleurs mêmes de la phrase fondamentale - vert, jaune, bleu, rouge.
Et elles se disposent sur ce visage qu'elles dessinent, comme,
dans le tableau de Velasquez, sur les personnages qu'elles colorent:
un grand arc vert, replié sur la gauche, entoure le visage et re-
tombe en s'infléchissant sur la droite; il reproduit la position
des deux duègnes en robe verte qui enveloppent l'infante de leur
regard, de leur sollicitude et de leurs gestes; la courbe jaune du

para o amarelo (12), para o verde (14, 16), para o branco e verde (47). Quanto ao pequeno vaso vermelho e brilhante que, no espaço sombrio entre o vestido claro da infanta e o corpete acetinado da velha, espetava um minúsculo ponto luminoso – desse vaso Picasso guarda o gesto da oferenda, o movimento de um personagem ao outro, a troca e o encadeamento, e não o encontro do raio luminoso, da forma esférica e da cor vermelha: preto e branco (2), amarelo (3), branco (4), branco e cinza (6), amarelo (11), preto (13), ocre (27), verde claro (28), branco (30). Um instante (36) o vaso volta a ser vermelho, mas para se decompor logo em marrom, violeta, laranja (37, 38, 39).

A frase fundamental que Picasso retoma tal como em Velásquez – verde, amarelo, verde, azul, vermelho –, despojada de sua sobreimpressão rosa e vermelha, afastada também do claro escuro e da luz dourada onde ela estava mergulhada, vai agora cantar para ela mesma – cada nota podendo ser levada à sua mais alta intensidade, à sua maior força de contraste (32, 34).

É aí que reside o princípio das duas grandes séries de variações que estão no centro da série.

No primeiro conjunto, todos os elementos da variação são trazidos ao único personagem, só à figura da infanta. Canta uma só voz. Cinza e neutra inicialmente (4, 5); depois amarelo (6), da cor que a caracteriza – cor da majestade, dizia no século XVII a velha simbólica; cinza ainda uma última vez (7), antes de aparecer, enfim, em cores (8); as próprias cores da frase fundamental – verde, amarelo, azul, vermelho. E elas se dispõem nesse rosto que elas desenham, como, no quadro de Velásquez, nos personagens que elas colorem: um grande arco verde, voltado para a esquerda, envolve o rosto e recai inclinando-se para a direita; ele reproduz a posição das duas velhas com vestido verde que envolvem a infanta com seu olhar, com sua solicitude e com seus gestos; a curva amarela do

visage qui se termine par le disque rond de l'oeil répète l'infante
elle-même, son visage circulaire et son regard attentif; la joue
bleue correspond à la vaste robe de la naine; et sur la droite
la ligne rouge avec ses deux angles tournés vers l'intérieur du
tableau correspond au bouffon qui, bras et jambe tendus, danse
devant la fenêtre. Les mêmes éléments se retrouvent dans les trois
toiles suivantes: mêmes traits, mais épaissis en 9 et désarticulés
en 10; et en 11, la ligne verte qui jusque là formait la chevelure
se détache du visage et vient redessiner la servante dont elle
était jusque là le signe déplacé.

Dans quatre autres toiles qui appartiennent toujours au grand
ensemble des "variations-Margaretha", le principe de transformation
est différent; ce n'est plus la métamorphose des surfaces en lignes
et le déplacement de ces lignes; c'est la contraction et le mélange
des couleurs, ou leur séparation et leur contraste. En 12 les couleurs, dans leur pureté, sont réparties autour du visage de l'enfant (formant, pour le bleu, le vert et le rouge, le fond du tableau, ou, pour le jaune, le haut du corsage); quant au visage lui-
même, il va, de droite à gauche, du rose pâle au gris bleu, au gris
vert, puis au jaune pâle, pour laisser éclater au coin de l'oeil,
là où lumière et regard se rencontrent, un jaune vif: ce qui est
la note personnelle de la petite princesse. Ce qui est ici contracté,
atténué et éclairci, est, en 15, décomposé, renforcé, assombri:
bleu soutenu, jaune intense, vert foncé, avec à la périphérie des
reflets et des flamboiements rouges difficilement détachés de la
nuit. Puis (17) à nouveau contraction et mélange : gris teintés
de rose, de bleu, de jaune et de vert. Toutes les notes de la
phrase fondamentale sont ici mêlées dans un accord léger: à la
base du tableau, une tache blanche renforce ce gris, et un rectan-
gle vert rehausse, dans ce gris, les roses complémentaires. Les variations Margaretha se terminent ici sur visible hommage au gris
de Velasquez. Les quatre notes de la phrase fondamentale, si nettement séparées et exaltées à leur première apparition (8), sont ici
rendues à leur discrétion d'origine.

rosto que termina no disco redondo do olho repete a própria infanta, seu rosto circular e seu olhar atento; a face azul corresponde ao vasto vestido da anã; e na direita a linha vermelha com seus dois ângulos voltados para o interior do quadro corresponde ao palhaço que, braço e perna estendidos, dança diante da janela. Os mesmos elementos se encontram nas três telas seguintes: mesmos traços, mas engrossados em 9 e desarticulados em 10; e em 11, a linha verde que até então formava a cabeleira se destaca do rosto e vem redesenhar a criada de que ela era até aí o sinal deslocado.

Nas outras quatro telas que pertencem ainda ao grande conjunto das "variações-Margareta", o princípio de transformação é diferente; não é mais a metamorfose das superfícies em linhas e o deslocamento dessas linhas; é a contração e a mistura das cores, ou sua separação e seu contraste. Em 12, as cores, em sua pureza, são repartidas em torno do rosto da criança (formando, para o azul, o verde e o vermelho, o fundo do quadro, ou, para o amarelo, o alto do corpete); quanto ao rosto em si, ele vai, da direita à esquerda, do rosa pálido ao cinza azul, ao cinza verde, depois ao amarelo pálido, para deixar brilhar no canto do olho, onde a luz e o olhar se encontram, um amarelo vivo: o que é a nota pessoal da pequena princesa. O que é aqui contraído, atenuado e clareado, é, em 15, decomposto, reforçado, assombreado: azul forte, amarelo intenso, verde escuro, tendo na periferia reflexos e lampejos vermelhos dificilmente destacados da noite. Depois (17), de novo, contração e mistura: cinza tingido de rosa, de azul, de amarelo e de verde. Todas as notas da frase fundamental estão aqui misturadas num acorde leve: na base do quadro, uma mancha branca reforça esse cinza, e um retângulo verde realça, nesse cinza, os rosas complementares. As variações Margareta terminam aqui em visível homenagem ao cinza de Velásquez. As quatro notas da frase fundamental, tão claramente separadas e exaltadas em sua primeira aparição (8), são aqui vertidas à sua discrição de origem.

Le second grand ensemble de variations commence plus tard.
Il débute par la remise en jeu, sur le seul personnage de l'infante,
et avec leur plus vive intensité, des quatre couleurs de la phrase
fondamentale (27). Mais c'est sur toute l'ampleur de la scène qu'on
va maintenant les retrouver: elles retrouvent leur espace naturel
et leur répartition sur chacun des personnages dont elles forment
comme le blason. Le principe de variation va être alors le suivant:
chacune des quatre couleurs, soit toute seule, soit mêlée avec une
des trois autres, soit encore juxtaposée avec le noir, servira,
non seulement de marque pour l'un des personnages, mais de tonalité
fondamentale pour le tableau lui-même - et du coup fera varier en
valeur, en intensité, ou en nuance, les couleurs propres aux cinq
personnages. Ainsi sur ce fond constitué à partir de l'un de ses
éléments la mélodie peut varier. Voici (28) l'oeuvre passée au vert,
- au vert (bleu): dans cette lumière glauque, les contours se fon-
dent, les nappes de couleur se déplacent par rapport aux formes;
elles semblent s'en détacher et flotter comme à la dérive; les
parties claires - les visages et les mains - virent au bleu pâle;
les robes vertes des suivantes changent d'intensité - l'une, la
plus éloignée de la fenêtre, devient vert foncé, l'autre, près de
la lumière, jaunit; et le bouffon rouge tire alors sur l'orange.

Dans la variation 30, le fond du tableau est constitué de nappes vertes et rouges - et puisqu'elles sont complémentaires, de
leur résultante le noir: les formes se découpent avec précision,
les couleurs deviennent plus intenses et se localisent mieux sur
chaque personnage, un cerne blanc sur les visages marque les surfaces où s'accroche la lumière; au centre le jaune prend son éclat
le plus vif.

Par la fenêtre maintenant (31) une lumière bleue, avec une com-
posante jaune, se répand dans la pièce: les formes se décomposent
à nouveau, mais cette fois selon leur géométrie: angles, triangles,
trapèzes dont la lumière vient frapper les arêtes qui surgissent
tantôt bleues, tantôt jaunes; au centre la robe de l'infante est
barrée de deux traits jaunes vifs, sur un fond bleu; les suivantes,

O segundo grande conjunto de variações começa mais tarde. Ele começa pela recolocação em jogo, só no personagem da infanta, e com sua mais forte intensidade, das quatro cores da frase fundamental (27). Mas é em toda amplitude da cena que se vai agora encontrá-las: elas encontram seu espaço natural e sua repartição em cada um dos personagens de que elas formam como o brasão. O princípio de variação vai ser, então, o seguinte: cada uma das quatro cores, seja sozinha, seja misturada com uma das outras três, seja ainda justaposta com o preto, servirá, não somente como marca para um dos personagens, mas como tonalidade fundamental para o próprio quadro – e assim fará variar em valor, em intensidade, ou em matiz, as cores próprias aos cinco personagens. Assim, sobre esse fundo constituído a partir de um de seus elementos, a melodia pode variar. Eis (28) a obra passada ao verde – ao verde (azul): nessa luz glauca, os contornos se fundem, as camadas de cor se deslocam em relação às formas; elas parecem destacar-se e flutuar como à deriva; as partes claras – os rostos e as mãos – viram azul pálido; os vestidos verdes das acompanhantes mudam de intensidade – um, o mais distante da janela, se torna verde escuro, o outro, perto da luz, amarelece; e o palhaço vermelho vai, então, para o laranja.

Na variação 30, o fundo do quadro é constituído com camadas verdes e vermelhas – e já que elas são complementares de sua resultante, o preto: as formas se recortam com precisão, as cores se tornam mais intensas e se localizam melhor em cada personagem, um cerne branco nos rostos marca as superfícies onde se apega a luz; no centro o amarelo toma seu brilho mais vivo.

Pela janela, agora (31), uma luz azul, com um componente amarelo, se espalha no cômodo: as formas se decompõem de novo, mas, desta vez, segundo sua geometria: ângulos, triângulos, trapézios cuja luz vem bater nas arestas que surgem ora azuis, ora amarelas; no centro o vestido da infanta é riscado com dois traços amarelos vivos, num fundo azul; as acompanhantes,

tout autour, ne sont plus qu'un enchevêtrement de figures vertes, où le jaune et le bleu sont venus se mélanger.

32: lumière rouge sur fond noir. Les formes se simplifient à l'extrême; les couleurs deviennent mates; les personnages ne sont plus que de grands découpages massifs, avec des visages gris.

La lumière en 33 est déversée par une grande verrière jaune, - avec des reflets rouges. Les formes sont à nouveau disloquées, moins en figures géométriques qu'en traits qui forment des faisceaux ou qui s'entrecroisent. Le vert est repoussé dans les coins du tableau. La couleur qui règne est alors le bleu mélangé au rouge - allant du mauve le plus léger presque rose, à un violet presque noir.

Enfin la dernière variation de ce groupe introduit comme couleur fondamentale une nuance qui ne fait point partie de la phrase première: l'ocre. Intrusion apparente, rupture du jeu, insertion d'une note nouvelle. En fait, c'est le retour à la tonalité fondamentale de Velasquez. Et tout comme le groupe des variations de l'infante se fermait par un retour au gris des tissus, des velours et des soieries propre à Velasquez, ce second groupe de variations s'achève par une retour à cette lumière ocre qui baignait tout le tableau des Ménines. Mais l'action de cette lumière est exactement inverse chez Velasquez et chez Picasso. Dans les Ménines, la lumière ocre - et légèrement dorée - à la fois atténuait l'éclat des couleurs et les diffusait en leur donnant un volume; chez Picasson la lumière ocre - et nettement plus rouge - concentre les couleurs, les ramasse et les recroqueville sur des personnages devenus tout petits et qui semblent perdus dans le fond de la pièce; en même temps elles apparaissent chacune avec Sa force qui lui est propre: le jaune de la petite princesse et à un moindre degré le rouge du bouffon avancent et sautent aux yeux; le vert et le bleu surtout reculent - donnant ainsi pour la première fois à cette série de tableaux une profondeur que Velasquez demandait au clair-obscur.

XXXVI   Michel Foucault

à volta toda, são apenas um emaranhado de figuras verdes, onde o amarelo e o azul vieram misturar-se.

32: luz vermelha sobre fundo preto. As formas se simplificam ao extremo; as cores se tornam foscas; os personagens são apenas grandes recortes maciços, com rostos cinza.

A luz em 33 se derramou por uma grande vidraça amarela — com reflexos vermelhos. As formas são de novo deslocadas, menos em figuras geométricas do que em traços que formam feixes ou que se entrecruzam. O verde é afastado para os cantos do quadro. A cor que reina é, então, o azul misturado com o vermelho — indo do malva mais leve quase rosa a um violeta quase preto.

Enfim, a última variação desse grupo introduz como cor fundamental um matiz que não faz parte da frase primeira: o ocre. Intrusão aparente, ruptura do jogo, inserção de uma nota nova. De fato, é o retorno à tonalidade fundamental de Velásquez. E assim como o grupo das variações da infanta se fechava por um retorno ao cinza dos tecidos, dos veludos e das sedas próprio a Velásquez, esse segundo grupo de variações termina com um retorno a essa luz ocre que inundava todo o quadro de As *Meninas*. Mas a ação dessa luz é exatamente inversa em Velásquez e em Picasso. Em *As Meninas*, a luz ocre — e levemente dourada — ao mesmo tempo atenuava o brilho das cores e as difundia dando-lhes volume; em Picasso, a luz ocre — e claramente mais vermelha — concentra as cores, junta-as e as enruga em personagens tornados bem pequenos e que parecem perdidos no fundo do cômodo; ao mesmo tempo elas aparecem cada uma com sua força que lhe é própria: o amarelo da pequena princesa e, num menor grau, o vermelho do palhaço se adiantam e saltam aos olhos; o verde e o azul principalmente recuam — dando assim pela primeira vez a essa série de quadros uma profundidade que Velásquez procurava no claro-escuro.

1V.   La danse et les métamorphoses

De ce groupe des cinq personnages, la moitié gauche (la suivante à genoux et la princesse) reste stable. Quatre fois (36, 37,
38, 39), Picasso sans le transformer, sans même en modifier la
couleur, a reproduit l'agenouillement de la duègne, et son geste
d'offrande.

En revanche, le groupe de droite (la dame d'honneur inclinée
vers la princesse, la naine tournée vers le nain, et le bouffon
dansant) est presque sans cesse varié par Picasso: comme s'il
était le principe du mouvement, l'élément de déséquilibre, le lieu
de la confusion et de l'équivoque, du jeu, des métamorphoses.
Tour à tour ces trois figures s'éclipsent, se mélangent, se cachent
les unes derrière les autres - et peu à peu réussiront à faire
entrer dans leur jeu l'infante et sa duègne agenouillée.

Ces alternances et ces jeux occupent la plupart des variations
à partir du tableau 42. Mais à dire vrai, elles avaient insidieusement commencé depuis plus longtemps. Par exemple en 28 la grosse
tête ronde de la naine était confondue, dans une tache vert jaune,
avec les paniers de la robe que portait la suivante; quant à sa
robe à elle, son bleu s'était mélangé en un rose-violet avec le
rouge du bouffon qui à son tour s'était décalé vers l'orange. En
30, le bouffon s'était approprié la tête de la naine, dont la
robe bleue avait disparu. En 31, cette même tête est devenue la
jupe de la dame d'honneur; et il lui a fallu alors devenir trian-
gulaire pour s'ajuster à sa taille serrée. Voilà qu'en 32 les trois
personnages ont repris leur indépendance; mais la naine et la dame
ont échangé la couleur de leur robe: translation réciproque du vert
et du bleu.

Au début des variations finales (42 à 59), chacune des deux
femmes a repris sa couleur initiale. Le groupe qu'elles forment
avec le clown et le chien est traité pour lui-même. C'est pourquoi
le visage de la dame d'honneur pivote sur lui-même et se tourne
vers la naine; de l'autre côté, le petit danseur grandit; la naine

Michel Foucault

IV. A dança e as metamorfoses

Nesse grupo de cinco personagens, a metade esquerda (a acompanhante de joelhos e a princesa) permanece estável. Quatro vezes (36, 37, 38, 39), Picasso sem transformá-lo, sem sequer modificar sua cor, reproduziu a genuflexão da velha e seu gesto de oferenda.

Em compensação, o grupo da direita (a dama de honra inclinada para a princesa, a anã voltada para o anão, e o palhaço dançando) é quase sem cessar variado por Picasso: como se ele fosse o princípio do movimento, o elemento de desequilíbrio, o lugar da confusão e do equívoco, do jogo, das metamorfoses. Uma por vez, essas três figuras se eclipsam, se misturam, se escondem umas atrás das outras – e, pouco a pouco, conseguirão fazer entrar em seu jogo a infanta e sua velha ajoelhada.

Essas alternâncias e esses jogos ocupam a maior parte das variações a partir do quadro 42. Mas dizendo a verdade, elas tinham insidiosamente começado há mais tempo. Por exemplo, em 28, a grande cabeça redonda da anã era confundida, numa mancha verde-amarela, com as saias do vestido que usava a acompanhante; quanto ao seu vestido mesmo, seu azul se tinha misturado em um rosa-violeta com o vermelho do palhaço que, por sua vez, se tinha transferido para o laranja. Em 30, o palhaço se tinha apropriado da cabeça da anã, cujo vestido azul tinha desaparecido. Em 31, essa mesma cabeça se tornou a saia da dama de honra; e foi-lhe, então, necessário tornar triangular para se ajustar ao seu tamanho apertado. Eis que em 32 os três personagens retomaram sua independência; mas a anã e a dama trocaram a cor de seus vestidos: translação recíproca do verde e do azul.

No início das variações finais (42 a 59), cada uma das duas mulheres retomou sua cor inicial. O grupo que elas formam com o palhaço e o cachorro é tratado por ele mesmo. É por isso que o rosto da dama de honra pivota sobre ele mesmo e se volta para a anã; do outro lado, o pequeno dançarino cresce; a anã

se dilate, s'étale, occupe béatement le milieu du tableau. Du coup,
le groupe des trois personnages latéraux répète, pour son propre
compte, la disposition du groupe central. La naine prend la place
de l'infante; le bouffon prend l'attitude, l'inflexion de tête,
toute la sollicitude de l'ancienne dame d'honneur; et celle-ci,
le visage tourné vers la droite, reproduit la duègne autrefois
agenouillée. La dernière partie de la phrase répète - da capo -
la figure centrale de la mélodie. Et tout le tableau se resserre
en ces trois figures.

Qui ne sont plus bientôt que deux (45) - dame d'honneur et
naine; les deux couleurs, qui ne sont plus portées par des personnages,
servent seulement sur les bords du tableau de signes équivoques entre l'absence et la présence. Et puis - soit rotation dans l'espace,
soit décalage vers la gauche -, la dame d'honneur reprend sa place
à droite, cependant qu'à son côté (à son autre côté) la princesse
resurgit. Le bleu de la naine disparaît (46). Et si la scène pres-
qu'entière se reconstitue, c'est avec des simplifications massives.
On approche de la fin: un fond rouge monochrome, et des personnages
d'un jaune et vert sans presque aucune nuance. Plus de trace de
bleu. Ainsi réduits aux mêmes éléments, dépouillés de leurs marques individuelles, ayant échangé leurs attributs, les personnages
deviennent interchangeables; ils peuvent se métamorphoser indéfi-
niment les uns dans les autres. Voici (49) la suivante de gauche -
jaune et verte sur fond rouge; voici (50-51) celle de droite -
verte et jaune sur fond rouge; elle ressemble étrangement à celle
de gauche qu'on vient de voir à l'instant; peut-être est-ce la
même, qui a subi seulement un retournement dans l'espace, et dont la
robe, passée de la lumière à l'ombre, a viré du jaune au vert.
Mais quelle est donc celle-ci, debout bien solidement plantée en
face de nous, comme autrefois l'infante, avec comme l'infante aussi,
la taille étroitement serrée au dessus de la jupe évasée; et comme
l'infante aussi un semis de points lumineux sur sa robe jaune?
Et pourtant elle a la tête inclinée comme la dame d'honneur; un
noeud de ruban, placé comme elle, sur le côté gauche de la tête;

Michel Foucault

se dilata, se expõe, ocupa beatamente o meio do quadro. Então, o grupo dos três personagens laterais repete, por sua própria conta, a disposição do grupo central. A anã toma o lugar da infanta; o palhaço toma a atitude, a inclinação de cabeça, toda a solicitude da antiga dama de honra; e esta, com o rosto voltado para a direita, reproduz a velha outrora ajoelhada. A última parte da frase repete – *da capo* – a figura central da melodia. E todo o quadro se estreita nessas três figuras.

Que logo são apenas duas (45) – dama de honra e anã; as duas cores, que não são mais usadas por personagens, servem somente nas margens do quadro como sinais equívocos entre a ausência e a presença. E depois – seja rotação no espaço, seja deslocamento para a esquerda –, a dama de honra retoma seu lugar à direita, enquanto ao seu lado (ao seu outro lado) a princesa reaparece. O azul da anã desaparece (46). E se a cena quase toda se reconstitui, é com simplificações maciças. Aproxima-se do fim: um fundo vermelho monocromático e personagens de um amarelo e verde sem quase nenhum matiz. Não há mais vestígio de azul. Assim reduzidos aos mesmos elementos, despojados de suas marcas individuais, tendo trocado seus atributos, os personagens se tornam intercambiáveis; eles podem metamorfosear-se indefinidamente uns nos outros. Eis (49) a acompanhante da esquerda – amarela e verde sobre fundo vermelho; eis (50-51) a da direita – verde e amarela sobre fundo vermelho; ela se parece estranhamente com a da esquerda que se acaba de ver há pouco; talvez seja a mesma, que sofreu somente uma inversão no espaço, e cujo vestido, passando da luz à sombra virou do amarelo para o verde. Mas qual é, pois, esta, de pé, bem solidamente instalada à nossa frente, como outrora a infanta, tendo, como a infanta também, o tamanho estritamente apertado acima da saia evasê; e como a infanta também uma porção de pontos luminosos em seu vestido amarelo? E, no entanto, ela tem a cabeça inclinada como a dama de honra; um laço de fita, colocado como ela, no lado esquerdo da cabeça;

la figure, comme elle, éclairée d'arrière en avant; comme elle,
enfin, elle est un peu à droite de la porte qui s'ouvre dans le fond
et laisse passer l'imbre de l'intrus. Mais à regarder le visage
de ce personnage déjà ambigu, ce qui s'y dessine, ou plutôt s'y in-
sère comme un grand bec jaune, c'est, déplacé mais sans modifica-
tion, le visage, à gauche de la femme agenouillée. Les trois femmes qui occupent, chez Velasquez, le centre de la scène, sont ici
ramassées en une *strette* que l'oeil parvient mal à démêler. C'est ce
personnage composite que l'enfant joueur vient saluer pour la dernière fois: rouge, vert, jaune sont réunis sur ou autour de cette
figure où trois formes viennent effacer leur individualité. Mais
l'enfant ici ne porte plus la lumière; une région d'ombre déjà le
sépare de l'oeuvre. Et lui-même, reculant dans le mouvement par
lequel il salue, se décolore, commence à se dissiper dans l'invisi-
bilité du blanc, et sort du tableau. Le gros oeil rond, noir, immobile de la femme devant laquelle il s'incline, et qu'il semble
ainsi présenter au public, comme s'il était le chef d'une troupe
dont elle serait l'étoile, a du mal à le fixer tant il est brouillé
déjà et près de disparaître. Et la voilà seule maintenant, et pour
la dernière fois, cette femme unique et mêlée; les couleurs franches
qui avaient jusque là articulé la phrase, sont cassées: rouge du
fond tirant sur le brun, robe allant du vert foncé au vert clair,
volant gris et rose, visage gris, avec des reflets verts, roses
et bleutés. Après avoir rassemblé en soi tous les personnages du
tableau, après avoir ramené les couleurs de Picasso à la palette
de Velasquez, troisième et ultime hommage, l'étrange figure salue
à son tour et disparaît

Mais qu'était donc ce danseur, ce ludion lumineux et rouge,
qui est resté si longtemps sur le côté du tableau comme la note
dernière de la mélodie? Que signifiait donc cet élément rouge, et
mobile, symétrique à la masse linéaire immobile et sombre du peintre,
de l'autre côté de la scène? Il était la lumière puisqu'il entrait
avec elle et qu'il était fait de son impalpable substance; il était
la couleur majeure, puisqu'il était le rouge et qu'il le diffusait

a imagem, como ela, iluminada de trás para a frente; como ela, enfim, ela está um pouco à direita da porta que se abre no fundo e deixa passar a sombra do intruso. Mas olhando o rosto desse personagem já ambíguo, o que aí se desenha, ou, antes, aí se insere como um grande bico amarelo, é, deslocado, mas sem modificação, o rosto, à esquerda da mulher ajoelhada. As três mulheres que ocupam, em Velásquez, o centro da cena, estão aqui reagrupadas num *stretto* que o olho mal chega a distinguir. É esse personagem compósito que a criança que brinca vem saudar pela última vez: vermelho, verde, amarelo são reunidos sobre ou em torno dessa figura onde três formas vêm apagar sua individualidade. Mas a criança aqui não leva mais a luz; uma região de sombra já a separa da obra. E ela mesma, recuando no movimento pelo qual ela saúda, se descolore, começa a dissipar-se na invisibilidade do branco, e sai do quadro. O grande olho redondo, negro, imóvel da mulher diante da qual ela se inclina, e que parece, assim, apresentar ao público, como se ela fosse a chefe de uma trupe da qual seria a estrela, tem dificuldade para fixá-la de tão confusa já e prestes a desaparecer. E ei-la sozinha agora, e pela última vez, essa mulher única e misturada; as cores francas que tinham até aí articulado a frase, estão quebradas: vermelho do fundo puxando para o marrom, vestido indo do verde escuro ao verde claro, véu cinza e rosa, rosto cinza, com reflexos verdes, rosas e azulados. Depois de ter reunido em si todos os personagens do quadro, depois de ter trazido as cores de Picasso à paleta de Velásquez – terceira e última homenagem –, a estranha figura saúda, por sua vez, e desaparece.

Mas o que era, então, esse dançarino, esse ludião luminoso e vermelho, que ficou tanto tempo no lado do quadro como a nota última da melodia? O que significava, pois, esse elemento vermelho, e móvel, simétrico à massa linear imóvel e sombria do pintor, do outro lado da cena? Ele era a luz, visto que entrava com ela e que era feito de sua impalpável substância; ele era a cor maior, visto que era o vermelho e que o espalhava a

tout autour de lui; il était le mouvement, parmi toutes ces figures
immobiles, - mouvement et principe de transformation. C'était le
nain malicieux, l'elfe, le génie des métamorphoses dans une nuit
d'été. Il était - rendue visible - l'âme des variations: autant
dire qu'il était l'ange musicien. Et Picasso l'a bien reconnu pour
tel, car au seuil de ces dernières variations, et comme pour les
conduire et en donner le principe, il l'a vu à son piano (40),
une main levée au dessus du clavier, l'autre plaquant son accord,
un pied tendu vers la pédale. En face du peintre Velasquez, régnant
dans l'ombre sur des figures que nous ne voyons pas, et appelé à
disparaître, Picasso a fait croître un autre magicien: celui qui est
du côté de la lumière, de la danse, de la couleur pure, de la mélodie et de ses infinies transformations. Velasquez faisait glisser
toute la scène vers la gauche, vers l'ombre: du côté de la peinture,
et de la peinture peignant la peinture. Picasso fait glisser toutes
ses variations vers la droite, - vers la lumière: du côté de la
musique, et de la musique transformant la peinture.

Mais l'espiègle qui, à son piano, fait chanter les notes et
varier la mélodie, avez-vous remarqué qu'il est sans visage? Que
sa tête est ~~disparu~~ une grosse ronde qui s'est comme arrêtée au
dessus du clavier. Chez Velasquez, n'importe qui pouvait occuper
la place du spectateur - et être aussi bien celui qui surprend la
scène que celui qui est regardé avec la même attention méticuleuse
par le peintre, l'infante, la dame d'honneur, le signor Nieto,
arrêté au seuil de la porte sur les dernières marches de l'escalier,
le chambellan veillant dans l'ombre, et la naine immobile. N'importe
quelle figure anonyme peut venir se loger ici dans cette lucarne
ronde et tirer à son tour les variations qui lui plaisent. Nul n'y
verra à redire. Nul ne l'y surveillera. Qu'il joue donc à sa fan-
taisie.

Mais, attention, il ne faut pas s'y fier. Là où Velasquez avait
placé un chien insolemment endormi, voilà que nous surveille un
inquiétant regard. Un regard fixe qui, d'abord éteint (1), ne nous a
guère quittés depuis un bon moment (28, 30, 31, 32, 33, 34, 40, 48).

toda sua volta; ele era o movimento, entre todas essas figuras imóveis – movimento e princípio de transformação. Era o anão malicioso, o elfo, o gênio das metamorfoses em uma noite de verão. Ele era – tornada visível – a alma das variações: como dizer que ele era o anjo músico. E Picasso o reconheceu mesmo como tal, porque, no limiar dessas últimas variações, e como para conduzi-las e dar seu princípio, ele o viu em seu piano (40), com uma mão erguida acima do teclado, a outra mantendo seu acorde, um pé estendido para o pedal. Frente ao pintor Velásquez, reinando na sombra em figuras que não vemos, e convidado a desaparecer, Picasso fez crescer um outro mágico: o que está do lado da luz, da dança, da cor pura, da melodia e de suas infinitas transformações. Velásquez fazia deslizar toda a cena para a esquerda, para a sombra: do lado da pintura, e da pintura pintando a pintura. Picasso faz deslizar todas as suas variações para a direita, para a luz: do lado da música, e da música que transforma a pintura.

Mas o travesso que, em seu piano, faz cantar as notas e variar a melodia, vocês notaram que ele não tem rosto? Que sua cabeça é uma grande roda que como que parou acima do teclado. Em Velásquez, qualquer um podia ocupar o lugar do espectador – e ser tanto o que surpreende a cena quanto o que é olhado com a mesma atenção meticulosa pelo pintor, a infanta, a dama de honra, o senhor Nieto, parado na soleira da porta nos últimos degraus da escada, o camarista vigiando na sombra, e a anã imóvel. Qualquer figura anônima pode vir alojar-se aqui nessa lucarna redonda e interpretar, por sua vez, as variações que lhe agradam. Ninguém virá aí criticá-lo. Ninguém aí o vigiará. Que ele fique, então, com sua fantasia.

Mas, atenção, não se deve confiar nisso. Onde Velásquez tinha colocado um cachorro indolentemente adormecido, eis que nos vigia um olhar inquieto. Um olhar fixo que, inicialmente apagado (1), não nos deixou há um bom momento (28, 30, 31, 32, 33, 34, 40, 48).

V Regarder au dehors

Ce regard obstiné du chien - ce regard qui est fixé comme en sous-titre du tableau, et qui semble prendre ironiquement le relais de ce qui était chez Velasquez le reger du peintre-vers quoi est-il dirigé? Qu'y a-t-il donc au bord de cette scène où sont venus se placer les uns à côté des autres (et dans la position équivoque soit de spectateurs attentifs soit d'acteurs prêts à saluer après avoir donné leur spectacle), le peintre vite évanoui, la duègne et l'infante, la dame d'honneur, les deux bouffons? Y a-t-il quelque chose à regarder , alors que nous, indûment xxxxxx postés à la place de ce qui est vu, nous ne pouvons rien saisir?

En plaçant au fond de son tableau un miroir, Velasquez avait amené derrière la frise des personnages, le reflet - bien incertain - de ce qu'ils voyaient devant eux.

Picasso n'a jamais omis ce miroir, chaque fois qu'il a varié le tableau dans son ensemble. Mais il n'y a fait apparaître l'ombre possible d'un personnage que bien rarement. L'interprétation I est la seule où on puisse déchiffrer un visage. Visage du roi? Plutôt le double ironique du visage du peintre, qui se trouve ainsi pris à revers, et comme moqué dans un reflet optiquement impossible Mais le plus souvent le miroir est une surface vide: obscurité profonde (37), carré rouge qui ramasse et relance dans la nuit la lumière générale du tableau (32), simple fenêtre blanche qui ouvre la toile sur un dehors sans forme ni figure (46). Deux fois cependans le miroir est curieusement habité: par deux yeux noirs(48) , ou au contraire par un inquiétant regard clair au fond d'une lucarne sombre (33)

V. Olhar para fora

Esse olhar obstinado do cão – esse olhar que é fixado como legenda do quadro, e que parece tomar ironicamente a vez do que era em Velásquez o olhar do pintor – para o que ele está dirigido? O que há, então, na margem dessa cena onde vieram colocar-se uns ao lado dos outros (e na posição equívoca seja de espectadores atentos seja de atores prontos a saudar depois de ter dado seu espetáculo), o pintor logo desaparecido, a velha e a infanta, a dama de honra, os dois palhaços? Há algo a olhar, enquanto nós, indevidamente postados no lugar do que é visto, não podemos captar nada?

Colocando no fundo do seu quadro um espelho, Velásquez tinha levado para trás da frisa dos personagens, o reflexo – bem incerto – do que eles viam diante deles.

Picasso jamais omitiu esse espelho, cada vez que ele variou o quadro em seu conjunto. Mas ele não mostrou aí a sombra possível de um personagem senão bem raramente. A interpretação 1 é a única onde se possa decifrar um rosto. Rosto do rei? Antes, o duplo irônico do rosto do pintor, que se encontra assim tomado de lado, e como zombado num reflexo opticamente impossível. Mas, mais frequentemente, o espelho é uma superfície vazia: obscuridade profunda ((37), quadrado vermelho que recolhe e relança na noite a luz geral do quadro (32), simples janela branca que abre a tela para um exterior sem forma nem figura (46)). Duas vezes, no entanto, o espelho é curiosamente habitado: por dois olhos negros (48), ou, ao contrário, por um inquietante olhar claro no fundo de uma lucarna sombria (33).

Au lieu de faire entrer au fond du tableau l'invisible qui
borde sa surface, Picasso se sert du miroir pour multiplier les
yeux et l'énigme de ce qui est à regarder, et de ce que voit le
peintre lorsqu'il détache les yeux du tableau. Mais de quel tableau au juste? Celui que, dans la toile de Velasquez, il est en
train de peindre? Ou celui dont on voit l'envers dans la première
des variations de Picasso? Ou ce tableau des Menines que Picasso
à son tour transforme? Ou celui, ceux qu'il peint successivment po
pour faire toutes ses variations? En tous cas, lorsque de tous ces
tableaux réel ou fictifs, représentés ou peints, présents ou
absents, visibles ou invisibles, il lève les yeux , que voit-il?
Quittant du regard l'infante intemporelle et toutes ces figures
sans âge que la peinture et les musées ont transmises, Picasso,
le matin du 6 Septembre 1957, voit ceci: I8, I9. Et pendant les
jours qui vont suivre, la "grande volière sauvage" envahit l'atelié
chassant la princesse et sa suite. Car tel était, cette saison-là,
le dehors du tableau, telle était la lumière là-bas qui passait
à travers les hautes baies vitrées, et les paysages que reflétaient
en silence tous ces yeux immobiles.

Mais libre à qui veut de reconnaître encore, dans cette série
de paysages, brusquement insérée au milieu des Ménines, la présence
insidieuse du tableau. Le pigeonnier qui , chez Picasso, ferme la
vue sur la gauche prend la place de la toile retournée et invisible
chez Velasquez. Le croisillon de bois qui marquait la porte du fond
ouverte sur l'extérieur, se retrouve maintenant comme le
de la fenêtre. Et faut-il dans les 5 oiseaux répétés en haut ou en
bas du tableau (I8, I9, 22)reconnaître nos 5 personnages? Et ici
(22, 26) la duègne agenouillée près de l'infante, telles que les
a métamorphosées le subtil oiseleur?

XLVIII   Michel Foucault

Em vez de fazer entrar no fundo do quadro o invisível que margeia sua superfície, Picasso se serve do espelho para multiplicar os olhos e o enigma do que está olhando, e do que vê o pintor quando ele destaca os olhos do quadro. Mas de que quadro exatamente? Aquele que, na tela de Velásquez, o pintor está pintando? Ou aquele de que se vê o avesso na primeira das variações de Picasso? Ou o quadro *As Meninas* que Picasso, por sua vez, transforma? Ou aqueles que ele pinta sucessivamente para fazer todas suas variações? Em todo caso, quando de todos esses quadros reais ou fictícios, representados ou pintados, presentes ou ausentes, visíveis ou invisíveis, ele levanta os olhos, o que ele vê? Deixando o olhar da infanta intemporal e todas essas figuras sem idade que a pintura e os museus transmitiram, Picasso, na manhã de 6 de setembro de 1957, vê isto: 18, 19. E durante os dias que vão seguir, a "grande gaiola selvagem" invade o ateliê expulsando a princesa e sua companhia. Porque tal era, naquela estação, o exterior do quadro, tal era a luz lá adiante que passava através das altas aberturas envidraçadas, e as paisagens que refletiam em silêncio todos esses olhos imóveis.

Mas fica livre quem quiser reconhecer ainda, nessa série de paisagens, bruscamente inserida no meio *As Meninas*, a presença insidiosa do quadro. O pombal que, em Picasso, fecha a vista sobre a esquerda toma o lugar da tela virada e invisível em Velásquez (28, 19, 20 etc.). A travessa de madeira que marcava a porta do fundo aberta para o exterior, se encontra agora como [...] da janela (18, 20, 22,24). E seria preciso nos cinco pássaros repetidos no alto ou embaixo do quadro (18, 19, 22) reconhecer nossos cinco personagens? E aqui (22, 26) a velha ajoelhada perto da infanta, tal como as metamorfoseou o sutil passarinheiro?

I

Um percurso em palavras

Um irmão

Entrevista com Denys Foucault

Philippe Artières: *Você tem seis anos de diferença com seu irmão Michel?*

Denys Foucault: Sim, e nossa irmã mais velha tem um ano a mais que meu irmão. Para mim, Michel foi um mentor: foi ele quem praticamente me ensinou o latim e o grego, de uma maneira muito indireta, mas ele era quase meu professor particular, se assim preferirem, em aula. Foi também um mestre, em letras, em todo caso. Havia a biblioteca médica de meu pai, mas minha mãe tinha uma biblioteca literária bastante bem provida que ela havia organizado e que tinha herdado de seus pais.

Nesse universo, minha mãe lia um romance por semana, da literatura contemporânea, mas, é claro, havia também na biblioteca os clássicos, Balzac, os romancistas do século XIX; havia todos os livros de Jules Verne na grande coleção ilustrada. Meu irmão os tinha lido com certeza antes de mim.

Eu só tive acesso aos livros clássicos. Se havia livros que não o fossem... era talvez na biblioteca de meu pai, em seu escritório, separados com os livros de medicina e de anatomia, alguns romances um pouquinho à parte...

P. A.: *Havia também uma prática artística?*

D. F.: Meu pai desenhava muito bem e ele fazia principalmente desenhos de anatomia, porque ele era professor de anatomia. Nós tocávamos piano, tendo aulas fora do liceu, é claro. Mas meu irmão, eu penso, não ficou muito tempo, pois ele não estudou muito piano.

P. A.: *O ano escolar era em Poitiers, que você deixava durante o verão?*

D. F.: Antes da guerra, íamos a La Baule. Meu pai tinha mandado construir uma casa, aí voltamos um pouquinho depois da guerra, mas, essencialmente, íamos para o campo na casa de minha avó, em Vendeuvre-du-Poitou, a 20 km de Poitiers. Havia um grande jardim, portanto, havia sempre com o que se ocupar. Depois, meu irmão continuava a trabalhar. Havia os deveres de férias. Meu irmão me fazia trabalhar porque, naquele momento, eu não tinha outro professor além dele. Ele me mandava fazer versões e redações todo dia. Enfim, ele me ajudava, mas não era ele quem era encarregado disso. Quando tinha um problema de versão, eu lhe pedia conselho.

P. A.: *Por que havia alguém durante o verão que os fazia trabalhar ou era sua mãe?*

D. F.: Não, não era minha mãe. Enfim, era minha mãe quando a gente estava na escola primária, mas, depois, havia alguém que vinha, ou algumas vezes a gente ia a Poitiers ver um professor algumas horas por semana. Sei que meu irmão teve um professor particular de filosofia, M. Girard, que foi, em seguida, professor no liceu de Poitiers.

P. A.: *Quando ele estava na* hypokhâgne *(classe dos liceus que antecedia a* khâgne, *preparatória para a Escola Normal Superior)?*

D. F.: Não, quando ele estava no colégio, porque os últimos anos de secundário, ele os fez no Colégio Saint-Stanislas, onde havia um professor muito bom de filosofia, o cônego Duret. Foi durante a Ocupação. E quando meu irmão entrou em filosofia, o cônego foi preso pelos alemães porque ele servia à

Resistência, tanto que, em seguida, houve uma falta de professor de filosofia – o que é bastante paradoxal; foi, talvez, isso que o tenha incitado a fazer filosofia, em seguida – e havia esse professor que se chamava Girard, que, em seguida, foi aprovado no concurso para o liceu e foi meu professor de filosofia vários anos mais tarde, quando eu entrei para o liceu.

P. A.: *Você evocou a ocupação e a guerra, muitos intelectuais foram muito fortemente marcados por aquele momento. Retrospectivamente, o que você guardou como lembrança da guerra 1939-1945 em Poitiers? E depois, você tem lembrança de discussões com seu irmão, de atmosferas particulares?*

D. F.: São lembranças muito distantes. Em Poitiers, felizmente não houve batalha, houve somente um bombardeio muito intenso em junho de 1944, alguns dias depois do desembarque, que causou inúmeras vítimas, mas nós, as crianças, estávamos todos no campo. Meus pais, sabendo como todo mundo que a estação ia ser bombardeada, instalaram-se mais longe, alugaram uma casa distante, em Poitiers. Com o que eles escaparam das bombas.

P. A.: *Seu pai não foi mobilizado em 1939?*

D. F.: Meu pai foi mobilizado em 1939 e desmobilizado em 1940. Ele era cirurgião na clínica e no hospital.

P. A.: *Sua família vive em Poitiers, onde você frequenta a mesma escola que seu irmão.*

D. F.: Isto é, num dado momento, meu irmão começou no liceu dos meninos – havia naquela época um liceu de meninos e um liceu de meninas – e, em 1940, minha mãe enviou Michel para a escola privada Saint-Stanislas, que era mantida por padres. Ele passou seus dois *bacs* (exame final do ensino médio) no colégio de Stanislas e, em seguida, voltou ao liceu na *hypokhâgne* e na *khâgne*.

Nossas famílias paterna e materna eram famílias de médicos. Nosso pai era professor de anatomia na escola de medicina de Poitiers, o pai dele também era cirurgião em Fontainebleau, e seu avô, médico em Nanterre. E do lado materno, nosso avô era também cirurgião. Nossos pais recebiam (a sociedade), mas a maioria de suas relações era profissional, essencialmente do meio médico, e minha mãe tinha amigos de família, muito pouco numerosos.

Meus pais não eram muito dados à religião. Minha mãe nos levava à missa no domingo de manhã, porque era preciso ir à missa – isso se fazia. Minha avó era muito piedosa, mas não meus pais, e meu irmão não era absolutamente, mesmo se, é claro, ele tinha feito sua primeira comunhão. Meus pais eram mais conservadores, mas, todavia, muito antivichystas. Minha mãe era muito gaullista. Meu pai, talvez, um pouco menos. Minha mãe era muito antigermânica. Ela tinha herdado, eu penso, da guerra de 1914, um ódio dos alemães que se notava até quando ela cruzava com um alemão na rua, durante a ocupação; via-se que ela não suportava. Fomos por muito tempo educados assim, mas meu irmão, eu penso, não era tão antigermânico. Aliás, ele aprendeu o alemão por opção. No liceu, ele estudou latim, grego e inglês. Só aprendeu alemão depois de ter sido aceito na Escola Normal Superior. No concurso para entrada na Escola Normal, quando foi aceito, ele havia feito uma citação em alemão na prova de filosofia, e o examinador lhe fez observar que, quando não se dominava uma língua, não se fazia citação nela. O que não o impediu de conseguir uma boa nota, eu penso: ele foi aceito. Quando voltou a Poitiers, depois de ter passado no exame, meu pai lhe perguntou o que lhe daria prazer, ele estava pensando num belo presente. Meu irmão respondeu "aulas de alemão". Então aí ele teve um professor de alemão. Mais tarde, ele foi para a Alemanha.

Quando eu era bem pequeno, todo mundo pensava que meu irmão mais velho, que era um aluno muito bom na classe, ia assumir a sucessão e estudar cirurgia. Então, um belo dia, ele disse que não, que ele não se tornaria cirurgião. E orientou-se imediatamente para as disciplinas literárias. Somente mais tarde ele fez filosofia. Até ser aceito na Escola Normal Superior, ele não sabia ainda o que ia fazer.

Foi para Paris, no Liceu Henri-IV e aí, foi aceito. Parece que as classes de *khâgne* de Poitiers não eram de bom nível. Ele não tinha passado em seu primeiro concurso, e minha mãe, naquele momento,

encontrou um professor da faculdade de Poitiers que ela conhecia e que lhe disse: "Você já viu um *khâgneux* de Poitiers ser aceito na Normal Superior? Não, isso não existe. Por conseguinte, é preciso que ele vá para Paris." Foi o que ela fez. Minha mãe alugou um quarto. E meu irmão foi para o Henri-IV.

P. A.: *E aí você não o vê durante um ano?*

D. F.: Sim, durante as férias. Ele tinha férias. Ele voltou depois de cerca de nove meses. Depois foi aceito na Normal Superior, que ele integrou, e morou lá durante dois ou três anos, eu acho. Então ele entrou em 1947, enfim, no fim de 1946. Ah, não, promoção 1946... Ele devia fazer o concurso por volta de julho e integrou (a escola) em 1946-1947, é isso! E aí ficou três anos. O diretor da Escola Normal, que era naquele momento M. Chapoutier, tinha-lhe proposto até estudar sinologia, e ele tentou durante, talvez, alguns dias, mas, finalmente, orientou-se para a filosofia.

P. A.: *E você, ainda no liceu?*

D. F.: Eu fiquei ainda no liceu, em PCB (Física, Química e Biologia), e os dois primeiros anos de medicina na Escola de Medicina de Poitiers. Só fui para Paris para o terceiro ano, em 1950.

P. A.: *E foi então que vocês pegaram um apartamento juntos?*

D. F.: Sim, minha mãe comprou um apartamento no número 59 da rua Monge. Era maravilhoso porque eu estava começando meus estudos de medicina, eu era livre, mas estudava muito. E meu irmão logo se encheu porque eu ocupava o apartamento mais que ele, porque os estudos de medicina se faziam em vários, isto é, eu tinha o que se chamava *"sous-colles"* em medicina, ou reuniões de estudantes onde se estudava junto. Eu tinha uma ou duas por semana, portanto, isso fazia muito barulho, ele se aborreceu, ainda mais que naquele momento ele já passava dois dias por semana em Lille, eu acho. Ele ia bem frequentemente para lá, e ficava cada vez menos no apartamento; finalmente, instalou-se em Lille. No apartamento, ele não tinha grande coisa. Não havia muito lugar pra a biblioteca. Ele frequentava a biblioteca da rua d'Ulm. Naquele momento, ele tinha feito o concurso (para o ensino médio) e estudava.

P. A.: *Era também naquele momento que ele trabalhava no Sainte-Anne?*

D. F.: Talvez, não sei exatamente. Ele fez cursos no Sainte-Anne, em especial do professor Delay, de quem ele zombava um pouco. Não posso lhe dizer com certeza.

P. A.: *Então, essa coabitação chega ao fim?*

D. F.: Sim, quando ele compra um apartamento. O primeiro que ele comprou, na rua do Docteur-Finley, eu acho.

P. A.: *Aí, vocês continuam a se ver, a dialogar?*

D. F.: Bem pouco, de fato. Porque em seguida ele vai ensinar em Lille, depois na Suécia.

P. A.: *Nesses anos 1950, vocês tinham o costume de se encontrar no verão em Vendeuvre? E vocês passavam o verão com os seus pais?*

D. F.: Sim, é isso. Sim, meu pai já tinha morrido naquela época. Ele morreu em setembro de 1959.

P. A.: *E vocês não tinham amigos comuns?*

D. F.: Não, diferenças de idade e de meio. Meus colegas eram da medicina e os dele absolutamente não.

P. A.: *E quando está redigindo a* Histoire de la Folie, *ele lhe comunica seu trabalho?*

D. F.: Não, absolutamente.

P. A.: *E quando trabalha sobre médicos, que ele publica trabalhos depois...*

D. F.: Não, absolutamente. Seus trabalhos, eu os conheci mais tarde. Quando ele se instala na rua do Docteur-Finley, fora as férias de verão, eu não tinha, no fundo, senão poucos contatos. Depois da morte de nosso pai, Michel mantém contatos muito regulares com nossa mãe. Ela tinha um interesse certo pelos trabalhos de Michel. Ela se interessava muito pelo seu filho. Mas a filosofia não era tanto sua seara. Ela tinha, no entanto, um tio que era filósofo... que acabou na Sorbonne. Eu sei que ele fez manuais de filosofia que nós nem tínhamos na biblioteca da família.

P. A.: *Você pensa que houve trocas com seu pai?*

D. F.: Não, meu pai estava muito distante da psiquiatria. Meu irmão fez estágios no Sainte-Anne, e eu penso que foi a partir disso que ele se interessou pela coisa. Ele estudou psicologia. Na psicologia, havia vários certificados de psicologia, entre outros um certificado de psicopatologia. E depois, em seguida, fizemos nossos caminhos um ao lado do outro sem muito nos cruzarmos; eu não fui vê-lo na Tunísia, ou antes disso, na Polônia, em Hamburgo.

P. A.: *Você estava em sua conferência inaugural no Collège de France?*

D. F.: Não, nem mesmo sei quando aconteceu. Ele não me havia avisado. Minha mãe também não estava lá. Era meu mentor quando eu era muito jovem, em seguida, nossas carreiras divergiram tanto! E depois, encontramo-nos quando ele estava doente. Aí então, isso foi muito forte, porque eu era quase o único da família a saber que não havia mais nenhuma esperança. Foi muito duro fazê-lo saber. Principalmente à minha mãe. Enfim, isso eu não disse. Eu era muito ligado. São recordações... é sempre comovente falar de meu irmão.

Conversa registrada por Philippe Artières e Jean-François Bert, inverno de 2010.

Filigranas filosóficas

Entrevista de Mathieu Potte-Bonneville com Daniel Defert

Entre as noções de que Michel Foucault propunha, em A Arqueologia do Saber[1], *que se desconfiasse, figuram em bom lugar as da influência e da obra: a primeira, porque ela oculta a multiplicidade dos encontros dos quais se tece uma série de enunciados, seus regimes específicos e sua temporalidade própria – breves cruzamentos decisivos ou frequentações de longa duração, releituras ou retomadas; a segunda, porque ela rebaixa à unidade imóvel de um projeto as inflexões e as bifurcações que fazem a vida de um pensamento. Companheiro de Michel Foucault, Daniel Defert foi, ao mesmo tempo, para ele um encontro essencial, e um dos transmissores ou testemunhas dos múltiplos encontros dos quais se teceu sua trajetória – com seus contemporâneos assim como com grandes figuras da filosofia. Tendo acabado o estabelecimento do curso dado por Foucault, em 1970, ele teve, também, que analisar nessa ocasião os deslocamentos, e as rupturas dessa primeira série de aulas no Collège de France foi o teatro, inaugurando discretamente uma nova sequência na reflexão do autor de* A Vontade de Saber. *Tínhamos combinado abordar em conjunto as relações entre Foucault e a filosofia; sábio programa que nossa entrevista se aplicou em dispersar sem perdê-lo de vista, entrecruzando biografia e leituras, e lançando, rapidamente, uma nova luz sobre alguns germes de descontinuidade no pensamento de Foucault – que eles tenham por nome Nietzsche, Deleuze, ou a literatura. Mas a dispersão e a descontinuidade não definem, justamente, o regime de existência de um discurso?*

Mathieu Potte-Bonneville: *Se se trata de evocar os encontros dos quais a reflexão de Foucault se alimentou, talvez convenha inicialmente evocar seu encontro?*

Daniel Defert: Eu o devo a um professor de literatura da Faculdade de Lyon conhecido durante minha *khâgne*, professor brilhante que se chamava Robert Mauzi, companheiro de escola de Foucault, autor de uma bela tese sobre a ideia de felicidade no século XVIII, que comentava os poemas de Baudelaire segundo os métodos da linguística estrutural, o que era absolutamente único na época em que a crítica literária na universidade era, antes, medíocre.

Depois de minha integração na ENS de Saint-Cloud, no início das aulas de 1960, ele me propôs um jantar, esclarecendo: "Janto com Roland Barthes e quero apresentá-lo a um amigo filósofo que, a meu ver, é o melhor filósofo de sua geração; você deveria tornar a fazer o concurso de Ulm, porque ele vai ser parte da banca..."

E ele me apresentou Foucault, uma semana após minha chegada a Paris. Eu já havia cruzado com Barthes, em companhia de Jean-Paul Aron, na entrada do Fiacre, a primeira boate gay, onde nunca tinha entrado, levado por um colega normalista durante os exames orais de Ulm...

Foucault tinha a aparência de um professor alemão, um paletó preto com gola de veludo negro, um chapéu sobre sua calvície próxima e essa mecha que ele prendia em seu crânio; mas a relação que ele mantinha com um de seus estudantes alemães de Hamburgo, de onde ele mesmo estava chegando, me havia profundamente seduzido, tanto ele se opunha ao comportamento de Barthes e de Mauzi em

---

1   Editada por Forense Universitária, Grupo Gen.

relação aos seus caçulas, que eu tive, imediatamente, a impressão de dois universos culturais. Foi essa qualidade de relação que me fez desejar revê-lo.

M. P.-B.: *Vocês se destinavam, então, à filosofia...*

D. D.: Eu entro, efetivamente, em Saint-Cloud como filósofo, com os conselhos de um amigo de minha família, o que me conduziu ao concurso de filosofia: mas, na realidade, eu queria fazer estudos de psicologia, e quase me orientei para a psicanálise desde 1957. Eu devia empreender uma didática com André Berge. Foucault, por seu lado, ia ensinar a psicologia em Clermont-Ferrand; quando eu o encontrei, ele acabava de assumir seu posto, onde ele sucedia a Jules Vuillemin que acabava de ser eleito para o Collège de France. Ele tinha a dupla habilitação em filosofia e em psicologia, e já tinha sido assistente em psicologia em Lille nos anos 1950. Em Clermont-Ferrand, a filosofia era, à época, representada por Naulin, Pariente e Serres.

M. P.-B.: *A diferença histórica é bem surpreendente, se pensarmos que hoje, filosofia e psicologia são dois mundos que se ignoram muito frequentemente. Ora, está aí um elemento importante para compreender o percurso de Foucault e a relação muito singular que ele sempre estabeleceu entre filosofia e não filosofia: em que contexto esse cuidado de fazer cruzar-se a reflexão filosófica e os saberes conexos se originou?*

D. D.: Na época, a relação entre filosofia e ciências humanas era completamente recente, do ponto de vista acadêmico: Foucault foi um dos primeiros a obter a licenciatura em psicologia, que acabava de ser criada, e terminou, depois de seu concurso de filosofia, as especializações em psicopatologia. Mais tarde, quando os psicólogos chegaram com força durante a criação de Vincennes, ele os conhecia e tinha estudado com eles. Ele chamava essa disciplina de "rato e labirinto"... Em Vincennes, ele contribuiu com a criação do primeiro departamento universitário de psicanálise com Serge Leclaire.

De minha parte, quando eu era estudante em Lyon, não havia licenciatura em sociologia, mas um curso de "moral e sociologia" – a formação em sociologia era a metade de um ano de moral, o que provocou um belo pânico quando, ficando doente o professor de moral, o exame tratou, pela primeira vez, de uma questão de sociologia! Um assunto sobre os esquimós, quase todo mundo foi obrigado a entregar uma folha em branco... Foi assim que eu me tornei sociólogo. No exame oral, o professor, que ia daí a pouco aposentar-se, me perguntou se eu conhecia Lévi-Strauss, ele admitia não tê-lo ainda lido.

Para compreender bem como o cruzamento dessas disciplinas se operou para Foucault, é preciso lembrar-se de alguém que foi muito influente em sua formação: Ignace Meyerson (nascido em Varsóvia, em 1888 – morto em 1983), o fundador da psicologia histórica e comparativa, e animador do *Journal de Psychologie Normale et Pathologique*. Meyerson foi também um daqueles que formaram Marcel Detienne e Jean-Pierre Vernant, aconselhando a este, que era historiador e marxista, investir-se num domínio de que os marxistas não poderiam assumir o controle ideológico: a história da Grécia antiga.

Foi o que Vernant contou a Foucault...

Compreender-se-á melhor, eu penso, como o trabalho de Vernant tem a ver, ao mesmo tempo, com a psicologia histórica e com uma história da razão que cruza, pois, diretamente com uma noção filosófica. Não se está longe da maneira como, no curso de 1970, Foucault vai convocar o conceito de *aletheia* que não remete absolutamente a Heidegger, mas à dupla estrutural *aletheia* e *lethé*, na mitologia grega, tal como Detienne o analisa.

Caí, há pouco, numa citação de Meyerson, no exergo de uma obra do psicólogo Adolfo Fernandez-Zoïla, e que me surpreendeu: "As funções psicológicas participam das mudanças do conhecimento e do inacabado do conhecimento. Elas são em si na essência submetidas à mudança, inacabadas ou inacabáveis."

As ressonâncias com o pensamento de Foucault são evidentes. Nessa perspectiva, não se pode deixar de pensar também em Dumézil, é a partir dele que a história grega e o estruturalismo vão encontrar-se em Detienne, em Vernant, em Clémence Ramnoux.

Os trabalhos de Dumézil, Foucault os praticou também continuamente, e em detalhe – inclusive textos como, por exemplo, o *Apollon Sonore*, de 1982, que se poderia julgar muito distantes de suas preo-

cupações. Foucault encontrou aí uma preocupação para a transformação das materialidades incorporais e historicizáveis que se pode reconhecer desde *História da Loucura*, onde o motivo da permanência das funções lhe permitiu analisar como a loucura pôde encontrar-se nos lugares outrora destinados à peste ou à lepra. Assim também, alguém como Detienne invoca ainda muito regularmente Dumézil – sobre esse pensamento no cruzamento da estrutura e da história.

Dito isso, se o trânsito entre filosofia e ciências humanas era essencial a essa geração, isso se deve também ao lugar que ocupava então Merleau-Ponty, ao mesmo tempo na formação dos filósofos e dos psicólogos.

Quando eu estava no curso de filosofia, no liceu, o ensino da *Gestalttheorie* tinha um papel muito importante.

Foucault foi aluno de Merleau-Ponty; ele seguiu os cursos que este dava na ENS, em especial seu famoso curso sobre a fenomenologia e as ciências humanas. Merleau-Ponty era também um dos que falavam das ciências formais, e eu penso que ele o levou a interessar-se por Saussure.

Numa época em que os marxistas questionavam em geral o formalismo do pensamento burguês, havia em Merleau-Ponty um ponto de apoio teórico para abordar diferentemente o formalismo. Ele tinha, ao mesmo tempo, o papel de um contrapeso e de uma junção – isso enquanto sua introdução à fenomenologia era muito mais próxima de uma psicofilosofia do que aquela mais lógica iniciada, em seguida, por Suzanne Bachelard, de quem fui estudante.

M. P.-B.: *Essa relação de Foucault com Merleau-Ponty evidencia-se, no entanto, ambígua: lendo* O Nascimento da Clínica, *por exemplo, fica-se, ao mesmo tempo, perplexo com a presença, desde o prefácio, de temáticas diretamente emprestadas da Fenomenologia da percepção – "o corpo, o espaço, o olhar" –, e pela maneira como estas se encontram reinseridas numa perspectiva histórica e social que dissolve toda possibilidade de voltar a uma experiência primeira...*

D. D.: Minha relação com Foucault se exerceu em parte sobre essa dualidade.

Por um lado, Merleau-Ponty permitia na época escapar desse pensamento muito abstrato e humanista, que encarnava alguém como Jean Lacroix, meu professor da *khâgne*. Esse personalismo humanista no sentido mais vazio do termo: "O homem é esse ser que", vibrava ele permanentemente. Era a ponto que, quando Lacroix chegava na sala de aula, eu dizia: "Ah, sim, é hora de fazer filosofia, eu saio" – e eu ia embora com *La Phénoménologie de la Perception* sob o braço. Penso que quando Maurice Blanchot, no *Entretien Infini*, qualifica o humanismo de "niilismo de hoje", é em seu acordo com Foucault que ele pensa diretamente.

Mas, por outro lado, Foucault me disse um dia: "Oh, Merleau-Ponty! Seus livros são construídos como cursos de filosofia."

Percebe-se essa distância desde a *História da Loucura*, e é por isso que eu experimentei esse livro (o único que não vi nascer) como uma liberação: imediatamente esse impasse que representava para mim a referência a uma experiência fundamental se encontrava superado; enfim, não havia mais experiência diferente da histórica.

Quando comecei, há algum tempo, a observar minhas recordações do que fazia rir Foucault, a primeira coisa que me voltou foi: "O vermelho lanoso de um tapete."

M. P.-B.: *Nessa desconfiança em relação à "filosofia", toca-se numa das características constantes da postura de Foucault: essa maneira de se dizer arqueólogo, ou genealogista, mais do que filósofo, e de contornar as referências diretas aos grandes textos e autores da tradição. Como você descreveria a relação entre essa estranha evitação e sua prática real do* corpus *filosófico, sua frequentação dos filósofos?*

D. D.: Foucault, é verdade, não se diz sempre filósofo, em todo caso nas publicações de seus primeiros anos; mas não estou certo de que ele não se pense como filósofo, e penso que ele era preocupado em ser reconhecido como tal.

Ele manteve ligações muito fortes com alguns filósofos, em aparência muito mais no centro da disciplina filosófica do que ele – penso em especial em Jules Vuillemin, a quem Foucault era atento para

não decepcionar a exigência de rigor: encontram-se, nos cursos de 1970, ecos da leitura que Vuillemin tinha proposto da relação entre Heidegger e os neokantianos. Mas penso também em Jean Wahl, em Gérard Lebrun, ou em Jean Hyppolite, por quem ele tinha uma grande afeição e que ele sempre convidou a Hamburgo, à Suécia, à Tunísia, para aí fazer conferências, e em sua morte, Hyppolite legou uma parte de sua biblioteca a Foucault, em especial as obras de Beckett.

Daí a dupla homenagem, a Beckett e a Hyppolite, que se encontra em sua aula inaugural no Collège de France, *A Ordem do Discurso*. Para um germanista como Foucault, Hyppolite era um grande desbravador, e suas conferências sobre o existencialismo contaram muito. É com ele que Foucault queria defender sua tese; na Suécia, ele lhe confiou seu manuscrito da *História da Loucura* (seu datiloscrito, melhor, visto que ele mandava cada semana pelo correio seus manuscritos para datilografar em Poitiers – conheço poucas pessoas que tiveram tão pouca angústia com a ideia de fazer partir assim um manuscrito!). Hyppolite lhe aconselhou dirigir-se a Canguilhem, que declarou: "Não mude nada disso, é uma tese." Conhece-se o que vem depois...

A relação direta de Foucault com os textos filosóficos é bastante difícil de desembaraçar, ainda mais que ele trabalhava o tempo todo, numa relação indissociável de leitura e de escrita: Foucault pensa lendo e escrevendo, seu pensamento se formula numa espécie de *corpus* textual permanente. Por exemplo, eu o vi raramente ler Nietzsche; eu tinha o sentimento de que ele tinha lido quase tudo antes de conhecê-lo, e o essencial de suas notas filosóficas sobre esse autor são notas de juventude. Assim também, seu volume da *Ética*, de Spinoza é cheio de fichas compreendendo pequenos resumos. Foucault teve uma leitura intensa da filosofia durante seus anos de estudos – ainda mais que ter perdido o concurso na primeira vez foi uma humilhação profunda, que o levou a trabalhar enormemente. Sua leitura de Nietzsche, Heidegger, Spinoza, Descartes e Aristóteles data dos anos 1950; em seguida, serão retornos pontuais, mas certamente frequentes.

Essa prática se encontrou, sem dúvida, facilitada por sua aprendizagem da leitura dos filósofos, que ele me transmitiu um pouco, e que remete, eu penso, a Althusser, que devia ser um notável professor. É uma leitura de estudante de concurso: pegar um texto central numa obra, conhecê-lo com exatidão, e fazer dele todos os usos possíveis. Assim, para abordar Spinoza, Foucault me tinha dito: "Comece pela imaginação; quando se compreendeu a imaginação em Spinoza, isto é, o profetismo, pode-se fazer uma exposição sobre Descartes, sobre Freud, e tem-se toda a paisagem da filosofia dessa maneira." Seu método consistia, pois, em separar um texto, que se domina perfeitamente, e a partir do qual se tem um ponto de vista analítico sobre o conjunto da história da filosofia.

M. P.-B.: *Essa maneira particular de voltar aos textos é esclarecedora, se pensarmos na maneira como* A Antropologia do Ponto de Vista Pragmático[2], *de Kant, de que Foucault tinha feito o objeto de sua tese complementar, vai desempenhar o papel de uma espécie de motivo de discussão ao longo de toda sua obra...*

D. D.: Foucault sempre trabalhou Kant, ao longo de toda sua vida: nos últimos anos, ele releu enormemente os *Opuscules sur la Philosophie de l'Histoire*, na edição de Piobetta. Na leitura que ele propõe de "O que são as Luzes?", encontra-se esse hábito de ir procurar textos que não são centrais no *corpus*, mas que facilitam sua releitura. Tratava-se de encontrar textos de uma certa maneira menos difíceis filosoficamente, a partir dos quais se reconstitui a história da filosofia para relê-la diferentemente. Mas já é o caso para a *Antropologia*, texto incrível e marginalizado, que é, ao mesmo tempo, a grande obra de Kant durante toda sua existência...

Curiosamente, Foucault considerava, aliás, sua análise da *Antropologia* como animada em subtexto por uma leitura de Nietzsche – ou digamos que sua primeira leitura de Nietzsche foi, num sentido, póskantiana; é a ponto que ele designava sua tese complementar como "seu livro sobre Nietzsche": "Meu livro sobre Nietzsche, ele está na Sorbonne..."[3]

---

2   Há tradução brasileira – Ed. da PUC Rio.
3   Até sua edição em 2009, a *Antropologia* ficou datilografada como tese secundária na Sorbonne.

Michel Foucault

Assim, quando o curso de 1970 se abre com: "o jogo que eu queria fazer" (declaração surpreendente, se pensarmos que se tratava de sua aula inaugural no Collège), pode-se aí entender tanto um eco de Nietzsche quanto uma retomada de uma noção que ele cava numa certa leitura de viés de *Diferença e Repetição*, de Deleuze. Não se deve jamais ler Foucault no primeiro grau, e principalmente num primeiro grau histórico.

M. P.-B.: *Vamos, justamente, ao curso de 1970, do qual você se responsabiliza pela edição. Se cada volume é, tradicionalmente, acompanhado por uma "situação do curso" que precisa seu pano de fundo e os desafios, pode-se imaginar que a situação deste curso é de uma complexidade particular: Foucault acaba de ser eleito no* Collège de France *e se prepara para iniciar o que os comentadores consideram frequentemente como uma nova fase em sua produção intelectual. Nesse contexto, o que acontece, segundo você, com a relação entre o material histórico que Foucault indica e suas preocupações filosóficas?*

D. D.: O que surpreende inicialmente é a impressão de que Foucault só trabalha a história grega – mas pela história tradicional da filosofia, nem a Grécia de Hegel, nem a de Heidegger, nem a dos pré-socráticos muito na moda ainda nos anos 1960, mas a Grécia de Nietzsche dos séculos VII e VI, das transformações das relações de poder, das forças religiosas, das técnicas militares, da emergência da tirania.

Lembro-me que, na época, os ouvintes ficavam um pouco assustados, achando que era um curso de história grega, enquanto eles esperavam um curso de filosofia. Ora, na realidade, esse curso de história grega era um curso de filosofia codificado.

De modo geral, todos os cursos de Foucault são de alguma maneira codificados – mas meu sentimento, trabalhando este, é de que Foucault está em diálogo com textos filosóficos precisos, mesmo se é preciso uma certa cultura filosófica para entendê-los.

Do meu ponto de vista, esse curso é inicialmente uma discussão com esse livro difícil e muito importante para compreender Deleuze, que é *Diferença e Repetição*. É preciso reler as duas recensões que Foucault publicou nessa época dessa obra ("Theatrum philosophicum" e "Ariane se enforcou"). Textos entusiastas, quase miméticos. No fundo, *Diferença e Repetição* e *A Arqueologia do Saber* têm em comum serem textos-pivô, que se confrontam um e outro com a questão da dispersão e da diferença, mas Deleuze produz deles uma ontologia, e Foucault, uma genealogia. Visivelmente, Deleuze aqui teve um efeito liberador sobre Foucault. E eu penso que é daí que desaparece dos trabalhos de Foucault a negatividade de origem hegeliana tão importante na *História da Loucura, O Nascimento da Clínica*. E que a partir de 1970, não se verá mais durante muito tempo, salvo, talvez, nos últimos anos, as ressurgências de seu hegelianismo original.

M. P.-B.: *Quais são os desafios dessa "liberação"? De que, ou de quem se trata exatamente de se desprender para Foucault e Deleuze?*

D. D.: Dos dois lados, trata-se, de alguma maneira, de trabalhar a referência a Nietzsche contra Heidegger, de desatar, em todo caso, a relação entre um e outro. *Diferença e Repetição* me parece animado, para além das referências explícitas a Heidegger, por uma verdadeira vontade de reescrever diferentemente *Sein und Zeit*, apoiando-se na questão da repetição.

No curso parisiense, Heidegger não é mencionado; mas onde este reinscreve Nietzsche na história da metafísica pós-platônica, Foucault vai esforçar-se em mostrar, ao contrário, que ele lhe escapa inteiramente. Ele propõe, então, uma genealogia completamente diferente, distinguindo dois paradigmas da filosofia: um aristotélico (Aristóteles é lido como o primeiro antiplatônico, ou pós-platônico, mas de quem toda a filosofia se originou), o outro nietzscheano, que não recorre nem a uma teoria do conhecimento nem a uma teoria da representação, nem à relação sujeito-objeto, em proveito de um tipo completamente novo de pensamento.

M. P.-B.: *Rapidamente, é muito surpreendente constatar quanto as intervenções de Foucault no estrangeiro indicam muito mais explicitamente as referências aos filósofos como não o fazem os cursos franceses, onde Foucault parece se esforçar em apagar seus próprios vestígios...*

D. D.: Tratando-se de Heidegger, é preciso lembrar-se que este não tinha tanta influência nos Estados Unidos, ao contrário do que acontecia na França. A fenomenologia, nos Estados Unidos, tinha então uma importância minoritária, e se podia quase classificar as universidades pela importância que elas lhe atribuíam. Mas mais geralmente, é também um caso de contexto: o âmbito das conferências no estrangeiro era muito mais livre que o do Collège de France, onde a afluência (várias centenas de pessoas, uma sala sonorizada no exterior) aniquilava toda possibilidade de acolhimento e de troca.

M. P.-B.: *A maneira como Deleuze mobiliza Nietzsche para sair do horizonte heideggeriano viria, então, se o entendemos, ajudar Foucault a sair da leitura heideggeriana de Nietzsche, para dar a este um outro sentido, e um outro uso. Para tanto, um e outro vão dar do autor do* Gaio Saber *interpretações bastante diferentes...*

D. D.: Sair, eu não sei, para mim já estava feito. Não esqueçamos que o curso de 1970-1971 precede de alguns meses a tradução por Klossowski do *Nietzsche*, de Heidegger que Foucault não cita jamais.

Lembro-me que na ocasião de um curso que eu dava sobre Nietzsche em Vincennes, meus estudantes sociólogos me tinham feito observar: "É estranho, isso não tem nada a ver com o que se ouve no curso de Deleuze." Eu confio minha perplexidade a Foucault, visivelmente exultante: "É possível..."

O que interessa, então, Foucault, não é tanto a dimensão de subversão do moralismo filosófico do que como se pode estar no verdadeiro sem metafísica da verdade.

Parece-me que Foucault sempre se esforçou para fugir de toda ontologia. O artigo "Nietzsche, a genealogia, a história" é muito representativo. De modo geral, Foucault escreveu muito sobre Nietzsche – procurando a aula que lhe era consagrada, no curso de 1970, e de que não há mais vestígio, encontrei pelo menos quatro reescritas do texto sobre a história e a genealogia, e se acrescentarmos a isso o curso de Vincennes, temos o equivalente de um verdadeiro volume sobre Nietzsche! Foucault se libera de Heidegger com Deleuze, mas ele se libera de toda ontologia.

M. P.-B.: *Nesses mesmos anos, a relação com Heidegger é portadora de desafios múltiplos para o pensamento francês: afinal de contas, é sobre uma certa leitura do existencialismo heideggeriano sobre a qual Sartre pôde se garantir; por outro lado, a desconstrução, tal como Derrida a entende, pode ser compreendida como uma versão da* destruktion *da metafísica, tal como Heidegger a concebe. O curso de 1970 se situa, desse ponto de vista, a igual distância de duas rupturas – no fim dos anos 1960, a polêmica com Sartre, consecutiva à publicação de* As Palavras e as Coisas; *e em 1972, aparecerá* "Meu corpo, esse papel, esse fogo" *como anexo da* História da Loucura, *texto que acentuaria o conflito com Derrida. Você diria que essas rupturas marcam, para Foucault, uma maneira de se diferenciar, ao mesmo tempo, da geração intelectual que o precede e da que o segue?*

D. D.: Essa cronologia abrupta é, talvez, mais distensa.

A política em relação a Sartre era bem anterior, e existia na ENS quando Foucault era estudante; como Althusser o conta bem em sua biografia, na época, Sartre não era mais uma referência para essa geração de filósofos.

Essa polêmica, Foucault a evoca mais do que a suscita, e no momento em que ela ficou evidente, é pelo fato de Jean-Pierre Elkabbach, que relata conversas de que Foucault tinha querido que elas ficassem "*off*".

Pouco depois da morte de Sartre, por ocasião de um número dos *Temps Modernes*, quando Claude Lanzmann me tinha pedido que escrevesse sobre suas relações Sartre-Foucault, eu pude constatar que, embora Foucault e Sartre se tivessem aproximado no terreno político e se entendessem muito bem, não era em absoluto o caso teoricamente.

Quando um e outro falavam das prisões, era estritamente para não dizer a mesma coisa.

A polêmica com Derrida foi suscitada por este de maneira bastante curiosa. Quando da publicação da *História da Loucura*, em 1961, Derrida escreve a Foucault para lhe dizer quanto ele acha o texto admirável, acrescentando somente algumas reservas muito prudentes.

Assisto, em seguida, com Foucault, em 4 de março de 1963, à conferência de Derrida sobre "Cogito e história da loucura". Mesmo se Foucault fica um pouco machucado por fórmulas como "o totalitarismo estruturalista", não há ruptura; eles continuam a se frequentar regularmente, mesmo depois da conferência de 1966 sobre o estruturalismo, na Universidade John Hopkins, de Baltimore – o momento em que Derrida se constitui como personalidade filosófica nos Estados Unidos e afirma a oposição entre o estruturalismo, de essência fonológica, e a escrita.

Mas mesmo quando ele publica essas análises da *História da Loucura* na *Revue de Métaphysique et de Morale*, ele manda ainda a Foucault uma carta com muitos rodeios, explicando que esta publicação tinha sido suscitada por Jean Wahl... Evidentemente, quando o texto se encontra retomado pela terceira vez em *A Escrita e a Diferença* (1967), tornava-se complicado para ele pretender que o forçavam contra a vontade.

Para bem compreender o que se passa no texto de 1972, "Meu corpo, esse papel, esse fogo",[4] é preciso ter em conta um ponto que se esquece sempre: a edição integral da *História da Loucura*, publicada em 1961, é esgotada no espaço de um ano; em seguida, circula uma edição de bolso em 10/18, que consegue 10 reedições de 20 mil exemplares cada uma, edição que não comporta o fragmento incriminado por Derrida. Por essa razão, ninguém tinha as peças do dossiê. Foucault não tinha então razão para responder. Christian Bourgois, o editor que tem os direitos da coleção 10/18, não queria reeditar a edição integral. Foucault obtém sua compra por Gallimard, e o Japão compra seus direitos para uma tradução.

Os japoneses pedem a Foucault seu ponto de vista sobre a polêmica para o número especial da revista. A reedição integral está então em curso em Gallimard. Deleuze sugere a Foucault incluir essa resposta japonesa na reedição da *História da Loucura* (1972). É aí que aparece realmente a ruptura.

Tudo isso para dizer que essa famosa polêmica foi principalmente suscitada por elementos exteriores e estranhos ao Hexágono.

Evidentemente, nos cursos de 1970, Foucault fala da invenção da lei escrita no direito grego arcaico, e acrescenta: "cada um sabe que a escrita não faz a diferença". Isso faz sorrir a sala, mas Foucault não pronuncia uma passagem que ele tinha escrito intitulada "a escrita e o tirano".

M. P.-B.: *Essa expressão é tão mais interessante que ela faz eco à fórmula "logos est tyrannos", que se encontra no manuscrito ainda inédito de uma conferência intitulada "Haïr la littérature [Odiar a literatura]". Nessa conferência, pronunciada em Cornell, em 1972, Foucault ataca incidentemente o discurso da desconstrução, e a diferença que este pretende manter em relação a outros discursos, qualificados de "metafísicos"; essa pretensão lhe parece remeter a uma vasta história da maneira como alguns discursos tentaram se subtrair ao conflito dos enunciados, colocando-se como detentores de um direito superior a dizer a verdade. É o conjunto dessas estratégias de domínio que ele chama, então, "literatura". Ora, justamente, o início dos anos 1970 corresponde também ao momento em que Foucault cessa definitivamente de escrever e de publicar sobre literatura, rompendo com a série de textos críticos dos anos 1960: como você interpreta essa renúncia, ou essa rejeição?*

D. D.: Sobre isso, tenho uma hipótese. Mas não posso afirmar que ela é explicativa.

É preciso, inicialmente, lembrar que Foucault pertenceu vários anos às relações culturais. Ele tinha convidado e frequentado escritores – muito diversos, aliás: houve essa noite memorável em que, devendo acolher o presidente da associação dos escritores franceses, ele se encontrou frente a Jean Bruce, o autor de OSS 117; ele esperava um Blanchot, e se encontra com um ex-delegado de polícia para quem ele tem que fazer o passeio pelas boates de strip-tease de Hamburgo, com champanha e moçoilas no colo! Jean Bruce estava tão contente que ele ficou muito tempo em correspondência com Foucault, e o convidou à sua propriedade de Chantilly...

Ele havia também conhecido em Hamburgo Robbe-Grillet, e não é sem relação com ligações que se farão, nos anos 1960, com o novo romance e a revista *Tel Quel*.

---

4   Ver a carta a Beyssade publicada aqui mesmo.

Ora, depois de 1968 e do tipo de envolvimento com o qual Foucault se associou, e suas frequentes viagens aos Estados Unidos, ele descobre que esses escritores franceses, Nathalie Sarraute, Philippe Sollers..., que foram como uma espécie de revolução na literatura, existem também porque se tornaram o objeto do comentário dos universitários americanos – essa revolução só existe graças ao jogo do comentário acadêmico.

Nos mesmos tempos, os modos de existência que criam os jovens americanos lhe aparecem diferentemente mais ricos e revolucionários: os *flower people*, os gays, os ecologistas, os vegetarianos, que inventam comunidades o fascinam.

Naquele momento, ele deixou de ler muitos contemporâneos. Ele ia ver ainda os filmes de Duras; mas relia Thomas Mann, Tourgueniev, Gogol, Chateaubriand, de quem ele sempre gostou. Penso que foi aí a ruptura.

Conversa registrada por Mathieu Potte-Bonneville, outono de 2010.

No Collège de France

Entrevista com François Ewald

Philippe Artières: *Você pode voltar sobre o seu encontro?*

François Ewald: Comecei lendo Foucault, *As Palavras e as Coisas*, no momento de sua publicação, às vésperas das férias, em 1966. Época feliz e desesperada.

Eu era estudante de filosofia na Sorbonne. Vinha do liceu Lakanal (Sceaux), onde eu tinha conhecido François George. Ele acaba de publicar *L'Autopsie de Dieu*, um livro que Christian Bourgois tinha publicado com uma capa dura. Talento, ousadia, juventude, física, ele se mostrava um pouco como uma reencarnação de Arthur Rimbaud. Principalmente, ele conhecia o mundo universitário (seu pai era o professor de geografia, Pierre George) e o dos intelectuais. Ele tinha frequentado os situacionistas. Ele me conduziu num mundo que eu não conhecia absolutamente. Esses anos são anos de grande intensidade intelectual. Havia sempre a presença de Sartre e de Merleau-Ponty (íamos ver Claude Lefort, na rua de l'Abbé-de-l'Épée, retranscrevíamos os resumos de seus cursos no Collège de France), mas principalmente a eclosão do estruturalismo e o deslocamento do centro da atividade intelectual para a rua d'Ulm, nº 45, na Escola Normal Superior. Louis Althusser ensina aí a filosofia e renova a leitura de Marx. Jacques Lacan instala aí seu seminário (que eu seguia assiduamente), mas principalmente um grupo de normalianos vai fazer aí os *Cahiers pour l'Analyse* e começa sua carreira ensinando na Sorbonne. François George sabe tudo isso. Graças a ele eu pude participar dessa agitação, seguir os primeiros cursos de Jacques-Allain Miller (um tempo assistente de moral) ou de Baudelot e Establet e de Pierre Macherey. Tudo isso era muito estimulante. Essa família se tornou a minha. Foi nesse contexto que eu devorei *As Palavras e as Coisas*, um mundo estranho e difícil para alguém que tinha começado a filosofia lendo Sartre, *O Ser e o Nada*, o maravilhoso *São Genet, Crítica da Razão Dialética*. Eis quanto ao aspecto feliz, a juventude, um momento de que eu me lembro como muito luminoso, uma produção cultural francesa muito viva no cinema (a Nouvelle Vague), em ciências humanas, em história. E a despreocupação com o fim da guerra da Argélia.

Uma época desesperada também. Vivia-se uma espécie de fim da história à Kojève. Nada de envolvimento político. O estruturalismo ensinava que se podia querer tudo o que se quisesse, estávamos na repetição, as estruturas decidiam sobre tudo. O sujeito era uma espécie de efeito de superfície. A grande palavra na moda devia ser "função", "funcionamento": "funcionava-se".

Toda semana, no seminário de Lacan, ia-se desiludindo. Com François George, tinha-se imaginado publicar uma revista: *Les Cahiers pour l'Époché* (a suspensão do julgamento), um misto de *Cahiers pour l'Analyse*, de fenomenologia, de envolvimento invertido. Eles nunca viram, evidentemente, a luz do dia. Não teriam jamais tido senão dois autores: seus fundadores. Tínhamos imaginado indicar que "todo manuscrito enviado à redação seria destruído". Havia uma grande diferença entre a intensidade da vida intelectual e a vida política, entre De Gaulle (de que gostávamos), Pompidou, Lecanuet (com seu sorriso), Mitterrand e Waldeck-Rocher (que pareciam tão velhos). Pierre Viansson-Ponté exprimirá essa estranha atmosfera pela expressão famosa: "A França se entedia."

P. A.: *É o momento de sua leitura de Foucault.*

F. E.: É nesse contexto que leio *As Palavras e as Coisas*, que percebo aí uma grande virada, que me pego a sonhar com "*epistemes*". Mas, na época, Foucault está em Túnis. Difícil então ir acompanhar seus cursos.

Com isso chega maio de 1968. Eu estava realmente com a cabeça em outro lugar. Eu estava com George, no Quartier Latin, nessa noite do início de maio quando as CRS [Companhias Republicanas de Segurança] começaram a cercar a Sorbonne. Era lúgubre. Mas éramos espectadores. Só descobriremos a imagem de Cohn-Bendit depois. Tudo ia mudar. A história recomeçava. A velha figura do engajamento redescobria sua atualidade. Alguém dirá na época: "As estruturas desceram na rua." Era bem visto. Não se falaria mais doravante de "estrutura". Juntei-me aos maoístas de *La Cause du Peuple* [A Causa do Povo] sem dúvida no fim de 1968 ou início de 1969. Por quê? Eu era inicialmente fundamentalmente anti-PCF (Partido Comunista Francês). Aí eu encontrava os intelectuais da família estruturalista, André Glucksmann que encontrei em Vincennes, mas também Gilles Deleuze. Se era preciso envolver-se, não podia ser num partido político do antigo mundo. Ora, entre os grupinhos, os maos concentravam a inteligência e a vida, todo o contrário das paixões tristes. Pouco interesse pela organização, muito pelo que havia a fazer. O contrário dos trotskistas, que só sonham em perseverar em sê-lo. Havia sem dúvida também um aspecto de entrada em jogo pessoal, de exposição de si numa relação arriscada com o poder.

Foi nesse contexto que fui nomeado professor de filosofia no liceu de Bruay-en-Artois, um dos centros históricos da bacia mineira do Pas-de-Calais. Era a época de fechamento das minas, mas em Bruay funcionava ainda uma mina importante, a número 6. A população era a dos mineiros, aposentados ou em atividade. Eu ensinava aos seus filhos, muitos poloneses. Não me queixei de uma designação que me colocava no centro do "proletariado". Mas não procurei no início fazer agitação. Comecei fazendo consciensiosa e exclusivamente meu trabalho de professor. Os alunos não queriam mudar o mundo, mas ter seu *baccalauréat*, passar nos exames. Ajudá-los nisso era a primeira maneira de servir ao povo. Só me juntei aos maos do lugar depois do Tribunal popular de Lens (fim de 1970), contraprocesso das Hulheiras organizado pelos maos, onde Sartre virá exercer o papel de procurador, para ajudar militantes acusados de ter lançado coquetéis Molotov depois da catástrofe de Fouquières-les-Lens. Os maos pensarão então em reforçar o modelo do "tribunal" popular. Em especial na organização de um tribunal popular sobre a polícia, que dará lugar a uma troca importante com Foucault sobre o que implica a forma do tribunal.

Professor em Bruay, militante, não tenho a possibilidade de seguir os cursos de Foucault no Collège de France. Nisso chega "o caso de Bruay". Uma jovem filha de mineiro, Brigitte Dewevre, foi encontrada assassinada num terreno baldio. O juiz de instrução, o famoso "pequeno juiz" Pascal, culpa o tabelião da cidade e o coloca em detenção provisória. Seus amigos procuram liberá-lo e, para isso, obter o desligamento do juiz. A população assume a defesa do juiz. Os maos, que têm que se sentir no seio das massas, juntam-se ao movimento e procuram organizá-lo. Será o nascimento do primeiro "Comitê verdade e justiça", uma forma que vai proliferar durante um tempo. Foucault vai intervir durante a reunião de um tal comitê em Grenoble, se bem me recordo. O caso toma uma importância considerável. Ela apaixona a opinião. Por muitas razões. Há o próprio mistério do crime, roteirizado numa espécie de nostalgia da oposição de classes. Há o suspense relativo à solução do procedimento de desligamento do juiz Pascal. Há a relação dos intelectuais com um movimento de massa que pode parecer não respeitar a defesa dos direitos do homem.

Foucault foi o primeiro intelectual que veio ver *in loco* (Edgar Morin, Sartre, Clavel virão, mas mais tarde). Para mim, um gesto foucaudiano. Não se deixar levar pelo jogo das interpretações, dos esquemas abstratos, decepcioná-los, ao contrário, pela confrontação com os fatos como aconteceram. Esse deslocamento, que ele faz com Daniel Defert, é para mim uma prática de veracidade tipicamente foucauldiana: os fatos mais que as interpretações. Decepcionar as interpretações pela constatação dos fatos. Foucault ficará afastado do caso e, em especial, da roteirização feita por *A Causa do Povo*, que não vai escapar a deslizes sórdidos onde o tamanho dos bifes que ele engolia devia provar a culpa do tabelião. Essa investigação levou Foucault à pequena casa de mineiro onde eu morava em Bruay. Foi assim que o encontrei. Mantivemo-nos em relação. Em seguida, Foucault mencionará várias vezes "o caso" de Bruay.

P. A.: *Como se passa de professor de filosofia no Liceu de Bruay a assistente de Michel Foucault no Collège de France?*

F. E.: Há razões gerais e razões particulares.

As razões gerais têm a ver com a história dos maos e a sua vontade de se "dissolver". A história do "caso de Bruay" vai ter grandes consequências no movimento em si. Os delírios de *A Causa do Povo* vão provocar uma parada marcada por um artigo de Sartre, e a distância tomada pelos intelectuais. A força dos maos era unir movimentos sociais heterogêneos. "O caso de Bruay" vai contribuir para separar o que tinha sido unido. Por outro lado, os maos não tinham como objetivo preservar-se como organização. A organização era feita para se dissolver nos combates. Lip será a última grande batalha, antes de se passar a outra coisa, em especial, a criação de *Libération*. Estamos, se não me engano, em 1973. Tudo isso vai muito depressa.

Um certo número de militantes vai então voltar à experiência que acabam de viver por um trabalho intelectual, um trabalho de genealogia deles próprios e de seu envolvimento. Lanço-me num trabalho sobre a história da Companhia das Minas de Bruay, um minucioso trabalho de arquivista. Eu sabia tudo sobre a Companhia de Jules Marmottan, cujo irmão, médico, ia fundar o museu que leva seu nome. Descubro então a problemática das instituições patronais, isto é, a questão do poder na organização das companhias mineiras. Uma visão que vou encontrar no relato que um ex-operário da Companhia de Bruay, muito engajado na CGT da guerra e do pós-guerra escreveu sobre seu funcionamento. Eu o publicarei por Grasset: *Parole d'Ouvrier* [Palavra de Operário], acompanhando-o por um longo prefácio.

Descubro também como se construiu o mito do "mineiro", desde Henri IV até nossos dias, passando por Napoleão. Havia, com efeito, um problema a resolver: os mineiros que eu frequentava não tinham outra frase na boca concernente a seus filhos: eles têm que escapar da mina. As mesmas crianças que eu encontrava no ano de seu "*bac*" no liceu. Por outro lado, planava uma valorização da profissão e homens que deveriam ter levado a atitudes inversas. A realidade é que a profissão é tão difícil, tão ingrata, que foi preciso, desde a origem, acompanhá-la com toda uma propaganda celebrando o heroísmo daquele que a ela se dedicava. Encontram-se textos que dão testemunho muito precisamente de verdadeiras campanhas orquestradas, por exemplo, por ocasião de catástrofes. O *Germinal*, de Zola, faz parte dessa literatura ambígua. Isso termina de maneira bastante sórdida nos textos de André Stil – *Le Mot "Mineur" Camarade* – e com as pinturas de Fougeron.

Os arquivos do Pas-de-Calais e a Biblioteca Nacional foram os lugares de uma anamnese ao mesmo tempo individual e coletiva. Coletiva, porque eu estava longe de ser o único a viver na época as mesmas coisas.

De uma maneira mais singular, mantive contato com Foucault, dialoguei, trabalhei com ele. Meu distanciamento não me permitia acompanhar os cursos, mas pude seguir o último ano do seminário sobre a perícia psiquiátrica. Aparece, em fevereiro de 1975, *Vigiar e Punir*, onde me encontro completamente. Lanço-me na redação de um artigo, "Anatomie et Corps Politiques", de que Foucault vai gostar e que será publicado por *Critique*, depois de um texto de Gilles Deleuze. Era bem gratificante. Mas eu continuava professor em Bruay.

Foucault tinha a intenção de me trazer para o Collège de France, para me tirar de lá. Ele não tinha assistente. Ele vai entender-se com o administrador geral da época para que eu herde o posto de subdiretor de laboratório que acabava de se liberar em sua cadeira. Ele se esforçou muito nisso. Consagrou seu tempo. Escreveu uma longa carta ao administrador. Finalmente, obtive o posto. Felicidade. Mas eu já trabalhava com ele.

Então, a questão me veio: fazer o concurso, que eu não tinha podido preparar por razões de militância, ou fazer uma tese. Foucault me disse que fizesse a tese. Fiz minha tese sobre um assunto que ele, de alguma maneira, me confiou.

Eu conhecia bem, por meu trabalho sobre as companhias mineiras, as instituições de poder nas empresas industriais. Graças a Daniel Defert, eu tinha sido associado a um trabalho que lhe havia pedido um amigo que trabalhava no serviço dos estudos do Ministério do Trabalho. Em 1974, a morte de um operário numa empresa de Lens tinha provocado a prisão do patrão. Isso tinha suscitado uma grande emoção. A questão dos acidentes do trabalho voltava à cena. O Ministério do Trabalho queria uma perícia. Eu me impliquei muito nesse trabalho e me lancei numa genealogia da grande lei de 1898 sobre os acidentes do trabalho, uma lei que tinha sido feita para que os acidentes do trabalho dessem ocasião a

transações mais do que a processos. Foi nessa ocasião que descobri que tantas coisas giravam em torno do tríptico: risco, seguro, responsabilidade.

No mesmo momento, Foucault, em seus trabalhos sobre a perícia psiquiátrica e as transformações do direito penal no fim do século XIX (o nascimento da doutrina da "Defesa social" com Adolphe Prins), tinha identificado a importância da noção de traumatismo, de acidente – de estrada de ferro ou de trabalho – no nascimento da psicanálise como numa visão do crime objetivado como "risco social". A nova visão das políticas penais tinha sua origem na gestão civil de eventos que vão ser tratados como "riscos". Ele me convidou a trabalhar com essa questão. Foi o que fiz. O projeto me permitia retomar sob uma nova luz os trabalhos que eu tinha feito, concentrando-me em materiais jurídicos. Havia, assim, uma espécie de divisão do trabalho com as pesquisas que Foucault fazia. Minha tese se inscrevia num domínio que ele tinha determinado, complementar aos seus próprios trabalhos, mas que ele não queria fazer diretamente. Era uma boa articulação. Não se tratava de trabalhar com os mesmos objetos que ele. O resultado será a tese que vou defender em 1986, infelizmente depois de sua morte, sob o título: "Risco, seguro, segurança", e que será publicada por Grasset sob o título de *L'État Providence*.

P. A.: *O que era ser assistente de Foucault?*

F. E.: Tudo, exceto ajudá-lo em seus próprios trabalhos. Mas fazer aquilo por que ele me tinha feito vir junto dele – minha tese –, e Foucault fazia questão que se trabalhasse. E liberá-lo tanto quanto possível dos encargos que podiam distraí-lo de seu próprio trabalho. Mas também propor-lhe iniciativas.

Foucault ficava essencialmente no Collège de France de janeiro a março, para suas aulas, mesmo não utilizando seu "escritório". Na primavera e no outono, ele viajava frequentemente ao exterior. Ele dizia que tinha 24 horas de ensino a fazer: 12 horas de aulas e 12 horas de seminário. Isso pode parecer pouco. De fato, Foucault fazia mais. Era um professor generoso, que procurava dar o máximo aos seus ouvintes. Tem-se disso muitos testemunhos. É assim que se deve interpretar sua busca de uma forma de ensino que lhe permitiria ser tão engajado quanto possível sem as frustrações da aula magistral pública. Principalmente esse horário se explica porque a regra do Collège é que, cada ano, os professores vêm expor trabalhos de pesquisa inéditos. Proibido reiniciar de um ano a outro com o mesmo tema. Cada ano encontrar uma inspiração nova. Na realidade a carga é muito pesada, ainda mais que na época o Collège reunia todas as vedetes intelectuais do momento. Muita gente seguia os diferentes cursos, sem que se soubesse bem de quem era composta essa assistência. Para os professores, era muito penoso: eles não podiam decepcionar. Seria muito desagradável que a assistência a curso deles diminuísse. Cada aula era um risco. Foucault viverá isso sempre mais dificilmente, sonhando com um dispositivo de trabalho fechado, de um "seminário" em que pudesse sair de tais desafios públicos, um "verdadeiro" trabalho.

O curso começava em janeiro. Mas Foucault teria que dar o título de seu curso vários meses antes, para a impressão do cartaz dos cursos do Collège de France. A ideia do curso que ele tinha naquele momento não era necessariamente a que ele ia tratar no momento em que ele fosse começar seu curso. De onde algumas diferenças entre o título do curso e o assunto efetivamente tratado.

A proximidade do início do curso, no mês de dezembro, tornava-o ansioso, nervoso. O curso é uma forma própria que não se reduz à exposição de um trabalho em evolução. Cada ano conta uma história que os ouvintes vão seguir com assiduidade. Cada curso concentra uma singular alquimia: a vontade de fazer partilhar uma pesquisa, mas também uma dramatização, a encenação de uma história que vai durar por três meses, semana após semana, os ouvintes atentos. Não deve haver folga. A publicação dos cursos permite encontrar sua construção. O início, quando Foucault procura ainda seu tema, e que ele consagra a retomadas, sínteses, temas que se originam no ano anterior, mas que ele não vai demorar a abandonar ou a transformar em função do que se torna realmente o objeto de seu interesse e que ele se põe então a aprofundar com paixão, numa tensão palpável que só termina no fim da última aula do ano. Mas se os cursos de Foucault tinham tanto sucesso, não era somente pela matéria que era aí tratada, senão porque, por meio daquilo de que ele tratava e a maneira como ele o fazia, se tinha a impressão de uma leitura da atualidade. Singular diagonal entre trabalhos muito eruditos e a atualidade que fazia todo o valor do

curso para aqueles que os seguiam. A alquimia sempre funcionou, salvo uma vez, o que o tornou muito infeliz: o primeiro ano "grego". O curso, muito erudito, não conseguia encontrar sua dramatização.

O curso obedecia a uma forma própria, muito exigente, que faz com que eles não sejam livros, que cada um tenha sua própria consistência, mesmo se o tema pudesse ser retomado em um livro. Alguns puderam ser retomados – os primeiros anos em *Vigiar e Punir*, *É Preciso Defender a Sociedade* no último capítulo de *A Vontade de Saber* –, outros ficaram inéditos, como os sobre a governamentalidade, a *parrhèsia* ou as técnicas de si. Nesse caso, o trabalho do curso levou Foucault a uma exploração específica de que ele imagina diferentes tipos de retomada em livros. Ele sonhou, por exemplo, com um livro sobre a governamentalidade socialista (ou antes a ausência de governamentalidade). Ele tinha previsto dar ao Seuil na coleção "Des Travaux", que ele tinha fundado, um livro sobre as técnicas de si.

Nesse domínio, o trabalho do assistente era apoiá-lo, estimulá-lo, mas também – mais importante para hoje – fazer com que houvesse uma gravação de boa qualidade. Como eu podia penetrar na sala antes do bando de ouvintes, eu me virava para guardar um lugar na primeira fileira para Jacques Lagrange, que tinha paixão pela gravação das aulas de Foucault e fazia isso muito bem. Pequeno detalhe que se revelará muito útil para a publicação dos cursos.

Apeguei-me a aliviá-lo da organização do "seminário", onde sobre um tema dado vinham exprimir-se alguns especialistas e amigos. Fazia disso meu trabalho de maneira que ele não tivesse que vir participar das sessões. Na realidade, houve muitos "seminários" no âmbito da "Cadeira de sistemas de pensamento". Havia o seminário oficial, anunciado no cartaz do Collège de France. No momento dos cursos sobre o liberalismo, e depois do texto de Paul Veyne, "Foucault revoluciona a história", houve algumas reuniões – fora, então, do seminário – em seu gabinete. Uma espécie, pois, de seminário fechado. Isso não deu grande coisa, fora uma exposição de Paul Veyne de que se guardou a gravação. Houve também o seminário de "sociologia do direito" que eu organizei com Jacques Commaille durante vários anos. Um seminário relativamente importante, por que foi desse recinto que saiu a renovação de interesse pelo direito na França, num estilo que se livrava das críticas marxistas. Foucault não ia a ele, mesmo se o seminário se desenvolvia no âmbito de sua cadeira. No rasto nasceu o projeto de um seminário de "filosofia do direito" de que algumas sessões aconteceram em presença do melhor da filosofia do direito francesa da época. Foucault estava presente. Mas um pouco decepcionado do que se dizia que era, com efeito, muito confinado em problemáticas disciplinares próprias às faculdades de direito. Não impede que o assunto interessava suficientemente a Foucault para que ele empreendesse perenizar o projeto, abrindo-o a todos os que ele considerava. Ele queria fazer desse seminário de "filosofia do direito" o equivalente ao que ele mantinha em Berkeley. Nesse âmbito, ele tinha ido ver Robert Badinter, então ministro da Justiça, para obter seu apoio e créditos. Ele se tinha até comprometido em fazer para Badinter um trabalho sobre o "ciclo da pena" (passaríamos de momentos mais repressivos a momentos menos repressivos) no qual ele não acreditava. Mas ele queria de tal maneira criar esse seminário que ele tinha aceito o comando. Era o ano antes de sua morte. Ele convidava a juntar-se a ele toda pessoa que ele considerava, qualquer que fosse sua especialidade, tanto que eu perguntava às vezes o que isso poderia resultar do ponto de vista da filosofia do direito.

Ser assistente de Foucault, na proximidade que era a minha, era dividir seus envolvimentos e suas explosões de riso, participar desses envolvimentos, propor-lhe coisas. As lembranças se misturam entre o debate com os historiadores (que dará *L'Impossible Prison*), o trabalho sobre o nominalismo (que explica em parte seu interesse pelo liberalismo), a mobilização em torno de *Solidarnosc*, a relação com o socialismo mitterrandiano (o "silêncio dos intelectuais") que vai levá-lo a propor a Bernard Kouchner e a Médecins du Monde a criação de "L'Académie Tarnier", até o projeto de criação de uma revista. Foucault tinha diversos círculos que ele não procurava misturar. Eu estava no centro do círculo que gravitava em torno do Collège de France.

P. A.: *Foucault, no fim de sua vida, não falava em deixar o Collège de France?*

F. E.: Com efeito, nos últimos anos, Foucault procurava dar uma nova organização à sua vida. Ele não imaginava esperar sua aposentadoria no Collège de France. A ideia, me parece, lhe parecia impossível. Ele evocava muitas vezes o precedente de Étienne Gilson que, eu penso, tinha partido para o Canadá. Ele tinha sua base em Berkeley. Ele queria lhe dar seu equivalente em Paris (o seminário de filosofia do direito de que falei). Ele evocava também a possibilidade de fazer missões para Médecins du Monde (era depois da Île de Lumière e o salvamento dos *boat-people* no mar da China). Ele tinha comprado sua bela casa de Verrue onde ele dizia querer viver. Daniel Defert me confiou recentemente que era no projeto dessa retirada que ele queria que eu cuidasse do seminário de filosofia do direito que nós estávamos instalando no Collège de France.

Conversa registrada por Philippe Artières, inverno de 2010.

Militar juntos

Entrevista com Danielle Rancière

Danielle Rancière: Encontrei Michel Foucault pela primeira vez em 1964. Em 1966, ele defendeu minha candidatura a um cargo de professor colaborador no departamento de Filosofia da Universidade de São Paulo. Deixei, então, Paris, em março de 1966 e voltei definitivamente do Brasil no fim de 1969. Militei, então, na Gauche Prolétarienne (GP) – Esquerda Proletária. Minha atividade militante consistia em vender *A Causa do Povo*, e a distribuir panfletos na porta da fábrica Géo no Kremlin-Bicêtre. Era uma fábrica que empregava quase exclusivamente portuguesas, e eu conhecia o português que tinha aprendido no Brasil; como eu tinha o sotaque brasileiro, isso fazia rir as operárias e a acolhida era bastante favorável. Mas para redigir nossos panfletos, tínhamos necessidade de saber o que acontecia na fábrica. Nossa informação vinha essencialmente por meio de um operário cabila e que trabalhava na manutenção das máquinas, que nos dava preciosas informações sobre as condições de trabalho, o comportamento dos "pequenos chefes" e as reivindicações mais costumeiras das operárias, na maior parte não sindicalizadas. Nossos panfletos, mais do que um apelo à revolta, procuravam liberar a palavra das operárias. Não penso que eles tenham tido alguma eficácia, mas, pessoalmente, essa prática me ensinou muito e eu acredito que ela serviu, em parte, como modelo para a atividade militante que tínhamos desenvolvido no Grupo de Informação sobre as Prisões (GIP). Interrompi minhas atividades na primavera de 1970, no momento da prisão dos diretores de *A Causa do Povo* e da dissolução da GP. A atividade militante indo, então, para a Frente Democrática (*Front Démocratique*), no âmbito do *Secours Rouge* – Socorro Vermelho. O aumento do número de militantes encarcerados motivou a formação da Organização dos Prisioneiros Políticos.

Philippe Artières: *O grupo da Organização dos Prisioneiros Políticos (OPP) começou a trabalhar durante o verão de 1970?*

D. R.: Efetivamente, a OPP foi formada para coordenar a ação dos prisioneiros, para obter o regime político, recolher e divulgar as informações que eles davam sobre suas condições de vida na prisão e garantir sua defesa com um coletivo de advogados. Houve, em setembro, uma primeira greve de fome que tinha por objetivo fazer pressão sobre o Ministério da Justiça para a obtenção do regime político, mas que exprimia também um protesto contra as condições de vida penitenciária que os grevistas de fome dividiam com os direitos comuns. Alguns membros do Socorro Vermelho foram mobilizados e participaram de uma manifestação na Praça Vendôme, diante do Ministério da Justiça, contra a supressão dos pacotes de Natal; como eu não estava lá, não sei se Michel Foucault participou disso.

A direção da GP desejava há algum tempo integrar Michel Foucault na Frente Democrática, como ela tinha feito com outros intelectuais. Em janeiro de 1971, houve uma segunda greve de fome, que implicava não somente os prisioneiros no interior das prisões, mas no exterior, na Capela Saint-Bernard, personalidades como Michèle Vian ou militantes mais anônimos. O objetivo dessa segunda greve era não somente obter para os prisioneiros uma mudança do regime de detenção, mas também alertar a opinião sobre o arbitrário que podia levar qualquer cidadão para a prisão e sobre as condições de vida penitenciária.

Parece-me que foi nesse momento que a direção da GP perguntou a Michel Foucault se ele estava pronto a apoiar a ação dos grevistas de fome e a intervir na questão das prisões, integrando a Frente Democrática, o que queria dizer sob o controle da GP. Michel Foucault disse que estava inteiramente de acordo para intervir, mobilizando a opinião, desenvolvendo a pesquisa de informações sobre as condições penitenciárias e a garantir sua divulgação, mas que ele desejava fazê-lo de uma maneira independente

e autônoma. Foi sem dúvida nesse momento que nasceu a ideia do GIP, que pertence completamente a Michel Foucault, e à sua preocupação de escapar de qualquer forma de manipulação.

Na realidade, o GIP só será realmente nominado e fundado em 8 de fevereiro de 1971, no fim da conferência de imprensa onde tinha sido anunciada pelos advogados Kiejman e Leclerc a criação de uma comissão de trabalho sobre a obtenção de um regime especial de detenção. Uma vez criado o GIP e patrocinado por personalidades como Jean-Marie Domenach e Pierre Vidal-Naquet, era preciso ainda dar-lhe uma base concreta e fazê-lo funcionar, o que foi, num primeiro tempo, a tarefa de pessoas que, como eu ou Daniel Defert, tinham militado na GP, mas que desejavam tomar distância da organização e de alguns de seus métodos.

Alguns membros da OPP tinham sintetizado as informações enviadas pelos prisioneiros políticos ou suas famílias sobre as condições de detenção, os vexames, as violações de seus direitos; essa síntese levava o título de *Rapport sur les Prisons – Relatório sobre as Prisões*. No momento da criação do GIP, em fevereiro de 1971, decidimos com Michel Foucault elaborar, a partir desse relatório, um questionário que devia entrar nas prisões para ser preenchido pelos próprios detentos. Esse trabalho foi efetuado de uma maneira totalmente independente por uma equipe de três pessoas, eu, Claude Liscia e Christine Martineau, e o questionário de ter terminado na metade de fevereiro; submetemo-lo a Michel Foucault, a Daniel Defert, e aos outros companheiros do GIP, que o aprovaram. Talvez tenha sido nesse momento que Michel Foucault desenvolveu o conceito de investigação intolerância.

No fim de fevereiro, Michel Foucault organizou, em seu domicílio, uma grande reunião onde havia magistrados "críticos" em relação ao sistema, jornalistas, médicos, sem dúvida, pessoas que trabalhavam na prisão, talvez até antigos detentos; tratava-se de submeter à discussão nosso projeto e o questionário. A acolhida, se minha memória é boa, foi bastante simpática e deixava antever que seríamos apoiados em nossa empreitada.

P. A.: *Você tinha a mesma impressão que Foucault de que, no fundo, a única coisa que interessava nessa reunião era esse questionário?*

D. R.: Enfim, foi o que disseram...

P. A.: *Isso foi dito por um certo número. A saber, que o projeto era reunir de uma só vez magistrados, jornalistas, ver como se podia produzir informação sobre a prisão.*

D. R.: Não sabíamos ainda muito bem como proceder. Não queríamos que fosse uma investigação oficial, uma investigação autorizada. Donde a questão: como investigar? Pessoalmente, eu propunha, talvez sem dizê-lo expressamente, tomar como modelo a investigação maoísta tal como era praticada na GP. Isso existia, a investigação maoísta, que consistia em ir interrogar pessoas para saber o que elas tinham a dizer: suas revoltas, suas cóleras; e, em seguida, em "remeter" a informação como se o investigador fosse apenas um espelho; enfim, divulgar pela imprensa ou por panfletos o que se tinha sabido.

P. A.: *Vocês tinham conhecimento, naquele momento, do que se fazia na Itália em Lotta Continua?*

D. R.: Não, pessoalmente, eu não tinha realmente conhecimento. Já se começava a avaliar. Desde fevereiro tentava-se construir uma espécie de rede de pessoas que trabalhavam nas prisões, educadores, assistentes sociais, médicos. Para dar um exemplo, uma amiga me havia colocado em relação com uma senhora, assistente social na Santé, que se chamava Caen-Nissim, grande senhora, mais filantropa e humanista que funcionária, ela era muito revoltada com o que via. Ela aceitou com boa vontade fazer entrar nosso questionário na prisão para recuperá-lo depois de preenchido: encontrou até o meio de confiá-lo a um detento que era bibliotecário e que tinha a possibilidade de circular na prisão, foi ele quem preencheu e fez preencher os primeiros questionários que recebemos.

P. A.: *Sobre o nome do grupo houve discussões?*

D. R.: Acredito que foi uma ideia de Foucault e nós estávamos de acordo. Mas eu não me lembro que se tenha debatido sobre isso no GIP. A ideia de informação era o centro de nossas preocupações.

P. A.: *Mesmo assim, houve um sinal...*

D. R.: É claro, na GP. Mas, com certeza, ele não foi debatido com os dirigentes. Mesmo se as intenções do GIP, o projeto de uma investigação de um tipo novo que implicaria os próprios detentos, devem ter sido expostas por Michel Foucault à direção da GP, como ele o desejava, nós ficávamos totalmente independentes.

P. A.: *Que ligações Daniel Defert teve com a GP?*

D. R.: Ele estava na Organização dos Prisioneiros Políticos (OPP). E a OPP estava diretamente sob a direção da GP, de Pierre Victor e de sua guarda próxima. Porque nesse momento, o que estava no centro das preocupações da direção da GP era, parece-me, a questão dos prisioneiros políticos e de seus apoios, em especial no momento da segunda greve de fome.

No interior do GIP, pelo menos nesse momento, do que conheço, não havia debate, as decisões se tomavam de maneira espontânea e consensual, o que era preferível, porque éramos em número muito pequeno. Depois do anúncio de 8 de fevereiro e da fundação do GIP, era preciso colocar-se ao trabalho. Uma vez elaborado o questionário, pensar na maneira como se ia divulgá-lo, inventar um modelo de intervenção, sabia-se que precisávamos encontrar ligações, mediadores entre as pessoas que circulavam na prisão e que dela saíam; isso nos levava a mobilizar todas as nossas relações para saber quem conhecia pessoas que intervinham na prisão prontas para colaborar conosco, ou ainda ex-detentos, que poderiam nos trazer informações, eventualmente preencher o questionário.

Além disso, devíamos organizar-nos para estar "presentes" no maior número de prisões possível e inicialmente nas prisões parisienses, ficando do lado de fora, de onde a ideia de um grupo por prisão, que devia intervir como entendesse, mas respeitando alguns protocolos: distribuir panfletos às famílias que esperavam do lado de fora o horário do parlatório, tentar entrar em contato com elas para recolher e fazer circular a informação, ter um correspondente local que pudesse fazer preencher o questionário etc.

P. A.: *E a presença de Jean-Marie Domenach e a ideia de que* Esprit *pudesse desempenhar um papel junto aos trabalhadores sociais?*

D. R.: Certamente, porque os trabalhadores sociais ficaram nos primeiros lugares; eles serão nossos principais mediadores, mostrando uma intolerância cada vez mais forte em relação ao que eles julgavam escandaloso.

P. A.: *Foucault entra, no outono de 1971, para o Collège de France.*

D. R.: Por todos os tipos de razões, ele não tem nossa disponibilidade militante. Mas ele é muito presente, redige os primeiros panfletos conosco e nos acompanha algumas vezes até as portas da prisão. Ele estará conosco na porta da Santé, em 1º de maio, quando seremos presos e conduzidos à delegacia por distribuição ilegal de panfletos na via pública. Com os grupos que intervinham em Fresnes, Fleury ou na Petite Roquette, trocávamos experiências, com as informações recolhidas e os questionários preenchidos, às vezes, em reuniões, algumas que aconteceram na casa do próprio Foucault e com sua presença, ou na Cimade, ou ainda na rua Buffon. Muito rapidamente, os questionários circulam em Paris, na província, onde grupos GIP se organizam em torno de diferentes prisões. Em abril, ficamos submersos pela correspondência que chega à rua de Vaugirard. Se minha memória é boa, a questão da ficha judicial e da reinserção voltava com frequência. As pessoas insistiam muito nisso nas respostas... Algumas vezes elas não respondiam ao questionário questão por questão, elas não retomavam as questões, mas escreviam e redigiam as respostas. Além da questão da saída da prisão, uma parte importante da correspondência dizia respeito à disciplina na prisão, a solitária, mas também problemas de saúde...

P. A.: *A questão da suspensão da interdição de divulgação da rádio e da imprensa em prisão vem imediatamente depois...*

D. R.: Sim, é importante, é uma questão que nos preocupava muito. O que nos tinha surpreendido, e mesmo chocado, foi ficar sabendo da ignorância na qual se encontravam os prisioneiros sobre os acontecimentos de 1968. O direito à informação na prisão preocupava os detentos, mas eu acredito que a nós preocupava ainda mais. Aliás, essa ideia de que a privação de liberdade que representa a sanção penal não significava a perda de todos os direitos do cidadão é uma ideia que Michel Foucault desenvolvia muitas vezes, e que era frequentemente implicada nos discursos dos detentos ou dos ex-detentos. O último assunto de nossa ação era a divulgação da informação; muito rapidamente foram publicados em *Esprit* ou em *J'Accuse* os primeiros questionários. Alguns de nós estavam mais em relação com a imprensa. Mas, num certo momento, é difícil datar, a questão se colocou de publicar o questionário em forma de brochura. Era preciso primeiro encontrar um editor e, em seguida, fazer um trabalho mínimo de edição, a fim de restituir a palavra dos detentos da maneira mais autêntica. Não sei mais tanto se discutimos isso, que papel teve Foucault, mas o resultado tinha sido concludente tanto para nós quanto para os informantes, dos quais muitos deram testemunho expressamente de sua satisfação.

Conversa registrada por Philippe Artières, inverno de 2010.

Recordações de viagens

Entrevista com Thierry Voeltzel

Philippe Artières: *Você pode tornar a falar sobre a aventura que constituiu* Vingt Ans et Après – Vinte Anos e Depois –, *publicado em 1978 por Grasset?*

Thierry Voeltzel: Com Michel nós nos encontramos quando voltei do Canadá. Ele me havia pegado de "carona". Na época, era ainda possível "pegar carona" na entrada da autoestrada do Oeste... Era gozado, aliás, porque, como todas as pessoas que "pedem carona", nos perguntamos "quem o pega". E ele tinha um paletó um pouco extravagante, mas ele tinha um carro de representante de comércio, um pequeno Peugeot (tratava-se de um pequeno 104 que lhe haviam emprestado enquanto consertavam seu luxuoso Pininfarina conversível [NdE]). E eu me dizia: "Isso não vai bem." Ele estava curioso em saber quem eu era, e eu estava curioso em saber quem era ele, e a conversa, é claro, chegou à leitura. Ele me perguntou o que eu lia. E eu falava um pouco dos livros e disse: "Há um que comecei a ler numa livraria...", era *Pierre Rivière*.

De fato, ele ia começar a falar de *Pierre Rivière*, realizado por René Allio. Portanto, era uma bela coincidência. Quando falei de *Pierre Rivière*, ele ficou, de repente, muito excitado, muito feliz. Então, eu lhe disse: "Você não seria por acaso..." E foi aí que eu descobri quem era ele. Então ele me levou a Caen. Ele continuou sua estrada, e no dia seguinte ele voltava a Paris, e eu não queria ficar muito tempo com meus pais, então, voltamos juntos a Paris. E daí nasceu uma relação agradável. Era, eu penso, o verão de 1975. Eu acabava de fazer 20 anos, porque era no fim do mês de agosto. Michel disse a Daniel: "Eu encontrei o rapaz de 20 anos"; isso lhe agradava muito, o rapaz de 20 anos.

No início propôs-se a direção de uma coleção a Claude Mauriac, e este falou disso com Michel, com quem ele era muito ligado, muito próximo. Michel lhe disse: "Olhe, não temos muitas palavras de pessoas que têm 20 anos, seria bom fazer isso, e você poderia, talvez, ver com Thierry." E Claude Mauriac respondeu: "Ah, eu vou ver, é formidável, está muito bem, eu gosto muito do Thierry, é muito interessante; você deveria fazê-lo." E Michel disse: "Nada disso, eu não quero. Não vai ser como deve. É preciso alguém que não conheça Thierry." E, finalmente, Michel fez uma primeira entrevista para mostrar que havia assunto. Quando Grasset leu a entrevista, eles disseram: "Não, não, não, é preciso que seja Michel Foucault que o faça." Penso que, como editor, eles pensaram que o que seria bom era que houvesse o nome de Foucault como a pessoa que fizesse a entrevista. Michel me dizia: "Não, eu não quero fazer. Se eu ponho meu nome acima, não falarão do que você diz, falarão do que eu digo." Foi assim que foi feito o livro. Continuamos, então, a fazê-lo, mas – o que não agradou – eu imagino, a Grasset, foi que só houvesse meu nome na capa com o prefácio "louco" de Claude Mauriac.

P. A.: *Como continuou esse projeto editorial? Assim, sem plano estabelecido?*

T. V.: Assim, sem plano estabelecido, acho que Michel remendou um pouco. Havia transcrições feitas dos diálogos. Eu não as reli, mas Michel as releu, e ele quis aprofundar questões, retomar coisas que lhe pareciam essenciais, a família, o trabalho... Ele viu assim uma espécie de quadro. Michel quis que fosse uma de suas amigas, que se chamava Madeleine Laïk, que era escritora, que retomasse isso, mas ela não tinha tempo. Foi uma amiga de Madeleine Laïk, que se chamava, eu acho, Mireille Davidovici quem colocou em livro esse diálogo. Depois saiu – além de um artigo muito bom de Mathieu Lindon no *Nouvel Observateur* com uma foto – na indiferença geral... Sim, há uma coisa: minha mãe quis vender seu apar-

tamento para comprar toda a edição, não duvidando que Grasset, é claro, a republicaria imediatamente. Michel me dizia que ele não queria que isso saísse com meu nome. Ele me dizia que não era necessário. Ele tinha feito anagramas com meu nome, ele tinha achado um que se chamava "*Letzlove*", que lhe agradava bastante. Ele queria mesmo um livro "*Letzlove*".

Michel me agradou, mas não o livro. Isso não teve consequências, boas ou más. Era só uma coisa assim. Era um acaso. Mas, na coleção, havia livros que eram bons, havia *Moi une Infirmière – Eu uma Enfermeira*. Era particular, porque é como em todas as entrevistas que se tem com alguém de quem se é próximo: dizemos a ele a parte de verdade de que se tem vontade que ele saiba, mas que não é a parte de verdade que as outras pessoas que o conhecem sabem... Então, há pessoas para dizer: "Ah, mas não te encontramos no livro, não é verdade, não é isso, não é aquilo." Eram conflitos... Era, apesar de tudo, muito privado como livro.

P. A.: *Ao mesmo tempo, quando se pensa nesses anos 1970, no que Foucault desenvolveu amplamente no momento do Grupo de Informações sobre as Prisões, era, assim mesmo, a emergência de uma palavra. E isso, em todo caso, para nós, parece-nos hoje que entre GIP, Rivière e você, há uma espécie de mesmo gesto...*

T. V.: Há uma verdadeira continuidade... Aquilo de que eu gostava em política é aquilo de que Michel gostava: o trabalho com os asilos, o trabalho com as prisões, o trabalho com os imigrantes, era tudo isso. Era, de fato, tudo, menos política. E evidentemente, na época, todas as palavras das pessoas que não tinham a palavra, pelo que eles eram, eram importantes. Então, eu penso que foi por isso que Michel o fez. Eu era um rapaz na época. Eu tinha começado num grupo que se chamava "Antinorm", que era bem pequeno. Éramos insultados, aliás, pelas pessoas do FHAR (Frente Homossexual de Ação Revolucionária), por nossa boa amiga Helène Hazera e por outros. Mas o FHAR era em 1971, 1972. Eu tinha 15, 16 anos, eu ainda não saía muito. Era depois. No Antinorm, havia pessoas agradáveis de quem eu era amigo, mas depois não era muito divertido. E tudo o que depois foi o movimento homo não era muito alegre. Tinha perdido a alegria. E então eu não estava particularmente ligado. Depois, Michel me tinha apresentado a Jean Le Bitoux, e durante o primeiro ano de *Gai Pied*, eu tinha ajudado no estabelecimento de *Gai Pied*, que foi um sucesso.

Deve ser 1979. Depois da FHAR, em minha lembrança, é que, no movimento homo, começava a haver GLH (Grupos de Liberação Homossexual), eu acho, coisas assim, e que eram sinistras. É um pouco o que dizia Michel. Ele tinha ido, eu acho, a Berkeley, porque havia uma reunião do grupo homossexual de Berkeley, e ele tinha ido para lá com uma alegria, dizendo que os rapazes são tão bonitos nessa universidade, vai ser formidável... E ele me disse: "Eram os mais feios de todo o *campus*..." Era um pouco, às vezes, o sentimento que se tinha.

P. A.: *Apesar de tudo, o livro para Foucault, fora alguns textos depois no* Gai Pied, *é inscrever-se também numa história de uma maneira pública; em todo caso, da posição na qual ele está, permitir a uma palavra emergir.*

T. V.: Sobre o *Gai Pied*, por exemplo, ele tinha ficado muito decepcionado, porque ele sonhava com um jornal que fosse um ponto de vista sobre os homossexuais, mas que não fosse um jornal sobre os homossexuais; um jornal em que não se falasse de homossexualidade, mas em que se falasse do que dá prazer aos homossexuais, do que é o gosto homossexual. Ele ficou muito decepcionado. Enfim, não podia ser outra coisa, enfim, eu acho, na época. E, aliás, o *Gai Pied* tornou-se depois um jornal só para o prazer dos homossexuais. Só havia anúncios que eram formidáveis, e que funcionaram muito bem. Não era Internet, era o "minitel" que enriquecia o *Gai Pied*.

P. A.: *Foucault participou realmente da criação de* Gai Pied?

T. V.: Foi ele que inventou seu nome. Eles tinham pensado em *Gai Tapant*. Houve várias reuniões na casa dele com diferentes pessoas. E como eu estava saindo do serviço militar, e isso começava naquele momento, em 1978, eu trabalhei com eles, e depois era bem divertido. Minha organização se tinha dis-

solvido durante meu serviço militar, então, eu tinha tempo. Sim, ele participou disso. Ele tinha feito esse primeiro texto. De fato, Jean Le Bitoux tinha feito uma entrevista de Michel, e Michel não tinha ficado nada contente. Ele queria realmente dar um golpe e ter esse texto para o primeiro número do *Gai Pied*. E Michel tinha dito: "Não, eu não quero." Diante da insistência de Jean, ele lhe disse: "Bom, eu farei um texto para o *Gai Pied*." Esse texto, eu fui buscá-lo no Collège de France, na véspera, e o trouxe. É claro, as pessoas do *Gai Pied* não estavam nada contentes, porque não era um texto que falava de homossexualidade. Mas já era muito bom. Depois, eu acho que ele pensou que o jornal, como todos os escritos esquerdistas, era realmente lamentável.

Depois, eu voltei do exército, não havia mais minha organização, então continuar a trabalhar em Mondor me interessava menos, portanto, fui trabalhar no Hôtel-Dieu durante alguns meses, na Assistência Pública, e depois fiz diferentes trabalhos, assim que apareciam. Um pouco de tudo. Fui motorista de... Dirigi caminhões, carregador...

Depois, um dia, Michel me propôs trabalhar com ele, já que o povo do *Corriere della Sera* se tinha aproximado dele para que ele escrevesse textos. Michel tinha respondido: "Olha, não. Os intelectuais que dão seu ponto de vista sobre a atualidade, isso não tem interesse." Como eles o "enchessem" um pouco, ele fez um projeto e lhes disse: "Olha, eu quero encarregar-me de uma equipe onde intelectuais iriam fazer investigações sobre um assunto de atualidade, escreveriam, mas fariam um verdadeiro trabalho de intelectual em relação à atualidade." E, incrivelmente, o *Corriere della Sera* disse sim. Então, era preciso estabelecer uma pequena equipe em Paris que pudesse ajudar nisso. Michel não queria escrever, mas ele tinha pensado em outros escritores, outros intelectuais que poderiam intervir. E quando houve os acontecimentos do Irã, a pressão foi muito forte por parte do *Corriere*, e Michel aceitou ir para lá, além disso, o que acontecia lá o interessava. Michel falava bem o inglês, mas ele tinha a modéstia de pensar que não o falava tão bem quanto eu. E, como eu trabalhava com ele, e acho que ele não tinha vontade de ir para lá sozinho, fomos os dois para o Irã uma primeira vez. Tudo aconteceu muito, muito depressa; deve ter passado oito ou 10 dias depois da enorme manifestação, quando houve muitos mortos. Aliás, as duas vezes em que fomos ao Irã, era depois dos acontecimentos importantes: chegávamos sempre depois ou do massacre, ou das manifestações, chegávamos exatamente para os aniversários... sete dias depois, íamos nos aniversários, mas jamais durante os acontecimentos, estávamos sempre defasados.

P. A.: *E o Irã, é uma escolha de Foucault?*

T. V.: Penso que é uma conjunção: isso interessava a Michel, e o *Corriere* queria que houvesse algo acontecendo, porque eles sentiam realmente que era uma virada. Não era o caso na França, não se pensava que era uma virada o que acontecia no Irã. Michel teria preferido que algum outro fosse em vez dele, mas como ele tinha se comprometido, ele tinha, enfim, uma ética, então disse: "Ok, eu vou, vamos embora." Mas a viagem se preparou muito, muito rapidamente. Ele teve tempo de jantar, de falar disso a Serge July, que lhe disse: "Há Claire Brière e Pierre Blanchet"; de falar com gente do *OBS*, de falar com um ou dois iranianos, ou intermediários, assim, para saber um pouco. Mas quando chegamos ao Irã, fomos a um hotel muito feio. Não havia nada, nenhum contato, não era uma viagem preparada com listas etc. Será preciso perguntar de novo a Daniel, mas ele tinha um amigo, eu acho, que estava numa faculdade, coisas assim... Eu diria que essencialmente a primeira viagem foi feita com Claire Brière e Pierre Blanchet, que estavam no Irã há meses como correspondentes. Michel não os conhecia, mas eram antigos maoístas que se tornaram os correspondentes de *Libération* no Teerã, e, então, eles conheciam bem, eles já tinham tido encontros com muitas pessoas. E para Michel foi de uma grande ajuda ter gente assim, eles tinham bons contatos. Pudemos organizar o deslocamento para Qom, onde encontramos o Aiatolá Chariat Madari, na casa de quem estavam refugiadas as pessoas do comitê dos direitos do homem ameaçados no Teerã. Foi assim que aconteceu. Ao mesmo tempo, era muito "quente", porque tinha havido uma grande repressão na semana anterior, mas tudo tinha acabado. Michel fez quase como um jornalista que chega e que fala do que lhe diz o chofer de táxi: fomos passear no mercado de Teerã, ele olhava as marcas... Tudo era informação nova para ele. E, é claro, depois, isso se refinou. Ele encontrou pessoas da

universidade que tinham todas um islamita em suas relações: o islamita vinha, explicava as coisas, então, em seguida, tudo melhorou. Mas, no início, era, apesar de tudo, muito, muito pouco... Tudo aconteceu muito rapidamente. Uma semana depois, eu acho, a partida. Houve a volta, a publicação na Itália, uma tradução no *Nouvel Observateur* de um artigo; e a segunda vez, quando voltamos lá, havia três pessoas do *Observateur*.

Havia Guy Sitbon, uma outra senhora e ainda uma outra pessoa; e que estavam lá para dizer que o que Michel tinha visto era completamente louco, que o Irã era um país voltaireano, onde a religião não podia ter nenhum papel, que era uma revolução clássica, como eram conhecidas nos países do terceiro mundo, mas que não havia, de maneira alguma, caráter novo no que acontecia no Irã. E isso, depois de tudo o que se disse sobre o Irã, sobre Michel... não sei... mas o que é certo é que foi o primeiro e o único a ver que o que acontecia aí era algo de completamente novo. Mas era algo que ele já havia sentido, eu acho, quando estava na Tunísia, onde Daniel Defert tinha feito seu serviço militar no ensino, e onde ele tinha começado a ver que havia os estudantes comunistas, e depois que começava a haver aí outros tipos de estudantes. Em todo caso, o Islã era um dado importante. Então, no momento da segunda viagem, tinha havido mais encontros, mais artigos. Encontramos muitas pessoas novas que estavam lá, mais dentro do movimento. Tínhamos viajado, tínhamos ido a Abadan.

Não gravamos, e Michel trabalha todas as noites. Todas as noites ele escreve, toma notas, pergunta-me coisas sobre as entrevistas que fizemos. Quando ele está em Paris, quando escreve, ele ainda torna a me pedir esclarecimentos sobre coisas. Mas ele escreve todos os seus artigos depois, ele os organiza um pouco como um livro, ele os organiza com o material que coletou, mas não é escrito como um jornalista. Ele não relata incidentes.

P. A.: *Ele acumula material em cadernos?*

T. V.: Não temos gravador. Michel toma notas. Eu escrevo um pouquinho, mas não sei escrever bem e, então, não dá grande coisa. Mas a gente fala disso depois. Esclarece as entrevistas. E, depois, ele revê pessoas. Ou seja, encontra-se uma pessoa, e reencontra-se para esclarecer as coisas, para ampliar, para tornar a contatar depois. Na segunda viagem, revimos um certo número de pessoas que tínhamos visto durante a primeira viagem.

P. A.: *A segunda viagem aconteceu alguns meses mais tarde, acredito?*

T. V.: Muito pouco tempo depois, um mês e meio depois, ou dois meses.

Houve tanta aceleração... Percebe-se bem que são as últimas semanas do Xá, que Khomeiny foi expulso do Iraque – durante a segunda viagem, ele foi expulso do Iraque, ele chega a Neauphle – portanto, tudo se acelera, e Michel diz sim, *Yes*, é preciso voltar lá, é preciso fazer essa segunda viagem. Não me lembro mais das reações na época das outras pessoas, mas acho que isso teve uma influência pelo fato de ele querer voltar para esclarecer um certo número de coisas. Depois, isso o interessava, era formidável de ver. Na segunda viagem, a gente estava lá, havia pessoas onde, na mesma família, um era reitor da Universidade, sua mulher estava tentando intrigar para que a rainha pudesse tomar o lugar do Xá. Viam-se todos esses últimos instantes de recomposição política, e depois, havia sempre um islamita que estava na família, que dizia: "Não, isso deve acontecer assim." Quando partimos do Irã, eu acho que tomamos o avião alguns dias antes do Xá, mas não muito antes de ele partir. Não sei quanto tempo Khomeiny ficou em Neauphle, mas não muito tempo.

P. A.: *Ele vai embora, vocês vão embora...*

T. V.: A gente vai embora, então havia muitos, muitos jornalistas... Na primeira viagem, estávamos mais com Claire Brière e Pierre Blanchet. Para encontros, eles nos acompanhavam. Para a segunda viagem, ficamos presos a um grupo de jornalistas franceses. Tínhamos todos partido para Abadan, tínhamos feito um pouco todos as mesmas coisas. Michel continuava a rever outras pessoas que ele tinha visto

na primeira viagem. A segunda era realmente mais uma viagem de jornalistas. Havia um *team* francês bem importante, com o *Nouvel Obs*, o *Libé*, o *Le Monde*. Mas Michel era o único a ter esse ponto de vista... a ver algo de novo. Para os outros, era o clássico, era a mesma coisa que antes.

P. A.: *E não os intriga a presença de Foucault, não os incomoda. Porque é algo, mesmo assim, de bem novo...*

T. V.: São jornalistas. Diverte-os ver... não... Claire Brière e Pierre Blanchet, sim, eles estavam muito, muito contentes, muito felizes.

P. A.: *Quando você fala dessas duas viagens, você diz que Foucault estava contente com isso, com essa situação, estando em posição de acompanhar...*

T. V.: É mais ou menos o que ele tinha dito ao *Corriere*, ele lhes havia dito: "O fato de os intelectuais darem seu ponto de vista não tem utilidade." Por outro lado, o fato de que um intelectual vá fazer uma investigação, e aí a investigação era... havia um novo material, coisas novas, era formidável, é claro, muito excitante. E depois esse trabalho meio de jornalista, que era, mesmo assim, de ir ao acontecimento, de vê-lo e de comentá-lo, era uma nova maneira de fazer. Depois, os artigos eram, mesmo assim, longos, eram grandes, eram trabalhados, não era o acontecimento.

Aí, ele encontrou uma coisa muito nova e formidavelmente importante para as décadas que iam vir, e, eu imagino, era muito excitante descobrir um fenômeno ou identificá-lo.

P. A.: *E para você, não?*

T. V.: Eu não sabia o que era uma revolução, não tinha ideia do que era uma revolução fora daquela que eu queria fazer. Mas havia o interesse pelo que acontecia no Irã, a coisa islâmica era, assim mesmo, particular, e Michel se interessou incrivelmente pelo xiismo. Aí, há algo de completamente novo e a organização hierárquica. Para mim, era muito, muito interessante estar lá, mas eu não tinha o sentimento de que era algo de tão especial, já que eu não tinha outra referência, em termos de revolução, além da que eu sonhava fazer.

P. A.: *Quando vocês voltam, Foucault publica artigos dos quais vários na imprensa francesa. E aí, há uma verdadeira tomada de partido.*

T. V.: Há uma verdadeira tomada de partido. É também o início do *Gai Pied*. Há manifestações para os pederastas no Irã. E Michel é instado quase quotidianamente a tomar partido contra. Como se ele fosse o que tinha pecado, e lhe pediam toda vez que dissesse: "Não é bom o que eles fazem, não é bom o que eles fazem, vejam como eles são horríveis, vejam o que vocês defendem." Acho que isso foi muito penoso, essa forma de processo permanente contra ele. E eu penso que, depois, o movimento homossexual na França, ele "ficou cheio" disso.

P. A.: *Você quer dizer que as críticas vieram muito do lado da esquerda...*

T. V.: Houve muita coisa. Eu ouvia muitas coisas no *Gai Pied*: "Você viu... ele defende... as coisas... os pederastas estão na cadeia... e tal... colocam-nos no pelourinho... você viu o que ele defendeu..." Pois as pessoas não tinham lido os artigos, mas tinham lido os resumos dos artigos, e os resumos dos artigos eram de pessoas que eram discordantes... Era como de costume. E Michel era sempre obrigado a dizer ("mas, enfim, vocês disseram isso"). Enfim, foi desagradável.

P. A.: *Havia realmente uma vontade de continuar essa atividade?*

T. V.: É claro, e tudo o que dizia respeito ao Oriente era, apesar de tudo, um imperativo constante. No verão, quando eu tinha terminado meu serviço militar, e quando eu recomecei a trabalhar no Hôtel-Dieu, era o mês de agosto, e Michel gostava de passar o mês de agosto em Paris; Daniel Defert

estava em Londres. E a gente se encontrava – eu trabalhava na Île de la Cité – com Simone Signoret, que era sua boa companheira – ele dizia "minha boa companheira Simone" – e a gente se encontrava frequentemente para ir... – porque Simone estava sozinha em Paris, Michel estava sozinho em Paris –, e, então, passávamos muito tempo juntos. Eu acho que, nesse momento, havia esse elo que já se fazia, muito rapidamente com o Oriente, eu penso. E eu, eu me desliguei um pouquinho depois, eu continuei a trabalhar um pouquinho, enviando Glucksmann à Malásia para os *boat people* e Finkielkraut para os *campi* americanos para festejar o meio-Carter, então a metade Carter, quero dizer, a metade do mandato de Carter. E, depois, foi um pouco Finkielkraut que cuidou de tudo isso, que produziu relatórios com os outros intelectuais.

Finkielkraut tinha sugerido muito Susan Sontag. Eu a tinha visto, mas não devia ser muito importante para ela, então ela não tinha realmente respondido à época, mas eu sei que ela o fez depois. Depois, caiu um pouco. Michel via menos interesse nisso, ele não tinha vontade de cuidar disso, então ele deixou mais ou menos acabar. E eu, eu me desliguei, depois fui para o estrangeiro, na Austrália, onde fiquei dois anos.

Revi Michel, muito, um pouco, e um pouco menos. Eu tinha uma relação em que sentia que ele não ficava muito à vontade, que ele não aprovava muito. Então, eu o vi menos. Comecei um outro ofício. Eu o via todos os meses, a cada dois meses; e, depois, um dia, Mathieu me chama para me dizer que Michel não está nada bem, estava no hospital. Então, fui vê-lo no Pitié-Salpêtrière, e foi nosso último encontro. Ele estava muito bonito.

Conversa registrada por Philippe Artières e Jean-François Bert, em março de 2010.

Michel Foucault

Extratos do diário de Claude Mauriac

Claude Mauriac encontra Michel Foucault em 1971, durante uma ação comum em favor dos imigrantes. Ele acaba de perder, em 1970, seus dois "pais": François Mauriac e Charles de Gaulle. Ele investiu toda sua admiração por esse "pai substituto", bem mais jovem que ele, mas que se impõe a ele pelo brilho de sua inteligência. Sem jamais diminuir, essa admiração se matiza cada vez mais em mais amizade. Uma confiança recíproca se estabelece e se manifesta na liberdade das relações e na cumplicidade das ações. Se ela conhece algumas nuvens, elas serão passageiras e contribuirão para consolidar seus elos. O desaparecimento precoce, inesperado e brutal de Michel Foucault fulmina Claude Mauriac, que se encontra de novo – e definitivamente – órfão. Como é possível esse desaparecimento? "Esse homem era a própria vida, ele era a vida e seu riso maravilhoso dava testemunho disso." Único consolo para Claude Mauriac: fazer reviver seu amigo em Le Temps Immobile. *Com certeza, ele já falou abundantemente disso no terceiro volume:* E como a Esperança é Violenta. *Ele recebeu dele uma bela carta que não consegue deixar de copiar em seu* Journal. *Mas volta a isso muitas vezes nos últimos volumes de sua grande obra e em* Le Temps Accompli. *Eis alguns extratos do* Journal *de Claude Mauriac.*

Jean Allemand

Paris, domingo, 3 de dezembro de 1972

A mais longa jornada com Michel Foucault: de 10h30 ao meio-dia, mansão do parque Montsouris, para a preparação da Assembleia geral constitutiva da Associação de Defesa dos Detentos (em presença de Gilles Deleuze). Depois de um almoço solitário, num bar do bulevar Jourdan. Assembleia geral presidida por Deleuze, de 14h a 18h. Breve descanso na casa com Marie-Claude (que me havia encontrado no início da tarde). De 21h a uma e meia da manhã, rua d'Ulm, onde é apresentado tardiamente, na Escola Normal, o filme patrocinado pelo GIP sobre as prisões...

De manhã, perto de mim, ele desenha mecanicamente, cuidadosamente ("é um Vieira da Silva! – puxa vida!"). Depois, escreve algumas linhas, passa-as para a sua outra vizinha, uma advogada que falará o dia todo, Josiane Moutet, depois apagará com cuidado o que ele tinha escrito, desenhará de novo. Em seu habitual terno de veludo cotelê marrom, com sua velha bolsa amarela colocada ao lado dele. Tarde na noite, eu o verei ainda, acariciando-se, alisando-se o crânio ou brincando com suas mãos. [...]

Página 374

Quinta feira, 8 de março de 1973

– É a primeira vez que distribuo prospectos nos bulevares!

Michel Foucault me responde rindo:

– Eu também!

Ele está aí, no bulevar Sébastopol, perto da esquina com a rua de Réaumur; ele distribui não propriamente prospectos, mas panfletos do CAP, é a mesma coisa para esses passantes distraídos, ninguém nota, eu o observo estendendo, eu também, papéis a esses homens e a essas mulheres indiferentes, e eu me digo com espanto que ele não parece com nada nem com ninguém, um distribuidor anônimo de prospectos entre os outros e que é, no entanto, o homem de quem se escreve que revolucionou a filosofia...

Assim também, alguns 15 minutos antes, no metrô de segunda, onde estávamos apertados uns contra os outros, eu olhava seu crânio saliente, entre todas essas cabeças juntas e eu me dizia que nada distinguia essa cabeça entre cada uma pensante daquelas de seus vizinhos homens e mulheres, na volta de um cansativo e medíocre trabalho...

Isso tinha começado no sábado anterior; quando da reunião mensal da ADDD. Na ausência de Michel Foucault, mas na presença de Daniel Defert, eu me havia levantado contra esse projeto do CAP: primeiro pelo fato de sua data absurda – entre os dois turnos das eleições legislativas – em seguida, porque a ADDD tinha sido justamente criada para não descer à rua e intervir legalmente tão frequentemente quanto possível. Que o GIP renascesse se fosse preciso...

Página 39

Paris, quarta-feira, 7 de julho de 1976

Jantar com Marie-Claude no terraço de Michel Foucault, que nos serve, sozinho, ativo e cantando, uma refeição deliciosa.

Depois desses dias, de calor esmagador, um ar leve e fresco. Nós o atribuímos ao seu oitavo andar, mas quando ele nos leva de volta ao carro, no fim da noite, percebemos, decepção e alegria misturadas, que foi o tempo que mudou.

Não paramos de falar, cada um dos assuntos abordados por um ou por outro que nos eram familiares aos três.

Trinta páginas a escrever – que eu não escreverei, sentindo-me desinteressada de mim mesma e desse diário, senão do Temps Immobile, ainda menos de Michel Foucault, de quem eu me sinto tão próximo, que eu sinto mais fraterno que nunca, durante esses encontros onde estamos em confiança.

Ele não assina mais nada; eu também não; quase mais nada. [...]

Página 268

Goupillères, domingo, 15 de julho de 1984

O fato é que depois de dias e dias de impossibilidade, de incapacidade total, eu começo um diário. São 11h30, meu cansaço é menos intenso que todos esses últimos dias. E se enfrento a mesma dificuldade, eu a pressinto, parcialmente pelo menos, suportável: a de não poder exprimir nada sobre nada antes de ter contado, mesmo que em algumas palavras, aquilo por que sou obsecado, a ponto de haver noites ainda em que eu só sonhava com isso...

... Michel Foucault morto. O imprevisível, o impensável, o inadmissível mesmo...

Quando eu o vejo chegar, frente ao Hotel Montalembert, em 14 de maio, sorridente, feliz, com três exemplares dos primeiros de seus dois livros *O Uso dos Prazeres* na mão, e que ele quer absolutamente, apesar de minha recusa de vê-lo se desfazer, para me oferecer um, que ele dedica no parapeito estreito do estacionamento, diante do hotel da Pont-Royal...

"... Para Claude Mauriac.

Em sinal de um encontro

e como testemunho de amizades

M. F."

... Como eu poderia imaginar que eu o via pela última vez? Eu lhe disse que era um momento maravilhoso, aquele em que, enfim, se vê seu livro impresso, e ele mais do que concorda, e diz que, com efeito, é uma alegria, uma felicidade...

... e ele parte para sempre. Eu achei nele, sem tomar consciência, o aspecto descansado, em boa saúde...

Páginas 146-147

Rua de Vaugirard

Entrevista com Mathieu Lindon

Philippe Artières: *Quando, em 1978, você encontra Foucault, não é um desconhecido para você, é até um rosto por assim dizer familiar.*

Mathieu Lindon: Evidentemente, ele representa algo de muito forte. Mas, ao mesmo tempo, encontrar autores célebres não era algo tão extravagante para mim, por causa de minha origem familiar. As pessoas que estavam em casa desde meu nascimento eram Samuel Beckett, Alain Robbe-Grillet, Claude Simon, ou Marguerite Duras e Robert Pinget. Portanto, não havia aí algo feito para me fascinar. Eu tinha encontrado também Roland Barthes durante um jantar em casa. Eu tinha estado em seu seminário, muito jovem, muito mais jovem que os outros participantes, em todo caso. Então, esse esnobismo em sua forma mais grosseira, eu não o tinha. Se eu era esnobe, o que é provável, era de uma maneira mais sofisticada que somente querer encontrar pessoas conhecidas e respeitadas. Citei Barthes, que não estava na Minuit, e que está entre os que eu encontrei, porque Barthes e Foucault, quando eu era adolescente, muito jovem, eram os autores da época, não romancistas, que eu admirava mais.

P. A.: *Você tinha lido Foucault?*

M. L.: Sim, eu o tinha lido antes de encontrá-lo. Eu sabia quem ele era, e eu sabia um pouco o que eram seus livros, também. Eu o tinha lido muito cedo, porque fascinado por sua escrita. Lembro-me até que, jovem, eu o tinha lido fazendo o que não faço quase jamais, tomando notas, datilografando-as, capítulo após capítulo, como um resumo. Eu era muito sensível, desde *História da Loucura*, que é o primeiro livro que eu li dele, à beleza de sua escrita, coisa que contava especialmente para mim, que conta sempre, aliás.

P. A.: *Em 1978, em que ocasião você encontra Foucault?*

M. L.: Eu o encontrei porque, eu que era muito solitário, no limite do autismo, acabei por gostar de encontrar diversas pessoas que se revelaram próximas dele, dos quais um rapaz com quem fomos amantes, e que tinha sido amante de Michel, e a quem Michel Foucault tinha emprestado um tempo, depois que eles não estavam mais juntos, um apartamento que era adjacente ao apartamento que ele próprio tinha na rua de Vaugirard. Encontramo-nos nas manhãs, eu penso, no café da manhã. E, de um assunto para outro, tornamo-nos próximos. E então encontramo-nos, além disso, com esse rapaz que tinha minha idade com dois dias de diferença, festejávamos nossos aniversários juntos, e um ano, foi Michel que nos levou os dois por ocasião desse aniversário, e depois eu o vi muito. Foi o lugar em que eu o encontrei de uma maneira ou de outra quase todos os seres importantes de minha vida da época e de hoje, para aqueles que ainda estão vivos. Então, é uma razão que não tem a ver com um percurso intelectual particular.

Nós nos tratávamos formalmente, sempre nos tratamos formalmente. Falávamos muito de literatura. De qualquer maneira, até em seu trabalho, temos a impressão de que é algo que é surpreendente, sua relação artística com as coisas, e, em especial, literárias, visto que a mim era a única arte que me interessava realmente, que me tocava.

P. A.: *Ele lia os livros de Eugène Savitskazya, de Hervé Guibert...*

M. L.: Sim. Hervé Guibert e Michel Foucault se encontraram pelo primeiro livro de Hervé. Eu, eu tinha encontrado Eugène Savitzkaya pela revista *Minuit* quando trabalhei nela, onde Hervé publicou também, de maneira que, de qualquer forma, eu penso que nos assimilávamos como um bando para Michel, estávamos juntos. Ele tinha muita admiração por livros de Hervé, porque lhe acontece de comparar em um texto o trabalho de Hervé com algo de Malcolm Lowry, de *Sob o Vulcão*. E ele adorava este livro. Era uma honra ser comparado com *Sob o Vulcão* e com Malcolm Lowry. Essa afeição teria certamente sido diferente se não tivesse havido esse talento que ele identificava tão rapidamente. Mas não falávamos obrigatoriamente de autores contemporâneos, embora isso acontecesse. Além disso, nessa época, eu estava completamente na literatura anglo-saxônica, enquanto Michel pretendia que eram raramente os mesmos que gostavam da literatura germânica e da literatura anglo-saxônica. Ele mesmo era um falso exemplo, e eu me tornei também. Penso que ele tinha ligações com tradutores de autores alemães. Ele lia alemão, de qualquer maneira.

P. A.: *Parece-lhe que a literatura habita realmente uma parte de seu pensamento, além de Roussel? Inclusive em 1978?*

M. L.: Não é tão corrente encontrar alguém com quem se possa falar de literatura como era com Michel. Era muito simples falar. Tenho o sentimento de ter sido ajudado enormemente até nesse ponto por ele. Eu não gostava muito de Raymond Roussel, por exemplo. Era muito simples não gostar nada dos mesmos livros, dos mesmos filmes, das mesmas coisas. Não me intimidava também ser de opinião diferente porque era assim, e envelhecendo, já, eu atribuía cada vez menos importância às minhas opiniões. Penso que Hervé, como eu, não falava de seu trabalho. Não fazíamos como se fôssemos filósofos ou que ele estivesse interessado por nossa inteligência filosófica ou que isso fosse ajudá-lo enormemente. Víamos que ele não deixava de ter certeza sobre esse ponto. Não nos intrometíamos, ele lia nossos livros, e pronto. Víamos que isso o interessava. Aconteceu-me que ele me falasse, e com Hervé também, em outras condições particulares. Da mesma maneira, jamais fui às suas aulas no Collège de France. Era outra coisa. Talvez fosse mais presunçoso de fato de nossa parte não ir lá do que fazer como as pessoas que acreditavam ser pretensioso querendo manter conversação com ele sobre seu trabalho. Nós tínhamos abandonado isso; não acreditávamos que íamos dar-lhe uma lição.

P. A.: *Você diz que, como escritor, isso o ajudou muito, e, a esse respeito, há uma questão importante para mim, você o viu como um escritor, você que o frequentava enormemente?*

M. L.: Sim, é claro.

P. A.: *Porque você diz: "O que me impressionou imediatamente foi a escrita, o estilo."*

M. L.: Eu não acho que todos os intelectuais da época tenham escrito tão bem. Barthes, era mais normal que ele escrevesse bem, se ouso dizer, já que ele escrevia sobre a literatura.

P. A.: *Como era Foucault como escritor? No fundo, é bem raro ver os escritores escreverem, geralmente, não os vemos.*

M. L.: Não sei. Eu não o via trabalhar. Quando eu vinha jantar, ele já tinha parado. E quando eu mesmo morava na rua de Vaugirard, é porque ele não estava lá. Não penso que muita gente o tenha visto trabalhar, demoradamente, além disso, havia períodos em que ele não estava nunca em casa, porque estava na biblioteca, da manhã à noite. Ele sempre esteve além e aquém de Foucault para mim. Assim que o encontrávamos, havia algo de bastante fascinante, jamais encontrei alguém cuja inteligência fosse tal, fosse tão manifesta, e muito vivo, alegre e brincalhão. Eu via que era uma relação afetiva, eu via que era excepcional, que ela se dava com um ser excepcional, mas eu não queria tirar disso algo para fazer um livro, publicar recordações, como eu poderia ter feito na época também para Beckett. Era algo que eu achava desprezível, com ou sem razão. Então, eu o amava, e eu acredito que ele me amava muito também, e isso

me ajudava enormemente a viver, e isso me ajuda sempre enormemente a viver. Eu penso que é uma sorte milagrosa em minha vida tê-lo conhecido e penso que minha vida teria sido totalmente diferente se eu não o tivesse conhecido, como eu penso que ela teria sido diferente se ele tivesse vivido por mais tempo. Em minha tristeza, devo ter tido uma espécie de egoísmo afetivo em que eu via o erro que essa morte me causava. Só depois eu pude apreender melhor a perda que era para o resto da humanidade também.

Uma coisa maravilhosa que ele me trouxe e que me mudou a vida foi a capacidade de criar sua relação. É disso que ele gostava, é isso que o interessava. Além disso, isso o divertiu. Com Hervé Guibert, encontramo-nos sob sua égide. Foi ele que fez com que nos encontrássemos, e eu penso que nossa relação lhe agradou, e, para nós, o fato de que ela tenha nascido assim sempre foi um elemento importante. Ele tinha sido surpreendido por Thierry, e que as coisas acontecessem diferentemente do que imaginava. A masculinidade era mais seu mundo do que a homossexualidade, eu tenho a impressão. De qualquer maneira, nem sempre sabíamos que peso ele colocava em suas afirmações. É por isso que me aborrece repetir frases dele, porque talvez ele não acreditasse nelas nem um segundo, talvez uma piada ou uma ironia. Mas ele dizia muitas vezes: "Dê-me os dez mais belos rapazes, e eu me sinto capaz de fazer com que qualquer homem seja tentado, seja ele de uma heterossexualidade obstinada ou homossexual." Ele via que mesmo a relação que tínhamos era porque éramos os dois do sexo masculino, independentemente das relações sexuais; a homossexualidade contou, mas não penso que ela fosse o elemento primeiro.

P. A.: *Com essa palavra que está nos dois volumes da* Histoire da la Sexualité – *não sei se ela vem naquele momento como ela é hoje: rapaz.*

M. L.: Sim, Hervé e eu, penso que estávamos nisso. Éramos rapazes. E eu me lembro de Gérard, meu melhor amigo da época e que o é sempre, de quem Michel, em determinado momento, também era próximo e dizia: "Ele, nota-se que ele não é realmente homossexual. Nota-se que ele tentou, que ele quis ser gentil, mas que não é seu caso." Era a única pessoa de quem ele dizia isso, que eu saiba.

Tínhamos o sentimento de que ele era tão conhecido em Paris – sair era sempre uma aventura, fora em alguns lugares precisos – que as coisas deviam ser muito mais simples em San Francisco ou em New York. Mas, sobre suas viagens aos Estados Unidos, tenho uma relação completamente inversa porque essas viagens são os momentos em que ele me empresta seu apartamento. Portanto, aquilo de que me lembro melhor de suas viagens nos Estados Unidos são meses e meses em que habito a rua de Vaugirard, onde moramos então com vários, onde aproveitamos do apartamento. Se não tivéssemos aproveitado desde a primeira vez, ele não o teria tornado a emprestar tão prazerosamente.

P. A.: *Então ele lhe deixa o apartamento...*

M. L.: Ele deixa o apartamento. Uma vez ele me diz: "Olha, vou sair de férias – ele não ia para os Estados Unidos, ele devia voltar depois de Bayreuth, eu penso –, há as flores para regar na sacada..." E eu me dou conta, de fato, que com essa desenvoltura ou essa maneira de pedir serviço, ele empresta o apartamento. Eu sempre tinha medo de fazer idiotices aí. Instalo-me aí com Gérard, um no quarto de Michel, o outro no escritório, para dormir com quem quiséssemos. Acontecem mil coisas. Ainda não muitos aborrecimentos. A não ser no dia em que Michel volta, enganamo-nos de data. Eu me lembro que tínhamos essa formulação que nos contentava evidentemente, visto quem era ele e a relação que tínhamos de completa admiração, dizemo-nos: "Ele não deve ser tão bobo para voltar em 31 de agosto." No entanto, ele nos havia dito a data, mas tínhamos esquecido. E fazemos uma festa de despedida no apartamento para todas as pessoas que lá tinham estado, e ele chega no meio porque era o dia então que acreditávamos ter contado a mais. Ele não pôde ficar para dormir. Era noite, éramos 12 e ele tinha ido à casa de Daniel para nos deixar à vontade. Então, as viagens aos Estados Unidos, para mim, representavam principalmente minha viagem à rua de Vaugirard, nossa viagem. Bem no início, Hervé Guibert morava no prédio ao lado. Podíamos nos ver da sacada. E no verão podíamos nos falar com as janelas abertas, outras pessoas podiam nos ouvir, mas pelo menos podíamos falar, era divertido. Quando digo

que ele me ensinou como deixar constituir-se uma relação ou fazer constituir-se, ou independentemente de qualquer ideia que se pudesse ter antes do que é uma relação, é um elemento disso.

Acho que morei aí em 1980. Em 1984, 1983 apenas, ele não saiu mais. Mas nesse lapso de tempo, ele viajou enormemente, e devemos ter morado perto de um ano na rua de Vaugirard – meses, por meses. Às vezes, também, ele viajava três dias e fazíamos a mudança para três dias, de tanto que estávamos apegados ao apartamento. É uma relação que jamais conheci entre duas outras pessoas. Porque, algumas vezes, vamos a um apartamento, na ausência do outro, porque não queremos cruzar com a pessoa que aí está habitualmente, então moramos como um casal divorciado. Mas eu ia aí muito frequentemente quando ele estava lá. Nada me dava mais prazer do que jantar aí com ele, mas me dava também muito prazer quando ele não estava ficando lá. Então, esse lugar é algo de completamente concreto e abstrato para mim. Era o centro de nossa relação.

P. A.: *E você pensa que ele tinha consciência disso?*

M. L.: Eu penso que sim. Era preciso tê-la tido, essa ideia, de emprestar o apartamento assim. Mas eu acredito que lhe agradava que aproveitássemos. Sua generosidade era tão surpreendente quanto sua inteligência. A partir do momento em que isso dava prazer a muita gente, ele não tinha razão de acabar com esse sistema.

P. A.: *Mas não era somente a generosidade. Você me dizia que, em suma, era também uma maneira de experimentar uma relação, que ela pudesse passar por um lugar, que o outro não estivesse lá.*

M. L.: É uma maneira generosa de experimentar uma relação. É original como organização. No momento, tinha-se tornado tão natural que eu não me dava conta. Além disso, o fato de que eu tivesse permanentemente a chave do apartamento, isso me emocionava. Em sua morte, não sei por que, não suportei ficar com a chave. Eu a joguei. Não sei por que. Mas era agradável, mesmo quando tínhamos um encontro, que eu ia lá jantar, que ele tinha uma coisa para fazer antes e não sabia a que horas voltaria, às vezes ele me dizia que o esperasse dentro, porque eu lá podia entrar mesmo em sua ausência. Mesmo prestando mil vezes mais atenção que se teria prestado em qualquer apartamento, só aconteciam – era como num filme de Laurel e Hardy – catástrofes que jamais me aconteceram em todo o resto de minha vida em nenhum outro apartamento. Era uma sucessão de desastres espantosos.

Conversa registrada por Philippe Artières e Jean-François Bert, primavera de 2010.

Michel Foucault

II

Arquivos

"O livro e o sujeito"
Primeira versão de
A Arqueologia do Saber. Introdução

Essa primeira versão manuscrita do capítulo de abertura do que se tornará A Arqueologia do Saber *foi redigida por M. Foucault no momento da impressão de seu livro* As Palavras e as Coisas, *em abril de 1966. Conservado na Biblioteca Nacional da França, este manuscrito é composto de 660 folhas frente e verso. Ele foi abandonado pelo fisósofo que empreendeu na Tunísia a redação de um novo texto, que foi publicado por Gallimard em 1969.*

Do manuscrito só foram retranscritas as passagens não riscadas pelo autor. A transcrição foi realizada por Frédéric Gros.

1. O livro e o sujeito

Não é absolutamente um programa. Não é também um balanço. É, no entanto, um livro de segundo nível; ele se define inteiramente pelas relações que mantém com estudos já feitos, com outros que serão, talvez, acabados um dia, com outros também cujo projeto será logo apagado. Se as coisas fossem simples, eu estaria no meio de meu trabalho. Bem adiantado para dizer o que eu quis fazer: para retomar e enunciar algumas evidências que eu não tinha formulado a tempo, seja porque elas não tivessem ficado claras aos meus próprios olhos, seja porque eu as imaginei, erroneamente, muito geralmente reconhecidas; para fazer aparecer também o que, naquilo que eu fazia, se efetuou um pouco

sem eu querer, sem que eu quisesse naquele momento, mas sem que hoje eu me sinta o mínimo irresponsável ou alheio, para rejeitar o que eu reconheço agora como erro, imprudência, facilidade, esquecimento mais ou menos complacente do que eu me tinha proposto; para reconstituir uma curva onde não havia, talvez, senão um viveiro de circunstâncias; em resumo, para dar a imagem de conjunto do que foi, numa medida bem difícil de decidir, em parte oportunidade, em outra, desígnio. Eu deveria também poder dominar bem do alto o que me sobra de tempo para esquematizar o futuro: centrar de longe os domínios de pesquisas, indicar antecipadamente o que será objeto de estudos, estabelecer os conceitos essenciais, dar-lhes nomes e regras de uso, enunciar os princípios gerais que, formulados de vez aqui, não terão mais que ser repetidos em outro lugar. Afinal das contas, tenho 40 anos.

Entretanto, eu me dou conta de que não estou nessa posição privilegiada. Eu não estou acima nem do que faço, nem do que posso ainda ter que dizer (mas, de fato, por que obrigação, ou em obediência a que lei?). Sem dúvida, eu sei que nessas páginas brancas que esperam ao meu lado, eu vou ter que falar do que escrevi outrora e que foi publicado com meu nome; eu sei que falarei disso como coisas feitas, como de livros alinhados entre milhões de outros nas estantes da universal biblioteca. Eu as tratarei, sem dúvida, como me agradou – durante um tempo –, tratar desses livros de economia, de gramática, de medicina, como esses registros de hospitais ou de prisões dos quais sacudi a poeira e que me davam a impressão, ilusória mas agradável, de se abrirem pela primeira vez aos olhos de um leitor; chegarei a falar dos meus próprios livros como se, mais próximo deles que ninguém, eu estivesse quase só no

Michel Foucault

fato de seus segredos; chegarei também a evocar projetos como se eles fossem canteiros já abertos, como se eu pudesse, tateando, reconhecer neles de longe possibilidades e os obstáculos. Mas não será, sem dúvida, nada mais que uma aparência. Neste momento em que escrevo e em que me falta tão cruelmente a certeza de poder fazer um livro, de poder manter juntas, sob uma forma coerente e legível, as frases que eu decido, não tento reconfortar-me virando a cabeça, e olhar para trás para esses livros já feitos que poderiam, talvez, tranquilizar-me quanto às minhas possibilidades atuais. Ao contrário: escrevo hoje e aqui a partir de sua inexistência e do vazio que eles deixaram em mim. Eu sei (e penso que muitos em meu caso o diriam ou já disseram) que nunca escrevi livros. O que com o passar do tempo (e por um exercício que me era tão penoso, que eu continuava, eu acredito,

com a esperança quimérica de alcançar o momento em que ele se transformará em jogo, e em que ele se tornará perfeitamente leve, invisível, regular como a respiração de quem dorme) eu coloquei em sinais miúdos em folhas de papel, o que de uma maneira bem surpreendente se encontrou preso na instituição da imprensa, da edição, da leitura e da crítica, não eram livros, mas este abaixo da escrita que devia tornar possível um livro. Como muitos, eu acredito, eu escrevo para alcançar esse livro no singular. É um sonho que se encontra facilmente: um livro primeiro ao qual todos os outros devem voltar – livro epônimo, epopeia fundadora, bíblia, palavra de Deus, contrato arcaico de que todo livro, qualquer que seja, só pode ser o comentário, a redescoberta, o esclarecimento, a repetição paciente ou a danosa traição; livro último que torna todos os outros inúteis, que os envia para o silêncio e os calcina com sua luz fulminante, instantânea, definitiva. Poderia acontecer que o dilema incendiário de Omar iluminasse ironicamente

Michel Foucault

todos os livros que se vão perder em nossas bibliotecas. De minha parte, tudo o que eu redigi até o presente não era nada além da condição para um certo livro. Eu não tinha uma ideia clara do que seria – nem de seu objeto, nem do tipo de discurso a que [ele] pertenceria, nem mesmo do seu estilo. Eu pensava somente (como nas lendas) que, entre tantos rascunhos começados, eu o reconheceria desde que fosse ele, desde que ele começasse a ganhar forma em meu papel. Ingenuamente (e por complacência, sem dúvida) eu imaginava que, impondo ao que eu já havia feito a forma usurpada dos livros, entrando na temível instituição da edição e da biblioteca, eu completaria essa preparação, eu aproximaria meu trabalho da margem prometida, eu imitaria um pouco desastradamente o verdadeiro Livro, eu saberia adivinhar sua forma: um dia chegaria em que a primeira palavra escrita no alto de uma página branca criaria a maravilha de um livro que, a partir desse instante inicial,

estaria aberto para acolher silenciosamente todas as frases por vir. A partir de então, ele se escreveria quase por conta própria: as palavras já empregadas por mim, as frases já ditas seriam recompostas sem que a mão tivesse, em suma, que intervir; todas as coisas não ditas que corriam sob minha tagarelice seriam levantadas como espontaneamente, elas teriam tomado corpo por elas mesmas, teriam adquirido uma visibilidade perfeita, plena e robusta como os ressuscitados de Signorelli: e, assim, seria desdobrado serenamente um discurso anônimo. Ora, o que eu empreendo escrever atualmente substitui esse livro. Substitui: isto é, ele não é ele e ele não tem a pretensão de sê-lo. Ele o reconhece como barrado no momento, e, sem dúvida, definitivamente excluído. Ele fala de sua impossibilidade e, a partir dela; quer dizer que ele é completamente habitado por essa possibilidade e tornado por ela, por sua vez, quase impossível. Ele deveria estar mais perto que nenhum outro do livro do qual todos os outros não eram

senão a sombra, o fragmento, o indício parcial, o longínquo esquema; e, de fato, ele estará, ele já está mais distante que qualquer outro do que deve ser um livro. Tenho desde já a certeza: não somente porque a felicidade e a facilidade de escrever me escapam mais do que nunca (a ponto de meu sonho balançar, de a idade de ouro prometida se transformar insensivelmente em paraíso há muito perdido, e de eu ter a convicção, mentirosa, eu penso, de ter sido outrora feliz escrevendo), mas principalmente porque o anonimato espontâneo em que eu via a recompensa de meu discurso se revelou de repente inacessível. Eu esperava um texto que fosse tecido por ele próprio, sem nenhuma referência perceptível ao que eu sou e que fala atualmente: eu, que sempre procurei fazer ouvir por meio de palavras outras (até as mais bem datadas e situadas, até as mais ligadas à posição do locutor) um discurso sem

sujeito, eu desejaria ter-me sentido atravessado por uma linguagem assim; eu desejaria ter sido o invisível suporte de um texto que não tivesse nome. E essa linguagem, no dia, enfim, em que eu tivesse ajeitado bastante vazio em torno de mim e em mim, para lhe dar acesso, eis que ela me chega (para minha surpresa, devo dizer, mais que para meu despeito) conjugada do começo ao fim na primeira pessoa. Há já 10 páginas e mais de um dia que eu digo "Eu", obstinadamente, sem ser capaz, parece-me, de pronunciar uma só frase impessoal. Devo reconhecer, no entanto, que é um "eu" bem abstrato. Não é minha biografia intelectual que empreendo, à maneira desse exercício que os universitários alemães praticavam outrora com tanta complacência. Não tento também dar uma linguagem ao que sinto atualmente, nem juntar minha escrita o mais perto de meu presente. Sem dúvida falei do que eu "queria" fazer; do que eu tinha como "projeto"; do que eu tinha

Michel Foucault

"reconhecido", "esperado", "ignorado"; mas se eu quisesse realmente ter feito aparecer minha vida ou minhas experiências (tão desinteressantes, para dizer a verdade, quanto elas são) na espessura e aquém do que eu pude até o presente escrever, não era assim que eu teria falado. Esse "eu" que aparece agora um pouco contra minha vontade está muito mais longe do que eu temia quando o vi aparecer; muito mais perto também do que eu escrevi. Ele é, sem dúvida, esse pequeno grão de areia, esse minúsculo fragmento irredutível que me impede de aceder a um discurso espontaneamente anônimo. Ele é o suporte indelével (ainda que despercebido desse eu porque eu desviava dele os olhos com obstinação) de tudo o que eu disse e do que eu direi. Esse "eu" não é a presença de minha vida, a obscuridade de minha experiência irrompendo em meu discurso e traindo desse modo a região inconsciente de onde ele vem. É uma função de meu discurso, a mancha cega

que lhe permite existir e falar, mas que faz parte de seu tecido, ocupa um ponto determinado dele e dispõe em torno de si seus elementos. Esse "eu" que se colocou desde que eu me pus seriamente a escrever o livro que está aqui, tinha percorrido sem, no entanto, se mostrar (salvo acidente, caso de força maior, e alguns instantes de jogo) tudo o que eu tinha escrito; ele tinha tornado possível em um sentido; mas num outro eu digo, mas que já está (ou ainda presente) nas frases que utilizo para identificá-lo, não sou eu; é o sujeito falante de meu discurso. E assim como meu discurso não é a expressão de minha vida ou de meu pensamento, mas pertence antes de tudo a um universo de discurso em que ele tem seu lugar (muito reduzido) e sua função ínfima, esse "eu" que tento atualmente fazer brotar, sair de sua sombra essencial, e constituir como objeto de minha palavra, pertence ele também ao universo dos discursos, no domínio de seu funcionamento

50   Michel Foucault

e na rede de todos os sujeitos falantes que habitam o conjunto dos discursos. Estranho movimento no total que me inquieta e me tranquiliza. Na impossibilidade em que me sentia de manter a promessa de meus outros livros (isto é, de aceder, enfim, àquilo de que eles se davam como a pura e simples condição), eu acreditei que não poderia [falar] senão da ausência desse livro. Mas eu temi um instante que esse vazio eu não o pudesse preencher senão com o relato de minhas tentativas ou de meus fracassos. De fato, onde eu esperava um discurso puro, capaz de recobrir com sua necessidade anônima o conjunto de minhas tagarelices, foi um pronome pessoal que apareceu, mas um pronome sem "pessoa", um pronome que era condição e função do próprio discurso. Tanto que não falarei "acima" do que eu disse em outro lugar, ou do que eu direi eventualmente (dominando-o por uma lucidez superior, ou graças ao esforço de uma retomada

metodológica); eu não falarei também "abaixo" de meus próprios textos para esclarecer seu avesso vivido ou tentar descobrir suas determinações profundas; eu falarei no interior de meu próprio discurso, e no mesmo plano que ele para tentar dizer *quem* fala nele: de que é feita essa voz que se exerceu nele e que, no entanto, lhe dá lugar. Não se tratará, portanto, nem de "eu", nem de meu "método", mas dessa função que pertence à obra no que eu digo, que se pode empreender a descrição a partir daí, mas que não se pode definir independentemente de sua relação com os outros discursos que lhe são anteriores ou contemporâneos. É a razão pela qual essa voz pode ter alguma singularidade e não ser por causa disso perfeitamente anônima; ela não tem nada, felizmente, de pessoal. Visto que é ela, sem dúvida, que impede de escrever o Livro (na mesma medida em que é ela que escreve todos os livros), e então que ela seja portanto o sujeito deste: aquilo de que ele fala e o que fala nele.

Michel Foucault

2. Le discours en général.

Si j'essayais de me contraindre moi-même et si j'entreprenais de dire ce que j'ai fait jusqu'ici, je crois que j'hésiterais. Je serais un peu tenté de dire qu'au somme, et en dehors de quelques excursions, j'ai fait de l'histoire des sciences. Mais tout de suite le mot « sciences » me gênerait car, après tout, ni les théories classiques du langage, ni l'économie des mercantilistes, ni les classifications nosologiques de Boissier de Sauvages, ni surtout l'ensemble des pratiques qui, au XVII et au XVIII siècle, concernaient la folie ne peuvent être sans malaise considérés comme des sciences. Il serait alors plus commode et moins périlleux de dire que j'ai fait de l'histoire des idées : après tout n'ai-je pas essayé de mettre au jour la manière dont les hommes d'une époque donnée se sont

2. O discurso em geral

Se eu tentasse obrigar-me a mim mesmo e se eu empreendesse falar do que eu fiz até o presente, acredito que hesitaria. Eu ficaria um pouco tentado a dizer que, em suma, e além de algumas excursões, eu fiz história das ciências. Mas, imediatamente, a palavra "ciências" me incomodaria porque, afinal das contas, nem as teorias clássicas da linguagem, nem a economia dos mercantilistas, nem as classificações nosológicas de Boissier de Sauvages, nem principalmente o conjunto das práticas que, nos séculos XVII e XVIII, dizem respeito à loucura podem ser sem problema considerados como ciências. Seria, então, mais cômodo e menos perigoso dizer que eu fiz história das ideias: afinal das contas, eu não tentei evidenciar a maneira como os homens de uma dada época

imaginaram a doença, a formação das riquezas, os mecanismos da loucura ou a origem da linguagem? Mas confesso que não me sentiria mais à vontade com essa definição, porque jamais procurei saber o que os homens imaginavam efetivamente, no silêncio de seus pensamentos, abaixo dos discursos que eles articulavam. De resto, a palavra história é ao mesmo tempo muito ampla, muito ambígua, tecnicamente muito difícil de manejar para que eu pudesse aceitar dizer-me simplesmente historiador. Prefiro tentar identificar-me a mim mesmo de uma maneira, sem dúvida, menos precisa, mas também menos perigosa. Abri um certo número de livros, uns muito conhecidos, outros que o eram menos: eu os li, às vezes, meticulosamente, às vezes de uma maneira rápida. Depois eu tentei descrever o que eu tinha lido. Nada de mais banal que essa pequena atividade de leitor e de escriba; em milhares, em centenas

Michel Foucault

de milhares em torno de mim, eu vejo pessoas que leem, depois, que dizem o que leram. Dessa atividade de formiga nascem ainda aí em milhares artigos de jornais, estudos, enormes livros. Incessantemente os discursos se multiplicam por si mesmos, falam uns dos outros, se repetem, se comentam, se assumem reciprocamente como objeto; um diz o que o outro quis dizer, o que ele escondeu voluntariamente, ou o que, apesar dele, aflora suavemente através de suas palavras; um terceiro dirá como nasceu, a que determinações ele obedece, ou quais são as regras linguísticas ou estilísticas que o dominam e lhe dão sua forma singular. Todo esse grande murmúrio fala do já dito. Eu me preservarei de acusar-me a mim mesmo – e aqueles entre meus contemporâneos que são tão inúteis quanto eu – de bizantinismo; eu me preservarei de deplorar a incapacidade em que me sinto com diversos outros de falar das coisas mesmas, ou de inventar uma linguagem absolutamente nova; porque

eu sei que um enunciado científico qualquer que seja, não trata diretamente (como um dedo posto em contato com uma coisa) da permeabilidade seletiva das membranas celulares ou do axioma de completude, mas do conjunto do que foi dito daquilo até o momento em que ele foi por sua vez articulado; eu sei também que um romance ou um poema, por mais distantes que estejam do que pôde ser dito somente existem por essa relação lateral, essa margem que os coloca no espaço do pronunciado e do escrito. Não condenarei também minha época por ser mais do que nenhuma outra dedicada a repetir ou criticar o que já foi dito; não a censurarei por ter mais memória que invenção, e se dobrar na dimensão segunda da história. Não me queixarei que a literatura não seja mais capaz de falar senão dela própria, e a arte de se colocar

Michel Foucault

ela mesma e só ela em questão. Não direi que nossa impotência nos destina à idade repetitiva do comentário. Porque eu sei (só falo aqui, com toda certeza, da cultura europeia) que essa idade não é a de nossa ageração, mas de nossa civilização toda: dizer o que foi dito, ouvi-la para melhor repetir, para entender abaixo dela o que ela pôde dizer sem o dizer, falar dela para mostrar sua razão ou sua loucura, sua verdade ou seu erro, sua lei ou sua irregularidade, seu sentido, seu equívoco ou seu absurdo, é a isso que nossa linguagem se obstina há milênios: e grandes escansões de nossa história – a Renascença, a organização da Europa medieval, a cristianização do Império Romano, o nascimento do pensamento grego – foram acompanhados (se não foram em parte constituídos) por retomadas maciças do já dito: como se o essencial da invenção fossem novas coisas para repetir, novas maneiras de dizê-las. Eu me fixarei num simples fato que me servirá para simbolizar essa repetição do

discurso tão insistente pelo menos em nossa cultura. Voltado para as Musas, para sua memória inesgotável e materna, o que canta os primeiros versos da *Ilíada* lhes pede que liberem a seu favor a velha história dos aqueus diante de Troia. Não é o próprio aedo que faz nascer, só pela força de sua voz, só pela vivacidade de sua imaginação, o longo relato de *A Disputa*; não é de suas recordações que ele toma emprestados os episódios, mas dos mais antigos, mais seguramente inalteráveis, que as Musas, por trás dele, conservam incansavelmente. Mas, sem dúvida, as Musas escutam por sua vez a Memória majestosa que lhes deu origem, lhes inspira seu canto, sua música e sua dança, e conserva para ela as palavras dos heróis passados sem vestígios. A *Ilíada* conta a guerra, as rivalidades, as batalhas e os mortos; mas com uma voz indireta onde se ouvem outras vozes mais distantes, mais imperiosas também. O que ela conta, exatamente, é menos um passado que um outro relato: o que ninguém realmente ainda ouviu, mas que articula

Michel Foucault

há muito tempo a voz branca dos Invisíveis. Esse relato miticamente primitivo repousa à sombra, e mantém em seu poder todos os que empreenderão depois dele contar a mesma história: ele é aí lei inelutável de tudo o que se poderá dizer sobre Aquiles e Agamenon, sobre Patroclo, Ajax ou Príamo. A *Ilíada* em si, única morada aos nossos olhos de todas essas sombras imensas, é preciso reconhecer nela menos a sobrevivência dos mortos que a repetição desse grande discurso imóvel e primitivo. Eu não diria, portanto, que vivo na época triste, e bem estéril, onde nós – "filósofos" ou "literatos", ou "historiadores" como se diz – são destinados apesar deles à tarefa de repetir. Eu diria mais à vontade três coisas que não são, talvez, menos banais, mas cuja banalidade é um pouco diferente. Eu suporia inicialmente – mas eu penso que o risco de enganar-me nesse ponto não é muito grande – que não há uma só forma de civilização no

mundo onde tudo o que foi dito uma vez desaparece definitivamente, sem deixar vestígio, sem dar lugar a alguma forma de repetição, de reativação, de comentário, sem ter a possibilidade de reaparecer sob uma forma ou sob outra: um mito, uma lenda, uma história são destinados a serem contados de novo; um canto, uma cerimônia religiosa, uma prece ritual, uma invocação, uma fórmula mágica devem ser repetidos; uma ordem, um conselho, uma lei escrita ou não, um regulamento qualquer só têm existência específica na medida em que podem ser reativados (mantidos tais quais, retransmitidos, adaptados, explicados); uma inscrição num túmulo, num templo, num pergaminho ou num rolo se presta, por definição, a essa forma singular de reiteração que é a leitura. Não tentarei, no momento, selecionar todas essas formas de redobramento do discurso sobre ele mesmo, de esboçar sua classificação, nem de procurar de que maneira eles funcionam. Manterei somente que os discursos são destinados à repetição.

Michel Foucault

Volta à primeira meditação de Descartes

Michel Foucault

É contra a leitura de Descartes que Foucault fez em sua Histoire de la Folie, *em 1961, que Derrida, em 1963, numa conferência apresentada no Collège Philosophique sobre "Cogito e história da loucura" (retomado na* Écriture et la Différence, *em 1967, p. 51-97) propõe seu próprio comentário do texto cartesiano, afastando-se claramente das conclusões às quais tinha chegado Foucault, levando em conta a questão do fora-do-texto.*

A passagem de Foucault criticada por Derrida não figurava mais na edição 10/18, única acessível ao público entre 1961 e 1972.

Somente em 1972 Gallimard republicou a Histoire de la Folie *com o texto incriminado e a resposta que deu Foucault, no Japão, que reeditava então essa edição integral, intitulada "Mon corps, ce papier, ce feu", que se tornou até o segundo apêndice da obra (p. 583 e seguintes dessa edição).*

Condiscípulo de Derrida na Escola Normal Superior, Jean-Marie Beyssade, especialista em Descartes, que seguiu as aulas de Foucault em 1953-1954, redescobre o texto de Foucault no início do verão de 1972, na nova edição de Gallimard, e decide fazer dele um artigo que publicará em 1973 ("'Mais quoi, ce sont des fous'. Sobre uma passagem controvertida da Primeira Meditação", Revue de Métaphysique et de Morale).

Ver também sobre a controvérsia Foucault-Derrida: Jean-Marie Beyssade, Descartes au Fil de l'Ordre, *coll. Épiméthée, PUF, 2001.*

Caro amigo,

Obrigado pela sua carta e pelo seu envio. Você não imagina quanto seu texto me interessou. Seu rigor é, em todos os pontos, notável, e se há um certo número de pequenos detalhes sobre os quais eu tergiversaria, talvez, parece-me – e para mim é o essencial – que estamos de acordo sobre o princípio de uma análise que faria aparecer a "série" do exercício meditativo, muito frequentemente negligenciado em proveito da "ordem das razões"; é nesse nível dos eventos discursivos do texto que a relação com a loucura se apresenta como um problema. Com seu método próprio, você o demonstra muito bem, e o texto sobre a "cohaerentia" que você cita no fim do seu artigo é muito convincente.

Decididamente, essa passagem de Descartes é muito divertida, e não penso no início que se prestaria a tantas discussões. Visto que você teve a bondade de me enviar seu manuscrito, você me permite continuar o debate?

Uma coisa, primeiramente: você me pergunta bem generosamente se algo me incomoda. Com toda franqueza, uma coisa, uma só, é verdade. Entre a primeira edição de meu livro e minha resposta a Derrida, 10 anos se passaram. Nesse ínterim, minha perspectiva mudou muito. Em 1960, eu tinha tido o sentimento de que essa "exclusão" da loucura se integrava mal à ordem das razões; eu via nisso, portanto, um gesto furtivo, violento, que irrompe num movimento contínuo. Eu tinha razão, acredito, em sentir que

não se podia reduzi-lo à sistematicidade cartesiana, tal como ela é descrita habitualmente; mas o *status* que eu lhe dava não era sem dúvida o certo. Foi preciso que minha atenção fosse voltada para os "eventos discursivos", as modalidades de inclusão do sujeito no discurso, para apreender a coerência de um movimento que é específico, mas que se ajusta à ordem das razões; os procedimentos que aí se desenvolvem, o jogo das qualificações e das desqualificações não confunde a ordem das razões.

Você vê, a partir de então, o que me causa problema em seu texto: é que você trata em bloco, como se elas estivessem em continuidade, as poucas linhas que eu tinha escrito em 1960 e as análises que acabo de fazer, num estilo, com um método e um grau de aproximação completamente diferentes.

É assim que você critica o conjunto do que eu digo sobre Descartes a partir de oito proposições que se encontram, com efeito, na primeira edição. Mas várias delas são esclarecidas, modificadas ou abandonadas na resposta a Derrida; por exemplo:

- "*A loucura ao lado do sonho*": em 1960, eu me contentava em indicar essa justaposição; em minha resposta eu insisto quase em cada página sobre a série, a sucessão, a colocação em ordem cronológica dos dois momentos, o da loucura e o do sonho; não acredito que seja exato dizer que eu "apaguei" a ordem cronológica no texto de 1971.
- A *distinção corpo, mundo e consciência*: não faço nenhuma alusão a isso em minha resposta; destaco, ao contrário (p. 595), a importância decisiva para a dúvida nesse ponto da meditação, da diferença entre o "fraco" ou "distante" e o próximo, o vivo, o atual; estou absolutamente de acordo com você sobre isso; é mesmo o único corte que eu conheço da Primeira Meditação.
- A respeito das seis outras teses, eu penso que poderia fazer observar modificações do mesmo gênero.

Veja, então, o ponto, ou melhor, os dois pontos que me incomodam:
- Você critica duas análises (das quais uma é elaborada, modificada, deslocada em relação à outra) em nome de oito teses que só estão presentes na primeira.
- A representação em oito teses não me parece, de toda maneira, muito adequada para descrever minha resposta a Derrida, onde todo o essencial do esforço está no método e no nível da análise. Tenho a impressão de que você "tranca" um pouco o segundo texto pelo primeiro, e você os condena em um só bloco.

Perdoe, eu lhe peço, a franqueza com a qual eu lhe falo; e esteja bem certo de que lhe sou muito profundamente reconhecido pelo trabalho que você fez; ele enriquece consideravelmente a leitura que se pode fazer agora do texto de Descartes.

É claro, e além do ponto que me incomoda, tenho algumas objeções teóricas a fazer, mas com prudência; você conhece Descartes de tal forma melhor que eu. Parece-me que se pode resumir a situação da seguinte maneira: você estaria de acordo em dizer que a prova da loucura concerne à qualificação do sujeito meditante; mas você rejeita que a qualificação do não louco seja adquirida definitivamente nesse nível. Seus argumentos são impressionantes; três dentre eles, no entanto, não ganharam completamente minha adesão:

a) *A pluralidade das vozes*. A analogia com o diálogo é extremamente interessante. Ela é absolutamente probatória? A meditação é um exercício durante o qual o sujeito não dialoga com os outros, mas retoma por sua conta, para fazer dele uma prova através da qual ele passa, o que pode bem ter sido encontrado no discurso dos outros, ou então ainda o que aparecerá retrospectivamente como preconceito corrente. Transformar em prova modificando o sujeito que discorre sobre o que não é talvez senão um objeto de encontro, é isso o próprio da Meditação; não há pluralidade das vozes.

b) Você tem perfeitamente razão de destacar a diferença entre *amens* e *demens*. Mas esta distinção não é pertinente somente para o historiador da filosofia; ela vale no domínio médico. *Amens* (é a negação): o que não tem seu espírito; *demens* (é a privação): o que está desprovido dele, que

Michel Foucault

não se beneficia mais dele, que desviou etc. Não penso que *demens* possa designar o estado de alguém que voluntariamente "se privou" de seu espírito. Se eu me conduzisse pelo exemplo daqueles que não têm *mens*, eu pareceria ser privado dela. (Não esqueçamos o "*nec minus demens*" do texto latino.)

c) Parece-me que você dá a *viderer* um sentido fraco (evidentemente possível, mas não necessário). Ele não poderia dizer "aparecer" mais do que "parecer"?

Tais são as primeiras questões que eu me coloco a propósito do seu artigo; mas com a prudência que devo à sua erudição e à sua maestria. Elas são, você o vê, de uma natureza completamente diferente do incômodo de que eu lhe falava há pouco.

É claro, você faz com a minha carta o que quiser. Se você desejar continuar a discussão, da maneira como lhe agradar, eu ficarei radiante.

Desejo que você tenha um ano favorável em Rennes, e peço-lhe que queira aceitar minha lembrança muito amiga.

Carta de Michel Foucault a Jean-Marie Beyssade, novembro de 1971.

História da loucura e antipsiquiatria

Michel Foucault

É a convite de Henri F. Ellenberger, especialista da história da psiquiatria, que Foucault pronuncia essa conferência, em 9 de maio de 1973, no âmbito de um colóquio em Québec intitulado "É preciso internar os psiquiatras?". No mesmo ano, Foucault inicia seu curso no Collège de France intitulado "O poder psiquiátrico", no qual ele marcará sua diferença com os movimentos antipsiquiátricos anglo-saxônicos e italianos.

Vou-me apresentar oprimido por duas faltas, duas falhas. A de estar gripado e a de não ser nem psiquiatra nem antipsiquiatra; lamento um pouco, não digo por não ser psiquiatra, mas, em todo caso, por não ser antipsiquiatra, porque tenho a impressão de que se desenha aqui algo como um investimento teórico que deve envolver os temas e as práticas da antipsiquiatria, e eu não estou certo de estar bem posicionado para ser aquele que afastará esses ataques. Sou apenas um historiador e desejaria, como historiador, tentar explicar-lhes como vejo a origem dessa antipsiquiatria. Eu o farei certamente com muito menos competências do que acaba de fazê-lo, de uma maneira notável, o doutor Ellenberger. Penso, como ele, que não há uma antipsiquiatria, mas antipsiquiatrias, e, nesse ponto, estou absolutamente de acordo com ele; entretanto, há talvez em nossas análises alguns pontos de divergências.

Vou tomar um ponto de vista que lhes vai parecer, sem dúvida, muito distante, que nem é histórico, é, por assim dizer, etnológico. Começarei dizendo isto: de fato, a ideia de que a verdade é universal, eterna, que há verdade em toda parte e sempre, que em torno de nós a verdade nos espreita, nos espera, está aí silenciosamente, passiva e adormecida, esperando o momento em que iremos voltar o olhar para ela e, enfim, acordá-la; a verdade é universal. Creio que essa ideia é uma ideia de filósofo, em consequência, uma ideia de erudito que correu ao longo de tudo o que nós poderíamos chamar nosso imperialismo cultural.

Entretanto, se olharmos a trama, o grão de nossa sociedade, de nossa civilização, de nossas instituições, perceberemos que no fundo temos sempre, mesmo idosos, técnicas, rituais, instituições que têm por função determinar, isolar momentos específicos ou lugares diferenciados, momentos e lugares a partir dos quais a verdade poderia, enfim, eclodir; como se, finalmente, a verdade não estivesse em toda parte, nem o tempo todo, mas como se devesse haver lugares em que a verdade explode e aparece, momentos em que a verdade pode ser apreendida, momentos em que ela vem à tona.

Há, portanto, toda uma geografia cultural da verdade. E há em nossas sociedades, houve, em todo caso, na sociedade uma geografia das sedes proféticas. Os filósofos gregos se perguntavam por que precisamente se pressupunha ser falada em Delfos, e, afinal das contas, temos ainda, nas igrejas e nas universidades, desses lugares que se chamam "cátedras/púlpitos" de onde se supõe falar a verdade. A cela do monge, o retiro monástico era também uma certa maneira de arranjar um certo lugar geográfico onde a verdade ia se produzir. Houve também uma espécie de cronologia da verdade.

Vejamos no pensamento médico, desde Hipócrates, a noção muito curiosa de crise; a crise no pensamento médico do Ocidente, durante séculos, o que foi? A crise foi o momento, foi definida como o momento em que a verdadeira natureza da doença ia aparecer, em que o verdadeiro futuro da doença

ia se desenhar; o momento da crise era o momento de decisão em que se faz a divisão entre a vida e a morte, e o papel do médico em relação à crise não era de ser aquele, de alguma maneira, que intervinha e a desatava, mas ele era antes o organizador, aquele que, ao lado da crise, paralelamente a ela a espreitava, a apoiava, a sustentava, a favorecia; por certo número de artifícios, por certo número de técnicas, quase de encantações, ele permitia à crise ser o momento em que a verdade ia-se produzir.

Poder-se-ia dizer da mesma maneira que, nas práticas judiciárias, durante séculos também se buscou a verdade, não tanto pelo sistema da investigação, mas por um sistema que era o sistema da prova; organizava-se uma espécie de ritual, ao mesmo tempo um lugar e um momento, em que a verdade supostamente podia produzir-se de uma maneira fulgurante, produzir-se como um relâmpago; o Julgamento de Deus devia decidir quem tinha razão e quem estava com a verdade!

Portanto, se vocês quiserem assim, toda uma geografia, toda uma cronologia diferenciada da verdade, ou seja, a verdade não foi concebida o tempo todo como o próprio elemento do universal, mas em toda nossa cultura há, correndo durante séculos e, sem dúvida, não ainda apagada essa ideia de que a verdade é um evento que se produz, que se produz em alguns lugares e em alguns momentos; poder-se-ia dizer, talvez, e eu digo isso, entre parênteses e a título de hipótese, que o momento em que essa ideia de que a verdade é um evento que se produz simplesmente em alguns lugares, em alguns momentos, essa ideia começou a ficar seriamente abalada, tenho a impressão, com as grandes técnicas da navegação, isto é, quando se foi obrigado a inventar instrumentos que fossem tais que se pudessse identificar, descobrir, definir, formular a verdade em qualquer lugar e em qualquer momento. O navio, lugar sem lugar, perdido num espaço infinito, que deve a cada instante atualizar sua situação; é, se assim quiserem, a própria imagem, o próprio problema que está no centro de nossa sociedade, como, em toda parte e de qualquer ponto de vista, captar a verdade e, aqui e acolá, o grande problema da navegação foi o grande momento do corte, eu não quero dizer na consciência científica, mas no que chamarei de tecnologia da verdade.

Bom, enfim, é um parêntese, mas, se nos colocarmos precisamente o problema em termos de tecnologia da verdade, por que ritual, por que partícipe, por que procedimento fazer eclodir a verdade, encontramos evidentemente de imediato o problema do hospital.

O hospital, e não falo aqui do hospital psiquiátrico, mas do hospital em geral. No século XVIII, quais eram as funções do hospital? Bem, eu penso que elas eram exatamente duas. Uma espécie de função, de alguma maneira, moderna para a época. A função moderna para a época do hospital do século, pois bem!, era justamente ser um lugar de observação onde a verdade estava lá, de alguma maneira, toda desvendada e se oferecia ao olhar de qualquer um; o hospital no século XVIII era, no fundo, análogo a um jardim botânico; o hospital devia ser um lugar onde todas as doenças podiam ser observadas, caracterizadas, comparadas, distinguidas, reagrupadas em família, classificadas etc. O hospital era o jardim botânico do mal; e era, se assim preferirem, o herbário vivo dos doentes.

Por outro lado, o hospital no século XVIII – e estava aí sua função, não mais moderna, mas, se quiserem, arcaica –, a função do hospital no século XVIII ainda era precisamente ter uma ação direta sobre a doença. O papel do hospital era permitir à doença produzir sua verdade, não somente mostrá-la, mas fazê-la existir como um evento. Admitia-se, com efeito, naquela época, que o doente, a partir do momento em que o deixavam em seu meio, em sua família, em seu círculo, com seu regime, seus preconceitos, seus costumes, suas ilusões etc., esse doente não podia ser afetado, no fundo, senão por uma doença complexa, confusa, emaranhada, espécie de falsa doença, e era somente nessa espécie de espaço de purificação e de decantação do hospital que, finalmente, a doença podia produzir sua verdadeira natureza, podia eclodir em plena luz do dia com seu rosto autêntico. Portanto, o hospital é, ao mesmo tempo, o lugar de observação da verdade da doença, mas era também o lugar de produção da doença; e o hospital era um fator de produção da verdade da doença. Pois bem, eu acredito que essa ambiguidade do hospital, ou essa dupla função do hospital no século XVIII, vamos encontrá-la ainda por muito tempo. E eu penso que até por volta dos anos 1860, isto é, há um século mais ou menos, toda a prática, toda a teoria de especialização, eu diria até de uma maneira mais geral, toda a concepção da doença eram comandadas por essa espécie de jogo, de ambiguidade, de equívoco ou de sobredeterminação. Se vocês preferirem, as funções do hospital onde acontece um dos grandes problemas do pensamento médico no século XIX

são comandadas por isso: deve a terapêutica consistir essencialmente em suprimir o mal desde que ele aparece ou será preciso, ao contrário, que a terapêutica espere o desenvolvimento, a produção do mal em sua verdade, para poder agir? Era todo o problema da espera ou da intervenção.

Havia também esse problema: se é verdade que há doenças autênticas e doenças que são doenças de doença, doenças aberrantes, doenças deformadas... não se poderia admitir finalmente que há somente uma doença fundamental da qual todas seriam derivações e como formas confusas e secundárias? É toda a disputa entre Broussais e seus adversários, no início do século XIX. Vocês têm também o problema de saber o que é, no fundo, a verdadeira doença. O que é uma doença normal? A doença normal é aquela que, espontaneamente, cura ou a que fatalmente conduz à morte? O problema da doença entre a vida e a morte, é essa a questão de Bichat. Enfim, vejam: todos os grandes problemas teóricos da medicicna, no século XIX, são ainda comandados, no fundo, por esse papel ambíguo da prática hospitalar. E o desaparecimento dos problemas é devido, evidentemente, à prodigiosa simplificação que a biologia pasteuriana introduziu em tudo isso. A partir do momento em que Pasteur determinou qual era o agente do mal, no dia em que Pasteur fixou, como um organismo singular, o que era o agente do mal, então a biologia pasteuriana permitiu que o hospital se tornasse um lugar onde a produção da doença não tinha mais função e bastava, por um lado, diagnosticar a doença, dizer que ela existia e, depois, impedir no próprio nível desse agente o momento produtivo da verdade da doença; esse momento podia ser evitado.

Peço desculpa por ter demorado tanto para falar do que deve ser propriamente o objeto de meu discurso, isto é, o hospital psiquiátrico e o problema da antipsiquiatria. Parece-me que, no entanto, essa pequena revisão era um pouco necessária para chegar a compreender convenientemente a posição do louco e do psiquiatra na própria história do espaço hospitalar.

Acredito haver uma correlação histórica entre dois fatos, é isto.

No século XVIII ainda, a loucura não era o objeto permanente e regular da internação. E durante esse mesmo período, ou até esse mesmo ponto, o fim do século XVIII, a loucura não era tão vista como uma perturbação do comportamento, uma maneira de não agir como se deve, uma espécie de perturbação nas paixões; não era isso que era a loucura no século XVIII, na época em que justamente não se internava. A loucura era essencialmente uma certa maneira de julgar mal, perceber mal, enganar-se. A loucura era vista essencialmente com um fundo de erro. E, afinal das contas, era-se tão tolerante em relação à loucura, ou relativamente tolerante, se preferirem, quanto se podia ser em relação ao erro; a loucura fazia parte de todas as quimeras do mundo, e só se internava quando ela era extrema ou perigosa.

Vocês compreendem, nesse momento, se é verdade que a loucura era essencialmente uma forma de erro, vocês compreendem como a internação não era possível nessas condições; quais eram, com efeito, as condições para que se pudesse curar a loucura ou suprimir esse momento de erro? Não podia ser evidentemente a técnica que consistiria em fechar o louco num espaço tão artificial quanto o hospital. Os lugares terapêuticos, os momentos terapêuticos, os rituais pelos quais se podia curar só podiam ser de uma ordem totalmente diferente da hospitalização. Ou então se recolocava, procurava-se recolocar o doente na própria natureza, visto que, afinal das contas, o que é a natureza senão o rosto visível da verdade. Portanto, recolocar o doente na natureza, fazê-lo viajar, obrigá-lo ao passeio, afastá-lo em retiro, organizar seu descanso, cortá-lo principalmente do mundo artificial e vão da cidade, da leitura, dos romances, das paixões, era tudo isso que era a terapêutica fundamental nos séculos XVII e XVIII. E Esquirol, aliás, no século XIX, se lembrará disso ainda, visto que, quando ele vai organizar seus grandes hospitais psiquiátricos, ele recomendará que todos os pátios se abram sobre um vasto jardim. O jardim, a natureza como lugares de cura da loucura, a partir do momento em que ela é furiosa. E depois, o outro grande momento ritual terapêutico era completamente o contrário da natureza, era a natureza invertida, era o teatro, isto é, organizar um mundo fictício em torno do erro do doente, mundo fictício que se falsificava de tal maneira que, finalmente, o doente, no interior dessa comédia que se representava para ele e que ele devia aceitar, já que ela parecia com sua loucura, no interior disso, ele ficava como num labirinto, reconduzido, finalmente, em última instância, à verdade e à realidade; ele era desenganado pelo próprio mecanismo da comédia que se montava em torno dele, e ainda aí Esquirol não esquecerá a lição, visto que recomenda, quando se trata de um melancólico, fazê-lo

acreditar que ele estava preso numa série de processos inumeráveis para estimular sua energia e seu gosto em combater.

Portanto, vejam vocês que a prática da internação era, no fundo, absolutamente contraditória com a própria noção que se fazia da loucura no século XVIII. A prática da internação começará no século XIX, num momento muito preciso, é o momento em que justamente a loucura será menos percebida em sua relação com o erro que em sua relação com a conduta regular e normal. É a noção de normalidade, de comportamento normal que vai ser o correlativo teórico da prática da internação. A loucura vai ser, no início do século XIX, definida não como juízo perturbado, mas como uma perturbação na maneira de agir, na maneira de querer, na maneira de ter paixões, de experimentar sentimentos, na maneira de tomar decisões etc.; a loucura deixará de se inscrever no grande eixo verdade-erro-consciência; ela vai inscrever-se num eixo completamente diferente: o da paixão-a vontade-a liberdade. É o momento de Hochbauer, é o momento de Esquirol: "Há, evidentemente, alienados cujo delírio é apenas visível, diz ele, mas não há nenhum alienado cujas paixões, as afeições morais não sejam desordenadas, pervertidas ou aniquiladas. A diminuição do delírio não é assim uma certa cura senão quando os alienados voltam às suas afetações normais." E, então, nessas condições, se é verdade que a loucura é essencialmente a perturbação do eixo ou dos dois polos: paixão-ação-liberdade-vontade; bom, se é isso, qual vai ser o processo de cura? O retorno à verdade? Absolutamente, não; mas o retorno, e ainda aí eu cito Esquirol: "O retorno às afetações normais em seus justos limites." O desejo de rever amigos, de rever seus filhos, as lágrimas da sensibilidade, a necessidade de abrir seu coração, de se reencontrar no meio de sua família, de retomar seus hábitos, eis, segundo Esquirol, o que caracteriza a cura em si. E, então, nessas condições, o que vai poder provocar um retorno assim? Não, evidentemente, a redescoberta da verdade, o que vai poder permitir essa volta ao normal, à maneira normal de agir e de sentir, pois bem!, vai ser o hospital; não absolutamente como lugar de observação, mas o hospital mais como lugar de enfrentamento entre a paixão e a vontade perturbada do doente, a paixão, a vontade ortodoxa do médico e do pessoal hospitalar.

O hospital vai, então, ser o lugar no interior do qual se vai organizar o face a face, o choque inevitável e, para dizer a verdade, desejável de uma vontade doente que poderia muito bem, aliás, ficar imperceptível, já que ele não delira; depois, uma vontade certa que é a do médico. O hospital será, pois, esse lugar de enfrentamento, esse lugar de luta, esse lugar de oposição, e haverá cura, quando dessa luta, desse conflito, dessa oposição sairá algo como a vitória da vontade certa, isto é, a dominação do médico e a sujeição do doente. Eu lhes cito ainda Esquirol: "Deve-se aplicar um método pertubador, quebrar o espasmo pelo espasmo. O espasmo do doente pelo espasmo do médico. É preciso subjugar o caráter antigo de alguns doentes, vencer suas pretensões, domar seu arrebatamento, quebrar seu orgulho; entretanto, é preciso excitar e incentivar o outro." Assim, como vocês veem, estabelece-se a função muito curiosa do hospital psiquiátrico no século XIX. É claro, o hospital psiquiátrico do século XIX conservará, levará com ele o modelo do hospital, digamos geral, isto é, ele será, também ele, o grande retângulo botânico onde as espécies de doenças são repartidas nesses famosos pátios, quadrados, dispostos segundo os planos de Esquirol, essas espécies de grandes pátios que dão a pensar em uma vasta horta de nabos e cenouras, mas, ao mesmo tempo, o hospital será o espaço fechado, para um enfrentamento, será o lugar de uma competição, será um campo institucional onde se mantém em jogo, não é a verdade e o erro, é a vitória e a submissão. O grande médico de asilo, seja Leuret, seja Charcot, seja Kraepelin, é, ao mesmo tempo, aquele que pode dizer a verdade da doença, graças ao saber que ele tem sobre ela, mas é aquele que pode produzir a doença em sua verdade e que pode submetê-la na realidade pelo poder que sua vontade exerce sobre o próprio doente. Todas as técnicas ou procedimentos colocados em operação nos asilos do século XIX, seja o isolamento, o interrogatório privado ou público, os tratamentos de punição, como a ducha; as conversações morais, incentivos, exprobações etc., a disciplina rigorosa, o trabalho obrigatório, as recompensas aos bons doentes, as relações preferenciais entre o médico e algum de seus doentes; as relações de vassalagem, de posse, de apropriação, de domesticidade, às vezes até de servidão entre o doente e o médico, tudo isso tem por função, vocês estão vendo, fazer do personagem médico o mestre da loucura, o que a faz aparecer em sua verdade, quando ela se oculta, quando ela tenta ficar es-

Michel Foucault

condida e silenciosa, e o que também a domina e que, dominando-o, a acalma, a reabsorve, a faz calar-se depois de tê-la sabiamente desencadeado. Digamos, pois, se vocês preferirem, de uma maneira...

É que, historicamente, se vocês tomarem o hospital não psiquiátrico, vocês vão ver no século XIX uma evolução, ou, antes, uma grande ruptura sobre a qual se pode colocar o nome de Pasteur. A partir dessa grande ruptura, o hospital geral, o hospital, digamos, médico é tal como a função de produção da doença, essa função de produção da doença é inteiramente esquivada, evitada, freada. Ao contrário, durante o mesmo período, durante esse mesmo século XIX, vocês veem que o hospital psiquiátrico toma uma evolução completamente inversa, já que em torno do personagem do médico de que Charcot pode representar evidentemente o nome mais simbólico, em torno do personagem do médico, é a função, produção da doença, colocação à luz da doença, desencadeamento da doença, luta com a doença, domínio da doença, e é essa função que vai exaltar-se no hospital psiquiátrico na mesma época em que ela está desaparecendo no hospital geral – e, então, coloquemos o nome de Charcot em face do nome de Pasteur.

A hipótese que eu desejaria apresentar é esta: parece-me que a crise foi aberta e, por conseguinte, a idade da antipsiquiatria começou quando se teve a suspeita e logo a certeza de que o grande mestre da loucura, o que a fazia aparecer e desaparecer, Charcot, era aquele que não produzia a verdade da doença, mas que fabricava seu artifício. O dia em que se descobriu que Charcot fabricava a pedido essas famosas grandes crises de histeria, percebeu-se que La Salpêtrière não era o lugar onde se realizava a competição da razão e da loucura, mas onde se fabricava, por obscuras relações de poder, algo que devia seduzir tanto o médico e que era a crise da mulher histérica. Pois bem! Nesse dia, eu penso, começou uma crise que devia levar à antipsiquiatria.

Aproximemos esse evento daquele da história de Pasteur. Pasteur, o que é? É simplesmente o homem que disse aos médicos: "Mas digam-me, prestem atenção, em suas famosas mãos, suas mãos brancas e de verdade, que mostram a doença onde ela está, vocês levam maldosos pequenos germes que trazem a doença." Ferida narcísica essa imposição das luvas aos médicos e que os médicos levaram tanto tempo para perdoar Pasteur. Bom, eu diria o que aconteceu a Charcot numa época não tão distante daquela de que eu falo, o que aconteceu a Charcot, a descoberta de que o próprio Charcot fabricava sua doença, fabricava seus doentes, bom, é isso, eu penso, que foi um outro grande traumatismo, mas, enquanto os médicos propriamente ditos puderam recuperar sua ferida narcísica e contá-la no nível da tecnoestrutura, da proveta e do laboratório, a psiquiatria, esta, diante da crise assim aberta, não pôde encontrar outra coisa além do problema da antipisiquiatria. Parece-me, em todo caso, que todas as grandes sacudidas que abalaram a psiquiatria desde o fim do século XIX não colocaram tanto em questão o saber do psiquiatra, elas o colocaram principalmente em questão mais que seu saber, mais que a verdade do que ele dizia; o poder do psiquiatra e a maneira, não como o psiquiatra enuncia ou não enuncia a verdade da doença, mas a maneira como ele produz a doença, pelo próprio exercício de seu poder. E de Bernheim a Laing ou a Basaglia, o que esteve em questão foi a maneira como o poder do médico estava implicado na verdade. E, inversamente, a maneira como a verdade enunciada pelo psiquiatra podia ser fabricada ou comprometida ou falseada pelo poder. Disse Cooper: "A violência está no centro de nosso problema", e Basaglia: "As características dessas instituições: fábrica, hospital, escola, asilo, a característica dessas instituições é uma separação decidida entre os que detêm o poder e os que não o detêm." Todas as grandes reformas, não somente da prática psiquiátrica, mas, eu creio, também do pensamento psiquiátrico suscitado em torno desse problema da relação do poder, todas essas grandes reformas, todas essas grandes crises, todos esses grandes debates são tentativas para deslocar, para mascarar, para eliminar, para anular, para desarmar essa relação de poder; toda a psiquiatria moderna é, no fundo, atravessada pela antipsiquiatria, e eu entendo por antipsiquiatria, para dar uma definição dela, de que eu não digo que seja verdadeira nem restrita, mas, pelo menos, que ela é cômoda, eu chamo antipsiquiatria tudo o que recoloca em questão o papel de um psiquiatra encarregado outrora de produzir a verdade da doença no espaço hospitalar.

Bom, nessas condições, penso que se pode falar dos "antipsiquiatras" e eu desejaria, para terminar, propor-lhes uma breve tipologia que, ainda uma vez, não vai coincidir inteiramente com a aquela certamente muito mais exata que o doutor Ellenberger acaba de nos apresentar.

Eu penso que há, no fundo, tantos tipos de antipsiquiatria quanto há de possibilidades de modificar essa relação de poder que existe e que foi historicamente instaurada entre o psiquiatra, o doente e a produção da loucura na verdade. Primeiramente, chamarei "antipsiquiatria" a prática que consiste em tentar nesse debate com três termos – psiquiatria, doente, produção da doença em sua verdade –, eu chamo antipsiquiatria a técnica que consiste em reduzir ao máximo o último desses elementos, isto é, a produção da loucura em sua verdade, para deixar, de alguma maneira, face a face e no estado nu, o doente e o médico.

Reduzir a produção da loucura e levar, ao contrário, ao seu máximo de intensidade as relações de dominação entre o psiquiatra e o doente. É esse tipo de relação que se encontra, eu penso, na psicocirurgia ou na psicofarmacologia, que não se tem o hábito, eu o sei, de colocar sob a rubrica antipsiquiátrica, mas acredito que essas técnicas, também, na medida em que tentam manipular e contornar o grande problema dessas relações de poder, de simplificá-las por supressão de um dos termos, parece-me que a psicocirurgia, a psicofarmacologia devem ser integradas a essa grande crise da antipsiquiatria aberta desde a época de Charcot. Na psicocirurgia, na psicofarmacologia, trata-se, de alguma maneira, de pasteurizar o hospital psiquiátrico, de obter para o asilo o mesmo efeito de simplificação que Pasteur tinha imposto aos hospitais.

Trata-se de articular diretamente um sobre o outro o diagnóstico e a terapêutica, o conhecimento da natureza ou da origem ou do suporte orgânico da doença e a supressão de suas manifestações; por conseguinte, o momento da produção da doença em sua verdade, o momento da prova, o da doença vindo à tona, chegando à sua realidade, esse momento, evidentemente, não tem mais absolutamente que figurar numa prática de tipo fármaco-psicológico ou psicocirúrgico. O hospital pode tornar-se, então, um lugar silencioso onde a forma do poder médico se mantém no que há de mais estrito sem ter mais que encontrar a loucura em si. O doente e o médico estão frente a frente, a loucura tendo sido colocada entre parênteses. Chamarei essa forma asséptica, assintomatológica da antipsiquiatria, uma antipsiquiatria ou uma psiquiatria com produção zero.

Em segundo lugar, outra forma de antipsiquiatria é aquela que consiste em agir, não absolutamente por supressão do momento da produção, mas, ao contrário, tentando tornar mais intensa possível essa produção da loucura, tentando torná-la mais intensa, ajustando as relações de poder entre médico e doente nessa mesma produção. Superpor, de alguma maneira, exatamente as relações de poder médico--doente à atividade produtora de loucura. Suprimem-se, então, nessas condições, nessas formas de antipsiquiatria, todas as formas exteriores obrigatórias: política, administrativa, institucional do poder do psiquiatra; há apenas o doente e o psiquiatra que se entendem, de alguma maneira, numa relação mais livre que é, por assim dizer, contratual, que se entendem para que seus encontros, para que as relações de amor, de desejos, de poder também que se criam entre eles, sejam exatamente ordenados com a produção da loucura em sua verdade e nela somente.

É, de alguma maneira, o modelo ao qual obedecem a psicanálise, e, de uma maneira mais geral, tudo o que se poderia chamar as psicoterapias de inspiração psicanalítica. Aí, nessa espécie de mecanismo, o médico não vai mais intervir como instância de autoridade autônoma, avaliando do exterior o doente, não será mais por suas questões, suas ameaças, sua disciplina que o médico vai desempenhar um papel, mas, de alguma maneira, por seu silêncio; o silêncio é a famosa disposição espacial da cura psicanalítica e é exatamente representativa desse jogo muito curioso que lança a invisibilidade do médico. Por conseguinte, a loucura em sua verdade vai poder encontrar aí seu lugar, mas, nem por isso, essa presença muda e insistente por trás do doente, a própria natureza da consulta, o preço pago por ela, os imperativos, por conseguinte, econômicos e sociais que tramam toda a psicanálise vão, de alguma maneira, investir o que era apenas um princípio de produção de doença em sua verdade, de relações que são relações de poder, que são relações políticas.

A adequação postulada entre o trabalho da transferência e, depois, o pagamento do dinheiro na cura psicanalítica ou psicoterápica é que permite supor que, nesses procedimentos, o poder do médico não excede jamais o movimento pelo qual a loucura aparece em sua verdade. Eu diria, se preferirem, que se tem aí com a psicanálise ou as psicoterapias uma antipsiquiatria onde relação de poder e prova de produção são muito exatamente superpostas.

Michel Foucault

Terceira forma de antipsiquiatria: é aquela que, ao contrário, vai referir-se à ilusão do personagem médico.

Ilusão do personagem médico e transferência do doente somente do poder de produzir a loucura e a verdade da loucura. Nessa forma de antipsiquiatria e, é claro, nas de Laing e de Cooper, pois bem!, a loucura não é mais o que o doente deve confessar, deve mostrar, deve manifestar sob a injunção do médico, seja sob a insistência de suas perguntas ou por trás da observação de seu silêncio, a loucura não espera essa injunção muda ou falante do médico para se produzir; a loucura é antes a tarefa que o doente tem que cumprir, aquilo através do que ele deve passar, aquilo ao fim do que é preciso que ele vá. Em um sentido, poder-se-ia dizer, e isso foi dito, que tais técnicas equivalem, finalmente, a ideias médicas muito velhas.

Será que, afinal de contas, essa ideia de que o doente tem que atualizar, dramatizar ele próprio, suas virtualidades de loucura, não é, no fundo, retomar um pouco essas velhas técnicas de teatralização que se encontravam no século XVII? De fato, eu creio que se está bem longe disso. A antipsiquiatria de Laing e de Cooper só parecem do exterior com esses procedimentos teatrais. Tratava-se, com efeito, nesses velhos procedimentos teatrais de entrar, de alguma maneira, furtivamente na loucura do doente para fazê-la sair dele por artimanha, o quanto antes. Na psicoterapia, segundo Laing e Cooper, trata-se, ao contrário, de fazer de maneira que o doente possa entrar, e possa entrar ele próprio, em sua própria loucura, no interior de sua própria loucura, até o fundo de sua loucura. Ele deve fazer sua experiência até seus limites últimos e deve finalmente sair dela, na medida em que ele terá ido até o fim.

Não seria preciso dizer, também, que as técnicas de Laing e de Cooper retomam a antiga ideia de que as doenças, tendo uma natureza e um percurso próprios, a única intervenção do médico consiste em não intervir, em deixar acontecer e em deixar desenvolver-se a própria natureza da doença. Porque, se vocês lerem os textos de Laing e de Cooper, jamais se trata desse desenvolvimento natural ou específico da doença. Trata-se antes de uma espécie de tarefa que o doente que quer curar, e fica muito claro no texto a respeito de Mary Barnes, o doente que quer curar se dá como tarefa ir precisamente até o fim da experiência da loucura. Trata-se de fazer esse mergulho voluntariamente e não de deixar acontecer um percurso natural, é preciso fazer esse mergulho voluntariamente como única saída numa situação onde a loucura se encontrou precisamente, para o sujeito, como a única forma possível de existência.

E nessa ilusão do personagem médico, ele não deixa mais, por conseguinte, frente a frente, senão o médico e, depois, a produção da loucura, e, então, qual vai ser o papel dos outros?

O papel dos outros é importante, mas dos outros não porque eles são médicos, porque eles detêm uma autoridade qualquer, seja por seu saber, seja como representantes de uma normalidade; os outros têm um papel a desempenhar como parceiros no interior e no limite dessa experiência. No interior dessa experiência, na medida em que os outros vão se tornar personagens sobre os quais se vão articular os desejos ou os fantasmas do doente; não será na oposição doente-médico, anomalia-conformidade, louco-não louco que eles vão desempenhar um papel; eles vão, ao contrário, desempenhar um papel no próprio interior da loucura. E, por outro lado, eles permanecerão sempre nos limites da loucura, parceiros que eles são – de alguma maneira testemunhas – e que, por sua compreensão, sua atitude, sua capacidade de analisar, de verbalizar o que acontece, autenticam e validam assim aos próprios olhos daquele que faz essa terrível experiência de validar o que está acontecendo, de autentificar a experiência em curso. Vejam vocês que, nessa forma de antipsiquiatria assim como a praticam Laing e Cooper, aquilo de que se trata é, pois, ilusão do polo poder médico, aquilo de que se trata é a desmedicalização do espaço no qual se produz a loucura. Uma antipsiquiatria, por conseguinte, onde o que é reduzido a zero é a relação do poder.

E vocês veem, é claro, que o problema que se coloca por uma desmedicalização assim da loucura, essa organização de uma prova de loucura na qual o poder médico seria reduzido a nada, pois bem, essa desmedicalização não implica simplesmente, eu penso, um rearranjo institucional dos estabelecimentos psiquiátricos; trata-se até, sem dúvida, mais que de um simples corte epistemológico, talvez mais ainda que de uma revolução política; é em termos de ruptura etnológica que será preciso colocar a questão. Não é, talvez, simplesmente nem nosso sistema econômico, nem mesmo nossa forma atual de racionalismo, mas, sim, toda nossa imensa racionalidade social tal como ela se tramou historicamente desde os gregos, é, talvez, isso que repugna atualmente a validar no próprio cerne de nossa sociedade uma expe-

riência de loucura que seria prova de verdade sem controle do poder médico. E não há, pois, de que se surpreender se é verdade que somente uma ruptura etnológica permitiria validar e dar lugar em nossa sociedade a algo como essas provas de loucura sem poder médico, não há de que se surpreender que as pesquisas de Laing se orientem agora para a recolocação em questão de nosso etnocentrismo. Está na própria lógica da pesquisa.

Enfim, quarto tipo de antipsiquiatria, a que consistiria não exatamente em supor, como o fazem Laing e Cooper, que a relação de poder pode ser evitada, talvez posta entre parênteses, talvez, de alguma maneira, aniquilada de uma vez; é uma antipsiquiatria, ao contrário, que considera que as relações de poder não surpreendem a loucura do exterior somente sob o olhar do médico ou do administrador, mas que, no fundo, as relações de poder tramaram toda a existência do doente e tramaram sua loucura e que, por conseguinte, é a colocação às claras e, ao mesmo tempo, a destruição, e a destruição política de todas essas relações de poder, que elas sejam as que tornaram possível a loucura ou que sejam elas que se exercem contra a loucura; é essa destruição de todas as relações de poder que deve ser a tarefa da antipsiquiatria, e é isso, se vocês quiserem, que permite – eu acredito – situar nesse panorama muito amplo as pesquisas de Basaglia ou as que estão atualmente sendo conduzidas na França por pessoas como Guattari.

E vocês veem, finalmente, que, se guardarmos agora essas duas últimas formas de antipsiquiatria, que são aquelas às quais se reserva, normalmente, a palavra antipsiquiatria, a psicofarmacologia, por um lado, e a psicoterapia analítica não entram em geral na rubrica antipsiquiatria. Se tomarmos, pois, essas duas últimas formas, vocês verão que, finalmente, elas têm sucesso às vezes, uma e outra, por um lado com Laing e Cooper; o que elas implicam é uma ruptura etnológica com, finalmente, todo nosso sistema de civilização, e a antipsiquiatria de Basaglia e de Guattari implica o quê? Pois bem! Um trabalho político, um trabalho de luta e de ação política que tenta desatar todas as relações de poder que tramam, que tecem nossa existência: uma ruptura etnológica e combate político; é, sem dúvida, nessa alternativa atualmente que se encontram presas não somente as correntes de antipsiquiatria, mas todas as tentativas, quaisquer que sejam, que nós podemos empreender e que é preciso empreender para mudar as formas de nossa subjetividade, isto é, finalmente e em última instância, as condições de nossa existência atual.

Conferência de Michel Foucault no colóquio de Montréal, em 9 de maio de 1973.

Resposta a Ronald Laing

Michel Foucault

Extraído de uma mesa-redonda sobre as prisões e a psiquiatria, na Universidade de Columbia, em 19 de novembro de 1975, com Michel Foucault, R. D. Laing, Howie Harp, Judy Clark, publicada em novembro de 1978 na revista Semiotext.

Estou inteiramente de acordo com as observações de Ronald Laing sobre o poder da profissão médica, poder que continua a se fazer sentir em nossos dias. Nos passos de Howie Harp e de Ronald Laing, eu gostaria de abordar um problema que é, sem dúvida, ainda estranho, muito alheio a alguns profissionais.

Há alguns dias, eu me achava na América Latina, no Brasil, país que, como vocês sabem, conta com um grande número de prisioneiros políticos. Várias centenas de jornalistas, estudantes, professores de universidade, intelectuais e advogados lá foram interpelados durante esses últimos anos. Ora, no Brasil, interpelação significa, evidentemente, tortura. O que é mais espantoso é que algumas técnicas de tortura foram recentemente criadas com a ajuda de técnicos americanos. Essas inovações se apresentam da seguinte maneira: a pessoa que tortura não é a mesma que interroga. Uma pessoa fica sentada num cômodo vazio, frente a um computador que lhe dita as perguntas a fazer à vítima. Ela retranscreve essas perguntas e as faz passar a uma outra pessoa, seu subordinado, que tem como tarefa executar a tortura do outro lado da parede. Uma vez extorquidas as confissões, estas são integradas no computador que verifica sua compatibilidade com as informações já obtidas.

Perdoem-me essa digressão, que só parece de longe ligada à questão dos hospitais psiquiátricos, e absolutamente não à da medicina. É que esse processo faz intervir uma figura nova, presente em todas as etapas do ritual da tortura: o médico. A partir de então, um médico assiste às principais sessões de tortura. Ele tem como função determinar que forma de tortura será a mais eficaz, depois, proceder a exames médicos para se certificar de que o paciente não tem problema cardíaco, por exemplo, e não corre o risco de morrer. Enfim, o médico administra injeções que reanimam o paciente, de modo que ele possa suportar fisicamente as torturas, experimentando um máximo de sofrimento psicológico.

Aí só está um exemplo entre outros do que acontece no mundo, bem além da América Latina. A partir desse caso, eu desejaria formular algumas observações. Fico muito surpreso (surpreso não é, talvez, a palavra exata, mas é um espanto retórico) em constatar a que ponto as diferentes associações médicas, seja nos Estados Unidos, na França, na Europa ou na América do Sul, se arrogam o direito de vida e de morte. Vejam o que aconteceu na França com o aborto. Os médicos decretaram: nossa profissão consiste em preservar a vida e combater a morte, custe o que custar. Vejam o que aconteceu nos Estados Unidos com o processo que acaba de ser instruído, o caso Quinlin, no qual os médicos afirmaram: nós nos comprometemos em preservar a vida e não provocar a morte em nenhuma circunstância. Essas associações de médicos tão hostis ao aborto, vocês já os ouviram denunciar o papel político da medicina nas prisões, nas delegacias de polícia, nas câmaras de tortura? Alguma vez elas exigiram que os médicos que colaboram com esse tipo de práticas sejam excluídos da ordem dos médicos?

Durante essas sessões de tortura, os conselheiros técnicos não são, aliás, somente clínicos gerais, mas, às vezes, psiquiatras, até psicanalistas. No Rio, há um psicanalista que pertence ao que se poderia

definir como a escola psicanalítica mais reconhecida e que serve como conselheiro oficial da polícia em matéria de tortura. Que eu saiba, tal escola freudiana jamais denunciou esse indivíduo.

Visto que temos diante de nós o exemplo de um grupo que defende antigos pacientes de serviços psiquiátricos, não pensem vocês que se poderia fundar uma associação de indivíduos ligados à profissão médica, que se trate de médicos, enfermeiros, estudantes etc., cuja missão seria denunciar, onde quer que seja, essa colaboração explícita, efetiva, nominal e individual de médicos com as práticas policiais?

O outro ponto que eu gostaria de examinar é o seguinte: parece-me que a participação dos médicos na política e nos negócios judiciários levanta uma série de questões graves e bem mais gerais que os exemplos que acabo de evocar. A meu ver, a intervenção dos peritos psiquiátricos diante dos tribunais nada tem a ver com a prática médica. É impossível atribuir um valor médico ao diagnóstico, ao julgamento, à descrição ou ao quadro clínico estabelecido por um perito diante de um tribunal penal. O discurso médico-legal nada tem de médico, ele é simplesmente legal. Já que se trata aqui de criticar o poder médico, não pensem vocês que é hora de tomar medidas concretas contra a presença e a intervenção da pessoa médica em práticas jurídicas e policiais?

Concluirei simplesmente com uma questão: qual seria o método mais eficaz, a melhor forma de organização para aí se empregar, no nível local tanto quanto nacional ou internacional?

Tradução do inglês por Myriam Dennehy.

Mergulhar no lugar ou mergulhar do alto para Marco Aurélio: dois exercícios espirituais

Michel Foucault

Extraído do manuscrito preparatório para a aula de 24 de fevereiro de 1982 no Collège de France, intitulado A Hermenêutica do Sujeito.

A ordem infinitesimal para Marco Aurélio pode ser de valor positivo, com função laudativa. Exemplo de redução com valor positivo: "O que é morrer? Se encararmos a morte em si isoladamente e se dissiparmos, pela análise da noção (*merismô tês ennoias*) os fantasmas de que se reveste, não teremos mais dela outra opinião, senão que ela é uma obra da natureza" (*Pensées*, II, 12, trad. Trannoy). E em X, 26, a respeito das crianças: "Tendo feito descer um germe em uma matriz, nos retiramos; depois uma outra causa que intervém se põe à obra e acaba uma criança. Agora nós lhe fazemos descer comida na garganta; depois, uma outra causa produz a sensibilidade, o instinto, em resumo, a vida, a força e tantas outras maravilhas! Esses fenômenos que se realizam em um tão profundo mistério, contemple-as e veja o poder que os produz."

Deve-se observar esse movimento do texto: decomposição da infância, dos elementos diversos, da multiplicidade etc.; e o que se destaca: o fato da potência organizadora do poder, sua pujança, sua sabedoria, seu procedimento. De maneira que o detalhe tem, de alguma maneira nele mesmo, a força de remeter ao todo (cf. III, 2: *sur la craquelure du pain* [sobre a rachadura do pão]). Esse mesmo movimento nós o encontramos mais acentuado ainda em IX, 32: "Você pode eliminar como supérfluas muitas coisas que o perturbam e que só existem absolutamente em sua opinião [trabalho sobre a representação individual]. Com isso, você abrirá logo um vasto campo abraçando com o pensamento o universo inteiro, passando em revista o tempo infinito, considerando a pronta transformação de cada coisa tomada isoladamente, quão breve duração decorre do nascimento à dissolução, o infinito que precedeu o nascimento como a duração também infinita que seguirá a dissolução."

E, aliás, encontramos em Marco Aurélio alguns textos que são inteiramente próximos dos de Sêneca quanto a essa contemplação do mundo. XII, 24: "Suponha que você seja de repente alçado aos ares e que você contemple lá do alto o que fazem os homens, sua agitação em todos os sentidos; como você os desprezaria, quando visse na mesma olhadela o imenso espaço que cerca, domínio dos habitantes do ar e do éter!." IX, 30: "Contemplar do alto: inúmeros rebanhos, inúmeras cerimônias, navegação entrecortada por tempestades e por bom tempo, variedade (*diaphora*) de seres que nascem, vivem juntos, desaparecem [multiplicidade e unidade no espaço]. Imagine ainda a vida que outros viviam nos tempos de outrora e a que viveremos depois de você e a que vivemos hoje entre os povos estrangeiros [variedade no tempo]. Quantos homens ignoram seu nome, quantos o esquecerão, quantos o louvam agora e o vilipendiarão mais tarde [descontinuidade no tempo].

Ora, essa visão do alto induz em Marco Aurélio uma consequência bem diferente do que se encontra em Sêneca. Em Sêneca: o caráter minúsculo do ponto. Em Marco Aurélio, um efeito de repetição ao idêntico por meio de uma aparente variedade. Desse ponto de vista colocado tão alto, Marco Aurélio não percebe tanto o ponto singular em que ele está quanto a identidade profunda entre coisas aparentemente diferentes, eventos dispersos no tempo e indivíduos que se creem singulares. XII, 24: "Cada vez que você estiver assim elevado, verá as mesmas cenas, sua identidade de aspecto, sua pouca duração. E isso é um assunto de orgulho."

É, aliás, um uso semelhante que ele faz da história (II, 14: "Lembre-se sempre de duas coisas: primeiro, que tudo de toda eternidade tem aspecto idêntico e repassa pelos mesmos ciclos, e que não importa que assistamos ao mesmo espetáculo durante 100 ou 200 anos ou toda a eternidade; em seguida, que pouco importa que morramos velhos ou jovens; só ficamos privados do momento único em que morremos", cf. também IV, 32; VII, 49).

Destacar uma percepção do tempo histórico em que são as mesmas coisas que indefinidamente voltam: não somente repetição do próprio mundo quando ele recomeça; mas repetição das coisas no decorrer do mundo.

O outro objetivo é reduzir a vontade de singularidade dos indivíduos. Cf. XII, 27: atrelamento de dois temas de reflexão: tudo passa, tudo se torna "fumaça, cinza, lenda, ou nem uma lenda"; e, depois, eles agem em vão, todos esses homens que estão no pico da fortuna, das honras, no combate do ódio e do poder. Eles acreditam singularizar-se e, depois, fazem a mesma coisa: Catullinus em seu campo, Lusius Lupus em seus jardins, Stertinius em Baias, Tibério em Capreas [Capri] (todos os que têm ambição de se distinguir, e que fazem todos a mesma coisa).

Temos, então, em Marco Aurélio duas vistas do alto: aquela que se tem inclinando-se para o que nos cerca para alcançar suas profundezas; a que se tem imaginando-se no cume do mundo.

O mergulho "no lugar" tem efeitos de singularização, de percepção descontínua, de multiplicidade insuperável. Portanto, de liberação da alma. O mergulho "do alto" tem o efeito inverso de anulação das diferenças, de volta do mesmo. Somos muito menos singulares que acreditamos. Muito mais capazes de ser livres do que acreditamos nessa atualidade do mundo em que estamos, e muito menos singulares do que o imaginamos nesse grande movimento da história onde nosso próprio nome acaba por se apagar. O que não é contraditório: porque o que nos torna livres em relação ao que nos cerca é essa razão universal à qual nós nos assimilamos para além de nossas singularidades.

Transcrição de Frédéric Gros, editor desse curso.

Ditos e Escritos: complementos

Estes textos poderiam ter sido publicados nos Ditos e Escritos; *eles foram descobertos depois da publicação dos quatro volumes, em 1994. Alguns foram indicados por leitores.*

História da filosofia americana

Este breve resumo anônimo sobre a obra de Deledalle (PUF, 1954), especialista de Dewey, foi publicado em 1955, nas Moissons de l'Esprit, *boletim de atividade das Presses Universitaires de France.*

Lembremos que Dewey tornou-se um dos filósofos importantes da filosofia americana graças aos trabalhos de Rorty, é igualmente uma referência utilizada por Deleuze.

Trata-se, segundo o próprio Foucault, de seu primeiro texto destinado à publicação.

DELEDALLE (Gérard), *Histoire de la Philosophie Américaine*. Da guerra de Secessão à Segunda Guerra Mundial. Prefácios de Jean Wahl, *professor na Sorbonne* e de Roy Wood Sellars, *professor na Universidade de Michigan*, 1 volume in-16 jésus de xvi-208 páginas: 600F.

Tem-se o costume de apresentar a filosofia americana como um capítulo adicional da filosofia inglesa, ou de encontrar seus principais capítulos esparsos em obras de psicologia, lógica ou sociologia. A novidade da obra de Deledalle bastaria sozinha para definir toda sua utilidade. Mas, nesse livro de 220 páginas, há muito mais que uma reunião de informações diversas retiradas de fontes dispersas; todo um trabalho original de síntese. Depois de uma introdução onde são situadas as grandes influências históricas que se exerceram sobre a filosofia americana (teoria do conhecimento, hegelianismo, evolucionismo), o autor define as correntes que são, em sua mobilidade, constantes dessa filosofia: o pragmatismo, o neorrealismo, o naturalismo e o idealismo. Mas a análise por escolas não deve fazer esquecer as grandes individualidades filosóficas que se impuseram no interior ou acima das escolas. Deledalle consagra páginas muito densas a Peirce, James, Royce, Dewey e Mead. Esse conjunto tão coerente e tão rico termina com uma conclusão onde toda filosofia americana é caracterizada por seu anticartesianismo.

Sobre Nietzsche

Entrevista com Jacqueline Piatier

Esta entrevista dada por Foucault à responsável pelas páginas culturais do jornal Le Monde, *em 24 de maio de 1967, segue a publicação das obras completas de Nietzsche na França. Edição que dirigiram Michel Foucault e Gilles Deleuze.*

Jacqueline Piatier: *Desde quando se percebeu que a obra de Nietzsche necessitava de uma nova publicação?*

Michel Foucault: De fato, não há atualmente senão um livro suspeito, o último, *Vontade de Poder*, que foi publicado enquanto Nietzsche estava vivo, mas depois que a doença o privou de suas faculdades intelectuais. Sua irmã, Sra. Förster, encarregou-se da publicação das notas que ele tinha acumulado em vista de uma obra à qual ele atribuía uma importância extrema. Ela "compôs" assim o texto conhecido hoje sob esse título, e do qual ela pretendia ter encontrado o plano. Ela não inventou provavelmente nada do que publicou. Mas:

1. Ela, sem dúvida, recortou textos existentes de tal maneira que o sentido pôde ser alterado.
2. Fazendo uma escolha entre esses fragmentos inéditos, ela deixou para trás alguns que são de uma grande importância.
3. Ela apresentou esses trechos em uma ordem pela qual sozinha é responsável, pretendendo dar uma imagem do livro que Nietzsche gostaria de ter escrito. Nós nos encontramos, em suma, frente a um mesmo problema que para a edição de *Pensées* de Pascal. Ora, Nietzsche, antes de 1889, não tinha certamente ainda decidido qual seria a arquitetura de seu livro. Sua irmã escolheu um esquema do qual se vê um esquema no rascunho, mas há vários outros, e nada prova que Nietzsche teria finalmente escolhido esse.

O RETORNO AOS MANUSCRITOS

M. F.: Quando os nazistas utilizaram a obra de Nietzsche com fins políticos, a ideia de uma deformação sistemática de seu pensamento por sua irmã se impôs. O retorno aos manuscritos tornava-se a partir de então cada vez mais desejável, até mesmo necessário.

J. P.: *A orientação que a Sra. Förster tinha dado à* Vontade de Poder *justificava essa utilização?*

M. F.: A irmã de Nietzsche tinha-se casado com um dos fundadores do primeiro movimento antissemita na Alemanha. Nietzsche tinha várias vezes, em cartas, marcado seu desacordo com seu cunhado. Na obra publicada, nenhum vestígio, evidentemente, dessa divergência. Observe que não se sabe ainda o que os inéditos dessa época revelarão, porque eles não foram ainda totalmente inventariados. Um primeiro trabalho de revisão tinha sido feito depois da última guerra por Karl Schlechta. Mas ele não tinha podido ir a fundo.

J. P.: *O que se tornará, então, a* Vontade de Poder *na nova edição?*

M. F.: Bom, essa falsa obra desaparecerá. Ela voltará ao estado de origem, tal como Nietzsche a deixou. Não haverá mais em seu lugar senão fragmentos póstumos, que ocuparão pelo menos dois volumes da atual edição.

J. P.: *Mas não se tocará no texto das outras obras de Nietzsche?*

M. F.: Para harmonizar o conjunto, Claude Gallimard decidiu fazer proceder a uma nova tradução que será confiada a um pequeno número de especialistas. Pierre Klossowski, que publica hoje o *Gaio Saber* e todos os inéditos contemporâneos de sua composição, traduzirá também os do último período. Rovini se encarrega de *Humano demasiado Humano* e de *Zaratustra* com os inéditos correspondentes. M. de Gandillac vai cuidar dos escritos de juventude, que ficaram muito negligenciados e bem incompreendidos até o presente. A equipe não compreenderá mais de seis ou sete tradutores, o que, dada a massa enorme de textos a traduzir, assegurará uma homogeneidade bem grande.

J. P.: *O que se espera da revelação de tão numerosos inéditos? Eles vão modificar a imagem que temos de Nietzsche?*

M. F.: Eles esclarecerão, em todo caso, acusando algumas características que aproximam curiosamente Nietzsche das preocupações da filosofia contemporânea.

1. *Os Escritos da Juventude* são principalmente consagrados à filologia grega. Nietzsche inaugurou sua experiência filosófica com considerações sobre a linguagem. Ora, no século XIX, e mesmo desde Descartes, a filosofia ocidental se alimentava de uma reflexão sobre a ciência, essencialmente física e matemática. Spinoza cria exceção, que, também ele, chegou à filosofia através da filologia hebraica, comentando a Bíblia. O mais grego e o mais hebraico dos filósofos se unem nesse interesse pelo escrito. Mas há mais: acontece que Nietzsche se une também às pesquisas da filosofia moderna e sua interrogação sobre a linguagem.

J. P.: *Essa atenção voltada para a linguagem é devida à influência de Nietzsche?*

M. F.: De maneira nenhuma. Trata-se de uma coincidência da qual nos damos conta hoje. São as pesquisas de Bertrand Russell, matemático e lógico, os trabalhos de Husserl na Alemanha, a atenção dada por Freud ao discurso do inconsciente, a linguística saussuriana, que determinaram a orientação do pensamento atual. Ora, descobrimos agora que Nietzsche também questionou a linguagem. E não somente para encontrar, como bom filólogo, a forma rigorosa e o sentido exato do que foi escrito; não somente para trazer às claras, como bom exegeta, as significações ocultas: mas para interrogar nossa existência e o próprio ser do mundo, a partir do que dizemos; para saber *quem fala* em tudo o que se diz.

2. Quanto aos inéditos que são contemporâneos das obras publicadas, eles lançam sobre elas uma luz estranha. Quando um escritor redige um discurso contínuo, os rascunhos que ele deixa para trás lhe constituem a abordagem mais ou menos distante do texto definitivo. No caso de uma escrita aforística, os fragmentos abandonados constituem outros textos; sua publicação não mostra a lenta gênese de uma unidade: ela multiplica e faz crescer, ao contrário, a dispersão aforística. Obnubilada por textos publicados pelo autor aparece toda uma dispersão de outros textos possíveis – que são radicalmente diferentes, mesmo se eles são quase idênticos. O livro, cercado por inéditos que ele tinha deixado à sombra, torna-se de novo um mundo de eventos isolados, mas religados uns aos outros por uma rede enigmática de repetições, de contradições, de exclusões, de transformações. O discurso se dá, fora de todo elo sintático ou retórico, como uma poeira de eventos. O pensamento que "acontece", a palavra que "se produz", a irrupção do discurso – estão aí problemas e formas que pertencem em comum a Nietzsche e ao seu contemporâneo Mallarmé. Eles nos obsecam a nós também, hoje.

J. P.: *A forma aforística nos levaria então ao centro "teórico" da obra de Nietzsche?*

M. F.: Com efeito, no cerne do pensamento de Nietzsche, há o problema do devir e do eterno retorno, isto é, do outro e do mesmo. O que é absolutamente outro é o devir: explosão, dilaceramento dio-

nisíaco do tempo que produz "a manifestação" do pensamento. Mas, ao mesmo tempo, para Nietzsche, é sempre a mesma coisa que se transforma, o que é outro é, ao mesmo tempo, o mesmo, donde o eterno retorno, ou, antes, o retorno eterno do mesmo. Assim, o aforismo, que está numa relação de diferença total com o que o cerca, é, ao mesmo tempo, também, a "mesma coisa" que o que ele exclui. Assim, o problema central se encontra reproduzido na própria forma do discurso.

J. P.: *O devir e o eterno retorno são os dois eixos desse pensamento?*

M. F.: Sim. O devir aparece principalmente nos primeiros textos, em especial na *Origem da tragédia*. O eterno retorno, no *Gaio Saber* e em *Zaratustra*. Para Nietzsche, nos seus princípios, a experiência do devir é essencialmente uma experiência trágica: no devir, a individualidade se perde como se perde a individualidade na vontade.

DISCURSO E HISTÓRIA

Falta, enfim, o aporte dos inéditos do período final. A obra em preparação era aos seus olhos um evento que devia sacudir o mundo até seus alicerces. Vê-se aparecer em Nietzsche a ideia de que a filosofia não é nem uma especulação nem a teoria de uma prática. É uma atividade diretamente agindo sobre o mundo. A linguagem, o discurso, não refletem o mundo. Eles fazem parte do mundo. Mas o mundo, em compensação, tem como nervura o que se diz nele. Assim, em seu espírito, essa última obra que devia abalar radicalmente o discurso filosófico era intimada a mudar o mundo.

J. P.: *Tem-se uma ideia da orientação nova que ele previa?*

M. F.: Na verdade, ele não o diz, pelo menos nos textos coletados na *Vontade de Poder*. Os inéditos serão mais explícitos? Tenho dúvidas. Ele apreendia de longe, sem saber em que consistiria essa mudança radical. A essa imagem insuspeita que devia expulsar o homem de sua luz provisória, ele dava o nome de super-homem.

Artigo publicado em Le Monde, em 24 de maio de 1967.

Ajustes Beaufret – Foucault

Em 7 de junho, o Le Monde *publicou um esclarecimento do filósofo Jean Beaufret, próximo de Heidegger, e a resposta que lhe deu Foucault.*

Esclarecimentos de Jean Beaufret

Após a entrevista de Michel Foucault sobre a publicação das *Obras Completas* de Nietzsche, mostramos alguns "fragmentos inéditos" que acompanham a nova edição do *Gaio Saber*.

Jean Beaufret nos escreve a esse respeito: "Permitam-me observar que entre esses 'inéditos', o primeiro tem como referência na edição de Kröner, dita Grossoktavausgabe: tomo XII, 1ª parte, § 342. Ele foi até traduzido em francês por Geneviève Blanquis (*Volonté de Puissance*. Gallimard. tome II, p. 189). O segundo, traduzido por H.-J. Bolle, em Mercure de France (*Nietzsche, Œuvres Posthumes*, 1934, p. 91), pertence ao mesmo tomo XII da mesma edição Kröner, e o terceiro também (1ª parte, § 354)."

Resposta de Michel Foucault

Michel Foucault nos fez chegar o esclarecimento seguinte:

"Jean Beaufret nos lembra, com justa razão, que diversos dos fragmentos de Nietzsche citados em nosso número de 24 de maio já haviam sido editados. Para dar uma ideia da reconstituição empreendida, escolhemos, com efeito, intencionalmente entre os póstumos contemporâneos do *Gaio Saber*, textos ainda desconhecidos, e outros, muito notórios, que o cuidado dos editores precedentes tinha reagrupado em coletâneas diversas. É que o propósito da atual edição é de reproduzir, em sua forma, segundo sua ordem e com sua data, o conjunto dos textos (inéditos ou não) que figuram nos arquivos de Nietzsche. Agradecemos ao Sr. Jean Beaufret por seus esclarecimentos."

Publicado em Le Monde, de 7 de junho de 1967.

A respeito de *Vigiar e Punir*

Este curto texto escrito em reação a um resumo de Vigiar e Punir *por Robert Badinter foi publicado na revista lacaniana de psicanálise* L'Âne.

O encontro dos dois homens data de vários anos antes, no momento do GIP, durante o caso Buffet Bontems, de quem Robert Badinter foi o defensor em 1972.

O tom polêmico adotado por Foucault não dissuadiu o advogado, então Ministro da Justiça, de dialogar com o filósofo e de lhe propor criar juntos um instituto de pesquisa sobre o direito.

O tom da resposta não é provavelmente dissociável do famoso "silêncio dos intelectuais" denunciado por alguns socialistas em relação à política do governo.

Robert Badinter declarou a *L'Âne* que ele tinha "relido durante as férias" *Vigiar e Punir*, e que eu estava errado em ver na prisão um meio de fornecer "mão de obra a preço vil".

Todo leitor reconhecerá que essa tese, frequente na tradição marxista, jamais foi a minha, melhor: entre todas as teses que R. Badinter poderia ter-me atribuído arbitrariamente ele escolheu aquela pela qual eu tentei o mais claramente possível me diferenciar.

Suas recordações de férias devem ter-se confundido: R. Badinter, sem se dar conta, terá lido o livro de Kirchheimer.

Por que essa falsificação? Não se pode, com efeito, ao mesmo tempo, censurar os intelectuais de manter o silêncio e lhes mostrar que se está bem decidido a não ouvi-los. A menos que se trate justamente de fazê-los compreender que o que eles podem dizer ou não dizer e o contrário do que eles disseram, tudo isso, de qualquer maneira, é majestosamente indiferente.

Paris, 8 de dezembro de 1983

III
A Oficina Foucault

Investigar sobre o trabalho

Philippe Artières e Jean-François Bert

Foucault, como se sabe, passava longas horas no hemiciclo da Biblioteca Nacional, na rua de Richelieu, chegando desde a abertura e deixando essa sala Labrouste no fim da tarde. Aí, ninguém ousava incomodá-lo, dizem, esse leitor metódico. Sentado à sua mesa, sobre a qual um bibliotecário tinha colocado um livro, ele operava cada um, incisava-os para pegar dele aqui algumas linhas, lá algumas páginas. Suas notas de leituras dão explicitamente testemunho disso: anotando no alto o título da obra e o nome de seu autor, ele copiava um fragmento; desses fragmentos extraídos, no sentido físico do termo; das bibliotecas, Foucault retirou muitos; ele procedeu sempre assim, e conservam-se muitos vestígios dessas explorações de jazida, imensa biblioteca de citações de uma vida de pesquisa. Centenas de dossiês que formam, ao mesmo tempo, as origens de um livro e os interiores de um pensamento.

O dossiê preparatório de *As Palavras e as Coisas* é um desses maciços; ele revela que Michel Foucault redigiu antes da obra várias centenas de fichas. Essas fichas dão testemunho, ao mesmo tempo, para ele, de uma maneira de cercar um domínio (como a gramática geral, a história natural, a economia...), de balizar um campo de pesquisa e de organizar a ordem do trabalho.

Desde 2008, uma equipe de pesquisadores pluridisciplinares empreendeu a análise material desse conjunto de 856 fichas, recortes em dossiês, subdossiês, listas bibliográficas, assim como uma descrição sistemática de cada uma das folhas (rasura, sublinhado, organização da ficha). Trata-se de propor uma ferramenta para apreender junto essa massa de documentos de trabalho. Novos equipamentos digitais são os instrumentos preciosos desse empreendimento; eles trazem, como veremos aqui, tratando-se da economia e da linguística, um olhar inédito sobre a oficina foucauldiana.

Essas fichas para *As Palavras e as Coisas* são divididas em cinco pastas intituladas que, em larga medida, retomam as grandes temáticas da obra: "Análise das riquezas" (176 fichas); "Gramática" (230 fichas); "Homem" (18 fichas); "Linguagem" (151 fichas) e "História natural" (281 fichas). Elas são de três tipos: fichas de tomada de notas que têm uma disposição idêntica; fichas bibliográficas, onde o filósofo risca os títulos das obras vistas; fichas temáticas, mais raras, que lhe permitem reunir sob uma palavra comum diversas leituras.

A existência dessas fichas não deixa de ter relação com o método "arqueológico" que Foucault procura, então, estabelecer e que deve permitir-lhe identificar os conceitos pelas conexões que regem seu emprego. Uma análise que, acrescenta ele, tem por objetivo "reconstituir o sistema geral de pensamento cuja rede, em sua positividade, torna possível um jogo de opiniões simultâneas e aparentemente contraditórias" (*As Palavras e as Coisas*, p. 89-90).

Essas pastas preparatórias representam um observatório privilegiado sobre a maneira de trabalhar de Foucault: da escolha das fontes às técnicas de leitura e recorte dos textos, das técnicas de citações à relação entre bibliografia "primária" e "secundária". Elas nos dão, enfim, um ponto de vista inevitável sobre o encaminhamento de pensamento que conduz à construção das teses e dos conceitos.

A hipótese estrutural

Pascal Michon

Limitar-me-ei aqui a uma sondagem muito reduzida, mas concernente a um problema que sempre me pareceu determinante na economia de *As Palavras e as Coisas*: o da passagem da gramática geral à filologia e à linguística.

SOBRE UMA RUPTURA NO TRATAMENTO DA INFORMAÇÃO PRÓPRIA AOS DOSSIÊS "GRAMÁTICA" E "Φ. [FILOSOFIA] DA LINGUAGEM"

Entre os cinco dossiês que Michel Foucault prepara para escrever *As Palavras e as Coisas*, dois dizem respeito à linguagem: o primeiro, intitulado "gramática", contém 151 fichas de leitura, e o segundo, intitulado "Φ. [filosofia] da linguagem", totaliza não menos de 229.

Esses dois dossiês constituem um conjunto muito provido que exemplifica um enorme esforço de documentação, trabalhado durante anos. Sua leitura reserva, entretanto, uma surpresa de peso: observa-se aí, num determinado momento, uma clara ruptura no modo de tratamento da informação. Assim como as teorias da linguagem próprias ao período da Renascença, depois ao período clássico – e isso até suas últimas luzes na ideologia – fazem da parte de Foucault o objeto de uma pesquisa aprofundada, assim as leituras consagradas à linguagem no novo *episteme* que começa no século XIX são pouco numerosas.

Sete fichas são consagradas a *L'Essai sur la Langue et la Philosophie des Indiens*, de Friedrich Schlegel (1808); uma ao *Système de Conjugaison de la Langue Sanscrite*, de Bopp (1816), que só compreende, de fato, uma citação feita por Bréal em sua introdução à tradução francesa da *Grammaire Comparée*; duas à *Grammaire Comparée des Langues Sanscrite, Zend, Grecque, Latine, Lithuanienne, Gothique et Allemande*, do mesmo Bopp (6 v., 1833-1852).[1] A isso se acrescentam duas fichas sobre o opúsculo de 55 páginas, *L'Origine du Langage*, de Jacob Grimm (1851),[2] uma ficha sobre sua *Deutsche Grammatik* (4 v., 1819-1840) e uma ficha sobre a introdução de Bréal à tradução francesa da *Grammaire Comparée*, de Bopp. Precisemos que todas essas leituras são feitas nas traduções francesas do século XIX, salvo a da *Deutsche Grammatik*, de Grimm, que parece mostrar uma leitura diretamente em alemão, limitada outrora a algumas páginas da introdução.

Eis tudo o que se encontra concernente à nova maneira de encarar os problemas da linguagem que aparece no início do século XIX: 14 fichas no total. Há de se convir, é pouco – já em si, visto a importância dessa questão no desenvolvimento da argumentação de *As Palavras e as Coisas*, mas também em comparação com 366 fichas consagradas aos dois períodos anteriores. Esse momento, no entanto, crucial da história das teorias da linguagem, só representa, feitas as contas, 3,6% do total. Com certeza, não se exclui que documentos tenham sido perdidos, em especial eventuais levantamentos suplementares da literatura linguística do século XIX, mas isso parece pouco verossímil, porque os outros dossiês consagrados à economia e à biologia parecem bem completos.

---

1   Foucault utiliza a 2ª edição refundida em 1857 e traduzida em francês por Michel Bréal em 1866.
2   Apresentação na academia de Berlim, traduzida por Fernand de Wegmann em 1859, com um prefácio de Ernest Renan.

Bopp em *As Palavras e as Coisas* e nos dossiês de preparação

A essa fraqueza do número de obras consultadas, deve-se acrescentar o caráter muito superficial e frequentemente de segunda mão de sua exploração. À guisa de exemplo, retomemos a seção IV do capítulo VIII intitulada sobriamente "Bopp", e confrontemo-la com o que encontramos nos dossiês de preparação.

Essa seção vem depois de duas seções consagradas a Ricardo e Cuvier. O conjunto exerce um papel estratégico no livro, porque por meio desses autores nós teríamos acesso, nos três domínios estudados (trabalho, vida, linguagem), às primeiríssimas expressões do novo *episteme*. Ora, de uma maneira bastante estranha que não foi, talvez, bem observada, enquanto Ricardo e Cuvier são citados quase a cada página das seções que lhes são consagradas, Bopp aparece muito pouco na que leva seu nome. O essencial dos textos citados remete, de fato, a outros autores. Encontram-se nessa seção: sete citações da *Deutsche Grammatik* e de *L'Origine du Langage*, de Jacob Grimm; seis citações de *La Langue et la Philosophie des Indiens*, de Friedrich Schlegel. Bopp, quanto a ele, só é objeto de quatro referências, que remetem seja ao *Système de Conjugaison de la Langue Sanscrite*, seja à sua *Grammaire Comparée*.

À página 297, Foucault afirma que Bopp, diferentemente de Schlegel, "tenta estabelecer que as flexões não são uma espécie de desenvolvimento interior e espontâneo do elemento primitivo, mas partículas que são aglomeradas à sílaba radical: o *m* da primeira pessoa em sânscrito (*bhavâmi*) ou o *t* da terceira (*bhavâti*) são o efeito da adjunção ao[3] radical do verbo do pronome *mâm* (eu) e *tâm* (ele). A nota remete a *Ueber das Konjugationssystem der Sanskritsprache*, p. 147.[4]

Ora, se nos reportarmos às notas de leitura tomadas por Foucault, veremos na ficha 101, intitulada "P. Bréal/Intod. à Bopp. (*Grammaire Comparée*, 1866) – Nature des Flexions dans les Langues Indo-Européennes/Schlegel. Bopp", que ele tira essas informações da introdução de Bréal na primeira tradução francesa da *Grammaire Comparée*.

Às páginas 299 e 300, Foucault cita, dessa vez, diretamente Bopp: "Para Bopp, [a mudança de sonoridade não é jamais arbitrária. Ela é] o efeito de um certo número de leis. Umas definem as regras de mudança quando duas consoantes se encontram em contato: "Assim, quando se diz em sânscrito *at-ti* (ele come) em vez de *ad-ti* (da raiz *ad*, comer), a mudança do *d* e do *t* tem como causa uma lei física." Outras definem o modo de ação de uma terminação sobre as sonoridades do radical: "Por leis mecânicas, entendo principalmente as leis do peso e, em particular, a influência que o peso das desinências pessoais exerce sobre a sílaba precedente." A nota indica "*Bopp, Grammaire Comparée* (trad. française, Paris, 1866), p. 1, note".

Essas duas citações são extraídas da ficha 95, que tem como título "Bopp/*Grammaire comparée*/trad frse 1866) – Lois physiques des langues". Elas retomam, invertendo a ordem de exposição, mais ou menos a metade da citação original levantada nessa ficha, que é mais ou menos tudo o que Foucault parece ter lido diretamente em Bopp.

À página 301, Foucault cita de novo *Ueber das Konjugationssystem der Sanskritsprache*, mas é de maneira ainda mais vaga que a primeira vez: "Acontece também que essas raízes monossilábicas sejam redobradas, como *do* se redobra no sânscrito *dadami*, e o grego *didômi*, ou *sta* em *Tishtami* e *istémi*." A nota indica somente: "Bopp, *Ueber das Konjugationssystem der Sanskritsprache*." Curiosamente, o autor perdeu seu pré-nome, e nenhuma indicação de página é dada.

Mas compreende-se por que, quando se toma conhecimento da ficha de leitura 97, intitulada "Bopp/Système de conjugaison de la langue sanscrite (1816)/(passage trad. par Bréal in *Gramm. Comparée* trad. Paris 1866) – nécessité de la comparaison". No verso dessa ficha, lê-se, com efeito, a nota seguinte: "Διδομι et ιοτημι racines δο et οτχ redoublement cf idem dadami, et tishtami (p. XXIX de l'Introduction de Bréal)." Assim, é de novo em Bréal que Foucault recuperou essas informações.

---

3   Há aqui um erro tipográfico no texto de *As Palavras e as Coisas*. Lê-se: "*l'adjonction* du... a adjunção *do* radical do verbo do pronome". Ao passo que se deveria, evidentemente, ler: "*l'adjonction* au... a adjunção *ao* radical do verbo do pronome". Há tradução bradileira: *As Palavras e as Coisas*.

4   Todas as indicações de página remeterão à edição *As Palavras e as Coisas*. Paris: Gallimard, 1966. Há tradução bradileira: *As Palavras e as Coisas*.

Enfim, às páginas 301 e 302, Foucault faz um longo desenvolvimento sobre as relações dos verbos com as raízes, em Bopp: "Bopp admite, ele também, que os verbos são mistos obtidos pela coagulação do verbo com uma raiz. Mas sua análise difere em diversos pontos essenciais do esquema clássico: não se trata da adição virtual, subjacente e invisível da função atributiva e do sentido proposicional que se dá ao verbo ser; trata-se inicialmente de uma junção material entre um radical e as formas do verbo *ser/estar*: o *as* sânscrito se encontra no sigma do aoristo grego, no *er* do mais-que-perfeito ou do futuro anterior latinos; o *bhu* sânscrito se encontra no *b* do futuro ou do imperfeito latinos. Além disso, essa adjunção do verbo ser permite essencialmente atribuir ao radical um tempo e uma pessoa (a desinência constituída pelo radical do verbo ser trazendo além disso o do pronome pessoal, como em *script-s-i*)." A nota indica: Bopp, *loc. cit.*, p. 147 *sq.*

Essa passagem constitui o mais longo desenvolvimento consagrado a Bopp, mas ela se contenta em remeter em nota à mesma página 147, de que já vimos que Foucault a tira de sua leitura da introdução de Bréal à *Grammaire Comparée*. E encontra-se, com efeito, na ficha 101, nas duas últimas linhas do verso, a passagem seguinte: "*De m[ême] le* o *du futur et de l'aoriste provient de* as *(être) qu'on retrouve dans* εστι." É justo dizer que não encontrei de onde Foucault tirava os outros exemplos que são apresentados nessa citação, seja porque ele os tenha acrescentado por conta própria a partir de conhecimentos anteriores, seja porque notas de leitura se tenham perdido.

Nesse capítulo articulatório, a seção consagrada a Bopp, que constitui, por sua vez, uma subarticulação determinante em relação aos desenvolvimentos sobre Ricardo e Cuvier, encontra-se, então, apenas uma citação extraída diretamente de Bopp – a das páginas 299-300 –, de que dá conta a ficha 95. Essa citação é extraída da primeira página da *Grammaire Comparée* e, como não se encontra nenhuma outra ficha de leitura dessa obra fundamental, pode-se legitimamente perguntar se Foucault o leu realmente ou até o folheou. Todas as outras referências são retomadas da introdução de Bréal. Em resumo, tanto o conhecimento foucauldiano das obras de Ricardo e de Cuvier aparece sólido como sua informação quanto às premissas da linguística moderna é limitada, lacunar e essencialmente de segunda mão.

DE UMA DEFICIÊNCIA DOCUMENTAL COMO EFEITO DE SABER

Quando se sabe o tempo que Foucault passava na biblioteca, seu amor profundo pelo arquivo, o cuidado tenaz com que ele tratava sua documentação, quando se vê também o cuidado com uma tomada de conhecimento direto dos saberes do período clássico, só é possível surpreender-se com essa ruptura. Como interpretar um tal desnível metodológico? Que sentido atribuir a esse quase-branco documentário sobre um período tão determinante para o nascimento do *episteme* moderno? Não se deveria ver aí, como alguns ficarão, talvez um pouco depressa, tentados a fazer, senão a expressão de uma negligência, até mesmo de uma certa desenvoltura? Uma seriedade bem menor que seus parceiros não querem reconhecer? Ou, então, uma tal obscuridade, no próprio cerne do dispositivo teórico de *Les Mots et les Choses*, não projeta, ao contrário, uma luz bem forte e inteiramente nova, ao mesmo tempo sobre os pressupostos filosóficos de Foucault e sobre alguns limites de sua empreitada jamais claramente colocados em evidência até aí?

Mais que uma simples falta de seriedade, que não combina com o que conhecemos, aliás, de Foucault, eu penso que se deve ver nessas deficiências uma consequência de suas posições epistemológicas mais profundas. Sabe-se que Foucault tinha a intenção de dar como subtítulo ao seu livro "uma arqueologia do estruturalismo", e é, ao mesmo tempo, seu estruturalismo e a filosofia da historicidade que associava a ele, mesmo se ele não deixou, em seguida, de negar sua influência, que se exprimem nesse sobrevoo aproximativo e mais que rápido da literatura linguística do início do século XIX. Se, a partir de Bopp, ele não sente mais necessidade de se documentar como o fez para os dois períodos precedentes, não é por leviandade, é simplesmente porque ele tem o sentimento de atingir um terreno já bem conhecido. Com a gramática comparada e a nova filologia teria nascido a concepção da linguagem – e para além do mundo e da história – que teria, em seguida, irrigado a linguística geral saussuriana, depois, a partir dos anos 1920, os movimentos formalistas e estruturalistas. De Bopp, Schlegel e Grimm a Sausssure e

seus sucessores, não haveria real solução de continuidade e se poderia, então, muito facilmente, reler os primeiros a partir dos segundos. Assim, a falha extraordinária das notas de leitura foucauldianas sobre esse período não traduz tanto, a meu ver, um abandono científico quanto ela revela a própria base – para retomar uma metáfora que lhe é cara – a partir da qual Foucault lê a história dos saberes ocidentais. Ela é um efeito do seu próprio saber.

Parece-me que essa particularidde dos dois dossiês documentais consagrados à linguagem lança assim uma luz nova sobre pelo menos dois aspectos importantes do projeto de *As Palavras e as Coisas*. Por um lado, ela permite introduzir alguns elementos inéditos no debate concernente à inscrição desse texto no movimento estruturalista contemporâneo; por outro, ela torna possível uma leitura de seus limites que não se limita às críticas que lhe foram opostas desde sua publicação e que se continua ainda hoje a repetir ritualmente – seja a propósito de sua concepção da história, de sua própria posição epistemológica ou da temática da morte do homem.[5]

DOS PRESSUPOSTOS ESTRUTURALISTAS DE *AS PALAVRAS E AS COISAS* E DE SEU CASAMENTO COM A FILOSOFIA DA HISTORICIDADE

Os pressupostos na origem do déficit documental que aparece nas fichas de preparação para *As Palavras e as Coisas* transparecem bem claramente, parece-me, no capítulo VII que precede aquele onde é apresentado o aporte de Bopp. Analisando as últimas formas tomadas pelo *episteme* clássico, essse capítulo intitulado "Os limites da representação" enumera, com efeito, os principais aspectos que vão caracterizar o *episteme* moderno e distingui-lo do precedente. Ora, o essencial desse contraste seria devido, segundo Foucault, à passagem de uma concepção da linguagem a uma outra – que se parece com enganar-se com a do estruturalismo dos anos 1930-1960, revista, é verdade, à luz das filosofias da historicidade que se desdobraram a partir de Nietzsche e Husserl.

O mundo clássico, como se sabe, teria definido a linguagem antes de tudo como um fluxo organizado de signos encarregados de representar o fluxo primário, ele também organizado, das representações subjetivas das coisas. Mais que o modelo semiótico greco-romano, esse modo de ser representativo da linguagem teria prolongado o modelo bíblico da nominação das criaturas por Adão. Para os clássicos, a linguagem teria sido *discurso*, e o discurso, uma sucessão de nomes que constituíam como tantos ecos ensurdecidos e deformados de uma linguagem pré-babeliana, ou ainda, a partir do momento em que o naturalismo venceu os modelos religiosos, gritos lançados pelos homens quando eles estavam ainda em seu estado de natureza.

Distanciando-se radicalmente dessa concepção, o século XIX principiante teria, quanto a ele, considerado a linguagem antes de tudo como *língua*, isto é, essencialmente como um organismo e um conjunto de funções dotado de uma história: "Enquanto a língua tinha sido definida como discurso, ela não podia ter outra história senão a de suas representações [...], há a partir de agora um 'mecanismo' interior das línguas que determina não somente a individualidade de cada uma, mas suas semelhanças com outras" (p. 249). Doravante, a pesquisa linguística não visaria mais, segundo Foucault "aos valores representativos da linguagem", mas "à dimensão do gramatical puro": "A linguagem não é mais constituída somente de representações e de sons que, por sua vez, as representam e se ordenam entre eles como o exigem os elos do pensamento; ela é, além disso, constituída por elementos formais, agrupados em sistema, e que impõem aos sons, às sílabas, às raízes, um regime que não é o da representação" (p. 248). Nessa concepção, não seria mais a nominação, mas a flexão que constituiria a questão determinante. O verbo e suas modificações morfológicas em função dos tempos e das pessoas assumiriam o lugar do nome e de suas mutações a partir das palavras-raízes perdidas.

---

5   Sobre essas críticas, ver *Les Mots et les Choses de Michel Foucault. Regards Critiques 1966-1968*, textos escolhidos e apresentados por P. Artières *et al.* Caen: Presses Universitaires de Caen, em especial a introdução, p. 13 a 19. Há tradução brasileira: *As Palavras e as Coisas.*

Mais adiante, Foucault, refinando sua descrição, explica que quatro novos "segmentos teóricos" definiriam essa nova concepção da linguagem reduzida à *língua*, isto é, a um sistema de signos sonoros dotados de uma organização específica, sistêmica e arbitrária: "O primeiro desses segmentos concerne à maneira como uma língua pode caracterizar-se do interior e se distinguir das outras [...] A partir de Schlegel, [...] as línguas se definem pela maneira como elas ligam uns aos outros os elementos propriamente verbais que as compõem" (p. 295). A esse primado da noção de *sistema* viriam, então, juntar-se três segmentos adjacentes que concerniriam à estrutura *fonológica* e *morfológica* de cada uma das línguas, uma *teoria nova do radical* e uma nova definição dos *sistemas de parentesco* entre as diferentes línguas.

Embora Foucault afirme bastante rapidamente, e de maneira inconsequente, vistas suas próprias análises, que "a nova gramática é imediatamente diacrônica" e que "se sabe bem que Saussure não pôde escapar a essa vocação diacrônica da filologia, senão restaurando a relação da linguagem com a representação, para reconstituir uma "semiologia" que, à maneira da gramática geral, define o signo pela ligação entre duas ideias" (p. 307), nada disso tudo sai, na realidade, da concepção estruturalista comum na época. A linguagem deve ser abordada sob o ângulo da língua; esta constitui um sistema de signos que associam uma imagem acústica e um conceito; a morfologia possui um primado sobre o léxico e a sintaxe; as variações fonéticas seguem regras estritas; as línguas podem ser reagrupadas por famílias em função de suas características estruturais comuns. De uma certa maneira, pode-se, pois, ver nessas descrições uma explicitação bastante clarividente das posições divididas, mesmo se elas não são sempre reivindicadas, pela maior parte de seus contemporâneos.

Foucault, é verdade, não se contenta em ler "o evento epistêmico" que ele pensa reconhecer a partir dessa vulgata linguística estruturalista. Ele lhe acrescenta um segundo elemento que lhe vem de sua cultura filosófica e da reflexão sobre a historicidade que começou com Nietzsche e continuou com Husserl, Heidegger e Cassirer.[6] Essa transformação da concepção da linguagem, que, ao mesmo tempo, seguiria e guiaria subterraneamente a mutação da análise das riquezas e da ciência dos seres vivos, participaria de "uma mutação do espaço geral do saber". Este não seria mais "o das identidades e das diferenças, o das ordens não quantitativas, o de uma caracterização universal, de uma *taxinomia* geral, de uma *mathésis* do não mensurável, mas um espaço feito de organizações, isto é, de relações internas entre elementos cujo conjunto garante uma função" (p. 230). Rompendo com o modelo do "quadro de simultaneidades sem rupturas" (p. 230), essa transformação introduziria dois novos operadores teóricos – a *analogia* das funções (p. 230) e a *sucessão* das organizações (p. 230). A ordem clássica, que distribuía em um espaço permanente as identidades e as diferenças, seria assim substituída por uma nova forma de colocação em ordem – a História – que não deveria ser compreendida como simples "coletânea de sucessões de fatos", mas, sim, como "modo de ser fundamental das empiricidades" (p. 231), isto é, como "o fundo de onde todos os seres vêm à sua existência" (p. 231).

É a razão pela qual, precisa mais adiante Foucault, "essas estruturas gramaticais que é possível comparar diretamente entre elas oferecem dois caracteres particulares. Inicialmente, o de só existir em sistemas [...]. De uma família a outra, há descontinuidade. Mas, por outro lado, os sistemas gramaticais, visto que prescrevem certo número de leis de evolução e de mutação, permitem fixar, até certo ponto, o indício de envelhecimento de uma língua [...]. Vê-se que a historicidade se introduziu no domínio das línguas como no dos seres vivos" (p. 305).

Que ela seja abordada pela linguística da língua ou pela filosofia da historicidade, a mutação que descreve Foucault constitui assim o verdadeiro registro de nascimento da concepção que constitui o motor metodológico de *As Palavras e as Coisas*. O que surge aí, no cerne das pesquisas sobre a linguagem do início do século XIX é, ao mesmo tempo, a ancestral da ideia de organização estrutural e o regime de historicidade radical que ela pressupõe.

---

6   Para ser sucinto, lembremos que Cassirer foi o primeiro a interessar-se, desde a Belle Époque, pelo surgimento da temática do organismo e da função a partir de Kant, e que Heidegger, quanto a ele, aprofundou a partir dos anos 1930 o conceito de uma historicidade concebida sem recurso ao Homem.

O principal ensinamento que sobressai dessa primeira abordagem dos dois dossiês de preparações de *As Palavras e as Coisas* concernente à linguagem é, pois, o seguinte: as análises que Foucault desenvolve a respeito de Bopp, Schlegel e Grimm aparecem menos como tiradas da leitura dos textos do que como elementos encarregados de exemplificar a ideia de um nascimento do pensamento do organismo, da função e da historicidade radical. Eles exprimem ideias já formadas no seio de um estruturalismo linguístico de época e de uma filosofia da historicidade herdada dos debates do primeiro século XX.

Faltaria, evidentemente, mostrar, as *consequências* desses pressupostos, em especial a ausência notável de Humboldt e da linguística do discurso, nessa representação da história das ciências da linguagem, mas também a falta – que tem relações – de uma poética suscetível de dar conta do funcionamento completo da subjetivação da linguagem. Poder-se-ia, pois, certamente melhor compreender com os meios tradicionais desenvolvidos pelos filósofos as múltiplas dificuldades éticas e políticas com as quais se confrontou Foucault ao longo dos anos 1970, assim como as virtudes e os limites do recentramento de seu pensamento no conceito de sujeito nos últimos anos de sua vida.[7]

---

7   Em *L'Ontologie Manquée de Michel Foucault* (Grenoble, 1998), Béatrice Han, por exemplo, quis ver nesse movimento um simples retorno ao sujeito sartreano – e o reconhecimento implícito do insucesso filosófico provocado por sua vontade de manter a distância o pensamento heideggeriano. Parece-me que essa interpretação vai duplamente por um caminho errado: por um lado, ela não reconhece o que faz a especificidade da última teoria foucauldiana do sujeito, em especial sua distância real com o subjetivismo filosófico tradicional; por outro, na ausência de uma teoria da linguagem liberada do paradigma da língua, ela não pode compreender também as dificuldades verdadeiras com as quais essa teoria se enfrenta – nem, aliás, as que tornam sua própria posição insustentável. Para uma visão alternativa da história das teorias da linguagem desde o século XIX, mas também uma concepção da poética cedendo um lugar não subjetivista ao sujeito, permito-me remeter a P. Michon, *Fragments d'Inconnu. Pour une Histoire du Sujet*. Paris: Le Cerf, 2010.

A "análise das riquezas" em *As Palavras e as Coisas*

Luca Paltrinieri

O dossiê intitulado "Análise das riquezas" é composto de 174 fichas, das quais três fichas de bibliografia e três de notas e esquemas. Esse trabalho preparatório corresponde bem precisamente às partes de *As Palavras e as Coisas* que concernem à formação dos "saberes" econômicos: o capítulo VI ("Échanger"), a segunda parte do capítulo VII ("La mesure du travail") e a segunda parte do capítulo VIII ("Ricardo"). Provavelmente, no momento em que prepara sua obra, Foucault não tem um conhecimento muito desenvolvido da história da economia; e o interesse principal desse dossiê é precisamente nos mostrar a maneira como ele constrói um conhecimento sobre um domínio que lhe é estranho. Três questões permitem, então, balizar um campo de estudos concernente, por um lado, ao trabalho do intelectual – e, nesse caso específico, da "arqueologia" – e, por outro, o lugar da leitura foucauldiana do nascimento da economia moderna.

Em primeiro lugar, o que nos ensina esse dossiê sobre as teses "econômicas" de *As Palavras e as Coisas*? Essas teses eram suficientemente documentadas e metodologicamente admissíveis ou dependiam – como frequentemente se recriminou Foucault – de uma "ideologia estruturalista" negando o desenvolvimento histórico dos saberes para somente privilegiar as "rupturas" e os espaços sincrônicos?

Em segundo, o que nos revela sobre esse dossiê uma pesquisa equipada, a saber uma investigação conduzida com o software Archivists' Toolkit, que utilizamos para o trabalho de arquivamento das fichas preparatórias? Esse software permite obter uma visão sinóptica do conjunto dos assuntos tratados do dossiê, efetuar pesquisas por assunto e por autor, estabelecer sistematicamente relações entre os dossiês de preparação e as obras publicadas. Por exemplo, a partir dos dados informados, é possível estudar as fichas sobre o "valor" ou sobre a "mercadoria", seja no conjunto do dossiê ou somente em relação com um fator particular. Esse tratamento permite assim criar correspondências entre fichas fisicamente distantes do dossiê. Por meio dessa ferramenta, poder-se-ia, então, reconstruir o que, depois de M. Potte-Bonneville, se pode chamar "a ordem da pesquisa" em oposição à "ordem de exposição".[1]

A terceira questão, enfim, é inteiramente foucauldiana: consiste em perguntar quais são os "efeitos de saber" de uma tal leitura, efetuada com meios informáticos, sobre o conhecimento do trabalho de preparação de um livro. No caso específico de *As Palavras e as Coisas*, trata-se de compreender se essa leitura permite lançar um olhar inédito sobre o próprio livro, e dar-lhe um novo lugar não somente na história dos debates filosóficos do século XX, mas também na epistemologia das ciências humanas e, mais particularmente, numa história epistemológica da economia.

O USO DA LITERATURA SECUNDÁRIA E AS FONTES DO DOSSIÊ

Um dos elementos mais surpreendentes do dossiê é o grande número de fichas tiradas da literatura secundária, enquanto para os outros dossiês ela é quase inexistente ou limitada às introduções dos edi-

---

1   M. Potte-Bonneville, *Michel Foucault, l'Inquiétude de l'Histoire*. Paris: PUF, 2004. p. 73-75.

tores. Quarenta fichas, correspondendo a cerca de um quarto da bibliografia total, são originárias dos clássicos da história das teorias econômicas, e, mais particularmente, da história das doutrinas monetárias. A esse respeito, devemos citar René Gonnard, *Histoire des Doctrines Monétaires* (Bordeaux, 1935, seis fichas), Pierre Harsin, *Les Doctrines Monétaires et Financières en France du XVᵉ au XVIIIᵉ Siècle* (Paris, 1928, nove fichas), A. E. Monroe, *Monetary Theory Before Adam Smith* (Cambridge, 1923, oito fichas), Georges Weulersse, *Le Mouvement Physiocratique en France de 1756 à 1770* (Paris, 1910, 9 fichas). Foi nesses livros, utilizados constantemente ao longo de toda sua pesquisa, que Foucault buscou uma boa parte das informações sobre os pretensos "autores menores" que ele cita em *As Palavras e as Coisas*.[2]

Ora, os historiadores da economia não são geralmente citados nesse livro, o que fez supor que Foucault só lia as fontes.[3] Essas ausências têm a ver, todavia, menos com a vontade de esconder uma informação de segunda mão do que com uma relação específica, ou melhor, com três relações específicas, que Foucault mantinha com a literatura secundária. O estudo sistemático dessas fichas permite, com efeito, ver que estas não são estabelecidas da mesma maneira que as fichas tiradas da literatura primária: neste caso, Foucault recopia cuidadosamente passagens inteiras, enquanto ele prefere resumir quando se trata de literatura secundária. Em compensação, ele copia palavra por palavra em suas fichas as citações das fontes que encontrou nos livros dos comentadores, para, em seguida, citar diretamente a fonte primária em seu livro.

É o caso, por exemplo, das citações de Scipion de Grammont, de Antoine de la Pierre, de Colbert ou de Bouteroue, que Foucault extrai do livro de Harsin.[4] É o caso também das referências a Schroeder, Montanari, Mun, Horneck e Hobbes, originárias dos livros de Roscher e Monroe.[5] Fica, assim, evidente que, para a escrita do subcapítulo sobre "Le Mercantilisme" (p. 185-192), Foucault se serviu quase exclusivamente da literatura secundária, e, com efeito, o sentido de seu propósito não está fundamentalmente em conflito com as histórias do pensamento econômico mais recentes: o século XVII não funda mais a relação entre riqueza e moeda no valor intrínseco dos metais preciosos, mas na circulação e na troca. Monroe já tinha destacado as analogias entre a descoberta da circulação sanguínea por Harvey e a circulação econômica em Horneck e Hobbes.[6] Gonnard sustenta que o essencial do pensamento mercantilista não é o metalismo – a confusão entre o estoque monetário e a riqueza – mas a teoria da moeda-signo.[7] Nesse primeiro caso, Foucault se serve da literatura secundária para tornar a percorrer um vasto domínio do saber econômico, a fim de reinscrever as observações dos historiadores no interior do paradigma da passagem da ordem da Renascença à *episteme* clássica: sua interpretação não contradiz as interpretações dos historiadores, ela se refere mais à retomada destas no interior de uma visão de conjunto, proposta pela arqueologia.

O caso do mercantilismo não é isolado. Se confrontarmos o subcapítulo sobre "La formation de la valeur" com as fichas 231-239 e 245-247, perceberemos que a quase totalidade das citações dos fisiocratas – Quesnay, Mirabeau, Dupont de Nemours, Saint-Péravy – são tiradas da obra clássica de Weulersse. Isso não impede Foucault de ir ler também textos primários – Le Mercier de la Rivière e Le Trosne – que, todavia, ocupam um lugar secundário no desenvolvimento de sua argumentação. Entretanto, a leitura

---

2   Deve-se observar, a esse respeito, que a polêmica sobre os "autores menores" ou "medíocres" que não seriam representativos dos grandes movimentos do pensamento econômico é, nesse caso, amplamente injustificada. Davanzari, Véron de Forbonnais ou Graslin são autores maiores da história da economia, e, à luz da leitura das obras de história das doutrinas monetárias, era difícil não lhes consagrar um certo espaço.

3   Essa pressuposição toma, aliás, alternativamente a forma de elogio ou de censura: cf. G. Canguilhem, Mort de l'Homme ou Epuisement du Cogito. *Critique*, nº 242, p. 599-618, juillet 1967, e P. Vilar, Les Mots et les Choses dans la Pensée Economique. *La Nouvelle Critique*, 5 (186), p. 27-34, juin 1967.

4   P. Harsin, *Les Doctrines Monétaires et Financières en France du XVIᵉ au XVIIIᵉ Siècle*, p. 58-68, 81-82, 87-88 (cf. fichas 77 e 85), cf. *Les Mots et les Choses*, p. 186-190. Há tradução brasileira: *As Palavras e as Coisas*.

5   Mais precisamente, trata-se de notas de Wolowski na tradução francesa de Roscher (cf. ficha 79), e *Les Mots et les Choses*, p. 188-191. Há tradução brasileira: *As Palavras e as Coisas*.

6   A. E. Monroe, *Monetary Theory Before A. Smith*, p. 276-280 (cf. ficha 89).

7   R. Gonnard, *Histoires des Doctrines Monétaires*, p. 173-177 (cf. ficha 81). Excepcionalmente, Foucault cita o texto de Gonnard (p. 189) em relação a uma citação de Demoulin que se encontra nessa ficha, onde a referência original ao texto de Demoulin efetivamente não aparece.

da literatura secundária não conduz aqui simplesmente a uma *apropriação* das teses dos historiadores da economia. Sua interpretação se inscreve nesse caso na contracorrente em relação à que domina a história do pensamento econômico. Os historiadores fizeram de Quesnay e de seus discípulos ora os "descobridores" de uma correspondência entre a ordem natural e a ordem social que fundaria definitivamente a cientificidade da economia política, ora os precursores do capitalismo moderno. Para Foucault, ao contrário, os fisiocratas se inscrevem perfeitamente na *episteme* clássica, na medida em que eles analisam as riquezas a partir do sistema das trocas, reconduzindo este "a essa troca desequilibrada, radical e primitiva que se estabelece entre os avanços do proprietário e a generosidade da natureza".[8] Ou seja, Foucault não retoma as teses da obra de Weuleresse no interior de seu sistema teórico, mas se limita a utilizá-lo como um "reservatório" de citações sobre as quais apoia sua tese.

Há, enfim, um terceiro uso da literatura secundária, mais comum. Na maioria dos casos, Foucault utiliza os textos dos historiadores da economia para construir um "saber de fundo" e identificar algumas fontes que ele lerá em seguida. É o caso das fichas sobre as doutrinas monetárias da Antiguidade e da Idade Média até o século XVI, que representam uma espécie de entrada na matéria econômica. Em Gonnard, Harsin, Monroe, ele encontra as primeiras indicações dos autores que lê no subcapítulo intitulado "Monnaie et prix", a saber, Copérnico, Davanzati, autor anônimo do *Compendieux*, a controvérsia entre Bodin e Malestroit. Em Monroe e num artigo de G. Pirou,[9] ele encontra esclarecimentos que o convencem a ler os textos de Petty, Locke, Nicholas Barbon, Cantillon. Frequentemente, ele se documenta nos livros de Harsin e de Gonnard quanto às fontes que está lendo (é o caso de Melon, Cantillon, Forbonnais). Às vezes, ele utiliza livros de história econômica para reconstruir o contexto histórico da formação das teorias monetárias: ele lê e copia passagens da *Histoire Financière de la France*, de Marion e do *Esquisse du Mouvement des Prix et des Revenus en France au XVIIIe Siècle*, de Labrousse, para estudar as medidas financeiras reais que foram tomadas no decorrer dos séculos XVII e XVIII.[10] Em suma, a literatura secundária é, aqui, uma base, um apoio que lhe permite avançar mais rapidamente e com mais segurança na leitura das fontes. Por outro lado, a partir do meio do dossiê, nota-se uma clara rarefação das fichas tiradas da literatura secundária: é como se, tendo chegado ao século XVIII e tendo a partir daí constituído uma discreta bagagem sobre a história dos saberes econômicos, Foucault pudesse, finalmente, autorizar-se a ler unicamente as fontes.

Com efeito, não se deve esquecer que o núcleo da interpretação foucauldiana não é derivado de uma relação de viés com os textos da literatura primária: onde se trata de formular as teses mais conhecidas da obra, Foucault lê diretamente os textos, e, em especial, as *Recherches sur la Nature et les Causes de la Richesse de Nations*, de Smith (Paris, 1843, 12 fichas), o *Essai Politique sur le Commerce*, de Melon, e *Les Réflexions Politiques sur les Finances de la France*, de Dutot (na edição Daire, de 1851, oito fichas), o *Essai sur la Nature du Commerce en Général*, de Cantillon (Paris, 1755, cinco fichas), *Le Commerce et le Gouvernement*, de Condillac (*Œuvres* IV, Paris, 1755, 10 fichas), vários ensaios das *Œuvres* de Turgot (na edição Schelle, Paris, 1913-1923, oito fichas), o *Essai Analytique sur les Richesses et l'Impôt*, de Graslin (Londres, 1767, cinco fichas). É a partir dessas leituras que ele elabora as partes teoricamente mais possantes e originais do livro: o subcapítulo "Le gage et le prix" sobre a função representativa do signo monetário na *episteme* clássica, o subcapítulo sobre a "Utilité" mostrando a rede arqueológica subentendendo as teorias do valor no século XVIII, ou ainda as partes adiantadas mostrando o primeiro recuo de Adam Smith em relação à análise das riquezas e a origem da economia política com Ricardo.

Há, enfim, uma série de autores de que Foucault consultou as obras, mas que não são ou quase não são citados em *As Palavras e as Coisas*: por exemplo, Pothier (*Traité des Fiefs* e *Traité des Contrats et des Bienfaisances. Œuvres*, Paris, 1817-1820, duas fichas) ou Abot de Bazinghen (*Traité des Monnaies*. Paris, 1764, duas fichas). Essas fichas reunidas no fim do dossiê, como se Foucault as tivesse separado durante a escrita.

---

8   *Les Mots et les Choses*, p. 208. Há tradução bradileira: *As Palavras e as Coisas*.

9   G. Pirou, La Théorie de la Valeur et des Prix chez Petty et Cantillon. *Revue d'Histoire Economique et Sociale*. Paris: Librairie Paul Geuthner, 1911. p. 266-271.

10   Cf. *Les Mots et les Choses*, p. 192-193 (cf. fichas 103, 105, 107, 109). Há tradução bradileira: *As Palavras e as Coisas*.

Mas isso não significa que alguns autores "ausentes" sejam menos importantes: Destutt de Tracy (*Éléments d'Idéologie*. Paris, 1805, nove fichas), Germain Garnier (*Abrégé Élémentaire des Principes de l'Économie Politique*. Paris, 1796, cinco fichas) e, principalmente, Jean-Baptiste Say (*Traité d'Économie Politique*. Paris, 1841, nove fichas) são o objeto de uma leitura aprofundada e de longos desenvolvimentos. Esses três autores se situam precisamente no ponto da virada da análise das riquezas à economia política. Em particular, a quase-ausência de Say no livro – duas únicas citações, muito vagas – é muito significativa, vamos ver por quê.

A ORDEM DO DOSSIÊ E A ORDEM DO LIVRO: ARQUEOLOGIA DE UMA ARQUEOLOGIA

Vimos que Foucault se "livra" progressivamente da literatura secundária quando ele avança para o fim do século XVIII, mas não sabemos se a ordem das fichas no dossiê corresponde à ordem de leitura dos livros. Em compensação, uma ordem aparece bem claramente e sem nenhum equívoco possível: o dossiê é de fato organizado por "blocos" (mercantilistas, fisiocratas, utilitaristas etc.) cuja sucessão reflete fielmente a ordem de exposição do livro, que é, ao mesmo tempo, uma ordem cronológica dos debates sobre a composição metálica das moedas do fim do século XVI até o iníco do século XIX. Deve-se, todavia, observar uma exceção notável: a leitura de Smith, que ocupa no livro uma posição intermediária entre a análise das riquezas, e Ricardo, aparece precisamente no início do dossiê, nas 15 primeiras fichas. Poderíamos pensar que esse estranho posicionamento deriva do fato de que Foucault escreveu por último a parte sobre Smith: ele teria, então, deslocado as fichas sobre Smith do fim para o iníco do dossiê. Na realidade, na leitura das fichas, damo-nos conta de que Foucault "descobre" aqui elementos que ele poderia ter integrado lendo os autores precedentes (em especial Cantillon e Turgot). Em particular, ele se concentra precisamente nos elementos da doutrina smithiana que Marx considerava como os sinais irrevogáveis de uma abordagem científica: a definição das três fontes de riqueza (salários, rendas, lucro), a teoria do valor-trabalho, a distinção entre valor de uso e valor de troca, as distinções entre preço real e preço nominal das mercadorias, ou, ainda, entre preço natural e preço de mercado.

É evidente que Foucault se apega assim, de maneira crítica, a uma tradição de história do pensamento econômico que remonta a Marx, e que faz de Smith não somente o fundador da economia política moderna, mas também o primeiro representante da "escola clássica", de Ricardo ao próprio Marx.[11] Segundo essa leitura, Smith teria encontrado a solução de um problema que os economistas tentavam resolver há 200 anos: localizar a fonte de toda riqueza. Fazendo do trabalho anual de uma nação "o fundo primitivo que fornece ao consumo anual todas as coisas necessárias e cômodas à vida",[12] Smith teria permitido à economia política ultrapassar um limiar epistemológico primário para se definir como ciência. A distinção epistemológica entre ciência e "economia vulgar" remete à oposição da ciência com a ideologia. Ela tinha sido retomada por Althusser que, em compensação, situava o corte epistemológico, inaugrando a economia política científica entre Ricardo e Marx (e ainda mais entre o "jovem" Marx e a *ciência* das transformações históricas dos modos das produções do *Capital*).[13] Foucault não dá razão a nenhuma dessas duas leituras para situar de maneira nova a "ruptura" entre Smith e Ricardo: de seu ponto de vista, Smith fica fechado na análise das riquezas, ao passo que Ricardo inaugura essa disposição epistemológica moderna representada pela economia política, na qual o marxismo se encontra "como um peixe na água".[14]

A argumentação foucauldiana concerne principalmente ao papel do valor-trabalho e, na medida em que ela se baseia numa aporia clássica que é objeto das críticas de Ricardo, está longe de ser desconhecida

---

11 Marx opõe a escola clássica, considerada como científica, ao que ele chama "a economia vulgar" apologética que ele associa aos nomes de Jean-Baptiste Say, Frédéric Bastiat, Robert Malthus.
12 A. Smith, *La Richesse des Nations*, op. cit., p. 1, e *As Palavras e as Coisas*, p. 234 (não se encontra essa passagem nas fichas). Há tradução bradileira: *A Riqueza das Nações*.
13 L. Althusser, *Pour Marx*. Paris : Maspero, 1965. p. 45-83. Há tradução bradileira: *A Favor de Marx*.
14 *Les Mots et les Choses*, p. 274. Há tradução bradileira: *As Palavras e as Coisas*.

pelos economistas: Foucault, aliás, tinha tomado conhecimento dela, lendo Gide e Rist.[15] Com efeito, uma segunda tradição de história da economia censura Smith por ter dado duas definições contraditórias do valor-trabalho. Por um lado, o valor de uma mercadoria depende da quantidade de trabalho necessário para produzi-la, por outro, da quantidade de trabalho contra a qual essa mercadoria se troca. As oposições smithianas sobre as quais se abre o dossiê se enraízam assim na aporia do valor-trabalho: preço real e preço nominal ficam determinados pelo trabalho, enquanto preço nominal e preço de mercado se formam na circulação. Assim, o trabalho em Smith pode aparecer como um princípio da valorização da mercadoria pelo tempo, a dificuldade, e, no limite, a morte; para Foucault, a questão do trabalho "aponta já para uma antropologia que coloca em questão a essência do homem" e para a "possibilidade de uma economia política que teria como objeto não mais a troca, mas a produção das riquezas, o capital e o trabalho".[16] Mas o trabalho para Smith continua, ao mesmo tempo, "a medida real do valor cambiável de todas as mercadorias".[17] É a troca que aumenta e diminui os valores: atribuição do valor e articulação de diversos valores são a mesma coisa. Quanto ao valor de uso, ele se refere a uma necessidade, e não ao trabalho. É provavelmente aí que Foucault compreende que, mesmo a divisão do trabalho, é apenas para Smith um efeito da troca e que não concerne de maneira nenhuma à natureza do trabalho em si.

Em compensação, as três fichas originárias da leitura de Ricardo mostram bem a "descoberta" do trabalho-produção como origem do valor. Ricardo afasta o valor de uso como medida e faz derivar o valor de troca do trabalho ou da raridade.[18] Agindo assim, ele opõe a Smith uma concepção "qualitativa" do trabalho, tornando-o daí por diante inadaptado à "medida": a quantidade de trabalho podia medir o valor cambiável das coisas somente "na infância da sociedade", ao passo que "o uso das máquinas e dos capitais fixos modifica consideravelmente o princípio que quer que a quantidade de trabalho consagrada à produção das mercadorias determine seu valor relativo".[19] O próprio valor do trabalho é doravante variável, porque se deve prestar "atenção às diferentes espécies de trabalho e à dificuldade de comparar o de uma hora ou de um dia consagrado a algum gênero de indústria, com um trabalho da mesma duração consagrado a uma outra produção".[20] A divisão do trabalho não é mais efeito da troca, mas motor da produção de valor: a "natureza" do trabalho se torna a questão central da economia política.

Assim, a famosa aporia da teoria do valor-trabalho smithiana revela o entrecruzamento de duas instâncias de onde decorre, ao mesmo tempo, a posição liminar de Smith, no limiar entre a *episteme* clássica e a modernidade: uma teoria do trabalho, que já aponta para a *episteme* moderna, e uma teoria da troca, pela qual Smith continua um homem do século XVIII. É por essa razão que, tendo chegado a esse ponto, Foucault lê o segundo livro de *La Richesse des Nations*, que trata mais especificamente do consumo, da circulação, da formação do capital fixo e do capital variável. É a partir das três fichas sobre o papel-moeda que aparece claramente que a moeda, com Smith, "representa" mercadorias, trabalho e dinheiro (no caso do papel-moeda). Essa função representativa é desligada da utilidade, mas não da determinação do valor, porque a moeda apoia a circulação das mercadorias, o comércio e, portanto, a formação do capital. Num sistema em que o valor deriva da troca, a moeda pode assim aparecer, *ao mesmo tempo*, como representação da massa de bens e como um elemento da formação do valor. É a razão pela qual Foucault reúne, em seguida, uma bibliografia de 67 títulos sobre as teorias da moeda: a partir desse momento, as doutrinas monetárias se tornam um observatório privilegiado para a arqueologia, uma espécie de "teste" permanente que permite detectar as transformações arqueológicas dos saberes "econômicos" desde a Idade Média.[21]

---

15   C. Gide e C. Rist, *Histoire des Doctrines Economiques:* Depuis les Physiocrates jusqu'à nos Jours. 5. ed. rev. e corr. Paris: Sirey, 1926 (cf. ficha 25).

16   Cf. *Les Mots et les Choses*, p. 238 (cf. ficha 3). Há tradução bradileira: *As Palavras e as Coisas*.

17   Cf. *Les Mots et les Choses*, p. 235 (cf. fichas 4 e 5). Há tradução bradileira: *As Palavras e as Coisas*.

18   D. Ricardo, *Des Principes de l'Economie Politique et de l'Impôt*. Œuvres Complètes. Paris: Guillaumin, 1882. p. 3 (cf. ficha 27).

19   *Ibidem*, p. 17 (cf. ficha 31).

20   *Ibidem*, capítulo I, seção II.

21   Uma pesquisa por assunto conduzida graças a Archivist Toolkit mostra que no dossiê "Analyse des richesses", 90 fichas (mais da metade do total) concernem à questão da moeda, da moeda-signo ou da moeda-mercadoria.

Em suma, a leitura de Smith não é o ponto de chegada da pesquisa, mas, antes, a porta de entrada para a matéria econômica: Foucault parte da decisão teórica de não considerar Smith como um fundador, mas como o que analisa a transformação epistemológica. Poder-se-ia dizer que, uma vez estabelecida, essa questão – como se passou do valor-signo, formado na troca, ao valor-produção, formado no trabalho? – comanda inteiramente a arqueologia dos saberes econômicos contida em *As Palavras e as Coisas*. É, aliás, a razão pela qual o debate entre Smith e Ricardo se encontra no início do dossiê, e não no fim: no início de sua pesquisa, o arqueólogo não tem uma tese, mas uma questão. Esta lhe permite remontar até o ponto em que sua linguagem deixa "de ser inteligível ou traduzível em alguma outra";[22] no limiar de formação da *episteme* clássica, que representa o ponto de partida para uma investigação arqueológica conduzida até o momento em que o valor começa a ser referido à produção. Desse ponto de vista, a sucessão das fichas no dossiê preparatório revela bem a ordem da pesquisa. Partindo da "margem do tempo que envolve nosso presente", o arqueólogo formula uma questão que lhe permite estudar "os discursos que deixaram de ser os nossos" para voltar, em seguida, para nosso presente. Esse duplo movimento vale nele mesmo como "diagnóstico de nosso presente", um diagnóstico que só pode estabelecer-se a partir da diferença de uma outra *episteme*, da distância de um outro tempo para mostrar "que nós somos diferença, que nossa razão é a diferença dos discursos, nossa história, a diferença dos tempos, nosso eu, a diferença das máscaras".[23]

O lugar de Say

A reconstrução do encaminhamento de pensamento pelo qual Foucault constrói suas teses e mobiliza seus conceitos permite assim apreender a maneira como ele esquiva o risco de uma "história retrospectiva que só dará à análise clássica a unidade ulterior de uma economia política constituindo-se às cegas".[24] Que a medida-trabalho seja referida à troca mais do que à produção não é um "erro" de Smith: na *episteme* clássica, trata-se, ao contrário, da condição de possibilidade do trabalho como fonte de valor. Assim, quando Say e Ricardo objetam que o trabalho é uma medida do valor "tão variável" quanto o ouro e o dinheiro, eles não identificaram o engano smithiano. Dever-se-ia antes dizer que eles não compreendem *mais* como algo pode ser, ao mesmo tempo, "fonte" e "medida", ou, de outra forma, como o valor pode ser signo mais que produto.[25] A contradição entre "medida" e "fonte de valor" aparece como tal somente para os sucessores de Smith, numa disposição epistemológica em que o trabalho e a produção *já* são pensados como *fonte* de valor. Retrospectivamente, essa identificação sobre a qual se baseava a análise das riquezas aparece como uma "confusão" entre o trabalho, fonte do valor, e a moeda, "medida" do valor da mercadoria.[26]

Todavia, no dossiê, essas abordagens de Smith aparecem claramente ainda mais em Say do que em Ricardo. Deve-se, aliás, precisar que a pobreza da documentação sobre Ricardo não está, sem dúvida, à altura dos longos desenvolvimentos sobre o valor-trabalho e a teoria dos rendimentos decrescentes contidos no livro. Com efeito, Foucault não encontra todas as "empiricidades" da nova *episteme* somente em Ricardo, mas também nos ideólogos (Destutt de Tracy), Germain Garnier e principalmente Say. Os títulos

---

22 G. Canguilhem, L'Objet de l'Histoire des Sciences. In: *Études d'Histoire et de Philosophie des Sciences de la Vie*. Paris: Vrin, 1968. p. 13. Há tradução bradileira: O Objeto da História das Ciências. In: *Estudos de História. e de Filosofia da Ciência*. Forense Universitária.

23 *L'Archéologie du Savoir*, p. 179-180 (e também as citações precedentes). Sobre a atividade de diagnóstico como evidenciação da diferença entre o presente e o passado, cf. também Foucault Répond à Sartre. *Dits et Écrits*, II, p. 693.

24 *Les Mots et les Choses*, p. 178.

25 Para Say, a moeda não pode ser "medida dos valores", não se pode medir o valor das coisas, mas somente apreciá-lo, porque não há um metro para medir o valor. Tudo o que se pode fazer é comparar entre eles valores de diferentes coisas, e avaliar a relação de seu valor, sem poder determinar um valor absoluto (cf. J.-B. Say, *Traité d'Économie Politique*. Paris: Guillaumin, 1841, In-8° e ficha 335).

26 Cf. E. Roll, *A History of Economic Thought*. Londres: Faber & Faber, 1973. p. 155.

das nove fichas orginárias da leitura de Say mostram bem explicitamente a inversão de todos os pressupostos da análise das riquezas: a troca não produz riquezas, uma medida absoluta do valor não existe, a moeda não é nem medida, nem signo, mas uma mercadoria como as outras, sujeita às mesmas variações de valor. É ainda em Say que se pode ler que o aumento dos gozos e das riquezas não é um dom da natureza (como o pensavam os fisiocratas), "mas uma conquista feita pela inteligência do homem sobre as forças produtivas e gratuitas da natureza".[27] Aparece a ideia de uma natureza avara, da qual o homem deve subtrair a riqueza pelo trabalho: prefiguração do "vazio antropológico" onde se aloja a economia política. Situando-se entre Smith e Ricardo, Say representa, em suma, já um certo recuo em relação à *episteme* clássica, mas na medida em que ele continua a considerar que o valor depende da utilidade, sua teoria continua a depender da análise das riquezas. Foucault quebra aqui uma outra continuidade típica da história da economia: a interpretação fazendo de Condillac, Bentham e Say "precursores" das teorias marginalistas do fim do século XIX. Para ele, eles são simplesmente homens de sua época, e é somente hoje que eles podem aparecer como anunciadores da economia moderna. O lugar de Say no fim do dossiê mostra, então, o périplo realizado pelo arqueólogo, que para, ainda uma vez, nas margens da modernidade.

Pode-se, então, dizer que não há somente *uma*, mas *diversas* microrrupturas entre a análise das riquezas e a economia política, que Foucault liga ao nome de Ricardo, este sendo naturalmente mais a testemunha do que o autor da transformação epistemológica.[28] O dossiê de trabalho é, desse ponto de vista, revelador. Com efeito, o grande número de fichas que Foucault dedica a Destutt, Say, Smith mostra bem que a passagem da análise das riquezas à economia política foi longa e complicada. O corte epistemológico *não existe* realmente no espaço do saber, ou pelo menos ele não é uma ruptura nítida em relação a um passado, ou a um salto decisivo efetuado por um "gênio" para uma racionalidade mais acabada ou mais "verdadeira".[29] Para o arqueólogo, o corte é antes um artifício epistemológico: ficcionando rupturas onde a história das ciências postula continuidades e encadeamentos temporais, ele pode, então, trazer à luz uma *outra* história da economia.[30] Não se trata, pois, de postular a descontinuidde contra a continuidade histórica, nem de explicar as razões da passagem de uma *episteme* a outra: a arqueologia é uma operação experimental que deve depender das descontinuidades *outras* e das continuidades *possíveis*.[31]

Recomeçar, hoje, dos vestígios materiais do trabalho, dos gestos concretos do arqueólogo na construção de seu arquivo, permite penetrar a conceitualidade foucauldiana e esclarecer seu sentido. A investigação conduzida no laboratório foucauldiano revela assim a forma circular de uma pesquisa que se aproxima da história epistemológica de Canguilhem. Como historiador das ciências, o arqueólogo "procede do atual para seus começos, de maneira que uma parte somente do que se mostrava ontem como ciência se ache em algum grau fundado pelo presente".[32] O arqueólogo deve substituir a história de

---

27 J.-B. Say, op. cit., p. 325 (cf. ficha 329).
28 "Devo confessar que fiquei incomodado (e com um mal-estar que não pude superar) quando, em *As Palavras e as Coisas*, coloquei na frente nomes. Eu disse Cuvier, Bopp, Ricardo, enquanto, de fato, eu tentava assim utilizar o nome, não para designar a totalidade de uma obra que responderia a uma certa delimitação, mas para designar uma certa transformação que acontece numa época dada e que se pode ver funcionando, em tal momento e, em particular, nos textos em questão. O uso que fiz do nome próprio em *Les Mots et les Choses* deve ser reformado, e seria preciso compreender Ricardo ou Bopp não como o nome que permite classificar um certo número de obras, um certo conjunto de opiniões, mas como a sigla de uma transformação, e seria preciso dizer: a transformação Ricardo, como se diz: o efeito Ramsay" (La Situation de Cuvier dans l'Histoire de la Biologie. *Dits et Écrits*, I). Há tradução bradileira: A Situação de Cuvier na História da Biologia. *Ditos e Escritos*, II.
29 Ph. Sabot, Lire Les Mots et les Choses de Michel Foucault. *Dits et Écrits*, II. Paris : , 2006. p. 6, nº 2.
30 "O trabalho do intelectual é bem num sentido de dizer o que é fazendo-o aparecer como podendo não ser, ou podendo não ser como ele é" ("Structuralisme et Poststructuralisme", entrevista com G. Raulet, *Dits et Écrits*, V, p. 449).
31 Cf. sobre esse ponto J. Revel, Michel Foucault: Discontinuité de la Pensée ou Pensée du Discontinu?. *Le Portique* [Internet], nº 13-14, 2004, disponível em 15 de junho de 2007.
URL http://leportique.revues.org/index635.html
32 G. Canguilhem, L'Histoire des Sciences dans l'Œuvre Épistémologique de Gaston Bachelard. In: *Études d'Histoire*, cit., p. 178. Bachelard tinha chamado "história recorrente" uma história que parte das certezas do presente, e descobre, no passado, as formações progressivas da verdade. Há tradução brasileira: História das Ciências na Obra Epistemológica de Gaston Bachelard. In: *Estudos de História*. Forense Universitária.

um progresso contínuo para a verdade, pela análise das condições de possibilidade e *de transformação* de um saber econômico que *não podia* surgir "todo armado e já perigoso na época de Ricardo e de J.-B. Say"[33] com o magma confuso de uma economia "pré-científica". Ele se apreende, então, das "aporias" e das "contradições" que a história retrospectiva atribui aos autores, para recolocá-los em seu contexto teórico: no lugar dos percursos geniais e inacabados dos "precursores", a arqueologia retraça os pequenos deslocamentos, as fraturas mínimas, os recuos insensíveis. Trata-se, pois, de "substituir a história das ciências pelas ciências segundo sua história", de fazer aparecer um "universo que a torna possível", isto é, um conjunto de práticas, de técnicas e de conceitos que são formulados para responder a problemas atuais.[34]

O grande debate sobre o estruturalismo de Foucault que seguiu a publicação do livro teve como primeiro efeito dissimular a forma do trabalho arqueológico: insistiu-se, na época, sobre as grandes *epistemes* e as rupturas espetaculares enquanto o instrumento arqueológico era uma ferramenta de dessincronização, adaptado para revelar as transformações silenciosas e as emergências invisíveis. Nesse sentido, se os critérios metodológicos da arqueologia são ainda atuais – em especial, para uma história da economia política de que um dos limites é, segundo um de seus principais expoentes, "negligenciar os ensinamentos de A. Koyré e de G. Canguilhem"[35] – é com a condição de livrar a arqueologia de um estruturalismo de fachada assim como das ingenuidades de uma "epistemologia da ruptura" consistindo em transferir à matéria histórica os simples efeitos do olhar do pesquisador. Nem teoria da história, nem filosofia, nem espécie de ideologia estruturalista, a arqueologia nos aparece, então, como uma atitude experimental encarnando-se numa maneira precisa de trabalhar o material histórico.

---

33   *Les Mots et les Choses*, p. 178. Há tradução brasileira: *As Palavras e as Coisas.*

34   G. Canguilhem, Le Rôle de l'Epistémologie dans l'Historiographie Scientifique Contemporaine. In: *Idéologie et Rationalité dans l'Histoire des Sciences de la Vie*. Nouvelles Etudes d'Histoire et de Philosophie des Sciences. Paris: Vrin, 1988. p. 21. Cf. também os propósitos pronunciados por Canguilhem durante o curso de 1961/1962 sobre o *status* da ciência moderna, e citados *in* P. Macherey, Georges Canguilhem: Un Style de Pensée. *Cahiers Philosophiques*, Paris: CNDP, nº 69, p. 47-56, déc. 1996.

35   J.-C. Perrot, Quelques Préliminaires à l'Intelligence des Textes Économiques. *Une Histoire Intellectuelle de l'Économie Politique XVIIᵉ-XVIIIᵉ Siècles*. Paris: EHESS, 1992. p. 8.

                                                                     Michel Foucault

Os "grandes ausentes": uma bibliografia pelo vazio

Judith Revel

Acontece de o trabalho da pesquisa reservar estranhas surpresas.

A equipe do projeto ANR "A biblioteca foucauldiana. Michel Foucault no trabalho",[1] que durante três anos tentou compreender a maneira como Foucault trabalhava, se colocou em especial o problema das bibliotecas que frequentava o filósofo, e livros que ele aí consultava. Uma dentre elas, a da Escola Normal Superior da rua de Ulm, se impunha por razões biográficas. Era sem levar em conta o que faz a particularidade do lugar: aí os leitores têm um acesso direto aos livros. Ora, essa característica implicava dois efeitos: por um lado, o acesso livre permite logicamente ao que deambula entre os setores, que passe de uma seção a outra e que deixe, às vezes, errar sua curiosidade para além dos confins disciplinares ou dos limites da racionalidade bibliográfica, uma construção do pensamento mais livre e mais movente; por outro, se há acesso direto, não há vestígios materiais dos pedidos de obras (os "fantasmas" de cartão): nada permite, pois, refazer o percurso de leitura de Michel Foucault na biblioteca da rua de Ulm. Tratava-se de uma grande esperança – foi um impasse.

Para que não tornássemos a ir embora inteiramente decepcionados, os bibliotecários nos comunicaram, apesar de tudo, o único vestígio em sua posse: a indicação, conservada, apesar dos anos decorridos, de uma obra que Michel Foucault tinha esquecido de devolver, e de que se imagina que ele acabou em alguma parte em seu escritório, no meio de uma pilha de livros. Eis, por conseguinte em que termina, às vezes, o sonho de elucidação total dos pesquisadores muito confiantes: numa gaifona póstuma. Imaginávamos Foucault como filósofo-deambulador, como mensurador de biblioteca, e nós o ouvimos rir de nossa derrota.

Além da anedota, a história leva a refletir. O que fazer com uma configuração de pesquisa onde a única cartografia possível dos dados que se obtêm se dá ao avesso, numa espécie de negativo fotográfico? A questão poderia parecer retórica – e ela o é, sem dúvida em parte – visto que esse negativo, ao pé da letra, *não é nada*: não se trata aqui de ler dados "no vazio", mas de constatar simplesmente nossa impossibilidade de obtê-los. Não há imagem em positivo ou em negativo que se mantenha: é a imagem em si que falta. E, no entanto, é também de uma questão real que se trata. Essa questão, é a Foucault, algumas semanas antes de sua morte, que compete dar a pista.

Numa entrevista que ele concede a Gilles Barbedette e André Scala para *Les Nouvelles Littéraires*, em 29 de maio de 1984,[2] o filósofo faz, com efeito, uma série de afirmações surpreendentes. Ele fala, em especial, das influências que modelaram seu próprio pensamento: "Heidegger sempre foi para mim o filósofo essencial. Comecei lendo Hegel, depois Marx, e me pus a ler Heidegger em 1951 ou 1952; em 1953 ou 1952, não me lembro mais, li Nietzsche. Tenho ainda aqui as notas que eu tinha feito sobre Heidegger no momento em que o lia – tenho toneladas delas! –, e elas são de outra maneira mais importantes que as

---

1   O projeto ANR "La Bibliothèque Foucaldienne. Michel Foucault au Travail" (2008-2010, CNRS-EHESS-ENS) foi conduzido por Ph. Artières, J.-F. Bert, Ph. Chevalier, P. Michon, L. Paltrinieri, M. Potte-Bonneville, J. Revel, M. Senellart e J.-Cl. Zancarini.

2   M. Foucault, Le Retour de la Morale (entrevista com G. Barbedette e A. Scala, 29 de maio de 1984). *Les Nouvelles Littéraires*, nº 2937, 28 de junho-5 de julho de 1984), repetido *in* M. Foucault, *Dits et Écrits*. Paris: Gallimard, IV, texto nº 354, p. 696-707.

que eu tinha tomado sobre Hegel ou sobre Marx. Todo meu devir filosófico foi determinado por minha leitura de Heidegger. Mas eu reconheço que foi Nietzsche quem venceu. Não conheço suficientemente Heidegger, não conheço praticamente *O Ser e o Tempo*, nem as coisas editadas recentemente. Meu conhecimento de Nietzsche é bem melhor que o que eu tenho de Heidegger; nem por isso deixam de ser as duas experiências fundamentais que eu fiz. É provável que se eu não tivesse lido Heidegger, não teria lido Nietzsche. Eu tinha tentado ler Nietzsche nos anos 1950, mas Nietzsche sozinho não me dizia nada! Enquanto Nietzsche e Heidegger foram o choque filosófico! Mas jamais escrevi nada sobre Heidegger, e só escrevi sobre Nietzsche um artigo bem pequeno; foram, no entanto, os dois autores que mais li."[3]

Alguns, às vezes até entre os mais formidáveis leitores de Foucault,[4] levaram ao pé da letra essa "autogenealogia". Entretanto, se prestarmos atenção, essas poucas frases, embora tão afirmativas, exigem um outro parentesco. Se tentarmos fazer a lista do que Foucault diz realmente, chegaremos a uma sequência em nove pontos (para 19 linhas de texto): 1º Heidegger sempre foi para mim o filósofo essencial; 2º Comecei lendo Hegel e Marx, depois, li Heidegger em 1951 ou 1952, depois Nietzsche em 1953 ou 1952; 3º Todo meu devir filosófico é determinado por Heidegger; 4º Não conheço bem Heidegger; 5º Não li praticamente *O Ser e o Tempo*, nem as publicações mais recentes; 6º Conheço mais Nietzsche que Heidegger; 7º Se eu não tivesse lido Heidegger, não teria lido Nietzsche; 8º Tentei ler Nietzsche sozinho nos anos 1950, mas "isso não me dizia nada"; 9º Jamais escrevi nada sobre Heidegger, e somente uma coisinha sobre Nietzsche, mas são os autores que eu mais li.

Pouco importa que Foucault tenha escrito bem mais do que ele quer reconhecer sobre Nietzsche, não está aí a questão. Se tentarmos pensar juntos esses nove fragmentos, que nos colocam o problema de sua compatibilidade lógica, deveremos nos render à evidência: não se pode ter tomado "toneladas de notas" sobre um autor de quem não "se leu praticamente" a obra maior nem os trabalhos mais recentes; da mesma maneira que não se pode ser "determinado" pelo que "não se conhece bem"; e que é difícil afirmar que a leitura de Heidegger precede a de Nietzsche, quando se diz simultaneamente que a leitura de Nietzsche, sozinha, "não me dizia nada", e que foi, então, preciso a de Heidegger para provocar, enfim, um "choque filosófico". Em suma: parentesco por parentesco, é mais ao Borges da enciclopédia chinesa, de que Foucault saudava com um grande riso a vertigem lógica, no início de *As Palavras e as Coisas*, em 1966, que é preciso ligar essa estranha declaração – aqui também, há "a impossibilidade nua de pensar isso".[5]

Mas esse surpreendente Foucault borgesiano continua: "Acredito que é importante ter um pequeno número de autores com os quais se pensa, com os quais se trabalha, mas sobre os quais não se escreve. Eu escreverei sobre eles, talvez, um dia, mas, nesse momento, eles não serão mais para mim instrumentos de pensamento. Finalmente, há para mim três categorias de filósofos: os filósofos que eu não conheço, os filósofos que eu conheço e de quem falei; os filósofos que eu não conheço e dos quais eu não falo".[6] Os dois entrevistadores, desarmados, logo se comovem: "Não está aí precisamente a origem dos mal-entendidos que envolvem sua obra?" Ao que, desferindo serenamente o golpe fatal, Foucault, enfim, responde: "Aí, vocês me fazem uma pergunta que me embaraça, porque sou o mais mal colocado dentre aqueles a quem essa pergunta poderia ser feita! *Ela se destina aos que fazem eles mesmos perguntas!*"[7] E, evidentemente, 26 anos depois de sua morte, somos hoje esses "questionadores" que Foucault intima a responder a essa outra pergunta à qual ele se furta – a de sua identidade no grande jogo das semelhanças de família e de parentescos imaginários do pensamento filosófico.

A cartografia das influências sofridas por um pensador, sejam elas reivindicadas ou dissimuladas por ele, é uma passagem obrigatória para toda análise séria. Mas o que acontece quando se trata daquilo

---

3   *Ibidem*, p. 703.

4   Ver, por exemplo, Gilles Deleuze, Sur les Principaux Concepts de Michel Foucault. in: *Deux Régimes de Fous*. Textes et entretien 1975-1995. Paris: Éditions de Minuit, 2003: "Foucault diz que ele faz 'estudos de história', mas não um 'trabalho de historiador'. Ele faz um trabalho de filósofo, que não é, no entanto, uma filosofia da história. O que significa pensar? Foucault jamais teve outro problema (donde sua homenagem a Heidegger)" (p. 226).

5   M. Foucault, Préface. In: *Les Mots et les Choses*. Paris : Gallimard, 1966. p. 7.

6   *Idem*, Le Retour de la Morale, op. cit., p. 703. Há tradução brasileira: O Retorno da Moral. *Ditos e Escritos*, V.

7   *Ibidem*, p. 703-704. Sou eu quem destaca.

com que Foucault designa expressamente como "filósofos que eu conheço e dos quais não falo"? Que cartografia invertida se pode reconstruir a partir desses autores que sobre os quais se silenciou? Diferentemente dos "fantasmas" de leitura da biblioteca da rua de Ulm – que não existiam, e que tinham escondido sob nossos pés de pesquisadores impacientes o próprio chão de nossa pesquisa –, há na realidade, desse apagamento voluntário de certos nomes, vestígios. É um silêncio que pulula de sinais que revelam a importância paradoxal dos autores que, precisamente porque eles são "instrumentos de pensamento" com os quais se trabalha, não aparecem.

Mas seria falso acreditar que tudo se resolve, a partir de então, por uma espécie de grande jogo oulipiano[8] onde todo autor não citado vestiria por direito uma posição essencial; e onde a reconstituição "desse Foucault não diz, mas que poderia ter dito" destina o trabalho dos exegetas à retrospecção imaginária – afinal das contas, existe uma história-ficção, por que não seria o mesmo com a filosofia-ficção? A menos que se queira fazer a lista sem fim de todos os nomes que não aparecem nas páginas das obras de Foucault – mas não devemos confundir "os filósofos que eu não conheço" com "os filósofos que eu não conheço e dos quais eu não falo"... São, pois, necessários critérios de distinção entre o que depende da hipótese plausível (tal autor, que não aparece, é precisamente significante porque ele está ausente) e o que não remete a nada.

A primeira pergunta que Foucault faz "aos que fazem eles próprios perguntas" é uma questão de método: como reconstruir a cartografia dos grandes ausentes do *corpus* foucauldiano, a identificação desses "vazios" bibliográficos que dizem à sua maneira a caixa de ferramentas do filósofo, e que é preciso, evidentemente, cuidadosamente distinguir dos autores – numerosos – pelos quais Foucault não se interessa?

Do trabalho de Michel Foucault, temos vestígios materiais – fichas, manuscritos, dossiês preparatórios, notas, gravações, testemunhos orais e escritos, textos, cartas, livros anotados nas margens. Mas essa singularidade de Michel Foucault construindo seu próprio pensamento não pode ser extraída de seu próprio tempo, porque não podemos fingir que ela não tenha tido história; e porque, se há uma lição a guardar das análises foucauldianas, é precisamente que não existe *fora* da história. É preciso, então, que pensemos, junto e simultaneamente, a singularidade de sua maneira de trabalhar *e* sua ancoragem numa história à qual ele pertence, que o atravessa e que o faz ser o que ele é. Essa história é um *contexto*. É o contexto que pode representar o primeiro elemento de investigação sobre os "grandes ausentes" da bibliografia foucauldiana.

Na realidade, a noção de contexto é difícil. Ela inclui a ideia de uma periodização – problema foucauldiano, se existe um –, isto é, a determinação de um espaço-tempo que se escolhe como referência e de que se legitima a consistência. Alguns utilizam desde então a interessante noção de "momento";[9] outros, aquela, bem mais vaga, de época; quanto ao próprio Foucault, ele recorre bastante à ideia de uma pertença geracional. Numa longa entrevista com Duccio Trombadori, realizada em 1978,[10] ele passa assim muito claramente do "eu" ao "nós" para falar sobre seus anos de formação e explicar em particular sua rejeição da concepção hegeliana da história, que dominava então na universidade: "A experiência da guerra nos tinha demonstrado a necessidade e a urgência de uma sociedade radicalmente diferente daquela na qual vivíamos. Essa sociedade que tinha permitido o nazismo [...]. Frente a isso tudo, uma grande parte da juventude tinha tido uma reação de desgosto total. Desejava-se um mundo e uma sociedade não somente diferentes, mas que tivesse sido um outro nós-mesmos. [...] Tanto que o hegelianismo que nos era apresentado na universidade, com seu modelo de inteligibilidade contínua da história não estava em condição de nos satisfazer."[11] Bem mais tarde, Foucault voltará a isso: "Pertenço a essa geração de pessoas que, quando eram estudantes, estavam fechadas num horizonte que era marcado pelo marxismo, pela

---

8   **N.T.:** Adjetivo forjado a partir do acrônimo OULIPO – *Ouvroir de littérature potentielle*.

9   Ver a esse respeito F. Worms, *La Philosophie en France au XXᵉ Siècle*. Moments. Paris: Gallimard, coll. "Folio Essais, 2009, em especial p. 566-571.

10   Michel Foucault, Conversazione con Michel Foucault. Entrevista com Duccio Trombadori, Paris, fim de 1978, *Il Contributo*, 4ᵉ année, nº 1, p. 23-84, janvier-mars 1980, trad. fr. Entretien avec Michel Foucault. In: M. Foucault, *Dits et Écrits*, op. cit., IV, texte nº 281, p. 41-95. Há tradução brasileira: Entrevista. *Ditos e Escritos*, VI

11   *Ibidem*, p. 49.

fenomenologia, pelo existencialismo etc."[12] Mas essa noção de geração é, ao mesmo tempo, histórica e vaga: ela supõe o reconhecimento de elementos de determinação comuns, mas deixa frequentemente na sombra a maneira como essa condição dividida é evidenciada e extraída do fundo contínuo de história sobre o qual ela se recorta. Ela é, por assim dizer, muda sobre seus próprios critérios. De fato, a geração de Michel Foucault (1926) é intuitivamente a de Gilles Deleuze (1925), e até a de Jacques Derrida (1930) ou de Félix Guattari (1930); entretanto, anagraficamente , Foucault é da mesma forma próximo de um Claude Lefort (1924) ou de um Cornélius Castoriadis (1922) – no primeiro caso, imaginam-se referências comuns; no segundo, nada parece, aparentemente, unir em conjunto as formações e os percursos.

Por outro lado, um contexto também é feito de lugares, de redes, de posições institucionais, de determinações geográficas que atribuem a um autor seu próprio espaço (geográfico, epistêmico, simbólico, político, cultural, social) de referência. Um trabalho sobre a bibliografia Foucault não pode deixar de questionar efeitos dessas múltiplas "localizações". Estranhamente, o tema tinha vindo à tona pelos geógrafos da revista *Hérodote*, em 1976, quando, em seu primeiro número,[13] eles tinham entrevistado Foucault: "Seus espaços de referência são indistintamente a cristandade, o mundo ocidental, a Europa do Norte, a França, sem que esses espaços de referência sejam realmente justificados ou esclarecidos."[14] Foucault tinha, então, respondido com uma pirueta, escamoteando o problema.[15]

Enfim, esse contexto determina normas de discurso – de retórica erudita, de aceitabilidade científica – de que o próprio Foucault, em *A Ordem do Discurso*, em 1970, desconstruiu notavelmente as engrenagens. O *status* da tomada de palavra ou da escrita, conforme o lugar em que são produzidas, difere; no mesmo instante, a ausência de um nome de autor ou a falta de uma nota de rodapé, a referência errônea de uma citação ou o erro de transcrição não dizem a mesma coisa segundo o registro de intervenção e de produção de discurso ao qual pertencem.[16] É nesse sentido que a reivindicação explícita da ausência dos "autores que eu conheço, mas que não cito" é significante: não se trata da leviandade de um esquecimento, num contexto em que não seria necessário declinar sempre suas fontes – uma conversação oral, uma intervenção inesperada; mas da afirmação de um princípio que vale explicitamente, nos próprios termos de Foucault, para a totalidade da produção foucauldiana, até em suas páginas mais "construídas". Ora, se essa construção nos permite estudar os fenômenos de arborescência bibliográfica que enervam o pensamento do filósofo, ela faz dos "autores ausentes" figuras tão significantes que ela não pode não ter refletido sobre seu *status*, isto é, sobre sua falta.

Em suma: todos os efeitos de contexto – cronológico, espacial, institucional, epistêmico, discursivo – não podem ser separados da singularidade da postura de Foucault, porque eles a fazem ser o que ela é; e, ao inverso, é a singularidade do filósofo que retrabalha essas determinações, as "executo" (no sentido em que se executaria uma partitura), as utiliza estrategicamente, as revira, as aprofunda com um princípio de ausência voluntária ("os autores que eu conheço e que eu não cito") e as submete à sua própria torção. Então, ainda uma vez, como reconstituir essa estranha "bibliografia pelo vazio" à qual Foucault parece atribuir tanta importância?

Lembrar-nos-emos disso, Foucault consagrou, no início dos anos 1960, um livro e vários artigos à estranha figura de Raymond Roussel. Ele volta sobre essa paixão em 1984, e explica então: "Eu fui encantado por essa prosa, na qual encontrei uma beleza intrínseca, antes mesmo de saber o que havia por trás. E quando descobri os procedimentos e as técnicas de escrita de Raymond Roussel, sem dúvida certo lado obsessivo em mim foi uma segunda vez seduzido."[17] Procedimentos e técnicas: os termos voltam permanentemente em Foucault 20 anos antes – para Roussel, e para tantos outros ainda, aos quais os textos

---

12   Michel Foucault, Archéologie d'une Passion, op. cit., p. 608. Há tradução brasileira: *Ditos e Escritos*, III.

13   M. Foucault, Questions à Michel Foucault sur la Géographie. In: *Hérodote*, nº 1, p. 71-85, janvier-mars 1976; repetido *in Dits et Écrits*, op. cit., III, texte nº 169. Há tradução brasileira: *Ditos e Escritos*, IV.

14   *Ibidem*, p. 31.

15   Ver, por exemplo, as páginas 32, 33.

16   Referir-se-á também ao belo livro de Anthony Grafton, *Les Origines Tragiques de l'Érudition*. Une Histoire de la Note en Bas de Page. Paris: Seuil, coll. "La Librairie du XXᵉ Siècle", 1998.

17   M. Foucault, Archéologie d'une Passion, op. cit., p. 599. Há tradução brasileira: Arqueologia de uma Paixão. *Ditos e Escritos*, III.

"literários" de Foucault são, na época, frequentemente consagrados.[18] Em que consistem? Numa prevenção sistemática de toda tentativa de centrar algo como a unidade tranquilizadora e fechada da obra. No caso de Roussel, a coisa é tão mais clara que o escritor expôs um livro que devia teoricamente explicar todos os outros, *Comment j'ai Écrit certains de mes Livres*. E Foucault comenta: "O espelho que no momento de morrer Roussel estende à sua obra e *diante* dela, num gesto mal definido de esclarecimento e de precaução, é dotado de uma estranha magia: ele afasta a figura central no fundo onde as linhas se confundem, recua para mais longe o lugar de onde se faz a revelação e o momento em que ela se faz, mas aproxima, para a mais extrema miopia, o que está mais distanciado do instante em que ela fala. À medida que se aproxima dela mesma, ela se adensa em segredo."[19] E, ainda, a respeito dessa "revelação" que *Comment j'ai Écrit certains de mes Livres*, supostamente, como seu título o indica, nos faz: "Ela brinca com a gente, sem dúvida: dando uma chave que interrompe o jogo, ela desenha um segundo enigma. [...] É Roussel que deixa em dificuldade seus leitores; ele os obriga a conhecer um segredo que não reconhecem, e a sentir-se presos numa espécie de segredo flutuante, anônimo, dado e retirado, e jamais inteiramente demonstrável: se Roussel, por sua própria vontade, disse que havia 'segredo', pode-se também supor que ele o suprimiu radicalmente, dizendo-o e dizendo qual é ele, ou que ele o multiplicou deixando secreto o princípio do segredo e de sua supressão."[20]

Percebe-se o que pode seduzir Foucault no dispositivo em forma de "máquina de guerra"[21] que Roussel faz funcionar, e o efeito de identificação que essa fascinação pôde provocar. Quando o filósofo detalha, em 1984, as "três categorias de filósofos" que existem para ele – aqueles de quem ele fala, aqueles que ele não conhece, e aqueles que ele conhece e de quem não fala – e que ele nos intima assim a nos lançar numa investigação sobre os "grandes ausentes" de sua obra, é preciso algo além do que Roussel fez quando entregou ao seu público esse segredo que "não há sentido oculto, mas uma forma secreta"?[22] E quando somos obrigados a repertoriar, para tentar encontrar critérios de método que nos permitem distinguir entre os autores que Foucault não conhece e que ele não cita, e os que ele não cita porque os conhece – e que eles são importantes –, os diferentes efeitos de contexto de que Foucault pôde ser o objeto a fim de reconstituir a cartografia possível de uma formação, de uma rede intelectual e de uma "cultura erudita", não nos enfiamos no mais profundo das armadilhas que o próprio Foucault, *à maneira de* Roussel, colocou para nós? "O enigma Roussel é que cada elemento de sua linguagem seja tomado numa série não inumerável de configurações eventuais. Segredo muito mais manifesto, mas muito mais difícil que o sugerido por Breton: ele não reside numa artimanha do sentido nem no jogo de revelações, mas numa incerteza concertada da morfologia, ou, antes, na certeza de que várias construções podem articular o mesmo texto, autorizando sistemas de leitura incompatíveis, mas todos possíveis: uma polivalência rigorosa e incontrolável das formas".[23] *Várias construções podem articular o mesmo texto, autorizando sistemas de leitura incompatíveis, mas todos possíveis*: eis, pois, o muro junto ao qual Foucault parece querer nos colocar – o pesadelo da infinidade das diferentes combinatórias possíveis, as angústias do comentário sem fim, a equivalência absoluta e vazia de todas as hipóteses. A maquinaria está no lugar; ela é essa estrutura cruzada "do segredo" e do "póstumo",[24] que nos surpreende, nós que vimos depois

---

18   Permito-me remeter a esse respeito ao meu Foucault et la Littérature. Histoire d'une Disparition. In: *Le Débat*. Paris: Gallimard, nº 79, 1994.

19   M. Foucault, Dire et Voir chez Raymond Roussel. *Lettre Ouverte*, nº 4, p. 38-51, été 1962; repetido em *Dits et Écrits*, I, texte nº 10 (citação p. 205-206). O texto é uma variante do capítulo 1 de Raymond Roussel, Paris: Gallimard, coll. "Le Chemin", 1963. Há tradução brasileira: Dizer e Ver em Raymond Roussel. *Ditos e Escritos*, III.

20   *Ibidem*, p. 206-207.

21   Empresto a expressão de Gilles Deleuze e Félix Guattari, *Mille Plateaux*. Paris: Éditions de Minuit, 1980, chap. 12: "*Traité de nomadologie: la machine de guerre*". Na mesma obra, referir-se-á também ao capítulo 5, que trata especificamente dos dispositivos em funcionamento nos diferentes regimes significantes: "*Sur quelques régimes de signes*".

22   M. Foucault, Dire et Voir chez Raymond Roussel, op. cit., p. 210. Há tradução brasileira: Dizer e Ver em Raymond Roussel. *Ditos e Escritos*, III.

23   *Ibidem*, p. 211.

24   *Ibidem*, p. 215.

da morte de Foucault, no "segredo visível do segredo desvendado",[25]e que nos condena à errância num mundo onde todas as hipóteses se equivalem e se excluem. Não levar em conta essa estratégia discursiva, seria deliberadamente ignorar o que faz, em grande parte, a singularidade de Foucault: uma desordem da palavra escavada no próprio centro da ordem do discurso erudito; uma dinamitagem por antecipação das possibilidades de identificação de seu trabalho sob as aparências tranquilizadoras de textos eruditos, de notas de rodapé perfeitas, de bibliografias muito ricas e de um manejo do estilo que parece, ao contrário, valer como o mais definitivo dos atos de fidelidade às normas de um sistema acadêmico que prevê que se escreva não somente com inteligência, mas com jactância. Os "filósofos que eu não cito", é um pouco o equivalente desse "nada de escritos póstumos" testamentários que Foucault deixou atrás dele para nosso uso: o fechamento voluntário e violento de toda hipótese de legibilidade total – aqui: sem filiação definível; lá: sem obra completa possível.

Deve-se concluir disso que todas as tentativas de reconstituir a "bibliografia pelo vazio" são vãs? Não, muito evidentemente: seria abdicar daquilo a que o próprio Foucautl se entregou – uma história dos sistemas de pensamento, que, mantendo juntas as determinações gerais de um tempo e as figuras que por ele são produzidas, procura, ao mesmo tempo, dizer a malhagem epistêmica de uma época e as torções, os deslocamentos e os desprendimentos que funcionam precisamente em suas dobras. É nisso que o recurso ao arquivo foucauldiano, em seus aspectos mais materiais, é essencial; que o aporte da sociologia das ideias e a cartografia das sociabilidades intelectuais, a história social dos conceitos e a dos objetos de problematização são fundamentais. A filosofia, sozinha, de maneira "internalista", só pode errar nas sutilezas construídas por esse estranho Foucault com a máscara de Roussel: ela é destinada ao encarneirado do comentário porque é "o labirinto que faz o Minotauro: não o inverso".[26]

---

25 *Ibidem*, p. 215.

26 M. Foucault, Pourquoi Réédite-t-on l'Œuvre de Raymond Roussel? Un Précurseur de notre Littérature Moderne. *Le Monde*, nº 6097, p. 9, 22 de agosto de 1964; repetido em *Dits et Écrits*, op. cit., texto nº 26, p. 424. Há tradução brasileira: Porque se reedita a obra de Raymond Roussel? Um Precursor de Nossa Literatura Moderna. *Ditos e Escritos*, III.

Michel Foucault

Foucault e as fontes patrísticas

Philippe Chevallier

Nas aulas no Collège de France consagradas, em 1980, aos primeiros séculos cristãos, Foucault cita abundantemente os padres da Igreja, sem mencionar, com mais ou menos algumas exceções, a edição dos textos patrísticos que ele utiliza, ainda menos a literatura secundária que pôde guiar sua leitura. A maior parte dos cursos no Collège nos deixam assim diante do embaraço de nada saber sobre sua preparação. Essa cortina puxada pelo professor sobre os bastidores de seu ensino se aparenta para os comentadores mais bem dispostos a um halo luminoso, para os outros, a uma bruma equívoca; os primeiros, repetindo incansavelmente que Foucault passava dias inteiros em biblioteca para aí efetuar um trabalho de primeira mão; os segundos, exumando orgulhosamente as fontes secundárias parciais às quais Foucault teria atribuído uma confiança muito grande. Para dissipar o halo como a bruma, o *corpus* dos padres cristãos oferece um terreno de investigação particularmente favorável: ao mesmo tempo bem delimitado e suficientemente rico num plano bibliográfico. Partindo de alguns indícios pequenos, mas determinantes, identificáveis a partir de construções singulares de certas traduções, e orientado por um caderno de trabalho inédito, é possível recompor a biblioteca patrística de Foucault: as edições que ele utiliza, as diferenças que ele opera em relação a essas, assim como as fontes secundárias mais evidentes. Não se trata aqui de julgar uma prática com a medida de um ideal de pesquisa que, de toda maneira, só existe nos sonhos de alguns mestres de escola minuciosos, mas de compreender melhor as liberdades e as sujeições do filósofo.

AS FONTES PRIMÁRIAS

Que edições dos padres, leu, pois, Foucault? Um indício facilita a identificação: o estilo das traduções. As propostas pelas grandes coletâneas patrísticas francesas não são traduções literais, mas privilegiam sempre a ideia voltada para o respeito da sintaxe ou da lexia original. Por essa razão, elas são facilmente identificáveis nos propósitos de Foucault.[1] Quando, em raras ocasiões, o filósofo traduz, ele mesmo, o texto, ele fica, ao contrário, mais próximo sintática e lexicamente do texto-fonte.[2] A comparação das citações do curso com as traduções disponíveis oferece assim um primeiro resultado sem rodeios: se ele se permite aqui e acolá corrigi-las, Foucault privilegia, tanto quanto possível, as traduções francesas já existentes, sem temer algumas edições cuja alta idade é, às vezes, inversamente proporcional ao rigor. É assim que, majoritariamente, ele lê os "Textes et Documents pour l'Étude Historique du Christianisme", inaugurados em 1904 pelos abades Hippolyte Hemmer e Paul Lejay, e as "Sources Chrétiennes" das edições du Cerf, fundadas em 1942 pelos Padres jesuítas Jean Daniélou, Henri de Lubac e Claude Mondésert. Ocasionalmente, ele utiliza também uma edição tão volumosa quanto poeirenta, hoje caída

---

1 Por exemplo, o que literalmente deveria ter dado "rezar [*orare*] por preces [*orationibus*] frequentes/abundantes [*crebris*]" (Tertuliano, *De Baptismo*, XX, 1) torna-se na aula de 13 de fevereiro de 1980: "Invocar Deus por orações fervorosas", seguindo ao pé da letra a tradução de Fontes cristãs: Tertullien, *Traité du Baptême*. Tradução R. F. Refoulé et M. Drouzy. Paris: Cerf, "Sources Chrétiennes", nº 35, 1952.

2 Por exemplo, em 6 de fevereiro de 1980, Foucault toma o cuidado de traduzir quase palavra por palavra uma passagem da *Primeira Apologia*, de Justino; o que dá no oral: "Os que acreditam que são verdadeiras as coisas que lhes ensinamos e dissemos." Essa tradução é mais rude, mas mais exata que as propostas por Sources Chrétiennes et Hemmer-Lejay.

em dessuetude: a tradução em três volumes das obras completas de Tertuliano pelo abade de Genoude (1792-1849). Esta oferecia num francês frequentemente luxuriante textos difíceis de acesso, mas sua reputação de rigor se empanou muito com o tempo.

O curso empresta, então, vias muito clássicas, com alguma exceção. Essa modesta alteração na regra acadêmica nos interessa aqui pelo que ela revela, numa mesma hora de ensino, a justaposição de várias séries de tomadas de notas. Em 27 de fevereiro de 1980, enquanto as citações da *Epístola de Barnabé* e da *Primeira Epístola aos Coríntios* de Clemente de Roma contêm vestígios evidentes das traduções de Hemmer-Lejay,[3] aparecem em vários lugares diferenças notáveis com essas duas edições que deixam adivinhar a presença de uma outra fonte bibliográfica. Esse pressentimento é confirmado pela leitura, nesse mesmo dia, da *Didachè*, numa tradução que não provém nem das "Sources Chrétiennes" nem de Hemmer-Lejay. Para esses três textos patrísticos, Foucault recorre, de fato, em paralelo, a uma outra tradução que localizamos num lugar inesperado: a compilação de textos dos primeiros séculos prefaciada para o grande público por Louis Bouyer, em 1963.[4] Essa edição de bolso oferece traduções de qualidade, mas sem texto original nem aparato crítico. É, então, mais do que plausível que Foucault tenha preparado a maior parte de sua aula na biblioteca, com as edições Hemmer-Lejay, completando-a em sua casa com notas tomadas nesse volume maleável, modesto, mas compacto. Acontece o mesmo para o *De Baptismo*, de Tertuliano, citado em 13 de fevereiro em duas edições diferentes: "Genoude"[5] e "Sources Chrétiennes".[6]

Contra a imagem de um Foucault realizando uma pesquisa bibliográfica simples, ao mesmo tempo muito programada e organizada do *corpus* patrístico, o estudo das citações cristãs permite, assim, enumerar para algumas obras pelo menos dois tempos sucessivos de leitura, com, para cada tempo, jogos de edição e tomadas de notas não distintos, que o filósofo não achou bom homogeneizar. O que aparece inicialmene como pontos de detalhe permite duas constatações importantes.

Primeiramente, essa identificação permite estabelecer a ausência de escolha precisa concernente às versões disponíveis. Se ele se reporta às edições tradicionais, Foucault parece ir indiferentemente de uma a outra, considerando como não pertinentes para seu propósito as diferenças entre os manuscritos de referência. O filósofo não utiliza obrigatoriamente a edição crítica mais recente à sua disposição,[7] nem faz da integridade máxima do texto a condição de seu comentário. Esse desinteresse aparente destaca o desafio verdadeiro da pesquisa. Em seu comentário dos Padres, Foucault se demora não tanto em proposições ou longas argumentações quanto sobre palavras e sintagmas remanescentes, que seu comentário recorta e coloca em exergo como entradas de dicionário: "verdade da penitência", "prova", "publicação de si" etc. É, aliás, unicamente com o objetivo de fazer o ouvinte entender esse campo semântico do *si* e da *verdade* que o professor se permite, em raras passagens, retocar as traduções clássicas: a fim de que a "verdade" da penitência não se torne, por exemplo, uma simples "sinceridade".[8] O que o comentário conserva assim dos trechos escolhidos, o que escandece sua progressão, não é, então, referido pelos debates

3   *Les Pères Apostoliques*. Tradução H. Hemmer, G. Oger e A. Laurent. Paris: Librairie Alphonse Picard, 1919. t. 1: *Doctrine des Apôtres. Épître de Barnabé*; *Les Pères Apostoliques*. 2. ed. Tradução H. Hemmer. Paris: Librairie Alphonse Picard, 1926. t. 1-2: *Clément de Rome. Épître aux Corinthiens. Homélie du IIe siècle*,

4   *Les Écrits des Pères Apostoliques*. Notes de F. Louvel, préface de L. Bouyer. Paris: Cerf, 1963. Essa coletânea, por outro lado, de grande qualidade, retoma algumas traduções das Sources Chrétiennes, às quais ele acrescenta outras traduções inéditas.

5   Assim, da citação, bem distanciada da aridez do texto original, "*Heureux sacrement que celui de l'eau chrétienne qui, lavant les souillures de nos ténèbres passées nous enfante à la liberté de la vie éternelle*" – Feliz sacramento o da água cristã que, lavando as imundícies de nossas trevas passadas nos dá à luz para a liberdade da vida eterna (I, 1). A exclamação inaugural "*Heureux sacrement*" é, sem dúvida, um acréscimo posterior a Tertuliano, conservado por Genoude, mas omitido pela edição mais recente das Sources Chrétiennes.

6   Ver primeira nota deste texto.

7   Por exemplo, em 20 de fevereiro de 1980, Foucault lê *La Tradition Apostolique*, de Hippolyte na edição das Sources Chrétiennes que data de 1946, que não fornecia o texto latino. Ora, as Sources Chrétiennes tinham lançado em 1968 uma edição revista e corrigida, com texto original. A tradução de 1968 é suficientemente diferente da de 1946 para que fiquemos certos de que Foucault não a consultou.

8   Para a tradução do *De Paenitentia*, VI, 6 (aula de 13 de fevereiro de 1980). A tradução por "sinceridade" é o caso de Pierre Labriolle: Tertullien, *De Paenitentia*, De Pudicitia. Tradução P. de Labriolle. Paris: Alphonse Picard et Fils, 1906.

eruditos que tratam do acréscimo ou da supressão de um advérbio, de uma locução, de uma exclamação. Foucault se revela inicialmente um leitor de *palavras*, antes de ser um leitor de *frases*. Ele recorta as primeiras, mais do que se deixa levar pelas segundas.

Em seguida, o professor conserva na forma final de seu ensino os diferentes estratos de sua pesquisa. Essa estratificação é uma maneira singular de avançar na inteligência dos textos. Esta remete, muito evidentemente, a épocas e lugares de leitura diferentes, frequentemente guiados pelas circunstâncias. Exasperado pelo funcionamento da Biblioteca Nacional, Foucault tinha, com efeito, decidido, sob os conselhos do Padre Michel Albaric, inscrever-se na Biblioteca do Saulchoir, mantida em Paris pelos Dominicanos. Ele terminou aí a preparação do curso *Do Governo dos Vivos*, a contar de novembro de 1979, e frequentou, em seguida, essa biblioteca até sua morte. Longe desses *scriptoria* parisienses, sabe-se, também, que Foucault já lia os Padres em Vendeuvre, em agosto de 1977.[9]

Mas se esses estratos de leitura obedecem a exigências de lugar – sem dúvida, também, de disponibilidade dos volumes – mais do que a escolhas deliberadas, é interessante observar que elas ficam aparentes no ensinamento final. Tudo acontece como se cada tempo de leitura e de tomada de notas já fosse um patamar do qual todo trabalho ulterior devesse recomeçar – para ultrapassá-lo, mas sem anulá-lo completamente. O trabalho preparatório do curso reúne assim num mesmo manuscrito as leituras mais recentes e as leituras mais antigas. A opção inversa consistiria em tornar a descer cada vez das notas circunstanciais para o texto primeiro ou para sua edição mais bem estabelecida, como para um ponto ideal que permitiria discriminar as etapas intermediárias da pesquisa e julgar em termo de verdadeiro/falso as menores asserções. Ora, esse não é o método de trabalho de Foucault. É, talvez, aqui que se faz a diferença entre uma leitura dos textos concebida pelo filósofo como uma experiência de pensamento e uma leitura que visa unicamente ao comentário erudito, a tradução mais exata dos textos antigos nas palavras de hoje. Longe de se concentrar no estado original do texto, que validaria um conhecimento primeiramente literário dos Padres, Foucault se estabelece um outro objetivo, que esclarece uma entrevista autobiográfica de 1978: a pesquisa histórica deve conservar o vestígio do choque que se produz entre os textos do passado e o presente do leitor, numa experiência de leitura que se desdobra num tempo singular:

> Mas meu problema não é satisfazer os historiadores profissionais. Meu problema é fazer eu mesmo, e convidar os outros a fazerem comigo, por meio de um conteúdo histórico determinado, uma experiência do que somos, do que é não somente nosso passado, mas também nosso presente, uma experiência de nossa modernidade de tal forma que dela saíssemos trasformados.[10]

Essa experiência remete a momentos discretos de leitura, e, portanto, de tomada de notas, não a uma propriedade intrínseca do texto que a análise bastaria para destacar. Nessa perspectiva, é normal que diferentes linhas de leitura possam continuar a cintilar ao longo de todo o processo, permitindo destacar um pensamento do passado.

AS FONTES SECUNDÁRIAS

Os textos dos Padres mencionados na parte anterior remetem a comentários aprofundados e citações consequentes da parte de Michel Foucault, que só uma leitura de primeira mão pôde permitir. Entretanto, a presença, em dois lugares, de uma série de referências extremamente breves, frequentemente extraídas dos lugares mais improváveis do maciço patrístico, torna pouco plausível a hipótese de uma extração pelo próprio Foucault, no caso de uma leitura cursiva.

---

9   *Dits et Écrits*, I, 1954-1975, D. Defert e F. Ewald (eds.). Paris: Gallimard, "Quarto", 2001. p. 71. Há tradução brasileira: *Ditos e Escritos*.

10 *Dits et Écrits*, II, 1976-1988, nº 281: "Entretien avec Michel Foucault", D. Defert e F. Ewald (eds.). Paris: Gallimard, "Quarto", 2001. p. 863. Há tradução brasileira: *Ditos e Escritos*.

Na ocasião da primeira aula sobre os Padres, em 6 de fevereiro de 1980, quando ele acaba de comentar um trecho da *Primeira Apologia*, de Justino, Foucault dá três significações do batismo, sem fornecer referências: o batismo é um "selo" (Σφράγισμ), um "segundo nascimento" (Ἀναγέννησις e Παλιγγενεσίας) e uma "iluminação" (φωτισμος).

Os elementos dessa série provêm, de fato, de fontes muito diversas: se Ἀναγέννησις e φωτισμος se encontram na *Primeira Apologia*, Παλιγγενεσίας só aparece em Justino num fragmento disponível no fim da edição de suas obras pelo abade Migne, em sua grande patrologia do século XX –[11] lugar recuado que o pesquisador não visita por acaso. As outras ocorrências do termo na literatura dos primeiros séculos são primeiramente neotestamentárias. Quanto à metáfora do selo, Σφράγισμα, ela deve ser encontrada nos confins da obra de Clemente de Alexandria: não somente é preciso percorrer longamente os índices para localizá-la nos *Extraits de Théodote*,[12] mas acontece que este texto é de *status* incerto e de interpretação muito delicada, seu aporte principal limitando-se ao conhecimento dos movimentos heréticos do século II. O recurso a uma fonte secundária parece, pois, evidente para essa série algo divergente de citações. É o mesmo para essa outra que atravessa a aula de 20 de fevereiro: o Sermão 116 de Agostinho está ao lado dos extratos esporádicos de Orígenes, de Ambrósio e do desconhecido Quodvultdeus.

Que literatura secundária utilizou, então, Foucault para chegar a essas raridades, até mesmo a essas curiosidades patrísticas? Para nos ajudar em nossa pesquisa, tivemos acesso a uma bibliografia recopiada à mão por Foucault em um pequeno bloco de notas com repertório alfabético, contendo cerca de 150 referências classificadas por nome de autor.[13] Aí estão principalmente indicados textos teológicos publicados entre os séculos XVI e XVIII, tratando sobre a confissão (Belarmino, Borromeu, Caetano, de Liguori etc.) e alguns estudos históricos de língua francesa, alemã e inglesa. Entre esses estudos, muito poucos contemporâneos.[14] Somente a presença de entalhes manuscritos ulteriores ao lado dos títulos de livros poderia indicar uma leitura ou uma consulta efetiva. O uso de pelo menos quatro tintas diferentes indica que o caderno foi utilizado e completado várias vezes.

Faltava datar a redação dessa caderneta. O período histórico abordado (séculos XVI-XVIII) nos situa claramente no cerne da problemática da primeira versão das *Confissões da Carne*, redigido em janeiro de 1978, tal como Daniel Defert a apresenta: "uma genealogia da concupiscência por meio da prática da confissão [...] a partir do Concílio de Trento".[15] Essa hipótese é reforçada pela presença de uma referência que remete diretamente às aulas que Foucault dava no mesmo momento sobre a história do pastorado.[16] A confissão tridentina já tinha, entretanto, sido o objeto de várias aulas em fevereiro de 1975,[17] o que deixaria supor um início de redação mais precoce. Por outro lado, o período patrístico está pouco presente, à exceção de algumas fontes secundárias que se revelaram decisivas para nossa pesquisa.

Nessa caderneta, cuja redação situamos aproximadamente entre 1975-1976 e 1978, encontram-se, com efeito, as referências de dois estudos históricos cujas citações podem ser superpostas às duas séries de citações do curso de que tínhamos levantado o caráter, ao mesmo tempo, raro e problemático: um livro do alemão Franz Joseph Dölger (1879-1940) e um artigo do belga Albert Dondeyne (1901-2005), os dois, padres católicos, historiadores e teólogos.

---

11 *Patrologia Graeca*, t. 6, 1581a.

12 Clément d'Alexandrie, *Extraits de Théodote*, 86, 2, tradução F. Sagnard. Paris: Cerf, Sources Chrétiennes, nº 23, 1948. p. 211.

13 Répertoire "AZ", Répertoire Bibliographique, 1975? – 1978? – Manuscrito, 68 p.; 28 cm [Archives Daniel Defert].

14 Citemos os estudos posteriores a 1967: Jean-Marie Aubert, *Sexualité, Amour, et Mariage*. Paris: Beauchesne, 1970; Pierre Chaunu, *Le Temps des Réformes*. Paris: Fayard, 1975; Pierre Darmon, *Le Mythe de la Procréation à l'Âge Baroque*. Paris: J.-J. Pauvert, 1977; Roger Gryson, *Le Prêtre selon Saint Ambroise*. Thèse de Théologie, Louvain, 1968; Ilsetraut Hadot, *Seneca und die Griechisch-Römische Tradition der Seelenleitung*. Berlin: Walter De Gruyter & Co, 1969; Heinrich Ponpey, *Die Bedeutung der Medizin für Kirchliche Seelsorge im Selbstverständnis der Sogenannten Pastoralmedizin*. Freiburg: Herder, 1968.

15 *Dits et Écrits*, II: 1976-1988, "Chronologie", op. cit., p. 73. Há tradução brasileira: Cronologia. *Ditos e Escritos*, I

16 Philippe de Robert, *Le Berger d'Israël*, Essai sur le Thème Pastoral dans l'Ancien Testament. Paris: Cerf, 1968.

17 Em particular, a presença do manual de Habert nessa caderneta, citado na aula de 19 de fevereiro de 1975 (*Les Anormaux, Cours au Collège de France*, 1974-1975. Éd. V. Marchetti et A. Salomoni. Paris: Gallimard/Seuil/Hautes Études, 1999. p. 165--167). Há tradução brasileira: *Os Anormais*.

Michel Foucault

Nas primeiras páginas do livro de Dölger *Der Exorzismus in altchristlichen Taufritual, Eine religionsgeschichtliche Studie*, Paderborn, 1909 (reeditado em 1967), cruzamos, com efeito, três das quatro metáforas do batismo citadas em 6 de fevereiro de 1980 e as duas referências da *Epístola aos Hebreus* citadas em 27 de fevereiro. O uso que faz Foucault desse estudo de formato modesto, que tinha constituído a habilitação universitária de Dölger, é aqui evidente: ele utiliza como um índice. São unicamente as palavras utilizadas pelos Padres que retêm sua atenção nas citações propostas: quais atributos do assunto "batismo" definem seus efeitos ("selo", "renascimento", "iluminação"). Do grande estudo histórico e erudito, Foucault só conserva finalmente o dossiê de textos do primeiro capítulo, com uma concentração significativa de seus empréstimos nas notas de rodapé, como se ele soubesse com antecedência o que ele buscava, ou como se ele quisesse ficar livre em relação à história cultural que desenvolve o historiador alemão no corpo do texto. Especialista eminente da Antiguidade cristã, Franz J. Dölger se esforçou, com efeito, para recolocar o cristianismo primitivo no contexto da cultura antiga. Na apresentação de seu estudo de 1909, ele se propunha a estudar o cristianismo como uma religião entre outras, com a ajuda dos métodos ainda jovens da história comparada das religiões. Não é isso, é claro, que interessa Foucault, mais atento à cesura cristã. Mas o filósofo francês encontrou em Dölger um erudito meticuloso, inimigo das grandes generalidades, só fornecendo estudos detalhados sobre temas cuidadosamente circunscritos no espaço e no tempo.[18]

Vamos ao artigo de Dondeyne: La Discipline des Scrutins dans l'Église Latine avant Charlemagne. *Revue d'Histoire Ecclésiastique*, t. 28, p. 5-33, 1932. O uso que faz dele Foucault é idêntico, até ainda mais sistemático: a armadura textual da primeira parte da aula de 20 de fevereiro é fornecida pelos rodapés de Dondeyne, onde o pensamento se junta em alguns indícios pequenos mas precisos. Encontram-se aí efetivamente as mesmas referências patrísticas, apresentadas por assim dizer na mesma ordem: a menção de *A Tradição Apostólica*, de Hipólito; a menção do batismo como passagem pelo fogo; a citação das *Homilias sobre os Números*, de Orígenes; a distinção entre "*auditores*" e "*competentes*"; o resumo do exorcismo descrito por Agostinho no Sermão 216; a citação do Sermão 3 de Quodvultdeus; enfim, a citação de *A Explicação do Símbolo*, de Ambrósio.

Esse estudo muito denso de 1932 obedece, de fato, aos mesmos critérios epistemológicos que o de Dölger. Em primeiro lugar, ele fornece um impressionante dossiê de textos, classificados segundo uma ordem cronológica e geográfica que permite descrever o desenvolvimento concreto dos exames prévios ao batismo na Igreja latina. À guisa de análise, ele se limita a destacar desse dossiê o teor, o número e a organização desses escrutínios, sempre presos ao texto, sem extrapolações teológicas – ainda menos generalizaçao à altura de um conceito histórico como o "cristianismo". Não é anódino que Foucault tenha escolhido apoiar-se nessa figura do sábio erudito – "intelectual específico", ousaríamos dizer – para preparar seu curso.

Em vista daquilo que, desde então, parece ser uma citação de citações, os aportes pessoais do filósofo poderiam parecer limitados. Mas é preciso esclarecer que Foucault utiliza raramente os extratos dos Padres propostos por Dondeyne e Dölger, sem ir ele mesmo diretamente ler os textos originais. Dois exemplos bastam para nos convencer disso: Dondeyne só dá, de fato, um resumo sugestivo de *A Tradição Apostólica*, onde o professor lê e comenta longamente o texto na tradução francesa de Dom Botte.[19] Assim também, *A Epístola aos Hebreus* é citada em alemão por Dölger, onde Foucault utiliza em seu curso a tradução da Bíblia de Jerusalém. Ele se reportou, pois, a cada vez, a uma versão integral do texto original.

Terminemos esse exame das fontes mencionando dois estudos, também referenciados na caderneta, cuja utilização é, desta vez, circunscrita a um detalhe contextual ou a um texto preciso. Quando

---

18   "Como Dölger sentiu ao longo de toda sua vida a necessidade de tratar em detalhe e em profundidade pequenos temas, ele não poderia ter dado aos seus ouvintes um verdadeiro curso de história da Igreja ou de arqueologia cristã. Ele apresentava, claramente formulada numa língua vigorosa, uma escolha de capítulos sobre a vida cultural da Igreja, de que ele trabalhava os manuscritos até o menor detalhe" (Doelger [François-Joseph]. In: *Dictionnaire d'Histoire et de Géographie Ecclésiastiques*. Paris: Letouzay et Ané, 1960. t. 14, col. 551-552).

19   Hippolyte de Rome, *La Tradition Apostolique*. Tradução de B. Botte. Paris: Cerf, Sources Chrétiennes, n° 11, 1946.

Foucault menciona, na aula de 5 de março, a existência de vários graus de penitentes, atestada com certeza no Oriente, mas mais incerta no que concerne ao Ocidente, ele se refere à tese de Joseph Grotz: *Der Entwicklung des Bußstufenwesens in vornicänischen Kirche*. Fribourg: Herder, 1955. Por outro lado, na aula de 5 de março de 1980, o *Adversus Haereses* de Irineu de Lyon é citado a partir do artigo de Henri Holstein: L'Exhomologèse dans l'Adversus Haereses de Saint Irineu. *Recherches de Science Religieuse*, t. 35, p. 282-288, 1948. As duas citações que o curso faz aí se encontram, com efeito, com as mesmas passagens em grego.[20]

*

Este trabalho sobre as fontes permite esquematizar um retrato do filósofo como pesquisador. Pesquisador "clássico" certamente em suas escolhas de leitura, atraído pelas notas de rodapé e pelos velhos estudos eruditos, Foucault manifesta um secreto prazer em privilegiar o formato austero das teses e outras habilitações universitárias, cuja retidão das informações é frequentemente inversamente proporcional à originalidade do pensamento. A literatura secundária faz aqui papel de mapa da estrada, indicando os lugares a visitar, sem, por isso, se substituir à exploração real. Por essa razão, ela é voluntariamente escolhida no campo historiográfico mais técnico, excluindo, de fato, tudo o que parece já com uma interpretação teológica ou com uma síntese histórica muito ampla. Isso não exclui, evidentemente, as leituras de fundo mais contemporâneas, como os livros de Paul Veyne e de Peter Brown sobre a Antiguidade tardia, mas as aulas cristãs de 1980 – que se apresentam inicialmente como meticulosos comentários de textos – não conservam nenhum vestígio direto. Talvez porque Foucault não propõe inicialmente um ensino sobre os Padres; ele propõe um ensino sobre sua experiência da leitura dos Padres.

---

20   Henri Holstein, L'Exhomologèse dans l'Adversus Haereses de Saint Irénée. *Recherches de Science Religieuse*, 1948. t. 35, p. 282. Em quase um erro de citação : para a primeira citação, Holstein escreve "τον άπαντα [seu erro]", onde Foucault propõe "τάς άμαρτιας [seus pecados]", confundindo, sem dúvida, com a tradução que ele acabava de fazer da *Didachè*, mencionando as μαρτιας.

Os desafios de uma confrontação com Marx

Roberto Nigro

Todo mundo sabe que Marx impregnou profundamente a cultura de nosso tempo. Ele se aproximou de nós insidiosamente, talvez. Escapar a ele realmente supõe apreciar exatamente o que custa se desligar dele, para parafrasear palavras empregadas por Foucault destinadas a Hegel.[1] Essas palavras podem bem exprimir o sentido do combate ao qual Foucault se entregou durante a vida. Das vacilações dos marxismos Foucault não foi somente uma testemunha exterior, mas um intérprete próximo e atento. Ele questionou a cultura marxista de alto a baixo. Ao longo de toda sua obra, ele não cessou de questionar Marx com questões que vinham de outros lugares filosóficos, de jogar os marxismos uns contra os outros, de sair do marxismo pelo marxismo, de problematizar as formas mais difusas do esquerdismo francês. Não seria exagerado dizer que toda sua obra é atravessada do início ao fim por uma confrontação com Marx e com os marxismos que toma frequentemente a forma de um grande combate.[2]

Esse combate, todavia, nada tem de sistemático. Toda a obra de Foucault é repleta de declarações que fazem de seu autor ora um marxista, ora um inimigo do marxismo. Por um lado, Foucault parece desconfiar do marxismo como da peste; por outro, ele declara frequentemente que Marx opera em sua metodologia, que há passagens que ele escreveu referindo-se a Marx, sem o citar.[3] Mas seria inútil buscar um sentido unívoco na selva desses julgamentos oscilantes. Cada uma de suas declarações deve ser reinscrita no contexto e na relação de força dos debates nos quais ela foi pronunciada.

Foucault lê Marx várias vezes, utiliza-o em sua obra e lhe faz perguntas que vêm de suas próprias problematizações. Ele se aproxima também de Marx por um número importante de autores marxistas e se prende, às vezes, a temas que fazem parte da vulgata marxista. À sua leitura e conhecimento de Marx acrescenta-se também a interpretação de um número considerável de obras de autores marxistas e de diferentes correntes do marxismo. Entretanto, eu destaco uma vez mais, a importância dessas discussões pode ser apreciada unicamente se não fizermos abstração do contexto político e social no qual elas assumiram toda sua amplitude. A obra de Foucault nasce e mergulha na cultura, nas contradições e nas práticas políticas que emergiram a partir dos anos 1960. Ela faz parte de um movimento coletivo e é a expressão de uma conjuntura intelectual que se produziu naquele momento. Foucault se confronta com Marx e os marxismos na urgência de seu tempo, dá respostas, marca trajetórias no interior de um movimento coletivo de pensamento do qual ele faz parte.

Que desafios dessa confrontação podemos isolar nessas poucas páginas? De maneira muito esquemática, eu indicaria aqui duas questões, que englobam uma série de problemas muito ampla. A obra de Foucault se apresenta, em relação a problemáticas marxistas, como uma verdadeira reformulação da análise da exploração e da eficacidade das práticas revolucionárias. Foucault parece redesenhar de tal

---

1   Cf. M. Foucault, *L'Ordre du Discours*. Leçon Inaugurale au Collège de France Prononcée le 2 Décembre 1970. Paris: Gallimard, 1971. p. 74-75. Há tradução brasileira: *A Ordem do Discurso*. Aula inaugural.

2   Étienne Balibar destacou muito bem esse caráter de "verdadeiro combate". Ver Étienne Balibar, *Foucault et Marx:* L'Enjeu du Nominalisme, dans *La Crainte des Masses*. Paris: Galilée, 1997. p. 282.

3   M. Foucault, *Dits et Écrits* II, Gallimard, "Quarto", p. 1.276. Há tradução brasileira: *Ditos e Escritos,* II.

maneira a paisagem conceitual na qual ele reinscreve a problematização desses temas, que eles se tornam quase irreconhecíveis.

Desde o fim dos anos 1950, Foucault iniciou sua obra numa trajetória implicando, por um lado, a crítica da teoria do sujeito, a saber, a questão da destituição do sujeito fundador e a possibilidade de colocar a problemática de sua constituição, e, por outro, a crítica da questão antropológica, que ele resume bem na ideia de homem como dublê empírico-transcendental.[4] Esse combate se precisa em pesquisas que tratam de assuntos muito variados, mas cuja unidade pode *a posteriori* ser identificada no questionamento radical das formas da dialética hegeliana, dos humanismos teóricos e das antropologias filosóficas. Trata-se de um combate que traça uma trajetória importante na cultura contemporânea, afastando certas formas de marxismos em proveito de outras e privilegiando, de saída, algumas leituras de Marx mais que outras.

Estabelecer a crítica do sujeito fundador e abrir assim o caminho às pesquisas que implicam os processos de subjetivação (isso se tornaria mais explícito nas obras publicadas a partir dos anos 1970) faz surgir um campo de análise que exclui a ideia de uma dominação que se vem colocar ou imprimir-se num corpo, numa alma ou num sujeito definitivamente dado. Assim, Foucault pode atacar uma concepção do marxismo que se tinha imposto na Universidade e que consiste em pensar que a relação de conhecimento é confusa, obscurecida, velada pelas condições de existência, pelas relações sociais, ou pelas formas políticas que se impõem do exterior ao sujeito do conhecimento. Ao contrário, Foucault quer mostrar que: "as condições políticas, econômicas de existência não são um véu ou um obstáculo para o sujeito de conhecimento, mas aquilo através do que se formam os sujeitos de conhecimento, e, pois, as relações de verdades".[5]

Todas essas questões recortam o sentido do questionamento antropológico. Quando Foucault, no início dos anos 1960, se interroga sobre a questão da antropologia, partindo da análise da obra de Kant, ele entende produzir uma verdadeira crítica das ilusões e dos contrassensos nos quais o pensamento contemporâneo se enfiou. O questionamento antropológico se insere em cheio no campo de força da filosofia contemporânea. A antropologia, por um lado, objetiva o homem no nível do ser natural e no conteúdo de suas determinações animais; por outro, ela se quer conhecimento do conhecimento do homem, num movimento que interroga o sujeito sobre ele mesmo e sobre seus limites. É aí que os desafios da questão se tornam maiores, porque nessa inflexão da antropologia vai-se desenhar "sobre a filosofia de nossa época toda a sombra de uma filosofia clássica doravante privada de Deus".[6]

O sentido dessa análise recorta a trajetória do trabalho que Althusser fazia na mesma época. A problemática althusseriana de um anti-humanismo teórico de Marx, ou suas análises da filosofia de Feuerbach (conforme as quais, segundo as palavras também de Max Stirner, Feuerbach tinha substituído Deus por ele mesmo, chamando-o Homem) podem lançar uma luz esclarecedora sobre esses percursos filosóficos e mostrar as correspondências filosóficas com os trabalhos que realiza Foucault na mesma época a partir de trajetórias ligeiramente diferentes.[7]

A partir dos anos 1970, Foucault privilegia algumas leituras de Marx que se organizam em torno de *O Capital* e dos escritos políticos de Marx, como *As Lutas de Classe na França* ou o *Dezoito Brumário de Luis Bonaparte*. Novas problemáticas vão surgir. No curso no Collège de France de 1973, Foucault discute as noções de exclusão e de transgressão. Embora reconheça o papel que essas noções puderam desempenhar durante um dado período, enquanto "*inversores críticos* no campo da representação jurídica, política e moral", ele destaca que "esses inversores permanecem ordenados ao sistema geral das representações contra as quais eles estavam voltados [...] [e que] as análises realizadas em termos de exclusão

---

4   Cf. M. Foucault, *Les Mots et les Choses:* Une Archéologie des Sciences Humaines. Paris: Gallimard, 1966. p. 330. Há tradução brasileira: *As Palavras e as Coisas.*

5   M. Foucault, La Vérité et les Formes Juridiques. In: *Dits et Écrits*, II, p. 552. Há tradução brasileira: A Verdade e as Formas Jurídicas. Em processo de edição no volume X de *Ditos e Escritos*, Filosofia, Diagnóstico do Presente e Verdade

6   Cf. *idem*, *Introduction à l'Anthropologie*, op. cit., p. 139.

7   Ver, em particular, as análises que Althusser consagra a Feuerbach, ao jovem Marx e à questão *Marxismo e Humanismo* em sua obra *Pour Marx* (Paris: La Découverte, 1966). Ver também La Querelle de l'Humanisme. In: *Écrits Philosophiques et Politiques*. Paris: Stock/IMEC, 1997. t. II, p. 449-551. Há tradução brasileira: *A Favor de Marx*. Zahar.

e de transgressão devem ser seguidas em dimensões novas, onde não será mais o caso da lei, da regra, da representação, mas do poder mais do que a lei, do saber mais do que a representação".[8]

A noção de exclusão parece a Foucault muito ampla e principalmente "compósita e artificial". Se, por um lado, ela exerceu uma função crítica útil na medida em que mostrou as técnicas, os procedimentos, os aparelhos pelos quais a sociedade exclui um certo número de indivíduos, por outro, ela se tornou insuficiente na medidaa em que dá o *status* do indivíduo excluído no interior do campo das representações sociais.[9] É no interior deste que o excluído aparece como tal. A noção de exclusão permanece no interior do campo das representações e não leva em conta relações e operações especificadas do poder a partir das quais se faz a exclusão. Ela seria o *efeito representativo* geral de um certo número de estratégias e de táticas de poder responsáveis pelo mecanismo da exclusão.

Esse curso é tão mais importante que esboça uma análise do poder enquanto "estratégia permanente, que é preciso pensar sobre fundo de guerra civil". "O poder – diz Foucault – a legalidde de que ele se serve, os ilegalismos que ele não expõe ou aqueles contra os quais ele luta, tudo isso deve ser pensado como uma certa maneira de conduzir a guerra civil."[10] A noção de *guerra civil* à qual Foucault se refere aqui não deve absolutamente ser confundida com o conceito de *guerra de todos contra todos*, porque as duas noções não têm nenhuma relação entre elas.[11] Foucault esclarece: "Estamos na guerra social, não na guerra de todos contra todos, mas na guerra dos ricos contra os pobres, dos proprietários contra os que não possuem, dos patrões contra os proletários."[12]

Estamos aqui numa curva importante da confrontação com Marx. Foucault está utilizando alguns modelos de interpretação da história, centrados nos conceitos de luta de classes e de antagonismos. As relações sociais são analisadas à luz de uma microfísica do poder (que deve muito a Nietzsche) que esclarece a dimensão de guerra atravessando o campo social. Nessas análises, centradas no conceito de guerra, de lutas, de relações estratégicas de poder, no interior das quais a exclusão toma sua forma, trata-se da questão da sujeição.

Todavia, a utilização desses conceitos vai ao lado do questionamento radical da eficacidade de algumas práticas revolucionárias. Assim, o questionamento da teoria do sujeito fundador implica uma interrogação radical sobre as novas formas de militantismo (questão que vai obsecar a reflexão de Foucault até sua morte).[13] Se as análises das formas de sujeição não têm mais nada a ver com a ideia de um sujeito previamente dado, nem por isso a ideia de um sujeito alienado da e pela história, e reprimido pelos mecanismos de reprodução social, deixa de ser difusa num certo esquerdismo francês (e não unicamente) e religada a práticas revolucionárias que se veem como de liberação.

Assim, as pesquisas que Foucault realiza em torno de *Vigiar e Punir* e de *A Vontade de Saber* vão questionar profundamente a noção de repressão. Em particular, em *A Vontade de Saber*, Foucault descobre uma raiz epistemológica comum entre o marxismo e o freudismo: é sobre essa dupla que ele vai exercer sua crítica em seguida; crítica que visa, evidentemente, a questionar radicalmente a evidência e a eficacidade de um certo esquerdismo ou utopismo revolucionário.[14] Crítica, por um lado, da hipótese repressiva, que inclui todas as variantes do freudo-marxismo em Reich como em Adorno ou Marcuse.

Foucault retoma o que ele chama por comodidade "a hipótese de Nietzsche" em oposição à "hipótese de Reich"[15] e procura problematizar dois esquemas de análise: por um lado, o da guerra-repressão

---

8   M. Foucault, *La Société Punitive*. Cours au Collège de France, 1973. Datilografado transcrito por M. Jacques Lagrange (213 p.), Bibliothèque/Archives Collège de France, p. 7.

9   *Ibidem*, p. 3.

10 *Ibidem*, p. 197.

11 *Ibidem*, p. 22.

12 M. Foucault, *La Société Punitive*, op. cit., p. 18.

13 Os últimos cursos de Foucault no Collège de France podem ser interpretados nesse sentido. Em especial, suas análises a respeito da história do cinismo.

14 Cf. Étienne Balibar, *Foucault et Marx*, op. cit., p. 284. Ver também Gilles Deleuze, *Foucault*. Paris: Éditions de Minuit, 1986. p. 31-51. Há tradução brasileira.

15 Foucault, *Il faut Défendre la Société*, op. cit., p. 16. Há tradução brasileira: *É Preciso Defender a Sociedade*.

ou dominação-repressão, e, por outro, o da relação belicosa como fundamento do poder político. No que concerne ao primeiro aspecto, tratar-se-á de questionar radicalmente o modelo de oposição entre luta e submissão, sabendo que essa crítica visa às suas próprias análises, por causa de seu precedente enraizamento no modelo luta-repressão. Foucault quer mostrar que a noção de repressão é inteiramente insuficiente para cercar os mecanismos e os efeitos de poder.[16]

Conforme Foucault, as relações de poder não devem ser consideradas de uma maneira um pouco esquemática como, de um lado, há aqueles que têm o poder e, do outro, os que não o têm; de um lado, há a classe dominante, do outro, a classe dominada. Ele acrescenta também que não se encontrará jamais esse dualismo em Marx, porque Marx sabe perfeitamente que o que faz a solidez das relações de poder é que elas não acabam nunca, mas passam por toda parte. Privilegiar o aparelho de Estado, a função de conservação, a superestrutura jurídica é "rousseauizar" Marx.[17]

Estamos aqui numa outra curva de sua confrontação com Marx. Foucault se pergunta se é mesmo da guerra que se deve falar para analisar o funcionamento do poder. Ele se pergunta se a guerra pode valer como princípio histórico de funcionamento do poder.[18] Nada é menos certo. Esse projeto de escrever ou de analisar a complexidade das relações de poder, como relações de força e de guerra, se interrompe em 1976. O que aconteceu durante os meses que seguiram a conclusão desse curso?

Numa entrevista que data de dezembro de 1977, Foucault se interroga: "Pode-se descrever a história como um processo de guerra? Como uma sucessão de vitórias e de derrotas? É um problema importante que o marxismo não conseguiu sempre concluir. Quando se fala de luta de classes, o que se entende por luta? Trata-se de guerra, de batalha? [...] Os processos de dominação não são mais complexos, mais complicados que a guerra?"[19]

Referindo-se também a uma série de documentos a respeito precisamente da internação e da encarceração nos séculos XVII e XVIII, Foucault destaca mais seu desprendimento de um modelo de análise do poder em termos de autoridade, de repressão e de guerra.[20] Numa entrevista concedida em 1977, ele diz: "A relação de força na ordem da política é uma relação de guerra? Pessoalmente, não me sinto pronto no momento para responder de uma maneira definitiva sim ou não. [...] Esse tema da luta não se torna operatório se não estabelecermos concretamente e a propósito de cada caso, quem está em luta, a propósito de quê, como se desenvolve a luta, em que lugar, com que instrumentos e segundo que racionalidade."[21]

Sua incerteza em relação a uma interpretação das relações de poder em termos de guerra, de dominação dos vencedores sobre os vencidos, acaba numa nova ferramenta teórica, cuja força maior reside em sua maior aptidão *operatória* para a análise das tecnologias objetivas de poder e das tecnologias de si. Será a noção de *governo* chamada a ocupar um papel cada vez mais central em sua reflexão desde 1978. Por essa noção, o problema que Foucault se coloca não é o da estatização da sociedade, mas, antes, da governamentalização do Estado, a saber, do conjunto das práticas de governo a partir do que se constituiu o Estado.[22]

Ora, para voltar a uma questão que havíamos feito na abertura de nosso propósito, seria bom saber se a analítica do poder e, em particular, esse deslocamento para uma temática da governamentalidade apenas evacuam a questão da exploração, até mesmo a apagam. As análises de Foucault, a partir dos anos 1970, podem ser interpretadas como uma espécie de prolongamento da problemática da exploração. Foucault quer compreender o funcionamento do poder, a fim de encontrar também formas de luta ade-

---

16   *Ibidem*, p. 18. Ver também a seção sobre a *hipótese repressiva*, em M. Foucault, Histoire de la Sexualité. Paris: Gallimard, 1976. In: *La Volonté de Savoir*, p. 22-67. Há tradução brasileira: História da Sexualidade. *A Vontade de Saber*.

17   *Idem*, L'Œil du Pouvoir. *Dits et Écrits*, III, p. 189. Há tradução brasileira: O Velho do Poder. *Ditos e Escritos*, III.

18   *Idem*, Il faut Défendre la Société, op. cit., p. 18. Há tradução brasileira: *É Preciso Defender a Sociedade*.

19   *Idem*, La Torture, c'est la Raison. *Dits et Écrits*, III, p. 390-391. Há tradução brasileira: A Tortura é a Razão.

20   M. Foucault e A. Farge. *Le Désordre des Familles*. Paris: Juillard/Gallimard, 1982.

21   M. Foucault, L'Œil du Pouvoir, op. cit., p. 206. Há tradução brasileira: O Velho do Poder. *Ditos e Escritos,* III.

22   Cf. *idem*, Sécurité, Territoire, Population. Cours au Collège de France. 1977-1978, Paris: Gallimard/Seuil/Hautes Études, 2009. p. 112 e 253. Há tradução brasileira: *Segurança, Território, População*.

quadas.[23] Entre sua obra e a de Marx se desenha uma espécie de complementaridade. Se, por um lado, Marx descreve a genealogia da sociedade capitalista referindo-se aos procedimentos de acumulação das forças produtivas, por outro, Foucault analisa a acumulação das forças do poder político. Os hospitais, os asilos, os orfanatos, os colégios, as casas de educação, as fábricas etc. fazem parte de uma espécie de grande forma social do poder que foi estabelecida no início do século XIX, e que, sem dúvida, foi uma das condições do funcionamento da sociedde industrial e capitalista.[24]

Foucault destaca que o capitalismo não podia funcionar com um sistema de poder político indiferente aos indivíduos: "Chegou um momento em que foi preciso que cada um fosse efetivamente percebido pelo olho do poder. Quando se precisou, na divisão do trabalho, de pessoas capazes para fazer isso, outros para fazer aquilo, quando se temeu também que movimentos populares de resistência, ou de inércia, ou de revolta viessem atrapalhar toda essa ordem capitalista iniciante, então foi necessária uma vigilância precisa e concreta sobre todos os indivíduos."[25]

Se Marx descreve a decolagem econômica do Ocidente referindo-se aos procedimentos que permitiram a acumulação do capital, Foucault insiste sobre os métodos de gestão da acumulação dos homens que permitiram uma decolagem política em relação a formas de poder tradicionais. A acumulação dos homens não pode ser separada da acumulação do capital.

Não teria sido possível resolver o problema da acumulação dos homens sem o desenvolvimento de um aparelho de produção capaz ao mesmo tempo de mantê-los e utilizá-los; inversamente, as técnicas que tornam útil a multiplicidade cumulativa dos homens aceleram o movimento de acumulação do capital. Cada uma tornou a outra possível e necessária; cada uma serviu de modelo para a outra.

Mas não é só isso. Com efeito, as análises de Foucault não são unicamente complementares das de Marx. Elas mostram que as relações de exploração passam ao interior da sociedade inteira e se reproduzem numa escala ampliada.[26] Todas as pesquisas que Foucault realizou em torno do poder de exclusão, das disciplinas, das tecnologias de segurança, das formas do biopoder configuram uma nova economia política da exploração. No interior dessa imensa fábrica que se tornou a sociedade, coloca-se a questão de inventar novas práticas de resistência e novas formas de militantismo. Questão à qual Foucault consagrou, provavelmente, todo seu último trabalho sob forma de uma genealogia das tecnologias do si.

---

23 Cf. *idem*, Les Intellectuels et le Pouvoir. *Dits et Écrits*, II, Gallimard, "Quarto", onde ele afirma: "foi preciso esperar o século XIX para saber o que era a exploração, mas não se sabe talvez ainda o que é o poder", p. 1.180. Há tradução brasileira: Os Intelectuais e o Poder. *Ditos e Escritos*, IV.

24 Cf. *idem*, Prisons et Révoltes dans les Prisons. *Dits et Écrits*, II, p. 431. Há tradução brasileira: Prisões e Revoltas nas Prisões. *Ditos e Escritos*, IV.

25 *Idem*, Le Pouvoir, une Bête Magnifique. *Dits et Écrits*, III, p. 374. (ver também L'Impossible Prison. *Dits et Écrits*, IV, p. 20--34). Há tradução brasileira: O Poder, uma Besta Magnífica. *Ditos e Escritos*, IV.

26 Há vários anos Antonio Negri explorou essa nova dimensão do político por análises que, tomando seu ponto de partida na noção marxista de subsunção real, cruzam as pesquisas foucaudianas em torno da biopolítica. Ver, ultimamente, Michael Hardt e Antonio Negri, *Commonwealth*. Cambridge, MA, Harvard University Press, 2009.

O cachalote e o lagostim. Reflexão sobre a redação dos Cursos no Collège de France

Michel Senellart

Eu desejaria, para começar, aproximar duas cenas, distantes quase um século uma da outra. A primeira é descrita por Alfred Loisy – um dos principais atores da "crise modernista" no início do século XX – em seu livro de memórias, *Choses Passées* (1913), onde ele retraça as etapas que conduziram à sua excomunhão:

> Todo mundo sabe como Renan dava seu curso de hebraico [no Collège de France]. Ele só o preparava um pouco ou nada. Naquele tempo, ele explicava o texto dos Salmos. Ele pegava um versículo, lia-o, traduzia-o, lia a versão grega dos Septuaginta para a comparação, citava as conjecturas do oratoriano Houbigant ou de algum crítico moderno para a correção do texto, pesando cada palavra por assim dizer, e não se impedindo nem das digressões nem das repetições. Sua opinião era que um professor do Collège de France deve trabalhar diante de seus ouvintes, e ele trabalhava, com efeito, diante de nós, um pouco mais lentamente, eu suponho, do que em seu gabinete. Em suma, seu curso era uma iniciação muito boa à crítica textual do Antigo Testamento. Ele falava aí frequentemente de outra coisa; mas era isso principalmente que se podia aprender.[1]

Aos olhos de Loisy, jovem padre e professor de hebraico no Institut Catholique de Paris, "Renan, que não era inimigo de ninguém, era ainda [...] um inimigo da Igreja".[2] Assim, "ele não se arriscava sem precaução em seu auditório".

> Meu confessor, M. Monier, tinha sido consultado: muito prudentemente ele me havia respondido que seguir durante algum tempo o curso do Collège de France era para mim um dever de Estado. O abade Duchesne me acompanhou a primeira vez que fui assistir. Viam-se com frequência padres; mas a maioria só vinha por curiosidade, e muitas vezes eles se instalavam na entrada da sala, retirando-se quando o professor apresentava um propósito que incomodava suas ideias. Talvez ele colocasse aí, às vezes, alguma malícia. [...] O que Renan dizia da composição dos livros bíblicos não era para me surpreender, e eu sorrio como os outros no dia em que um grande abade, todo espantado por aprender que Jeremias estava talvez para alguma coisa na invenção do Deuteronômio, saiu subitamente batendo a porta.[3]

A segunda cena é a que evoca Foucault, no início de seu curso de 1976, "*É preciso defender a sociedade*:

> [...] para mim – eu lhes falo assim – o fato de ter que fazer todas as quartas-feiras à noite essa espécie de circo, era um verdadeiro, como diria..., suplício, é muito, aborrecimento, é um pouco fraco. Enfim, era um pouco entre as duas coisas. De maneira que eu chegava a efetivamente preparar esses cursos com muito cuidado e atenção, e eu consagrava muito menos tempo [...] à pesquisa propriamente dita, às coisas ao mesmo tempo interessantes e um pouco incoerentes que eu poderia ter dito, do que a me fazer a pergunta:

---

1   A. Loisy, *Choses Passées*. Paris: E. Nourry, 1913. p. 64-65.
2   *Ibidem*, p. 65.
3   *Ibidem*, p. 65-66.

como vou poder, em uma hora, uma hora e meia, sustentar tal ou tal coisa, de maneira que não aborreça muito as pessoas, e que, afinal das contas, a boa vontade que eles tiveram em vir me ouvir tão cedo, e por tão pouco tempo, seja um pouco recompensada [...] Assim sendo, eu passava meses, e pensava que o que faz a razão de ser ao mesmo tempo de minha presença aqui, e até a presença de vocês, isto é, fazer pesquisa, mexer, desempoeirar um certo número de coisas, ter ideias, tudo isso não era efetivamente a recompensa do trabalho [realizado].[4]

Por que colocar em paralelo duas cenas tão diferentes? Não é com certeza para estabelecer uma continuidade qualquer entre o autor de *L'Avenir de la Science* e o de *A Vontade de Saber*, mesmo se o antigo seminarista de Saint-Sulpice, alimentado com a espiritualidade mística de Jean-Jacques Olier (1608-1657),[5] representasse em alguns aspectos uma figura duplamente foucauldiana: puro produto de uma prática da direção de consciência que modela a alma em suas dobras mais íntimas ("desaparecida a fé, a moral fica"),[6] e exemplo de atitude crítica, tirando seus princípios e seu método da exegese bíblica ("minhas razões [contra o cristianismo] foram todas de ordem filológica e crítica").[7] Se a crítica, como escreve Foucault, "é historicamente bíblica",[8] nenhuma dúvida de que a cadeira de hebraico[9] ocupada por Renan, na pequena "Salle des langues" do Collège de France, tenha constituído um dos lugares tardios dessa tradição, originária de Wycliffe e Bayle, na qual Foucault via formar-se, paralelamente com outras correntes de pensamento, uma "arte da inservidão voluntária".[10]

Justapondo essas duas cenas, eu quis fazer aparecer, por contraste, duas maneiras diferentes de conceber a prática de um curso, numa perspectiva igualmente "crítica", no interior de um mesmo âmbito institucional destinado ao ensino da "pesquisa em realização".[11] Por um lado, Renan, para quem, diferentemente da Universidade, o Collège de France devia ser "um laboratório sempre aberto, onde se preparam as descobertas", e onde, por conseguinte, "o público era recebido para ver como se trabalha, como se descobre, como se controla e se verifica o que é descoberto":[12] daí sua convicção, segundo o testemunho de Loisy, "que um professor do Collège de France deve trabalhar diante dos seus ouvintes". Nenhuma diferença entre a pesquisa e o ensino, visto que "o objetivo principal" deste era "descobrir resultados novos".[13] Do outro, Foucault, para quem o Collège de France "funciona[ndo] essencialmente como um

---

4   Il faut Défendre la Société (curso no Collège de France, 1975-1976), Éd. A. Fontana et X. Tabet, Gallimard/Le Seuil/Hautes Études, 1997, aula de 7 de janeiro de 1976, p. 4. Há tradução brasileira: É Preciso Defender a Sociedade.

5   Cf. as páginas que lhe consagra Renan em suas *Souvenirs d'Enfance et de Jeunesse* (1883). Paris: Le Livre de Poche, 1967. p. 130-137. Ver as referências de Foucault a Olier, no âmbito de sua análise da pastoral pós-tridentina, *in Les Anormaux*, curso no Collège de France (1974-1975), Éd. V. Marchetti et A. Salomoni, Gallimard/Seuil/Hautes Études, 1999, aula de 19 de fevereiro, p. 170, e de 26 de fevereiro, p. 211: "O seminário de Saint-Sulpice previsto por Olier devia precisamente colocar em operação, e em todos os seus detalhes, as técnicas de controle espiritual, de exame de si, de confissão características da piedade tridentina." Há tradução brasileira: *Os Anormais.*

6   *Ibidem*, p. 212: "Saint-Sulpice [...] tinha deixado em mim um vestígio tão forte que, durante anos, eu fiquei suplicando, não pela fé, mas pelos costumes."

7   *Ibidem*, p. 185.

8   M. Foucault, Qu'est-ce que la Critique? (1978). *Bulletin de la Société Française de Philosophie*, 84e année, nº 2, p. 39, avril-juin 1990. Há tradução brasileira: O que é a Crítica?

9   Mais exatamente: a cadeira de línguas hebraica, caldaica e siríaca.

10   M. Foucault, Qu'est-ce que la Critique? cit., p. 39. A aproximar da homenagem (a única que eu saiba) que Foucault, então responsável pelo departamento de filosofia em Vincennes, presta a Renan, em 1970, em *A Armadilha* de Vincennes. *Ditos e Escritos*, II, nº 78, p. 73, por essa citação que fecha a entrevista: "Recusando toda novidade, a Universidade de Paris atingiu o cúmulo do ridículo e do odioso." Há tradução brasileira: O que é a Crítica?

11   Segundo a fórmula colocada em exergo no sítio do Collège de France. Sobre a oposição entre "ciência já feita", cuja divulgação cabia à Universidade, e "ciência em realização" em Renan, cf. A. Petit, Enseignement Scientifique et Culture selon Ernest Renan. *Revue d'Histoire des Sciences*, t. 44, nº 1, p. 50, 1991. Foucault lembra, várias vezes, o caráter de *work in progress* de seu ensino. Cf., por exemplo *Il faut Défendre la Société*, op. cit., p. 3: "São pistas de pesquisa, ideias, esquemas, pontilhados, instrumentos." Há tradução brasileira: *É Preciso Defender a Sociedade.*

12   E. Renan, "L'Instruction Supérieure en France (1864). In: *Questions Contemporaines*. Paris: Michel Lévy, 1868. p. 106; citado por A. Petit, "Enseignement Scientifique et Culture selon Ernest Renan, cit., p. 50.

13   E. Renan, *ibidem*.

organismo de pesquisa", o ensino constituía "o resumo público do trabalho que se está fazendo".[14] O ensino, assim, não era o próprio lugar da pesquisa, mas o de sua "declaração", momento de exposição distinto daquele do trabalho de pesquisa propriamente dito. Um, por conseguinte, não preparava seus cursos, que eram "o próprio laboratório da ciência filológica [...] aberto ao público".[15] O outro, ao contrário, consagrava longos meses em sua preparação, a ponto que esta, conforme sua própria confissão, acabava por passar adiante da própria pesquisa.

Essa diferença de visão não se explica somente pela matéria ensinada – aqui, a filologia no contato direto dos textos; lá, a história dos sistemas de pensamento, exigindo um longo trabalho de documentação –, mas também pela natureza do público presente. Este, segundo Renan, devia limitar-se "a 10 ou 12 pesssoas já preparadas, e dedicadas aos trabalhos científicos",[16] um "público numeroso" só admitindo "exposições gerais" em detrimento dos "ensinamentos de uma forma mais severa".[17] É a esse pequeno grupo de iniciados que se dirigia Renan, mesmo se alguns ouvintes do fundo da sala, prontos a bater a porta, o recebessem às vezes como uma provocação contra eles. Foucault coloca também em relação a forma de seu curso com o número de seus ouvintes, mas para deplorar "a espécie de inflação" que o conduziu a falar diante de um público em parte invisível, uma metade do auditório que devia escutá-lo numa outra sala sonorizada, e a desejar restringi-lo a "30 ou 40 [pessoas] numa sala".[18] Nenhuma separação entre os "eruditos" e os "curiosos", como para Renan, mas entre os ouvintes visíveis e não visíveis, ou melhor, transversal a essa divisão espacial, entre os que têm algum motivo para se interessar sobre [sua] pesquisa[19] e a multidão invasora dos espectadores.

Essas frases introdutórias da primeira aula do curso de 1976, *É Preciso Defender a Sociedade*, são o único comentário de Foucault de que dispúnhamos sobre sua prática do curso no Collège de France, sob o duplo aspecto da relação pesquisa/ensino e da relação preparação/exposição. A meio caminho entre a aula inaugural de dezembro de 1970 e a série de grandes cursos sobre a governamentalidade, a história do sujeito da Antiguidade greco-romana no primeiro cristianismo, a ética do cuidado de si, elas traduzem, sem dúvida, um momento de dúvida, de cansaço e de questionamento ("Tudo isso se arrasta, não avança")[20] ligado a uma conjunção geral de que Foucault descreve minuciosamente as linhas principais[21] e sobre a qual eu não posso deter-me aqui. Mas elas reúnem certo número de elementos que me parecem importantes para a inteligência desse gesto ordinário, na aparência, que ressalta no exercício do ofício professoral e que se teria tendência a reduzir a um simples estilo de trabalho pessoal, que é a redação de um curso. Qual é o lugar, propriamente falando, do "trabalho em realização"? A que público visa? Segundo quais modalidades este é convidado a participar dessa pesquisa? São essas diferentes determinações que convém levar em conta se quisermos entrar, diferentemente de amador de curiosidades eruditas, no "ateliê" do curso.

Pode-se, naturalmente, discutir o julgamento severo que Foucault parece fazer sobre seu trabalho dos cinco anos anteriores: "Eram pesquisas fragmentárias, das quais nenhuma, finalmente, chegou ao seu termo, e que nem tinham sequência."[22] Fragmentárias, descosturadas, inacabadas, essas pesquisas – para só evocar o eixo mais conhecido – que o levaram a desenvolver progressivamente, a partir de 1972, a problemática do poder-saber (*Teorias e Instituições Penais*), a análise da tecnologia disciplinar (*O Poder Psiquiátrico*) e o diagnóstico da sociedade de normalização (*Os Anormais*) de que *Vigiar e Punir* constitui a síntese e o objetivo magistral? Tudo acontece como se Foucault, construindo assim o balanço de seus

---

14   M. Foucault, Il faut Défendre la Société, op. cit., p. 3. Há tradução brasileira: É Preciso Defender a Sociedade.

15   E. Renan, La Chaire d'Hébreu au Collège de France (1862). In: *Questions Contemporaines*, op. cit., p. 20.

16   *Idem*, Destitution d'un Professeur au Collège de France. In: *Questions Contemporaines*, op. cit., p. 244.

17   *Idem*, De la Part des Peuples Sémitiques dans l'Histoire de la Civilisation. Discours d'Ouverture du Cours de Langues Hébraïque, Chaldaïque et Syriaque. 4. ed. Paris: Michel Lévy, 1862. p. VI.

18   M. Foucault, Il faut Défendre la Société, op. cit., p. 5. Há tradução brasileira: É Preciso Defender a Sociedade.

19   *Ibidem*, p. 3.

20   *Ibidem*, p. 5.

21   *Ibidem*, p. 7-15.

22   *Ibidem*, p. 5.

cursos, colocasse entre parênteses não somente o resultado ao qual ele tinha chegado em 1975, mas, mais geralmente, o quadro teórico no interior do qual essas pesquisas se haviam organizado, para somente desenvolver, numa estranha desordem, uma coleção heteróclita de temas sem relação aparente uns com os outros:

> Eram pequenos propósitos sobre a história do procedimento penal [1972 e 1973]; alguns capítulos concernentes [...] à institucionalização da psiquiatria no século XIX [1974]; considerações sobre a sofística ou sobre a moeda grega, ou sobre a Inquisição na Idade Média [1971]; o esquema de uma história da sexualidade ou, em todo caso, de uma história do saber da sexualidade por meio das práticas de confissão no século XVII ou os controles da sexualidade infantil nos séculos XVIII-XIX; a identificação da gênese de uma teoria e de um saber da anomalia, com todas as técnicas que lhe estão ligadas [1975].[23]

Enumeração por assim dizer borgesiana, na qual, tal como a taxinomia fabulosa da enciclopédia chinesa, "o espaço comum dos encontros s[e] encontra ele próprio arruinado",[24] pura vizinhança sem parentesco nem chão comum: "Eram pesquisas que estavam muito vizinhas umas das outras, sem chegar a formar um conjunto coerente nem uma continuidade."[25]

Por que essa tomada de posição de apresentação? Parece que não nos surpreendemos até o momento e não me cabe tentar explicá-lo aqui. Seu efeito mais manifesto, o que quer que seja, é de mascarar, ou de anular toda ideia de funcionamento de um programa previamente definido. Confundindo a sucessão cronológica dos cursos, reduzida a uma série aleatória de "pequenos propósitos" sobre temas conexos mas heterogêneos, Foucault confunde os vestígios de um itinerário cujas etapas podiam aparecer como o desenvolvimento metódico de um plano regrado. A desordem do inventário recusa, antecipadamente, a tentação de uma totalização sistemática que pretenderia ligar o termo provisório do percurso ao enunciado inaugural de suas premissas. Tem-se o hábito de levantar a maneira como Foucault, em diversos momentos-chave, recapitula o trabalho feito desde seus primeiros livros, colocando assim em relevo a continuidade de uma mesma interrogação (sobre o poder, o sujeito, a verdade). Ora, se a programação, para ele, toma frequentemente um caráter retrospectivo, é notável que aqui – e, sem dúvida, esses dois gestos estão estreitamente ligados – a retrospecção afirma uma intenção decididamente antiprogramática.

Essa atitude, todavia, não deixa de surpreender, olhando o livro publicado no mesmo ano. Enquanto na primeira aula de *"É Preciso Defender a Sociedade"* Foucault nega toda continuidade entre seus cursos sucessivos, ele dá ao seu novo livro, *A Vontade de Saber*, o mesmo título que no curso de 1970-1971, cuja aula de abertura, A Ordem do Discurso, constituía a introdução geral. Tal gesto, como o destacou Daniel Defert, não é em nada anódino.[26] Ele ajuda a compreender, a partir da "problemática geral dos cursos definida em 1970-1971", o desafio de *É Preciso Defender a Sociedade*.[27] Mais amplamente, ele nos convida a reler a série dos cursos, de 1970 a 1976, à luz de *A Ordem do Discurso*. Esse texto, com efeito, não é somente uma aula sobre os sistemas de divisão e os procedimentos de limitação que regem o funcionamento do discurso, mas também, por seu caráter inaugural, uma aula que expõe a ordem possível do discurso a manter nos anos que seguem. Foucault, como nos lembramos, reagrupa segundo dois conjuntos, um "crítico", o outro "genealógico", as análises que ele se propõe a fazer.[28] O primeiro, especialmente, devia compreender uma série de trabalhos sobre esse sistema de exclusão que constitui a "vontade de verdade",[29] através, por um lado, do estudo de três grandes escansões da "morfologia de nossa vontade de

---

23 *Ibidem*.

24 M. Foucault, *Les Mots et les Choses*. Paris: Gallimard, "Bibliothèque des Sciences Humaines", 1966. p. 8. Há tradução brasileira: *As Palavras e as Coisas*.

25 *Idem*, Il faut Défendre la Société, op. cit., p. 5. Há tradução brasileira: É Preciso Defender a Sociedade.

26 D. Defert, Le "Dispositif de Guerre" como Analista das Relações de Poder. In: J.-C. Zancarini (dir.), *Lectures de Michel Foucault*. ENS Éditions, 2000. , v. 1: À Propos de "Il faut Défendre la Société", p. 59.

27 *Ibidem*, p. 59-60.

28 M. Foucault, *L'Ordre du Discours*. Paris: Gallimard, 1971. p. 62. Há tradução brasileira: *A Ordem do Discurso*.

29 *Ibidem*, p. 15 e seguintes.

saber" (Grécia antiga, séculos XVI-XVII, início do século XIX),[30] e, por outro, o das perícias psiquiátricas e de seu papel na prática do sistema penal.[31] É cômodo reconhecer, nesse programa, o objeto dos quatro primeiros cursos, *A Vontade de Saber, Théories et Institutions Pénales, La Société Punitive* e *O Poder Psiquiátrico*. Isso não significa que seu conteúdo decorra, pura e simplesmente, de um esquema de análise preestabelecido. Há, evidentemente, lugar em sua concepção, como em toda produção de pensamento, para o prévio e para o descontínuo.

Tomemos, a título de exemplo, o curso de 1972, *Théories et Institutions Pénales*.[32] À questão colocada de saída: "A razão de ser deste curso?" Foucault responde: "Basta abrir os olhos",[33] expondo sua escolha em abordar o problema da penalidade, não em termos de moral, de sociologia ou de psicologia (segundo a oposição do bem e do mal, do desvio e da integração ou segundo a categoria da delinquência),[34] mas recolocando as teorias e instituições no "funcionamento de conjunto[...] dos sistemas de repressão".[35] Ele inicia, então, uma longa e minuciosa análise da revolda dos "pés-descalços", que abrasou a Normandie em 1639, e dos mecanismos de repressão que ocorreram. Trata-se, a partir daí, de empreender a genealogia da repartição entre delito político e delito de direito comum, de que Foucault quer mostrar que, longe de ser constitutiva do sistema de repressão estatal, ela é produzida por esse sistema.[36] "O inverso do sistema repressivo, escreve como conclusão, não é a delinquência, é a luta popular, a luta do povo contra o poder. É a isso que responde um sistema repressivo."[37] Basta reportar-se ao debate com os "maos" de fevereiro de 1972 sobre a justiça popular, contemporâneo dessas aulas, para compreender a que atualidade aqui se faz referência.[38]

A análise da revolta dos "pés-descalços" não é uma simples entrada na matéria, nesse curso de 1972, como o será, em 1974, a da descrição de um asilo ideal por Fodéré, ou, em 1975, a leitura de dois relatórios de perícia em matéria penal. Ela ocupa, na realidade, toda a primeira metade do curso, visto que Foucault lhe consagra sete aulas das 14.[39] Ora, dessa paciente e meticulosa reconstituição de um evento tão importante, politicamente, em suas diferentes fases insurreccional e repressiva para compreender a gênese do sistema penal moderno, não sobra quase nenhum vestígio no "Resumo do curso". Evidentemente – "basta abrir os olhos" – da razão de ser do curso responde, como numa espécie de negação, a extrema discrição do Resumo. O curso, escreve Foucault, "foi dividido em duas partes", "uma [...] consagrada ao estudo da *investigação* e de seu desenvolvimento durante a Idade Média"[40] – isso corresponde às aulas 8-14 [13 *bis*] –, a outra, "ao aparecimento, na França do século XVII, de novas formas de controles sociais" (prática maciça do encarceramento, desenvolvimento do aparelho policial, vigilância das populações – aulas 6 e 7[41] –, essa segunda parte sendo resumida em cinco linhas.[42] Inversão da ordem das sequências, elisão do evento (a revolta dos "pés-descalços" nem é nomeada) em proveito só das recaídas institucionais: Foucault apaga tudo o que, no curso, dava sinal de atualidade e a designava como sua "razão de ser".

---

30   *Ibidem*, p. 64-65.

31   *Ibidem*, p. 65.

32   M. Foucault, *Théories et Institutions Pénales*, inédito (não existe registro desse curso).

33   *Ibidem*, 1ª aula, manuscrito, p. 1 (transcrição de E. Basso, que eu agradeço a A. Fontana por me ter comunicado).

34   *Ibidem*, notas de cursos, pessoais.

35   *Ibidem*, manuscrito, p. 1.

36   *Ibidem*, manuscrito, p. 6-7.

37   *Ibidem* 7ª aula, manuscrito, p. 2-3.

38   M. Foucault, Sur la Justice Populaire. Débat avec les Maos (février 1972). *Dits et Écrits*, II, nº 108, p. 340-369; ver, em especial, p. 342-344, onde Foucault, retomando suas análises de *Théories et Institutions Pénales*, "lança um olhar para trás na história do aparelho de Estado judiciário". Há tradução brasileira: Justiça Popular. Debate com os Maos. *Ditos e Escritos*, VI.

39   O manuscrito compreende uma aula "13 *bis*". As sete primeiras aulas correspondem às páginas 1-73 da transcrição do manuscrito, que conta, no total, com 141.

40   M. Foucault, Résumé du Cours Théories et Institutions Pénales. *Dits et Écrits*, II, p. 390.

41   Cf. *Théories et Institutions Pénales*. 6e leçon, manuscrit, p. 18-19 sur "les deux phénomènes corrélatifs" de la police et de l'enfermement.

42   M. Foucault, Résumé du Cours *Théories et Institutions Pénales*, loc. cit., p. 392.

Bem mais, ele toma o cuidado de reinscrever o objeto de seu curso na continuidade "do projeto mais amplo, esquematizado no ano anterior", relativo à história das formas de poder-saber,[43] e na perspectiva do curso do ano seguinte:

> A medida tinha sido analisada, no ano anterior, como forma de "poder-saber" ligada à da cidade grega. Nesse ano a investigação foi estudada da mesma maneira em sua relação com a formação do Estado medieval; no ano seguinte, vai-se enfrentar o exame como forma de poder-saber ligado aos sistemas de controle, de exclusão e de punição próprios às sociedades industriais.[44]

Estamos, pois, longe, nessa articulação que opera o resumo, entre o curso, a problemática geral da qual ele procede e a atitude histórica, metodicamente ritmada, no interior da qual ele se coloca, da descrição dada por Foucault, em 1976, de sua "série de pesquisas [...] fragmentárias, [...] dispersas e [...] repetitivas" trabalhadas durante cinco anos. Mas convém, ao mesmo tempo, interrogar-se sobre a surpreendente diferença entre o curso de 1972 e o resumo que dele faz Foucault (resumo, lembremos, publicado cada ano pelo *Annuaire* do Collège de France e que constituía, então, o único vestígio escrito oficial do curso ministrado).

Essa diferença me parece reveladora de tensão, em Foucault, entre dois níveis de elaboração conceitual: um, seguindo o eixo das intervenções ligadas ao contexto social e político (criação do GIP em 1971, relações com a extrema esquerda etc.), que introduz a eventualidade na ordem do discurso teórico. Não o plano da teoria, por um lado, e por outro, o da prática, mas um certo jogo entre dois modos distintos e solidários de problematização histórico-filosófica. É a insatisfação resultante desse jogo que ajuda a compreender o olhar crítico feito por Foucault, em 1976, sobre seus primeiros anos de ensino no Collège de France, assim como a mudança de estilo que se observa em seguida em sua prática dos cursos.

Os cursos dos cinco primeiros anos, em suma, se desdobram num espaço definido por uma tripla obrigação: primeiro, a de desenvolver por etapas os elementos de uma problemática liminar; em seguida, a de ligar esse ensino com os desafios de lutas políticas imediatas; enfim, a que decorre das duas precedentes, de não decepcionar a expectativa de um público. Por diversas razões que, mais uma vez, não tento explicar, Foucault, em 1976, decide romper com esse tipo de funcionamento, de onde seu novo curso ("*É preciso defender a sociedade*"), ao mesmo tempo que ele marca seu acabamento, constitui a colocação em crise. Resulta daí, a partir de 1978, uma outra maneira de conceber a "fabricação" dos cursos.

Vários indícios testemunham essa nova maneira, para Foucault, de encarar seu trabalho:[45] a não adequação do título ao conteúdo efetivo de seus cursos, de 1978 a 1980, marca de uma diferença entre sua programação e sua dinâmica interna; a emergência, no próprio movimento do curso, de conceitos, de planos de análise que modificam repentinamente sua orientação ou, ao inverso, a exposição de questões que diferem do objetivo inicial;[46] o lugar crescente atribuído à leitura e ao comentário de textos "clássicos"; o esforço, enfim, para estabelecer uma relação diferente com seu público. Enquanto, no período anterior (1970-1976), o curso constituía o "resumo público" de uma pesquisa realizada previamente, ele tende a tornar-se o próprio lugar onde se expõe, se arrisca, se põe à prova a atividade de "ter ideias". Entre o projeto do curso e seu encaminhamento semanal, não há mais a sólida armação de um plano traçado com antecedência, mas a incerteza do "trabalho em realização", com suas "hipóteses" e suas "pistas possíveis":

> Tudo isso, diz Foucault em 1978, essas reflexões sobre a governamentalidade, esse esquema muito vago do pastorado etc., não tomem isso como dinheiro líquido, é claro. Não é trabalho acabado, não é nem trabalho

---

43 *Ibidem*, p. 389. É em 1972 que aparece esse novo conceito, no lugar e colocação (provisoriamente) da "vontade de saber". Sobre a relação entre esses dois conceitos, cf. D. Defert, art. cit., p. 61.

44 *Ibidem*, p. 390.

45 Esta, em muitos aspectos, já se atesta no curso de 1976.

46 Cf. *Naissance de la Biopolitique*. Há tradução brasileira: *Nascimento da Biopolítica*.

feito, é trabalho em realização, com tudo o que isso pode comportar, evidentemente, de imprecisões, de hipóteses – enfim, são pistas possíveis, para vocês, se quiserem, para mim, talvez.[47]

Sem dúvida, Foucault inscreve sempre sua pesquisa na perspectiva definida em 1970. Trata-se ainda, quando ele apresenta, em 1980, a noção de "governo pela verdade", de continuar o projeto de uma história da vontade de saber,[48] mas segundo uma atitude que, ao invés de todo desenvolvimento sistemático, é doravante a do "desprendimento", como exercício crítico do pensamento sobre ele próprio, tendo em vista "pensar diferentemente do que se pensa".[49] Desse ponto de vista, sua atitude em relação a um programa geral cujos cursos desdobrariam sucessivamente as rubricas e comparável à que o conduziu ao abandono da série de estudos, anunciados em *A Vontade de Saber*, sobre a história da sexualidade, e à adoção de um estilo de trabalho que valia, por ele mesmo, pela ascese que ele implica, como "exercício filosófico".[50]

Resultam disso várias transformações importantes na "fabricação" dos cursos.

A primeira concerne à relação entre o que se pode chamar o tempo da biblioteca e o tempo da exposição. Até 1976, o primeiro (se nos fundamentarmos nas próprias declarações de Foucault) é globalmente anterior ao segundo: tempo da pesquisa, primeiramente, depois tempo do "resumo". É completamente diferente a partir de 1978, quando a pesquisa faz emergir, no próprio movimento da análise, novos objetos e campos de investigação. Em *Segurança, Território, População*, como se sabe, é o conceito de "governo", encontrado no exame do problema da população entre os mercantilistas e os fisiocratas, que faz surgir, no termo da 3ª sessão, o plano de análise da "governamentalidade".[51] Essa descoberta desvia profundamente seu desígnio inicial.[52] Pode-se, então, supor que entre essa aula e as seguintes, Foucault deve efetuar um trabalho de leitura considerável para reorganizar seu campo de pesquisa. Daí, estratégias de seleção dos textos cuja legitimidade é, sem dúvida, discutível, do ponto de vista do rigor erudito – que se pense na literatura sobre a razão de Estado ou no *corpus* dos escritos patrísticos –, mas nos quais a força da interpetação oferecida confere uma irresistível eficacidade. O tempo da biblioteca, doravante, se entrelaça com o do curso, e é sincronicamente que Foucault, por exemplo, interroga o conceito de pastorado e relê o *Político*, de Platão.

Segunda transformação, relativa à relação entre o manuscrito e o curso pronunciado. O único manuscrito quase integralmente redigido, de que se pode pensar que foi *lido* por Foucault é o do curso de 1970-1971, cuja edição,[53] na ausência de gravação, reproduz exatamente o teor. O do curso de 1971-1972, *Théories et Institutions Pénales*, já apresenta um caráter mais esquemático e descontínuo, mas permite, contudo, seguir em detalhe a análise desenvolvida por Foucault. Na outra extremidade da série dos cursos, F. Gros descreve assim o manuscrito de *A Hermenêutica do Sujeito* (1982):

> Passagens inteiras são redigidas, em especial os ajustes conceituais e teóricos, e não é, no mais das vezes, senão para o comentário dos textos antigos lidos em curso que Foucault toma um pouco de liberdade em relação ao seu texto. Muito pouca improvisação, portanto: tudo, ou quase, estava escrito.[54]

---

47 M. Foucault, *Sécurité, Territoire, Population* (curso no Collège de France, 1978), éd. M. Senellart, Gallimard/Seuil/Hautes Études, 2004, aula de 15 de fevereiro de 1978, p. 139. Há tradução brasileira: *Segurança, Território, População*.

48 M. Foucault, Du Gouvernement des Vivants (curso no Collège de France, 1980), éd. M. Senellart, Gallimard/Seuil/Hautes Études (a ser publicado em 2011), aula de 6 de fevereiro de 1980 : "No fundo, o que eu desejaria fazer e o que eu sei que não serei capaz de fazer, seria escrever uma história da força do verdadeiro, uma história do poder da verdade, uma história, portanto, para tomar a mesma ideia sob um outro aspecto, da vontade de saber."

49 M. Foucault, *L'Usage des Plaisirs*. Paris: Gallimard, "Bibliothèque des Histoires", 1984, Introduction, p. 14. Há tradução brasileira: *O Uso dos Prazeres*.

50 M. Foucault, *L'Usage des Plaisirs*, op. cit., p. 15. Há tradução brasileira: *O Uso dos Prazeres*.

51 Cf. M. Foucault, *Sécurité, Territoire, Population*, op. cit., aula de 25 de janeiro de 1978, p. 77-78.

52 *Ibidem*, aula de 1º de fevereiro de 1978, p. 111. Cf. minha "Situação do curso", p. 396.

53 M. Foucault, *Leçons sur la Volonté de Savoir* (curso no Collège de France, 1970-1971), Éd. D. Defert, Gallimard/Seuil/Hautes Études, 2011.

54 F. Gros, Situation du Cours. In: M. Foucault, *L'Herméneutique du Sujet* (curso no Collège de France, 1982, Gallimard/Seuil/Hautes Études, 2001, p. 498. Há tradução brasileira: *Hermenêutica do Sujeito*.

Foucault, assim, volta em 1982[55] a uma prática de escrita do curso próxima da de 1970. Entre os dois, os manuscritos dos cursos de 1978 a 1980 (*Du Gouvernement des Vivants*), onde simples anotações esquemáticas, até mesmo algumas palavras isoladas, servem frequentemente como suporte a longos desenvolvimentos. Retirada do texto escrito em proveito de uma palavra mais espontânea? Sem dúvida, mas também, com uma insistência crescente, apagamento da voz própria do professor por trás dos textos lidos e comentados.

Está aí a terceira transformação importante, que se refere ao lugar concedido por Foucault, em seu ensino, à leitura e explicação dos textos "clássicos" – no caso, patrísticos, no curso de 1980 – sobre os quais se apoia seu propósito. Não posso senão remeter, nesse ponto, às magníficas análises de Philippe Chevallier que colocou em evidência, em sua tese,[56] a virada metodológica decisiva representada pela "nova referência ao texto" de que dá testemunho a prática foucauldiana de leitura, em 1980:

> Em relação à prática [de citação dos textos] audível em *Sécurité, Territoire, Population* [onde o texto não vale jamais por ele mesmo, mas unicamente pela remanescência de seus temas numa série mais ampla], o curso de 1979-1980 vai fazer exatamente o inverso. São os próprios textos, lidos em sua irredutível singularidade, que definem as problemáticas. São suas palavras que conduzem a argumentação e definem o recorte preciso desta, com um mínimo de observações sobre o contexto histórico e as práticas reais.[57]

Uma quarta transformação, enfim, é a que afeta a relação de Foucault com seu público. Relação diferente da do início dos anos de 1970, não somente pelo fato que ele tenta, por diversos arranjos, estabelecer com ele uma relação mais direta, mas principalmente na medida em que, na contracorrente de toda expectativa, ele o associa doravante ao empreendimento de "extravio"[58] – esse esforço para "pensar diferentemente do que se pensa" – ao qual ele identifica sua atitude teórica. É assim que em 1980, ele define o levantamento, ou a recapitulação, de suas posições anteriores como um traçado de deslocamento, isto é, um traçado não de edifício teórico, mas do deslocamento pelo qual minhas posições teóricas não cessam de mudar. Afinal das contas, há muitas teologias negativas. Digamos que eu sou um teórico negativo.[59]

É por esse gesto de autoafirmação negativa que Foucault, parece-me, deixa definitivamente o palco-espetáculo, ou vivido como tal ("circo", "teatro"), sobre o qual se davam seus cursos do início dos anos 1970. O lagostim, em suma – "eu sou como o lagostim, eu me desloco lateralmente"[60] –, venceu a resistência do cachalote, ao qual se comparava Foucault em 1976,[61] com seus saltos na superfície – momentos da exposição – e seus longos mergulhos em profundidade – momentos da pesquisa. Essa evolução pode aparecer, por meio da atenção cada vez mais afinada em relação à literalidade dos textos, como a passagem de uma análise de tipo genealógico a uma análise de tipo filológico. Nem por isso Foucault volta à forma fechada do curso-laboratório, à maneira de Renan, onde "se faz" a ciência, ao mesmo tempo que ela se enuncia diante de um público de especialistas. Ele inventa, passo a passo, um outro espaço, que não é o de um saber em formação, mas aquele, necessariamente aberto, e no qual aquele que fala se coloca ele mesmo à prova, de um trabalho crítico do pensamento sobre seus próprios limites. Tal é, eu acredito, o sentido foucauldiano da "pesquisa em realização".

---

55 E, sem dúvida, já em 1981, mas não tenho conhecimento do estado do manuscrito do curso pronunciado nesse ano.

56 Ph. Chevallier, *Foucault et le Christianisme*. Thèse dactylographiée, Université de Paris-XII, a ser publicada pela ENS Éditions, em 2011.

57 *Ibidem*, p. 183-184.

58 Cf. *L'Usage des Plaisirs*, op. cit., p. 14. Há tradução brasileira: *O Uso dos Prazeres*.

59 M. Foucault, *Du Gouvernement des Vivants*, op. cit., aula de 30 de janeiro de 1980.

60 M. Foucault, *Naissance de la Biopolitique* (curso no Collège de France, 1979). Éd. M. Senellart, Gallimard/Seuil/Hautes Études, 2004, aula de 31 de janeiro de 1979, p. 80. Há tradução brasileira: *Nascimento da Biopolítica*.

61 M. Foucault, *Il faut Défendre la Société*, op. cit., p. 6. Há tradução brasileira: *É Preciso Defender a Sociedade*.

Da superioridade dos Cursos

Frédéric Gros

"Da superioridade dos Cursos". É um título evidentemente um pouco defasado, mas pelo qual eu queria simplesmente marcar meu apego à série dos cursos de Foucault no Collège de France e compreender o que aí acontece que não se encontraria exatamente nos livros.

Certo número de pesquisadores já estudou de maneira precisa o processo de transformação, a propósito desses cursos, de uma palavra pronunciada publicamente em um livro publicado sob os auspícios de editores que não podem decalcar absolutamente a palavra pública e fazer uma transcrição absolutamente exata, com o risco de tornar o todo completamente ilegível. Uma solução teria consistido em editar simplesmente o manuscrito que servia de preparação ao curso, ainda mais que, voltarei ao assunto, ele é frequentemente preciso e se apresenta bem pouco sob a forma de algumas notas lançadas no papel, em torno das quais Foucault improvisaria de maneira brilhante. A solução não foi admitida, exceto para o primeiro ano para o qual não se dispõe de nenhuma gravação nem de uma transcrição completa.

As coisas ficam um pouco complexas nesse jogo, a propósito dos cursos, jogo com três termos entre: um manuscrito; uma palavra pública; a transcrição da palavra sob forma de livro publicado (livro, aliás, é uma das especificidades da edição dos cursos de Foucault, anotado, isto é, que dá, ao mesmo tempo, ferramentas de trabalho para os pesquisadores).

Eu dizia, pois, que já se pôde trabalhar sobre a relação entre a palavra e a edição sob forma de livro, mas seria interessante também trabalhar sobre a relação entre o curso e os livros editados pelo próprio Foucault; por exemplo, estudar, visto que a escolha não é infinita: a maneira como os conteúdos dos cursos sobre *A Sociedade Punitiva* e *O Poder Psiquiátrico* se encontram em *Vigiar e Punir*, dos quais o curso *Subjectivité et Vérité*, em 1981, e até *A Hermenêutica do Sujeito* se encontram em *O Uso dos Prazeres* e *O Cuidar de Si* – segundo que deslocamentos, que reconfigurações etc. Esse trabalho seria, ao mesmo tempo, precioso e laborioso. Mas eu vou antes tentar outra coisa, isto é: tentar compreender o que se encontra nos cursos que escaparia completamente ao livro escrito e redigido pelo próprio Foucault, e que os tornam preciosos para nós. Donde esse título um pouco defasado: "da superioridade dos cursos".

Muitos leitores concordam em insistir sobre os pontos seguintes que fazem a especificidade dos cursos de Foucault, e se fazem sentir na leitura das aulas publicadas: liberdade de tom, proposições de hipóteses, pistas traçadas, perspectivas desenhadas, horizontes de pesquisas abertos para outros pesquisadores etc.

Esses temas são absolutamente importantes e absolutamente pertinentes. Parece-me, todavia, que se pode ir um pouco mais longe, ou, em todo caso, *em outra direção*, tentando mostrar que, para o próprio Foucault, por e nesses cursos, ele se aproximava, mais do que em seus livros, d*o real da filosofia*. Mas o que se chama aqui o real da filosofia?

Pode-se retomar aqui uma parte da análise que Foucault faz da Carta VII de Platão, no curso de 1983 (*O Governo de Si e dos Outros*), porque precisamente se determina aí uma parte do *status*, do papel, da função do curso, em relação ao livro, e poder-se-ia quase acrescentar: da palavra em relação à escrita, mesmo se, como veremos, essa oposição deve ser retrabalhada. Porque, em sua imediatidade, ela não é pertinente. Antes de apresentar essa leitura de Platão por Foucault, eu desejaria precisar que o manuscrito preparatório ao curso ainda uma vez é sempre muito trabalhado, completo, meticuloso, tudo, menos sugestivo: frases, com frequência, inteiramente escritas, bem poucas abreviações etc. Os manuscritos preparatórios ao curso são, de fato, bastante perfeitamente redigidos. Mas eles não são redigidos como

livros, eles são redigidos "como se fala". Quero dizer que, no momento em que ele traça em sua folha, com uma escrita, ao mesmo tempo, rápida e precisa, suas palavras, Foucault se coloca na postura daquele que se dirige a um público, previne as objeções, imagina refutações, fala com peso pedagógico desejado, com a clareza exigida, com a ausência de estilo escrito, com falhas gramaticais, a apresentação de um pensamento que se exprime não para consignar resultados, mas para comprovar sua pesquisa etc. Muito francamente, no momento em que Foucault redige seu curso, ele já está frente a um público, ele já tem uma palavra que se expõe, no sentido duplo da exposição – e eu acredito que o interesse da noção de *parrêsia* é reter esse duplo sentido: no sentido de uma publicidade, de um tornar público; e no sentido de assumir um risco: dizer publicamente o que se pensa e tornar-se aberto à crítica.

De tal maneira que ele não tem, quando está frente ao público, que oralizar um texto escrito, mas somente pronunciar audivelmente uma palavra que ele tinha uma primeira vez, tacitamente, feito erguer-se para ele mesmo, no momento em que escrevia o manuscrito. Tanto que, entre a palavra que silenciosamente ele faz aparecer nele preparando seus cursos e a que ele articula publicamente e de maneira sonora, o manuscrito que escreveu será apenas uma mediação, um intermediário. Ao passo que para os editores, evidentemente, a situação é quase inversa, visto que se tem uma gravação de áudio, estreitada entre um manuscrito e um livro (o curso editado) – e aí é, desta vez, a palavra que aparece como intermediário entre essas duas escritas.

Pode-se considerar agora a análise por Foucault da Carta VII de Platão. Essa carta, que os especialistas concordam em reconhecer como autêntica, conta o episódio de Platão no momento em que ele chega, por convite expresso, até o tirano de Sicília, Dionísio, o Jovem, que conta a quem quiser ouvi-lo que ele se tornou autenticamente filósofo. Essa carta é muito longa, e só fico com duas pequenas passagens: a que diz respeito a um tratado que teria escrito o tirano de Siracusa para dar testemunho de sua conversão à filosofia; aquela, enfim, ao mesmo tempo, famosa e temível, relativa aos cinco graus ou elementos de conhecimento.

Começo pelo segundo ponto, que é relativamente destacado do contexto. Para conhecer uma coisa, explica Platão, você pode conhecer seu nome, sua imagem e sua definição. O exemplo que toma Platão é o do círculo. Pode-se conhecer do círculo: a palavra (*"kuklos"*, em grego); sua imagem; sua definição geométrica. Mas com isso você só tem um pseudoconhecimento do círculo: uma palavra que você repete e que varia segundo as línguas; um vago vestígio na imaginação; uma definição aprendida de cor. É muito superficial. O quarto grau é o de uma ciência do círculo: é, por exemplo, a ciência geométrica que permite fazer cálculos. Essa ciência dá o que Platão chama as "qualidades" do círculo: conhece-se, então, não somente sua definição, mas ainda as propriedades essenciais, que se sabe fazer funcionar nas demonstrações geométricas. Mas não se para aí, e é, evidentemente, todo o interesse e a dificuldade do texto. Para além, é possível, diz Platão, apreender o ser do círculo (*to on*) (quinto grau). Então, o que é esse conhecimento do "ser" das coisas para Platão? Toda uma tradição filosófica o interpreta como uma visão das essências, algo como um superconhecimento. Mas Foucault, quanto a ele, mantém-se muito perto do texto, e percebe que Platão diz, talvez, outra coisa.

O que me permitiu compreender, menos o próprio Platão, aliás, do que o que Foucault diz de Platão é um outro exemplo. Perdão pela digressão pessoal: eu tinha começado no momento em que trabalhava nesse curso de Foucault, um livro sobre a filosofia do andarilho (*Andar, uma Filosofia*). E pensei o seguinte. Eu tomo o exemplo de uma paisagem, pensemos, por exemplo no monte Aigoual nas Cévennes. Pois bem, eu posso, dessa paisagem, ter o nome, a imagem, e ainda a definição. É claro, como diria Platão aqui, todos esses elementos não me dão o ser da paisagem: inicialmente o nome é arbitrário (é apenas um simples indicação convencional); uma fotografia, ressente-se ainda a imperfeição: é uma tomada de vista fixa; quanto à definição, ela corresponderia simplesmente às referências topográficas. Haveria um quarto grau, que seria a ciência da paisagem, a saber: um conhecimento geológico e geográfico preciso, capaz de explicar a razão dos relevos, o estilo de vegetação, a qualidade da terra, e de comparar essa paisagem com outras. O último grau – em todo caso é o que eu me dediquei a imaginar – pois bem, é pelo caminhar que aí se chega, como tal, por sua lentidão, sua paciência, ela vai inscrever muito profundamente a própria presença da paisagem no caminhante: por aí ele chega ao seu *ser*. Evidentemente, não se pode

manter essa comparação por muito tempo, porque essa inscrição da presença no caso da caminhada vai supor o corpo e seu esforço.

Mas o exemplo permanece legítimo: com efeito, e Foucault insiste nisso longamente, para recuperar o próprio *ser* das coisas, mais do que suas propriedades essenciais ou que sua simples imagem sensível, é preciso, diz Foucault relendo Platão: uma longa familiaridade, uma presença contínua. Esse aprendizado se faz por uma *tribê* (palavra empregada por Platão e sobre a qual insiste Foucault), isto é, um contato, uma prática regular. É tornando a subir sem cessar, escreve Platão e muito tempo do primeiro ao quarto grau, da palavra à sua ciência, e descendo em seguida, imaginando a imagem, repetindo-se a definição, depois fazendo-a restabelecer-se em demonstrações etc., que se adquire esse último grau, que é propriamente a familiaridade da coisa (evidentemente, de minha parte eu considerava a caminhada a pé como essa maneira de habitar por uma prática contínua a paisagem a fim de recuperar dela o que Platão chama *to on* – seu ser –, irredutível à sua imagem e ao seu nome). Não se trata, em todos os casos, absolutamente em Platão, de adquirir da coisa uma apreensão de seu ser por uma iluminação repentina, mas, ao contrário, por uma familiaridade, uma copresença. *Sunousia* diz o texto: é preciso permanecer muito tempo junto da coisa para chegar ao seu ser.

Vou agora para a segunda passagem. Desta vez, trata-se de Dionísio, que manifesta seu apego à filosofia escrevendo um tratado. Aí também é preciso prestar atenção ao texto de Platão e não ler muito rapidamente. Diz-se muito depressa: condenação da escrita por Platão. Dionísio erra ao escrever seu livro, porque a filosofia estaria do lado de uma palavra pura, de uma relação transparente e direta com o outro, ela se sustentaria com uma presença viva, a da destinação ao outro: uma alma diretamente se dirige a uma outra alma e lhe fala. É claro, Platão desqualifica os escritos de Dionísio, em nome de uma certa ideia da filosofia. Se o tratado de Dioníso é criticado, é que ele repousa sobre uma falsa ideia da filosofia. Dionísio pensa que a filosofia são conhecimentos (*mathêmata*), no melhor das verdades estabelecidas – que fazem de nós peritos competentes em alguns domínios –, no pior, elementos de conhecimento (um pouco como se fala hoje em comunicação política de "elementos de linguagem": algo que se deve aprender de cor e recitar). Qualquer que seja a versão escolhida – definições compreendidas ou frases aprendidas de cor – é pensar que a filosofia se realiza na repetição de enunciados, de fórmulas que podem ser consignadas num livro, este nos permitindo lembrarmo-nos em caso de esquecimento, ou que outros os aprendam em nossa ausência.

Enquanto o quê? Enquanto, diz Platão – e eu fiquei surpreso em encontrar esse termo no texto – a filosofia é uma estrada, um caminho (*hodos*). Dizer da filosofia que ela é um caminho é lembrar que ela deve ser percorrida, é insistir na dificuldade, no exercício, na paciência e na não delegação: ninguém pode fazer o caminho em seu lugar, dando-lhe simplesmente, o que seria, evidentemente, menos cansativo e mais rápido, a ler conclusões. A filosofia vai ser, pois, não *mathêmata* (fórmulas a aprender), mas exercícios, uma prática de si e de seu pensamento regular. Vai-se encontrar no texto uma bela comparação que, evidentemente, Foucault explora, é a da lâmpada. É como uma lâmpada que se acende: aproxima-se a tocha da lâmpada, e logo a chama pega, isto é, a lâmpada nutre a chama *com seu próprio óleo*.

Assim a filosofia, mas o que vai supor mais tempo ainda que o simples contato da mecha e do fogo: é preciso praticá-la por muito tempo – o que pode equivaler a dizer: ouvir cursos, ler livros, refletir em sua posse – até o ponto em que precisamente ela *fique por conta dela* na alma, porque ela terá instalado uma paisagem de problemas onde a alma se encontra. Resta por fim que, fundamentalmente, ler um livro ou escrever um livro não é propriamente como se diz muito, "fazer" filosofia, no sentido em que "fazer" filosofia é habitar primeira e principalmente questões, familiarizar-se com as questões, familizarizar-se com os problemas etc.

Mas para isso, não é uma condenação da escrita e do livro, e, aliás, Foucault dirá mais tarde no curso, mas a propósito de *Fedro*, que a verdadeira linha de divisão não passa entre a palavra e a escrita, mas, antes, entre dois regimes do *logos*. Porque não basta *falar* para estar do lado da prática filosófica. Há muitas pessoas, como diz a expressão, que *falam como livros* – o problema além disso é que há muitos livros ruins: são poços de conhecimento. Elas falam, isto é, citam, recitam, dogmatizam. E depois há, por um lado, alguns livros que são escritos como experiências ou se constroem, explícita e implicitamente, como

diálogos. A verdadeira diferença não está entre a palavra e o escrito, mas entre dois regimes de pensamento (ou do *logos*): um pensamento que se compreende como exercício de verdade, e pode assumir a forma tanto de um manuscrito quanto de uma discussão pública; e um pensamento que se compreende como demonstração anônima de conhecimentos verdadeiros ou recitação de dogmas, e que se encontra tanto nos livros quanto nesse discurso, onde, antecipadamente, aquele que fala sabe o que ele tem a dizer.

Então, quando eu dizia "da superioridade dos cursos", era para fazer valer que Foucault, seja no manuscrito, quando ele prepara seu curso, ou na palavra que ele articula publicamente, ou, finalmente, tanto no que acaba tomando a forma de um livro, em todos esses regimes discursivos, ele coloca em funcionamento um pensamento inquieto, que interroga, tenta, propõe e se põe à prova ele próprio. Aliás, a propósito dos últimos cursos, ver-se-ia bem que, quando se trata, desta vez, de escrever um livro (é verdade essencialmente sobre os dois últimos tomos de *História da Sexualidade*), Foucault aplaina, elimina, tira os andaimes, e finalmente consigna. Na obra publicada, ele confirma suas conclusões, informa resultados da pesquisa, coloca-os em forma numa escrita cuidada, clássica. No manuscrito, falando-se a ele mesmo, ou, antes, imaginando que ele fala aos outros, ele procura, coloca à prova, mas assim se encontra mais perto do *real* da filosofia. Escrevendo seu manuscrito, Foucault está falando. Ele está sentado diante de seu público, expõe e se expõe, e até se ninguém lhe responde – ele se queixou bastante desse silêncio admirativo e solene –, ele está no diálogo. Ele não está na ciência; ele nos faz avançar na paisagem de seus problemas. Ele explora, ele habita, ele descobre. Esse primeiro *real da filosofia* (a expressão é do próprio Foucault) é a palavra pública como exercício de si e dos outros.

Para terminar, seria necessário destacar um ponto capital, e que não apareceu até então. Volto ainda uma vez à Carta VII, de Platão. Se Platão foi a Siracusa, é que, como ele diz, era preciso colocar a filosofia à prova do político. Esse ponto é importante: ele significa que essa palavra, que não se esgota na produção de conhecimentos que se poderia consignar como aquisições, mas que é uma colocação à prova de seu próprio pensamento, não deve simplesmente compreender-se como prática de si, mas também destinação política. Não é simplesmente uma palavra inquieta, distante das afirmações dogmáticas e que traça seu caminho, mais do que alinhar sedentariamente enunciados peremptórios. É também uma *tomada de palavra*, isto é a proposição – pública e num jogo político determinado – conteúdos de conhecimento que não têm, portanto, *status* de dogma a repetir, mas de *usos* propostos.

Vê-se, pois, que o problema do *status* do curso de Foucault não é tanto o de uma palavra viva a opor a livros mortos, porque ainda uma vez a divisão não é entre o escrito e o oral – e, aliás, ele redigia seus cursos e improvisava muito pouco. Mas essa escrita dos manuscritos, e também, finalmente, a de alguns de seus livros, depende de uma *tomada* de palavra, e é enquanto, então, nos livros ou nas assembleias, que o filósofo toma a palavra, colocando à prova seu próprio pensamento, por um lado, e, por outro, introduzindo num sistema de poder a diferença de um jogo de verdade, é assim também que ele atinge o segundo real da filosofia, como, desta vez, relação política.

Para uma ordem do escrito? A fábrica textual do *Defender a sociedade*

Guillaume Bellon

"Não são a mesma sintaxe, nem o mesmo vocabulário que funcionam num texto escrito e numa conversação", afirmava Foucault na digressão de uma página de *A Arqueologia do Saber*.[1] Considerando a edição recente dos cursos no Collège de France, tal citação poderia recobrir o conjunto das operações ao termo das quais a palavra que ensina ganhou o universo do livro, e partindo do escrito. Esse deslize de uma enunciação a outra exige, com efeito, a adaptação a certa "ordem do discurso", não tanto o que descreve Foucault quando de seu ingresso no Collège de France, quanto essa ordem específica, interior à ordem do discurso: o de sua "colocação em jogo",[2] isto é, de sua receptibilidade e de sua difusão. Objeto de conformação a certo imaginário textual, a ordem do escrito, tal como se tenta abordá-lo aqui, visa a garantir "que discorrer apareça somente como uma certa relação entre pensar e falar",[3] segundo os próprios termos de Foucault, reduzindo a materialidade do discurso e os acidentes de sua realização.

Desde então, a partir da análise da fábrica textual do *Defender a Sociedade*, primeiro curso publicado em 1997,[4] trata-se de propor uma leitura de Foucault a partir do próprio lugar das noções por ele colocadas em jogo – exemplarmente, as de "acontecimento", de "discurso" e de "circulação". O presente artigo, se ele encara uma série de transformações linguísticas em seu detalhe, não pretende estabelecer uma gramática do oral; ele desejaria observar a colocação em conformidade de uma palavra com as normas do escrito e da leitura, ilustrando assim como os estudos literários podem ser apreendidos do pensamento de Foucault.[5]

VARIAÇÕES: ACIDENTES DO DIZER

Hesitar, gaguejar ou simplesmente procurar uma palavra; repetir-se, e, ao mesmo tempo, modificar insensivelmente seu propósito: esses "acidentes" do dizer, se eles circunscrevem os acasos do discurso oral, constituem as primeiras incidências problemáticas do gesto de adaptação. Assim, as hesitações, seguidas ou não de retomada ou de correção, caem do oral à sua transcrição: < que eles têm, que elas têm, essas pesquisas, acumulado... > torna-se "que elas acumularam" (FDS, p. 5); assim como no exemplo: "< uma gênese... > a identificação de uma gênese" (p. 5), a redução só ao segmento sintaticamente validado apaga

---

1   M. Foucault, *L'Archéologie du savoir*, Paris, Gallimard, 1969, p. 133. Há tradução brasileira: *A Arqueologia do Saber*. Forense Universitária.

2   *Idem, L'Ordre du Discoeurs*. Paris: Gallimard, 1971. p. 54. Há tradução brasileira: *A Ordem do Discurso*.

3   *Ibidem*, p. 48.

4   M. Foucault, *Il faut Défendre la Société*. A. Fontana e M. Bertani (éds.). Paris: Gallimard/Seuil/Hautes Études, 1997. Esse título será a partir de agora abreviado *FDS*, referências dadas no corpo do texto. Há tradução brasileira: *É Preciso Defender a Sociedade*.

5   Nós adotaremos para fazer isso os princípios seguintes: as citações do curso editado serão marcadas entre aspas duplas ("..."), como para todo texto publicado; a palavra transcrita a partir das gravações sonoras será apresentada entre <...>. No interior de um enunciado entre aspas, esses sinais discriminam um termo pronunciado oralmente mas não retranscrito.

o que Jean-Paul Vinay chama "as pausas de hesitações, acompanhando erros de articulação ou precedendo escolhas difíceis".[6] Quando se trata, incontestavelmente, de um lapso, a transcrição não se embaraça com fidelidade ao discurso oral, e trabalha com o aliviamento: "< a técnica > a tática" (p. 11). Dessa forma, o enunciado seguinte: < uma hereditariedade... desculpe, uma descendência > se marca explicitamente como lapso; ora, ele é transcrito fielmente, a redução apagando, ao contrário, a indicação do erro ("uma hereditariedade, uma descendência", p. 225). Há, além disso, casos onde a supressão equivale a interpretação: "prestígios < de um conhecimento > de uma experiência" (p. 10), a redução a um único termo não se justificando pelo contexto, e obliterando a "imagem em câmera lenta de uma enunciação que se está fazendo".[7] Pode-se da mesma maneira interrogar a escolha de transcrever *tal como* "a soberania mostra, empreende mostrar" (p. 10): o que cria problema aqui é decidir se se trata de uma figura de retórica (epanortose) ou se tais sequências manifestam a língua em trabalho, traduzindo o insucesso momentâneo de sua realização.

VARIANTES: O CUIDADO DA LÍNGUA

Mas transcrever uma palavra é também fazer com que "o discurso se anule [...] em sua realidade, colocando-se na ordem do significante"[8] – e de um significante mais "polido" tanto quanto mais cuidado. No caso de uma transcrição que se quer "a mais literal possível",[9] as substituições parassinonímicas têm por que surpreender: elas são, tipicamente, o lugar de um deslocamento "para cima" – a um termo percebido como familiar, a transcrição substituirá um vocábulo sentido como de um nível de língua mais elevado. Assim, o trabalho realizado sobre o *Defender a Sociedade* ativa parassinonímias que aprofundam um afastamento diafásico,[10] como em vez de < trabalho feito >: "trabalho realizado" (p. 4), em vez de < se fez de novo a pergunta >: "se colocou de novo [o problema]" (p. 67). Algumas dessas correspondências são indicadas por colchetes (< que fizemos >: "que [realizamos]", p. 31; ou, então, ainda: "se [produz]" para < se passa >, p. 80. Por que, no entanto, a substituição diafásica se aponta com o dedo aqui, quando lá (< o problema >: "a pergunta", p. 24; < de fato >: "na realidade", p. 27) ela fica silenciosa? Quando de segmentos que apresentam várias intervenções, pode-se observar que uma só das modificações feitas será indicada: assim, os "relatórios [apresentados] ao rei" para o < relatório que foi feito ao rei > (p. 112) omite indicar a mudança de número. Poder-se-ia deduzir daí que um limiar de legibilidade é preservado: para além de um sinal juntado por grupo, a leitura se vê perturbada, e a compreensão intuitiva do valor dos colchetes fica como suspensa.

Os enunciados redundantes não escapam ao trabalho de aliviamento: "direção < pré > determinada antecipadamente" ou ainda "< uma vez > apenas impressos" (p. 5 e 6). Só se trata, nesses exemplos, de uma atividade de correção que tem a ver com tarefas editoriais das mais simples. Da correção à hipercorreção, a fronteira se revela, contudo, tênue. No caso do < *c'est deux choses* – são duas coisas >: "*ce sont deux choses*",[11] a intervenção subscreve a um erro por hipercorreção hoje generalizado. *A Hermenêutica do Sujeito* apresenta dois outros exemplos (< *c'est les techniques* >: "*ce sont les techniques*" – são as técnicas, e < *c'est les philosophes qui disent* > : "*ce sont les philosophes* – são os filósofos")[12] de restabelecimento segundo um "arbitrário gramatical" que prescreve, no entanto, Grevisse.[13] O mesmo acontece, sem dúvida,

---

6   J.-P. Vinay, Les Cadres de la Phrase. In: *La Grammaire du Français Parlé*. A. Rigault (dir.). Paris: Hachette, 1971. p. 123.

7   M. Krötsch, Les Ruptures Syntaxiques en Français Parlé. In: *Le Français Parlé*. Variétés et Discours. J.-M. Barbéris (éd.). Praxiling, Université Paul Valéry, Montpellier – III, 1999. p. 197.

8   M. Foucault, *L'Ordre du Discours*, op. cit., p. 51. Há tradução brasileira: *A Ordem do Discurso*.

9   F. Ewald e A. Fontana, Avertissement. In: *FDS*, p. IX.

10 Isto é, relativo ao nível de uso: ver F. Gadet, La Variation Diaphasique en Syntaxe. In: *Le Français Parlé*, op. cit., p. 225.

11 M. Foucault, *Sécurité, Territoire, Population*. M. Senellart (éd.). Paris: Gallimard/Seuil, 2004. p. 99. Há tradução brasileira: *Segurança, Território, População*.

12 *Idem*, *L'Herméneutique du Sujet*. Fr. Gros (éd.). Paris: Gallimard/Seuil, p. 13 e 131. Há tradução brasileira: *A Hermenêutica do Sujeito*.

13 N. Fournier, *Grammaire du Français Classique*. Paris: Belin, 1998. p. 31. "exigência do plural", explica N. Fournier, "provém da colusão indevidamente estabelecida pelos gramáticos normativos entre duas construções radicalmente diferentes" (*ce suis-je* e *c'est moi*). [...] O singular é, pois, a concordância normal do verbo, ao mesmo tempo, na morfologia de *ce* (masculino singular) e no seu valor semântico (conteúdo nominal indistinto)" (*ibidem*, p. 32).

para a locução determinativa < *cette espèce de danger* >, que se tornou "*cette [sorte] de danger* – essa espécie de perigo" (*FDS*, p. 229), manifestação típica de um trabalho "para cima" segundo o imaginário linguístico. Somente segundo o imaginário, visto que nem *Le Petit Robert*, nem mesmo *Le Larousse* – esse "armário de arrumação mais divulgado"[14] – atestam a locução *une/cette espèce de* (contrariamente à expressão *espèce de*) como familiar ou popular. Dois outros exemplos, tirados um do *Defender a Sociedade* (< *une espèce de* >: "*une sorte de*", p. 139), e o outro, de *Segurança, Território, População* (< *une espèce de* >: "*une [sorte] de*", p. 37) verificam a permanência desse princípio de correção.

"Sintaxe prudente ou louca"

Ativando um nível de linguagem às vezes superior àquele de que dão testemunho as gravações sonoras, o trabalho editorial exerce sua conformidade ao que Foucault chama "polícia discursiva", e que entenderemos no sentido de um "controle da produção do discurso".[15] "Dominar o aleatório do discurso": essa prerrogativa poderia dar conta do encargo de uma sintaxe que os editores apresentam como às vezes "incorreto[a]",[16] e que se preferirá qualificar, com Josette Rey-Debove, de "louca".[17] Estendendo a proposição de Foucault, a partir de um outro contexto, da "incompatibilidade gemelar da obra e da loucura",[18] é essa delicada aclimatação do discurso ao livro que desejaríamos retraçar. As proposições iniciais aparecem nesse sentido como um lugar instável, propício à reorganização durante a passagem ao escrito: no enunciado < *le droit il faut je crois le voir* – o direito, é preciso, eu acredito, vê-lo > a incisa que pode ser percebida como intempestiva é deslocada: "*le droit, il faut le voir, je crois*", assim como "*le pouvoir, je crois, doit être* – o poder, eu creio, deve ser" é a restruturação de < *le pouvoir doit être je crois* > (p. 24 e 26). É manifestamente o mesmo respeito de uma norma gramatical implícita que rege um segundo princípio de reorganização sintática maciçamente observado: o adiantamento de um dos circunstantes em posição inicial – em especial na passagem ao escrito: < *le pouvoir politique dans ce cas-là trouverait* > em "*Dans ce cas-là, le pouvoir politique trouverait* – Nesse caso, o poder político encontraria".[19] Trata-se de atenuar o caráter improvisado, senão aproximativo, de uma palavra que seria, então, vista com a suspeita de inconsistência ou de leviandade. Estreitando assim sua construção, o trabalho editorial visa a fortalecer o alcance intelectual do discurso: nesse ponto preciso, a ordem do escrito visa a uma conformidade com uma certa ordem do discurso – a que rege o texto de saber.

Assim também no enunciado seguinte: < *vous voyez par conséquent qu'on voit se dessiner avec ce nouveau discours de la guerre des races* >, transformado: "*Avec ce nouveau discours de la guerre des races, on voit se dessiner* – Com esse novo discurso da guerra das raças, vê-se desenhar" (p. 62). O deslocamento para o início da frase, marca do escrito, se opera aqui no início do parágrafo, lugar que delimita o que Emmanuel Companys chama de "junções",[20] onde inicia a coesão (sintática) tanto quanto a coerência (temática) do texto. A passagem ao escrito recusa perder num outro plano o que ganhou aí: quando o discurso oral se procura, e coloca em cena esse movimento, o escrito, tal como configurado pelo trabalho editorial, privilegia a realização do pensamento no relato de seus diferentes estados.

---

14   P. Rivenc, Lexique et Langue Parlée. In: *La Grammaire du Français Parlé*, op. cit., p. 52.

15   M. Foucault, *L'Ordre du Discours*, op. cit., p. 37. Há tradução brasileira: *A Ordem do Discurso*.

16   F. Ewald e A. Fontana, Avertissement, art. cité. Há tradução brasileira: Advertência.

17   J. Rey-Debove, À la Recherche de la Distinction Oral/Écrit. In: *Pour une Théorie de la Langue Écrite*. N. Catach (éd.). Paris: Éditions du CNRS, 1998. p. 85.

18   M. Foucault, La Folie, l'Absence d'Œuvre. In: *Dits et Écrits*, D. Defert et F. Ewald (éds.). Paris: Gallimard, 2000. I, p. 447. Há tradução brasileira: A Loucura, Ausência de Obra. *Dits e Escritos*, I.

19   N. Fournier lembra os princípios dessa norma, segundo a qual "um sujeito longo tende a se pospor antes de um verbo curto" (La Place du Sujet Nominal dans les Phrases à Complément Prépositionnel Initial. In: *La Place du Sujet en Français Contemporain*. C. Fuchs [éd.]. Louvain-la-Neuve, Duculot, 1997. p. 104).

20   E. Companys, Les Jonctions. In: *La Grammaire du Français Parlé*, op. cit., p. 40.

Neutralização do escrito

Apagar do discurso "seu caráter de evento",[21] ou seja, "neutralizá-lo", equivale a transformá-lo em "enunciado" – essa sequência verbal que, fora das condições materiais e singulares de sua enunciação, pode ser *repetida*, reproduzida em um contexto completamente diferente.[22] Assim, o *Defender a Sociedade*, desde a página 5, apresenta um segmento: "vamos então tentar [...] Desculpem-me..." que se subtrai à regra de fechamento sintático (em sua observação mais elementar: o ponto final). O colchete indica aqui um longo corte, que não justifica uma preocupação estilística, mas o desejo de encurtar o discurso de todas as questões materiais, as quais teriam hoje valor de curiosidade (Foucault evoca uma mudança de horários). A segunda sessão (14 de janeiro de 1976) se abre com uma "palavra de acolhida" que a transcrição deixa de fora: embora legítima,[23] essa operação indica bem, *in absentia*, a direção seguida pelo trabalho de conformação do discurso, e que exprimia Daniel Defert: "o respeito do que é um livro".[24]

Essa obliteração tem como consequência reconfigurar a destinação do curso, doravante envolvido no mesmo processo de circulação que um texto escrito; a cena enunciativa é assim deslocada, a partir do caráter singular do proferimento no Collège, em consequência de uma série de apagamentos, no número dos quais, em primeiro lugar, o que a linguística chama "fatemas", essas palavras redundantes que sustentam uma enunciação que não sabe onde ela vai. A conclusão improvisada em fim de sessão, "*Voilà* [*en gros si vous voulez*] *ce qu'on...* – Está aí [em resumo, se vocês quiserem] o que se..." (p. 58), apresenta todas as aparências de uma sobremarcação apagada pelo transcritor. Em oposição, esse outro exemplo, tirado do fim do ano: "*Et là alors, nouvel excursus si vous voulez* – E aí então, nova digressão [excurso], se vocês quiserem" (p. 159) parece característico do oral: concorrência nos conectores lógicos (uma conjunção e dois advérbios com sentido relativamente idêntico) e fatema típico "*si vous voulez*", que pontua as gravações. Tais enunciados bloqueiam parcialmente a passagem ao escrito, não porque proporiam uma língua de um registro inferior no limiar mínimo que exige o escrito, mas porque são vestígios indiciários da primeira cena enunciativa primeira. A página 216 do *Defender a Sociedade* multiplica os fatemas (como "*si vous voulez*") como os modalizadores: "*je crois* – eu creio", "*ce que j'appellerais* – o que eu chamaria", "*je dirais* – eu diria"... Um equivalente desse último enunciado, < *je dirais plutôt* – eu diria antes > tinha sido substituído pelo primeiro transcritor em "*Mais plutôt* – mas antes" (p. 57). As marcas orais são assim indícios pragmáticos que perturbam a reconfiguração do discurso oral em texto escrito; identificadas pelo primeiro transcritor, elas se veem toleradas pelo segundo. Nelas acontece a possibilidade para uma palavra de alcançar a ordem do escrito.

Quando Foucault protesta: "Vocês se referem a coisas que eu não escrevi absolutamente, ditas somente durante a conversa. Não estou certo de que as manteria tais quais",[25] sua prevenção poderia valer também para qualquer um que lê os cursos. Não se trata simplesmente, com efeito, de uma sistemática que estaria ausente do discurso que ensina, e viria proteger o pensamento escrito. O autor designa aí essa ordem do escrito, com o qual ele não tinha, como professor, que se conformar, mas que os editores restabeleceram, e sem o qual a pesquisa realizada no Collège de France nos ficaria desconhecida. Descarregar o dito de seus acidentes, cuidar da língua assim como da sintaxe, atenuar os vestígios que marcariam seu evento primeiro: se se trata de "neutralizar o discurso", de "atravessar sua espessura",[26] é que sem essa travessia nós não poderíamos hoje habitar os cursos e prolongar sua herança.

---

21   M. Foucault, *L'Ordre du Discours*, op. cit., p. 53. Há tradução brasileira: *A Ordem do Discurso*.

22   *Idem*, *L'Archéologie du Savoir*, op. cit., p. 138. Há tradução brasileira: *A Arqueologia do Saber*.

23   Imagina-se mal, com efeito, a transcrição dessa interrupção no primeiro quarto de hora da sessão de 7 de janeiro de 1976: < *bon y'a tout de même une chose qui est restée de l'an passé c'est qu'il fait chaud on peut pas ouvrir non* >... [bom há uma coisa que ficou do ano passado é que está quente não se pode abrir não...].

24   D. Defert, *Je Crois au Temps...*, entrevista com G. Bellon, *Recto/Verso*, nº 1, 2007.

25   Michel Foucault, À propos de l'Enfermement Pénitentiaire, entrevista com A. Krywin e R. Ringlheim, *in Dits et Écrits*, op. cit., I, p. 1303. Há tradução brasileira: A Respeito do Internamento Penitenciário. *Ditos e Esritos*, IV.

26   M. Foucault, *L'Archéologie du Savoir*, op. cit., p. 65. Há tradução brasileira: *A Arqueologia do Saber*.

Michel Foucault

"A exatidão do arquivo"

Philippe Artières

Ora como escafandrista, ora como filósofo anônimo, Foucault gostou de se representar mascarado; ele se afeiçoou, assim, particularmente, à imagem do filósofo cirurgião. Ele comparou sua prática à de seu pai operando; este abrindo os cadáveres, incisando os tecidos; ele, fazendo esse mesmo gesto, mas sobre o passado, para fazer aparecer dele o aquém da história. Esse autorretrato com o bisturi não é história de família ou simples galanteio de autor, ele está estreitamente ligado ao positivismo que Foucault procurou desenvolver. P. Macherey lembrava desde 1987 que o "positivismo" de Foucault consistia, com efeito, "em afirmar que o saber depende da combinação entre aparelhos e teorias, tal como ela se efetua historicamente, sem que seja possível explicar essa combinação por 'causas', sejam estas da ordem da pura experiência ou do puro pensamento, visto que não há, ao contrário, experiência e pensamento senão na base dessa combinação, ou, antes, sob seu horizonte".[1] No cerne dessa combinação, ponto de fuga de sua filosofia era, portanto, o arquivo. Era nos arquivos, no meio dos maços de papéis, no fundo das bibliotecas que Foucault tinha feito a experiência de seu próprio pensamento.

NA SOMBRA DE THORIN

Essa cena tinha acontecido uma primeira vez durante a preparação da *História da Loucura*, no fim dos anos 1950. O primeiro prefácio à obra guarda dela um leve vestígio, uma enigmática menção, a de um nome que remetia em observação a um registro num estabelecimento de arquivos parisiense:

> Muito magro, sem dúvida; algumas rugas que inquietam pouco, e não alteram muito a grande calma razoável da história. Que peso têm eles, em face de algumas palavras decisivas que tramaram o devir da razão ocidental, todos esses propósitos vãos, todos esses dossiês de delírio indecifrável que o acaso das prisões e das bibliotecas lhes justapuseram? Há um lugar no universo de nossos discursos para as milhares de páginas onde Thorin, lacaio quase analfabeto, e "demente furioso", transcreveu, no fim do século XVII, suas visões em fuga e os latidos do seu espanto? Tudo isso é apenas tempo declinado, pobre presunção de uma passagem que o futuro rejeita, algo no devir que é irreparavelmente menos que a história.
>
> É esse "menos" que se deve interrogar...

Sabe-se hoje, graças a certos elementos do dossiê preparatório da obra[2] que Foucault consultou, antes de sua partida para a Suécia, inúmeros arquivos, em especial na Biblioteca Sainte-Geneviève, nos Archives de l'Assistance Publique ou ainda na Biblioteca Nacional. Ele listou sistematicamente os manuscritos e mergulhou em suas leituras, acumulando em fichas muitas notas que deixou de lado, em seguida, quando da redação, e de que Thorin, o "demente furioso" é o discreto portador. Mas foi ainda dessa experiência silenciosa que Foucault foi em busca, a partir dos anos 1970. Por uma série de canteiros que se consideraram por muito tempo como secundários, ele procurou experimentar essa passagem no espelho do arquivo. No seminário que seguia sua aula no Collège de France, ele escolheu trabalhar a partir de dossiês de arquivos. A Memória de Pierre Rivière (1973), o parricida normando dos anos 1830,

---

1   Pierre Macherey, Foucault avec Deleuze. Le Retour Éternel du Vrai., *Revue de Synthèse*. n° 2, p. 277-285, avril-juin 1987.

2   Consultável graças à generosidade de Daniel Defer em seu *site* 3w.michel-foucault-archives.org.

foi um deles. Jean-Pierre Peter, que participou dele, lembra quanto o filósofo era apegado a essa prova dos arquivos, não que se tratasse de tornar historiador, mas que seu exercício do pensamento passava por essa confrontação. O primeiro projeto da história da sexualidade tinha também dado lugar a uma exploração precisa nos arquivos da medicina legal, nessa imensa massa de relatórios de perícia sobre os "anormais".[3] Houve também o dossiê da hermafrodita Herculine Barbin (1979), morta no fim do século XIX, num quarto do bairro do Odéon, de que se encontraram as recordações. Mas foi principalmente com o *Désordre des Familles*, coescrito com a historiadora Arlette Farge e publicado em 1982 que essa experiência foi a mais concludente, a mais radical também.

Desse face a face com o arquivo não dispomos senão de rápidas menções que se caracterizam todas pela evocação de uma mesma intensidade. "Surpreso" ou "subjugado", a cada vez, Foucault destacou sua perturbação. Mais que interrogar o gesto que provocava essa emoção e os desafios epistemológicos que aí se concentravam, os comentadores colocaram desde então em exergo esse relatório e fazem dele a marca redutora da abordagem foucauldiana. A rejeição de Foucault em se prestar ao jogo do autor que comenta suas maneiras de trabalhar não resolveu as coisas; apegando-se à sua poética, os leitores do famoso texto "La Vie des Hommes Infâmes", publicado num número dos *Cahiers du Chemin*, de 1977, contribuíram para "desrealizar" essa relação com os arquivos, para esvaziá-lo de sua dimensão teórica e política. O interesse de Foucault pelo arquivo foi reduzido a um simples gosto, que Philippe Lejeune chegou a qualificá-lo de "romantismo".[4] Foi sobre essa representação que muitos críticos se apoiaram também para contestar a atitude do filósofo, a veracidade de suas análises, a cientificidade de sua relação com as fontes. Foucault tinha ficado deslumbrado com a beleza dos arquivos, e foi esse encantamento que o levou a fazer uso livre dele, por assim dizer, literário. Tal foi o discurso que se impôs há 20 anos. Leitura redutora que só Michel de Certeau rejeitou, destacando em sua homenagem a importância do gesto operado por Foucault e seus efeitos de pensamento.[5] Há, com efeito, em Foucault, uma outra "exatidão" dos arquivos. Uma investigação realizada sobre os vestígios conservadores da *Désordre des Familles* valida o julgamento de Certeau; esses dossiês permitem de maneira quase única entrar diretamente nesse ateliê e compreender no ato o uso foucauldiano do arquivo.

Apoderar-se desses vestígios e tentar com e graças à historiadora fazer o retorno.[6] Trata-se de partir dessas algumas caixas de arquivos de pesquisa e das recordações que eles suscitam em um dos autores, postulando que é primeiramente na análise minuciosa desses documentos, na materialidade que o processo de trabalho se mostra.[7] Método simples para o que não é uma tentativa de revisitação, nem uma busca que tem por objetivo revelar nos manuscritos o mistério da escrita filosófica, mas simplesmente uma tentativa de arqueologia: identificar, definir, ordenar uma série de ínfimos gestos que dão testemunho de escolhas e de decisões no trabalho de um pensamento.

Nos arquivos da Bastilha

O objeto escolhido, sem dúvida, simplifica a tarefa: a destinação do trabalho de Foucault e Farge é a coleção *Archives*. Fundada por Pierre Nora nas edições Julliard, em 1964, continuada nas edições Gallimard em colaboração com Jacques Revel desde o início dos anos 1970, essa coleção "se propõe a

---

3   Ver, por exemplo, a aula de 12 de março de 1975 e o estudo do dossiê sobre o soldado Bertrand, violador de cadáver.
4   Philippe Lejeune, Lire Pierre Rivière. *Le Débat*, nº 66, p. 92-106, sept.-oct. 1991.
5   Ver sobre esse ponto a introdução à reedição do texto: Collectif Maurice Florence, *Archives de l'Infamie*. Paris: Les Prairies Ordinaires, 2009.
6   Nossos agradecimentos a Arlette Farge pela confiança e generosidade que ela nos concedeu no âmbito do programa "La Bibliothèque Foucaldienne", propondo seus arquivos à comunidde científica e dando-nos duas entrevistas sucessivas em fevereiro de 2008.
7   Patrick Boucheron realizou uma investigação idêntica sobre G. Duby: "La Lettre et la Voix: Aperçus sur le Destin Littéraire des Cours de Georges Duby no Collège de France, à travers le Témoignage des Manuscrits Conservés à l'IMEC. *Le Moyen Âge*, 2009/3-4 (tome CXV).

contribuir com a elaboração de um gênero novo: ela publica as fontes, coloca o leitor em contato direto com os documentos cuja montagem é confiada aos melhores especialistas. [...] Ela abre a todos a porta do laboratório, coloca as bibliotecas na rua e os depósitos de arquivos no bolso".[8] O próprio princípio da coleção convida, pois, a um trabalho sobre os arquivos, e seu objeto é a colocação em cena. *Archives* se aprimora, propondo apresentar uma etapa do trabalho que até então era mantida secreta; ela revela um pouco do que está por trás da tapeçaria. Foucault não se enganou quando propôs um espesso volume de 365 páginas, um dos maiores da coleção. Ele afirma em alto e bom tom uma posição sobre os arquivos; tendo como *incipit* na apresentação essas linhas: "A ideia de que a História é destinada à 'exatidão do arquivo', e a filosofia à 'arquitetura das ideias', nos parece uma tolice. Não trabalhamos assim." *Désordre* é nisso um manifesto. Os editores J. Revel e P. Nora não intervieram minimamente no manuscrito. Esse livro se inscreve num momento singular; ele está no cerne da tentativa de diálogo de Foucault com os paladinos da disciplina histórica: ele vem depois da mesa-redonda de "L'Impossible Prison", de maio de 1978, com, em especial, Arlette Farge e Michelle Perrot, Carlo Ginzburg, Maurice Agulhon ou ainda Jacques Revel e Jacques Léonard; a obra epônima aparece em 1980. Trabalhar com uma historiadora e romper um longo período de silêncio editorial com uma obra de arquivos não é, portanto, anódino; Foucault se aplica em produzir um gesto filosófico preciso destinado não somente aos historiadores, mas mais amplamente à esfera intelectual que deseja paralisar seu trabalho nos dias que seguem o pós-1968. A reportagem de ideias no Irã, em 1979, como esse mergulho no arquivo, é uma resposta forte; publicando essa obra, ele age exatamente como com a intervenção de Foucault no seio do Grupo de Informação sobre as Prisões, no início dos anos 1970: ele pensa por uma série de atos.

A história desse uso de arquivos se estende por mais de seis anos. Foucault começa primeiramente com a ajuda preciosa de Christiane Martin, que vai várias vezes à Bibliothèque de l'Arsenal para fazer um "inventário" dos arquivos disponíveis; ele evoca em sua aula de 15 de janeiro de 1975 essa pesquisa então em curso: "Empresto isso do trabalho que está fazendo Christiane Martin sobre essas cartas régias", e cita estratos de uma dentre elas (p. 34-35) que se encontra integralmente na segunda parte de *Désordre*, dossiê relativo a um certo Pierre Germain Béranger (p. 294-296). Ch. Martin é, em seguida, atingida por uma grave doença, de que ela morre no início dos anos 1980; é uma das assistentes do Collège de France, Éliane Allo que trabalha, em seguida, ao lado do filósofo.[9] Parece que foi depois dessa dupla identificação que Foucault propôs a Pierre Nora e Jacques Revel fazer um novo volume da coleção *Archives*; ele escreve então a Arlette Farge para propor-lhe a coescrita dessa obra; Foucault conhecia o trabalho de tese da historiadora sobre o roubo de alimentos em Paris no século XVIII (Plon, 1974), rara referência feita à historiografia contemporânea em *Vigiar e Punir*.[10] Farge aceita e investe então, por sua vez, nos arquivos da Bastilha, a partir de 1979. É também ela que reúne a bibliografia existente e realiza as pesquisas anexas. Por isso, Foucault vai também à Bibliothèque de l'Arsenal. É ele quem toma a decisão de fixar a atenção nos dois anos de 1728 e de 1758. Aí, ele copia palavra por palavra, linha após linha, várias dezenas de dossiês oficiais em folhas A4. Ele tenta também fazer estatísticas de que vários manuscritos comprovam, mas que desaparecerão por assim dizer totalmente no seio da obra – encontra-se seu vestígio no início da segunda parte a propósito da idade das crianças cuja apreensão é requerida (p. 157), Farge produz um conjunto de quadros a fim de circunscrever o conjunto dos temas e das questões tratadas no *corpus*. Várias reuniões de trabalho aconteceram durante esse ano de 1979 no apartamento de Foucault, na rua Vaugirard.

A coassinatura da obra oferece do ponto de vista do conteúdo arquivos dos elementos de compreensão das práticas que, no caso de uma obra individual, são, no mais das vezes, não informados. O diálogo não informa somente sobre a colaboração, mas, principalmente, sobre a maneira como cada um trabalha:

---

8   Ver nessa perspectiva metodológica o número da revista *Génésis* do Institut des Textes et Manuscrits (ITEM) intitulado "Philosophie", coordenado por Paolo D'Iorio e Olivier Ponton: *Genesis 22* ("Philosophie", 2003).

9   É. Allo assina em 1986 na revista de P. Bourdieu um artigo intitulado "Les Dernières Paroles du Philosophe", seguido de uma entrevista sobre Foucault com Georges Dumézil: *Actes de la Recherche en Sciences Sociales*, 1986, 61, p. 83-88.

10   Citado em nota por M. Foucault em *Surveiller et Punir*: p. 79, n° 2. Há tradução brasileira: *Vigiar e Punir*.

as operações respectivas dos dois autores devem ser descritas para ser divisíveis e divididas. Nos diferentes estados do manuscrito dos dois últimos volumes da história da sexualidade, conservados na Bibliothèque Nationale, esse nível do trabalho não pode ser apreendido. Dispõe-se de vários estados da obra, mas jamais da edificação. Aqui, embora Foucault usasse frequentemente mais o telefone ou encontros do que o correio para dialogar com a historiadora, o dossiê compreende, por exemplo, séries de planos e de manuscritos anotados e apreciações escritas sobre os documentos consultados pelo outro. Estes são, como se sabe, de um só tipo, todos extraídos de um mesmo arquivo: dossiês de cartas régias que compreendem a ou as cartas de um sujeito requerendo a internação de um próximo, o relatório dos delegados e o plácito correspondente. Se Farge vai à Prefeitura de polícia consultar outros arquivos de plácitos, eles não são conservados para a edição que se limita a um conjunto de dossiês dos anos 1728 e de 1758. Essa homogeneidade permite apreender a maneira como os autores respectivamente procederam na operação de seleção e de transcrição nos 242 dossiês existentes para esses dois anos. No alto das fichas de É. Allo, a insistência em utilizar um código para classificá-las por ordem de interesse, mas também avaliando sua beleza ("muito bonito", pode-se ler às vezes), mas é uma classificação temática que é utilizada: a atenção dos dois autores é em especial surpreendida por um conjunto de documentos relativos ao pós-aprisionamento; esse tema é colocado de lado, e Farge e Foucault projetam fazer um livro sobre esse tema (a massa dos arquivos de trabalho sobre esse ponto é, com efeito, importante). De uma maneira geral, os temas são mais numerosos que os que figuram na obra: nos dossiês, encontra-se vestígio dos temas do segredo, do arrependimento, dos conflitos de soleira, da viuvez, mas também do não essencial.

Uma grande divisão é feita. Arlette Farge indica, com efeito, que eles se repartiram as fontes. Foucault cuidou dos dossiês que tratavam de assuntos conjugais. Foucault não deseja, diz ela, arriscar-se a uma nova confrontação com as feministas contemporâneas de que a fria receptividade de *A Vontade do Saber*, em 1976, lhe tinha suficientemente mostrado os desacordos. A primeira parte da obra, "A discórdia dos casais", compreende 34 dossiês reproduzidos divididos em quatro subdossiês: "Casais em ruína", "O aprisionamento das esposas", "A devassidão dos maridos", "A história de um requerimento"; a segunda parte, que conta com quase o dobro de dossiês (59) e que se estende das páginas 155 a 340, é também dividida em subtemas (9): "O incômodo dos casos", "Concubinas vergonhosas", "A desonra da errância", "Violências domésticas", "Maus aprendizes", "Exílios", "A honra das famílias", "A ética parental 1728: a razão dos sentimentos", "Parental 1758: o dever de educação". Esse desequilíbrio que se encontra no título se deve ao fato de Foucault "ter querido publicar os arquivos", testemunha A. Farge. Para Foucault, o interesse está na profusão dessas cartas, em seu caráter repetitivo, na língua que aí se inventa; Arlette Farge compartilha esse interesse; ela consagra inicialmente um subdossiê às expressões utilizadas. Desde 1977, Foucault, em seu texto de *A Vida dos Homens Infames*, evoca essa dimensão:

> São textos que têm a ver com Racine, ou Bossuet, ou Crébillon; mas eles carregam consigo toda uma turbulência popular, toda uma miséria e uma violência, toda uma "baixeza" como se dizia, que nenhuma literatura na época poderia ter acolhido. [...] Eles fazem pensar às vezes num pobre grupo de saltimbancos, que se enfeitariam bem ou mal com alguns ouropéis outrora suntuosos para atuar diante de um público de ricos que zombaria deles. Mais ou menos assim eles atuam em sua própria vida, e diante dos poderosos que podem decidir sobre eles. Personagens de Céline que querem ser ouvidos em Versailles.

Essa mesma passagem é retomada por Foucault com ligeiras variações na conclusão em coautoria com Farge – a menção de Céline desaparece, especialmente, em proveito de Callot e Le Nain. Assim também, o texto de apresentação é objeto de um conjunto de correções depois de várias idas e vindas entre os dois autores. O que dizem essas rasuras é menos uma preocupação de estilo do que uma vontade de restringir o comentário, de ficar com um discurso mínimo. O gesto está na publicação.

A prática de citação é aqui contrária à realizada por outros enunciados, por exemplo, os que Foucault tinha mobilizado para *As Palavras e as Coisas*; aqui, ele não recorta nos discursos; os dois autores agem igualmente em ruptura com o princípio da coleção *Archives*, que apresenta montagens, mas também, de uma certa maneira, em defasagem, enfim, com a prática histórica do arquivo. Eles decidem reconstituir os documentos em sua integralidade e conservando "a escrita da época".

Para o filósofo, o essencial é mostrar um dispositivo historicamente inscrito e os efeitos que ele produz nos sujeitos que dele se servem. Ou seja, o arquivo não é a ilustração de sua tese sobre o poder, mas o lugar onde se ancoram relações de poder. É somente por um trabalho de levantamentos minuciosos, uma prática de copista que essas se mostram em sua exatidão. O arquivo é assim um teatro de sombras de que se deve permitir a reapresentação. *Le Désordre* é um deles. Compreende-se por que Foucault e Farge ficaram inicialmente irritados vendo a publicação retardada – o livro só apareceu em 1982 – depois, tristes e decepcionados ao constatar a ausência de receptividade da obra. A crítica ficou descontente, com efeito, com o livro; um jornalista falou até de "poujadismo" a seu propósito, enquanto os dois autores tinham tentado não colocar em cena esses arquivos, mas dá-los a ler em sua brutalidade. Preocupação em dividir menos uma sensação que uma experiência de pensamento.

A escrita da resenha: uma arte impura?

Mathieu Potte-Bonneville

Ler, escrever: se, como o destaca justamente Daniel Defert, *"Foucault pensa lendo e escrevendo", se seu pensamento "se formula numa espécie de* corpus *textual permanente"*, poder-se-ia pensar que a resenha constitui em seu dispositivo de escrita um lugar particularmente estratégico – dar conta/resenhar (*rendre compte*) é, em suma, ao mesmo tempo escrever sobre o que se lê e abrir para seus leitores, pelo artigo que se propõe, uma via para outros textos. A essa circulação, acrescenta-se em Foucault uma distribuição dos papéis entre os registros de escrita: porque seus livros mantêm um duplo silêncio, em relação à atualidade (a tarefa da arqueologia para no limiar do problema contemporâneo que ela se propõe a esclarecer), e em relação a pares: bem sistematicamente o autor de *As Palavras e as Coisas* parece contornar sistematicamente toda referência direta aos seus contemporâneos. É que do presente e dos outros, trata-se em outro lugar: nessa miríade de artigos e de entrevistas reunidos nos *Ditos e Escritos*. Parece assim verificar-se o diagnóstico de Deleuze – porque todo dispositivo compreende duas dimensões, o que nós já não somos mais e o que estamos nos tornando, ou *"a parte da história e a parte do atual"*,[1] Foucault teria tido o cuidado de fazer funcionar seu pensamento nessas duas escrivaninhas distintas e complementares, como o são em Nietzsche as obras e o *Nachlass* contemporâneo de cada uma. Pertenceriam, então, a esse segundo registro as 11 resenhas reunidas nos quatro tomos dos *Ditos e Escritos* (desde o que Foucault consagra, em 1961, a *La Révolution Astronomique*, de A. Koyré, até a recensão, em 1982, da obra de J. Dover, *Homossexualidade Grega*, passando pelos textos mais ou menos longos publicados na imprensa ou nas revistas acadêmicas e consagrados a obras tão diferentes quanto a de Jacob, Klossowski, Mesrine ou Glucksmann), das quais podem também aproximar-se os 14 prefácios que Foucault redigiu para outras.

O gesto de escrever sobre escritos, todavia, não pode pretender-se evidente ou inocente, para um autor que denunciou muito cedo e com uma grande constância a prática do comentário: "Falar sobre o pensamento dos outros, procurar dizer o que eles disseram é fazer uma análise do significado. Mas é necessário que as coisas ditas, em outros lugares e por outros, sejam exclusivamente tratadas segundo o jogo do significante e do significado?", pergunta *O Nascimento da Clínica*.[2] E *A Ordem do Discurso* vai ainda mais longe, inscrevendo o comentário entre os procedimentos de rarefação onde alguns enunciados se refletem sobre outros.[3] Se a atribuição de uma identidade às obras e aos autores procede de uma "moral de estado civil", de que Foucault entende em *A Arqueologia do Saber* que ela o deixa em paz quando se trata de escrever, a recensão não está jamais muito distante do recenseamento; trata-se não somente de tornar pública a atenção que se prestou a uma obra, mas também de distingui-la na massa dos textos publicados, de indicar-lhe um lugar no horizonte dos questionamentos contemporâneos. Ou, antes, o dilema se refere ao fato de que falar de um livro equivale tanto a fechar o sentido quanto a abrir

---

1   G. Deleuze, Qu'est-ce qu'un Dispositif?. In: Association pour le Centre Michel Foucault, *Michel Foucault Philosophe*: Rencontre Internationale Paris, 9, 10, 11 janvier 1988, Seuil, coll. "Des Travaux". Paris, 1989. p. 191.

2   *Naissance de la Clinique*. Archéologie du Regard Médical. Paris: PUF, "Galien", 1963. Rééd. "Quadrige", 1990. p. XIII. Há tradução brasileira: *O Nascimento da Clínica*.

3   *L'Ordre du Discours*. Leçon Inaugurale au Collège de France Prononcée le 2 Décembre 1970. Paris: Gallimard, 1971. p. 27-28. Há tradução brasileira: *A Ordem do Discurso*.

e relançar seus efeitos. É o que se deixa ler desde que se aproximam dois textos, dos quais, que eu saiba, jamais se notou que eles formavam, um em relação ao outro, uma forma de decalque inverso. O primeiro é muito conhecido: trata-se do prefácio à reedição da *HIstória da Loucura*, em 1972, onde Foucault, como se sabe, só se adianta para se retirar e para subtrair o texto da autoridade de seu autor. Pode-se citar a abertura e o fim do texto: "Eu deveria, para esse livro já velho, escrever um novo prefácio. Confesso que isso me desagrada. [...] Quanto à novidade, não finjamos descobri-la nele como uma reserva secreta, como uma riqueza inicialmente despercebida: ela só foi feita de coisas que foram ditas sobre ele, e dos acontecimentos aos quais ele esteve ligado."[4] Ora, é surpreendente observar que as duas frases que enquadram a trajetória desse não prefácio são, de alguma maneira, retiradas por Foucault de um dos seus textos mais antigos: precisamente, o resumo que ele publicou em 1962 de *L'Univers Imaginaire de Mallarmé*, de Jean-Pierre Richard. Essa recensão começa, com efeito, assim: "Visto que esse livro já tem dois anos, ei-lo solidário com seus efeitos. Não é decifrável ainda a continuação de suas consequências, mas, pelo menos, em sua imagem de conjunto, as reações que ele provocou. Um livro não é importante pelo que ele remexe de coisas, mas quando a linguagem, em torno dele, se defasa, criando um vazio que se torna seu lugar de permanência."[5] Há aí uma repetição notável: uma simetria na evocação de dois "livros já antigos"; uma preocupação comum de confundir, num caso, a intenção secreta do autor, no outro, a referência a "coisas" constantes que o livro se contentaria em "mexer"; uma comum ambição, enfim, no espaço assim liberado, de deixar chegar aí acontecimentos, aqui de decifrar efeitos com os quais a obra se tornou solidária. Essa repetição traz vários ensinamentos. Pode-se medir primeiramente em que o desejo de dar aos enunciados "a desenvoltura de apresentar-se como discurso" transpõe a ruptura suposta entre o "primeiro" e o "segundo" Foucault para definir de um ao outro uma espécie de ética da leitura bem constante. Poder-se-ia, então, dizer-se que os dois gestos que consistem, por um lado, em rejeitar para si mesmo o papel de autor-prefaciador, por outro, em dar conta do destino de outras obras, são, em suma, complementares – o primeiro arranjando a escapada onde o segundo pensa inscrever-se, e tirando a hipoteca do poder autoral de maneira a deixar livre a redução dos efeitos.

As coisas, todavia, não são tão simples. É forçoso constatar que, em 1972, Foucault não acusa somente o autor de querer fazer sua lei sobre o livro; ele acrescenta também: "Eu desejaria que um livro não se desse a ele mesmo esse *status* de texto ao qual a pedagogia ou a crítica conseguirão reduzi-lo." Toda a questão é, então, a das estratégias discursivas, através das quais o Foucault crítico e prefaciador pode conjurar essa espécie de profecia, e de se elevar à altura do Foucault autor, adversário dos prefácios. "Estratégias" devem aqui entender-se num sentido em nada abstrato, ou estreitamente textual: porque o resumo ou o prefácio constituem na ordem das atividades intelectuais e acadêmicas um espaço particularmente impuro – no sentido em que Jean-Luc Godard falava do cinema como de uma "arte impura". Tarefa às vezes de encomenda, ou eco de relações de proximidade, tendo que contar, cada vez, com as exigências e os formatos da publicação coletiva (até mesmo com os ritmos da imprensa), prefácios e resumos são também espaços onde se negocia, mais do que a lei do autor, o que se deveria chamar de jogo da autorização: seja porque um sujeito que escreve se autoriza com o reconhecimento do texto que ele resume para afirmar sua própria posição de escrita (introduzindo uma edição que criará autoridade, deslocando o olhar até aí mantido sobre uma obra, tomando posição em relação a um texto em discussão...); seja, ao inverso, porque ele faz beneficiar com seu crédito uma publicação que, sem isso, passaria despercebida, que ele lhe confere um aumento de legitimidade acadêmica ou de caução política no debate do momento. Assim encarada, aliás, a série dos textos de que falamos parece desenhar uma trajetória bem clássica e esperada. Na ordem cronológica, trata-se primeiramente dos artigos pelos quais Foucault renova, nos anos 1960, a leitura de alguns clássicos (Rousseau, Flaubert), e prolonga as linhas de interpretação arqueológicas desenhadas em *As Palavras e as Coisas* (tratando aqui das transformações da biologia através de

---

4   *Histoire de la Folie à l'Âge Classique*. rééd. Paris: Gallimard, Bibliothèque des Histoires, 1972. p. 9-10. Há tradução brasileira: *História da Loucura na Idade Clássica*.
5   *Dits et Écrits* (1954-1988). Paris: Gallimard, Bibliothèque des Sciences Humaines, 1994. I, p. 427. Há tradução brasileira: *Ditos e Escritos*.

A Lógica da Vida, de F. Jacob, lá insistindo sobre a ruptura que constituiu, na idade clássica, a publicação da *Grammaire Générale* de Arnault e Nicole). Assim, então, ele instala sua assinatura própria e, poder-se-ia dizer, ele se introduz, introduzindo. Em seguida, e a partir dos anos 1970, a relação hierárquica do paratexto com o texto parece pivotar em seu eixo: os resumos e prefácios desse período parecem obedecer mais a uma lógica que se poderia dizer "de alerta" – Foucault, figura então conhecida e maior da luta contra o sistema carcerário, lança, prefaciando-os ou comentando-os, uma luz viva sobre obras como *De la Prison à la Révolte*, de S. Livrozet, *Leurs Prisons*, de B. Jackson, ou sobre os livros de testemunho de um bombeiro anônimo ("*Un pompier vend la mèche*" – Um bombeiro trai o segredo de um complô, 1975) e de J. Mesrine ("*Le poster de l'ennemi public nº 1*" – O pôster do inimigo público nº 1, 1977). Pode-se até falar de uma lógica de reforço, até de armadura, para o texto intitulado "*A grande coluna dos fatos*" (1977), onde Foucault dá conta do livro de A. Glucksmann *Les Maîtres Penseurs*; esse texto constitui uma tomada de posição bem clara ao lado de um dos representantes dos "novos filósofos", geração ascendente provavelmente desejosa desse tipo de reconhecimento. A série desses textos parece, em resumo, esquematizar a silhueta de um autor pouco a pouco suscetível de pesar, por seu apoio, sobre o destino dos livros que ele comenta, onde ele visava, mais jovem, a consolidar por textos do mesmo tipo, ao mesmo tempo, sua problemática própria e o eco público de seus trabalhos.

Parece, todavia, que se essa interpretação das estratégias de escrita em termos de posições num campo tem, evidentemente, sua pertinência; ela define mais os contornos de conjunto desses textos do que seu detalhe, e circunscreve, de alguma maneira, as exigências iniciais no interior das quais eles são chamados a ficar. Se eles não falam, com certeza, a partir de um "fora" indiferente às regras sociais e às trocas de bons procedimentos, resta perguntar-se se e como eles chegam a introduzir nesse jogo o suficiente de afastamento para desfazer as armadilhas do comentário diagnosticadas, por outro lado, por Foucault, e para deixar às obras de que eles dão conta "a desenvoltura de se apresentar como discurso". Percorrendo, com essa questão encabeçando, a série de textos de que falamos, rapidamente nos surpreendemos pela constância da solução à qual recorre Foucault. Para descrevê-la, primeiramente, de maneira abstrata, essa solução me parece compreender duas faces: por um lado, vai-se tratar de conjurar todo julgamento, na verdade, do livro de que se trata, destacando justamente como a novidade desse está ligada à maneira como desfaz a imagem ordinária e esperada do verdadeiro. Por outro lado, vai-se tratar de tematizar tão frequentemente quanto possível o evento discursivo que constitui o texto-fonte, ou seja, de atribuir a novidade do livro, para além de suas teses e conteúdos, ao rearranjo que este opera no espaço do dizível, isto é, aos enunciados novos que ele permite formar a partir dele. Nada de inesperado, dirão: Foucault não se quer como historiador da verdade e filósofo do discurso? Que se encontre nessas recensões a crítica da verdade e a atenção à linguagem não surpreende em nada. Ora, parece-me que essa dupla insistência deve ser compreendida não somente como o eco, no conteúdo desses textos, das preocupações gerais de Foucault, mas como uma verdadeira maneira de conjurar, ao mesmo tempo, a monotonia do comentário e o que eu chamei de jogo das autorizações – essa espécie de desnivelamento hierárquico que faz das recensões e prefácios ora as obrigações do texto, ora as complacentes madrinhas.

O motivo do abalo do verdadeiro aparece desde a abertura da primeira recensão publicada por Foucault, consagrada a A. Koyré: "Há histórias tristes da verdade: a que enluta o relato de tantos erros feéricos e mortos [...]. O livro de Koyré é tudo o que há de menos triste; ele conta com uma voz grave de erudito as núpcias maravilhosas e ininterruptas do verdadeiro e do falso. [...] O rigor na apresentação de textos tão pouco conhecidos e sua justa exegese ligam-se a um duplo propósito de historiador e de filósofo: só pegar as ideias nesse momento de sua turbulência onde o verdadeiro e o falso ainda não estão separados."[6] Quinze anos mais tarde, é ainda sobre o questionamento da verdade que se abre o resumo da obra de A. Glucksmann: "O que aconteceu de menos insignificante em nossas cabeças, há uns 15 anos? Eu diria num primeiro movimento: um certo furor, uma sensibilidade impaciente, irritada, pelo que acontece, uma intolerância à justificação teórica e a todo esse lento trabalho de apaziguamento que

---

6   *Ibidem*, I, p. 170.

garante no dia a dia o discurso 'verdadeiro'."[7] Reconhecer-se-ão aí, evidentemente, temas caros a Foucault – a arqueologia que ascende para aquém das divisões, a genealogia como "dilaceramento" das teorias políticas englobadoras e globais, com perspectiva justificadora.[8] Mas mencionando assim, do início, a maneira como esses livros comprovam um questionamento da referência à verdade, Foucault subtrai, ao mesmo tempo, desse mesmo horizonte a relação do texto que ele escreve com aquele de que ele fala: invocando, de início, a crítica da verdade, ele neutraliza a verdade da crítica, indicando claramente que não se vai tratar para ele de fazer a seleção entre enunciados receptíveis e irreceptíveis. Poder-se-ia dizer que ele se autoriza com os mesmos livros que comenta para praticar em relação a eles uma "estratégia do oximoro": porque Koyré complica a oposição entre descobertas e erros científicos, perguntar-se-á se há histórias da verdade "tristes" e outras "maravilhosas"; porque Glucksmann lança a suspeita sobre os mestres pensadores, opor-se-á à verdade "um certo furor", e considerar-se-á essa frágil afeição como o que aconteceu de "menos insignificante" durante 15 anos. Esses deslizes semânticos em forma de grande desvio dependem, evidentemente, do registro retórico da *captatio benevolentiae*; mas eles parecem, também, mais profundamente e como em surdina, modalizar o próprio gesto de dar conta, liberando a atenção à novidade do texto de toda referência a um cânon de verdade exterior, que obrigaria o comentarista a acolher piedosamente a verdade do livro ou a julgá-la severamente, a prefaciar em vermelho.

Não, então: é verdade? Mas: o que há de novo? Ora, a regra que se fixam os resumos que ele redige vai justamente consistir em pesquisar, na constituição discursiva de seu objeto, a regra dessa novidade, pelo que o texto rompe com o regime de discurso que o precede e desloca as fronteiras da linguagem. Pode-se verificar isso desde os anos 1960. Assim, escreve ele a respeito da tradução da *Eneida*, de Virgílio por Klossowski: "É preciso admitir que existem duas espécies de tradução; elas não têm nem mesma função nem mesma natureza. Umas fazem passar numa outra língua uma coisa que deve ficar idêntica (o sentido, o valor de beleza); elas são boas quando vão "do parecido ao igual". E depois, há aquelas que lançam uma linguagem contra outra, assistem ao choque, constatam a incidência e medem o ângulo. [...] e eis agora que Virgílio, já antigo guia de Dante, se torna o 'ponto' de nossa linguagem".[9] A propósito de J.-P. Richard: "É nesse ponto, parece-me, que o livro de Richard descobre seus mais profundos poderes. Ele atualizou, fora de toda referência a uma antropologia constituída em outro lugar, o que deve ser o objeto próprio de todo discurso crítico: a relação [...] não de um literato com uma língua, mas de um sujeito falante com esse ser singular, difícil, complexo, profundamente ambíguo [...] que se chama linguagem."[10] Assim também, a introdução à reedição da *Grammaire Générale*, de Arnauld e Nicole se proporá a dar conta do "parentesco, repentinamente descoberto" da linguística com a gramática geral como de "um episódio que se inscreve numa mutação atual".[11] Em cada um dos casos, esses dispositivos de linguagem se encontram interpretados e medidos em sua capacidade em confundir as formações discursivas às quais eles pertencem – é significativo, em relação a isso, que Foucault evoque o "poder" do livro de J.-P. Richard. Longe de constituir, aliás, o vestígio de uma soberania do autor, esse poder é primeiramente compreendido como a abertura de uma possibilidade que autoriza a formação de outros enunciados – à maneira como, através da tradução de Klossowski, Virgílio nos "sopra" nossa linguagem.[12] Através dessa insistência, algo da deferência obrigatória do prefaciador ou do comentarista em relação ao texto original se teatraliza e para, em proveito da imanência de um "nós" – pronome pelo qual Foucault designa, com uma grande constância ao longo de toda sua obra, a comunidade aberta dos que se encontram envolvidos, no presente, no espaço aberto de uma mesma transformação.

---

7   *Ibidem*, III, p. 277.
8   *Il faut Défendre la Société. Cours au Collège de France (1975-1976)*. Paris: Gallimard/Seuil/Hautes Études, 1997. p. 7. Há tradução brasileira: *É Preciso Defender a Sociedade. Curso no Collège de France (1975-1976)*.
9   *Dits et Écrits*, I, p. 426-427.
10   *Ibidem*, I, p. 436.
11   *Ibidem*, I, p. 733.
12   *Ibidem*, I, p. 427.

Dir-se-á que esses textos são contemporâneos de obras onde Foucault desenvolve, justamente, um paradigma essencialmente discursivo; haveria, então, nessa maneira de prestar atenção à linguagem, não um jogo refletido sobre a relação do texto com seu comentário, mas um simples eco de suas preocupações do momento. Ora, longe de se amiudar, essa preocupação do discurso se reforça ainda nos resumos dos anos 1970, particularmente na série de artigos "de combate" onde Foucault traz seu apoio a obras que tratam da condição carcerária, no elã aberto pela mobilização do GIP. No mesmo momento em que, do lado da análise genealógica, o exame da discursividade cede o lugar a um aprofundamento na ordem dos corpos e das técnicas materiais, a exegese e a apresentação dos livros militantes se descobrem, estas, na superfície do dizer, acossando a maneira como a ordem do discurso dorme ou se encontra fora de jogo. Os textos do GIP tinham, num sentido, aberto o caminho, visto que o prefácio anônimo da primeira brochura atribuía uma importância central à maneira como os questionários, materiais dessa "investigação-intolerância", tinham sido redigidos com antigos detentos, tinham permitido a constituição de grupos, tinham circulado do exterior ao interior das prisões, depois tinham sido retranscritos na brochura – o questionário, ato indissoluvelmente discursivo e político.[13] É esse mesmo ângulo de ataque que se encontra retomado no prefácio à obra de S. Livrozet: Foucault liga a ele a novidade e a importância da obra à maneira como esta perturba a distribuição esperada entre relato de vida enunciado na primeira pessoa (figura obrigatória e esperada dos condenados) e formulação por outras teorias com pretensão científica, proibindo ao criminoso pensar ele mesmo seu crime: "O livro de Serge Livrozet incomoda essa distribuição. Ele retoma o fio de um discurso que os censores de Lacenaire queriam ter interrompido. Ele empreende ver – do ponto de vista do infrator – o sentido político da infração. Não são as memórias de um detento [...] está na hora de ouvir outra coisa, que é novo e muito antigo."[14] O mesmo tipo de leitura é apresentado a respeito de B. Jackson: "Uma tradição que se havia formado no século XIX e da qual nem todos os vestígios se tinham apagado na Europa organizava em dois registros o discurso que a delinquência mantinha sobre ela própria. Por um lado, nós, delinquentes, somos os produtos da sociedade [...]. Mas se o delinquente é um 'produto', a delinquência em si, em seu gesto, é apresentada como uma revolta [...]. Nesse livro, é um discurso totalmente inverso que é mantido."[15] E poder-se-ia multiplicar os exemplos: na publicação da obra de Mesrine, Foucault separa dela inteiramente o conteúdo (que ele julga "pré-fabricado e vendido com antecedência", o que lhe custará uma carta cáustica do próprio Mesrine!), para se fixar na maneira como a publicação do livro incomoda o ritual esperado da confissão;[16] e é ainda "a religião da confissão" que ele situa diante do trabalho de investigação realizado por Gilles Perrault em *Le Pull-Over Rouge*.[17] Evidentemente, todas essas leituras são coerentes com as teses defendidas em *Vigiar e Punir* ou *A Vontade de Saber*; mas parece-me que a insistência com a qual Foucault privilegia precisamente esse ângulo, sua escolha em abordar essas obras sob o ângulo do dizer são ainda aí uma maneira de frustrar a dimensão hierárquica da relação entre texto e paratexto. Dupla hierarquia, na realidade. Por um lado, os textos que Foucault introduz assim têm para eles a constituição de testemunhos, autentificando-se com a experiência de seu autor. Por outro, o próprio ato de prefaciar esse tipo de obras constitui, evidentemente, uma maneira de mobilizar o *status* de intelectual para conferir um acréscimo de interesse e de dignidade aos textos assim introduzidos, com o risco de parecer proceder a uma espécie de entronização de seu autor. A Testemunha, o Pensador: veem-se as figuras estéreis às quais uma dupla assim pode ocasionar (o pensador maravilhando-se com a autenticidade da testemunha, mas não sem alguma condescendência...). A esse respeito, a escolha de apoiar-se no evento de discurso que constituem os livros em si tem algo de uma decisão política: não se prender ao elogio ingênuo de uma palavra de baixo; não se apresentar também como a autoridade intelectual suscetível de dar a essa palavra ainda

---

13 Préface à Enquête dans Vingt Prisons. *Dits et Écrits*, II, p. 195. Há tradução brasileira: Prefácio à Enquete de Vinte Prisões. *Ditos e Escritos*.

14 *Dits et Écrits*, II, p. 398.

15 *Ibidem*, II, p. 689-690.

16 *Ibidem*, III, p. 255.

17 *Ibidem*, III, p. 658.

obscura nela mesma sua plena significação, e levá-la à consciência de si; reinscrever mais tanto o texto que se lê quanto o que se escreve, no prolongamento comum de uma ruptura na ordem dos enunciados, o que significa também no plano imanente do que Foucault chama aqui de pensamento: "Porque há, há muito tempo, um pensamento da infração intrínseco à própria infração..."[18]

Assim, Foucault se esforça regularmente em dobrar sobre a linha horizontal das transformações discursivas o prumo que pode separar o grande texto de seu comentarista intimidado, ou o livro de testemunho de seu prefaciador famoso. Faltaria evocar o caso particular desses textos em que o problema vem, ao contrário, da íntima proximidade que mantêm juntos o prefaciador e seu autor, ou o comentarista e o comentado: por um lado, os textos que Foucault consagra a Deleuze, "*Ariane se Enforcou*" (1969) e "*Theatrum Philosophicum*" (1970), aos quais se deveria acrescentar o prefácio redigido para a edição americana do *Anti-Édipo*, de Deleuze e Guattari (1977); por outro lado, os elogios de Georges Canguilhem (Introdução à edição americana do *Normal e Patológico*, publicada em 1978, retomada tardiamente por Foucault sob o título "A Vida, a Experiência e a Ciência" – Ditos e Escritos II, para o número especial da *Revue de Métaphysique et de Morale* consagrado ao seu mestre). A densidade desses textos os torna difíceis de inscrever numa série qualquer, e exigiria um estudo independente. Mas se esses textos são singulares, não é somente por seu conteúdo próprio; é também porque eles parecem unir-se por eles mesmos, e de uma vez, ao programa enunciado no segundo prefácio da *História da Loucura*: "Um livro se produz, pequeno objeto manipulável. Ele fica preso desde então num jogo incessante de repetições; seus duplos, em torno dele e bem longe dele, se põem a pulular", formando o que Foucault chama um pouco mais adiante de "profusão de simulacros".[19] Mais precisamente, os textos sobre Deleuze ou Canguilhem têm em comum o fato de instalar-se, simultaneamente, na maior diferença *e* na maior identidade, à maneira de verdadeiros duplos. Diferença: o texto intitulado "*Ariane se Enforcou*" abre-se com um conto que, na realidade, não acabará mais: "Eu teria que contar o livro de Deleuze, eis mais ou menos a fábula que eu tentaria inventar..." (*Ditos e Escritos*, I, p. 767); "*Theatrum Philosophicum*" termina numa espécie de baile de máscaras: "Na guarita do Luxembourg, Duns Scot passa a cabeça pela luneta circular; ele usa bigodes consideráveis; são os de Nietzsche, disfarçado em Klossowski" (*Ditos e Escritos*, II, p. 99). E a introdução do *Anti-Édipo* se coloca sob o patronato de *L'Introduction à la Vie Dévote de Saint François de Sales*... Mas vê-se, simultaneamente, que essa diferença humorística funciona como uma espécie de mimetismo, que corre, na verdade, ao longo de todos esses textos onde o estilo deleuziano parece imprimir-se nas condições da escrita foucauldiana, e onde a identidade do autor vacila discretamente. Assim, em "*Theatrum Philosophicum*", uma observação muito estranha vem pontuar o elã do texto consagrado ao LSD, que "desloca, uma em relação ao outro, a bobagem e o pensamento, levantando a velha necessidade do teatro do imóvel". A nota menciona isto: "O que vão pensar de nós? (Nota de Gilles Deleuze)".[20] Fica livre o leitor para se perguntar se o texto foi coescrito ou relido, se Foucault ficcionou seu duplo, ou se se trata precisamente de deixar insistir simultaneamente todas essas preocupantes possibilidades. Numa deformação do mesmo gênero, no fim de sua vida, Foucault abrirá o texto que consagrará a Canguilhem, convocando a oposição que se tornou famosa entre filosofias da consciência e do conceito, destacando que os partidários dessa última deram prova de um engajamento mais ativo durante a última guerra – oposição e argumento pelos quais Canguilhem, em 1967, tinha concluído sua própria recensão de *As Palavras e as Coisas*, evocando, também ele, o caso exemplar de Jean Cavaillès. Mas talvez os retratos dos próximos sejam sempre imagens de pintores no espelho, autorretratos fictícios dos quais não se sabe se são os deles mesmos ou do outro: histórias contadas, em suma.

---

18   *Ibidem*, II, p. 398-399.
19   *Histoire de la Folie*, op. cit., p. 9.
20   *Dits et Écrits*, II, p. 95.

Michel Foucault

IV
Resultados de leitura

Com Foucault com Roussel

Pierre Macherey

Como escolher, entre todos os livros de Foucault, o que me ofereceu "uma experiência de leitura forte", como me propõem fazê-lo aqui? É uma das características, talvez, mais surpreendentes do trabalho de Foucault ter-se, de alguma forma, reinventado em todos os seus passos, como se ele marcasse a cada vez o nascimento de uma obra nova, que se basta completamente a ela mesma, e retoma em direções insuspeitas antecipadamente o interesse já despertado por suas etapas anteriores: todas as intervenções de Foucault foram, à sua maneira, "únicas", o que impede levá-las a uma medida comum ou recolocá-las no âmbito de um percurso global perseguido do começo ao fim numa mesma linha, em que elas pudessem ser regularmente deduzidas umas das outras. Nesse embaraço, eu me decidi, de alguma forma por falha, a reiniciar uma reflexão a respeito do *status* da obra sobre Raymond Roussel,[1] à qual eu já havia consagrado vários estudos,[2] tendo o sentimento de ainda não ter terminado, e não ter identificado todas as razões que o tornam definitivamente inclassificável, tanto pela relação com o resto da produção teórica de Foucault – voltando a isso 20 anos mais tarde, e, em setembro de 1983, ele confessa: "É um livro à parte em minha obra"[3] – quanto em relação ao gênero tradicional dos estudos consagrados a obras literárias.

O mistério que envolve esse livro um pouco louco, único entre os únicos, e talvez ainda mais único que os outros, Foucault parece ter querido mantê-lo. Na última linha de seu capítulo final, cuja forma é dialogada, ele acaba com essa fórmula enigmática, que ele se destina pessoalmente, provendo-o de reticências: "Assim, você acredita ter-se justificado durante tantas páginas...",[4] como se a tarefa que ele acabava de executar lhe causasse problema, a ele próprio, o que dissuade de procurar fazer dele uma espécie ordinária de rousseliano. Por que ter escrito um livro, e aquele livro, sobre Roussel? Precisamente porque ele deve ter constituído, em todos os sentidos, um hápax, uma experiência que não era suscetível de ser reiniciada, de ter volta, de ser prolongada, e extraía sua legitimidade desse caráter irredutivelmente singular. Ora, é a mesma coisa tratando-se do que Roussel tentou fazer em literatura; quando Foucault escreve: "Toda obra de Roussel, até as *Nouvelles Impressions*, pivota em torno de uma experiência singular",[5] logo ele esclarece: "Quero dizer que é preciso colocar no singular." O que, em Roussel, prendeu o interesse de Foucault é sua absoluta originalidade, que o torna, de certa maneira, irrecuperável, irredutível a uma tarefa de generalização destinada a normalizá-lo ou a banalizá-lo: ele é definitivamente atípico, não como os outros, certamente não um "escritor" no sentido normal do termo, o que torna bastante irrisórias as tarefas de reapropriação de sua tarefa por pessoas que exercem com alegrias diversas esse ofício tão particular de escritor, que se chamam Breton, Robbe-Grillet ou Sollers: só pode ser alguém como Leiris soube falar de "Roussel, o ingênuo", respeitando a exemplaridade de sua atitude em nada igual a qualquer outra, da qual ele próprio se inspirou sem procurar se apoderar dela nem mesmo imitá-la.

O que, em Roussel, é tão singular, e evoca uma atitude, ela própria singular? Primeiramente, características pessoais tendo a ver com uma abordagem psicopatológica (as obsessões delirantes, tratadas por um

1 Michel Foucault, *Raymond Roussel*. Éd. Gallimard, coll. Le Chemin, 1963; reedição na série Folio Essais, 1992.
2 "Foucault lecteur de Roussel: la littérature comme philosophie". *À quoi pense la littérature?*. PUF, 1990. p. 177-191; "Foucault/Roussel/Foucault", texto de apresentação da reedição Folio, p. I-XXX; A production of subjectivity. *Yale French Studies*, nº 88, p. 42-52, 1995. Editado no prefácio da edição brasileira da Forense Universitária do Raymond Russel de Foucault.
3 Archéologie d'une passion. *Dits et Écrits*. Gallimard, IV, 1994. p. 607. Há tradução brasileira: *Ditos e Escritos*, III, Estética.
4 *Raymond Roussel*, op. cit., p. 210.
5 *Idem*, p. 155.

especialista patenteado, Pierre Janet, que não chegou a curá-las), comportamental (a inversão sexual, cuidadosamente dissimulada) ou sociológica (o filho de família bastante arruinado, herdeiro de uma fortuna considerável que ele gastou integralmente, o que seria finalmente o sinal mais tangível de sua "loucura"): essas características fazem de Roussel, em todos os sentidos, um ser à parte, fora das normas, como um marginal. Ora, Foucault, em seu livro, deixa cuidadosamente de tratar sobre essas "propriedades" extraordinárias do personagem, que ele considera manifestamente como anedóticas, não essenciais, e focaliza sua atenção sobre o importante conjunto de escrita que constitui, se assim preferirmos chamar, "a obra" de Roussel, resultado de um esforço procurado durante toda uma vida de trabalho obstinado, que não deixa de apresentar alguma semelhança com aquela obtida na mesma época por um outro grande dândi das Letras, Proust, a respeito de quem Foucault poderia ter escrito, como o fez para Roussel: "Sua obra principal é finalmente ele próprio escrevendo seus livros."[6] Essa "obra", Foucault apostou levá-la a sério em sua integralidade, tentando penetrar no segredo de seus mecanismos íntimos, aquilo a que no início ele era incitado pela publicação póstuma de *Comment j'ai Écrit Certains de mes Livres* (1935), que, num desenvolvimento intitulado "O limite é a chave", constitui o ponto de partida do livro que ele consagra a Roussel.

O que torna particularmente interessante essa confissão última de Roussel, que, à maneira de *Memórias do Além-Túmulo*, se reveste com a forma de uma palavra proferida exemplarmente por um morto, é que ela desloca o interesse da consideração do "porquê", isto é, do alcance e do sentido suscetíveis de serem atribuídos à atividade literária de Roussel, para a do surpreendente conjunto ficcional que dela resulta: o que, através da revelação da maneira de fazer que constitui supostamente seu segredo, parece retornar sobre si, e assim abrir-se e fechar-se sobre seu "limiar" que ele se interdiz de franquear, como se a "chave" não liberasse uma porta senão para fechá-la de novo sobre um mistério que a palavra que parece liberá-lo mantém cuidadosamente fechado, e tornado ainda mais impenetrável. O que a maioria dos leitores de Roussel, desestimulada pela obscura luz com a qual se envolve da forma mais poética esse mistério, ordinariamente repertoriou sob as categorias do insólito e do absurdo é somente esse movimento de fechamento e de recuo efetuado por uma atividade que se resume em um conjunto de operações de linguagem que não pretendem tirar sua legitimidade senão somente de sua realização, de seu "como", barrando assim a tentação de ver além e no exterior deste algo que se pareceria com significação, com um "porquê": desse ponto de vista, pode-se dizer que a máquina funciona sistematicamente no vazio. Se a produção literária de Roussel é incômoda e deslocada, não é, pois, por falha, mas em virtude de uma ascese concertada e regrada, que, adiantando sistematicamente o significante sobre o significado, lhe permite, não de exorcizar o acaso, mas apreendê-lo, dando-lhe forma, uma forma "literária" sobre a qual convém perguntar-se se ela não seria a forma da própria literatura. Pelo fato de se ter imaginado escritor, e ter sacrificado uma grande parte de sua existência à realização dessa vocação existencial que ele exerceu de maneira essencialmente paródica, brincando de escritor como uma criança pode brincar de ser aviador ou bombeiro, Roussel conseguiu aproximar-se de algo que poderia ser a própria essência da literatura: a saber, uma operação visando a agarrar o acaso, uma vez reconhecida a impossibilidade de aboli-lo, o que não deixa como perspectiva senão retê-lo nas malhas da rede bem apertada das letras que o transformam em necessidade, uma lição à qual também Mallarmé tinha chegado, seguindo caminhos diferentes.

Então, produz-se uma espécie de curto-circuito, que converte a mais extrema singularidade em marca de universalidade. A tarefa "literária" de Roussel não é generalizável, nem também reproduzível, mas é por aí que, paradoxalmente, ela adquire um alcance exemplar, e efetua uma abertura para algo que a ultrapassa sem, no entanto, por isso, transportá-la para um além do sentido ou da significação porque ela se decidiu lucidamente, uma vez por todas, a fazer a economia. Fazendo com extrema resolução, o escritor, disfarçando-se, não sem certo espírito de jocoso, com essa máscara carnavalesca, Roussel, ao mesmo tempo, tornou-se o antiescritor que descobre o avesso do cenário e traz à superfície o que sustenta por baixo a tarefa da literatura, sua parte de sombra, mas também sua verdade, que começa a aparecer quando foram desmistificadas e retiradas as usuais pretensões. Essa essência da literatura, que

---

6   *Dits et Écrits*, IV, p. 607.

só se torna visível em suas margens, onde sua prática se volta às suas operações, ao seu "como" liberado de toda relação com um "porquê", no mesmo sentido em que a rosa de Angelus Silesius é "sem porquê" e se reduz ao seu "existe", à sua pura dação que não se refere a nenhuma forma suplementar de validação, Foucault o identifica primeiramente pela relação privilegiada que ela mantém com a linguagem: em Roussel, descobre-se que a literatura não somente é feita com a linguagem, esta constituindo a ferramenta ou o instrumento, mas é "a linguagem", isto é, sendo feita de linguagem que constitui seu material, ela é também originária da linguagem e gerada por ela; nela, a linguagem continua secretamente sua obra própria, e se produz como linguagem, aquilo a que ela chega fixando o lance de dado que lhe deu origem e que define sua própria natureza. Assim, a literatura não teria, finalmente, outra função senão a de liberar a verdade da linguagem.

Essa verdade, à qual se chega seguindo os caminhos negativos da literatura, uma literatura que, quando chega à sua essência, se converte em contraliteratura, manifesta "o elo da linguagem com esse espaço inexistente que, sob a superfície das coisas, separa o interior de sua face visível e a periferia de seu núcleo invisível. É aí, entre o que há de oculto no manifesto e de luminoso no inacessível, que se liga a tarefa de sua linguagem".[7] Ler Roussel, e aprender a ler da maneira como o faz Foucault, é mergulhar no vazio abissal que, passando entre as palavras e as coisas, passa também pelas palavras e pelas coisas. Se a literatura é uma lição de palavras que é também lição de coisas, é na medida em que, em seu esforço para apreender o inapreensível, ela prepara, com um fundo de ausência, para a experiência de um tal afastamento: em vez de ser a chegada triunfal de um ideal positivo de beleza, esteticamente apreciável, ela programa o abandono do ideal como tal e das ideias recebidas que o acompanham. Vista sob esse ângulo, ela representa, ao custo de uma total inversão dos valores, uma volta da dominação do princípio de realidade sobre o princípio de prazer. Esse princípio de realidade, a respeito do qual Foucault insiste enormemente em seu livro, tem a ver com a morte, consiste na revelação perturbadora, inquietante, que, nas palavras, nas coisas, mas também nas cabeças, agarra, falha, falta e, ao mesmo tempo, "desbloqueia", sem fim determinável: Derrida, de quem Foucault pode parecer então muito próximo, diria que isso rasura e isso (se) desconstrói.

Essa tese surpreendente apresenta as fraquezas de sua radicalidade. Poder-se-ia acusar Foucault de fabricar, servindo-se de Roussel, uma mitologia da linguagem, que vale o que valem finalmente todas as mitologias: mas essa mitologia, que prospera num ambiente metafísico, ele se resguardará, em seguida, de mantê-la, o que terá como consequência deslocar sua atenção para problema de uma natureza totalmente diferente, que são aqueles, não da linguagem em geral, mas do discurso e de seus modos de enunciação historicamente condicionados. Uma outra mitologia, essa também um pouco obcecante, atravessa a tarefa do *Raymond Roussel* de 1963: a de uma "literatura moderna" sacralizada sob as espécies da Literatura, com uma maiúscula, que serviu então a Foucault como andaime para adiantar sua tarefa de questionamento das aparências, um andaime que menos lhe serviu para construir do que para demolir, e que, mais tarde, voltando do "mesmamente" impenitente que ele tinha podido praticar à época, ele renunciou, abandonando-o para trás, sem jamais procurar voltar. O livro que Foucault consagrou a Roussel é fascinante também por suas lacunas, suas ambiguidades e suas falhas: nele, entre todas essas linhas, pode-se dizer, como se tratando do conteúdo a que visa, que isso agarra, isso falha, isso falta etc., o que é a marca de sua profunda singularidade. Não é óbvio fazer uso dele, principalmente sob a forma ilusória de um "bom uso", que serve para caucionar posições legítimas, qualquer que seja o lado ao qual elas se ligam. Seria necessário, antes, empregá-lo como uma ferramenta de deslegitimação, fazendo aparecerem as dificuldades e certos impasses da relação entre filosofia e literatura. Com efeito, ele não pode ser conduzido à confortável conivência de um bom acordo recíproco, mas apresenta, antes, a violência de uma explosão ou de um choque: é uma relação essencialmente conflituosa, o que torna ao mesmo tempo árdua e indispensável uma avaliação, ou, talvez fosse preferível dizer, levar em conta seu exagero. Foi uma das coisas que aprendi lendo e relendo o *Raymond Roussel* de Michel Foucault.

---

7   *Raymond Roussel*, op. cit., p. 155.

Um livro e vidas

Arlette Farge

Sim, eu conheci Michel Foucault; sim, eu escrevi com ele *Désordre des Familles*; sim, ele foi o iniciador desse projeto (como poderia ter sido de outra forma?); sim, nós trocamos longamente nossas ideias, confrontando-as; sim, ele era amável, risonho, caloroso, sarcástico e brilhante; sim, eu ficava intimidada. Às vezes, não.

Não é o caso de relatar aqui três anos de trabalho com ele (projeto, concepção, escrita, dificuldades de edição, recepção da obra), mas de ir por um caminho diferente daquele para o qual tendem tradicionalmente os testemunhos. Para ser justa e exata, devo simplesmente tentar explicar como esse encontro me tornou semelhante e definitivamente "outra". Antes de encontrar o filósofo, eu já havia publicado minha tese sobre o roubo de alimentos em Paris, no século XVIII; depois, na coleção "Archives" das edições Gallimard, *Vivre dans la Rue à Paris au XVIIIe Siècle* (Viver na rua em Paris no século XVIII). A publicação de *Vigiar e Punir*, em 1975, foi para mim um grande momento. Depois dessa leitura tão forte, intensa e radical, magistralmente escrita, eu me interroguei ao mesmo tempo serena e profundamente. Como continuar depois de um livro assim de que eu logo compreendi que não agradou a todo mundo e que irritou a muitos historiadores? Que parcela de tempo se dar antes de ter compreendido todos os seus elãs, as explosões e as diferenças em relação ao que se escrevia até então. Como acompanhar, na minha justa medida, essa brecha no saber intelectual, social e político?

Que importam os detalhes que farão acontecer o encontro com Michel Foucault; ele aconteceu, tão improvável quanto verídico. Resultaram o projeto e a realização de *Désordre des Familles*, publicado em 1982. A inteligência acerada e irônica de Foucault, sua sensibilidade forte frente a essas vozes do passado que imploram pelo Rei, a divisão fascinada que tínhamos frente aos manuscritos me impressionaram profundamente, como se, enfim, em pleno dia, algo em mim pudesse desenvolver-se, criar harmonias e uma melodia que certamente eu esperava. O diferente, o impensado, a possibilidade emocional se instalavam em mim, deixando de lado hesitações ou falta de coragem. Muito naturalmente esse trabalho repartido interveio em meio a inúmeras discussões apaixonadas, chegando em fragmentos; a política (era a época da chegada de Mitterrand ao poder), a vida universitária, o feminismo, o esquerdismo, as saídas de filmes eram evocados com energia, reflexão e sorrisos. Isso tinha, eu me lembro, a cor de auroras inesperadas.

Escrever; será um dos primeiros desafios desse trabalho, oferecer ao público, transmitir e deixar compreender o leitor necessitarão das mesmas exigências fecundas. O plano do livro se elaborou segundo critérios racionais e outros mais irracionais, subjetivos em todo caso. O humor cimentou o todo ao mesmo tempo em que os esforços de precisão a manter nas escolhas dos manuscritos propostos para a leitura. Tudo foi discutido, inclusive sobre seu gato preto, e é, sem dúvida, a amplitude de nossas curiosidades, a rapidez de sua inteligência e de suas indignações que fizeram o resto, deixando-me, além disso, toda liberdade para permanecer mais ou menos pertinente junto dele.

Depois de muitas dificuldades editoriais (de que se deveria perguntar o segredo ao seu editor Pierre Nora que lançava nesse momento a revista *Le Débat* com Marcel Gauchet), a obra saiu nas edições Gallimard, na coleção "Archives". Como tinha havido um longo silêncio editorial da parte de Michel Foucault antes dessa publicação, as edições organizaram um encontro bastante solene com membros da imprensa, editores etc. A publicação se fez um tanto fúnebre, de tão claro que ficou que reinava a incompreensão. A imprensa fez um silêncio total, excetuando-se 20 linhas assinadas por Olivier Todd que caracterizava a

obra de "poujadista". Michel Foucault ficou muito magoado e não tive dificuldade em compartilhar sua dor. Eu estava marcada no coração diante dessa experiência única que ultrapassava amplamente tudo o que eu tentava então fazer sobre o século do Iluminismo. Além disso, eu era uma estranha nesse meio intelectual tão bem definido, e esse *status* me deixava numa solidão que podia tornar-se fecunda.

Estranha eu fiquei ao mesmo tempo que concentrada, depois da morte de Michel Foucault, pela certeza de ser, numa bem pequena parte, depositária de suas exigências, de seu gosto pela escrita, pela discussão e pela transmissão, pela sua postura de intelectual específico. Era ao mesmo tempo luminoso e extremamente árduo. No meio das polêmicas de todas as espécies, publicações de livros sobre ele e biografias sobre sua pessoa, guardei em segredo o que eu tinha repartido com ele. Sei perfeitamente que não compreendi sempre tudo de sua força filosófica que ultrapassava meu saber, mas eu não quis me inquietar muito e abri mais de uma vez sua "caixa de ferramentas", misturando-a com a de outros intelectuais. Minha fidelidade ia ao lado do que eu sabia ser infidelidades, do que se poderia ter discutido.

É de bom tom dizer que, se os mestres desapareceram, a sorte está diante de nós. Eu não penso assim. Michel Foucault me faz falta como me fazem falta P. Bourdieu e tantos outros. Não como mentores, mas como seres através dos quais se escapavam, não doutrinas, como tanto se disse, mas caminhos de audácia, de atalhos e de emoção, caminhos de não resignação enfrentando os consensos. Homens de carne e de cátedra [*chair et chaire*], eles nos ofereciam sua disponibilidade e sua resistência quebrando todos os universos desativados que conhecemos hoje.

Escuta sociológica de um filósofo

Jean-Claude Passeron

Foucault me influenciou um pouco da mesma maneira que Sartre. Quero dizer: menos por sua antropologia filosófica do que por seu estilo inimitável de filósofo liberado das exigências de seu estado. Essa influência já se exercia na ENS – ele tinha só alguns anos mais do que eu – na troca de nossas brincadeiras de *Aquarium*[1] sobre a estupidez de intelectuais comunistas então bem assentados no Partido: Lucien Sève, por seu espírito de seriedade, ou Roger Garaudy, irmão ignorantinho, já cheio de um vazio pomposo, e até algumas outras figuras mais respeitadas, mas de um dogmatismo completamente inabalável, como "Touki" (Toussaint Desanti), então mais hegeliano que marxista, intratável no dever de "pensar por conceitos" – que ele ilustrava por uma distinção bem re-stalinizada entre "democracia real" e "democracia formal", esta última abandonada aos positivistas com a cara colada na enumeração das vítimas individuais da História, ignorando a diferença conceitual entre "o que vive" e "o que morre". Simples encontro de humor com Foucault, que não suscitava, no entanto, nenhuma convergência entre nossas leituras filosóficas. Eu teria muita dificuldade para citar obras de filósofos que eu teria admirado como ele ou pelas mesmas razões que ele: ele se afastava da fenomenologia quando eu a descobria, saía do marxismo quando eu aí entrava, e eu acreditava entender na energia incisiva de suas revoltas alguns ecos do Nietzsche dionisíaco de quem eu desconfiava então bem decididamente, só o conhecendo pela admiração que lhe dedicavam, no liceu, condiscípulos, filhos de notáveis colaboradores, que aí buscavam tolamente algumas citações para alimentar seu desprezo pelo *vulgum pecus*. Eu até pressentia na paráfrase que fazia Foucault da "psicanálise existencial" de Binswanger[2] eflúvios da ontologia de Heidegger, que eu recusava então com uma obstinação militante, mais por reação epidérmica do que por conceito. Como a maioria dos leitores adolescentes, eu me determinava ainda por minhas rejeições de humor, mais do que pela escolha de uma filosofia auscultada com paciência. Experimentei, assim, imediatamente, uma repulsa amargurada pelo *pathos* conceitual heideggeriano, assim que comecei a compreender alguma coisa, em 1949, no ensino ministrado no Liceu Henri IV por Jean Beaufret, que se aplicava, no entanto, com toda a arte de sua pedagogia suave, a apresentar o "pastor do Ser" como glória filosófica.[3]

Em relação a uma ciência tão caricaturalmente "positivista" e "objetivista" quanto o era aos seus olhos a sociologia – principalmente a francesa – Foucault, que eu não via mais na época em que Raymond Aron me chamou à Sorbonne, em 1961, representou para mim um papel político bastante análogo ao de Sartre 10 anos antes. Um papel de desculpabilização, mais fácil de compreender porque eu pude observar mais de perto e mais continuamente o encaminhamento de sua influência libertária – ou melhor, de sua libertinagem filosófica – à medida que apareciam suas obras inclassificáveis. Foucault me

---

1   É o vestíbulo, na entrada da Escola, onde se demoravam longamente à noite, diante de um compartimento envidraçado ao lado das caixas de correio, de pé, em círculo em volta de Foucault, apelidado *Le Fouk's* por seus amigos, alguns alunos dos quais Paul Veyne evoca nostalgicamente a lembrança (P. Veyne, *Le Quotidien et l'Intéressant*. Paris: Les Belles Lettres, 1995); Gérard Genette também, em *Bardadrac* (Paris: Seuil, 2006). Entre 1950 e 1955, eles se autodesignavam, um pouco por gozação, como o "grupo folclórico" (alunos comunistas); os outros alunos diziam, antes, "a máfia".

2   R. Binswanger, *Le Rêve et l'Exisition*. "Introduction" de M. Foucault. Paris: Desclée de Brouwer, 1954.

3   Lembrei em outro lugar a minha admiração pela pedagogia de meu primeiro "mestre de filosofia", Jean Beaufret, professor de *khâgne* no Liceu Henri-IV, introdutor de Heidegger na França, a quem ele fazia regularmente visita na Floresta Negra. Com Levinas e Pierre-Maxime-Schul, ele era nessa época um dos raros filósofos a comentá-lo em Paris. Há tradução brasileira: *O Sonho e a Existência*. "Introdução" *Ditos e Escritos*, I – Psiquiatria. Forense Universitária)

permitiu resistir com pé firme no terreno da análise histórica – e sem ter necessidade de me entrincheirar friamente num dogmatismo marxista ou hegeliano – à pressão política do pensamento *conservador* que encontrei, no entanto – sem querer e por muito tempo sem saber – *cientificamente* bem mais "racional" em Aron – ou Pareto, Schumpeter e seus continuadores em economia, politologia ou sociologia – do que o *progressismo* humanitarista da maioria dos pensadores ou eruditos "de esquerda" que eu me havia acostumado a reverenciar. Não quis me confessar então a influência sociológica que exercia sobre mim Raymond Aron, preferindo pensar que eu não tinha tido necessidade senão das *Regras do Método Sociológico* – pronto a juntar a elas as tarefas de uma "sociologia de compreensão" emprestada de Weber – para dispensar minhas tentações filosóficas de juventude e me converter ao ofício de sociólogo, escolhido sem espírito de volta como terreno privilegiado do exercício do raciocínio científico na forma mais apropriada às ciências do homem. A manutenção de uma distância política ostensiva em relação ao meu chefe universitário me permitia, sem nenhuma dúvida, preservar, aos meus próprios olhos, o elo simbólico que Durkheim – bem pouco apreciado por Aron, como se sabe – mantinha com o racionalismo leigo de minha infância – próximo do humanismo ateu de minha mãe, professora primária e militante anticlerical. Mas vejo agora a que ponto esse mestre do pensamento "de direita" desempenhou um papel essencial em minha recusa definitiva da "especulação" em todas as suas formas.[4] Com certeza, não que ele me tenha incitado a essa ruptura em relação à frequentação das teorias filosóficas em benefício de uma "ciência positiva" – recusa solidária de um "positivismo" metodológico que era, aliás, para Aron, de forma mais paretiana que weberiana. Havia em mim uma recusa das filosofias reflexivas que vem de mais longe, e, inicialmente, de uma inclinação ao "realismo", sem dúvida o produto de um *ethos* popular onde a desconfiança das palavras e das crenças (diziam "as ideias") dos "intelectuais" (diziam "os faladores") fazia a trama quotidiana das conversações ouvidas em minha infância. Mas foi certamente o espírito crítico de Aron batalhando contra o dogmatismo marxista que foi definitivamente a razão dos últimos resíduos de ingenuidade hegeliana que andavam em meu Eu científico. Minha descoberta da racionalidade sociológica passou por Aron pelo menos tanto quanto por Durkheim e Weber. A escrita cuidadosa das argumentações históricas que Aron praticava de maneira tão límpida em suas conversações quanto em seus seminários me influenciou, eu penso, mais profundamente do que influenciou Bourdieu, no entanto, mais ligado a ele durante muito tempo.

Mas, precisamente, Foucault me permitiu, então, compreender por que se podia, na análise socio-histórica de um *corpus* de discurso ou de textos, restringir-se aos métodos históricos mais exigentes e mais eruditos, conservando, ao mesmo tempo, uma liberdade de interpretação filosófica mais ou menos total, tanto em relação ao cientificismo filosófico – marxista ou evolucionista, então dominante no pensamento de esquerda – quanto em relação ao fatalismo "conservador", que incentiva, quase sempre, entre os pesquisadores de direita, a "modelização" lógica ou matemática, principalmente quanto esse recurso à *racionalidade formal* se reduz à imitação mecânica dos métodos de cálculo, que subiam então em poder nas ciências do homem – em economia e em sociologia, em especial. Da prudência metodológica à pusilanimidade política ou à abstenção moral, há apenas um passo. Para um erudito, há sempre mil boas razões científicas para hesitar sobre um envolvimento político arriscado ou uma estratégia de ruptura intelectual, quando se tem a opção de prolongar até suas últimas decimais um cálculo de probabilidades. O álibi científico da abstenção política é, aliás, igualmente eficaz quando o analista se preserva por trás da complexidade do sentido das ações de atores sociais muito numerosos ou muito singulares para poder modelizar as intrigas que resultam de suas interações. No fundo, acredito ter compreendido graças a Foucault – que o mostrava pelo exemplo de seu pensamento imprevisível, e não pelo recurso às casuísticas tortuosas dos intelectuais "não alinhados" da época – como um pesquisador podia viver sem culpabilidade científica, concedendo-se alegremente em sua vida de pensador um máximo de liberdade intelectual – tingida de ironia, nele sempre heurística, e em meu caso, ressentido como um mínimo

---

4   Meu distanciamento dos sistemas filosóficos que começou nos meus anos de Escola Normal foi grandemente facilitado pelo interesse que tinha Foucault pela psicopatologia e pela clínica psiquiátrica. Eu era dos poucos normalistas filósofos que o acompanhavam em 1953 nas apresentações de doentes por Daumezon em Sainte-Anne.

metodológico vital – a fim de exercer sem embaraço ético nem contradição epistemológica, o ofício de sociólogo em todas as suas potencialidades hermenêuticas. Sem a ginástica do *distanciamento sociológico*, o exercício da "neutralidade axiológica" seria aí bem austera. Falta aí cruelmente quando ela só é praticada por dever – kantiano ou weberiano –, a dupla satisfação que oferece uma *dissociação* assumida entre a resposta a uma urgência política vivida como subjetivamente imperativa e a prática despersonalizada dos métodos da análise científica, que só elas garantem ao sociólogo ou ao historiador de uma época na qual ele se encontra pessoalmente envolvido a disponibilidade mental que lhe permite interrogar *livremente* suas interações sociais.

[...] Esgrimista mais do que espadachim, Foucault permaneceu um dissidente político, sempre na defesa mais do que no ataque, sem jamais deixar-se automatizarem suas esquivas ou seus golpes nem prestar-se à imitação fácil pelos discípulos que acorriam às suas aulas – desviando-se de seus fãs, sempre armado com um argumento que eles não tinham visto chegar, sob o ângulo em que, no entanto, eles o esperavam com uma admiração antecipada. Ele próprio se comprazia na arte de desconcertar os leitores muito "fiéis" que teriam querido colocar-se antes dele no alvo de suas análises. Ele o dizia, não sem gozo intelectual, sofrendo a decepção de seus fãs que tinham acreditado ler em *Vigiar e Punir* a descrição de uma forma de censura, própria às instituições, aos estabelecimentos e às burguesias modernas, de um poder de "reprimir" a sexualidade – poder logo reduzido por leitores, volta de Woodstock a uma hipócrita vontade "vitoriana" de fazer calar a obscenidade do sexo condenando-o ao mutismo e à inexistência social. Eles não esperavam evidentemente ver o discurso social sobre a sexualidade – a tagarelice letrada, política ou cientificista – apresentado no livro seguinte como um meio de aumentar a força de envolvimento dos poderes que a controlam, nem esclarecido pela perversidade do voyeurismo de que Foucault descrevia a loquacidade e a repetição, em 1976, em *A Vontade de Saber*. Ele já tinha dado a fórmula de seu prazer em "decepcionar as expectativas"[5] suscitadas pelo desenvolvimento de um texto ou de uma frase, em 1969, em sua Introdução a *A Arqueologia do Saber*, divertindo-se em desempenhar aí o papel de um Foucault – supostamente desprovido de qualquer outro *ego* senão o que se renova sem cessar numa "análise interminável": o papel de um autor que em seu próximo livro "desprezaria" Foucault avisando-o "que (ele mesmo) não estaria mais lá onde ele (*o outro ele mesmo*) o espreitaria, mas aqui onde eu (*ele*) o espreito rindo".

Em política, eu o conheci principalmente em uma dessas alterações de ritmo que faziam minha admiração – sabendo-me eu mesmo incapaz – como os sinais de uma constância filosófica em sua pesquisa perpétua dos pontos de ruptura conceituais, retóricos ou políticos de todos os discursos dessa época em que se enfrentavam dois conformismos-gêmeos. Encontrando-o de volta de Túnis, desde a fundação de Vincennes ao outono de 1968, no "núcleo cooptante" dessa Universidade nova, ele me persuadiu bem facilmente de aliar o departamento de sociologia ao de filosofia que ele estava criando, para fazer surgir, forçando a eleição de Serge Leclaire, um departamento autônomo de psicanálise "que não seria uma pluma no chapéu da psicologia experimental" de que Le Ny, psicólogo marxista de sua geração, defendia com garras e dentes o monopólio na definição de uma psicologia científica. Assim também, eu o acompanhei com prazer em algumas de suas indignações políticas mais fortes, sem nenhum cálculo particular, achando-as simplesmente mais fundamentadas que outras revoltas acesas de direita ou de esquerda com isqueiros de aeroporto – e ainda que sem simpatia eu próprio pelas escaladas verbais dos grupinhos esquerdistas de então. Ele lançava suas campanhas de desestabilização de um poder simbólico como uma ação de "comando" subordinando, sorridente, moral e política uma à outra por enigmas ou parábolas, misturando o natural com a astúcia como samurai intelectual, por exemplo, com o *Comitê Djilali contra o Racismo* – onde apertei a mão de Sartre pela primeira vez na vida – ou ainda o GIP (Grupo de Informação sobre as Prisões), no qual um funcionário do Ministério da Justiça me entregou um dia um documento

---

5   Foucault utilizava geralmente a expressão "*déception des attentes*", pela qual Rifaterre – não sei se ele emprestou dele – caracterizava "o efeito de estilo" que produz, em cada um de seus momentos sucessivos, o desenrolar de um texto quando a sequência do discurso desfaz a expectativa que seu início e seu regime de cruzeiro suscitaram no leitor (*Essais de Stylistique Structurale*, 1971).

classificado "confidencial" com a excitação jubilosa de um criminoso burocrático. Foucault recusou, aliás, o relatório que ele me havia pedido sobre essas estatísticas, para tirar delas um brulote sobre a injustiça da justiça: minha análise que destacava fortemente a simetria em espelho desses cruzamentos – as "oportunidades" sociais de relaxamento, de absolvição, de sursis, de duração das penas pesadas ou das detenções provisórias etc. – com cruzamentos que eu tinha praticado nas oportunidades de sucesso ou de insucesso escolar segundo o meio social de origem lhe pareceu cheio de reformismo social-democrata, "um pouco idiota", me disse. Eu não ia me aborrecer, eu tinha ouvido a mesma coisa do PC a respeito dos *Héritiers*: aos olhos de um filósofo libertário como de um stalinista convicto, um sociólogo é sempre muito conciliador com a ordem estabelecida. Quando Foucault se persuadira da urgência de armar um "golpe político" – sobre a desumanidade dos "bairros de alta segurança" (QHS – Quartier de Haute Sécurité), ou sobre uma outra dessas causas ditas por miopia "a-políticas", que tinham sempre deixado indiferentes partidos de esquerda e [entidades de] caridade religiosas, emoções populares ou de eruditos "progressistas" – sua palavra incisiva impunha ao auditório uma evidência tão simples, que todo cidadão que tinha ficado, como eu, à escuta spinozista de "que um pouco de reflexão basta para persuadir" podia surpreender-se por não tê-la percebido antes – cercada sem nenhuma dúvida para Foucault com um halo sutil de harmônicos históricos, mas desprovida da maioria dos tropos e figuras universitárias do ofício filosófico. Em torno de seus "golpes" eu o vi suscitar – para meu grande espanto de sociólogo[6] – conjunções improváveis de eruditos e de poetas, dissidentes, esfolados vivos e homens de dever onde as profissões da pesquisa se misturavam às da arte, da literatura, do direito ou da função pública como às marginalidades intelectuais, até mesmo a *go-between* semiclandestinos do Bando de Baader.

Feitas as contas, desafiando a enumeração dos traços de caráter ou dos talentos de escrita que fizeram seu "carisma" pessoal, ele terá sido na França o mais inovador dos *mentores* numa época de repetições e voltas – mestre "por *défaut*", se assim preferirmos, como se diz no modo de uso dos menus informáticos, isto é, por falta de um programa articulado como um "menu" com subdivisões exclusivas. Mas pensando em quê, me perguntarão vocês? Eu diria, atendo-me, como sociólogo de observação, aos vestígios de um pensamento capaz de subsistir por muito tempo, uma vez evaporada a atualidade midiática – que em todas as coisas, as mais triviais como as mais eruditas, ele obrigava a pensar na *loquacidade* própria *ao caráter obsessivo* dos "pensamentos não amadurecidos" que vêm obsecar, como "loucas da casa" [imaginações], todo pensamento social, desde que ele se refira às categorias, aos objetos, aos lugares e aos momentos mais sensíveis de uma época, quaisquer que sejam o saber ou a cultura dos que se aplicam a pensar nisso. Mais do que ver na "ideologia", na teologia ou na mitologia uma falência do intelecto, uma "ausência de pensamento" – como o intrépido Spinoza, que só via aí um *lapsus*: uma série de palavras proferidas sem nelas pensar por aquele para quem a língua "tropeça", quando ele diz que "o galinheiro voou na galinha" pensando dizer o inverso – eu diria antes que o pensamento social do social é um verdadeiro pensamento, tão bem organizado como qualquer outro pensamento – científico, comum ou delirante – mas martelando-se a cabeça por tudo que não é aquilo em que ele pensa ostensivamente. É um *regime de pensamento* no qual podem exprimir-se e reconhecer-se todos os *sistemas de pensamento*, tornando insensíveis às distorções que eles aí sofrem. Foucault era brilhante em detectar os vestígios dessa invisibilidade obsedante na materialidade linguística dos raciocínios onde ela se mantém, se mostra e se trai, fazendo abrir seus vazios, acreditando aperfeiçoar suas plenitudes ou seus rigores de expressão.

---

6   Lembro-me do meu susto etnográfico, desembarcando em 1969 na sala dos fundos de um café da Goutte d'Or, onde se reunia um desses comitês "murros" que misturava jovens marginais e subproletários com celebridades elas mesmas tão pouco concordes como Jean Genet, Claude Mauriac, Simone Signoret ou Sartre – este era então o para-raios de *La Cause du Peuple*. Sabiamente sentado em volta de Foucault, que expunha um projeto de *sit-in* a realizar por surpresa na antecâmara de um Ministro da Justiça, sua atenção não era visivelmente a que se atribuiria a um mestre de cenáculo. Aquiescendo com o balançar da cabeça às suas frases nervosas, eles pareciam antes apegar-se a memorizar as ordens estabelecidas antes de uma operação por um chefe de *comando* num *briefing*. Nada na interação "não atual" que se desenvolvia aí me lembrava os "comitês" de intelectuais que eu tinha podido observar em Vincennes ou na *Rive Gauche* – sentenciosos ou descabelados, telecomandados por um partido, uma seita, uma igreja ou autoproclamados na desordem lúdica de uma anarquia teatral.

[...] A precisão elucidante do discurso político de Foucault apagava aí as marcas muito visíveis de sua profissão de filósofo como as do prazer literário de escrever que ele pesquisava, no entanto, em seus livros, até o virtuosismo, a fim de equilibrar como artista as escoras filosóficas de sua argumentação histórica. Os colegas que invejavam de longe, ou de perto, o filósofo inapreensível não podiam impedir-se de admirar as figuras de sua argumentação coreográfica, tornada mais fascinante ainda pelo laconismo venenoso de seus envolvimentos políticos. Impossível de fixar nas categorias de um sistema logicamente aferrolhado, irrecuperável em toda estratégia de incorporação por um campo político, ele instalava em outra parte, mas à margem das marginalidades intelectuais reconhecidas, empenhadas em gerir aí a permanência de seus estabelecimentos. Foucault encarnava um tipo de filósofo perfeitamente estranho às correntes clássicas, mesmo as mais radicais da filosofia e da sociologia políticas. Poder-se-ia tanto qualificar de ingênuo quanto de perverso seu carisma de inventor, às vezes de incendiário. Ele podia tirar de um pequeno movimento de humor, que não parecia inicialmente senão um grito de sofrimento arrancado da preocupação da desgraça de outrem – onde ele reconhecia algo do seu – uma consequência abrupta da qual o desdobramento em pensamentos e em atos necessários se revelava, de parágrafo em parágrafo como de um combate ao seguinte, inesgotável em recuos significativos, cada um exprimindo *em abismo* a maneira como ele próprio ressentia pessoalmente o *insuportável* na existência quotidiana.

Mas esses deslocamentos perpétuos do ponto de aplicação das verdades de Foucault eram também reveladores da maneira como sua agilidade filosófica sabia fazer ouvir, desde o mais longínquo dos tempos e das culturas, a voz singular de experiências análogas em outros discursos do controle social ou do cativamento do desejo. Não havia *hápax* de que ele não soubesse fazer um "caso" que fazia eclodir o sonambulismo opaco dos sistemas e dos regulamentos sociais, esclarecendo-os pelo discurso abundante de uma instituição especializada ou de uma "ordem de legitimidade" como pela função de suas cerimônias de palavra e de seus minutos de silêncio.[7] "Quando é insuportável, não se suporta mais", dizia ele para se livrar do comentário filosófico de suas escolhas políticas. Foucault multiplicou assim as formulações antifilosóficas do sentido de suas interpelações públicas nos terrenos mais apolíticos da atualidade social, onde os grupinhos mais radicais da contestação estudantil não estavam mais presentes nem mais rigorosamente pensantes que as formações políticas clássicas, pequenas ou grandes.[8] Ele me permitiu, nessa época, compreender, por contraste, a idiossincrasia política de meu amigo Bourdieu, que acreditava não poder amarrar seu poder pessoal de persuasão política senão numa teoria sociológica acabada, que ele se havia por muito tempo aplicado a construir só para seu uso por uma desconstrução minuciosa de todas as outras.

Foucault era perfeitamente estranho à ideia de que a "verdade científica" de suas próprias pesquisas históricas ou antropológicas pudesse comandar cientificamente a aspereza de seus envolvimentos no século, como se só se tivesse tratado de prolongar as frases ou os parágrafos de uma análise histórica. Ele jamais escondeu dos filósofos seus amigos que suas revoltas políticas eram primeiramente acessos de cólera, nem aos maledicentes do ofício que suas fortes atrações lhe vinham de uma interrogação filosófica, amadurecida em sua biografia como um tormento contínuo. A cargo para aqueles que liam seus livros – isto é, uma pequena parte dos que os compravam como *best-sellers* ou como "esporte" de suas leituras de praia – de aí encontrar a sutileza de um humor glacial que, eu penso, lhe tinha permitido escapar em

---

7   *Eu, Pierre Rivière, que degolei minha mãe, minha irmã e meu irmão. Um caso de parricídio no século XIX*, apresentado por M. Foucault *et al.* Paris: Gallimard/Julliard, 1973.

8   Ver, entre outras formulações, a enumeração das regras que Foucault – parodiando o título de São Francisco de Sales – apresentava como as de uma *Introdução à vida não fascista*, um guia da vida quotidiana, precisava ele: "Não use o pensamento para dar a uma prática política um valor de verdade." Frase frequentemente citada, mas omitindo a regra seguinte: "... nem a ação política para desacreditar um pensamento como se ele fosse apenas pura especulação". Não era um desdobramento do pensador ou uma duplicidade do pensamento que reclamava Foucault, mas uma clara articulação entre práticas de pensamento incomensuráveis, atribuindo cada uma ao seu lugar específico de *eficácia mental*: a ação política como "intensificador" do pensamento; e a análise filosófica ou científica como "multiplicador" das formas de intervenção em política. Ver M. Foucault, Préface à la traduction de *L'Anti-Oedipe* en anglais (Deleuze et Guattari), *Dits et Écrits*, op. cit. (texte 189, 1977), III, p. 135. Há tradução brasileira: Prefácio à tradução do Anti-Édipo em inglês (Deleuze e Guattari). *Ditos e Escritos*, VI.

sua juventude do desespero mútico e da violência contra si. Seu gosto pelas raridades históricas parece ter podido conduzi-lo algumas vezes a alguma inconsequência e, é claro, o censuraram dois ou três textos onde sua curiosidade um momento atiçada pelo islamismo revolucionário de Khomeyni se tinha armado com um esforço de "compreensão" que podia ser visto como uma complacência.[9] Mas ele jamais peregrinou – como alguns outros intelectuais "revolucionários" na época – junto a Khomeyni e, se ele foi um dia ao jardim de Neauphle-le-Château, foi somente porque tinha sido convidado por estudantes iranianos de Vincennes, a fim de melhor ouvir aí debaterem sobre aquilo de que, diabos!, podia mesmo tratar-se – como ele não recusava jamais e como ele o fez também no Japão, num mosteiro budista. Pareceu-me um breve momento admirativo – ou invejoso, se preferirem – de uma legitimidade religiosa de que ele não podia impedir-se de observar – com uma gulodice de perito, diria eu – a sede de insurreição que ela podia insuflar nas massas de uma sociedade em revolta contra a modernidade técnica, num face a face com a suprema potência imperial dos Estados Unidos. Eu diria que ele perscrutava principalmente o carisma do Imame devastador como antropólogo, como artista e como poeta, talvez nostálgico de um carisma diferente do universitário; mas também como antropólogo curioso de um "caso" de teocracia surgido imprevisivelmente no cerne da modernização acelerada de uma sociedade, e que não parecia, entretanto, em nada com o césaro-papismo de que o mundo comunista tinha multiplicado os exemplos ateus – rapidamente aquecido, entretanto, pelo fanatismo sem alegria e as intolerâncias teológicas que seguiram a vitória dessa Revolução.

É por uma dilaceração minuciosa e tranquila de todos os conformismos políticos, e inicialmente dos códigos filosóficos ou científicos mais bem ancorados nos reflexos "naturalistas" dos pensamentos razoáveis de direita como de esquerda – idealistas, materialistas, marxistas ou espiritualistas – que ele reanimava sem trégua seu desejo sempre insaciado de subverter um valor cultural cuja trama intelectual ou os instrumentos sociais teriam escapado ao seu escalpelo. Detectava-se facilmente nele um nietzscheísmo de primeira vez, tão tenaz, mas menos aplanado em todos os seus estratos filosóficos que o de Deleuze – mais *diretamente político*, em suma: o inverso precisamente da *political correctness*, sempre envenenada com uma migalha do espírito anglo-saxônico de seita ou de método, e talvez mais raciocinante ainda sobre os *campi* americanos – onde ele tinha encontrado com um divertimento alegre, muito diferente da seriedade filosófica que aí aplicava Derrida, sempre um nada em posição perigosa entre os discursos que ele mantinha em Paris e em Berkeley. Suas campanhas contra o racismo, as prisões, a normalização hospitalar e psiquiátrica ou as ortopedias morais que prosperavam no corpo institucional da psicanálise, como seus combates em favor das maginalidades sexuais – e muitos outros ataques feitos fortemente contra instituições prepostas para zelar a propriedade privada e consignada em todos os bens simbólicos supostos de interesse comum, onde ele era mestre em descobrir o poder proteiforme de um "saber" fechado numa racionalidade de justificação – levam todos uma marca de fábrica que fez o desespero dos imitadores doentes de continuísmo ideológico ou retórico. Suas "ajudas" políticas definitivamente "incendiaram" as guerras de trincheiras onde se perpetuava, nos anos 1970, o ronrom das clericaturas intelectuais e das seitas político-gnósticas voltadas a uma cultura de sobrevivência. Entre os grandes universitários com que cruzei nas águas muito frequentes da insubordinação intelectual, era um dos raros a encontrar-se à vontade no gabinete de um ministro ou de um reitor petrificados pela elegância incisiva de suas interpelações, tanto quanto num face a face tenso com a polícia na rua. Sua atitude, ora acrobática, ora *trickster* – o diferenciava em todos os sentidos nos *meetings* e nos desfiles onde os oficiais do pensamento revolucionário vinham em datas previsíveis cavalgar as frases preparadas por coletivos de pequenos profetas, cada um especializado na pesagem das palavras de seu idioma político.

"Boas páginas" de 100 volumes de memórias a publicar em 2011 com o título: Itinéraire d'un Sociologue. Trames, bifurcations, rencontres. Ed. La Découverte.

---

9   Os artigos-reportagem de Foucault que acompanharam a subida e, depois, o triunfo da revolução khomeynista desencadearam no cenário intelectual parisiense uma polêmica agitada, com os inevitáveis processos de intenção e travestimentos de seus julgamentos sobre a noção de "governo islâmico". Cf. nessas datas *Dits et Écrits*, op. cit.

Michel Foucault vivo

Cristian Revon

Descobri Michel Foucault pela leitura de *Vigiar e Punir*, e eu pensava imediatamente em ir encontrá-lo. Marquei, então, encontro, ele me convidava a ir vê-lo em sua casa e acredito ter-lhe dito, de saída, o que eu pensava de seu livro: era a primeira vez, enfim, que eu lia algo que tinha a ver com minha prática judiciária (eu sou advogado), escrito por um não jurista – eu desconhecia naquele momento que ele era filósofo, professor no Collège de France e autor de inúmeras obras: esse seu livro me bastava.

Penso que ele logo me disse: "Sim, é realmente meu primeiro livro." Eu me encontrava, em 1975, em plena confusão tanto pessoal quanto profissional. Eu acabava, dois ou três anos antes, de deixar a vida religiosa à qual me tinha dedicado de corpo e alma em 1956, aos 25 anos, solicitando minha admissão na ordem dos Irmãos Pregadores, os dominicanos, no convento de Saint Jacques, depois de ter feito uma licenciatura de direito. Eu não me arrependia em nada dessa decisão, mas vivia mal a perda desse universo religioso, de suas referências, de seu conforto espiritual. Seria muito longo relatar o caminho que me levou da vida religiosa à profissão de advogado.

Assim é que eu me encontrava em 1975 um pouco perdido nessa vida nova, com uma profissão que eu conhecia mal, nesse mundo do direito de que eu tinha praticamente esquecido tudo e sem saber o que me ia acontecer – tinha então 43 anos. Cada um, eu penso, pode ter uma razão de se apegar ao pensamento de Michel Foucault e ao seu personagem, à sua ação, à sua vida.

No que me concerne, penso que ele encarnava para mim a realização de Maio de 1968. O que tinha sido vivido como um sonho, essa felicidade imensa que nos havia tomado durante esses acontecimentos, eu o via continuado, realizado lucidamente, friamente, mas realmente por ele. Era Maio de 1968 salvo! Eis o que representava para mim a personalidade inteira de Foucault – o que me fascinava nele era sua capacidade de ação, de seus cursos, de sua vida intelectual e de sua vida pessoal. Sua homossexualidade me fascinava também, sem dúvida, como uma vontade audaciosa de viver sua vida sem concessão, sem compromisso, como uma palavra verdadeira sobre ele mesmo, como um envolvimento vital. Ele não me assustava, ele me atraía talvez, como essa margem que ele mantinha com a norma, essa parte privada dele mesmo que lhe era sem dúvida fundamental.

Voltemos à leitura de *Vigiar e Punir* e à maneira como ela pôde "balançar, inspirar, inquietar" não somente minha prática judiciária, mas minha vida somente. Primeiramente as poucas páginas (páginas 21 a 29) nas quais Foucault aprofunda o que há sob a atenuação da severidade penal. É aí que ele indica um deslocamento no próprio objeto da operação punitiva: "Julgam-se sempre objetos jurídicos definidos pelo Código (o crime, o delito, a infração), mas julgam-se, ao mesmo tempo, paixões, instintos, anomalias, enfermidades, inadaptações, efeitos de meio ou de hereditariedade." E para mostrar como se chegou aí, Foucault entra na própria lógica jurídica. É aí que ele faz, parece-me, obra de arqueólogo, de genealogista. Ele aprofunda, separa, espana, faz aparecerem os estratos sucessivos que, finalmente, mostraram a realidade que observamos hoje, como numa escavação arqueológica.

Essa lógica jurídica interna, ele a segue com um grande rigor e uma grande segurança. É o que mais me impressionou. Ele separa o essencial, ficando ao mesmo tempo no cerne do jurídico e fora, dominando. Totalmente dentro e totalmente estranho. Esse filão que ele segue atenciosamente faz aparecerem as mudanças sucessivas no ato de julgar. Ele segue o jogo "das circunstâncias atenuantes" que faz entrarem no veredicto não somente elementos circunstanciais do ato, mas essa outra coisa que não é juridicamente codificável: o conhecimento do criminoso, a apreciação que se faz dele, o que se pode saber sobre as relações

entre ele, seu passado e seu crime, o que se pode esperar dele no futuro. Ele segue o jogo da perícia psiquiátrica e, de uma maneira mais geral, a maneira como a questão da loucura evoluiu na prática penal: retomando os termos do artigo 64 do antigo Código penal (1810), que coloca o princípio de "que não há nem crime nem delito, quando o acusado estava em estado de demência no tempo da ação, ou quando ele foi obrigado por uma força à qual ele não pôde resistir". A lei tornava assim impossível declarar alguém ao mesmo tempo culpado e louco. Foucault destaca que "muito cedo os tribunais do século XIX desprezaram o sentido do artigo 64" e admitiram que se podia ser ao mesmo tempo culpado e louco.

Essa maneira muito precisa, para não dizer meticulosa, que Foucault tinha de argumentar me tinha seduzido. Um não jurista se apoderava de nossa prática judiciária, domínio o quanto reservado à jurisprudência e aos comentários da "doutrina".

O que me havia surpreendido também em *Vigiar e Punir* era uma capacidade de "inversão" na maneira de ver, de abordar um assunto, um problema, de compreendê-lo, a custo de uma mudança radical. Por exemplo, a respeito da prisão, Foucault constata que, desde o início, a prisão é o objeto de críticas, que se encontram ainda hoje: "Mas talvez se deva inverter o problema, e se perguntar para que serve o insucesso da prisão e para que são úteis esses diferentes fenômenos que a crítica continuamente denuncia: manutenção na deliquência, indução da recidiva, transformação do infrator casual em delinquente habitual, organização de um meio fechado de delinquência" (p. 277). Trata-se, pois, por uma inversão, de se perguntar "para que serve o fracasso da prisão". Essa "inversão" é formidável de lucidez e de audácia.

Essa capacidade de inversão, eu não cessei de chamá-la ao socorro dos impasses nos quais eu podia me encontrar, em minha prática de advogado como em minha vida de todos os dias, e eu chamaria de bom grado o apelo a um princípio de lucidez: "Na realidade, o que acontece exatamente?" "O que acontece realmente sob as aparências?" "Qual é a motivação real da problemática na qual se debate?" Essa mulher que eu defendo no Tribunal e que matou seu filho, que é julgada como assassina de seu filho, não é ela a primeira vítima, a única e verdadeira e definitiva vítima? Essa liberdade no julgamento de uma situação, para meus clientes e para mim mesmo, acompanhou-me com o passar do tempo, e aí Foucault me trazia muito mais ainda que a emergência da verdadeira finalidade da prisão.

Era, pois, com esse estado de espírito que eu me dirigia à casa de Michel Foucault durante esse ano de 1975, ao qual eu queria voltar. Tendo prestado juramento em dezembro de 1967, eu começava a fazer o estágio obrigatório junto a um confrade comercialista que tinha concordado em me acolher. Mas os acontecimentos de maio de 1968 intervieram logo e eu me lançava perdidamente na defesa dos esquerdistas que a polícia perseguia de múltiplas maneiras, no seio de um coletivo de defesa principalmente animado por Henri Leclerc. Aí eu me encontrava completamente, e a defesa desses jovens diante do Tribunal Correcional, as visitas à prisão da Santé me satisfaziam plenamente. Havia continuidade entre meu engajamento religioso e meu investimento profissional. Os confrades desse coletivo de defesa eram jovens e cheios de entusiasmo. Mas estávamos confrontados a uma rude repressão ("ultrajes a agente da força pública", "distribuição de panfletos sem nome de impressor", tais eram, no mais das vezes, os delitos perseguidos, quando não era "reconstituição de liga extinta", "ocupação à força de edifícios públicos ou religiosos", ou a pilhagem dos produtos de luxo na casa Fauchon para redistribuí-los aos pobres). Eu fazia, parecia-me, obra política, na base de uma defesa penal mais feita de convicção do que de competência. Eu desenvolvia um antijuridicismo inato e me tornava um antijuízes sem matizes. Eu pensava também que era preciso derrubar as prisões.

Eu não era, portanto, o advogado-tipo e tinha até pedido demissão da barra durante dois anos, de 1973 a 1974, para me tornar aluno enfermeiro no hospital psiquiátrico de Sainte Anne. Eu estava nesse estado de espírito em 1975, quando encontrava Michel Foucault, tendo assim mesmo pedido minha reinscrição no Foro de Paris.

Michel Foucault nos ajudava a questionar as referências estabelecidas. Mas cabia a nós inventar as práticas novas que o trabalho de análise de Michel Foucault tornava possíveis, tendo limpado o terreno das falsas certezas, das falsas construções educativas e de todas as nossas ilusões. Pode-se evocar aqui, como realização "foucauldiana" ou "uso jurídico de Foucault", o trabalho de organização de uma "Butique de Direito em Paris". Lembro-me que tínhamos partido de algumas evidências: as informações

dadas pelos profissionais do direito e, em especial, pelos advogados (a defesa do locatário em relação ao proprietário, do assalariado em relação ao empregador) faziam o cidadão entrar numa lógica que lhe escapava. Não somente as palavras empregadas, os procedimentos a seguir diante das diferentes jurisdições lhe eram frequentemente incompreensíveis, mas principalmente o despossuíam do problema que ele devia enfrentar, impedia a força individual ou coletiva de que ele dispunha de ponderar sobre uma solução justa, desarmava-o de alguma maneira. Esta força era simples e sólida: ela partia da necessidade de ter uma casa, mesmo se o pagamento dos aluguéis se tornasse impossível, da necessidade de trabalhar, mesmo se o empregador julgasse bom dispensar. E visávamos, antes de tudo, a que esse cidadão não se tornasse muito rapidamente um justiçável cuja causa estava perdida por antecipação, mas se reapropriasse, mobilizando suas forças e as de seus semelhantes, do problema que ele tinha sido levado a atravessar (expulsão, demissão, ataques à sua vida pessoal e familiar, doença, escolaridade das crianças, guarda das crianças em caso de separação dos pais etc.). Não fazíamos nada por eles, em seu lugar, nem uma carta, nem uma intervenção, nós deixávamos somente emergir da consulta uma decisão clara e simples daquele ou daquela que nos submetia seu caso. A consulta era coletiva, em torno de uma grande mesa, cada uma das pessoas presentes podendo fazer perguntas, dar sua opinião, apresentar uma dificuldade análoga e principalmente os juristas, os jovens advogados que tinham entrado na Butique deviam escutar, esperar, não traduzir juridicamente em seguida o que era exposto, a fim de deixar emergir a energia daquele ou daquela que tinha o interesse, a força de fazer ou de dizer tal coisa precisa que ele pensava fazer ou dizer, e não de se entregar nas mãos de juristas ou de intermediários, de dificuldades sobre as quais eles mesmos, por diferentes razões, podiam tomar a decisão que os restabeleceriam numa posição mais forte, mais justa, mais humana e mais conforme à sua dignidade de homens e de mulheres.

Eram assim as Butiques de Direito, não uma consulta jurídica a mais, não um supermercado jurídico, mas a ajuda ao recomeço salutar daquele que é vítima, reencontrando o caminho de seu direito e se fazendo ator da solução justa que era preciso encontrar. Ajudá-lo a passar da injustiça sofrida à justiça que se opera. Reencontrar ainda uma vez sua força e sua dignidade, quaisquer que sejam as dificuldades que se atravessam e cuja causa não é primeiramente a incúria, a negligência, a incompetência, o erro daquele que os suporta.

Insubordinações contínuas

Michel Porret
A Bronislaw Baczko

Desde a publicação, em 1975, de *Vigiar e Punir. Nascimento da Prisão*, que imediatamente suscita o debate e a polêmica em razão de seu projeto "anistórico",[1] as leituras tentadas e acabadas desse livro sobre a história filosófica da vontade punitiva constituem repetidos e não uniformes encontros intelectuais com Michel Foucault. Diálogos variados com ideias para formatar pesquisas, dirigir uma tese de doutorado em história penal, organizar o colóquio internacional de Genève (23-25 de fevereiro de 2006) sobre o autor de *Vigiar e Punir*,[2] e, há muito tempo, enquadrar estudantes de história moderna, dirigir memórias de mestrado e doutorado.

As primeiras confrontações universitárias com o autor da *Histoire de la Folie à l'Âge Classique* resultam de um outro encontro determinante nos planos intelectual e afetivo. Aquele com meu mestre e amigo Bronislaw Baczko, imenso historiador das ideias, da utopia, das Luzes, dos imaginários sociais e da Revolução Francesa.[3] Depois de Varsóvia, onde ele cruza com Foucault, entre outubro de 1958 e outubro de 1959, Bronislaw Baczko ensina de dezembro de 1969 a 1973 a história das ideias na Universidade Blaise Pascal, de Clermont-Ferrand, onde Foucault foi eleito em outubro de 1960, antes de seu desligamento da universidade francesa em outubro de 1966. Em seguida às exações políticas das autoridades da Polônia comunista contra os universitários humanistas e "liberais", Baczko é acolhido na Auvergne pelo especialista da natureza no século XVIII, Jean Ehrard. Recrutado em seguida pela Universidade de Genebra, o historiador polonês ocupa aí, de 1974 a 1989, a única cadeira universitária da Europa francófona intitulada "História das mentalidades". O gosto pelo Iluminismo, a paixão pelo debate intelectual e a amizade generosa o aproximam de Jean Starobinski.

Tendo especialmente assinado *Rousseau, Solitude et Communauté* (1970), *Lumières de l'Utopie* (1978), *Comment Sortir de la Terreur, Thermidor et la Révolution* (1989), *Job mon Ami, Promesse du Bonheur et Fatalité du Mal* (1997), ou, ainda, *Politiques de la Révolution Française* (2008), esse intelectual rigoroso forjou com a humanidade o espírito crítico de centenas de estudantes de história. Estudante, assistente e com tese orientada por Bronislaw Baczko – verdadeiro pedagogo porque sem didatismo – eu o segui e depois o assisti em seus seminários de "história das mentalidades" e de "história da história", onde são ouvidos prestigiosos convidados, dentre os quais Michelle Perrot, Keith Baker, Michel de Certeau, Robert Darnton, Carlo Ginzburg, ou, ainda, Jean Marie Goulemot.

Na cidade natal de Rousseau, entre cursos, seminários e discussões preparatórias a exames mais rígidos, Bronislaw Baczko convida com firmeza seus estudantes a inúmeras leituras. Ele manda ler Michel Foucault – entre muitas outras obras da modernidade intelectual redigidas desde o Renascimento. A escolha dos textos está ligada às temáticas de seus ensinamentos anuais. No âmbito dos seminários de história das mentalidades sobre "Marginais e marginalidade social" (1982-1983) ou "O lícito e o ilícito no

---

1   Michelle Perrot (dir.), *L'Impossible Prison:* Recherches sur le Système Pénitentiaire au XIXᵉ Siècle. Seuil, 1980.

2   Michel Porret (ed.), *Les Sphères du Pénal.* Avec Michel Foucault. Lausanne: Antipodes, 2007 (av. Marco Cicchini).

3   Sobre Bronislaw Baczko, ver em francês: Giovanni Busino, Jean-Claude-Favez, Krzysztof Pomian, Michel Porret (ed.), *Lumières, Utopies, Révolutions:* Espérance de la Démocratie. À Bronislaw Baczko, dans Caher Vilfredo Pareto. *Revue Européenne des Sciences Sociales*, XXVII, nº 85, 1989; Michel Porret, Utopie, Lumières, Révolution, Démocratie: Les Questions de Bronislaw Baczko, seguido de L'Horizon d'Attente des Lumières. Entretien avec Bronislaw Baczko. *Esprit*, 8-9, p. 22-35, 36-55, agosto-setembro 2003.

século XVIII" (1987-1988), Baczko evoca a maioria dos trabalhos de Foucault, apesar de sua desconfiança de filósofo e de historiador das ideias por *As Palavras e as Coisas*. Ele manda principalmente estudar a *História da Loucura na Idade Clássica* – a obra mestre de Foucault segundo Baczko –, *Eu, Pierre Rivière, que degolei minha mãe, minha irmã e meu irmão,* Le Désordre des Familles, l'Histoire de la Sexualité, assim como, evidentemente, *Vigiar e Punir*. Nascimento da Prisão. Convites à leitura para enriquecer o material conceitual dos estudantes. Convites pontuados de recomendação intelectual. A que implica a prudência do espírito crítico que obriga o distanciamento da escrita foucauldiana que aumenta o sentido das palavras e das coisas a ponto de tornar obsedantes os objetos que ela ilumina. Levada pelo excesso do discurso que fragiliza a historicidade de um objeto, a narração sedutora de Foucault obvia às vezes a liberdade de pensar por si mesmo a partir dos arquivos aos quais Baczko rapidamente nos remete.

Mensagem bem recebida! A confrontação acadêmica com Michel Foucault via Bronislaw Baczko chegou à minha primeira pesquisa nos arquivos judiciários para uma memória de licenciatura [*licence*] (hoje: mestrado [*maîtrise*]) tratando dos mecanismos sociais e a antropologia da violência interpessoal como revelador da sociabilidade litigiosa urbana na República de Genebra, nos anos 1760. O poder público do ritual judiciário emerge da fragilidade material dos dossiês criminais. As vidas frágeis, as dos "homens infames" assim como as existências varridas pela grande história são tiradas do silêncio do passado escondido no papel de outrora. Crianças massacradas, mulheres abusadas, homens magoados: através do flagrante delito, a queixa ou o rumor da vizinhança, a justiça oferece logo o caminho de retorno à honra e à dignidade social para inúmeros indivíduos lesados e violentados. As mulheres dilaceradas pelos predadores sexuais encontram na justiça as palavras para dizer e fazer reparar o ultraje íntimo. A reparação penal é menos o sinal da opressão que o da pacificação da violência que destrói sempre os mais desprotegidos.[4] O gosto pelos arquivos nasceu. Ele não me deixará mais.

Esse gosto se desenvolve em mais de 150 artigos de história judiciária (criminalidade, suicídio, jogo, medicina legal etc.).[5] Acrescentem-se a isso obras coletivas e individuais sobre a história da cadeia do penal. Material impresso como fruto de encontros com Michel Foucault.[6] Esse interesse pelo direito de punir culmina uma primeira vez numa investigação de maior envergadura sobre a prática penal dos procuradores-gerais da República protestante de Genebra. *Luzes* e *Direito de Punir*: uma problemática de tese sobre a modernidade penal no cerne de uma dupla filiação. A leitura crítica de Foucault nos seminários de Baczko, com quem prestei meu primeiro exame de história do direito de punir sobre o "nascimento da prisão".

Querendo dialogar com a história discursiva da vontade punitiva que alimenta *Vigiar e Punir*, minha tese de doutorado em história moderna (empreendida em 1989, redigida de setembro de 1991 a julho de 1992, na *Firestone Library* da Universidade de Princeton, defendida, em 1994, na de Genebra), trata de vários milhares de páginas manuscritas de requisitórios. Os que redigem no século XVIII na urgência penal os procuradores-gerais de Genebra.[7] No âmbito da justiça arbitrária própria a toda a Europa do Antigo Regime, ao termo da instrução conduzida por um auditor de justiça (juiz de instrução), os procuradores genebrinos qualificam o crime e motivam a pena que eles exigem do Pequeno Conselho da República na qual a sentença definitiva é sem recurso. Cheios de equidade, esses magistrados determinam uma penalidade progressivamente esclarecida. Depois de 1750, eles visam à correção não infamante dos justiçáveis condenados. Alguns desaprovam a pena capital assim como a marca infamante com ferrete em recidivistas.

---

4   Michel Porret, Violence des "excès" et excès des violences: vie quotidienne et violence. Genève, 1760-1767, Université de Genève, mémoire dactylographié, 1986.

5   Cf. Michel Porret, http://www.rero.ch/.

6   *Idem, L'Ombre du Diable*. Michée Chauderon, dernière sorcière exécutée à Genève. Genève: Georg, 2009; *Sur la Scène du Crime*. Pratique Pénale, Enquête et Expertises Judiciaires à Genève (XVIIIᵉ-XIXᵉ Siècle). Montréal: PUM, 2008; *Le Criminel Endurci*. Récidive et Récidivistes du Moyen Âge au XXᵉ Siècle. Genève: Droz, 2006 (av. François Briegel); *Homo Criminalis*. Pratiques et Doctrines Médico-Légales, XVIᵉ-XXᵉ Siècles. *Équinoxe*, 22, *Revue de Sciences Humaines*, 1999 (av. Vincent Barras) ; *Le Corps Violenté*: Du Geste à la Parole. Genève: Droz, 1998.

7   *Idem, Le Crime et ses Circonstances*. De l'Esprit de l'Arbitraire au Siècle des Lumières selon les Réquisitoires des Procureurs Généraux de Genève. Genève: Droz, 1995, préface de Bronislaw Baczko.

Se *Vigiar e Punir* quer ilustrar a universalidade do penal como cadinho da sociedade disciplinar ocidental que culmina no cárcere, *Le Crime et ses Circonstances* aspira mais modestamente ao projeto da micro-história para reconstruir em seu contexto normativo a prática penal do Iluminismo segundo o que apresenta o arquivo judiciário. Está aí operacionalizada uma atitude analítica e indutiva que cruza as leis, as ideias (doutrinas), as práticas punitivas e sua materialidade (arquivos judiciários), assim como as representações intelectuais da vontade punitiva. Voltada para a exigência de modernidade própria ao contrato social que coloca fora de jogo o recurso privado da vindita privada, a prática penal dos procuradores-gerais de Genebra desenha um horizonte de espera propícia à implantação da reforma penal. A que é particular na Europa no "momento Beccaria", entre 1760 e 1780. Cesare Beccaria, o reformador da cadeia do penal que evoca com ceticismo Foucault, numa tradução datada, que não acredita no humanismo penal.[8] Ora, Beccaria, o humanista do penal, tornou-se para mim o objeto de uma obra coletiva (fruto de um colóquio em 1994), depois, de uma monografia de história intelectual consagrada ao direito de punir segundo o Iluminismo.[9] Iluminismo e direito de punir: o encontro de Foucault no seminário de Baczko se pereniza.

Rompendo com o positivismo exagerado da história do direito que só remete frequentemente à do "progresso" jurídico, esquecendo as condições sociais e os desafios políticos da constituição das normas que têm força de lei, antes ou sob o Estado de direito, a investigação sobre o ministério público genebrino tira proveito (certamente não bastante) do grande alerta de Michel Foucault. O que convida a decifrar os projetos normativos, as astúcias discursivas e as estratégias institucionais da "ciência jurídica" que validam as faculdades de direito. Foucault convida constantemente a essa precaução crítica ou higiene intelectual da pesquisa. Dá prova disso o *corpus* dos 364 textos – breves ou longos enunciados ou publicados de 1954 a 1988 – esparsos, mas reunidos a partir de 1994 nos quatro volumes dos *Ditos e Escritos*. Uma parte essencial desse material intelectual trata da cultura penal – majoritariamente nos séculos XVII, XVIII e XIX segundo a ordem da periodização favorecida por Foucault.[10]

Além disso, *Le Crime et ses Circonstances* enfatiza a história da prática penal para tomar distância de *Vigiar e Punir*, que santifica a vontade punitiva. Como o mostram a partir de uns 30 anos os canteiros de história social, institucional, intelectual e cultural do crime, da pena e da polícia abertos em inúmeros acervos de arquivos antigos e contemporâneos,[11] não se pode limitar a escrever a história só da *vontade punitiva*, ou seja, a dos discursos do(s) poder(es). Importa ultrapassar a arqueologia da vontade punitiva que Michel Foucault cruza com a do saber (hoje se escreveria "dos saberes"), na verdade colada uma à outra. Uma ligação conceitual que ilustra a postura da ordem do discurso como dispositivo político. O que indica o locutor na dominação dos receptores, como o faz uma sentença criminal destinada a um justiçável condenado.[12]

Direito de punir, cultura jurídica e judiciária, criminologia, medicina legal: pensar o penal não pode ser equivalente a indicar os discursos normativos. Essas palavras que unem a lei ao direito de punir, quando muito frequentemente a primeira ultrapassa o segundo na vontade punitiva. Publicado no contexto do militantismo generoso de Foucault e de outros intelectuais enojados pela deriva totalitária da prisão republicana na França nos anos 1970,[13] *Vigiar e Punir* é ornado com discursos excessivos que traduzem a

---

8   Michel Foucault, *Surveiller et Punir*, p. 106-109. Há tradução brasileira: *Vigiar e Punir*.

9   Michel Porret, *Beccaria et la Culture Juridique des Lumières*. Genève: Droz, 1997; Beccaria, *Le Droit de Punir*. Paris: Michalon, 2003.

10   Michel Foucault, *Dits et Écrits 1954-1988*, edição publicada sob a direção de Daniel Defert e François Ewald. Paris: Gallimard. Bibliothèque des Sciences Humaines, 4 v., 1994; *vide* t. IV, *vide* "Index des périodes historiques" (p. 883-885) e "Index des notions" (IV, p. 863-880): "code", "crime", "délinquence", "droit", "enfermement", "illégalisme (ou illégalité)", "juridiction", "justice", "loi", "panoptique (ou panoptisme)", "police", "prison", "punition", "répression", "sécurité", "supplice", "transgression", "violence". Há tradução brasileira: *Dits e Escritos*.

11   Para um balanço rápido, uma revista editada desde 1997 (*Crimes, Histoire et Société*, 14 volumes anuais publicados, http://chs.revues.org) e um *site* de pesquisa (http://www.criminocorpus.cnrs.fr).

12   Michel Foucault, *L'Ordre du Discours*. Leçon inaugurale au Collège de France prononcée le 2 septembre 1970. Paris: Gallimard, Bibliothèque des Histoires, 1971, p. 12.

13   Philippe Artières, Laurent Quéro, Michelle Zancarini-Fournel, *Le Groupe d'Information sur les Prisons Archives d'une Lutte*. Paris: IMEC, 2003. Há tradução brasileira: *A Ordem do Discurso*.

Insubordinações contínuas   169

dureza penal do tempo. Discursos radicais porque emblemáticos de um momento (os da "magnitude dos suplícios", "da punição generalizada" ou ainda do "panoptismo" como matriz do carcerário).[14] Discursos que Foucault aprecia quando sua recepção é discreta, paradoxal ou confidencial. Discursos jurídicos em demasia cuja retórica normativa é frequentemente na ênfase punitiva e repressiva em relação às práticas penais, flexíveis porque cheias de negociação social – ou acomodação e "infrajudiciária" segundo alguns especialistas do direito de punir.[15] Esses discursos parecem, de fato, com modos de uso de máquinas punitivas ou terapêuticas frequentemente idealizadas em seu funcionamento normativo que pulem o discurso de Foucault. Doutrina, leis, discursos, ideias, práticas: em contracampo da abstração só da vontade punitiva, esses elementos cruzados determinam uma outra maneira de escrever (e de pensar) a história do direito de punir aplicado pela justiça criminal do Estado moderno ou contemporâneo. Um história que se escreve no prisma das relações sociais que o penal contribui para formar, frequentemente pacificando-o, como o mostram os requisitórios dos procuradores-gerais de Genebra.

Em Foucault, o discurso sobre a vontade punitiva perde às vezes seu sujeito. Através de *Vigiar e Punir*, a vontade punitiva culmina na narração a-histórica da pronominalização excessiva. Levada a um "se" onipresente (até mesmo a verbos colocados no infinitivo), a vontade de punir é universal, intemporal, providencialista – à maneira da cólera divina? Ora, de onde parte exatamente a vontade de punir? Quem a anima (na República de Genebra, ela é motivada pelos procuradores-gerais)? De onde ela vem? Ela é uniforme e coerente? Como ela é argumentada? Quais são as suas motivações? A que visa ela? Como se afirmam as resistências sociais ao "se" punitivo que disciplina a sociedade? O suplício ("operador político", *Vigiar e Punir*, p. 57) extremo do regicida Damiens basta para dar sentido histórico às normas gerais (universais) da vontade punitiva?

Lembremo-nos de que o esquartejamento de Damiens (28 de março de 1757, Praça de Grève), colocado nas primeiras páginas de *Vigiar e Punir* como o *exemplum* da vontade punitiva e do regime das penas sob o Estado absolutista, representa, *a contrario*, a exceção anacrônica do penal que deplora a opinião pública da Europa dos anos 1750. Um suplício abominável cuja terrível duração – sobre Damiens "com ele vivo" como jubila em 1780 o penalista e apologista Pierre-François Muyart de Vouglans, que combateu com virulência o abolicionismo de Cesare Beccaria[16] – se imputa menos à vontade punitiva infinita do soberano vingador do que à ... perda do *savoir-faire* do suplício.

O executor Sanson e seus ajudantes perderam a experiência em matéria de mutilação e de esqurtejamento. Depois dos esquartejamentos públicos dos regicidas Chastel (1595) e Ravaillac (1610), o executor da cidade de Paris em função no século XVIII jamais desmembrou um homem vivo. Sua competência na matéria é nula, a ponto de ter escolhido cavalos renitentes ao trabalho de suplício. Os tormentos de Damiens dependem da improvisação penal que culmina com a utilização não protocolar de instrumentos cortantes com os quais Sanson secciona os músculos, os nervos, as fibras e as articulações esmagadas do regicida. Cortado em seus pontos vitais de resistência, seu corpo desarticulado partirá em pedaços para tornar-se o combustível da fogueira mal acesa em razão da umidade da lenha. Uma magnitude dos suplícios improvisada. Uma improvisação de suplício na urgência do espetáculo aflitivo ao qual a monarquia arranhada convoca o público como a cada enforcamento de plebeu.[17] De maneira paradoxal, o suplício improvisado de Damiens se torna um duplo ícone de alcance universal. O da vontade punitiva de que Foucault renova a arqueologia. O de uma historiografia que renova o conhecimento do direito

---

14   Michel Foucault, *Surveiller et Punir*. Naissance de la Prison. Paris: Gallimard, 1975 (Bibliothèque des Histoires), p. 36-72, 75-105, 197-229. Há tradução brasileira: *Vigiar e Punir*.

15   Jean Carbonnier, *Flexible Droit*. Pour une Sociologie du Droit sans Rigueur. 6. ed. Paris: Librairie Générale de Droit et de Jurisprudence, 1988; sobre a crítica do *infrajudiciário* que torna sob o Antigo Regime anacrônica a noção de Estado, ver as observações esclarecedoras do imenso e saudoso historiador do penal Mario Sbriccoli, *Storia del Diritto Penale e della Giustizia*. Scritti Editi e Inediti (1972-2007). Milan: Giuffrè, 2009. v. II, p. 1.275-1.276 (2 v.).

16   *Les Lois Criminelles dans leur Ordre Naturel*. Paris, 1780. p. 56b.

17   Michel Porret, À la Une de "Surveiller et Punir": L'Anachronisme du Supplice de Damiens. In: Marco Cichini e Michel Porret (ed.), *Les Sphères du Pénal avec Michel Foucault*: Histoire et Sociologie du Droit de Punir. Lausanne: Antipodes, 2007. p. 111-124.

de punir, deslocado para fora das categorias epistemológicas da história positivista. Foucault delimita o suplício de Damiens a um papel historiográfico de imagem espetacular da universalidade penal da qual escapam os procuradores-gerais de Genebra.

O uso e a leitura universitárias de Michel Foucault nos seminários de Bronislaw Baczko, depois, até hoje no ensino e na pesquisa fazem eco nos primeiros encontros de autodidata com o autor de *Vigiar e Punir*. Ainda aprendiz de livreiro no meio dos anos 1970, depois de ter sido mandado embora da escola obrigatória com a idade de 15 anos por "insubordinação contínua", eu trabalho feliz no maior comércio de livros antigos e de ocasião de Genebra, situado a 300 metros mais ou menos do último domicílio genebrino de Jorge Luis Borges, conhecido da livraria antes de sua morte em 1986. Aí encontrei refúgio contra a violência familiar. Cruzo aí com Michel Simon, nascido na rua de la Cité, onde se encontra a livraria, aparentado da proprietária, de quem ele muitas vezes empresta ovos. Também cruzo com Jean Starobinski, um cliente privilegiado que só frequenta sozinho as reservas de livros antigos, em especial as seções de obras médicas. Também cruzo com Michel Foucault – mas sem o saber – reclassificando e fichando a seção babilonesca das enciclopédias e dos dicionários – brochados, encadernados ou numa cartonagem de espera – impressos sob o Antigo Regime. Na massa dos *in-quarto* e *in-folio* onde tenho a impressão de efetuar a arqueologia livresca das ciências do homem, encontra-se o *Dictionnaire François*, de Pierre Richelet em sua edição genebrina de 1680 em um volume.[18] Seu subtítulo me intriga: *Dictionnaire François Contenant les Mots et les Choses [Dicionário Francês Contendo as Palavras e as Coisas]*. O autodidata menor de 20 anos que sou então sabe que um dicionário contém *palavras*. No que concerne às *coisas*, isso me parece complicado. Entretanto, acontece-me de vender um livro cujo título intrigante remete às minhas solitárias classificações de enciclopédia: *As Palavras e as Coisas. Uma Arqueologia das Ciências Humanas*, por Michel Foucault. Classificar enciclopédias começa então a se tornar intolerável para mim. Seria preciso começar a lê-las, ou, então, ler o que propõe uma arqueologia das ciências humanas, que permita, talvez, encontrar-se aí no mundo dos dicionários.

Reencontro logo Michel Foucault numa longa leitura solar que entre aurora e crepúsculo ilumina o Mediterrâneo de julho e de agosto. Leitura solar. O recuo do tempo mostra que ela é crucial, porque ele me levou do ofício de livreiro ao de historiador. Ela me fez abandonar a classificação das enciclopédias na livraria pela sua leitura na biblioteca. Testemunho disso hoje é meu exemplar gasto de *Vigiar e Punir* (1975), em sua segunda edição de novembro de 1976. A página de falso-título, que reforça o papel colante, leva os vestígios manuscritos com esferográfica azul lavável dos três primeiros encontros intelectuais com Michel Foucault. No alto da página à direita, duas datas de início e de fim de tentativa de leitura... logo abandonada em Genebra: "*20.02.1977.25.08.1977*". No meio da página, num retângulo desenhado com caneta hidrográfica preta, a menção de um lugar grego e de uma segunda leitura, dessa vez acabada: "*20.07.1978 08.08.1978*". Acima dessa atestação cronológica e geográfica, uma citação manuscrita tirada do livro, mas colocada no presente do indicativo em vez do imperfeito utilizado por Foucault: "'*Le supplice ne rétablit pas la justice, il réactive le pouvoir*'" p. 53" ["O suplício não restabelece a justiça, ele reativa o poder"]. Abaixo, cinco referências à paginação do terceiro capítulo da terceira parte ("*Le panoptisme*" ["O panoptismo"]): "p. 217, 223 (2x), 224, 226". À direita mediana da página de falso-título, a menção rápida de uma terceira leitura feita em maio de 1983 (seminário Baczko), seguida da menção a lápis preto: "*la dernière chaîne* p. 261"["a última cadeia"], ao que se acrescenta uma referência às páginas "269-273 (quarta parte, "*Prison*", capítulo II: "*Illégalismes et délinquance*" ["Ilegalismos e delinquência"]). Das centenas de comentários em *marginalia* rabiscados e de sublinhado no texto com caneta das cores preta e vermelha, muitas linhas iluminadas com ponta de feltro fluorescente amarelo, cruzes e círculos sob algumas palavras, traços verticais, setas, pontos de interrogação e de exclamação nas margens: os sinais de leitura abundam. Acrescentam-se ainda as notas manuscritas que saturam as três páginas brancas

---

18 *Dictionnaire François Contenant les Mots et les Choses, Plusieurs Nouvelles Remarques sur la Langue Françoise: Ses Expressions Propres, Figurées et Burlesques, la Prononciation des Mots les plus Difficiles, le Genre des Noms, le Régime des Verbes avec les Termes les plus Connus des Arts et des Sciences et le tout Tiré de l'Usage et des Bons Auteurs de la Langue Française*, par P. Richelet. Genève: Jean Herman Widerhold, 1680.

finais (das quais aquela com o Impresso em, de "10 de novembro de 1976", depois do catálogo impresso da "Bibliothèque des Histoires": "*questionário subindo*" do livro formulado em quatro proposições (tinta vermelha e preta) no recto nas bordas amarelecidas da quarta capa:

> 1) A punição como função social complexa. 2) O castigo como uma perspectiva de "táticas políticas". 3) Uma matriz comum às ciências humanas e à história do direito penal, isto é, destacar um "processo de formação epistemológico-jurídico". 4) Investigação do corpo em relação ao poder.

Ideias vindas do passado, vestígios de raciocínios esquecidos, ruínas e nostalgia, esses vestígios materiais de leitura saturam o texto em diversas páginas. Esses sinais frágeis param com o tempo. Em 1978, a leitura lenta de *Vigiar e Punir* na despreocupação solar de um longo verão grego me convence, no entanto, e é preciso retomar os estudos. Cheio de infinitivo e de narração pronominal ("se"), mantendo uma revolta íntima sempre repreendente contra as injustiças de ontem e de hoje, o discurso simplificante de Foucault, aqui e acolá, simplificava paradoxalmente o sentido da história que eu tinha subitamente vontade de estudar em sua longa duração. Eu decidia parar a classificação das enciclopédias contendo as palavras e as coisas. Minha vida de livreiro chegava ao fim. Uma vez terminado o colégio noturno, em quatro anos, para obter o *accessit* à universidade (madureza ou certificado de bacharel), encontrava logo aí Bronislaw Baczko, com quem o conhecimento do passado ia-se tornar complexo. Eu não sabia então que seus seminários de história das mentalidades permitiriam logo dialogar de novo com... Michel Foucault.

Michel Foucault

Quando e como eu li Foucault

Antonio Negri

Em seu último número do ano de 1978, a revista *Aut Aut*[1] – a primeira que se tinha interessado por Michel Foucault na península – publicou um artigo que eu tinha, na realidade, escrito um ano antes, e cujo título era "Sobre o método da crítica da política".[2] Era um texto no qual eu punha em dia a influência que os trabalhos de Foucault tinham tido até então – a última leitura foucauldiana tinha sido a de *Vigiar e Punir*, traduzido na Itália em 1976 – sobre o pensamento da esquerda revolucionária italiana no seio da qual eu militava nesses mesmos anos. Nessa época, eu tinha recomeçado a trabalhar em Marx, e em particular sobre os *Grundrisse*: entre 1977 e 1978, eu tinha, com efeito, realizado na ENS da rua de Ulm, a convite de Althusser, um curso sobre "Marx além de Marx".[3]

Se eu lembro esses elementos, é porque é importante destacar a coincidência entre minha leitura de Foucault e um período de meu trabalho em que eu tento retomar e resumir uma longa experiência de "revisão" da leitura dos textos marxistas. Essa revisão não é em nada uma rejeição de Marx, como é frequentemente o caso no final dos anos 1970; ao contrário, ele se coloca sob o signo de uma adesão plena aos conceitos fundamentais da economia política, e no interior de um militantismo revolucionário.

Por que, então, eu me interessei por Foucault? Porque nesses mesmos anos, o Partido Comunista Italiano e os sindicatos, com os quais os "movimentos" de contestação social e político viviam um conflito intenso, estavam programando uma aliança com as forças de direita no terreno social e parlamentar – o que se chamou de "compromisso histórico". O PCI insistia na hipótese de que os proletários podiam doravante conquistar o poder soberano, e que as forças de esquerda não podiam ser difíceis de se contentar diante dessa série de compromissos difíceis, mas necessários. Em suma: a política era autônoma e indiferente aos valores: só a força contava. Para o PCI, como eu gostaria de mostrar aqui, o culto da soberania e a "Razão de Estado" andavam juntos. Como se podia fazer para desmistificar essa ideia tão estranha, para comunistas, de que o poder e a soberania correspondiam a lugares autônomos, que eles representavam instrumentos indiferentes – em resumo, que eles compunham um verdadeiro plano transcendental? E que a luta não podia emergir senão a partir desse transcendental? Pensávamos, ao contrário, que a materialidade do poder e da construção política era extremamente bem determinada, marcados pelos políticos neoliberais, e que essa condição era tudo, menos indiferente. Para resistir, era preciso, pois, recusar: era preciso denunciar essa pretensa indiferença do poder, e afirmar um ponto de vista crítico e materialmente determinado. Era preciso negar a indiferença, porque alguém dentre nós representava uma *diferença* – determinada, real, politicamente definida e incapaz de se travestir em outra coisa que não fosse ela mesma. Com Foucault, podíamos dizer: "O ser humano não se caracteriza por

---

1   **N.T.:** A revista *Aut Aut*, uma das mais importantes e das mais prestigiosas na Itália para a filosofia, as ciências humanas e sociais, a psicanálise e a crítica estética, foi fundada em 1954 pelo filósofo Enzo Paci, que será seu diretor até sua morte, em 1976. A partir de 1968, a secretaria de redação da revista é mantida por Pier Aldo Rovatti, aluno de Paci, que é também um dos principais tradutores e especialistas de Michel Foucault, e por Salvatore Veca. Depois de um breve período de codireção Paci-Rovatti (1974-1976), Rovatti assume finalmente a direção da revista, de que ele é ainda hoje a cabeça pensante.

2   A. Negri, Sul Metodo della Critica della Politica. In: *Aut Aut*, nº 167-168, p. 197-212, setembro-dezembro de 1978, repetido em A. Negri, *Macchina Tempo*. Milano: Feltrinelli, 1982. p. 70-84.

3   Ver A. Negri, *Marx oltre Marx*. Quaderni di Lavoro sui Grundrisse. Milano: Feltrinelli, 1979; trad. franc. *Marx au-delà de Marx*. Cahiers de Travail sur les Grundrisse. Paris: Bourgois, 1979.

uma certa relação com a verdade; mas ele a detém, como lhe pertencendo exclusivamente, ao mesmo tempo oferecida e oculta, uma verdade."[4]

Isso não bastava, no entanto, para transformar a recusa de um desastre político anunciado – o desastre dos políticos de esquerda italiana – na construção de um novo horizonte de lutas. Era necessário reorganizar nossa análise e repensar nossa própria organização. Era preciso dar a esse momento de consciência um poder de expansão, e dotá-lo de um fundamento teórico inédito. E Foucault podia fornecer-nos uma ajuda preciosa.

De saída, tinha-nos parecido que Foucault se situava no interior de uma tradição "ontológica" do pensamento francês que não tinha cedido às sereias de uma filosofia da vida e da ação. Em minha leitura, eu tinha passado do ensaio foucauldiano, sobre Binswanger, ao de Kant, sobre a *Antropologia* e os trabalhos sobre Weizsaecker,[5] depois à *História da Loucura* e a *O Nascimento da Clínica*: meu artigo destacava, pois, o poder da relação que se percebia entre ontologia e antropologia, por um lado; e o fato de que a construção do objeto histórico era sempre extremamente realista, por outro – porque o objeto histórico não era jamais levantado de algo que teria acontecido fora do imediato da experiência. Como havia observado Althusser, ele decorria das "temporalidades absolutamente inesperadas" e das "lógicas novas".[6] Liberando-se do "esquematismo da Razão" kantiana, ou da intencionalidade husserliana, Foucault construía, me parecia, no interior de um horizonte concreto que era feito de lutas e de estratégias.

Ora, para mim, na época, "o horizonte da estratégia, do conjunto das estratégias, corresponde ao entrecruzamento entre a vontade de conhecer e os dados concretos, entre a ruptura e o limite da ruptura. Toda estratégia é uma luta, toda síntese é um limite. Aqui, há mais dialética do que na Dialética, há mais astúcia do que na Razão, há mais concretude do que na Ideia. O Poder é finalmente reconduzido à rede dos atos que o constituem".[7] E ainda: "É claro, esses atos são recobertos pela ambiguidade que o poder representa em si mesmo. Mas isso não impede de afirmar que a realidade, a cada momento, se apresenta como cindida; que a heteronomia dos fins pode ser afirmada; e que o que temos sob os olhos deve abandonar toda característica de unidimensionalidade. Porque o que muda é um ponto de vista sobre as coisas que modifica a pesquisa e lhe dá um frescor novo, é uma maneira de estar no interior da realidade e de aí repetir esse ato de existência e de separação que é o nosso e que caracteriza todos os assuntos que se agitam na história. As lutas são o que veste necessidades e pontos de vista, projeções e vontade, desejos e esperas. A síntese não é delegada a nada nem a ninguém. A ciência se libera do que a comandava e se oferece à ação, à contigência[8] concreta e à determinação prática."

O que acontece, então, em torno dessa decisão? Algo que é ao mesmo tempo elementar e de uma dificuldade enorme. Trata-se de empurrar essa experiência da história para a vida, da descrição da *historia rerum gestarum* para *res gestae*: é preciso reconquistar a totalidade para negá-la (*das Ganz ist un-Wahr*),[9] mas fazê-lo porque o poder não pode compreender nele mesmo a vida, o ponto de vista das singularidades, o dispositivo que o desejo organiza.

Eu tinha, no fim dos anos 1950, trabalhado muito sobre o historicismo alemão – minha tese de doutorado era, com efeito, consagrada ao *Historismus*[10] –, e foi Dilthey que tinha particularmente prendido

---

4   M. Foucault, *Histoire de la Folie à l'Âge Classique*. Paris: Gallimard, rééd., 1972, coll. "Tel", p. 548-549. Há tradução brasileira: *História da Loucura na Idade Clássica*.

5   M. Foucault, Introduction. In: L. Binswanger, *Le Rêve et l'Existence*. Bruges: Desclée de Brouwer, 1954 ; "Introduction" à l'*Anthropologie*. In: I. Kant, *Antrhropologie du Point de Vue Pragmatique*. Paris: Vrin, 2008 (o texto de Kant tinha sido publicado em 1964 por Vrin, sem introdução, mas na tradução que Foucault tinha feito; a introdução, que era, na realidade, a tese secundária de Foucault, dormia na biblioteca da Sorbonne e só foi associada à obra há poucos anos); V. von Weizsaecker, *Le Cycle de la Structure*, Bruges: Desclée de Brouwer, 1958. Há tradução brasileira: *Antropologia do Ponto de Vista Pragmático*.

6   Ver a propósito P. Vilar, Histoire Marxiste, Histoire en Construction. Essai de Dialogue avec Althusser. In: *Annales*. ESC, 28, 1, p. 165-198, 1973.

7   A. Negri, *Macchina Tempo*, op. cit., p. 74. Traduzimos a partir da edição original italiana, inédita em francês (**N.T.**).

8   **N.T.:** A. Negri trabalha com a distinção entrre os termos *determinatezza* e *determinazione*, que traduzimos por "contingência" (literalmente: o caráter determinado de uma coisa) e "determinação".

9   **N.T.:** Jogo de palavras com a fórmula hegeliana, que A. Negri inverte aqui em "o Todo é não Verdadeiro".

10   A. Negri, *Saggi sullo storicismo tedesco*. Dilthey e Meinecke. Milano: Feltrinelli, 1959.

minha atenção, muito particularmente essa muito singular *Kulturpolitik* que constituía o terreno de suas análises, e onde se reencontravam Burckhardt e Nietzsche bem mais do que se poderia esperar. Havia aí "épocas" no seio das quais o saber se organizava de maneira unitária, mas que acabavam sempre sendo rompidas, épocas na descontinuidade. Não se poderia referir-se a isso, por meio da arqueologia, como a *episteme*? E, ao mesmo tempo, a "época" das análises do *Historismus* e a *episteme* de Foucault podiam às vezes parecer um e outra mais "sólidos" que a decisão de constituição que os atravessava, no entanto, e de nossa decisão em encontrar esta última. Nesse bloqueio do processo, a *Kultur* tendia a transformar-se em *Zivilisation* para os historicistas; e a *episteme* viva – o que Foucault chamaria mais tarde de biopolítica, a ser reabsorvida na rede apertada de biopoderes.

A *episteme*: era extremamente difícil compreender a noção de maneira não estruturalista, no mesmo momento em que se registrava o apogeu de uma abordagem e de um método cuja força tinha atravessado de parte a outra as ciências humanas. Foi assim que se interpretou de fato *As Palavras e as Coisas*[11] no momento de sua publicação; e o mesmo destino foi, na realidade, reservado, quase 10 anos mais tarde, para *Vigiar e Punir*.[12] A cristalização da análise de Foucault sobre a imagem do panótico, tornava, por exemplo, mais rígida a análise do saber à qual ele se dedicava por outro lado, e simplificava seu movimento. A produção parecia ser dominada por uma espécie de circulação improdutiva: o panótico subsumia a produção e se perdia em algum lugar entre o formalismo de uma tradição filosófica da ação ("sem objeto") e o concretismo de uma filosofia da estrutura ("sem sujeito"). Entre a *historia rerum gestarum* e as *res gestae*, tinha-se a impressão de uma espécie de circuito fechado sem possibilidade de saída. Estranhamente, todas as aberturas que Foucault propunha, e que eu tentei lembrar de forma breve anteriormente, se encontravam bloqueadas.

E, no entanto, é aí onde esse bloqueio aparecia como o mais forte nas análises de *Vigiar e Punir* que tudo acaba reabrindo-se os termos utilizados por Foucault para nomear essa nova economia do poder – uma economia que caracterizávamos precisamente como "panótica", que se confundia doravante com a exploração da vida e com a operacionalização da força física dos indivíduos, com a gestão de seus corpos e com o controle de suas necessidades, em resumo: com a normalização do que os homens são e fazem – iam rapidamente desdobrar-se, e nossa leitura se encontraria totalmente modificada e relançada: era precio pensar ao mesmo tempo os biopoderes e a biopolítica. E, em vez de pensar as duas noções como equivalentes e indistintas, considerá-las como diferentes. Foi através desse forçamento da diferença biopoderes/biopolítica que, na realidade, eu "ingeri" Foucault no seio de minhas próprias análises.

O problema era o seguinte. Enquanto se mantém a indistinção entre o biopoder e a biopolítica, a resistência à captação da vida e à sua gestão normativa não parecia possível: porque mais nenhuma exterioridade era garantida, e um contrapoder não podia ficar melhor que a reprodução simétrica e inversa daquilo de que ele procurava precisamente liberar-se. Foi a partir disso que as leituras "liberais" de Foucault se sentiram "autorizadas" – isto é, elas desenvolveram a gestão normativa de um vivente organizado em populações, uma classificação dos indivíduos no interior de macrossistemas dessubjetivantes e homogêneos, um verdadeiro cálculo atuarial sobre a vida.

Mas podia-se, também, dissociar os biopoderes e a biopolítica, e fazer desta a afirmação de uma potência de vida contra o poder sobre a vida. Podia-se localizar na vida em si – na produção de afetos e linguagens, na cooperação social, nos corpos e nos desejos, na invenção de novos modos de vida – o lugar de criação de uma nova subjetividade que valesse também imediatamente como instância de dessujeitamento. Foi o que fizemos.

Alguns dirão que a oposição entre potência e poder deve mais a Spinoza que a Foucault, e, tratando-se de meu próprio trabalho, é efetivamente bastante evidente. Nos mesmos anos, eu tinha começado

---

11 M. Foucault, *Les Mots et les Choses*. Paris: Gallimard, 1966. (Eu tinha lido o livro em francês quando de sua publicação, mas ele tinha sido rapidamente traduzido para o italiano por P. Pasquino: M. Foucault, *Le Parole e le cose*. Milano: Rizzoli, 1967.) Ver também o precioso volume coletivo *Les Mots et les Choses de Michel Foucault*. Regards Critiques 1966-1968. IMEC/Presses Universitaires de Caen, 2009. Há tradução brasileira: *As Palavras e as Coisas*.

12 M. Foucault, *Surveiller et Punir*. Naissance de la Prison. Paris: Gallimard, 1975 (a tradução italiana de Alcesti Tarchetti ainda aí foi muito rápida: *Sorvegliare e Punire*. Nascita della Prigione. Torino: Einaudi, 1976). Há tradução brasileira: *Vigiar e Punir*. Nascimento da Prisão.

a trabalhar sobre o filósofo de Amsterdam e ia, alguns anos mais tarde, publicar *L'Anomalie Sauvage*.[13] Mas eu continuo convencido do fato de que essa divisão entre poder e potência cabe também muito bem a Foucault. Quando Foucault, no fim de *Vigiar e Punir*, escrevia: "Nessa humanidade central e centralizada, efeito e instrumento de relações de poder complexas, corpos e forças sujeitados por dispositivos de 'encarceramentos' múltiplos, objetos para discursos que são eles mesmos elementos dessa estratégia, é preciso ouvir o barulho da batalha",[14] ele mandava ouvir o ruído do que já estava, na realidade, em ação, e negava a possibilidade de reduzi-lo só ao ruído do panótico, isto é, esmagar a potência sob o poder.

Ele volta a isso por ocasião de uma entrevista para a revista *Aut Aut*, em 1978: "Quanto à redução simples de minhas análises à metáfora simples do panótico, eu penso que aqui também se pode responder em dois níveis. Pode-se dizer: comparemos o que eles me atribuem com o que eu disse; e aqui, é fácil mostrar que as análises do poder que eu realizei não se reduzem absolutamente a essa imagem, nem mesmo no livro em que eles foram procurá-la, isto é, *Vigiar e Punir*. De fato, se eu mostro que o panótico foi uma utopia, uma espécie de forma pura elaborada no fim do século XVIII para fornecer a fórmula mais cômoda de um exercício constante do poder, imediato e total, se, portanto, eu fiz ver o nascimento, a formulação dessa utopia, sua razão de ser, é verdade taambém que eu imediatamente mostrei que se tratava precisamente de uma utopia que não tinha jamais funcionado tal como ela estava descrita, e que toda a história da prisão – sua realidade – consiste precisamente em ser sempre ignorada nesse modelo."[15] Para nós, desde a publicação de *Vigiar e Punir*, essa clarividência de Foucault era evidente: nós estamos, com certeza, no fundo dessa pequena província italiana, mas éramos conscientes. E em meu próprio artigo de 1977, eu referia essa outra citação de Foucault: "Ora, o estudo dessa microfísica supõe que o poder que nele se exerce não seja concebido como uma propriedade, mas como uma estratégia [...]. O que quer dizer que essas relações descem longe na espessura da sociedade, que elas não se localizam nas relações do Estado com os cidadãos ou na fronteira das classes, e que elas não se contentam em reproduzir no nível dos indivíduos, dos corpos, dos gestos e dos comportamentos a forma da lei ou do governo; que se há continuidade (elas se articulam bem, com efeito, nessa forma segundo toda uma série de engrenagens complexas), não há analogia ou homologia, mas especificidade de mecanismo e de modalidade. Enfim, elas não são unívocas; elas definem pontos inumeráveis de enfrentamento, focos de instabilidade de que cada um comporta seus riscos de conflito, de lutas, e de inversão pelo menos transitória das relações de força. A inversão desses "micropoderes" não obedece, pois, à lei do tudo ou nada; ele não está ganho uma vez por todas por um novo controle dos aparelhos nem por um novo funcionamento ou por uma destruição das instituições; em compensação nenhum de seus episódios localizados pode inscrever-se na história senão pelos efeitos que ele induz sobre toda a rede onde ele está preso.[16]

Foi naquele momento que, do interior das lutas muito duras que se desenrolam na Itália e como eco às pesquisas de Foucault, eu escrevo um livrinho, *Dominio e Sabotaggio*,[17] onde insisto enormemente na concepção antagonista e "agonista" do poder. Mas é principalmente nesse período que o antagonismo da luta de classes pode começar a ser compreendido, com essas bases teóricas, a partir da microconflituosidade social que comporta a partir de então a socialização (tanto do capital quanto da força de trabalho). E é assim que o conceito de *operário-social* emerge em meu trabalho.

É preciso, portanto, ir além das promessas da dialética e considerar o poder não como uma propriedade, mas como uma estratégia. Em meu artigo de 1977, eu fazia uma longa digressão sobre o que me parecia ser, então, o estado da crítica da economia política em seus aspectos mais ativos, isto é, sobre todas as tendências ricardianas que iam já além do keynesismo. E eu me fixava longamente em Piero

---

13 A. Negri, *L'Anomalia Selvaggia*. Potere e Potenza in Baruch Spinoza. Milano: Feltrinelli, 1981; trad. fr. *L'Anomalie Sauvage*. Puissance et Pouvoir chez Baruch Spinoza. Paris: PUF, 1982.

14 M. Foucault, *Surveiller et Punir*, op. cit., p. 315. Há tradução brasileira: *Vigiar e Punir*.

15 *Idem*, Precisazioni sul Potere. Risposta ad Alcuni Critici (entrevista com P. Pasquino, fevereiro de 1978), *Aut Aut*, nº 167--168, p. 3-11, setembro-dezembro 1978; trad. fr. Précisions sur le Pouvoir. Réponses à Certains Critiques. In: M. Foucault, *Dits et Écrits*. Paris: Gallimard, III, texte nº 238, p. 628. Há tradução brasileira: *Ditos e Escritos*, IV.

16 *Idem*, *Surveiller et Punir*, op. cit., p. 31-32. Há tradução brasileira: *Vigiar e Punir*.

17 A. Negri, *Il Dominio e il Sabotaggio: Sul Metodo Marxista della Trasformazione Sociale*. Milano: Feltrinelli, 1978.

Sraffa[18] – e sobre as potências de que ele mostrava bem, em sua *Production of Commodities by Means of Commodities*,[19] como elas determinavam o novo valor e produziam inovação do próprio interior da circulação das mercadorias, atualizando assim esse tema – e o da transformação – em relação ao que dizia Marx a respeito. Eu destacava a importância teórica dessas pistas de Sraffa sobre a circulação ricardiana, e lembrava a anedota do encontro/enfrentamento entre Sraffa e Wittgenstein, depois que este tinha concluído a experiência do *Tractatus*. Piero Sraffa fazia, com efeito, observar ao seu colega de Cambridge que o problema que ele também tinha, no interior da crítica da economia política, era da mesma natureza que o seu, no nível lógico: era preciso tentar identificar um ponto de transformação (isto é, de produção inovadora) no interior da circulação das mercadorias (para o economista), ou no interior da circulação linguística (para o filósofo). No momento em que, para Wittgenstein, "toda possibilidade de transformação está em crise, e as soluções que ele entrevê não o satisfazem – por que um enorme peso de sofrimento e de experiência as faz reconsiderar –, Sraffa se lança imediatamente numa brincadeira napolitana, faz um sinal de desprezo com as mãos[20] e pergunta ironicamente qual é sua tradução simbólica. Dizem que essa pequena história é a origem da descoberta de um novo campo de investigação sobre a *produção* dos sinais por meio de outros sinais, para além da esfera de sua pura circulação e da unidade estática do universo de seus movimentos. Pouco importa que o episódio seja verdadeiro ou não, se o apólogo funciona. Produção de sinais por meio de outros sinais, produção de mercadorias por meio de outras mercadorias: não é isso a vitória de uma nova economia política, que compreende a produção no interior da circulação? Não é essa proposta aparentemente irracional de Sraffa que vence"?[21] E a anedota não corresponde ao que Foucault já se tinha proposto a fazer quando ele falava em "recolocar em questão nossa vontade de verdade; restituir ao discurso seu caráter de evento; levantar, enfim, a soberania do significante"?[22]

Tudo isso basta? Pode-se falar de verdade sem falar também imediatamente de *praxis*, de resistência? Em 1977, minha resposta era a seguinte: "[...] isso não basta. E isso não basta também, parece, a Foucault. Em seu "Prefácio" ao livro de B. Jackson,[23] ele propõe, com efeito, uma leitura do mundo como espaço de circulação do comando, da exclusão e da violência, e propõe uma imagem muito crítica do capital como prisão; e ao mesmo tempo, ele fica chocado, surpreso e entusiasmado pela realidade formidável da revolta, pela independência, pela comunicação e pela autovalorização que nascem no interior das próprias prisões. A ideia e a realidade do poder, da lei, da ordem, que atravessam as prisões e reúnem as experiências mais terríveis no relato que delas fazem os detentos, começam aqui a vacilar; os acontecimentos, em seu caráter serial e regular, se abrem sobre novas condições de possibilidade. Nisso não há nada de dialético: a dialética, em seu falso rigor, aprisiona a imaginação da possibilidade. Não há inversão estática, mas, ao contrário, a abertura de um horizonte. A *lógica* analítica da separação, precisamente porque ela acabou, abre a uma *estratégia* da separação. A separação, a inversão só se tornam reais na estratégia. O mundo da autovalorização se opõe, a partir de então, ao mundo da valorização do capital. A possibilidade se transforma aqui em potência. Essa ideia spinoziana da possibilidade entendida como potência força demais o pensamento de Foucault? Talvez. [...] Tudo acontece como se as análises foucaultianas procurassem – por assim dizer – não somente saídas críticas, mas uma espécie de estabilidade no caráter efetivo dos resultados obtidos. Entretanto, essa "mobilidade" metodológica que tanto nos seduz, que é de tal forma adaptada à qualidade do trabalho intelectual que o capital determina hoje,

---

18 **N.T.:** Piero Sraffa (1898-1983) é um economista italiano considerado o fundador do neorricardismo.

19 P. Sraffa, *Production of Commodities by Means of Commodities:* Prelude to a Critique of Economic Theory. Cambridge University Press, 1960; trad. fr. *Production de Marchandises par des Marchandises*. Prélude à une Critique des Théories Économiques. Paris: Dunod, 1999.

20 **N.T.:** Sraffa faz na realidade o que os italianos chamam "*fare le fiche*": ele reúne os dedos de uma mão para o alto arredondando a palma, o que, popularmente, é entendido como indicando a forma do sexo feminino ("fica") e é tradicionalmente compreendido como um sinal de desprezo ou de insatisfação.

21 A. Negri, *Macchina Tempo*, op. cit., p. 78.

22 M. Foucault, *L'Ordre du Discours*. Paris: Gallimard, 1970. p. 53.

23 *Idem*, Préface à B. Jackson, *Leurs Prisons*. Autobriographies de Prisonniers Américains. Paris: Plon, 1975, reimpresso em *Dits et Écrits*, op. cit., II, texto nº 144. Há tradução brasileira: Prefácio. *Ditos e Escritos*, IV.

e que é interna às modalidades e aos fins revolucionários atuais, coloca um problema: pode ela repousar sobre ela mesma, ou deve necessariamente encarnar-se na determinação concreta do processo histórico, da potência contra o poder, do proletário contra o capital? Há aí a abertura de um quadro problemático ao qual só o movimento real das coisas é suscetível de dar uma resposta. E o movimento real deve ser reconhecido a Foucault por ter pelo menos formulado esse conjunto de questões".[24]

Bem no fim de 1983, cheguei à França após um longo período de encarceramento na Itália. E foi mais ou menos no momento da morte de Foucault que eu retomei contato com Gilles Deleuze, com quem discuti muito longamente sobre ele. Era preciso chegar a passar por cima das reticências que alguns dos amigos e dos colaboradores de Deleuze tinham a respeito de Foucault. Então, respirei esse ar de obra-prima (é claro, eu não uso o termo no sentido que lhe atribui a história da filosofia: nada conseguiria estar mais distante da pesquisa de Deleuze e de Foucault que isso) que presidiu à escrita de seu *Foucault*.[25] Parece-me que esse livro ultrapassou definitivamente o bloqueio entre "subjetividade sem objeto" e "estrutura sem sujeito" de que tentei rapidamente descrever a topografia (e que deveria, sem dúvida, ser compreendida como uma "perda de identidade" da filosofia francesa a partir dos anos 1950);[26] uma ultrapassagem que não era uma *Aufhebung*, que não tinha nada de dialético ("O tema da universal mediação é ainda, eu penso, uma maneira de elidir a realidade do discurso"),[27] mas que ia definitivamente além da tradição do espiritualismo francês que tinha estreitado a verdade sobre a imagem do indivíduo-sujeito, que tinha reduzido a ação ao amor e anulado a positividade da existência por meio da psicologia. É que Deleuze, bem antes de contar a história do encontro entre a *episteme* e a inovação que esta induz, tinha fornecido seu dispositivo a Foucault. É por isso que ele podia daí para a frente falar disso com tanta pertinência. Quanto a nós, que procurávamos apreender o quadro de conjunto dessa formidável ultrapassagem da tradição filosófica francesa que se completava do próprio interior de suas linhas, e que tentávamos tomar consciência da "confirmação" hegemônica dessa ultrapassagem que Foucault e Deleuze tinham permitido em todo o espaço da filosofia, inclusive fora da Europa, íamos ter de esperar a publicação, anos mais tarde, dos cursos de Foucault no Collège de France. Na época, tínhamos, apesar de tudo, compreendido que se o século XX tinha-se tornado deleuziano, o século XXI teria, sem dúvida, sido foucauldiano.

Alguns, entretanto, fizeram muitos esforços para tentar barrar o caminho à conversão definitiva das análises foucauldianas – a produção de subjetividade – para além dos biopoderes, através da biopolítica. Eu me recordo, bem no início dos anos 1990, num seminário que eu realizava no Collège International de Philosophie, de um enfrentamento muito duro entre François Ewald e Pierre Macherey. A polêmica girava em torno do individualismo, das diferentes determinações da liberdade e do sentido da ética em Foucault; mas um como o outro não viam que, na realidade, é a singularidade que Foucault opunha ao individualismo; que era preciso procurar na ética uma liberdade que não era somente a do espírito, mas a do corpo; e que sua ontologia era produtiva. A partir de então, eles não compreendiam realmente que a soberania no interior da qual se enraízam os biopoderes (sejam liberais ou socialistas) não é a única trama sobre a qual a ontologia pode ser construída e medida. Porque em Foucault, a soberania era, ao contrário, subsumida, isto é, analisada e desconstruída no interior da biopolítica a partir da relação entre diferentes produções de subjetividade.

Eis, então, o que Foucault escreve: "Quando se define o exercício do poder como um modo de ação sobre a ação dos outros, quando ele é caracterizado pelo 'governo' dos homens uns pelos outros – no sentido mais amplo dessa palavra –, inclui-se aí um elemento importante: o da liberdade. O poder só se exerce sobre 'sujeitos livres', e enquanto eles são 'livres' – entendamos por isso sujeitos individuais ou coletivos que têm diante deles um campo de possibilidade onde várias condutas, várias reações e diversos modos de comportamentos podem assumir espaço. Onde as determinações são saturadas, não há relação de poder: a escravidão não é uma relação de poder quando o homem está acorrentado (trata-se então de uma relação física de obrigação), mas justamente quando ele pode deslocar-se e, no limite, fugir. Não há, pois, um face a face

24   A. Negri, *Macchina Tempo*, op. cit., p. 82.
25   G. Deleuze, *Foucault*. Paris: Éditions de Minuit, 1986.
26   V. Descombes, *Le Même et l'Autre*. Paris: Éditions de Minuit, 1980.
27   M. Foucault, *L'Ordre du Discours*, op. cit., p. 50. Há tradução brasileira: *A Ordem do Discurso*.

Michel Foucault

de poder e de liberdade, tendo entre eles uma relação de exclusão [...]. A relação de poder e a insubmissão da liberdade não podem, pois, ser separadas. O problema central do poder não é o da 'servidão voluntária' (como podemos desejar ser escravos?): no cerne da relação de poder, 'provocando-a' sem cessar, há a obstinação do querer e a intransitividade da liberdade."[28] Esse texto é de 1980. A partir daquele momento, tudo o que Foucault desenvolverá se situará no interior dessa perpectiva. Tratar-se-á, com efeito, eu penso, de aprofundar sem cessar o caráter materialista da análise das determinações históricas, do conteúdo da *episteme* na passagem da "arqueologia" à "genealogia", mas também de aprofundar essa ideia da potência da "produção de subjetividade" – a partir das resistências até as rebeliões, ou a expressão e a crítica da democracia política.

Gostaria de citar uma última vez uma breve passagem de meu artigo de 1977, publicado um ano mais tarde na revista *Aut Aut*. Quando Marx chega à definição do que é a "sociedade do capital", isto é, à intuição de que o desenvolvimento do capital, em nome de uma necessidade que lhe é própria, ultrapassa todo limite de previsão histórica e impõe por aí mesmo a modificação de suas próprias categorias de funcionamento segundo um esquema, e segundo dimensões "sociais" – nesse momento, ele exige a colocação em ação de uma *Neue Darstellung*, de uma nova exposição, mais adaptada. Na temática marxista, a *Neue Dartellung* não é, com certeza, somente uma nova exposição de conteúdos: ela deve também ser uma nova identificação de sujeitos, e, por conseguinte uma refundação metodológica. Estamos hoje bem no meio – ou talvez além – dessa fase liminar que Marx tinha entrevisto, e que seu percurso crítico exigia. *Assistimos, pois, a uma primeira confusão fértil do horizonte científico dos revolucionários – e por isso, devemos também ser reconhecidos a Foucault.* Essa confusão categorial, essa franca inovação metódica se tornam assim tarefas fundamentais. Tarefas que se trata de assumir diretamente, insistindo sobre a complexidade estrutural da *Zivilisation* capitalista, sobre a radicalidade do projeto destrutivo, sobre a parcialidade sectária da estratégia científica que colocamos em operação, sobre o caráter ofensivo das consequências táticas que delas decorrem. O que é certo é que já estamos adiantados nesse caminho. *A intensidade da abordagem e a fertilidade do método foucauldiano fazem, ao mesmo tempo, parte das coisas feitas e das tarefas a cumprir.*

Entretanto, como sempre, as razões de uma escolha ou de uma tarefa, as bases de um método, não se fundam somente na identificação de uma reviravolta histórica. A ontologia é mais densa que a *História*.[29] Como se viu, o método é renovado pela especificidade da exposição dos conteúdos. Mas, nessa fase que é a nossa, é preciso dizer mais ainda: o método (enquanto dispositivo, enquanto produção de subjetividade, enquanto *praxis*) determina a especificidade dos conteúdos. O método quer ser enraizado na ontologia de uma "tomada" da existência histórica que é própria dessa radicalidade que o mundo nos mostra. Tentem, pois, ler com a simplicidade do método dialético e de suas alternativas paradoxais alguns dos grandes problemas da (crítica da) economia política, e da política. Vocês só se encontrarão, no máximo, com um punhado de moscas entre as mãos! Hoje, a verdade mostra, ao contrário, sua complexidade através dos mil encaminhamentos que introduzem o processo crítico da revolução. Seguir esses caminhos, articular, contra o poder, a interconexão infinitamente complexa das autonomias e das independências, da autonomia e das autonomias, das possibilidades e da potência; explicar esse processo como a fonte, e simultaneamente como a catástrofe, do poder adverso: é do método que permitirá esse trabalho, de sua plenitude ontológica, que precisamos. Uma aproximação desse método e de sua atividade múltipla e diversificada, ou da complexidade da função semântica que esta determina: eis, pois, o que o método da crítica da economia política, e da política, tenta hoje – graças a Foucault também.[30]

Eis aí: graças a Foucault.

Veneza, dezembro de 2009

Traduzido do italiano por Judith Revel.

---

28   *Idem*, The Subject and the Power. In: H. Dreyfus e P. Rabinow, *Michel Faucault*: Beyond Structuralism and Hermeneutics. Chicago: The University of Chicago Press, 1982; trad. fr. M. Foucault, *Dits et Écrits*, op. cit., IV, texto nº 306, p. 237-238. Há tradução brasileira: Além do Estruturalismo e da Hermenêutica *Ditos e Escritos*. Forense Universitária

29   **N.T.:** Em francês no texto.

30   A. Negri, *Macchina Tempo*, op. cit., p. 83-84. Os itálicos são do autor.

V
Geografias

As fotografias aqui publicadas são obra de Michèle Bancilhon. A fotógrafa realizou várias séries de retratos de Foucault a partir dos anos 1970.

Publicamos aqui três conjuntos parcialmente inéditos: o filósofo em seu curso semanal no Collège de France (1974-1975); uma discussão entre Foucault e Bernard-Henri Lévy (1981); e uma sessão de fotos nos jardins do Museu Rodin alguns dias antes de sua morte (maio de 1984).

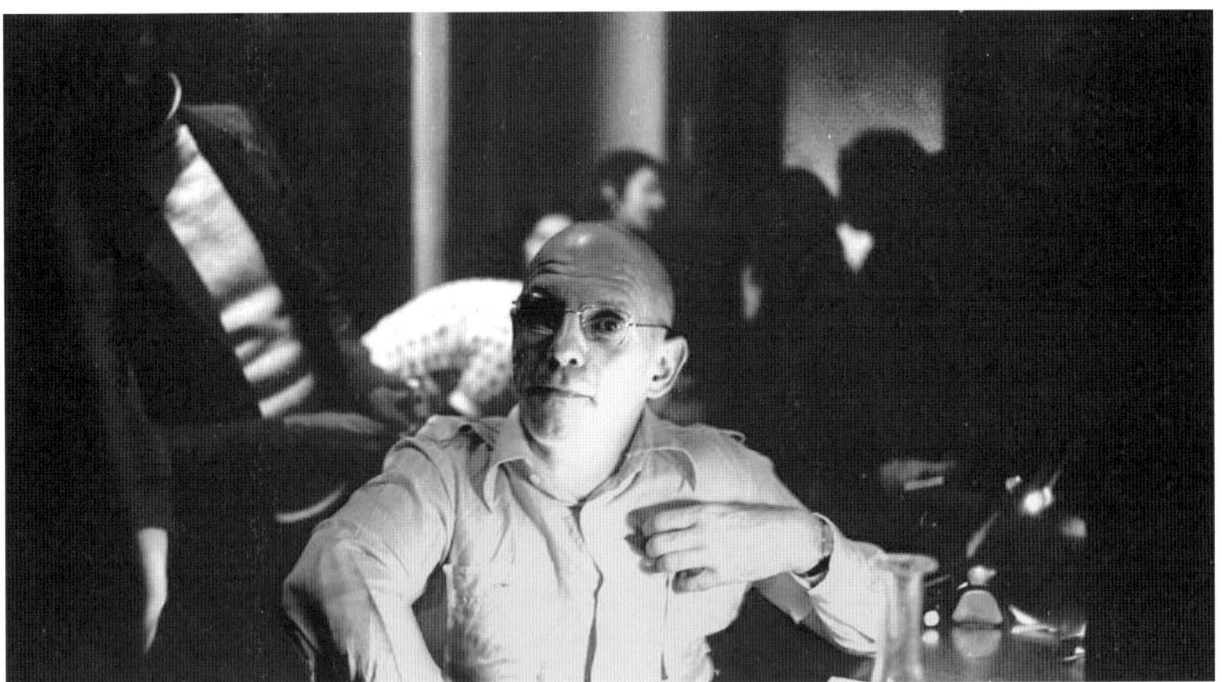

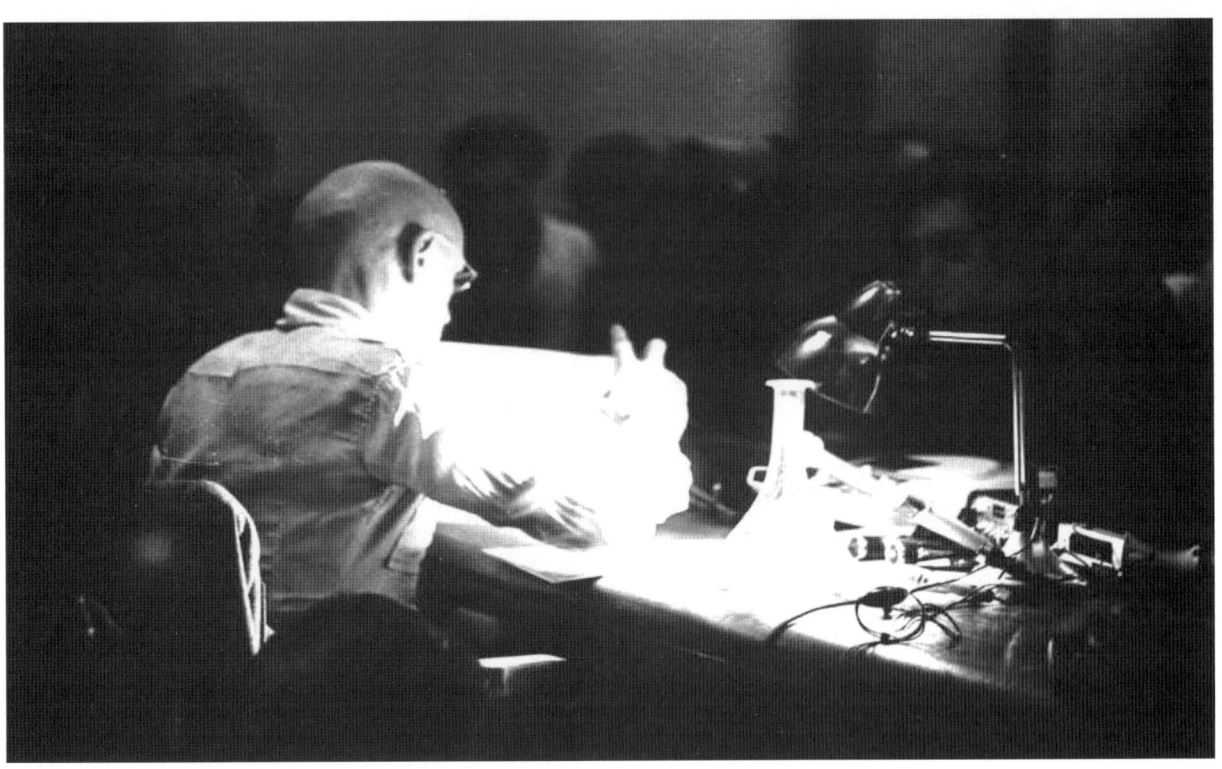

Luzes alemãs

Martin Saar e Frieder Vogelmann

Existe um "Foucault alemão"? Não seria possível uma resposta simples a essa pergunta: as referências à sua obra foram muito diversas e muito heterogêneas ao longo de uma recepção no espaço germânico cuja história já dura há mais de 50 anos; muito numerosas gerações de leitoras e de leitores de Foucault se apoiaram de diferentes maneiras nessa obra, contradisseram-na ou se apropriaram dela de maneira produtiva para seus objetivos – frequentemente também em reação a interpretações já existentes (alemãs, francesas ou outras). Entretanto, essa história da recepção de Foucault é duplamente particular, e isso tem a ver, por um lado, com o papel hermenêutico dessa recepção, por outro, com o seu papel estratégico. Por um lado, é sobre *a parte oculta* dos debates teóricos e de tradições acadêmicas originários de um contexto bem específico que Foucault foi lido, compreendido e criticado na Alemanha; suas contribuições metodológicas, históricas e sistemáticas foram sempre colocadas em relação e em concorrência com as perspectivas filosóficas já bem estabelecidas na Alemanha, perspectivas que aí dispõem também de uma influência institucional, como a da hermenêutica filosófica, da filosofia da história pós-hegeliana, do neokantismo ou da teoria crítica. Mas, por outro lado, essas leituras e essas utilizações puderam, por essa razão verem-se atribuir novas funções, porque é *com o olhar* constantemente fixado *nas* constelações específicas à discussão na Alemanha que se invocou Foucault; essa invocação frequentemente foi uma tentativa de ultrapassar "do exterior" as fronteiras de um pensamento institucionalizado, fazendo intervir uma posição ao mesmo tempo filosófica e crítica. O "Foucault alemão" é, pois, o produto de duas contingências: uma situação discursiva inicial e uma função estratégica.

CONTORNOS DE UMA RECEPÇÃO

A propósito da história das publicações e das traduções de Foucault, dois fatos mais gerais devem ser lembrados porque eles imprimiram com sua marca o ritmo e o estilo da confrontação com Foucault na Alemanha. Primeiramente, Foucault foi traduzido de maneira contínua, rápida e exaustiva, no mais tardar a partir da metade dos anos 1970: *História da Loucura* apareceu em alemão pela primeira vez em 1969, e *As Palavras e as Coisas*, em 1971; mas *Vigiar e Punir* e *A Vontade de Saber* estavam já disponíveis em alemão um ano depois de sua publicação; os dois últimos volumes da *História da Sexualidade* apareceram em 1986. A tradução completa dos *Ditos e Escritos* terminou-se em 2005; os cursos no Collège de France aparecem há alguns anos uns seguindo os outros, num ritmo mantido – os volumes consagrados à "história da governamentalidade", que tiveram uma grande influência sobre a recepção mais recente de Foucault na Alemanha, apareceram em 2004, ao mesmo tempo que as versões francesas. Por essa razão, Foucault é incontestavelmente o pensador francês da segunda metade do século XX cuja obra foi transposta em alemão da maneira mais extensa e com o maior cuidado.

Por outro lado, os lugares de publicação das obras de Foucault foram diversos e pouco claros. Durante a fase de tradução mais antiga, foram várias editoras alemãs que se prestaram a essa tarefa (Ullstein, Suhrkamp, Fischer); a partir do fim dos anos 1970, as edições Suhrkamp se tornaram o centro confiável e inconteste. Na mesma época apareceram pequenos textos de Foucault, mas foi aí também sistematicamente em inúmeras revistas e editoras menores e politicamente envolvidas, sob a forma de coletâneas de textos; não é, com certeza, exagerado dizer que os pequenos volumes da editora berlinense Merve intitulados *Mikrophysik der Macht* [*Microfísica do Poder*] (1976), *Dispositive der Macht* [*Dispositivos do*

Poder] (1978) e *Von der Freundschaft* [*Da Amizade*] (1984) contribuíram mais que as publicações oficiais para que Foucault fosse proclamado pensador heterodoxo, rebelde e *antiestablishment*, em ligação com os meios políticos radicais e a contracultura.

No que concerne aos grandes eixos históricos da recepção de Foucault, quatro grandes fases podem ser distinguidas. As primeiras referências importantes a Foucault estão estreitamente presas ao contexto da confrontação alemã com o estruturalismo francês, que se desenrolou com uma leve diferença. Para a primeira geração dos intérpretes e dos críticos alemães de Foucault, este constitui o principal representante – ao lado de Althusser, Barthes e Lévi-Strauss (mais raramente de Lacan) – dessa corrente teórica, e os críticos filosóficos mais violentos dessa fase atacaram-no, assim como Sartre, na França, com argumentos voltados contra um pensamento presumivelmente hostil à história. Na segunda fase, suas contribuições históricas, políticas e linguísticas são o objeto de uma recepção mais intensa; elas encontram acesso à discussão mais geral sobre a história social e cultural, à teoria política da "nova esquerda" e às questões fundamentais da teoria literária, mas permanecem mais marginais no plano acadêmico. É na terceira fase que acontece a confrontação mais intensiva e mais polarizada com Foucault, que se encontra daqui em diante, juntamente com Lyotard e Derrida (e mais raramente Deleuze), festejado, ou, então, detestado – antes de tudo em filosofia – enquanto representante do pensamento "pós-moderno". No cerne do esquema "modernos contra pós-modernos" – que, retrospectivamente, não é o fruto de uma escolha muito feliz –, Foucault aparece essencialmente como crítico radical da razão.

Esse debate dominado pela filosofia, que se estende num período que vai do meio dos anos 1980 ao início dos anos 1990 e cujas consequências a longo termo marcam ainda com sua impressão um bom número de tomadas de posição atuais, perde sua significação em proveito de uma apropriação complexa e pluridimensional de Foucault pelas diferentes ciências do espírito e ciências sociais, apropriação que deixou vestígios profundos em suas metodologias e suas orientações. O fato de que a recepção de Foucault tenha conhecido um sucesso que se ia ampliando teve, no entanto, também por consequência certa "descentralização": Foucault é doravante copiosamente comentado e "utilizado" de maneira produtiva da mesma maneira em sociologia, em história, em germanística, em antropologia e em ciências políticas. É daí, pelo menos, que vem o consenso que reina nas universidades desde o meio dos anos 1990, entre as mais jovens gerações que se interessam pela inovação metodológica. Ao mesmo tempo, uma espécie de "normalização" faz sua aparição na recepção de Foucault: este é objeto de grandes congressos interdisciplinares, de um número incalculável de introduções de grande qualidade e, o que é ainda mais significativo, de monografias que têm um impacto sobre diferentes disciplinas e fazem com que sua influência sobre muitas ciências sociais e ciências da cultura seja incontestavelmente maior que na filosofia academicamente dominante. Quais são agora os temas que marcaram e determinaram essas discussões?

Discurso/Saber

No contexto de sua recepção na Alemanha, os primeiros trabalhos de Foucault – os trabalhos arqueológicos – foram frequentemente discutidos e trabalhados a partir do conceito metodológico de "análise do discurso". Foucault foi essencialmente compreendido como um autor que propunha uma metodologia de análise dos textos e de produção de sentido – metodologia que oferecia uma alternativa à atitude bem estabelecida da hermenêutica e da interpretação convencional, filológica ou histórica. Se é verdade que uma tal análise do discurso fez, nesse ínterim, também seu caminho na Alemanha em quase todas as disciplinas das ciências do espírito e das ciências sociais – antes de tudo em sociologia, em história e em teoria das ciências –, foram, no entanto, os estudos literários que se apoderaram delas primeiramente.

Três maneiras diferentes de como se pôde apropriar-se, transformar e transgredir o âmbito foucaultdiano saltam, então, aos olhos. Em primeiro lugar, desde a metade dos anos 1970, desenvolveu-se a teoria do "interdiscurso", em ligação estreita com os projetos empíricos e os escritos metodológicos de Jürgen Link. Ela se concentra no que se chama interdiscursos, que realizam a integração dos discursos especiais bem distintos que tratam dos "símbolos coletivos", isto é, dos símbolos estáveis que voltam em diversos

discursos. Nessa teoria – que não é completamente isenta de formalismo –, a literatura como gênero recebe um *status* duplo, na medida em que ela é tanto discurso especial quanto interdiscurso e que, por essa razão, ela se oferece como um lugar privilegiado para a análise; trabalhos mais recentes vêm, no entanto, levar também em consideração outros meios e isso, numa medida crescente. O jornal *kultuRRevolution*, editado por Link – e outros com ele – desde 1981, forneceu, além disso, impulsos decisivos, em especial à análise crítica do discurso, desenvolvida essencialmente por Siegfried e Margarete Jäger, assim como a variantes orientadas mais para a sociologia.

Uma segunda direção – ela também proveniente dos estudos literários – é a análise dos meios de Friedrich Kittler, mais orientada sobre a técnica, análise iniciada pelo impressinante estudo *Aufschreibesysteme 1800-1900* [*Sistemas de Registro 1800-1900*], que se encarregou de suscitar algumas agitações numa germanística dominada pela hermenêutica pelo fato do emprego estratégico que Kittler fazia de Foucault, visando à "expulsão do espírito para fora das ciências do espírito". Em suas análises, Kittler visa às condições técnicas e materiais da produção de significação, seja sob a forma do livro, nos filmes ou nos sons. Sua tese segundo a qual esse "*a priori* técnico" determinaria o teor em significação se inspira nas reflexões feitas por McLuhan em teoria dos meios de comunicação, mas é para radicalizá-las por meio de reflexões arqueológicas e fazer delas uma teoria geral das fundações materiais e midiáticas da produção cultural, teoria que se volta contra essa maneira de ler tradicionalmente orientada sobre a interpretação e que acredita ainda na autonomia do "sentido".

Os trabalhos de Joseph Vogl podem servir como exemplos de uma terceira possibilidade, ela também original, eles que seguem mais estreitamente a teoria de Foucault compreendendo o nível do saber como o objeto central da análise do discurso. É assim que sua "poetologia do saber econômico" se interessa pelas formas específicas que tomam as representações da economia nas ciências e na literatura, e ela torna visíveis os elos de parentesco e as ações recíprocas entre a circulação dos signos e a circulação das mercadorias. Tais estudos, assim como outros que são próximos, referem-se à teoria "anti-hermenêutica" da linguagem de Foucault a fim de examinar a fundo os entrelaçados de eventos linguístico, de constituição de sentido e de criação de realidade e a fim de deixar assim atrás de si a ilusão da autonomia do espírito.

Para além dos estudos literários, é em teoria das ciências, e mais precisamente em história das ciências, que Foucault foi estrategicamente empregado, para lutar contra o pensamento tradicional da continuidade. Se um estudo já antigo tratando da epistemologia de Foucault, o de Walter Privitera, chegava ainda à conclusão de que esta, enquanto ampliação das ciências humanas da epistemologia histórica de Gaston Bachelard, desconhecia a *constituição* simbólica destas últimas e que estava por essa razão condenado ao insucesso, trabalhos mais recentes tornaram manifesto o potencial de uma perspectiva arqueológica no tratamento de objetos tão diferentes quanto o discurso higienista, a institucionalização da história da filosofia ou da biologia molecular moderna. Uma tal orientação ajuda a atacar-se à pressuposição de uma unidade da(s) ciência(s), pressuposição eficaz e que, no contexto alemão, parece jamais ter que parar de se desenvolver, abrigada pela sombra imensa de Hegel; essa pressuposição continua a exercer efeitos a despeito de toda historicização, em especial no prolongamento da teoria e da história das ciências "pós-analítica". Com esse pano de fundo, a oferta teórica foucaudiana foi desenhada como um pensamento do *nonsense* e das condições materiais, midiáticas e epistêmicas da produção de sentido. Que o eco da censura de "irracionalismo" não se tenha até hoje ainda calado pode dar uma ideia do endurecimento das posições contra as quais se fez valer esse pensamento.

PODER/POLÍTICA

A recepção da analítica foucaudiana do poder, mais ampla e controvertida, foi marcada (positiva ou negativamente, segundo os pontos de vista) pelas influentes críticas de Jürgen Habermas e Axel Honneth; para os dois, com efeito, a teoria foucaudiana do poder constituiu um desafio que tinha que ser levado a sério para seu projeto próprio, o de uma teoria crítica da sociedade e de um diagnóstico crítico sobre a época. Mesmo se ambos (com uma acuidade diferente) insistiram sobre os déficits de Foucault em matéria

de teoria da racionalidade, ou ainda de filosofia social, ele foi, contudo, instalado por aí na posição de um *vis-à-vis* respeitável e ficou, de fato, implicitamente preso ao papel de "teórico crítico".

Depois do que se chamou de "debate Habermas/Foucault, que tomou constantemente a forma de um "debate entre representantes" e no seio do qual Foucault, enquanto representante dos pós-modernos, foi, de propósito, condenado como "criptonormativista" ou festejado como "artista da língua, guerreiro e pesquisador de verdade", os anos 1990 viram a aparição de um número crescente de tentativas visando a ler Foucault sem esse pano de fundo, a extraí-lo dos debates filosóficos gerais girando em torno da modernidade e da razão e a torná-lo fecundo para formular diagnósticos sociopolíticos. O estudo de Thomas Lemke *Eine Kritik der Politischen Vernunft [Une Critique de la Raison Politique – Uma Crítica da Razão Política]* constituiu seguramente uma virada, ela que deu a conhecer, anos antes de sua publicação, as aulas de Foucault sobre a governamentalidade e importou assim os *governmentality studies* – que tinham já há muito tempo recebido suas cartas de nobreza na Inglaterra e na Austrália – na Alemanha onde elas formam desde então um ramo original e extremamente forte da pesquisa. A uma coletânea muito influente originária dessa perspectiva sucederam monografias, entre outras sobre a criminologia neoliberal, sobre o "si empreendedorista" e sobre o pós-fordismo, assim como sobre as implicações biopolíticas das ciências da vida e das novas tecnologias médicas.

A significação de uma tal perspectiva de teoria política, que toma Foucault como ponto de referência, é dupla: ela consiste, por um lado, em fazer eclodir a oposição evidente no liberalismo político (assim como no marxismo) entre Estado e sociedade; por outro, em um diagnóstico crítico sobre o liberalismo, entendido como uma racionalidde política específica, que, ao mesmo tempo, coordena estratégias de poder, fabrica ordens de saber e produz cidadãos liberais no âmbito de processo de subjetivação. Assim, é possível com Foucault desenvolver uma alternativa às formas de pensamento político centradas no Estado, e construir um quadro de relação entre formas de vida e relações de poder que seja mais complexo do que o permite a teoria do liberalismo político e do (neo)marxismo.

O debate mais recente concernente ao conceito de biopolítica mostrou que se pode assim aceder a uma compreensão profunda, "ontológica", da política, compreensão que é capaz de esclarecer mais finamente as relações de poder atuais do que as interpretações concorrentes.

Uma segunda linha de força importante da recepção de Foucault no seio da teoria social se formou no âmbito da teoria feminista alemã, onde ele foi inicialmente recebido de uma maneira mais hesitante. Ao lado dos temores a respeito da impossibilidade de ocupar uma posição política (identitária) depois da descentralização do sujeito, é a análise do poder de Foucault que foi criticada pela neutralidade em matéria de gênero que ela comprovava em sua formulação, assim como sua falta de consideração em relação à posição particular das mulheres no seio das ciências do "homem". Doravante, e principalmente a partir da enorme discussão suscitada pela crítica da distinção entre *sex* e *gender* efetuada por Judith Butler, Foucault se tornou um ponto de referência principal para a formação de teorias feministas na área germanófona; muitos trabalhos dos mais inovadores desses últimos anos em matéria de ciências sociais tentam uma atualização dos modelos originários da analítica do poder ou da teoria da governamentalidade, a fim de se servir deles para as investigações contemporâneas sobre a conexão entre normas, subjetividade política, corpo e poder. Uma via assim se destacou para uma forma de teoria política que, no que ela toma politicamente partido e critica a compreensão liberal do Estado, se move nos círculos da teoria crítica ou do neomarxismo contemporâneo, mas que, no que toca ao seu horizonte metodológico e sistemático, segue caminhos que lhe são próprios e é capaz de apreender a relação entre poder, subjetividade e política de outra maneira e mais fundamentalmente.

Ética/Crítica

Os últimos livros de Foucault consagrados às práticas de si antigas só exerceram uma influência na Alemanha de maneira diferida e durante muito tempo foram colocadas sem mais detalhe na conta de uma tendência cultural à "estetização", tendência que tinha dominado o esquema interpretativo de algumas das discussões dos anos 1980. Foi esse o grande serviço que prestaram as primeiras obras de Wilhelm Schmid, de

ter atualizado de uma maneira enérgica o núcleo desses escritos, núcleo que tem a ver com a ética e a filosofia moral; ele quis, com certeza, ele próprio, mais tarde, sob o título de "arte de viver", destacar desses escritos uma doutrina da vida boa muito extensa e enfática – que soa frequentemente como uma forma de literatura de desenvolvimento pessoal (lembrando o gênero americano de *self help*), precisamente a que Foucault tinha atacado com ironia e acuidade histórica. A filosofia moral acadêmica e bem estabelecida reagiu com ceticismo à colocação em perspectiva histórica da moral realizada por Foucault, e ela defendeu incansavelmente o primado das normas sobre as atitudes e as relações consigo – mesmo se se pudesse encontrar alguns pontos de contato num contexto onde o neoaristotelismo conhece uma retomada de importância. Parece que a predominância de uma imagem neokantiana da moral seja muito forte para que a tentativa foucaultiana de apoiar-se em projetos alternativos pudesse simplesmente ser compreendida como uma alternativa.

É verdade que se encontram doravante também tentativas sérias visando a determinar com novos custos a relação entre estética e ética a partir de figuras de pensamento singulares pertencentes às últimas obras de Foucault, figuras nas quais o papel de um sujeito moral que só se forma nas práticas passa para o primeiro plano. Essa importante problemática da relação prática consigo – que liga, sem equívoco, os últimos escritos de Foucault a Heidegger e Nietzsche – foi durante muito tempo dissimulada pelo fato da fixação sobre a pretensa "crítica radical do sujeito"; mas trabalhos mais recentes enfatizaram precisamente esse aspecto e tentaram explorar, com Foucault, uma outra compreensão do sujeito. É óbvio que essa ênfase na (auto)constituição do sujeito (do interior) não significa que se deixe de prestar atenção aos processos de sujeição e de construção do sujeito (do exterior) por meio das ordens do saber e dos regimes de poder. E nos fatos, as análises políticas mais complexas que são empreendidas hoje no contexto alemão com a ajuda dos conceitos, dos métodos e dos argumentos foucaultianos são consagradas a essa relação jamais unívoca entre o si, o poder, a liberdade e a norma. A prova de que a subjetivação neoliberal exige justamente a responsabilidade de si e a iniciativa do sujeito e as instrumentaliza (em vez de reprimi-las), a prova de que a vontade de desvio e de dissidência pode transformar-se em uma nova forma de conformismo, eis que é bem difícil de digerir para uma imagem do mundo na qual a liberdade, a racionalidade e a orientação sobre uma lei universal ocupam habitualmente o polo positivo, enquanto o poder e a contingência ocupam o polo negativo.

A lição que se pode tirar dessa oscilação e dessa desestabilização dos esquemas unívocos não é certamente um "relativismo", nem um "decisionismo" nas questões políticas. A injunção a problematizar sempre com novos custos o que faz com que se seja um sujeito ou que se seja livre. Essa injunção é dirigida contra essa necessidade de um chão garantido ou de uma "fundação última" das normas e, nisso, essas reflexões de Foucault estão em contradição com uma posição influente, e talvez até hegemônica no contexto alemão atual. Isso mostra uma vez mais a que ponto a recepção alemã de Foucault é marcada pelas posições contra as quais argumentam seus defensores e em favor das quais argumentam seus críticos. A relação antagonista e tensa que Foucault mantém com a hermenêutica, a teoria crítica e o neokantismo tornaram alguns aspectos bem precisos de seus trabalhos, muito particularmente úteis e eficazes; por aí as leitoras e os leitores alemães de Foucault receberam (ou se construíram) "o Foucault" de que eles podiam ter necessidade (ou que eles estavam em condição de recusar). É esse o "verdadeiro Foucault"? É, em todo caso, aquele de que a verdade importa do ponto de vista de uma política inspirada pela teoria, porque os eventos discursivos que se seguiram em seu nome produziram efeitos e se tornaram assim "realidade". O desafio da função-autor alemã chamada "Foucault" é a arte de não fazer tanto a crítica.

Tradução do alemão por Florian Nicodème.

BIBLIOGRAFIA

N.T.: A bibliografia muito rica fornecida pelos autores é quase exclusivamente composta de textos não traduzidos em francês: pareceu-nos, pois, inútil traduzir os títulos. Em compensação, decidimos dar uma tradução entre colchetes dos títulos das obras alemãs citadas no corpo do texto.

BECKER, Helmut. *Die Logik der Strategie*. Eine Diskursanalyse der Politischen Philosophie Michel Faucaults. Bielefeld: Materialis, 1981.

BIEBRICHER, Thomas. *Selbstkritik der Moderne*. Foucault und Habermas im Vergleich. Frankfurt/M./New York: Campus, 2005.

BOHLENDER, Matthias. *Metamorphosen des Liberalen Regierungsdenkens*. Politische Ökonomie, Polizei und Pauperismus. Weilersvist: Velbrück Wissenschaft, 2007.

BONß, Wolfgang *et al. Die Zukunft der Vernunft*. Eine Auseinandersetzung. Tübingen: Diskord, 1985.

BRÖCKLING, Ulrich. *Das Unternehmerische Selbst*. Soziologie einer Sujektivierungsform, Frankfurt/M.: Suhrkamp, 2007.

BRÖCKLING, Ulrich; KRASMANN, Susanne; LEMKE, Thomas (Ed.). *Gouvernementalität der Gegenwart*. Studien zur Ökonomisierung des Sozialen. Frankfurt/M.: Suhrkamp, 2000.

BUBLITZ, Hannelore. *Foucaults Archäologie des Kulturellen Unbewussten*. Zum Wissensarchiv und Wissensbegehren Moderner Gesellschaften. Frankfurt/M./New York: Campus, 1999.

_____. Geschlecht als Historisch Singuläres Ereignis: Foucaults Poststrukturalistischer Beitrag zu einer Gesellschaftstheorie der Geschlechterverhältnisse. In: KNAPP, Gudrun-Axeli; WETTERER, Angelika (Ed.). *Soziale Verortung der Geschlechter*. Gesellschaftstheorie und Feministische Kritik. Münster: Westälisches Dampfboot, 2001. p. 256-287.

BÜHRMANN, Andrea D. *Das Authentische Geschlecht*. Die Sexualitätsdebatte der neuen Frauenbewegung und die Foucaultsche Machtanalyse. Münster: Westfälisches Dampfboot, 1995.

DANE, Gesa; EßBACH, Wolfgang; KARPENSTEIN-EßBACH, Christa; MAKROUPULOS, Michael (Ed.). *Anschlüsse:* Versuche nach Foucault. Tübingen: Edition Diskord, 1985.

DAUK, Elke. *Denken als Ethos und Methode:* Foucault Lesen. Berlin: Dietrich Reimer, 1989.

DEMIROVIĆ, Alex. Das Problem der Macht bei Michel Foucault. *IPW Wording Paper* n° 2, Institut für Politik wissenschaft Universität Wien, 2008.

DETEL, Wolfgang. *Macht, Wissen, Moral*. Foucault und die Klassische Antike. Frankfurt/M.: Suhrkamp, 1998.

ENGELMANN, Peter (Ed.). *Postmoderne und Dekonstruktion*. Texte Französsischer Philosophen der Gegenwart. Stuttgart: Reclam, 1990.

FRANK, Manfred. *Was ist Neostrukturalismus?*. Frankfurt/M.: Suhrkamp, 1984.

FRÜCHTL, Josef. *Ästhetische Erfahrung und Moralisches Urteil*. Eine Rehabilitierung. Frankfurt/M.: Suhrkamp, 1986.

GEHRING, Petra. *Foucaul*. Die Philosophie im Archiv. Frankfurt/M./New York: Campus, 2004.

GEISENHANSLÜKE, Achim. *Foucault und die Literatur*. Eine Diskurkristische Untersuchung. Opladen: Westdeutscher Verlag, 1997.

HABERMAS, Jürgen. *Der Philosophische Diskurs der Moderne*. Zwölf Vorlesungen. Frankfurt/M.: Suhrkamp, 1985a; traduzido em francês sob o título *Le Discours Philosophique de la Modernité*. Douze Conférences par Christian Bouchindomme et Rainer Rochlitz. Paris : Gallimard, 1988.

_____. *Mit dem Pfeil ins Herz der Gegenwart:* Su Foucaults Vorlesung über Kants, Was is Aufklärung?. In: *Die Neue Unübersichtlichkeit*. Kleine Politische Schriften V. Frankfurt/M.: Suhrkamp, 1985b. p. 126-131.

HARK, Sabine. *Deviante Subjekte*. Die Paradoxe Politik der Identität. Opladen: Leske und Budrich, 1996.

HAUSKELLER, Christine. *Das Paradoxe Subjekt*. Widerstand und Unterwerfung bei Judith butler und Michel Foucault. Tübingen: Edition Diskord, 2000.

HESSE, Heidrun. "Ästhetik der Existenz". Foucaults entdeckung des Ethischen Selbstverhältnisses. In: HONNETH, Axel; SAAR, Martin (Ed.). *Michel Foucault*. Zwischenbilanz einer Rezeption. Frankfurter Foucault-Konferenz 2001. Frankfurt/M.: Suhrkamp, 2003.

HONEGGER, Claudia (Ed.). *Schrift und Materie der Geschichte*. Vorschläge zur Systematischen Aneignung Historischer Prozesse. Frankfurt/M.: Suhrkamp, 1977.

_____. *Die Ordnung der Geschlechter*. Die Wissenschaften vom Menschen und das Weib 1750-1850. Frankfurt/M./New York: Campus, 1991.

HONNETH, Axel. *Kritik der Macht*. Reflexionsstufen einer Kritischen Gesellschaftstheorie. Frankfurt/M.: Suhrkamp, 1985.

_____. Foucault und Adorno. Zwi Formen einer Kritik der Moderne. In: *Die Zerrissene Welt des Sozialen*. Sozialphilosophische Aufsätze. Frankfurt/M.: Suhrkamp, 1990. p. 73-92.

HONNETH, Axel; SAAR, Martin (Ed.). *Michel Foucault*. Zwischenbilanz einer Rezeption. Frankfurter Foucault-Konferenz 2001, Frankfurt/M.: Suhrkamp, 2003.

HORN, Christoph. Ästhetik der Existenz und Selbstsorge. In: KLEINER, Marcus S. (Ed.). *Michel Foucault*. Eine Einführung in sein Denken. Frankfurt/M./New York: Campus, 2001; p. 137-152.

JAEGGI, Urs. *Ordnung und Chaos, Strukturalismus als Mode und Methode*, Frankfurt/M.: Suhrkamp, 1968.

JÄGER, Margarete. *Deutungskämpfe*. Theorie und Praxis Kritischer Diskursanalyse. Wiesbaden: VS Verlag für Sozialwissenschaften, 2007.

JÄGER, Siegfried. *Kritische Diskursanalyse*. Eine Einführung. 4. ed. Münster: Unrast, 2004.

KAMMLER, Clemens; PARR, Rolf; SCHNEIDER, Ulrich Johannes (ed.). *Foucault-Handbuch*. Leben – Werk – Wirkung. Stuttgart: Metzler,2008.

KAMPER, Dietmar (Éd.). *Die Unvollendete Vernunft*. Moderne versus Postmoderne. Frankfurt/M.: Suhrkamp, 1987.

KELLER, Reiner. *Wissenssoziologische Diskursanalyse*. Grundlegung eines Forschungsprogramms. Wiesbaden: VS Verlag für Sozialwissenschaften, 2005.

KERNER, Ina. *Differenzen und Macht.* Zur Anatomie von Rassismus und Sexismus. Frankfurt/M./New York: Campus, 2009.

KERSTING, Wolfgang; LANGBEHN, Claus (2007), *Kritik der Lebenskunst*, Frankfurt/M.: Suhrkamp

KITTLER, Friedrich A. *Grammophon, Film, Typewriter.* Berlin: Brinkmann & Bose, 1986.

_____. *Aufschreibesysteme 1800-1900.* München: Fink, 1987.

_____ (Ed.). *Austreibung des Geistes aus den Geiteswissenchaften.* Programme des Poststrukturalismus. Paderborn: Fink/UTB, 1980.

KLAWITTER, Arne. *Die "fiebernde Bibliothek".* Foucaults Sprachontologie und seine Diskursanalytische Konzeption Moderner Literatur. Heidelberg: Synchron, 2003.

KÖGLER, Hans-Herbert. *Michel Foucault.* Stuttgart:Metzler, 1994.

KRASMANN, Susanne. *Die Kriminalität der Gesellschaft.* Zur Gouvernementalität der Gegenwart. Konstanz: UVK, 2003.

LANDWEER, Hilge. *Das Märtyrerinnenmodell.* Sur Diskursiven Erzeugung Weiblicher Identität. Pfaffenweiler: Centaurus, 1990.

_____. Herausforderung Foucault. In: *Die Philosophin* 7, p. 8-18, 1993.

LANDWEHR, Achim. *Historische Diskursanalyse.* Frankfurt/M./New York: Campus Verlag, 2008.

LEMKE, Thomas. *Eine Kritik der Politischen Vernunft. Foucaults Analyse der Modernen Gouvernementalität*, Hamburg: Argument, 1997.

_____. *Die Polizei der Gene.* Formen und Felder Genetischer Diskriminierung. Frankfurt/M./New York: Campus Verlag, 2006.

_____. *Gouvernementalität und Biopolitik.* Wiesbaden: VS Verlag für Sozialwissenschaften, 2007.

LINK, Jürgen. *Elementare Literatur und Generative Diskursanalyse.* München: Fink, 1983.

_____. Literaturanalyse als Interdikursanalyse. Am Beispiel des Ursprungs Literarischer Symbolik in der Kollektivsymbolik. In: FOHRMANN, Jürgen; MÜLLER, Harro (Ed.). *Diskurstheorie und Literaturwissenschaft.* Frankfurt/M.: Suhrkamp, 1988. p. 284-307.

_____. *Versuch über den Normalismus.* Wie Normalität Produziert Wird. Opladen/Wiesbaden: Westdeuscher Verlag, 1999.

LOREY, Isabell. *Immer Ärger mit dem Subjekt.* Theoretische und Politische Konsequenzen eines Juridischen Machtmodells: Judith Butler. Tübingen: Edition Diskord, 1996.

MAIHOFER, Andrea. *Geschlecht als Existenzweise.* Macht, Moral, Recht und Geschlechterdifferenz. Frankfurt/M.: Ulrike Helmer Verlag, 1995.

MARTSCHUKAT, Jürgen. *Inszeniertes Töten.* Eine Geschichte der todesstrafe vom 17. bis zum 19. Jahrhundert, Köln/Weimar/Wien: Böhlau, 2000.

_____ (Ed.). *Geschichte Schreiben mit Foucault.* Frankfurt/M./New York: Campus, 2002.

MENKE, Christoph. Zweierlei Übung. Zum Verhältnis von Sozialer Disziplinierung und Ästhetischer Existenz. In: HONNETH, Axel; SAAR, Martin (Ed.). *Michel Foucault.* Zwischenbilanz einer Rezeption Frankfurter Foucault-Konferenz 2001. Frankfurt/M.: Suhrkamp, 2003a. p. 283-299.

_____. Die Disziplin der Ästhetik. Eine Lektüre von "Überwachen und Strafen". In: KOCH, Gertrud; SASSE, Sylvia; SCHWARTE, Ludger (Ed.). *Kunst als Strafe*: Zur Ästhetik der Disziplinierung. München: Fink, 2003b; p. 109-121.

MUHLE, Maria. *Eine Genealogie der Biopolitik.* Zum Begriff des Lebens bei Foucault und Canguilhem. Bielefeld: transcript, 2008.

OPITZ, Sven. *Gouvernementalität im Postfordismus.* Macht, Wissen und Techniken des Selbst im Feld Unternehmerischer Rationalität. Hamburg: Argument – Verlag, 2004.

PARR, Rolf; THIELE, Matthias. Foucault in den Medienwissenschaften. In: KAMMLER, Clemens; PARR, Rolf (Ed.). *Foucault in den Kulturwissenschaften.* Eine Bestandsaufnahme. Heidelberg: Synchron, 2007; p. 83-112.

PRIVITERA, Walter. *Stilprobleme.* Zur Epistemologie Michel Foucaults. Frankfurt/M.: Hain, 1990.

PÜHL, Katharina. Gouvernementalität und Geschlecht. Über das paradox der Festschreibung und Flexibilisierung der Geschlechterverhältnisse, 2001. In: HESS, Sabine; LENZ, Ramona (Ed.). *Globalisierung und Geschlecht.* Kulturwissenschaftliche Streifzüge. Königstein/Ts.: Ulrike Helmer, 2008. p. 102-127.

PURTSCHERT, Patricia; MEYER, Katrin ; WINTER, Yves (Ed.). *Gouvernementalität und Sicherheit. Zeitdiagnostische Beiträge im Anschluss an Foucault*, Bielefeld : transcript, 2008.

QUADFLIEG, Dirk. *Das Sein der Sprache.* Foucaults Archäologie der Moderne. Berlin: Parodos, 2006.

RHEINBERGER, Hans-Jörg. *Experimentsysteme und Epistemische Dinge.* Eine Geschichte der Protensythese im Reagenzglas. Frankfurt/M.: Suhrkamp, 2006.

RICHTER, Norbert Axel. *Grenzen der Ordnung.* Bausteine einer Philosophie des Politischen Handelns nach Plessner und Foucault. Frankfurt/M./New York: Campus, 2005.

SAAR, Martin. *Genealogie als Kritik.* Geschichte und Theorie des Subjekts nach Nietzsche und Foucault. Frankfurt/M./New York: Campus, 2007a.

_____. Nachwort: Die Form des Lebens. Künste und Techniken des Selbst beim späten Foucault. In: *Michel Foucault, Ästhetik der Existenz.* Schriften zur Lebenskunst. Frankfurt/M.: Suhrkamp, 2007b. p. 321-343.

SAAR, Martin; VOGELMANN, Frieder. Leben und Macht. Michel Foucaults politische Philosophie im Spiegel neuerer Sekundärliteratur. In: *Philosophische Rundschau* 56, p. 87-110, 2009.

SACHße, Christoph; TENNSTEDT, Florian (Ed.). *Soziale Sicherheit und soziale Disziplinierung.* Frankfurt/M.: Suhrkamp, 1986.

SARASIN, Philip. *Reizbare Maschinen.* Eine Geschichte des Körpers 1765-1914. Frankfurt/M.: Suhrkamp, 2001.

SCHÄFER, Thomas. *Reflektierte Vernunft.* Michel Foucaults Philosophisches Projekt einer antitotalitären Macht- und Wahrheitskritik. Frankfurt/M.: Suhrkamp, 1995.

SCHIWY, Günther. *Der Französisiche Strukturalismus*. Mode, Methode und Ideologie. Reinbek: Rowohlt, 1969.

SCHMID, Wilhelm. *Die Geburt der Philosophie im Garten der Lüste*. Michel Foucaults Archäologie des platonischen Eros. Frankfurt/M.: Athenäum, 1987.

_____. *Auf der Suche nach einer Neuen Lebenskunst*. Die Frage nach dem Grund und die Neubergündung der Ethik bei Foucault. Frankfurt/M.: Suhrkamp, 1991.

_____. *Philosophie der Lebenskunst*. Frankfurt/M.: Suhrkamp, 1999.

SCHMIDT, Alfred. Der Strukturalistische Angriff auf die Geschichte. In: *Beiträge zur Marxistichen Erkenntnistheorie*. Frankfurt/M.: Suhrkamp, 1969. p. 194-265.

SCHNÄDELBACH, Herbert. Das Gesicht im Sand. Foucault und der Anthropologische Schlummer. In: HONNETH, Axel; MACCARTHY, Thomas; OFFE, Claus *et al.* (Ed.). *Zwischenbetrachtung*. Im Prozeß der Aufklärung (*Mélanges en Hommages à J. Habermas*). Frankfurt/M.: Suhrkamp, 1989. p. 231-261.

SCHNEIDER, Ulrich Johannes. *Die Vergangenheit des Geistes*. Eine Archäologie der Philosophiegeschichte. Frankfurt/M.: Suhrkamp, 1990.

_____. *Michel Foucault*. Darmstadt: Wissenschaftliche Buchgesellschaft, 2004.

SCHULTZ, Susanne. *Hegemonie* – Gouvernementalität – Biomacht. Reproduktive Risiken und die Transformation Internationaler Bevölkerungspolitik. Münster: Westfälisches Dampfboot, 2004.

SEITTER, Walter. *Menschenfassungen*. Studien zur Erkenntnispolitikwissenschaft. München: Boer, 1985.

STEINWEG, Marcus. *Subjektsingularitäten*. Berlin: Merve, 2004.

STINGELIN, Martin (Ed.). *Biopolitik und Rassismus*. Frankfurt/M.: Suhrkamp, 2003.

VOGL, Joseph. *Kalkül und Leidenschaft*. Poetik des Ökonomischen Menschen. München/Berlin, 2002: Sequenzia/diaphanes.

WELSCH, Wolfgang. *Wege aus der Moderne*. Schlüsseltexte der Postmoderne-Diskussion. Weinheim: VCH Acta Humaniora, 1988.

Sob o manto russo

Denis Goloborodko

DE QUE FORMA UM OBJETO DE ESTUDO ACADÊMICO CONSEGUIU ATINGIR UM PÚBLICO MAIS VASTO?

Na URSS, Foucault era o objeto de estudo de alguns especialistas. Com efeito, os trabalhos de Foucault não eram conservados em arquivos fechados, nos *spetskhran*, isto é, eles não conheceram o destino de obras proibidas como as de Nietzsche ou as de Bataille. Suas obras eram, em princípio, de livre acesso para os pesquisadores, mas, na realidade, seu acesso era de alguma maneira "censitário": sem o domínio das línguas estrangeiras, era impossível conhecer a obra de Foucault. Além disso, não houve nenhuma publicação consagrada a Foucault antes de 1972, ano da publicação de seu primeiro artigo em *Questões de Filosofia*, uma revista acadêmica. Em 1977, apareceu a tradução em russo da obra *As Palavras e as Coisas*. Entretanto, tinha-se tomado o cuidado de imprimir a menção "Para as bibliotecas científicas", cujo número era restrito. Contudo, a obra teve uma tiragem de cinco mil exemplares, e foi, portanto, finalmente difundida nas bibliotecas mais importantes do país. É em si incrível que uma tal publicação tenha sido possível no momento em que a "estagnação" sob Brejnev (*zastoï*) estava em seu apogeu. A reflexão em operação em *As Palavras e as Coisas* "descreve um saber que não é fundado nas infraestruturas econômicas de base [como estava em vigor na filosofia soviética – D. G.] mas procurando destacar um saber no próprio interior das superestruturas".

Do fim dos anos 1970 até a segunda metade dos anos 1990, nenhuma tradução das obras de Foucault era publicada. Em compensação, publicam-se trabalhos de especialistas dos quais os mais interessantes tratam da concepção da "história como arqueologia do saber" (Natalia Avtonomova), sobre a concepção foucauldiana do poder (Valery Podoroga) e sobre a interpretação do uso foucauldiano da genealogia nietzscheana como de um programa de análise de um conhecimento científico (Victor Vizguin). Deve-se observar que os pesquisadores evocados anteriormente pertencem todos ao Instituto de Filosofia da Academia das Ciências de Moscou. Com efeito, o Instituto se distinguia, exigindo da parte de seus pesquisadores o domínio de línguas estrangeiras e abrindo-lhes o acesso a fontes que eram parcial ou completamente classificadas. A fim de se fazer uma ideia da seriedade dos trabalhos que aí se realizavam, pode-se mencionar "Poder e cultura. A problemática do poder na filosofia política da França contemporânea", um artigo de Valery Podoroga publicado em 1983. O autor reconstrói a concepção política de Foucault e sua teoria do poder, apoiando-se não somente em suas obras, mas ainda em suas entrevistas e artigos publicados nas revistas e jornais ocidentais que só se podia consultar nos famosos *spetskhran*. Suas análises do pensamento político de Foucault não deixam de nos surpreender pela modernidade de que elas se revestiam para a época.

Apesar de tudo, as pesquisas mencionadas só eram objeto de publicações em coletâneas acadêmicas com baixa tiragem, e, portanto, eram destinadas exclusivamente aos especialistas.

A situação mudou radicalmente no início da segunda metade dos anos 1990: de 1996 a 2007, as obras maiores, assim como alguns dos cursos no Collège de France de Foucault, foram publicadas em russo. Era, enfim, possível escrever sobre Foucault, discutir seus escritos sem passar pelo texto original, mas apoiando-se em traduções. Não é de se duvidar que isso provocou tanto efeitos positivos quanto negativos. Pode-se reconhecer claramente como um fato positivo que o pensamento de Foucault tenha passado do *status* de objeto de estudo acadêmico, que apresentava um interesse todo específico ("a filosofia burguesa contemporânea"), e qualquer que seja o interesse que representa seu estudo na URSS, com uma posição inegável, mesmo para seus detratores, ao palco das ciências humanas e da filosofia na Rússia. Pode-se destacar, em compensação,

como efeitos negativos dessas traduções em cascata, essa incrível ingenuidade de que podiam frequentemente dar mostra os intelectuais russos, quando eles se punham a discutir sobre Foucault. A existência de uma tal quantidade de traduções de Foucault provocou a ilusão de que se podia deixar de analisar o contexto no qual ele tinha escrito sua obra e que se podia compreender imediatamente seu pensamento, visto que "os textos falam por eles mesmos", e isso ainda mais quando se lê em russo...

Parece curioso que não tenha havido publicações das obras de Foucault na segunda metade dos anos 1980 (enquanto Gorbatchev fazia sua política de *glasnost*) e até 1996. Com efeito, nessa época, a Rússia redescobria sua filosofia "perdida": sua filosofia religiosa do início do século XX, que substituía *de facto* a ideologia marxista oficial: a cátedra do "Ateísmo científico" rebatizada "História da filosofia religiosa" na Universidade de Estado de Moscou é um dos exemplos mais surpreendentes dessa metamorfose, sabendo que muitos de seus professores continuaram, sem pestanejar a ensinar aí. Quase todos os recursos intelectuais e financeiros foram então investidos em prioridade na publicação desses filósofos religiosos do início do século XX, enquanto o interesse pela filosofia ocidental contemporânea parava por um tempo.

Um pensador para nós?

Em 2001, a densa *Nova Revista Literária*, uma referência nas ciências humanas russas, consagrou um de seus números à recepção das ideias de Foucault, com uma investigação que coloca a questão nesses termos "Foucault é atual na Rússia?" a figuras conhecidas das ciências humanas russas de então, como os sociológos de tendência liberal Boris Doubin e Lev Goudkov, o filólogo M. Gasparov, o especialista da filosofia política conservadora Alexandre Fillipov. Das respostas, ressalta um ceticismo certo quanto à atualidade do pensamento de Foucault para compreender a Rússia contemporânea. Foucault lhes aparece como um pensador ocidental cujas análises parecem mais ou menos compatíveis com a história da Rússia e suas realidades: "A popularidade de Foucault na Rússia é um produto importado" (Ilia Gerasimov, historiador); "É inútil procurar na história russa mecanismos foucauldianos" (Victor Jivov, filólogo e historiador); a herança de Foucault na Rússia "não é atual, ela se tornou atual e continua-se a torná-la atual" artificialmente (Alexandre Fillipov). Deve-se precisar que a opinião deste último reflete simplesmente suas posições conservadoras: partidário das ideias de Carl Schmitt, o professor Fillipov ironiza sobre o trabalho dos foucauldianos evocando "uma foucauldização de todo o país". A apologia da dominação e da ditadura pregada por Schmitt lhe aparece sem dúvida mais oportuna para compreender as realidades russas muito contemporâneas, como a da "nova" ideologia da "vertical do poder"... Em uníssono, os liberais e os conservadores essencializam as especificidades das realidades russas para rejeitar a maneira como Foucault repensa as relações de poder.

Para um uso das ideias de Foucault na Rússia, não se encontra, de fato, alguém mais que Valery Podoroga. Segundo este, a análise foucauldiana do poder apaga a grosseira demarcação entre o Oriente e o Ocidente. É precisamente porque Foucault torna possível uma análise crítica das diferentes manifestações sob as quais se apresenta o poder que sua concepção ganha todo seu sentido. É lamentável que tais reflexões sejam expostas por seu autor durante os cursos magistrais oferecidos a estudantes de ciências políticas, mas não sejam ainda objeto de artigos.

Os resultados da investigação da *Nova Revista Literária* comprovam, além disso, uma incômoda tendência em fazer de Foucault um "pós-modernista" – como, aliás, Jacques Derrida, Jean Baudrillard, François Lyotard e Rolland Barthes –, ora, o pós-modernismo é aparentado imediatamente com o que é "ocidental": Foucault fica "do outro lado da fronteira"...

Foucault em uso

Existem, apesar de tudo, tentativas de aplicar as ideias de Foucault às realidades russas no domínio da pesquisa. Pode-se citar como exemplo os trabalhos consagrados aos mecanismos do poder na Rússia tzarista (A. Etkind, I. Tchoubarov), as tentativas de fazer um uso sociológico das ideias de Foucault

(A. Bikbov) e naquilo que chama Elena Oznobkina a "filosofia sobre a punição". Em 2001, apareceu a coletânea de artigos "Michel Foucault e a Rússia", que reúne todas essas iniciativas. Por outro lado, deve-se evocar um evento que marca o que se pode compreender como uma tentativa de uso das ideias de Foucault. Em Moscou, em 25 e 26 de dezembro de 2006, houve um colóquio internacional intitulado: *Luttes-recherches autour des prisons en France et en Russie, dans les années 1970 et 2000. La recherche comme instrument de lutte.* (*Lutas-pesquisa sobre prisões na França e na Rússia, nos anos 1970 e 2000. A pesquisa como instrumento de luta.*) Este colóquio permitiu o encontro de foucauldianos franceses (como por exemplo Philippe Artières e Daniel Defert) e defensores dos direitos do homem russos: uma troca rica de ideias e de experiências.

A obra de Oleg Kharkhodine *Denunciar e Bancar o Hipócrita*. La Généalogie de la Personnalité Russe [Denunciar e fazer-se de hipócrita. A genealogia da personalidade russa] é um dos trabalhos que vai mais explicitamente no sentido de um uso das ideias de Foucault. O autor se inscreve na leitura anglo-americana de Foucault chamada "virada linguística". O "método" de Foucault permite completar as teorias de L. Wittengstein, G. Austin e Q. Skinner. Para Kharkhodine, o sentido da abordagem de Foucault se situa na atenção que ele presta à análise da "superfície do discurso", visto que ele recusou – em seguida – procurar essências ocultas "sob" essa superfície. O essencial desse "método de Foucault" seria a explicitação dos elos dos "atos típicos da linguagem" e o que ele chama "as práticas de fundo". Nessa perspectiva se inscreve a noção de "prática discursiva". No fundo, a "prática discursiva" foucauldiana é análoga, até mesmo sinônimo, do "ato de linguagem"austiniano. "As práticas discursivas", escreve Kharkhodin, "são atos que se repetem rigorosamente segundo uma configuração precisa, quando eles são produzidos com ajuda de palavras". Ou seja, o discurso produziria a prática. Daí ele tira conclusões arriscadas para explicar os mecanismos das repressões stalinianas. Segundo ele, esses mecanismos foram iniciados a partir das mudanças na retórica dos documentos do partido que forjaram novos princípios que regulam a autocrítica dos membros do partido durante reuniões. Desde 1933-1934, "o método de verificação da identidade de um comunista" devia então ser creditada a fatos tangíveis que favoreciam a construção do comunismo, e não, como antes, por simples alegações. Os atos da linguagem (a denúncia do inimigo do povo ou, inversamente, "a calúnia de um comunista honesto") tornavam-se, então, "fatos tangíveis". Enquanto eles tinham a última palavra, os que sabiam manejar os "atos de linguagem" continuavam carrascos até que eles não tivessem mais sua palavra para dizer, depois, eles se tornavam, por sua vez, vítimas... Quanto às "práticas de fundo", elas proviriam das práticas de "denúncia", de "excomunhão" e de "admoestação" próprias à igreja ortodoxa. Elas se encontrariam de maneira permanente durante toda a história soviética e, unindo-se, elas se teriam revestido de um caráter sistemático que explicaria os assassinatos maciços dos anos 1930.

LOST IN TRANSLATION

No conjunto, os textos de Foucault não foram tão "esfolados" em sua tradução russa em comparação com outras traduções de pensadores contemporâneos franceses. Entretanto, erros grosseiros de tradução tiveram consequências pesadas, em especial no que concerne às pesquisas de Foucault sobre a sexualidade. Em 1996, a tradução por Svetlana Tabatchnikova do primeiro tomo e a da introdução do segundo tomo da *História da Sexualidade*, que ela tinha reunido numa mesma obra sob o título "Michel Foucault. A vontade de verdade. Para além do saber, do poder e da sexualidade", foi fonte de um infeliz mal-entendido. A tradutora traduz a palavra "sexe" pela palavra "*seks*", que significa em russo concretamente o "ato sexual". O emprego contínuo de um termo conotado pode parecer chocante ao leitor russo, que compreendia espontaneamente "o sexo da criança", como se as crianças tivessem tido sistematicamente relações sexuais entre elas. Leitores russos puderam também entusiasmar-se pensando tratar-se de um ensino do sexo de que Foucault seria o novo mentor...

Se Valery Podoroga criticou rudemente essa tradução enganosa e se esforçou para dissipar o mal--entendido, suas objeções, se elas atingiram o círculo muito restrito dos especialistas, não conseguiram

desiludir os meios intelectuais mais amplos já familiarizados com Foucault desde a tiragem com 10 mil exemplares da tradução de Tabatchnikova. Em 2000 apareceu em russo *Oublier Foucault* de Jean Baudrillard, de que um dos temas principais é a concepção da sexualidade de Foucault. E desta vez o tradutor desse ensaio (Dimitri Kalouguin) não somente ofereceu Foucault e Baudrillard ao altar do "*seks*" ávido de sacrifícios, mas ainda aplicou-se escrupulosamente a fazer corresponder as argumentações dos dois pensadores à sua representação fatasmada do sexo, enquanto o termo comporta uma acepção mais ampla em francês. Em 2002, apareceu uma tradução do livro de Maurice Blanchot, *Michel Foucault tel que je l'Imagine*, no mesmo registro que retomava as "falhas" de Tabatchnikova que não podemos infelizmente lhes traduzir...

Felizmente, a tradução parcial dos *Ditos e Escritos* leva em conta as explicações expressas no colóquio mencionado anteriormente.

Em russo, encontram-se doravante todos os trabalhos maiores de Foucault, as reações que eles suscitaram, em especial para Blanchot, Baudrillard, Derrida, Deleuze e Paul Veyne, e a tradução de uma biografia de referência sobre Foucault.

Contudo, o pensamento de Foucault dá lugar ainda a numerosos contrassensos na Rússia: é a razão pela qual ela continua ainda muito frequentemente ignorada na pesquisa em ciências humanas? Pode-se pensar, no entanto, que a obra de Foucault é suficientemente conhecida para que comece enfim uma "reapropriação" que se considera necessária para abrir novas perspectivas de pesquisa na Rússia.

Traduzido do russo por Arthur Clech e Denis Goloboroko.

Michel Foucault

Ubu na Polônia

Michal Kozlowski

I –

As relações entre Michel Foucault e a Polônia constituem, sem nenhuma dúvida, um tipo de relação a uma só vez intensa e recíproca, mas, ao mesmo tempo, assimétrica e não comunicacional. Durante três décadas Foucault conheceu a Polônia bem melhor que a Polônia reconhecia Foucault. É preciso mesmo assim dizer que, se o filósofo não era completamente ignorado lá, ele não representava, no entanto, um ponto de referência obrigatória no campo intelectual. A relação entre Foucault e a Polônia conhece dois momentos de apogeu. O primeiro é sua estada em Varsóvia durante mais de um ano em 1958-1959, enquanto diretor do centro francês na universidade, estada que vai concluir-se bruscamente com sua expulsão a pedido do regime. Na realidade, não se conhecem muitos detalhes desse período. Foi em seu quarto do Hotel Bristol que ele redigiu a *História da Loucura* à luz de vela (por que velas? – havia certamente a eletricidade, tratava-se, pois, mais de cortes temporários ainda bastante frequentes em Varsóvia nos anos 1950). Ele fez com certeza conhecimento de Tadeusz Kotarbiński, grande e complexa figura da filosofia polonesa (originária da tradição analítica) e intelectual envolvido contra o intolerável desde os excessos antissemitas dos anos 1930. Mas nada se sabe de suas trocas. Em 1958, estamos no centro da época pós-staliniana, mas o elã inovador de outubro de 1956 está profundamente em recuo. Espalha-se por toda parte, então, uma "normalização" – a do socialismo real.

Voltando a esse período, Foucault destaca que ele viveu na Polônia (como na Alemanha e na Suécia) uma experiência formadora no sentido teórico. "Eu não direi que fiz a experiência da totalidade das possibilidades políticas, mas tive uma amostra do que eram, nessa época, as diferentes possibilidades das sociedades ocidentais."[1] A Polônia é, pois, um exemplar de um tipo de regime ocidental, mas, nesse contexto, ela é pouco específica (os três casos se distinguem, todavia, da experiência na Tunísia, qualificada, esta, como "terceiro mundo").

O segundo apogeu, ousemos dizê-lo, é de uma amplitude totalmente diferente. O caso Solidarnosc e, principalmente, sua dissolução brutal após o golpe de estado de Jaruzelski, em dezembro de 1981, implicam Foucault numa de suas maiores paixões militantes. O envolvimento de Foucault se fez sob formas das mais esgotantes e laboriosas.[2] Mas qual é a significação desse envolvimento? Pode-se ver a coisa segundo duas perspectivas. Primeiramente, existe em Foucault, nós o sabemos bem, certo entusiasmo pela inovação histórica, pela modificação e ruptura das relações afetivas, sociais, epistêmicas etc., pelas revoluções atuais (como a polonesa ou ainda a iraniana) que procuram modificar suas relações e, ao mesmo tempo, sair do âmbito de repetição, até da encenação desde 1789 ou de 1917. A questão de revolucionar a revolução está, então, na ordem do dia. Mas, na realidade, o que Foucault diz e escreve na época não comporta (ou muito pouco) elementos para uma análise da especificidade da situação polonesa... (o caso do Irã foi aqui muito diferente). Foucault coloca na frente os seguintes aspectos: 1) a dominação russa – a lei marcial não é um caso interno na Polônia, o apelo à internacionalização do problema polonês, o questionamento da divisão da Europa após Yalta, o respeito das convenções de Helsinki; 2) a unicidade

---

1   Uma entrevista de Michel Foucault por Steven Riggins, *Dits et Écrits*, II. Gallimard, "Quarto", 2001. p. 1.345-1.346. Há tradução brasileira: *Ditos e Escritos*, VIII.

2   Testemunho de Seweryn Blumsztajn *in Michel Foucault, une Histoire de la Vérité*. Paris: Syros, 1985. p. 98.

da experiência histórica polonesa, em particular uma "tristeza histórica polonesa", mas também a intransigência em relação à opressão; 3) a ideia da divisão clara e nítida entre a população resistente e o regime socialmente alienado munido unicamente dos meios de governo socialista como dispositivo de poder.[3]

E eis a segunda perspectiva. Não há como colocar em questão o bem-fundado dessas constatações. As coisas eram com toda evidência mais complexas e mais matizadas. Por isso, é preciso deixar clara uma coisa. A semelhança entre as teses em questão e o discurso político de Solidarnosc depende mais de uma coincidência. Foucault se faz o porta-voz do movimento polonês, ele lhe empresta sua voz, ele lhe dá a palavra no momento da opressão, coloca-se a serviço das pessoas de Solidarnosc, a fim de reforçar suas vozes. Segundo Bernard Kouchner, depois de sua volta de Varsóvia (onde ele esteve com um comboio humanitário), Foucault teria dito que ele não tinha tempo para um longo e metódico trabalho em biblioteca... que esse tempo voltaria talvez, mas que não era de atualidade...

II –

Em 1966, todos os membros do departamento de História da Filosofia Moderna na Universidade de Varsóvia, dirigido por Leszek Kolakowski, recebem (em seu endereço pessoal) um exemplar de um livro. Trata-se efetivamente da obra *As Palavras e as Coisas*. Ninguém se lembra que instituição francesa teve a gentileza de fazer esse pequeno gesto[4]... No início do ano seguinte, uma sessão do seminário de Bronislaw Baczko (seminário de uma extraordinária importância animado por uma corrente dita "revisionista" dos marxistas) foi consagrada à discussão do livro de Foucault. Baczko e Krzysztof Pomian foram responsáveis pela introdução à leitura. Os revisionistas seguiam nessa época um caminho que os conduzia de Marx para Hegel (*Von Marx zu Hegel*, segundo a expressão de Marek Siemek). Preservava-se, pois, e até enfatizar-se-ia o caráter dialético da história. Se rupturas aparecem efetivamente durante a história, elas resultam do fato de que se preparam tacitamente no seio da ordem existente e que conduzem finalmente à sua derrubada (ultrapassagem). A concepção de *episteme* e a de descontinuidade eram, portanto, concebidas como uma polêmica implícita com Hegel. Mas o livro suscitou um vivo interesse. Março de 1968 e sua revolta estudantil romperam, apesar disso, toda possibilidade de continuar o debate. A vasta maioria dos participantes do seminário de Baczko (inclusive o professor) foi obrigada à emigração, ou, então, demitida da Universidade.

O ritmo da recepção a partir dos anos 1970, isso não tem nada de surpreendente, era ditado pelas traduções. Pode-se achar surpreendente que o primeiro livro traduzido de Foucault seja *A Arqueologia do Saber* (1977), prefaciado pelo historiador marxista qualificado de não dogmático, Jerzy Topolski. Entretanto, *A Arqueologia do Saber* é um livro não somente difícil, mas também pouco compreensível se o isolarmos de outras pesquisas de Foucault. *História da Loucura* foi publicada em 1987, a *História da Sexualidade*, em 1995, *Vigiar e Punir* e *É Preciso Defender a Sociedade*, em 1998, duas coletâneas de textos escolhidos de *Ditos e Escritos*, em 1999 e 2000, *As Palavras e as Coisas* só apareceram em 2005. No total, existem 14 livros de Foucault em polonês e alguns outros estão em curso de tradução. Há, no entanto, uma distância considerável entre as truduções de Foucault e a ausência de reflexão sobre Foucault, e principalmente a ausência de pesquisa inspirada pelo trabalho de Foucault. Em 1988, um número especial da revista *Colloquia Communia* foi concebido por Krzysztof Banasiak e Jerzy Matuszewski, os dois filósofos na Cracóvia. Em 1994, Tadeusz Komendant, professor de literatura na Universidade de Varsóvia (e magnífico tradutor de várias obras de Michel Foucault), publicou o livro *Władze Dyskursu*. Michel Foucault w poszukiwaniu siebie [Os poderes do discurso. Michel Foucault à procura de si]. Em 1998, apareceu um volume coletivo sob a direção de Marek Kwiek, *Nie Pytajcie mnie kim Jestem*. Michel

---

3   Em particular as entrevistas "Il n'y a pas de neutralité possible" (*Dits et Écrits*, II, *op. cit.*, p. 1157-1158) ; « L'expérience morale et sociale des Polonais ne peut pas être effacée » (*Dits et Écrits*, II, *op. cit.*, p. 1162-1169). Há tradução brasileira: A experiência moral dos polonesees não pode ser apagada. *Ditos e Escritos*, VI, Repensar a Política, Forense Universitária.

4   Testemunho de Jerzy Niecikowski, então assistente de Kolakowski, recolhido pelo autor.

Foucault Dzisiaj. [Não me pergunte quem eu sou. Michel Foucault Hoje], com várias contribuições polonesas e americanas. Em 2006, Maria Solarska, historiadora e feminista de Poznan, publicou sua tese *Historia Zrewoltowana. Pisarstwo Historyczne Michela Foucaulta jako Diagnoza Teraźniejszości i Projekt Przysłości.* [A História Revoltada. A Escrita da História como Diagnóstico do Presente e Projeto do Futuro.] Esse livro constitui provavelmente a mais séria tentiva de fazer entrar Foucault e sua "caixa de ferramentas" no seio do trabalho de pesquisas em ciências sociais.

A partir do fim dos anos 1980, a recepção de Foucault se faz principalmente através da perspectiva americana – a da *French Theory.* Mesmo se Foucault se faz conhecer na Polônia bem mais cedo que Deleuze, Derrida ou ainda Baudrillard, o contexto dito "pós-moderno" limita de certa maneira os possíveis usos cognitivos que se possa fazer de Foucault. Tadeusz Komendant, por exemplo, propôs uma leitura literária focalizada nos aspectos íntimos, até existenciais e estéticos, da escrita foucauldiana. Matuszewski e Banasiak se situam bem longe da perspectiva empírica, privilegiando o olhar sobre Foucault que se poderia qualificar de "derridiano". As tentativas de fazer andar Foucault, isto é, trabalhar mais com Foucault do que sobre "Foucault", são sempre bastante raras. Com certeza, Foucault em nossos dias se tornou um clássico – é de bom tom citá-lo. É de menos bom tom colocá-lo em ação.

O seminário extrauniversitário organizado pela fundação Ekologia i Sztuka entre 2006 e 2009 sob a palavra de ordem "a esquerda em Foucault" foi uma tentativa interessante para ir nesse sentido. As intervenções e os debates visavam a reler a transição polonesa para o capitalismo neoliberal com as ferramentas de Foucault, em particular as noções de disciplina, biopoder e soberania. Todavia, a sombra catastrofista de Giorgio Agamben marcou profundamente algumas análises.

Se há um meio que explora Foucault, bem mais que o dos historiadores, dos antropólogos ou dos sociólogos, é bem o dos artistas. Katarzyna Kozyra, Zbigniew Libera e Zofia Kulik se referem explicitamente ao campo de análise foucauldiano. Grzegorz Klaman utiliza em seus trabalhos citações tiradas de livros de Foucault. Todos esses artistas, à sua maneira, evocam o problema da relação entre o corpo e o poder. Izabela Kowalczyk, em seu livro sobre a arte crítica dos anos 1990, chega a dizer que Michel Foucault continua uma referência maior para a arte revoltada e engajada.[5]

O que sobra de Foucault em Varsóvia? Pouca coisa ou um germe de renovação? Uma coisa é certa, seu espectro não para de nos obsecar na Polônia (ou em parte alguma).

---

5   Izabela Kowalczyk, *Ciało i Władza.* Polska Sztuka Krytyczna lat 90, Sic!. Varsovie, 2002. p. 16-17.

Traduções turcas

Nazli Ökten Gülsoy

> "*Her asirda birkaç kişi düşünür. Gerisi düşünülenleri düşünür.*"
> "Em todo século só alguns pensam.
> O resto pensa no que foi pensado."
> Cemil Meriç

Contrariamente à sua popularidade no mundo anglo-saxônico, a recepção de Foucault na Turquia foi menos entusiasmada e mais tardia. Traduzido parcialmente enquanto vivo, Foucault foi amplamente ignorado até sua morte e foi preciso esperar o fim dos anos 1990 para que sua obra se tornasse um objeto de discussão na vida intelectual turca. Uma das primeiras traduções de Foucault, *Verdade e Poder*, foi publicada numa prestigiosa revista da esquerda turca, em 1979.[1] Três anos mais tarde, é o primeiro capítulo da *História da Loucura*, sob o título *Introdução à História da Loucura*, que é traduzido por Enis Batur, um célebre poeta e escritor.[2] Em 1982, o primeiro número especial da revista consagrado ao pensamento de Michel Foucault, até aí passado em silêncio num país sob repressão militar, é disponível.[3] A tradução integral da *História da Loucura* foi mais para medíocre, mas a apresentação do tradutor traz muitos elementos de reflexão. Com efeito, Mehmet Ali Kiliçbay[4] adota uma posição sintomática do estado de alma de uma parte da *intelligentsia* turca. Ele insiste sobre inúmeras dificuldades da tradução, sobre a linguagem particularmente difícil de Foucault. Trata-se aí de uma constatação compartilhada por vários outros tradutores. A língua turca só muito dificilmente permitiria dar conta de certas noções filosóficas. A razão principal se deve ao corte cultural do período republicano, que, para negar a herança do império otomano, adotou a passagem ao alfabeto latino. A depuração linguística, a criação de novas palavras e conceitos às custas dos antigos, tornou mais difícil o ato de tradução.

Fora essa opinião então compartilhada, o autor deplora também o olhar dos turcos sobre a história. Este constitui um obstáculo da mesma maneira importante para a tradução das obras de Foucault. O passado só é construído como uma série de vitórias, donde a dificuldade de compreender que a concepção da loucura pode ser um dos elementos fundadores de uma cultura.

Previamente a essa tradução, alguns conceitos de Foucault tinham sido introduzidos indiretamente em alguns artigos, que suscitam um interesse, e, em seguida, tinham estabelecido sua popularidade como pensador radical não marxista. Segundo Ayşe Öncü,[5] a apropriação de seu trabalho no contexto turco significava o radicalismo sem Marx e a possibilidade de uma leitura sociológica, política e intelectual mais aberta. Durante uma boa parte dos anos 1980, com efeito, as análises convencionais em ciências sociais estavam centradas na economia política da Turquia, a abertura aos mercados mundiais, o impacto

1   Gerçek ve İktidar, *Birikim*, nº 56-57, 1979, traduzido por Ahmet İnsel, atualmente professor de economia na Universidade de Paris I, na França, e na Universidade Galatasaray, na Turquia.
2   O mesmo poeta Enis Batur já tinha publicado em sua revista *Yazi*, no fim dos anos 1970, alguns textos de Foucault.
3   Tan, Aylik Düşün/Yazin Seçkisi, 3/4 Temmuz-Ağustos, julho-agosto de 1982, Michel Foucault Özel Sayisi, número especial (Ed.Yayina Hazirlayan: Enis Batur).
4   Eminente professor da história econômica, tradutor de várias obras francesas, dentre as quais as de Braudel e de Duby.
5   Ayşe Öncü, Crossign Borders into Turkish Sociology with Gunder Frank and Michel Foucault. *Contemporary Sociology*, 26 (3), p. 267-270, 1997.

das políticas de ajuste estrutural e as implicações da liberalização sobre a política. A visibilidade crescente do Islã na cena política e da identidade étnica curda pareciam ser os sintomas inquietantes dessa reorganização capitalista. O diagnóstico foi inevitável: a Turquia atravessa uma época de transformação que necessita de uma "desconstrução" radical das bases leigas do nacionalismo republicano e da singularidade étnica da "identidade turca". A história otomana ia tornar-se um campo de batalha sobre o qual as diferenças políticas e as tendências ideológicas eram fortemente disputadas. As numerosas controvérsias concerniam a uma série de problematizações, indo dos argumentos concernentes à natureza da formação social do Império otomano até os "diferendos" sobre o calendário da penetração capitalista, passando pelos debates sobre a interpretação da "revolução" turca.

No fim dos anos 1990, a descoberta pelo grande público de *Vigiar e Punir* o conecta ao "vivido" dos eventos do momento. Os quotidianos estão cheios de casos de brutalidade policial, de mortes "suspeitas" nas prisões, ou ainda de desaparecimentos "inexplicados". Além disso, *Vigiar e Punir* aparece como relativamente mais legível comparado com os livros precedentes de Foucault. Sua análise do sistema penal "moderno" era então bem útil para compreender a não modernidade das prisões turcas. As noções dos corpos "disciplinantes" e "disciplinados" nas escolas, no exército, na burocracia tiveram ressonâncias imediatas e muito concretas no contexto turco.

No mesmo momento, as abordagens de Foucault do saber/poder ganharam terreno em contextos políticos e ideológicos muito diferentes. Entre os meios intelectuais islâmicos, por exemplo, sua desconstrução da "modernidade do Ocidente" nos textos sobre o Irã tornou-se tão popular quanto o orientalismo de Saïd. Pareceria que a ênfase sobre as práticas quotidianas tenha contribuído para essa popularidade. O público leitor de *O Orientalismo*, de Edward Said, descobria que se pode refletir com Foucault sem por isso refletir diretamente sobre Foucault. Isso deu também argumentos aos islamistas em sua crítica da história oficial. Essa versão oficial afirma que a modernização turca é um processo linear do progresso, indo da tradição para a modernidade, do obscurantismo para a razão e as Luzes, e do Império à República. Esse relato de um progresso linear, que formava a coluna vertebral dos argumentos principais de diversos escritores sobre a modernidade turca, depende explicitamente de uma série de dicotomias (tradição/modernidade, religião/ciência, Império/República), e favorece implicitamente o segundo termo em detrimento do primeiro. Nilüfer Göle faz observar o interesse que têm alguns intelectuais islamistas pelos debates sobre a modernidade, graças à tradução e à discussão dos trabalhos dos pensadores ocidentais, tais como Ivan Illich, Paul Feyrabend e, é claro, Michel Foucault.[6]

Nos meios liberais leigos, em compensação, as leituras de Foucault se tornaram estritamente ligadas aos críticos do nacionalismo, fornecendo uma perspectiva de fundo intelectual não somente para as tentativas de "desconstruir" a singularidade étnica e a homogeneidade religiosa presumida do Estado-nação, mas também às de redescobrir um passado e um presente multirreligiosos e multiétnicos. Foi também uma ocasião para a crítica de um certo jacobinismo kemalista fundador do Estado-nação, herdado pela esquerda turca.

Não é errôneo dizer que vontade de colocar em plena luz as questões ardentes como a situação da população curda e a ascensão do islã político continua a primar sobre a análise intelectualmente coerente.[7] Mas a necessidade de uma análise que seja capaz de esclarecer a complexidade crescente dessas questões é mais evidente que jamais.

Apresentando uma entrevista sobre o pensamento foucauldiano, Ömer Faruk, o diretor da editora que publicou a versão turca dos *Ditos e Escritos*, depende da aptidão desse pensamento em dar saídas para

---

6 Nilüfer Göle,. Secularism and Islamism in Turkey: The Making of Elites and Counter-Elites. *The Middle East Journal*, 51 (1), p. 46-58. Retrieved July 30, 2010, from ABI/INFOrM Global. (Document ID: 11054003).

7 O que não impede o aparecimento das obras inteiramente consagradas ao pensamento foucauldiano. Cf. Ali Akay, *Foucault'da Iktidar ve Direnme Odaklart*, Bağlam Yayinlari, Istanbul, 2000; Ali Akay, que é, ao mesmo tempo, o primeiro tradutor de Deleuze, explicita as origens deleuzianas de sua leitura. Orhan Tekelioğlu, *Michel Foucault ve Sosyolojisi*. Bağlam Yayinlari, Istanbul, 1999; tese de doutorado escrita na origem em inglês. Veli Urhan, *Michel Foucault ve Arkeolojik Çözümleme*. Ankara: Paradigma Yayinlari, 2001.

sair do dilema "mesquita ou caserna".[8] Na mesma entrevista : "Em que nos servirá Foucault?", Ferda Keskin (editor) responde: "A uma crítica da modernidade, para compreender a teoria pós-colonial e o orientalismo, para a questão das prisões e, finalmente, para refletir sobre a multiplicidade das identidades que coloca problema [na Turquia]." O questionamento da grande temática da revolução constitui o outro eixo essencial da entrevista: depois de Foucault seria impossível para os revolucionários refletirem como antes.

Para o leitorado de esquerda, a edição turca[9] de *Ditos e Escritos* constitui uma oportunidade de redescobrir a obra de Michel Foucault, visto que, em suas múltiplas entrevistas e conferências, ele esclarece a espessura às vezes opaca de sua escrita. Essa editora, que publica em geral obras que dão a refletir sobre uma esquerda não ortodoxa, serviu de elo entre um público mais jovem e a obra de Foucault. É preciso, talvez, destacar que o responsável por essa edição, Ferda Keskin, escreveu uma tese (ainda não publicada) nos Estados Unidos, na Universidade de Columbia. O que nos leva a um segundo momento na recepção do pensamento foucauldiano na Turquia.

O sucesso indiscutível de Foucault nos Estados Unidos fez com que toda uma geração de pesquisadores aí formados tenha incluído Foucault em sua bagagem intelectual.[10] A verdadeira popularidade de Foucault na Turquia, com risco de simplificação, veio não das traduções de francófonos, mas de usuários anglófonos, sem temer passar por leitores-arranjadores que se apropriam de uma teoria, às vezes transformando-a completamente, para fazer dela uma verdadeira máquina operatória.

Hoje, as referências a Foucault são onipresentes. Alguns deploram "uma loucura foucauldiana", que, substituindo "a loucura marxista", se teria tornado uma espécie de *prêt-à-penser* [resposta para tudo] popular.[11] Essa loucura seria o sintoma de uma não vontade do marxismo; a palavra dissidente (*muhalif*) substituindo a palavra revolucionário (*devrimci*) dos anos 1970; tornada símbolo de uma esquerda impotente, incapaz de produzir um projeto de poder. Silenciemos sobre a ironia que faz qualificar de loucura esse interesse crescente pelo pensamento foucauldiano: o debate só está começando na Turquia.

---

8   *Birgün*, 15 de maio de 2007. http://www.birgun.net/research_index.phpcategory_code=1179238026&news_code=1179238026&year=2007&month=05&day=15.

9   Michel Foucault, *Seçme Yazilar*, I-VI, Istanbul: Ayrinti Yayinlari, 2000-2008.

10   É preciso também destacar que os autores como Edward Said, Judith Butler e Giorgio Agamben aproveitaram às vezes da legitimidade do pensamento foucauldiano e o reproduziram no contexto turco.

11   Doğan Gürpinar, Neo-Libéral Saldiri: Foucault Etkisi. *Birikim*, nº 238, p. 72-86, 2009.

Na China

Jean-Louis Rocca e Wang Min'an

Nos anos 1980, a China conhece uma atmosfera intelectual e uma situação histórica inteiramente particular. Depois da tragédia da Revolução cultural, o marxismo ortodoxo e o pensamento de Mao são questionados pelos intelectuais. Deng Xiaoping lança a política de reforma e de abertura que se volta decididamente para o Ocidente; o que permite a tradução em chinês de uma quantidade enorme de obras filosóficas modernas e contemporâneas. Os intelectuais querem encontrar novos pensamentos para se afastar do marxismo e do maoísmo. Nietzsche, Sartre e Freud são os primeiros a serem escolhidos. Por que Nietzsche? Porque ele foi "obstruído" pela coletividade, dominado como indivíduo pelo igualitarismo de sua época. Depois da Revolução cultural, tinha-se necessidade de paixão, de força de criação, de deixar a vida individual exprimir-se. A tudo isso Nietzsche dá uma voz. Por que Freud? Porque, na época, as pessoas reivindicam uma despenalização e uma legitimação da sexualidade. Os jovens precisam procurar formas de autonomia próprias do desejo, e Freud lhes diz que o desejo é natural, que de nada adianta reprimir o comportamento dos homens. Por que Sartre? Porque os chineses querem decidir por eles mesmos, escolher seu destino, não querem mais simplesmente obedecer às ordens da família, das organizações e do Estado. Pouco importa que suas teorias sejam conhecidas (ou não) de uma maneira aprofundada, seu poder de sedução é enorme, e todos os estudantes discutem suas teses.

FOUCAULT ENTRA NA CHINA

É precisamente no momento dessa "loucura" para as filosofias ocidentais que Foucault entrou na China. Anteriormente, muito poucas pessoas conhecem Foucault.[1] Curiosamente, o primeiro artigo que lhe é consagrado foi publicado por ocasião de sua morte, como se o desaparecimento do filósofo lhe desse um valor particular. Em setembro de 1984, a revista *Guowai Shehui Kexue* [Ciências Sociais do Estrangeiro] propunha um artigo intitulado "Morte de Foucault, filósofo francês". Era uma adaptação de um artigo publicado numa revista francesa, ninguém conhecia a obra de Foucault na época. Será preciso, em seguida, esperar o período de 1986-1990 para ver aparecer uma dezena de estudos parciais sobre ele, em especial nas duas revistas que têm mais influência intelectual nessa época, ou seja, *Guowai Shehui Kexue* e *Dushu* [Ler]. Esses artigos apresentam sucintamente os assuntos principais tratados por Foucault: poder, loucura, arqueologia do saber, discurso, através dos comentários de *A Arqueologia do Saber*, *História da Sexualidade*, *Loucura e Civilização*, *Vigiar e Punir*. Eles estarão na origem de muitos desprezos,[2] e os autores contentam-se em apoiar-se em comentários de Foucault sem ler em detalhe os próprios textos. Esse fenômeno concerne ao conjunto do pensamento ocidental. Nos anos 1980, os pesquisadores chineses não têm a capacidade de ler e compreender os pensadores estrangeiros. Os primeiros introdutores de Foucault eram estudantes chineses expatriados na França e nos Estados Unidos que sofreram sua influência. Por outro lado, os livros estrangeiros traduzidos em chinês citavam frequentemente Foucault, o que exerceu um papel maior na difusão de seu pensamento.

---

1   Ao contrário do Japão, onde Foucault é conhecido há muito tempo.
2   Por exemplo, os estudos sobre a genealogia são situados antes dos estudos sobre a *A Arqueologia do Saber*.

Apesar de seu caráter fragmentário, esses primeiros estudos permitiram atrair a atenção de uma pequena parte dos intelectuais chineses sobre a obra de Foucault. Esta suscitou a surpresa porque ela se destacava tanto da ortodoxia do pensamento da época socialista quanto de outros pensamentos ocidentais. Nos anos 1980, a estrela de Sartre empalideceu, enquanto Lacan, Derrida, Barthes atraem a atenção de um número reduzido de jovens intelectuais que divulgam suas ideias de maneira oral em razão da ausência de traduções. Como ninguém conhecesse realmente os textos, criou-se o hábito de falar de pós-estruturalismo "em geral", ou de pós-modernismo "em geral", sem distinguir os autores uns dos outros. Colocaram-se a discutir sobre "simbólico", sobre "desconstrução", no interior de um pequeno círculo sem que ninguém tivesse um conhecimento preciso do sentido desses conceitos.

Essa entrada paradoxal de Foucault na China está em relação com a natureza das obras do filósofo que começaram a ser publicadas. Em 1988 e 1989, duas traduções diferentes da *História da Sexualidade* aparecem. Infelizmente, as duas traduções (do inglês) não eram nem completas nem fiéis. Em 1990, é publicada *Loucura e Civilização*, também traduzida do inglês. A história da tradução e da difusão de *História da Sexualidade* ilustra o estado da cena intelectual dos anos 1980. O livro é publicado por uma editora de Shanghai especializada nas edições científicas e técnicas. Considerado como um documento de vulgarização, era encontrado nas estantes consagradas à medicina e à saúde. Numa época onde os conhecimentos em matéria de sexo eram rudimentares, os jovens compravam o livro para descobrir coisas novas no assunto: conhecer, enfim, os mistérios do sexo à ocidental! Dando-se conta de que o livro era de um acesso difícil e que não era de modo algum um manual de sexualidade, os leitores se livram dele rapidamente, persuadidos de terem sido ludibriados. Os 100 mil exemplares se encontraram nas bancas dos saldos na rua.[3] A publicação nada fez pela reputação de Foucault, ninguém se interessando pelo nome dos autores de livros sobre o sexo; como ele era estrangeiro, ele devia ser perito! A tradução de *Loucura e Civilização* sofreu a mesma falta de cuidado.

Por que uma moda Foucault?

Contudo, o interesse crescente da China pelo Ocidente, a influência de Foucault no mundo exterior, os contatos cada vez mais íntimos entre os intelectuais chineses e as universidades ocidentais, a importância atribuída à "patologia do poder" pelos pensadores chineses levaram cada vez mais pessoas a se interessarem por Foucault. Seja em filosofia, literatura, sociologia, ciências políticas, história, pedagogia, Foucault começa a atrair o interesse dos universitários. Alguns, como Liu Beicheng (*Retrato de Foucault* em 1995) ou Mo Weimin (*O Destino do Sujeito*, em 1996), escrevem os primeiros estudos propriamente "chineses" sobre Foucault. Contudo, com os dois únicos livros traduzidos, esgotados, quase ninguém ainda leu Foucault. O perfume de mistério em torno de sua obra engrossa, e a curiosidade se aguça. É nessa época que muitos textos aparecem em chinês: Bao Yaming reúne textos, artigos como "O que são as Luzes?" aparecem. Essas publicações suscitam um grande interesse. Mas o que o coloca na moda acadêmica é a publicação de *Vigiar e Punir* e de *A Arqueologia do Saber*. As edições são rapidamente esgotadas. Foucault se torna um assunto popular. Cada colóquio e artigo têm que citá-lo. Revistas influentes, como Nanfang zhoumo [Week-end du Sud], lhe consagram amplos espaços. O interesse ultrapassa os meios acadêmicos e atinge artistas, colarinhos brancos e cada estudante em ciências sociais e humanas tem que conhecer Foucault, senão sua obra. A difusão se torna fulminante, ainda que seu nível de conhecimentos de seus conceitos seja ainda rudimentar.

Desde o início desse milênio, Foucault se tornou o intelectual ocidental mais influente na China, ou, em todo caso, o mais lido. O *site* da internet *douban* recebe numerosos "grupos de leitores" compostos essencialmente de estudantes. Fora Nietzsche, é Foucault quem suscita mais a criação de grupos e reúne mais membros (mais de cinco mil). Uma nova edição de *História da Sexualidade* aparece, *As Palavras e*

---

3   Wang Min'an conheceu Foucault dessa maneira, comprando *Histoire de la Sexualité* por um yuan (uns 10 centavos de euro) numa banca de rua em Wuhan. Há tradução brasileira: *História da Sexualidade*.

as Coisas, os cursos no Collège de France (*É Preciso Defender a Sociedade*, *A Hermenêutica do Sujeito*) são sucessivamente traduzidos. Entre 1990 e 2000, menos de 30 artigos foram publicados sobre a obra de Foucault, o número ultrapassa 600 entre 2000 e 2010. Uma dezena de teses lhe são consagradas, assim como uma dezena de obras de comentários de seus textos. O *Foucault* de Deleuze foi traduzido. Além dos economistas, todos os especialistas se interessam por ele. A qualidade desses trabalhos é muito variável. Contudo, tudo isso demonstra a importância de Foucault. Hoje, a maior parte dos pesquisadores e intelectuais leu Foucault e o cita respeitosamente, o que não significa que todo mundo o compreende e o aprecia.

Por que tal admiração? Uma das razões reside na importância que ele dá ao poder e à dupla poder-saber. Qualquer que seja o sentido que se dê a esses termos, os chineses são obcecados pelo poder em razão dos tormentos políticos que tiveram que sofrer. O interesse pela intervenção sobre a sociedade é uma tradição entre os intelectuais chineses, e encontra do que se alimentar em Foucault. Sua obra, diferente em especial de dois autores bem conhecidos na China, Weber e Marx, permite também ter um olhar novo sobre o "pensamento ocidental". Uma outra razão tem a ver com seu estilo de escrita muito particular que, apesar dos problemas de tradução, seduz muitos leitores. Ele decide com a pura filosofia abstrata e atinge todos os campos acadêmicos filosóficos. Enfim, sua vida fascina. Ele critica todos os poderes, ele buscou uma certa "estética" da vida, reivindicando uma "vida perigosa". Para os jovens que não renunciaram a um certo ideal, ele representa um incentivo e um modelo.

A influência de Foucault mudou muitas coisas em quase todos os domínos do conhecimento. Em teoria literária, foi por muito tempo a teoria do reflexo que, sob a influência do marxismo soviético, dominou o campo. Graças a ele, aborda-se doravante a questão em termos de "discurso". Em história, começa-se a sair da crônica dos acontecimentos da grande história para se interessar à micro-história. Trata-se da história da medicina, fala-se da história do corpo, do espaço, da vida quotidiana etc. A história não é mais vista por meio da exigência da pesquisa da Verdade. As teorias da pedagogia utilizam o conceito de "disciplina" para tratar das questões de educação dos alunos. Por conseguinte, apesar dos mal-entendidos conceituais que nascem das más traduções, apesar do fato de que muitos ainda não "digeriram" realmente Foucault, apesar do uso frequentemente pouco exercido dos conceitos foucauldianos, fica fora de dúvida que sua obra mudou a fisionomia das ciências sociais e humanas.

OS LIMITES DE UMA PAIXÃO

Voltemos justamente sobre as questões de tradução. Nenhuma das traduções de *História da Sexualidade* é confiável. A de *A Hermenêutica do Sujeito* é ruim. Há uma legião de contrassensos. Um só exemplo: o termo geração [*génération*], que, em francês, tem dois sentidos – a geração de idade e o substantivo do verbo gerar – é traduzido com a mesma palavra chinesa que remete exclusivamente ao primeiro sentido. Além disso, muitos textos fundamentais não são traduzidos, como os cursos *Segurança, Território, População* ou *Nascimento da Biopolítica*. Estes cursos tratam, no entanto, de assuntos essenciais para a China e para a realidade do mundo de hoje. A questão do "liberalismo" suscitou muitas controvérsias nos círculos intelectuais chineses, mas a ausência de tradução de *Nascimento da Biopolítica* os priva de uma reflexão importante. Além disso, na China, como a "governamentalidade" atual gera inúmeros perigos sociais, é preciso, pois, "proteger a sociedade". Sobre todos esses temas a biopolítica foucauldiana seria bastante útil à discussão. De fato, em sociologia, como em história, Foucault é lido sem realmente ser utilizado nos terrenos chineses, por falta de um conhecimento íntimo dos textos, mas também da sociedade sobre a qual ele trabalhou. Para serem utilizáveis, os conceitos de Foucault precisam ser não somente traduzidos, mas, principalmente, "transladados", isto é, explicitados em sua gênese, em seus elos com a história da sociedade francesa, e "adaptados" à realidade chinesa.

O problema é que a "moda" Foucault, sem dúvida, passou. Recentemente, a coletânea de textos jamais ainda traduzidos de Foucault, reunidos por Wang Min'an não atraiu muito a atenção. Mesmo se Foucault continua a seduzir, muitas pessoas consideram que ele é um "velho pensador" e querem coisa nova. Antes mesmo de ter aprofundado pacientemente seu pensamento, acham-no obsoleto. Foucault

não é o único; nesse caso, todos os pensadores de Nietzsche a Heidegger, passando por Freud, sofrem os altos e baixos da moda intelectual. Encontra-se aqui um traço específico da sociedade chinesa: a rotação rápida das modas e dos modos de vida. Lançada brutalmente no mundo das mídias, do consumo e da encenação de si depois de três décadas de uniformização, de isolamento e de frugalidade, a população chinesa pede novidade, e, portanto, novas teorias, para explicar uma sociedade em constante mudança.

Na China, como em outra parte, Foucault tem também seus detratores. Eles consideram que essas teorias europeias não podem contribuir com a compreensão do que acontece na China. Eles acusam também a "teoria francesa" de defender posições extremistas, irresponsáveis e destruidoras, enquanto a China precisa de ordem, de razão e de "construção". Muitos desses críticos têm uma posição de autoridade já antiga, frágeis conhecimentos teóricos, e são incapazes de ler autores um tanto quanto difíceis. Se essas "teorias críticas" se tornassem dominantes, eles perderiam todo crédito. A última razão tem a ver com a influência dos conservadores confucionistas e dos neoliberais no campo político, uns e outros vendo na "teoria francesa" um pensamento de esquerda. Além disso, na China, a "esquerda" é frequentemente assimilada a pensamentos, com certeza, críticos do capitalismo e de seus excessos, mas também nostálgicos, em diveros graus, do maoísmo e do retorno ao Estado onipresente. Entre os espíritos críticos, mas mal informados, Foucault pode, pois, aparecer como pouco interessante.

É preciso, enfim, contar com uma categoria de intelectuais que, ainda que difundindo o pensamento de Foucault, o acha inadaptado à situação chinesa. Um dos mais conhecidos dos foucauldianos chineses declarou assim, várias vezes, que Foucault, sendo um pós-moderno, seus trabalhos não têm interesse para uma China em via de *modernização*. Será preciso esperar que o país conheça a liberação dos costumes sexuais para que sua "caixa de ferramentas" possa ser útil. A referência a Foucault, inclusive entre os estudantes, torna-se, então, um puro jogo intelectual sem relação com a realidade da sociedade chinesa.

Os Estados Unidos, árbitro dos pensadores franceses

Grande número de características da recepção do pensamento de Foucault na China podem explicar-se pelas especificidades de sua difusão. Os pensadores franceses não são jamais conhecidos diretamente na China, mas via Estados Unidos. Se os intelectuais americanos se interessam por um autor, ele será lido pelos chineses. Assim, na China, a influência de Deleuze é ínfima comparada às de Foucault e Derrida, simplesmente porque os americanos não se interessam por Deleuze. Na China, existem somente poucos trabalhos sobre as ciências sociais e humanas francesas e uma ínfima parte dos intelectuais lê o francês. Além disso, bem poucos dentre eles ocupam uma posição eminente no campo. Em filosofia, são os especialistas de filosofia alemã que têm uma posição social elevada em razão da importância de Marx, Kant, Hegel etc. Ao inverso, os que leem o inglês são numerosos, e a maior parte das traduções de Foucault são feitas a partir da versão inglesa (*Loucura e Civilização*, *Vigiar e Punir*, *O Nascimento da Clínica*). A moral da história é, pois, a seguinte: o importante não é ser considerado como um autor importante na França, mas sê-lo nos Estados Unidos. Em sociologia, são as correntes americanas que dominam, não somente por causa da língua, mas também em razão do número colossal de estudantes chineses nas universidades americanas. Estas vêm "fazer suas compras" no início de cada ano, difundindo via Internet dossiês de candidatura, recheados de bolsas para os melhores. De fato, a elite dos estudantes vai fazer seu mestrado ou seu doutorado nos Estados Unidos, encontrando-se a França, no fim do mês de junho, com os menos bons e alguns raros estudantes de engenharia que levaram a inconsciência até a recusar uma bolsa americana, aprender o francês e ter paciência até o mês de junho para obter uma notificação de inscrição.

Só existe até a hora atual uma única bolsa de tese por ano em ciências sociais e humanas distribuída pela Embaixada da França para toda a China! Aprender o francês na China não é mais simples que obter uma bolsa. Depois da supressão de um projeto piloto de cursos de francês destinados gratuitamente a algumas dezenas de estudantes de elite, estes devem de novo pagar eles mesmos (e muito caro) para

ter a oportunidade de vir à França fazer estudos às suas custas![4] O resultado dessa ausência de política linguística e universitária é que o número de chineses francófonos e formados em ciências sociais e humanas – e, portanto, aptos a produzir boas traduções – se contam nos dedos de uma mão. O paradoxo é que as melhores traduções de Foucault se fazem do inglês, em especial quando o autor é um universitário de qualidade. Ele sabe do que fala, enquanto as traduções do francês são frequentemente efetuadas por bons francófonos, mas que não têm os conhecimentos intelectuais requeridos.

Conclusão

A história da difusão do pensamento de Foucault na China está, pois, intimamente ligada à história recente da sociedade chinesa. Permitida pela política de reforma e de abertura, ela é tributária da dominação americana no campo intelectual, da rapidez das mudanças na vida material e intelectual, e das características do domínio político. Contudo, pode-se dizer que Foucault se enraizou na China.

O perigo é ver essas raízes morrerem por falta de jardineiros. Por falta de uma elite francófona e *social scientist*, por falta de uma ação do Estado e dos intelectuais franceses no domínio da formação e da tradução, o "foucauldismo" chinês corre o risco de se tornar uma moda do passado, fora um pequeno círculo de especialistas apaixonados e competentes.

---

4   Observemos também que só existem poucos liceus chineses onde o francês é ensinado como primeira língua.

Vento do Oeste

Hidetaka Ishida

> *Aqui, a maneira de pensar anterior à modernização*
> *e a do tipo da Europa moderna coexistem*
> *e eu penso em trabalhar na análise dessas questões*
> *com especialistas japoneses.*[1]

Foucault visitou duas vezes o Japão, em 1970 e 1978.

O contato com o país do Sol nascente não era em nada fortuito. Maurice Pinguet, amigo de longa data desde a rua de Ulm, ensinava em Tóquio. Ele introduziu desde os anos 1960 seus amigos na vida do "Império dos sinais", não somente Foucault, mas também principalmente Roland Barthes, Jacques Lacan, e Claude Lévi-Strauss. Toda a geração estruturalista e pós-estruturalista entrou no arquipélago graças ao autor de *La Mort Volontaire au Japon*. Foucault quase foi nomeado para um cargo de professor na Universidade de Tóquio, em 1963, um episódio que confirma o elo substancial que se ia ligar entre as duas culturas.

Durante a primeira vinda de Foucault, em 1970, somente *O Nascimento da Clínica* e *Maladie Mentale et Personnalité* (tradução japonesa em 1969) estavam traduzidos pelos cuidados da psiquiatra Drª. Mieko Kamiya. Foi logo antes da chegada do autor que o filósofo Yujirô Nakamura traduziu *A Arqueologia do Saber*. Seguirão as traduções de *As Palavras e as Coisas*, em 1974, da *História da Loucura*, em 1975, e de *Vigiar e Punir*, em 1977.

São inicialmente os professores de estudos franceses, todos grandes especialistas de literatura, tais como Tôru Shimizu (especialista de Mallarmé, de Valéry e de Blanchot), Moriaki Watanabe (especialista de Mallarmé, de Claudel e também cineasta) e Shiguéhiko Hasumi (especialista de Flaubert, crítico literário e crítico do cinema, presidente [reitor] da Universidade de Tóquio de 1977 a 2001), Kôichi Toyosaki (especialista de Lautréamont, tradutor, entre outros, de Derrida), que introduziram e traduziram Foucault, e essa geração estruturalista e pós-estruturalista, na vida intelectual japonesa.

O pensamento de Foucault encontrou imediatamente os melhores tradutores que trabalharam em transformar a constelação discursiva do palco intelectual e inventaram novas linguagens para falar de literatura, de filosofia, de cinema e de teatro. De uma maneira geral, é também por volta de 1970 que a sociedade japonesa conhece uma grande mutação. O pós-guerra chega ao fim, os sintomas da sociedade de consumo se multiplicam, a crise das instituições se anuncia com as revoltas de estudantes, e o humanismo existencial-marxista se sufoca. É nessa atmosfera, mundialmente dividida, é verdade, do fim dos anos 1960 e do início dos anos 1970 que o pensamento de Foucault é recebido. O anúncio do fim iminente do Homem, a relativização do lugar da doutrina de Marx, o questionamento da racionalidade ocidental que persegue Foucault desde a *História da Loucura*, a importância das questões da linguagem, do discurso, do corpo, do saber e do poder constituem pontos de interferência, com as problemáticas que se cristalizam então no arquipélago nipônico. Ele concluía em 1970 sua conferência em Tóquio: "O estruturalismo e a história contemporânea são instrumentos teóricos graças aos quais se pode, contra a velha ideia da

---

1 Sexualidade e Política, entrevista com C. Nemoto e M. Watanabe, em 27 de abril de 1978 (*Dits et Écrits*, III, p. 526). Há tradução brasileira: Sexualidade e Política. *Ditos e Escritos*, volume IX, publicado em 2013, pela Forense Universitária.

continuidade, pensar realmente não só a descontinuidade dos eventos mas também a transformação das sociedades."[2]

Com algumas outras figuras excepcionais do pensamento contemporâneo francês, dentre os quais Deleuze, Derrida, Lyotard, Lacan, ele encarna a ruptura radical do pensamento em relação aos marxismos e ao existencialismo. Ele revelou uma outra maneira de pensar a História, colocando radicalmente em causa a modernidade não somente ocidental, mas mundial. Os japoneses descobriram sob seus olhos essa transformação das modernidades que os liberavam ao mesmo tempo de sua posição de estudiosos alunos da modernização-ocidentalização. É o que ilustra, por exemplo, a convergência que se desenha entre Foucault e Ryumêi Yoshimoto, figura original do pensamento japonês, em 1978, durante um debate intitulado "Como se livrar do marxismo".[3] Em vez de raciocinar sobre o registo da *ratio* ocidental "logocêntrica", os japoneses descobrem uma possibilidade de pensar *diferentemente* o chão das positividades de signos, de linguagem, de discurso, de escrita; conceber diferentemente os jogos de poderes e os *ethos* e as instituições.

O Gaio Saber: as ciências humanas e os neoacadêmicos

Da metade dos anos 1970 ao fim dos anos 1980, as vindas ao Japão dos protagonistas do pensamento contemporâneo francês, Derrida, Lyotard, Bourdieu, Baudrillard, Kristeva, Guattari se sucederão sem parar. Desses numerosos contatos nascerão movimentos e correntes de pensamento contemporâneas de obediência estrutural ou pós-estrutural. Correntes que se chamarão "*Gendai shisô*" (o pensamento contemporâneo) ou "*France Gendai Shisô*" (o pensamento contemporâneo francês). Uma denominação bastante análoga à de "*Theory*" ou "*French Theory*" utilizada nos Estados Unidos.

Poder-se-ia enumerar entre os nomes mais representativos desses movimentos, além dos literatos já citados, os de Masao Yamaguchi, antropólogo, de Yûjirô Nakamura, filósofo, de Kôjin Karatani, crítico literário, de Keizaburô Maruyama, linguista, e de Chizuko Ueno, feminista etc. As revistas que aparecem nessas mudanças permitem generalizar os discursos mantidos sobre as ciências humanas de inspiração pós-estruturalista. Assim, a revista *Païdëia*, fundada em 1970, e que publicará, em 1972, aos cuidados de seu redator-chefe Mikitaka Nakano (1943-2007) um número especial "Foucault", no qual se encontra a "Resposta à Derrida" e uma primeira versão de "Meu corpo, esse papel, esse fogo", que atiçou, como se sabe, a famosa polêmica Foucault-Derrida. Nakano, em seguida, participou sucessivamente da fundação da revista *Gendai Shiso* (1974) e da *Épistémè* (1975-1979), duas revistas-farol do pós-estruturalismo e do pós-modernismo dos anos 1980. Por sua vez, um editor acadêmico central como Iwanami (um equivalente de Gallimard na França) vai criar uma nova revista científica intitulada *Hermès* (1984-1997), que reúne intelectuais importantes como Arata Isozaki, arquiteto, Kenzaburô Ôe, romancista e futuro Prêmio Nobel da literatura em 1994, Tôru Takemitsu, compositor, Makoto Ôoka, poeta, Masao Yamaguchi e Yûjirô Nakamura.

Uma nova constelação do campo do saber se desenha, pois, na virada da década de 1970. Foucault ocupa, então, uma posição cardeal nessa transformação dos saberes. Seus trabalhos constituem pontos de referência em relação aos quais se ordenam as novas categorias de pensamento e se articulam os novos paradigmas teóricos qualificados frequentemente como "estruturais". Começa-se, com efeito, a raciocinar em termos de "discurso", de "saber", de "poder", de *episteme*, de "representação" etc. Nakamura publica os *Jutsugo Shû* [Vocabulários], Hasumi, *Foucault Deleuze Derrida*, Watanabe, *Tetsugaku no Butai* [Cenas da Filosofia, Entrevistas com Foucault]. Seu papel não foi, portanto, somente traduzir. A tradução sempre foi muito mais que uma tradução. Hasumi inventou uma nova escrita crítica, uma nova maneira de falar da literatura e do cinema. Watanabe transformou radicalmente o discurso sobre a corporalidade

---

2   Revenir à l'Histoire. *Dits et Écrits*, II, p. 281.
3   Méthodologie pour la Connaissance: Comment se Débarrasser du Marxisme. In : *Dits et Écrits*, p. 595 e segs. Há tradução brasileira: Metodologia para o conhecimento. Como se Desembaraçar do Marxismo. *Ditos e Escritos*, VI.

teatral. Sem esse trabalho de criação de novas linguagens críticas, uma parte importante das criações cênicas e cinematográficas dos anos 1980 e 1990 não teria sido possível, como não teriam sido possíveis as renovações críticas do pós-modernismo em arquitetura, em literatura, em teatro e em música.

A QUERELA DO "NEW ACADEMISM"

No contexto dos anos 1980, quando a sociedade de consumo avança a uma cadência sempre mais acentuada, o arquipélago nipônico se sente interessado de perto pela querela do pós-modernismo. Derrida, Habermas, Lyotard, Rorty apresentarão, um por vez, conferências em Tóquio. A querela não tem, pois, somente como teatro a Europa e os Estados Unidos, mas também o Japão, que constitui um terceiro polo importante.

No início da década, *Kozo to Chikara* [Estrutura e Força], de um jovem economista filósofo, Akira Asada, e *Tibet no Mozart* [O Mozart Tibetano], de um jovem antropólogo, Shinichi Nakazawa, vão tornar-se *best-sellers*, provocando um verdadeiro fenômeno social chamado "New Aca boom", que balança o velho universo acadêmico. Essa mutação do saber divide os intelectuais e se acompanha de numerosas reviravoltas e confusões: a nomeação do jovem antropólogo Nakazawa para o cargo de mestre assistente em Komaba é, por exemplo, recusada pelo conselho da Universidade, o que criou, então, escândalo. A polêmica e a batalha são indispensáveis quando se impõe uma nova força cultural. A querela do "neoacademismo" é o exemplo desse fenômeno da luta simbólica.

À medida da evolução da situação, durante os anos 1980-1990, a onda do novo saber penetra nas instituições. Esses novos intelectuais e pensadores se impõem não somente nos campos das revistas e da edição, criando várias novas revistas (*Hermès*, *Hihyô Kukan* [Espaço Crítico], ou *Représentations*) e coleções (Hermès, Postmodern), mas, no início dos anos 1990, eles entram também no aparelho acadêmico.

A Universidade de Tóquio tem dois *campi*: Hongo e Komaba. Se Hongo, que se desenvolveu a partir da antiga universidade imperial, ficou tradicionalista, Komaba, que se desenvolveu a partir do antigo liceu imperial, e onde são ensinadas as humanidades, é de longe modernista. Watanabe e Hasumi criaram aí um novo departamento, "*Hyoshô Bunkaron*" (Teorias e Representação). A trilogia dos manuais universitários *Chi no giho* [A Arte do Saber], *Chi no Ronri* [A Lógica do Saber], *Chi no Rinri* [A Ética do Saber], compilada pelo filósofo Yasuo Kobayashi, discípulo de Derrida e de Lyotard, marca a renovação do ensino das Humanidades na Universidade, tornando-se, por sua vez, um *best-seller*, no início dos anos 1990; o "*chi* (o saber)", termo com forte conotação foucauldiana, entra, então, no vocabulário das instituições acadêmicas.

OS PARADIGMAS "FOUCAULT"

Durante sua segunda estada no Japão, Foucault conversou com Maruyama Masao, Ryumei Yoshimoto e Misuyoshi Saigusa, as principais figuras do pensamento japonês da época. Esses encontros deram lugar a certo número de entrevistas (Yoshimoto), assim como a citações (Maruyama) ou, ainda, a uma recordação da prática das técnicas de si num templo zen (Saigusa).

Em sua conferência sobre "a filosofia analítica da política",[4] Foucault cita também o nome de Maruyama Masao, para indicar uma possível comparação entre o pastorado e o confucionismo. Ele evoca, então, uma série de possíveis confrontações de estudos entre o Ocidente e o Japão, por exemplo, sobre as maneiras como se ordenam os "jogos de poder" em torno da loucura, da medicina, da doença, da penalidade e da prisão, ou, ainda, da sexualidade e da governamentalidade. Foucault destaca, com justa razão, a necessidade de confrontar as duas experiências da modernidade: "Aqui, a maneira de pensar anterior à modernização e a do tipo da Europa moderna coexistem, e eu penso em trabalhar na análise dessas questões com especialistas japoneses."[5]

---

4   La Philosophie Analytique de la Politique. *Dits et Écrits*, II, p. 534 e segs. Há tradução brasileira: *Ditos e Escritos*, VI.
5   Sexualité et Politique, op. cit., p. 526.

Com efeito, a terminologia de origem foucauldiana se tornou bem rapidamente uma moeda "epistêmica" corrente. Grandes estudos vão aparecer refletindo de múltiplas maneiras os diferentes aspectos do trabalho de Foucault.

Em história literária, Kojin Karatani (nascido em 1941), figura de proa do pós-modernismo japonês, deu o *la* com seu *Kindai Nihon Bungaku no Kigen* [*As Origens da Literatura Moderna no Japão*, 1980], ilustrando a formação discursiva da literatura moderna e isso aplicando bem livremente a teoria do discurso de Foucault. Sobre a relação da confissão e da formação da interioridade literária, a formação da linguagem literária oral, o problema da representação etc., Foucault lhe permitiu abrir uma nova perspectiva para a leitura da modernidade literária.

Poder-se-ia citar também, entre as obras de história das ideias, a de Hermann Ooms sobre a *Tokugawa Ideology*,[6] que prolonga à sua maneira a aspiração de Foucault de ver estudar o confucionismo da era Tokugawa na continuação de Maruyama e de seu estudo sobre o pastorado. Há, também, o estudo muito grande de Naoki Sakai sobre a formação discursiva do século XVIII japonês sobre a palavra e a linguagem, *Voices of the Past:* The Status of Language in Eighteenth-Century Japanese Discourse.[7] Pode-se associar a isso, enfim, o monumental estudo sobre a recategorização e a tradução cultural constitutivas do pensamento moderno japonês, por Shinichi Yamamuro, *Shisou Kadaï tosite no Asia* [*Ásia como Tarefa a Pensar*].[8]

O Japão, sendo uma sociedade disciplinar exemplar em muitos aspectos, a introdução do trabalho de Foucault não deixou de suscitar estudos sobre o hospital, a psiquiatria, a prisão, a fábrica, a escola. Se a maior parte desses trabalhos ficaram no estágio de comunicações ou de artigos em revistas científicas, pode-se citar as obras sobre o estudo do sistema disciplinar do Meiji, por Toshihiko Saitô,[9] ou sobre o discurso da educação, por Teruyuki Hirota.[10]

No *gender studies*, *gay studies* e *queer studies*, Foucault também aí é uma referência obrigatória. Os teóricos e teóricas se inspiram de diversas maneiras em seus trabalhos, uma referência seguida pela de teóricos contemporâneos, como Judith Butler.

Nos estudos sobre as mídias e sobre as discursividades, Foucault é igualmente importante. Desde os anos 1990, a Universidade de Tóquio criou um departamento de estudos sobre a *Gengotaï* (a discursividade) ao lado do departamento sobre a cultura e a representação. As coleções "*Gendotaï*" e "*Hyoushou no disukûru*" (Representação e discurso) também foram lançadas por The University of Tokyo Press, o que comprova os desenvolvimentos e aprofundamentos da problemática foucauldiana nas pesquisas acadêmicas.

Os partidários dos *cultural studies* ou dos *postcolonial studies* prolongam também as interrogações foucauldianas.[11] Tudo isso mostra que, durante esse último quarto de século, as referências às obras de Foucault se globalizaram, até mesmo "se crioulizaram". Há muito de "Foucault" que não provém somente da França, mas de outros horizontes culturais, da Europa ou dos Estados Unidos, da América, mas também da Ásia e do Terceiro Mundo. Assim, o século se tornou verdadeiramente *foucauldiano*.

Vitalidades "Foucault"

A vitalidade do pensamento foucauldiano não se esgotou, muito pelo contrário, nesse século XXI.

A tradução integral dos *Ditos e Escritos*, sob a direção de Y. Kobayashi, Hisaki Matsuura e H. Ishida, discípulos de Watanabe e de Hasumi, está disponível em 10 volumes, pelo editor Chikuma Shobô (os 10 volumes foram publicados entre 1998 e 2002). A tradução integral dos Cursos no Collège de France está

---

6   *Tokugawa Ideology:* Early Constructs, 1570-1680 (Michigan Classics in Japanese Studies), 1985.

7   Naoki Sakaï, *Voices of the Past:* The Status of Language in Eighteenth-Century Japanese Discourse. Cornell Univ. Press, 1992.

8   *Shisou Kadaï tosite no Asia* (*Ásia como Tarefa a Pensar*). Iwanami, 2001.

9   *Kyousou to Kanri no Gakkoushi* (*Competição e Disciplina na Escola*). The University of Tokyo Press, 1995.

10 *Kyuouiku gensetu no Rekishi Shakaigaku* (Sociologia Histórica do Discurso de Educação). Nagoya University Press, 2001.

11 Poder-se-á citar o grupo de pesquisa de *Cultural Studies* em torno de Shunya Yoshimi, sociólogo e professor na Universidade de Tóquio.

Michel Foucault

em curso de publicação pelo mesmo editor, que confiou esta tarefa a pesquisadores mais jovens, formados na escola de Komaba. Os textos sobre Foucault são doravante muito importantes. Gen Nakayama, que traduziu muito Foucault, publica monografias monumentais.[12] Também, entre os jovens pesquisadores, alguns se tornaram especialistas depois de uma tese sobre Foucault.[13]

Assim, a recepção de Foucault se transformou consideravelmente e se enriqueceu durante essa última década.

A interrogação sobre as Luzes e a modernidade, o biopoder e a biopolítica, a ordem neoliberal e o Estado-providência, a segurança e a população, a governamentalidade e a técnica de si, todas essas linhas de força se destacando do novo *corpus* dão a Foucault uma atualidade política inesgotável. Frente à globalização e ao avanço do *Império* com sua ordem de guerras, numerosos são os que buscam respostas no *corpus* foucauldiano. Formou-se uma geração de jovens sociólogos que, fundando-se nos conceitos de Foucault, tentam formular suas críticas sociais.[14] Os usos de Foucault para a crítica da sociedade e da ordem mundial são, assim, mais do que nunca, de atualidade; Foucault está vivo ao lado de um Negri, de um Agamben ou de um Stiegler...

---

12 *Seikenryoku to Tōchisei* (*O Biopoder e a Governamentalidade*), 2010, *Sikou no Koukogaku* (*A Arqueologia do Pensamento*), 2010.

13 Poder-se-á citar a tese de Yasuyuki Sinkai, *L'Invisible Visible:* Études sur Michel Foucault, apresentada à EHESS, em 1999.

14 A crítica da ordem neoliberal encontrou uma formulação filosófica interessante por parte de Takashi Sakai com seu *Jiyû-ron* (2001); um outro jovem sociólogo, Nozomi Shibuya, publicou uma crítica do poder liberal: *Tamashii no Roudô* (2003); sobre o poder psiquiátrico e securitário no Japão, Kazuya Serizawa publicou ensaios penetrantes na linhagem de Foucault.

Momentos argentinos

Manuel Mauer, Mariana Canavese
e Facundo E. Casullo

I –

Depois de uma primeira irrupção no seio de campo estruturalista, entre os psicanalistas que, por meio de algumas alusões esparsas em jornais e revistas desde os anos 1960,[1] a circulação dos escritos de Foucault se abriu um caminho durante a última ditadura militar.

Do golpe de Estado de 24 de março de 1976 ao retorno à democracia, em outubro de 1983, num ambiente marcado pela perseguição, o desaparecimento forçado de pessoas e o exílio, a difusão dos trabalhos de Foucault se desenvolveu principalmente através de pequenos grupos de estudo, reuniões em cafés e fotocópias clandestinas. Nesses anos, assim mesmo, a faculdade de Psicologia da Universidade de Buenos Aires (UBA) incluía a *História da Loucura* em sua bibliografia, *A Vontade de Saber* estava presente na Aliança Francesa de Buenos Aires, e Foucault era citado em quotidianos tais como *La Opinion*. Até em *Convicción*, conhecido como o jornal do membro da Junta Militar Emilio Eduardo Massera, evocava-se, estranhamente, o curso de Foucault sobre "A verdade e as formas jurídicas", assim como seu discurso sobre o panotismo. Por sua vez, *Vigiar e Punir* encontrava, bem no início dos anos 1980, uma apropriação marcada pelo contexto sociopolítico do terrorismo de Estado. Se as formas de dominação analisadas por essa obra não correspondiam exatamente à tortura tal como ela era praticada nos centros clandestinos de detenção, o lirismo de sua prosa, sua tonalidade denunciadora convidavam a aplicá-la com toda urgência a esses anos difíceis, com um entusiasmo aprobativo.

Donde o caráter pioneiro da análise erudita porposta na mesma época pelo advogado e filósofo Enrique Mari,[2] tão atento ao caráter próprio do discurso de Foucault quanto à especificidade do contexto local. Interpelado pelo tipo de castigo colocado em prática naqueles anos – "reminiscência da barbárie dissimulada na ideologia da 'segurança nacional' e outros eufemismos" –, ele distinguia este do castigo--suplício descrito por Foucault, no qual "a dor inscreve o corpo do supliciado num cerimonial público onde a justiça se manifesta com toda sua força [...]. Nada de dores diminuídas [...] nem de corpos 'desaparecidos' da vista".[3] Por outro lado, em seu estudo, Mari revisitava Bentham para aquém de sua retomada foucauldiana, ele saudava o caráter inovador da microfísica do poder em relação à perspectivia jurídica e destacava o fracasso da utopia panótica, cara ao Iluminismo.

Enquanto isso, outras leituras se enfrentavam em torno da pertinência das ideias de Foucault para pensar o momento sociopolítico argentino dos anos 1980. Em correspondência com os debates europeus e entre os ecos locais da "crise do marxismo", num contexto de abertura democrática, de fracasso da

---

1   Entre o fim da década e o início dos anos 1970, Foucault já encontra um espaço num leque de publicações que vão da revista *Criterio* ao quotidiano *Clarín*, onde são principalmente citados sua *Histoire de la Folie* e *Les Mots et les Choses*, mas também *L'Archéologie du Savoir*. Em 1961, uma tradução em espanhol de *Maladie Mentale et Personnalité* já tinha sido editada em Buenos Aires, e em 1970 a editora *Tiempo Contemporáneo* publicava *Análisis de Michel Foucault*, uma antologia sem nome de autor pelo filósofo José Sazbón, reunindo escritos publicados em revistas francesas pelo fim dos anos 1960, ligados principalmente à publicação de *Les Mots et les Choses*. Há tradução brasileira: *História da Loucura; As Palavras e as Coisas; A Arqueologia do Saber*.
2   E. Marí, *La Problemática del Castigo*. El Discurso de Bentham y Foucault. Buenos Aires: Hachette, 1983.
3   *Ibidem*, p. 164-165.

politização radical da esquerda e de uma forte busca de consenso, defensores e detratores de sua obra se manifestavam para contornar ou aprofundar a dissipação progressiva da presença do discurso marxista no pensamento argentino. Assim, o efeito Foucault alimentava a crítica do marxismo vulgar – do mecanicismo, do economicismo, da ortodoxia, do totalitarismo, dos fundamentos essencialistas, da ineficácia de sua projeção estatal-partidária. Nessa linha, o filósofo e historiador das ideias Oscar Teran, a partir de um marxismo ao qual ele tinha chegado através do existencialismo sartreano, considerava que esse paradigma em crise podia ser repensado a partir do foucauldismo, de que ele elogiava a evidenciação do elo entre política e verdade, as ideias do discurso-evento e de uma produtividade do poder, as noções de descontinuidade e de pluralidade, assim como a ruptura, a partir de Nietzsche, com o trancendental kantiano e com a leitura teleológica da história.[4] Mesmo se mais tarde, Terán se mostrará reticente em relação a certos usos de Foucault; ele destacará ainda a pertinência de suas análises para um estudo da governamentalidade.

Terán se situava assim entre duas posturas: a daqueles que criticavam Foucault de maneira incisiva e, desconfiados em relação a esse pluralismo das determinações múltiplas,[5] reivindicavam a atualidade do marxismo; e a daqueles que achavam que a articulação entre Marx e Foucault era óbvia – lendo, por exemplo, em Foucault ilustrações do terror, verdadeiro agente operador do social argentino segundo essas leituras, enquanto condição da disciplinarização que vem configurar um novo modelo de acumulação.[6]

II –

Desde o retorno à democracia, a circulação dos trabalhos de Foucault nas publicações periódicas se tornará mais significativa. Assim, entre outros, a revista *Utopia*,[7] dirigida por um grupo de universitários de que Alfredo Errandonea e Christian Ferrer, abrirá seu primeiro número (1984) por uma reivindicação do socialismo utópico e de sua tradição libertária, afirmando sua vontade de integrar "todas as ideias que permitirão reconstituir uma alternativa revolucionária à sociedade de classes".[8] E se ela persistirá a sustentar que "o poder é a morte do socialismo",[9] a influência de Foucault (mas também de Deleuze, Nietzsche, Bookchin) crescerá na sequência de números em relação sobretudo com a concepção do poder, que, afirmarão eles, "toma a forma de um formigamento, mais do que a do cume de uma pirâmide".[10]

Lá pelo fim dos anos 1980, a acumulação das referências a Foucault se manifesta também nos centros de ensino. Na época, a presença do filósofo já é considerável na Faculdade de Ciências Sociais: a revista *Fahrenheit 450*, editada por estudantes de sociologia da UBA com a colaboração de alguns professores, toma Foucault como referência central. Considerando que a sociologia permanecia ligada ao "arsenal conceitual próprio do século XIX",[11] a revista busca um novo corpo epistemológico suscetível de acompanhar acadêmica e politicamente o grupo.[12] Naqueles anos e na mesma faculdade, Susana Murillo, autora de *El Discurso de Foucault*,[13] inaugura um curso intitulado "Saber, poder y gubernamentalidad. Foucault y la teoría crítica", inteiramente consagrdo ao pensamento foucauldiano.

---

4   O. Terán, *Michel Foucault*: El Discurso del Poder. México: Folios, 1983.
5   J. Sazbón, Derecho de Réplica: Una Invitación al Postmarxismo. *Punto de Vista*, Année VI, nº 19, p. 36-38, décembre 1983. Alguns anos mais tarde, sempre a partir do marxismo, de maneira crítica, ainda que sem se opor à recepção de Foucault: *Disparen sobre Foucault*. Buenos Aires: El Cielo por Asalto, 1993.
6   J. C. Marín, *La Silla en la Cabeza*. Buenos Aires: Nueva América, 1987.
7   Poder-se-ia citar, além disso, *No hay Derecho* (Faculdade de Direito, UBA), *Cuadernos para la Lucha Teórica de Ediciones de Base* (Faculdade de Sociologia, UBA), *Descartes, Zona Erógena, Delito y Sociedad, La Caja*, entre outros.
8   *Utopía*, Ano 1, nº 1, 1984.
9   *Ibidem.*
10   C. Queiruga, Microfísica del Poder. *Utopía*, Ano 1, nº 3, 1984.
11   *Fahrenheit 450*, Ano 1, nº 1, p. 1, 1986.
12   *Ibidem.* Encontram-se aí diversos artigos sobre Foucault, assim como traduções de alguns de seus escritos.
13   S. Murillo, *El Discurso de Foucault*: Estado, Locura y Anormalidad en la Construcción del Individuo Moderno. Buenos Aires: Oficina de Publicaciones del Ciclo Básico Común (UBA), 1997.

Entre os agentes da crescente difusão conhecida na época pelo pensamento de Foucault – tanto no interior quanto fora da Universidade –, é preciso também levar em conta o aporte persistente do filósofo Tomas Abraham. Enquanto professor titular da cadeira de "Introdução à Filosofia" (Faculdade de Psicologia, UBA), depois da volta à democracia, ele introduz "La verdad y las formas jurídicas" no programa. A referência a Foucault continuará central em diversos cursos que ele ditará na Universidade. Por outro lado, fora da Universidade, Tomas Abraham também organizou vários seminários[14] em torno do pensamento foucauldiano, e seus três primeiros livros lhe são consagrados.[15] Enquanto *Pensadores Bajos* ergue um quadro da atmosfera intelectual francesa do pós-guerra através de Sartre, Deleuze e Foucault, seu livro *Foucault y la Ética* é uma compilação que compreende estudos sobre suas fontes e interlocutores (Peter Brown, Paul Veyne, Richard Sennett), ensaios e traduções de textos inéditos em espanhol. Em 1990, *Los Senderos de Foucault* proporá uma reflexão sobre problemas e temas que não serão reconhecidos como tais senão mais tardiamente: encontra-se aí um estudo detalhado das relações com Kant e Heidegger, que leva em conta a *Introduction à l'Anthropologie*, assim como análises sobre o papel da literatura e do Iluminismo no *corpus* foucauldiano. Se uma certa influência de Deleuze parece inegável, sua leitura fica próxima da letra do texto de Foucault, consciente da distância que separa esses dois autores. Por outro lado, mesmo nas obras nas quais ele não comenta diretamente a obra de Foucault, esta permanece presente, seja nos princípios teóricos que orientam a análise,[16] seja na prática da escrita que visa a apreender a atualidade do autor e as condições de seu discurso.

III –

A recepção recente da obra foucauldiana é caracterizada por uma surpreendente proliferação de suas leituras e usos em meio universitário, no campo das ciências humanas e sociais, em torno, essencialmente, da questão do biopoder. Esse fenômeno pode ser apreciado através do número de seminários,[17] de colóquios[18] e de teses consagrados à biopolítica foucauldiana durante os cinco últimos anos. Longe de fazer dele o monopólio de um círculo reduzido de especialistas, esse impulso da circulação universitária do pensamento de Foucault encontrará um eco surpreendente em bom número de revistas culturais de difusão maciça[19] que consagram múltiplas recensões nas diversas traduções de suas obras e contribuem a divulgar as atividades acadêmicas que lhe são consagradas.

Essa expansão da presença acadêmica de Foucault é particularmente sensível nas Faculdades de Filosofia, onde, apesar dos aportes de Mari, Terán, Abraham, Murillo, Ferrer (entre outros), o pensamento de Foucault não atingiu uma forte presença até o meio dos anos 1990. Entre os que participaram dessa aproximação recente de Foucault na direção da academia filosófica, encontram-se os nomes de

---

14 Isso no âmbito do "Seminario de los Jueves", um grupo de reflexão e discussão que se reúne cada quinta-feira na casa de Tomás Abraham, desde 1984 até nossos dias. O grupo publicou, entre outros, *El Último Foucault* (Buenos Aires: Sudamericana, 2003), livro pioneiro no estudo do pensamento tardio do filósofo.

15 T. Abraham, *Pensadores Bajos*: Sartre, Deleuze, Foucault. Buenos Aires: Catálogos, 1987; *Foucault y la Ética* (comp.). Buenos Aires: Biblos, 1989; *Los Senderos de Foucault*. Buenos Aires: Nueva Visión, 1990.

16 O primeiro capítulo de *La Empresa de Vivir* (Buenos Aires: Sudamericana, 2000) analisa a década neoliberal argentina dos anos 1990 através das categorias tais como "estética da existência", *homo oeconomicus*, risco e concorrência. O segundo capítulo reúne, sob a problemática do cinismo, uma série de vidas de homens de sucesso, que só pode lembrar, por antífrase, "a vida dos homens infames".

17 É o caso dos seminários realizados por Edgardo Castro na Facultad de Filosofía y Letras de la UBA primeiramente e na Universidade Nacional de San Martín (UNSAM) em seguida.

18 Cf., por exemplo as "Jornadas Internacionales Michel Foucault", Biblioteca Nacional, organizadas pela Facultad de Ciencias Sociales de la UBA, em novembro de 2009; as jornadas "Michel Foucault y la Política" e o colóquio "Biopolíticas después de Foucault", organizados na UNSAM, em outubro de 2006 e novembro de 2008 respectivamente; as "Jornadas Michel Foucault", organizadas periodicamente pelo "Grupo de Investigación en Ciencias Sociales" da Facultad de Humanidades de la Universidad Nacional de Mar del Plata há uma década.

19 Tais como *Ñ*, *ADN Cultura*, *Radar*, *Imago agenda*.

Esther Diaz e de Edgardo Castro. E. Diaz defende em 1991 uma das primeiras teses sobre Foucault na Facultad de Filosofia y Letras de la UBA e logo publica uma introdução geral à sua obra intitulada *Michel Foucault: Los Modos de la Subjetivación* (Buenos Aires: Almagesto, 1993). Em suas outras obras, E. Diaz reconhece a influência de Foucault e centra seu interesse sobre os problemas teóricos suscitados pelo dispositivo da sexualidade.[20] Edgardo Castro é, por sua vez, o mais atento às convenções acadêmicas, visando a conferir à recepção argentina de Foucault um lugar análogo, na instituição filosófica, àquela que ela conheceu nos meios militantes, no domínio do ensaio e no campo das ciências sociais. Seu livro *Pensar a Foucault* analisa as tensões do método arqueológico no âmbito da oscilação própria à filosofia contemporânea entre objetivismo e subjetivismo.[21] Alguns anos mais tarde, seu *Vocabulario de Michel Foucault*[22] se tornará um texto de referência no campo dos estudos foucauldianos na América Latina. O simples fato de que um *Vocabulário Foucault* seja publicado em espanhol comprova a circulação abundante de seu léxico nessas latitudes.

Entretanto, dizíamos nós, é Foucault que reflete sobre os biopoderes de que se ouvirá mais falar nesses últimos anos. Essa nova virada na recepção argentina responde, é claro, a uma conjuntura editorial: a publicação dos cursos consagrados a esse assunto é relativamente recente.[23] Mas um fator de peso é também a irrupção, na cena local, de uma série de filósofos italianos contemporâneos (principalmente G. Agamben, R. Esposito, A. Negri), que refletem a partir de perspectivas diversas sobre o que eles chamam "biopoder" ou "biopolítica", e reivindicam todos uma certa filiação foucauldiana. À luz de seus desenvolvimentos, Foucault será lido, retrospectivamente, como precursor de uma espécie de corrente inovadora do pensamento político contemporâneo. Desse tipo de releituras participa uma obra tal como *Ensayos sobre Biopolítica*,[24] onde textos de Foucault aparecem ao lado de outros de Deleuze, Negri, Agamben ou Zizek, como se esses diferentes autores compartilhassem uma problemática biopolítica comum. Ainda que mais atentos à heterogeneidade das abordagens, certo número de seminários[25] e colóquios[26] contribuirão mesmo assim também para reforçar a ideia de uma "virada biopolítica" de que Foucault teria sido o iniciador. Mesmo se a aproximação entre esses autores se mostra às vezes fecunda, ela conduz mais frequentemente a produzir um amálgama entre desenvolvimentos conceitual e politicamente irredutíveis.[27]

Uma terceira razão – conceitualmente mais sólida – da crescente circulação local das análises foucauldianas do biopoder provém da relação que elas permitem colocar à luz entre liberalismo e biopolítica – relação problemática numa escala global dos anos 1990 aos nossos dias, à qual a realidade argentina não é estranha. Nessa linha orientam-se, por exemplo, os trabalhos do filósofo Gregorio Kaminsky,[28] que, a partir de um quadro foucauldiano (ainda que não exclusivamente), abordam questões tais como a segurança cidadã ou as políticas de saúde pública no contexto do desmantelamento do Estado na Argentina das últimas décadas. No interior dessa mesma problemática, pode-se também evocar os trabalhos do sociólogo Damian Pierbattisti, que mostra de que maneira a relação "mais-valia/subpoder", diagnosticado

---

20   E. Diaz, *La Sexualidad y el Poder*. Buenos Aires: Almagesto, 1993; *El Himen como Obstáculo Epistemológico*. Relatos Sexuales de una Filósofa. Buenos Aires: Biblos narrativa, 2005; *Entre la Tecnociencia y el Deseo*. La Construcción de una Epistemología Ampliada. Buenos Aires: Biblos Filosofía, 2007.

21   E. Castro, *Pensar a Foucault*. Interrogantes Filosóficos de la Arqueología del Saber. Buenos Aires: Biblos, 1995.

22   E. Castro, *El Vocabulario de M. Foucault*. Un Recorrido Alfabético por sus Conceptos, Temas y Autores. Bernal: Editorial de la Universidad Nacional de Quilmes – Prometeo, 2004.

23   *Defender la Sociedad* (Buenos Aires: FCE, 2000), *Seguridad, Territorio y Población* (Buenos Aires: FCE, 2006), *Nacimiento de la Biopolítica* (Buenos Aires: FCE, 2007).

24   G. Giorgi y F. Rodríguez (comp.), *Ensayos sobre Biopolítica*. Buenos Aires: Paidós, 2007.

25   Por exemplo, Cartografías de la Biopolítica (julho de 2008, Facultad de Ciencias Sociales de la UBA).

26   É o caso do colóquio "Biopolíticas después de Foucault" (UNSAM, novembro de 2008).

27   Cf. a título de ilustração o breve debate suscitado na revista de difusão cultural Ñ, a partir de um artigo intitulado "El Sentido de la Biopolítica" (R. Páez Canosa e S. Abad, Buenos Aires, 8 de setembro de 2008), que postulava a vacuidade da "problemática biopolítica" na Argentina.

28   G. Kaminsky (dir.), *Tiempos Inclementes*. Culturas Policiales y Seguridad Ciudadana. Buenos Aires: UNLa, 2005; *idem*, Del Nonato al Póstumo. Apuntes Biopolíticos en Salud Colectiva. *Salud Colectiva*, 4 (2), p. 133-142, 2008.

por Foucault na Europa do fim dos anos 1970, domina da mesma forma o processo de privatização das empresas estatais que atravessa a Argentina durante os anos 1990.[29]

Ora, não é um acaso se os últimos trabalhos evocados provêm em grande medida do campo das ciências sociais. Com efeito, fora do amálgama entre Foucault e seus leitores italianos, o outro obstáculo em que esbarram frequentemente essas recentes leituras "filosóficas" de Foucault é o de um excessivo "internalismo", muito ancorado numa história da filosofia no sentido tradicional do termo e pouco conforme ao espírito do pensamento foucauldiano. Nesse caso, o que se ganha em termos de rigor na inteligência de suas teses se perde geralmente em termos de uso da "caixa de ferramentas" conceitual. Talvez o desafio da recepção a vir consistirá doravante em aprofundar a articulação dessa dupla herança: a das leituras "internalistas" capazes de enriquecer a compreensão dos filosofemas foucauldianos e a dos usos sensíveis à atualidade a partir da qual são lidos.

---

29 D. Pierbattisti, *La Privatización de los Cuerpos*. Buenos Aires: Prometeo, 2009.

Leitores brasileiros

Salma Tannus Muchail e Márcio Alves da Fonseca

De 1965 até sua morte, Michel Foucault foi ao Brasil diversas vezes. Aí ele fez conferências, deu entrevistas e fez publicar artigos acadêmicos. Ele encontrava amigos e efetuava grandes viagens para conhecer as diferentes regiões do país. Os trabalhos originados dessas estadas foram inicialmente publicados em português; depois, em 1994, apareceram nos volumes II, III e IV dos *Ditos e Escritos*.

Em outubro de 1965, Michel Foucault tinha primeiramente sido convidado à Universidade de São Paulo. Aí ele encontrou intelectuais e amigos, a quem propôs a leitura de alguns capítulos de sua obra inédita *As Palavras e as Coisas*. Na mesma ocasião, sua série de conferências foi interrompida depois de interdições do regime militar brasileiro. Em 1971, uma obra coletiva intitulada *O Homem e o Discurso* compreende uma "Entrevista com Michel Foucault". Trata-se de um debate sobre os pontos polêmicos de seus livros, dos primeiros até *A Arqueologia do Saber*. Em maio de 1973, Michel Foucault faz cinco conferências na Universidade Católica do Rio de Janeiro, intituladas "A verdade e as formas jurídicas". Estas só são publicadas em português numa revista pouco conhecida – nessa época seus escritos só são lidos por um número restrito de especialistas. Essas conferências foram redescobertas por ocasião de sua publicação francesa (1994), e reeditadas no Brasil sob a forma de um livro, em 1999. Ainda em maio de 1973, o *Jornal do Brasil* publica um extrato do debate ("Em torno de Édipo") que tinha seguido a leitura de suas conferências. Na mesma época, Michel Foucault visita Belo Horizonte, onde faz uma conferência de que se publicou extratos no jornal *O Estado de Minas* ("Foucault, o filósofo, está falando"). Em junho de 1973, a muito famosa *Manchete* publica um resumo de suas ideias sob o título "O mundo é um grande asilo". Na mesma época, Foucault descobre as cidades históricas de Minas Gerais e efetua uma viagem ao norte do país, na Amazônia (Belém e Manaus). No outono de 1974, no âmbito do Instituto de Medicina Social da Universidade do Estado do Rio de Janeiro, Foucault propõe um ciclo de conferências que serão publicadas sob os títulos seguintes: "Crise da medicina ou crise da antimedicina?"; "O nascimento da medicina social"; "A incorporação do hospital na tecnologia moderna". Em novembro de 1974, o *Jornal do Brasil* publica um resumo dos grandes temas foucauldianos sob o título: "Loucura, uma questão de poder". Depois dessas conferências a propósito da medicina, Foucault efetua uma viagem ao Nordeste (Recife). No ano seguinte (outubro-novembro de 1975), Michel Foucault é ainda uma vez convidado à Universidade de São Paulo para apresentar uma série de conferências sobre os processos de psiquiatrização e antipsiquiatria. Aproveita para ler um texto a respeito do assassinato de um jornalista brasileiro. Em torno de suas conferências, a revista *Versus* publicou a entrevista "Asilos. Sexualidade. Prisões". E em novembro de 1975, uma outra entrevista saiu no *Jornal da Tarde*: "Michel Foucault. As respostas do filósofo". Em 1976, na Universidade da Bahia, Foucault faz a conferência "As malhas do poder", publicada em duas etapas na revista *Barbárie*. Depois da conferência, ele realiza uma outra viagem mais ao Norte (Belém e Recife). Em 1979, sob o título *Microfísica do Poder*, uma coletânea de textos de Foucault é publicada no Brasil, como tinha sido feito na Alemanha e na Itália. Ainda em 1979, no seio de um livro coletivo sobre o pensamento de Michel Foucault (*Psicanálise, Poder e Desejo*), aparecerá um texto inédito (formado por notas de aulas), sob o título "O poder e a norma", que não está reproduzido em *Ditos e Escritos*.

A quase totalidade da obra de Foucault (livros, conferências, entrevistas, cursos) foi traduzida no Brasil. Em torno de seu pensamento, inúmeros trabalhos continuam a aparecer. Para só citar aqui as produções recentes, mencionar-se-á a série de "*Colóquios Internacionais Michel Foucault*", que se tornou uma tradição no Brasil. Trata-se de encontros regulares, desde 1999, reunindo um grupo de pesquisadores de

vários domínios (filosofia, história, psicologia, psicanálise, educação, estudos do gênero, ciências sociais e políticas, antropologia, linguística, direito, educação física, literatura etc.), proveniente de instituições universitárias de diferentes regiões do Brasil (Rio de Janeiro, São Paulo, Rio Grande do Sul, Pernambuco, Goiás, Brasília, Paraná, Amazonas, Minas Gerais, Santa Catarina) ou de países estrangeiros (França, Portugal, Estados Unidos, Canadá). As conferências e as comunicações desses encontros são publicadas sob a forma de livros, que deram origem a uma coleção reunindo os estudos realizados atualmente no Brasil, enraizando-se em análises foucauldianas.

O pensamento de Foucault permanece muito vivo no Brasil, abraçando vários domínios do saber. É no âmbito das instituições universitárias – por intermédio seja de professores franceses convidados e que formaram uma grande parte das gerações de professores brasileiros de filosofia, seja de brasileiros que foram para a França completar sua formação – que a presença da filosofia francesa se afirmou na tradição acadêmica brasileira. Esse ensino universitário da filosofia se constitui em especial através das leituras de textos. Pode-se apresentar uma breve reconstituição histórica de duas modalidades de leitura de origem francesa, com suas correspondências brasileiras.

Durante muito tempo, a presença da filosofia de origem francesa no Brasil foi marcada pela preponderância de uma certa leitura "objetiva" dos textos filosóficos. Foi um trabalho paciente para uma compreensão fiel dos textos, que correspondia à necessidade de se opor ao uso doutrinário, ou, antes, retórico da filosofia. O rigor técnico devia substituir a leitura superficial ou dogmática. Reconhecia-se aí o modelo de leitura "estrutural". Trata-se de uma abordagem de cada sistema filosófico enquanto obra acabada, permitindo reconstruí-lo segundo sua "ordem de razões". Segundo essa modalidade de leitura, as filosofias são concebidas ao mesmo tempo como sistema dedutivo e invenção de enunciados. Esse tipo de leitura se caracteriza por um respeito do texto.

O segundo tipo, que chamamos de leitura "refletida", é orientado principalmente pela responsabilidade filosófica do leitor. Preservando a exigência de uma leitura rigorosa dos textos, ela não se limita à explicitação de sua arquitetura lógica. Trata-se de introduzir as perspectivas filosóficas do leitor, permitindo uma reflexão própria a partir do texto, a favor ou contra este, ou ultrapassando-o. Essa modalidade de leitura corresponde a uma concepção ampliada da filosofia e suporta uma pluralidade de formas. Esse tipo de leitura é caracterizado pela audácia e pelo envolvimento.

É precisamente no âmbito dessa concepção ampliada da filosofia que foi recebida no Brasil a obra de Michel Foucault.

Acolher o pensamento de Michel Foucault e favorecer seu estudo no âmbito do ensino universitário brasileiro significa finalmente fazer conhecer e analisar seu pensamento, em suas problematizações e sua inventividade conceitual. Mas também, isso significa refazer certo percurso da história geral da filosofia e, sob essa nova luz, estudar outros filósofos. Enfim, é uma maneira de conceber e de praticar a filosofia que deve convidar seus leitores a pensar seu próprio presente. Muito concretamente, as formas variadas de interações de Foucault com o Brasil comprovam essa pluralidade. Ele não hesita em reconhecer, por exemplo, que encontrou nos estudantes brasileiros como nos tunisianos, diz ele, "tanta seriedade e tantas paixões, paixões tão sérias, e – o que me encanta mais que tudo – a avidez absoluta de saber".

São Paulo, maio de 2010

Um encontro perdido ou somente adiado: a Itália

Sandro Chignola

A relação de Michel Foucault com a Itália foi complexa e atravessada pelo que se poderia identificar como uma profunda fratura temporal. Por um lado, havia, com efeito, a importância enorme atribuída a uma obra mais rapidamente traduzida em italiano; por outro, uma estratégia de interpretação que procurava relacionar essa obra com esquemas conceituais ou a grades categoriais de que o próprio Foucault, arrastado pela materialidade de um presente em plena transição para o futuro, já se tinha desfeito: uma tentativa de reconduzi-lo ao interior de algo, ao passo que ele já se tinha tornado *intocável*.

À exceção de *O Nascimento da Clínica* e de *Raymond Roussel*, os livros de Michel Foucault entram no catálogo das editoras italianas logo após o tempo necessário à sua tradução: em geral, nos dois anos que seguem sua publicação na França. Depois dessas traduções, Michel Foucault é identificado, como isso acontece, aliás, de maneira recorrente, como uma referência útil para a antipsiquiatria, ou, ainda, como uma das figuras mais interessantes do estruturalismo. É, aliás, ao contrário disso que Foucaut procurará desfazer-se dessa identificação numa discussão com o filósofo italiano Giulio Preti, em 1972.[1] Foucault já tinha, com efeito, tido a oportunidade em uma entrevista com Paolo Caruso,[2] publicada em *La Fiera Letteraria*, de empregar a noção nietzscheana de genealogia para designar o gesto filosófico que consistia para ele em "escavar sob seus próprios pés" e problematizar a necessidade do presente.

Durante o debate, a heterogeneidade das posições dos dois filósofos, e a diferença entre duas ordens de discurso amplamente incompatíveis entre eles, são muito evidentes. Por um lado, Giuli Preti, que, bem no meio de uma oposição contra a superposição da sexualidade, da política e da moral que ele identifica em Foucault como sendo o corolário da transformação dos valores em vetores táticos na batalha da liberdade contra o poder, acaba descarregando neste "é evidente que você não é italiano...".[3] Preti, que é um representante dos meios fenomenológicos milaneses, defende a hipótese de uma moral universal no interior da qual as variações dos sistemas de valores deveriam ser reabsorvidas, e se entrega em último recurso a uma defesa do transcendental para conservar suas posições. Por sua vez, Foucault, que contesta radicalmente a filosofia do sujeito, que recusa a referência ao originário no trabalho de desconstrução ao qual ele se entrega, e que não quer simplificar o caráter inovador de sua pesquisa, aceitando a etiqueta estruturalista ("eu tento historicizar ao máximo para deixar menos espaço possível ao transcendental",[4] diz ele explicitamente a Preti); mas que procura abrir sua pesquisa à concretude irredutível da luta e da guerra que define o político. Em suma: um encontro que não deixa de fazer valer o claro-obscuro de uma incom-

1   **N.T.:** I Problemi della Cultura. Un Dibattito Foucault-Preti (entrevista com G. Preti), Il Bimestre, nº 22-23, setembro--dezembro de 1972; trad. fr.: Les Problèmes de la Culture. Un Débat Foucault-Preti. In: *Dits et Écrits*, II, texte nº 109. Há tradução brasileira: Os Problemas da Cultura. O Debate Foucault-Pretti. *Ditos e Escritos*.
2   Conversazione con Michel Foucault (entrrevista com Paolo Caruso). *La Fiera Letteraria*, nº 39, 28 de setembro de 1967, publicação parcial (em seguida republicada integralmente in Paolo Caruso (ed.), *Conversazioni con Claude Lévi-Strauss, Michel Foucault, Jacques Lacan*. Milano: Mursia, 1969); trad. fr.: Qui êtes-vous Professeur Foucault?. In: *Dits et Écrits*. Paris: Gallimard, 1994, I, texte nº 50. Há tradução brasileira: Quem é Você Professor Foucault? *Ditos e Escritos*.
3   *Ibidem*, p. 378.
4   *Ibidem*, p. 373.

preensão profunda, a dificuldade de pensar seriamente *com* Foucault sem procurar retê-lo ou incluí-lo no espaço pacificado de uma filosofia fechada sobre ela mesma e defendida em relação e contra tudo.

Essa incompreensão se tornará alguns anos mais tarde um verdadeiro mal-entendido. Entre 1977 e 1978, depois de um ataque bastante rude de Massimo Cacciari contra Foucault – um ataque, deve-se dizer aqui, que falhava totalmente em seu alvo, e cujo desafio verdadeiro era político –, a obra de Foucault (e a de Deleuze) se encontra por um breve momento no centro do debate filosófico italiano. Cacciari ataca o irracionalismo da filosofia pós-estruturalista francesa e a conivência suposta desta com as práticas mais radicais da esquerda extraparlamentar.[5] A ocasião da polêmica é, na realidade, a tradução italiana de *Vigiar e Punir* e a superposição dessa publicação com a reedição da *História da Loucura* na França como na Itália, numa versão com certeza aumentada, mas não mudada no fundo, enquanto o próprio Foucault parece ter passado para outro assunto. Cacciari pode então fazer o amálgama que lhe é útil: ele liga, por conseguinte, a estrutura binária razão/desrazão, dentro/fora, à concepção foucauldiana do poder – uma concepção segundo a qual o poder não é localizável, não é uma "coisa" e não é o apanágio de uma "classe". Ele opõe a partir de então o que considera como um "irracionalismo" muito próximo das práticas do contrapoder da Autonomia Operária[6] e do Partido Armado, que procuram então construir a análise de um poder disseminado na sociedade, e imanente à sociedade-fábrica, a uma tática política que tem, em compensação, seu favor, e que consiste em trabalhar do interior da instituição do partido comunista italiano – instituição que se dota, na mesma época, das referências estratégicas a Max Weber e a Carl Schmitt.

O ataque de Cacciari, continuado e ampliado pelo semanário *L'Espresso*, é, então, a ocasião para Foucault conceder a Duccio Trombadori uma entrevista[7] bastante longa, que só será publicada dois anos mais tarde. O filósofo, que está publicando num importante quotidiano nacional italiano, o *Corriere della Sera*, uma longa série de reportagens sobre a revolução iraniana, esclarece suas próprias posições qualificando-se – pelo menos quando ele fala de sua formação – como um "comunista nietzscheano" e ligando às figuras de Bataille e de Nietzsche não um pretenso "irracionalismo", mas "o único caminho de acesso para o que nós esperávamos do comunismo".[8]

O que desejaríamos, diz Foucault falando a Trombadori de sua própria formação, era "ser completamente outros num mundo completamente outro". Ser jornalistas, escritores, professores, significava entrar no mundo de nossos pais, isto é, seja reproduzir o mundo tal como ele era, seja arrogar-se o título de consciência crítica e pretender conduzir as massas ao poder – e era *intolerável*. Eis, pois, a inatualidade de Foucault num contexto teórico e político, acadêmico e "oficial" como o do pensamento italiano – onde ardem ainda os últimos fogos de um "comunismo" ainda entendido como a conquista e a gestão dos aparelhos de Estado. É essa aspiração a um "mundo outro" que muda totalmente a função do intelectual, porque esta não pode mais ser a expressão da posição neutra do universal, e que ela tem doravante como tarefa dizer seu ser próprio, sua inclusão na batalha concreta, específica, local que se dão a resistência e o poder, a ingovernabilidade da vida e as tecnologias de governo que procuram refreá-la.

Desse ponto de vista, a reportagem sobre o Irã[9] é extraordinária. Não somente por causa da abertura de que ele é testemunho em relação a certas questões, mas também pelo fato dessa extraordinária

---

5 **N.T.:** Por esquerda extraparlamentar, deve-se entender os movimentos muito amplos de extrema esquerda que se formaram na Itália entre 1968 e o fim dos anos 1970 e deram lugar a mais de 10 anos de contestação social e política, em ruptura com a esquerda institucional encarnada pelo partido comunista italiano. Uma parte quantitativamente reduzida desses "movimentos" extraparlamentares acaba passando à clandestinidade e ao terrorismo "vermelho". Cacciari era na época membro do PCI.

6 **N.T.:** Literalmente: Autonomie ouvrière. Nome de um grupo extraparlamentar particularmente ativo na segunda metade dos anos 1970, e cuja maioria dos dirigentes (dentre os quais o filósofo Antonio Negri) foram presos em 1979. Foucault e Deleuze assinaram uma petição denunciando a injustiça dessa "repressão".

7 Conversazione con Foucault (entrevista com D. Trombadori realizada em Paris no fim de 1978). *Il Contributo*, 4e année, nº 1, janvier-mars 1980; trad. fr. *in Dits et Écrits*, IV, texte nº 281.

8 *Ibidem*, p. 50.

9 **N.T.:** Na realidade, essa "reportagem" é distribuída numa série de artigos publicados na Itália no grande quotidiano nacional *Corriere della Sera* entre 28 de setembro de 1978 e 26 de novembro de 1978. Todos esses artigos são retomados e traduzidos em francês no vol. III dos *Dits et Écrits*, op. cit. Editado no VI volume da edição brasileira, Repensar a Política.

capacidade que tinha Foucault de aprender no próprio seio de uma insurreição a formação de um processo de subjetivação, e de reconhecer nessa "revolta com mãos desarmadas", nessa maneira que ela tinha de se propagar através de microcassetes, os sinais precursores de uma outra época da política. Para Foucault, a revolução iraniana não é uma revolução terceiro-mundista. É, antes, o relaxamento de certa forma da política (uma greve "em relação à política").[10] A vontade política que aí se exprime é antes de tudo a de "não se deixar levar pela política".[11] É essa conotação de êxodo fora das formas conseguidas pela política que faz surgir mecanismos de subjetivação social poderosos, e que marca sua atualidade – "o que está acontecendo"[12] é que o filósofo, ou mais exatamente o "filósofo-jornalista" à maneira de Nietzsche, tem que pensar.

Esse sinal do presente que Foucault lê no coração da revolução iraniana é o mesmo que, na Itália dos mesmos anos, os movimentos de contestação social e política procuram gravar no "modernismo arcaico"[13] da estrutura fordista da produção. Se Foucault por muito tempo perdeu seu encontro com a Itália – os anos 1980 se caracterizarão de fato por um longo período de silêncio apesar da publicação em italiano de textos importantes sobre a governamentalidade e sobre a questão das Luzes –, é na realidade no seio dos "movimentos" italianos de contestação que o pensamento foucauldiano obterá a partir de então uma atenção formidável.

Recentemente, a publicação dos *Ditos e Escritos* e dos Cursos no Collège de France relançou o debate com *aquele Foucault*. Um Foucault autenticamente filósofo: não reconduzido a esquemas pré-constituídos, mas considerado a partir do valor de *rompimento* que seu dispositivo torna possível em relação a eles. Mas também um Foucault imediatamente político, na medida em que a modalidade de seu envolvimento e seu *estilo* redefinem inteiramente a função do intelectual. A capacidade que tinha Foucault de seguir a *tendência*, de ler o presente a partir do futuro, está, sem dúvida, na base desse retorno recente ao seu trabalho. A filosofia volta a ser a reabertura dos possíveis, a contestação da autoevidência do que aparece, no entanto, como necessário, a implicação do trabalho intelectual nas lutas pela liberdade. Não há mais "fora" possível. E é com *esse* Foucault que se torna finalmente possível um verdadeiro encontro com a Itália. Essa retomada, às vezes, beirou ao antifoucauldismo – tão grande era o número das traduções, coletâneas, teses de doutorado, monografias, que inundaram o mercado italiano com a intenção evidente de "reerguer" o filósofo em função do que se espera de um "clássico do pensamento". O risco era perder de vista a injunção foucauldiana utilizando seu trabalho como uma caixa de ferramentas muito material, e não como uma série de "obras" que se trataria de classificar antes de abandoná-las nas estantes poeirentas das bibliotecas universitárias.

Uma virada fundamental foi, nós o lembrávamos, a publicação dos *Ditos e Escritos*, em 1994, de que uma seleção muito ampla dos textos será publicada nos três volumes do *Archivio Foucault*[14] pelo editor Feltrinelli, a partir de 1996; depois, a tradução dos *Cursos no Collège de France* – muito particularmente os de 1977-1978 e 1978-1979, consagrados à biopolítica.

Enquanto o filósofo francês era até então quase obrigado a medir-se com as tradições e os léxicos filosóficos que o sistema acadêmico italiano tinha produzido e imposto, é doravante o contrário que vai acontecer. O terreno delimitado e sondado por Foucault – uma genealogia da atualidade neoliberal; a emergência de uma outra época da governamentalidade que não se refere mais ao Estado; a relação

---

10 M. Foucault, Una Rivolta con le Mani Nude. *Corriere della Sera*, v. 103, nº 261, 5 de novembro de 1978; trad. fr. Une Révolte à Mains Nues. In: *Dits et Écrits*, III, texte nº 248, p. 702. Editado no VI volume da edição brasileira, Repensar a Política.

11 *Ibidem*, p. 702.

12 M. Foucault, il Mitico Capo della Rivolta dell'Iran. *Corriere della Sera*, v. 103, nº 279, 26 de novembro de 1978; trad. fr. Le Chef Mythique de la Révolte de l'Iran. In: *Dits et Écrits*, III, texte nº 253, p. 714. Editado no VI volume da edição brasileira, Repensar a Política.

13 A expressão é utilizada por Foucault para caracterizar a política do Xá do Irã, Reza Pahlavi: cf. Lo Scià ha Cento Anni di Ritardo. In: *Corriere della Sera*, v. 103, nº 230, 1º de outubro de 1978; trad. fr. Le Chah a Cent Ans de Retard. In: *Dits et Écrits*, III, texte nº 243. Editado no VI volume da edição brasileira, Repensar a Política.

14 M. Foucault, *Archivio Foucault*, sous la responsabilité de J. Revel, A. Dal Lago e A. Pandolfi, 3 volumes, Milano : Feltrinelli, 1996-1998.

conflituosa entre as noções de biopoder e de vida, de governamentalidade e de subjetivação, que excede a gramática jurídica da soberania – torna-se o verdadeiro baricentro da discussão.

Um dos primeiros a fazer um uso explícito do léxico biopolítico foucauldiano e a garantir-lhe uma recepção muito ampla no debate filosófico italiano (e internacional) foi, sem dúvida, Giorgio Agamben, em seu *Homo Sacer*,[15] em 1995. No caminho de *A Vontade de Saber*, Agamben encontra, com efeito, na definição aristotélica do homem como "vivente político" (*politikòn zôon*) o princípio de um deslize decisivo: não essa ontologia que, durante milênios, atribuiu ao homem uma animalidade que pode apesar de tudo ser excedida e "revestida" com uma existencialidade política, mas, ao contrário, e retomando ao pé da letra o que escreve Foucault, a ontologia descontínua que, na época moderna, qualifica o homem como esse animal cuja "vida de ser vivo" se torna o centro da política. Em Agamben, a distinção arendtiana entre *Bìos* e *Zoé* – os dois termos que os gregos empregam para designar a vida – é retomada para mostrar a que ponto a politização da "vida nua" é a marca da transformação radical que atinge as categorias do político. Foucault é, então, utilizado para fazer emergir o laboratório no qual se entrecruzam de maneira inextricável a gestão, a administração e o governo dos processos de população, assim como a "localização" (*Ortung*) da soberania na excepcionalidade pura que representa o campo de concentração. A biopolítica moderna, tal como Agamben identifica seu código, se constitui no cruzamento entre a decisão soberana sobre uma vida que pode ser suprimida (a "vida nua": o que resta do homem uma vez desnudado, no campo de concentração, de tudo o que o qualificava como "sujeito" ou como "pessoa") e a vontade de cuidar do corpo biológico da nação. Em suma: um entrecruzamento onde a biopolítica e a tanatopolítica – essas duas figuras que Foucault separa com atenção, opondo a genealogia da soberania à do fato de governo – remetem permanentemente uma à outra e expõem cada uma à sua maneira o rosto do dispositivo de soberania.

Agamben introduz, pois, no debate italiano um eixo de reflexão que não cessa de ampliar-se nos anos que seguem. A ideia de que a época moderna é a dos biopoderes e da biopolítica, e que seus dispositivos estendem progressivamente sua ação sobre os corpos e sobre os circuitos de reprodução da vida se generaliza. Trata-se para muitos de um tipo de interpretação verdadeiramente foucauldiano. Por um lado, porque se trata, por meio do paradigma do "biopoder", de nomear a configuração que é a que tomam, em nosso presente, os dispositivos e as tecnologias disciplinares: quando se analisa o deslocamento da relação entre o poder e o direito que caracteriza a atualidade, realiza-se, na realidade, uma "cartografia" sua – que se trate das políticas de reprodução ou de auxílio ao fim da vida, dos direitos de propriedade impostos ao genoma, das políticas pós-soberanas e pós-disciplinares de controle dos fluxos migratórios etc. Por outro, a diferença entre a gramática da soberania e a da biopolítica coloca em evidência a maneira como o estado de exceção, ao mesmo tempo como ruptura do caráter estático da norma e como risco permanente de inversão da política da vida em política da morte, tornou-se permanente. Desse ponto de vista, as análises de Giorgio Agamben e as de Roberto Esposito, cujo livro *Bios. Biopolitica e Filosofia* é publicado quase 10 anos mais tarde, em 2004, tomam de fato posições muito semelhantes, visto que eles acabam censurando um e outro a Foucault por sua incapacidade de dar a razão dessa inversão da política da vida em seu exato contrário, e que eles aí veem o limite de seu pensamento. Os dois símbolos da biopolítica no século XX sobre os quais se focalizam, com efeito, suas análises são o *lager* nazista (isto é, a face negra de uma política eugenista da raça – que não tem, é claro, face branca) e o poder nuclear (a possibilidade de aniquilar a vida tal como ela está inscrita no cerne do *Welfare* ocidental).

Nessas interpretações, e em todas as que delas derivam, o forçamento da analítica foucauldiana é, na realidade, evidente. Por um lado, porque o desdobramento de uma *época* da biopolítica (o termo volta em particular nos trabalhos de Esposito) é referido a uma espécie de intencionalidade do poder, que serve para explicar a proliferação dos dispositivos de poder sobre o que se supõe ser uma *exterioridade* deste – não ainda conquistada, mas, no entanto, suscetível de sê-lo. Por outro, porque a noção de subjetividade é, na realidade, reduzida a uma concepção puramente vitimar.

---

15   G. Agamben, *Homo Sacer*. Il Potere Sovrano e la Nuda Vita. Torino, Einaudi, 1995; trad. fr. *Homo Sacer*. Le Pouvoir Souverain et la Vie Nue. Paris :Seuil, 1996.

Michel Foucault

Ora, é claro, a analítica do poder proposta por Foucault se subtrai a essas duas determinações. Foucault insiste, com efeito, e antes de mais nada, nas transformações não lineares desses dispositivos. Não há "filosofia da história" no sentido tradicional do termo em Foucault, enquanto ela está ainda bem presente nas interpretações que desentendem seu pensamento a partir de hipóteses historicizantes extremamente pesadas, e que leem os *Cursos* sobre a biopolítica como a tentativa de buscar razão (de *compreender*, portanto: o que Foucault se recusa, ao contrário, a identificar como objetivo do trabalho filosófico) de uma atualidade filosófica considerada como um *devenu* [transformado], isto é, como a transformação geral daquilo pelo que ela foi precedida. Por outro lado, o filósofo é absolutamente explícito quando ele indica que o próprio da analítica dos poderes é de ser construída a partir das resistências – porque o poder é uma instância não atribuível, que circula e que distribui as relações às quais ele se aplica, elaborando a contingência de relações que são imprevisíveis por definição, indisciplinadas por vocação, e sempre em mudança.

É, portanto, ao lado – e além – dessas interpretações que se trata, a partir de então, de elaborar outras maneiras de se referir à pesquisa foucauldiana. Se o que constitui o motor da genealogia dos biopoderes é uma ontologia que afirma que a liberdade é independente e autônoma em relação ao cone de sombra que representa o Estado; se, em outros termos, a atualidade à qual nós pertencemos pode ser identificada como o terreno de confrontação radical entre o governo e o ingovernável que desafia – aquilo de que Foucault fala com uma lucidez extraordinária em um texto de 1977, "Va-t-on extrader Klaus Croissant?" [Vão extraditar Klaus Croissant?][16] –, então, torna-se difícil trazer a biopolítica a uma iconologia que seja exclusivamente vitimar.

Na trilha de Foucault, fala-se hoje bem mais de biopolítica para indicar o tecido da cooperação social (no contexto do apagamento progressivo da distinção fordista entre tempo de vida e tempo do trabalho), ou para afirmar a dimensão imediatamente produtiva na acumulação pós-fordista, das aptidões específicas da espécie humana: os afetos, a linguagem, as competências cognitivas. Mas fala-se também para caracterizar o campo de batalha no qual tomar posição. A entrada no que Foucault chama de tempo da política dos governados não é lida – como era o caso na maior parte das interpretações passadas – como um genitivo objetivo (*a política* dos governados: como se se tratasse de descrever somente a multiplicação e a intensificação dos dispositivos de governo), mas como um genitivo subjetivo (a política *dos governados*). Essa inversão permite atribuir aos governados – aos seus desejos, às suas necessidades – as transformações fundamentais de uma liberdade que não é mais relacionada com o Estado a fim de ser representada por ele, defendida e apoiada, mas que se torna, ao contrário, o limite intransponível, criativo e mutante, que é oposto incessantemente à ação dele.

É nesse terreno que a maioria das interpretações italianas mais originais e mais estimulantes trabalham. Um terreno no qual a postura filosófica de Foucault – essa vontade obstinada de pensar a questão do sujeito e os processos de sua formação, em vez de considerar a filosofia como uma simples função crítica em relação à história do poder – é inteiramente retomada e radicalizada, para culminar numa verdadeira ontologia da atualidade. Em outros termos: a ideia de um possível liberado da ganga do necessário, e da emergência de formas de vidas capazes de se subtraírem definitivamente do poder.

O autor se sente no dever de agradecer Pierpaolo Cesaroni e Judith Revel. Texto traduzido do italiano por Judith Revel.

---

16   M. Foucault, Va-t-on extrader Kaus Croissant?. *Le Nouvel Observateur*, nº 679, 14-20 de novembro de 1977, retomado em *Dits et Écrits*, III, texto nº 210.

VI

Usos e variações

Atlas do impossível – Warburg, Borges, Deleuze, Foucault

Georges Didi-Huberman

QUADRO, TÁBUA, RELEITURA

O quadro: "uma imagem ou representação de algo feito por um pintor", assim como o definia Furetière, no século XVII; ou "a representação de um assunto que o pintor encerra num espaço ornado para o ordinário de um quadro ou moldura", como se lê, no século XVIII, na *Encyclopédie* de Diderot e d'Alembert.[1] Mas, além desse sentido habitual do quadro de pintura, destacou-se, muito rapidamente, uma acepção mais geral que supunha, ao mesmo tempo, *a unidade visual e a imobilização temporal*: "*Quadro*, momento de fixação de uma cena, que cria uma unidade visual entre a disposição das personagens na cena e o arranjo do cenário, de modo a que o conjunto dê a ilusão de formar um afresco", o que denota perfeitamente a expressão "quadro vivo", de que se conhece o desafio estético crucial, do século XV ao XIX, para a pintura como para o teatro e, mais tarde, para a fotograia e até o cinema.[2]

Ora, a palavra prestigiosa *quadro*, em francês pelo menos, vem diretamente de uma palavra latina extremamente banal, *tabula*, que quer dizer uma prancha, simplesmente. Uma prancha para fazer tudo: escrever, contar, brincar, comer, arrumar, desarrumar[3]... Na prática do *Atlas* do pintor Gerhard Richter, como, outrora, nas séries de pranchas gavadas em vários "estágios" por Rembrandt, é, sem dúvida, questão de *tables* mais que de quadros. Isso significa, primeiramente, a renúncia a toda unidade visual e a toda imobilização temporal: espaços e tempos heterogêneos não cessam de encontrar-se aí, de se confrontar, de se recruzar ou de se amalgamar. O quadro é uma obra, um resultado em que tudo já foi trabalhado; a tábua (prancha), esta, é um dispositivo onde tudo poderá sempre ser trabalhado. Um quadro se pendura nos cimácios de um museu; uma tábua se reutiliza sem cessar para novas banquetas, novas configurações. Como no amor físico, onde o desejo constantemente recomeça, se relança, é preciso, em suma, constantemente *refazer a tábua*. Nada aí, então, é fixado de uma vez por todas, e tudo aí está para ser refeito – por prazer recomeçado mais do que por castigo sisífico –, para redescobrir, para reinventar.

A partir de suas definições mais instrumentais e inferiormente materiais – "Tábua, se diz de várias coisas que são planas[4]..." – até a grande variedade de seus usos técnicos, domésticos, jurídicos, religiosos, lúdicos ou científicos, a tábua (prancha) se mostra inicialmente como um *campo operatório do "dispars" e do móvel*, do heterogêneo e do aberto. O ponto de vista antropológico, tão caro a Warburg, apresenta essa vantagem metodológica considerável de não separar a trivial manipulação dos *monstra* (os fígados de carneiro adivinhatórios que se veem na primeira prancha de seu atlas *Mnémosyne*)[5] e a sublime elaboração dos *astra* (os quadros de Rafael que Warburg reproduz em outras pranchas, dentre as quais a

1   A. Furetière, 1690, III, p. 1982. D. Diderot e J. d'Alembert, 1765, p. 804.
2   P. Imbs (dir.), 1971-1994, XV, p. 1.294-1.295. B. Jooss, 1999. B. Vouilloux, 2002.
3   A. Ernout e A. Meillet, 1932, p. 672-673. Cf. A. de Ridder, 1904, p. 1.720-1.726.
4   A. Furetière, 1690, III, p. 1.981.
5   A. Warburg 1927-1929, p. 14-15.

última).[6] Como, mais tarde, Claude Lévi-Strauss se recusará a separar os miúdos gestos das "maneiras de mesa" e as aspirações aos mais grandiosos "sistemas do mundo".[7]

Parece-me significativo que Aby Warburg tenha sempre fracassado ao fixar seu pensamento quando ele tentava quadros "definitivos", que ele deixava em geral vazios ou incompletos.[8] O projeto do *Bilderatlas*, por seu dispositivo de *tábua* de montagem indefinidamente modificável – pela interposição de pinças móveis com as quais ele pregava suas imagens e da sucessão das tomadas de vista fotográficas pelas quais ele documentava cada configuração obtida –, lhe permitia recolocar sempre em jogo, multiplicar, afinar ou fazer bifurcar suas intuições relativas à grande *sobredeterminação das imagens*. O atlas *Mnémosyne* foi, portanto, o aparelho concreto de um pensamento que o próprio Warburg exprimiu em conclusão de um discurso pronunciado para a abertura do Instituto Alemão de História da Arte em Florença, em 1927: "*Si continua – coraggio! – ricominciamo la lettura!*"[9] Como se "ler o que jamais foi escrito" – expressão crucial de Walter Benjamin para toda noção de legibilidade[10] (*Lesbarkeit*) – exigisse a prática de uma leitura sempre recomeçada: a prática de uma incessante *releitura do mundo*.

Perceber as "relações íntimas e segredos das coisas, as correspondências e as analogias", como Baudelaire escreve em sua famosa definição da imaginação?[11] Sem dúvida, isso não deixa essa perpétua recolocação em jogo que se vê, em especial, na prancha 50-51 do atlas *Mnémosyne*, onde Warburg, sobre sua negra "tábua de montagem", terá disposto, ao lado de um quadro célebre de Mantegna reproduzido numa escala muito reduzida, diferentes jogos de cartas reproduzidos como outros dignos "quadros" (*fig. 1*).

Fig. 1

6   *Ibidem*, p. 132-133.
7   C. Lévi-Strauss, 1968, p. 390-411.
8   Cf. G. Didi-Huberman, 2002, p. 249-251.
9   A. Warburg, 1927, p. 604.
10 W. Benjamin, 1933, p. 363.
11 C. Baudelaire, 1857, p. 329.

Michel Foucault

Veem-se aí as *Musas* do Mestre dos Tarôs de Ferrare avizinhaharem-se do jogo popular contemporâneo dos *Tarots de Marselha*, com suas figuras bem conhecidas, o Barqueiro, o Apaixonado, a Roda da Fortuna... Recolocar em jogo, portanto: reembaralhar e redistribuir as cartas – da história da arte – numa tábua qualquer. E tirar dessa redistribuição a faculdade – que Baudelaire dizia "quase divina",[12] mas eu compreendo melhor, agora, que ele queria, sem dúvida, dizer "quase adivinha" ou "quase adivinhatória" –, em resumo, a faculdade de *reler os tempos* na disparidade das imagens, na fragmentação sempre recomeçada do mundo.

Embaralhar e redistribuir as cartas, demonstrar e refazer a ordem das imagens numa tábua para criar configurações heurísticas "quase adivinhas", isto é, capazes de entrever o trabalho do tempo em ação no mundo visível: tal seria a sequência operatória de base para toda prática que eu chamarei aqui um *atlas* em referência à obra magistral de Warburg. Ora, este terá imediatamente construído essa prática a partir de um recurso explícito à arqueologia: os fígados adivinhatórios etruscos não longe das *Lições de Anatomia* de Rembrandt, ou então os sarcófagos romanos não longe do *Déjeuner sur l'Herbe* de Manet.[13] As perspectivas "arqueológicas" abertas desde esse tempo por Michel Foucault no domínio da história das ciências não deixam de ter relação, parece-me, com essa redistribuição operada por Aby Warburg no domínio da história da arte.[14] Nos dois casos, são iniciadas as irrevogabilidades do valor (a "obra de arte" criticada por uma imagem popular, uma carta de baralho ou um selo postal, o "discurso da ciência" criticado por práticas transversais, deformadoras, políticas), as distribuições do tempo (onde o ponto de vista arqueológico desmonta as certezas cronológicas), enfim, as unidades da representação (visto que, nos dois casos, é o "quadro clássico" que se verá confundido até seus fundamentos).

Pode-se esperar, dessa convivência, tirar alguns ensinamentos de base para uma *arqueologia do saber visual*. É surpreendente que Michel Foucault tenha frequentemente "enquadrado" suas análises epistemológicas por "imagens" estratégicas emprestadas da história da pintura e da literatura. Como a *História da Loucura* começava com *Les Régentes*, de Frans Hals, *As Palavras e as Coisas*, como lembramos, começam com *As Meninas*, de Diego Velásquez: dois *quadros*, portanto, duas maneiras de significar – e de dar a compreender, a analisar – o poder da representação na "idade clássica", assim como gostava de dizer Foucault.[15] Mas essa arqueologia só tinha sentido para definir as linhas de fraturas e as linhas de frente de um conflito estrutural de onde emergirá essa "modernidade" que exemplificam, não mais quadros monumentais que fixam a dignidade social das associações burguesas e das cortes reais, mas *séries* de imagens violentas, nas quais, no século XIX, Francisco Goya explorará o domínio do "homem lançado na noite", através de suas pequenas composições sobre as prisões e os asilos de loucos, suas gravuras dos *Disparates*, ou suas enigmáticas pinturas da *Quinta del Sordo*.[16]

Onde, por outro lado, Cervantes abria o capítulo de *As Palavras e as Coisas* consagrado à "representação clássica",[17] será doravante num outro autor hispânico – mas numa constelação onde surgem também os nomes de Nietzsche, de Mallarmé, de Kafka, de Bataille ou de Blanchot[18] – que Foucault situará o "lugar de nascimento" de seu próprio empreendimento arqueológico e crítico. Esse autor é Jorge Luis Borges:

> Esse livro [*As Palavras e as Coisas*] tem seu lugar de nascimento num texto de Borges. No riso que sacode em sua leitura todas as familiaridades do pensamento – do nosso: do que têm nossa idade e nossa geografia –, abalando todas as superfícies ordenadas e todos os planos que assisam para nós a abundância dos seres, fazendo vacilar e perturbando por muito tempo nossa prática milenar do Mesmo e do Outro. Esse texto cita "certa enciclopédia chinesa" onde está escrito que "os animais se dividem em *a*) pertencentes ao Imperador, *b*) embalsamados, *c*) presos, *d*) leitões, *e*) sereias, *f*) fabulosos, *g*) cães em liberdade, *h*) incluídos na presente classificação, *i*) que se

---

12 *Ibidem*, p. 329.
13 A. Warburg, 1927-1929, p. 100-101
14 Cf. M. Hagelstein, 2009, p. 87-111.
15 M. Foucault, 1961, p. 5. *Idem*, 1966a, p. 19-31.
16 *Idem*, 1961, p. 549-554.
17 *Idem*, 1966a, p. 60-64.
18 *Ibidem*, p. 394-395.

agitam como loucos, *j*) numerosos, *k*) desenhados com um pincel muito fino de pelos de camelo, *l*) *et caetera*, *m*) que acabam de quebrar a moringa, *n*) que de longe parecem moscas".[19]

As *Meninas* oferecerão a Foucault, algumas páginas adiante, a ocasião de uma análise da representação clássica focalizada num quadro de *súditos reais* retratados por Velásquez: um quadro *existente*, majestoso, complexo por suas colocações em abismos sucessivos – o súdito no quadro, os súditos entre eles, o quadro no quadro, a moldura da porta etc. – sempre mais concentradas. *O Mercado Celeste dos Conhecimentos Benévolos*, título dado por Borges para uma enciclopédia cuja existência parece bem duvidosa, provoca um outro gênero de mudança totalmente diferente: seria mais um *índice* equivalente ao do tratado hepatoscópico que eu citei antes, com sua agitação semiótica e sua vertigem não concêntrica, mas centrífuga.

A "tábua de Borges" não funciona no âmbito de um só quadro que organizaria seu quadriculado, até mesmo sua malícia perspectivista. Ela evoca, antes, as enormes compilações de desenhos chineses ou estampas japonesas (penso, por exemplo, no insaciável *Manga*, de Hokusaï [*fig. 2*]); ela rompe os quadros ou as casas do espaço classificatório, *exigindo* que sejam abertas regiões das quais cada uma não terá sido jamais determinada pela precedente: os "cães em liberdade" já fugiram do quadro, os "numerosos" escaparão sempre à nossa contagem, os "que vêm quebrar uma moringa" são inesperados e indiscerníveis, os "*et caetera*" não poderão jamais ser recenseados, enquanto os "que de longe parecem moscas" se impõem imediatamente à nossa imaginação por sua força de sugestão visual.

Fig. 2

ABALO, MAL-ESTAR, HETEROTOPIA

Essa força, como Michel Foucault diz no início, não é outra senão um movimento "que abala todas as superfícies ordenadas e todos os planos que assisam para nós a abundância dos seres". Por um lado, ela arruína o quadro ou o sistema habitual dos conhecimentos, por outro, ela libera esse *riso* "que sacode todas as familiaridades do pensamento", esse riso enorme que não deixa de provocar *mal-estar*, como

---

19   *Ibidem*, p. 7 (citando J. L. Borges, 1952, p. 747).

Foucault repetirá várias vezes.[20] Por que esse riso? Porque a estabilidade das relações voa em estilhaços, porque a lei da gravidade é colocada em desordem, portanto, destinada ao burlesco: as coisas se derretem, se erguem, se esmagam, se dispersam ou se aglutinam como, numa célebre imagem dos *Disparates*, de Goya – e no contraponto que ela forma com todas as outras da série –, os homens se veem eles próprios transformados em bonecos desarticulados que parecem cuspidos no ar pela força de uma "superfície de abalo", um simples pano sacudido por seis mulheres, um sombrio lençol que encobre ainda em suas pregas um homem deitado de barriga para baixo e... um burro (*fig. 3*). Aqui e acolá, é um riso que nos sacode até o mal-estar, porque ele vem de um fundo de treva e de não saber.

Fig. 3

Mas de que mal-estar, de que sacudida se trata? O que, portanto, está ameaçado na série disparate de Borges (como na coletânea, ao mesmo tempo cômica e ameaçadora, dos *Disparates* de Goya)? Foucault toma o cuidado de esclarecer: "Ainda não se trata da estranheza dos encontros insólitos. Sabe-se o que há de desconsertante na proximidade dos extremos, ou, simplesmente, na vizinhança repentina das coisas sem relação."[21] O disparate, o heteróclito não se reduzem, pois, à "estranheza" de um simples contraste: maneira, para Foucault, de nos sugerir que a pista do fantástico (à Roger Caillois), ou do devaneio material (à Gaston Bachelard) não é certamente a pista certa a seguir. O que nos sacode de rir e sacode também "todas as superfícies ordenadas e todos os planos que assinam para nós a abundância dos seres" é justamente que *os planos de inteligibilidade despedaçam* até o esboroamento. O que desmorona, na enciclopédia chinesa, ou na "tábua de Borges" não é outra coisa senão a coerência e *o próprio suporte do quadro clássico* enquanto superfície classificatória da abundância dos seres.

No intervalo entre os animais "que acabam de quebrar a moringa" e "os que de longe parecem moscas", o que se fende, se arruína, é, pois, "o espaço comum dos encontros", "o próprio lugar onde eles poderiam avizinhar-se", esse *lugar comum* que é preciso chamar de quadro – "quadro que permite ao pensamento operar sobre os seres uma ordenação, uma divisão em classes, um agrupamento nominal pela qual são designadas suas semelhanças e suas diferenças".[22] Todo o empreendimento de *As Palavras e as Coisas* foi resumido por seu autor como uma "história da semelhança", uma "história do Mesmo",[23] e é no quadro, com efeito, que elas encontram sua forma "clássica" de exposição. Foucault, em seu empreendimento, terá procedido dialeticamente: ele começou respeitando e desembrutecendo a noção acadêmica

20 *Ibidem*, p. 7, 9, 10.
21 *Ibidem*, p. 8.
22 *Ibidem*, p. 8-9.
23 *Ibidem*, p. 15.

de quadro. Ele lhe devolveu sua complexidade enquanto "série de séries".[24] Um quadro como *As Meninas* não é o lugar para uma *totalidade do único*, como o teriam querido não sei que estetas. É, antes, uma *totalidade do múltiplo* que aí se encontra organizada sinoticamente sob a autoridade do semelhante.

Ora, essa autoridade envolve uma coerência cultural que fixa, justamente, a forma das relações entre as coisas vistas e as palavras enunciadas: o quadro seria, então, um espaço para "a possibilidade de *ver* o que se poderá *dizer*, mas que não se poderia dizer em seguida nem ver a distância se as coisas e as palavras, distintas umas das outras, não se comunicassem imediatamente em uma representação".[25] E é assim que será construído, na idade clássica, que é a "idade da representação" por excelência, um "grande quadro sem falha"[26] arranjado como suporte de exposição classificatória das "comunicações", como diz aqui Foucault, entre as palavras e as coisas.[27] Mas sabe-se que todo o empreendimento foucauldiano consiste também em contar a desmontagem desse sistema na idade – qualificada de "moderna" –, onde o ponto de vista da história fragmenta dramaticamente essa grande visão intemporal e hierarquizada das semelhanças.[28] Há, sem dúvida, "quadros de história", como se diz, e, sem dúvida, a *historia* foi para Alberti a "grande obra" do quadro, o que o tornava legível. Acontece, no entanto, que, a partir de Goya – e de Sade, segundo Foucault –, o grande "quadro das coisas" se encontrará irrevogavelmente arruinado pelo disparate do devir: "O campo epistemológico se fragmenta, ou melhor, ele explode em direções diferentes".[29]

Eis por que razão a desorientadora "tábua de Borges" é tão bem chamada, nessas primeiras páginas de *As Palavras e as Coisas*, um "atlas do impossível".[30] Eis por que razão ela inicia imediatamente a elaboração de um conceito que será crucial em todas as dimensões do pensamento de Foucault – da epistemologia à política, passando pela estética –, conceito próprio para designar um campo operatório que não será justamente o do "quadro" ou o do "lugar comum": esse conceito é o de *heterotopia*, que pode, sem dificuldade, compreender-se a partir das disparatadas invenções goyescas ou borgesianas. A heterotopia "seria a desordem que faz cintilar os fragmentos de um grande número de ordens possíveis na dimensão, sem lei nem geometria, do *heteróclito*; e é preciso entender essa palavra o mais próximo de sua etimologia: as coisas aí são "deitadas", "colocadas", "dispostas" em lugares a tal ponto diferentes, que é impossível encontrar para eles um espaço de recepção, de definir abaixo de uns e de outros um lugar comum".[31]

Como o disparate ou o heteróclito se distinguem da "estranheza" ou do "incôngruo", as heterotopias se distinguem das utopias de que Foucault nos diz que elas "consolam" – quando as heterotopias ameaçam ou inquietam –, maneira de suspeitar do que Louis Marin, mais tarde, terá claramente mostrado em suas análises de Thomas More, a saber, que os espaços utópicos são apenas um avatar particular do espaço representacional clássico.[32] "As *heterotopias* inquietam, sem dúvida, porque elas minam secretamente a linguagem, porque elas impedem de chamar isto *e* aquilo, porque elas rompem os nomes comuns ou os emaranham, porque elas arruínam antecipadamente a 'sintaxe', e não somente a que constrói as frases – aquela menos manifesta que faz 'manter conjunto' (ao lado e em frente umas das outras) as palavras e as coisas".[33] Em 1982, Foucault vai encarar as heterotopias sob um ângulo muito mais político: mas será para dizer ainda que "a liberdade é uma prática", e, até, uma técnica...[34] Como tinham sido, em sua escala, as escolhas técnicas de Warburg para fazer funcionar livremente seu atlas de imagens como uma verdadeira *heterotopia da história da arte*.

Em 1984, num texto magnífico intitulado "Espaços outros", Foucault esclarecerá, ainda, o que ele quer entender por "heterotopias": espaços de crise e de desvio, arranjos concretos de lugares incompatíveis e de

---

24 *Idem*, 1969a, p. 19.
25 *Idem*, 1966a, p. 142.
26 *Ibidem*, p. 173.
27 *Ibidem*, p. 86-91.
28 *Ibidem*, p. 229-233.
29 *Ibidem*, p. 357.
30 *Ibidem*, p. 9.
31 *Ibidem*, p. 9.
32 *Ibidem*, p. 9, *Idem*, 1984, p. 755-756. Cf. L. Marin, 1973, p. 87-114.
33 M. Foucault, 1966a, p. 9. Cf. *idem*, 1966b, p. 21-36.
34 *Idem*, 1982, p. 275 e 285.

um tempo heterogêneos, dispositivos socialmente isolados, mas facilmente "penetráveis", enfim, *máquinas concretas de imaginação* que "criam um espaço de ilusão que denuncia como mais ilusórios ainda todo o espaço real, todos os posicionamentos no interior dos quais a vida humana é emparedada".[35] O atlas não seria, nessa mesma perspectiva do desenclausuramento – e, apesar do fato de que Foucault, em 1966, se recusa ainda a fazer uma nítida distinção entre "tábua" e "quadro" –, esse campo operatório capaz de colocar em ação, no nível epistêmico, estético e até político, "uma espécie de contestação ao mesmo tempo mítica e real do espaço onde vivemos", em resumo, o próprio espaço para "a maior reserva da imaginação"?[36]

A "tábua de Borges", como a noção de heterotopia que a comenta, transforma o próprio conhecimento em seu suporte, em sua exposição, em sua disposição e, é claro, em seu conteúdo. Ela antecipa também a ideia de *planalto* de que Gilles Deleuze e Félix Guattari farão logo o elemento constitutivo dos "rizomas" do pensamento inventivo, aquele em que se fazem as verdadeiras descobertas. Planalto: "toda multiplicidade conectiva com outras por caules subterrâneos superficiais, de maneira a formar e estender um rizoma".[37] E compreende-se, diante das pranchas móveis do atlas *Mnémosyne*, que as *imagens* aí são menos consideradas como monumentos do que como *documentos*, e menos fecundas como documentos do que como *planaltos* conectados entre eles por vias "superficiais" (visíveis, históricas) e "subterrâneas" (sintomais, arqueológicas) ao mesmo tempo. Tudo, aqui, responde a um princípio de "cartografia aberta e passível de conexão em todas as dimensões, desmontável, removível, suscetível de receber constantemente modificações".[38] O que admiram nas mesmas páginas Deleuze e Guattari por meio do "método Deligny" – "fazer o mapa dos gestos e dos movimentos de uma criança autista, combinar vários mapas para a mesma criança, para várias crianças..."[39] (*fig. 4*) – pode-se reconhecer, no nível das migrações de culturas na curta como na longa duração, através desse "método Warburg" que interrogamos aqui, essa "história de fantasmas para grandes pessoas" onde foram construídos vários mapas móveis para as emoções humanas, os gestos, as *Pathosformeln*[40] (*fig. 5*).

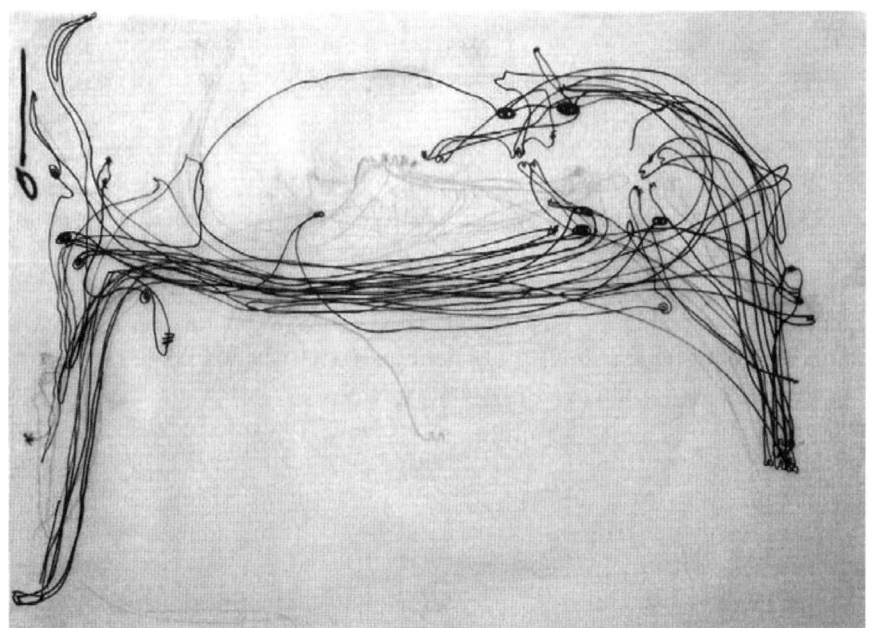

Fig. 4

35   *Idem*, 1984, p.761.

36   *Ibidem*, p. 756 e 762.

37   G. Deleuze e F. Guattari, 1980, p. 446-464.

38   *Ibidem*, p. 20.

39   *Ibidem*, p. 22-23.

40   Cf. G. Didi-Huberman, 2002, p. 115-270.

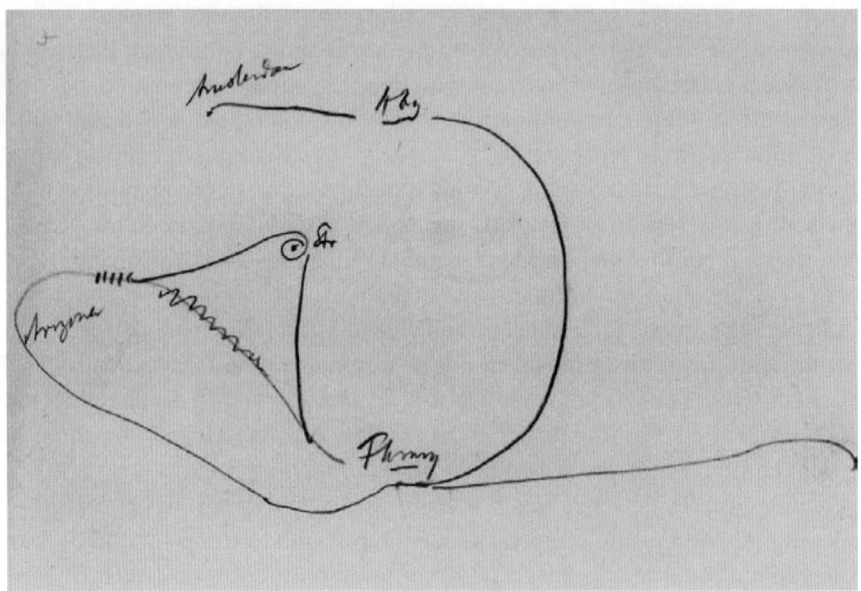

Fig. 5

Desse ponto de vista, a "iconologia dos intervalos" inventada por Aby Warburg mantém com a história da arte que a precede as mesmas relações que a "ciência nômade" – ou "excêntrica", ou "menor" – mantém, nos *Mil Platôs*, com a "ciência real" ou "ciência de Estado".[41] É um saber "problemático" e não "axiomático", fundado num "modelo de devir e de heterogeneidade que se opõe ao estável, ao eterno, ao idêntico, ao constante".[42] Onde Panofsky proporá *ainda* uma ciência do *compars* em busca da "forma invariável das variáveis", Warburg propunha *já* essa ciência do *dispars* que Deleuze e Guattari encaram dinamicamente: "Não se trata mais exatamente de extrair constantes a partir de variáveis, mas de colocar as próprias variáveis em estado de variação contínua".[43]

Ora, bem antes de reconhecer às heterotopias foucauldianas sua fecundidade filosófica quase fraternalmente assumida,[44] Gilles Deleuze terá encontrado, em Borges precisamente, como fazer gargalhar o saber, portanto, "sacudir todas as familiaridades do pensamento", ou "abalar todas as superfícies ordenadas e todos os planos que assisam para nós a abundância dos seres". O capítulo de *Lógica do Sentido* consagrado ao "jogo ideal", por exemplo, abre-se para uma volta à "corrida de Caucus" em Lewis Carroll, onde "se parte quando se quer e onde se para à vontade", assim como à "loteria de Babilônia", em Borges, onde "o número de sorteios é infinito [de maneira que] nenhuma decisão é final".[45] Tais paradoxos não podem ser geralmente pensados senão "como *nonsense*" e, no entanto, afirma Deleuze, "precisamente: [eles são] a realidade do próprio pensamento", eles são, por conseguinte, "o jogo reservado ao pensamento e à arte [...], pelo que o pensamento e a arte são reais, e confundem a realidade, a moralidade e a economia do mundo".[46] Emendando os paradoxos de Borges com a ideia estoica de temporalidade, Deleuze chega, então, a nos fazer compreender algo de essencial à ideia de atlas tal como tentamos construir aqui: o que acontece no *espaço paradoxal* das diferentes "tábuas de Borges" só é possível porque um *tempo paradoxal* afeta todos os acontecimentos que aí surgem. Esse tempo não é nem linear, nem contínuo, nem infinito: mas "infinitamente subdivisível" e fragmentável, tempo que não para de se desmontar e de remontar às suas condições mais imemoriais. Esse tempo é o *Aiôn* estoico colocado por Deleuze em oposição ao

---

41 *Cf.* G. Deleuze e F. Guattari, 1980, p. 446-464.
42 *Ibidem*, p. 447-448.
43 *Ibidem*, p. 458.
44 Cf. G. Deleuze, 1986, p. 101-130.
45 *Idem*, 1969, p. 74 e 77.
46 *Ibidem*, p. 76.

Chronos mensurável: tempo "na superfície" – ou na tábua – do qual os acontecimentos são, diz ele, "coletados enquanto efeitos".[47] É assim que "cada presente se divide em passado e em futuro, infinitamente", segundo um "labirinto" de que Borges terá inventado muitas formas,[48] mas de que é preciso lembrar-se que Warburg e Benjamin, algumas décadas antes, tinham dado uma formulação decisiva por meio de expressões tais como *Vorgeschichte* e *Nachgeschichte*, a "pré e a pós-história"[49] adjacentes a alguma coisa do mundo.

Como se surpreender, em tais condições, que Gilles Deleuze – sempre *via* estoicos – não separe os *jogos com o sentido*, que se encontra em toda parte em Borges ou Lewis Carroll, *jogos com o tempo* que supõem as mais antigas práticas adivinhatórias, "dividir o céu em seções e aí distribuir as linhas dos voos de aves, seguir no chão a letra que traça o focinho de um porco, colocar o fígado na superfície e aí observar as linhas e as fissuras",[50] seja assim exatamente onde Warburg terá feito começar suas próprias "tábuas visuais" da cultura ocidental? Que o *Aiôn* surja no visível através de um voo de andorinhas, um focinho de porco ou um fígado de carneiro, eis ainda – Deleuze insiste nisso – o que nos pode fazer compreender a que ponto os desafios mais profundos do destino do homem têm parte ligada com as gargalhadas e, em geral, essa "*arte das superfícies*, linhas e pontos singulares que aí aparecem" como cristais de *nonsense*.[51] Como Warburg, em seu *Bilderatlas*, e como Benjamin, quando ele evocava a arte de "ler o que jamais foi escrito", Deleuze falará, enfim, do jogo com o *Aiôn* sob o ângulo de um encontro de espaços heterogêneos, por exemplo, "as duas tábuas ou séries [do] céu e [da] terra",[52] do sideral e do visceral, dos *astra* e dos *monstra*.

O próprio Borges tornou-se mestre na arte – a uma só vez superficial e profundo, humorístico e emocionante – de inventar objetos que são jogos, tábuas onde a abundância de espaços e tempos se recolherá de repente, mas para melhor se redisfractar , se redespedaçar infinitamente. Em "O milagre secreto", por exemplo, um homem abre um "atlas inútil" entre os 400 mil tomos da biblioteca do Clementinum, cai por acaso num "vertiginoso" mapa da Índia, coloca sem pensar seu dedo "numa das menores letras" do mapa, depois, no mesmo instante, experimenta a certeza de ter "encontrado Deus" e acorda de um sonho doravante em pedaços perdidos.[53] Mas, em cada caco, em cada parcela de matéria ou de linguagem, desde o A do *Aleph* até o Z do *Zahir*, Borges encontrará também o cristal de mundos desmontados e remontados infinitamente. O Zahir é essa absoluta *raridade* capaz de focalizar – até de carregar, como os Justos da tradição judia – o universo inteiro sob a forma mais dissimulada que seja, humilde e inconstante ao mesmo tempo, *comum e passageira* ao mesmo tempo:

> Em Buenos Aires, o Zahir é uma moeda corrente de 20 centavos; marcas de faca ou de canivete riscam as letras NT e o número dois; a data que está gravada no anverso é a de 1929. (Em Guzerat, no fim do século XVIII, um tigre foi Zahir; em Java, um cego da mesquita de Surakarta, que os fiéis apedrejaram; na Pérsia, um astrolábio que Nadir Shah mandou lançar ao fundo do mar; nas prisões de Mahdi, por volta de 1892, uma pequena bússola em que Rudolf Carl von Slatin tocou, enrolada num pedaço de turbante; na mesquita de Córdoba, segundo Zotenberg, uma veia no mármore de um dos 1.200 pilares; no gueto de Tetuan, o fundo de um poço.)[54]

Quanto ao *Aleph*, é, finalmente, apenas uma "pequenina esfera furta-cor", e com "o diâmetro de dois ou três centímetros..." mas aonde vêm convergir, paradoxalmente "sem diminuição de volume", todas as coisas do mundo, entre as quais:

---

47   *Ibidem*, p. 77.
48   *Ibidem*, p. 78.
49   W. Benjamin, 1928, p. 44.
50   G. Deleuze, 1969, p. 168.
51   *Ibidem*, p. 168.
52   *Ibidem*, p. 81.
53   J. L. Borges, 1944, p. 539-540.
54   *Idem*, 1949, p. 623.

Cada coisa (o vidro do espelho por exemplo) equivalia a uma infinidade de coisas, porque eu a via claramente de todos os pontos do universo. Eu vi o mar povoado, eu vi a alvorada e a noite, eu vi as multidões da América, uma teia de aranha prateada no centro de uma negra pirâmide, eu vi um labirinto quebrado (era em Londres), eu vi olhos bem próximos, intermináveis, que se observavam em mim como num espelho, eu vi todos os espelhos do planeta e nenhum me refletiu, eu vi num saguão da rua Soler as mesmas pedras que eu tinha visto fazia 30 anos no vestíbulo de uma casa em Fray Bentos, eu vi cachos, neve, tabaco, filões de metal, vapor de água, eu vi convexos desertos equatoriais e cada um de seus grãos de areia, eu vi em Inverness uma mulher que eu não esquecerei, eu vi sua violenta cabeleira, seu corpo altivo, eu vi um câncer em seu peito, eu vi um círculo de terra ressecada numa calçada, onde antes havia uma árvore, eu vi numa mansão de Adrogué um exemplar da primeira versão inglesa de Plínio, a de Philemon Holland, eu vi ao mesmo tempo cada letra de cada página (quando criança, eu me surpreendia com o fato de as letras de um volume fechado não se misturarem e não se perderem durante a noite), eu vi a noite e o dia contemporâneo, eu vi um pôr-de-sol em Quérétaro que me parecia refletir a cor de uma rosa em Bengala, eu vi meu quarto de dormir sem ninguém, eu vi num gabinete de Alkmaar um globo terrestre entre dois espelhos que o multiplicavam indefinidamente, eu vi cavalos com crinas eriçadas, numa praia do mar Cáspio na alvorada, eu vi a delicada ossatura de uma mão, eu vi os sobreviventes de uma batalha enviando cartões postais, eu vi numa vitrine de Mirzapur um jogo de cartas espanhol, eu vi as sombras oblíquas de algumas samambaias num chão de uma estufa, eu vi tigres, pistões, bisões, multidões e exércitos, eu vi todas as formigas que há na terra, eu vi um astrolábio persa, eu vi numa gaveta do escritório (e a escrita me fez tremer) cartas obscenas, incríveis, precisas, que Beatriz tinha escrito a Carlos Argentino, eu vi um monumento adorado em Chacarita, eu vi os restos atrozes do que deliciosamente tinha sido Beatriz Viterbo, eu vi a circulação de meu sangue escuro, eu vi a engrenagem do amor e a modificação da morte, [...] eu vi meu rosto e minhas vísceras, eu vi teu rosto, eu tive uma vertigem e eu chorei[55] [...].

Em vão, esta citação é longa, pois, afinal das contas ela só forma uma frase, o que nos obriga a ver aí uma única prancha do que seria o "atlas de Borges", um atlas formado ele mesmo por um número indefinido de "tábuas" desse gênero. Mas o que conta, numa enumeração assim de imagens ou de "coisas vistas" não é sua soma, sua lista ou inventário, mas as relações que elas tecem entre elas, desde o longínquo do "mar povoado" até o próximo de um corpo de mulher amada, desde o impessoal "círculo de terra ressecada numa calçada" até a íntima "circulação de meu sangue". É o "rigor secreto" das coisas caoticamente reunidas que importa aqui, como o dirá Borges a respeito de Lewis Carroll.[56]

Escrever – que se trate de *Ficciones* ou de crônicas, de poemas ou de ensaios documentários – consistiria, pois, sob esse ângulo, em formar o atlas ou a cartografia desorientadora de nossas experiências incomensuráveis (o que é muito diferente de fazer o relato ou o catálogo de nossas experiências comensuráveis). Há, por exemplo, em *O Autor*, listas aleatórias de impressões fugidias ou as tentativas de recensear as recordações heteróclitas que, em nossa morte, desaparecerão no nada.[57] Mas há também as listas perfeitamente rigorosas – elas só são aleatórias na aparência –, listas de coisas (*Sachen*) muito diferentes embora geradas por uma única causa (*Ursache*), como quando a realidade da escravidão justifica por si só uma reunião de acontecimentos muito disparates tais como: "os *blues* de Handy, [...] a grandeza mítica de Abraham Lincoln, os 500 mil mortos da guerra de Secessão, [...] a admissão do verbo *lyncher* (linchar) na décima-terceira edição do dicionário da Academia espanhola" etc. etc.[58] Um só monte de poeira no fundo de uma estante testemunhará, para Borges, a "história universal",[59] e é por isso que é preciso constantemente inventar, para a própria linguagem, novas regras operatórias destinadas a abrir as possibiliddes de um conhecimento das "relações íntimas e secretas" entre as coisas.

Assim é a "enciclopédia chinesa" evocada por Borges no âmbito de seu ensaio sobre "A língua analítica de John Wilkins", onde a referência erudita a um certo "doutor Franz Kuhn" não acalmará nem a gargalhada,

---

55 *Ibidem*, p. 662-663.
56 *Idem*, 1975a, p. 335.
57 *Idem*, 1960, p. 5 e 18.
58 *Idem*, 1935, p. 303.
59 *Idem*, 1985, p. 954-955.

Michel Foucault

nem o abalo das superfícies, nem o mal-estar filosófico.[60] Assim serão a "máquina de pensar" de Raymond Lulle – que, evidentemente, só funciona com defeito –, o mundo hipermetafórico dos *Kennigar*, o sistema de numeração inventado por Funes – uma palavra diferente para cada número –, o "labirinto dos ímpios" segundo Aureliano de Aquileia, ou, ainda, a língua extraordinária dos *Yahoos* na qual "a palavra *nrz*, por exemplo, sugere a ideia de dispersão ou de manchas [e, portanto,] pode significar o céu estrelado, um leopardo, um voo de aves, a varíola, o enlameado, a dispersão ou a fuga que acompanha uma derrota".[61]

Parece que Borges, com a idade avançando, tenha concentrado uma grande parte de sua energia, como Aby Warburg o tinha feito desde sua experiência psicótica, em reconfigurar sua própria experiência poética sob a forma de atlas que poderiam ter-se intitulado *Mnemósine*. Em 1960, ele se constituiu um pequeno "museu" de citações esparsas.[62] Em 1975, ele estabeleceu uma coleção de desastres, reconhecendo o caráter incomensurável – muito pequenos, muito grandes, muito disparates – dos "fatos memoráveis", por exemplo, tentando fazer o "inventário" de seu sótão.[63] Em 1981, ele voltou, uma vez mais, ao seu amor irrazoável – e ao seu uso heterodoxo – enciclopédias.[64] Em 1984, dois anos antes de sua morte, Borges, enfim, publicou essa obra intitulada *Atlas*, livro "feito de imagens e de palavras", descobertas organizadas segundo uma ordem "sabiamente caótica", e onde as fotografias só são dispostas para o outro, visto que esse atlas ilustrado não era, afinal das contas, senão a obra de um homem quase cego.[65] Atlas do incomensurável, como deve ser todo atlas verdadeiro, no fato de colocar com igual dignidade as imagens visuais do mundo percorrido – um totem indiano, uma torre de pedra, a praça San Marco de Veneza, a ruína de um templo grego, um tigre vivo, um brioche para degustar, algumas esquinas de ruas em Buenos Aires, o deserto no Egito, uma inscrição japonesa, um punhal antigo com uma faca de cozinha (*fig. 6*) – e imagens de sonhos que obsecavam suas noites, sonhos de mulheres e de guerras, sonhos de "tábuas de ardósia" e de enciclopédias cujos artigos têm um fim, mas não um começo.[66]

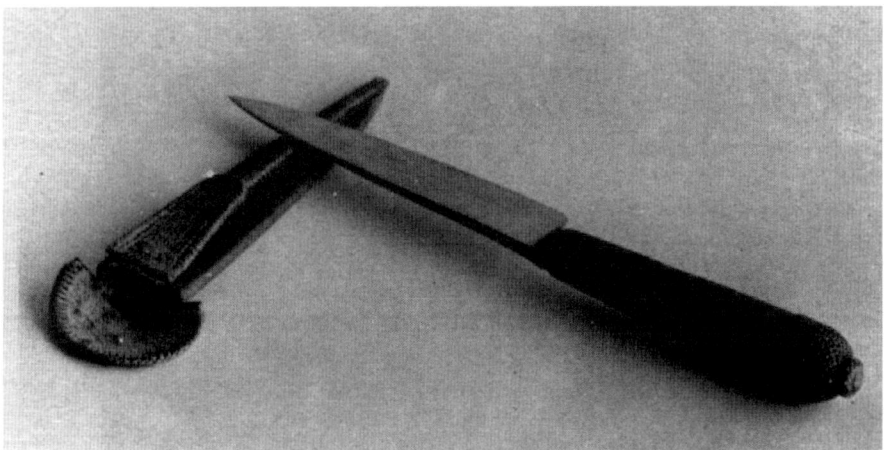

Fig. 6

Encontra-se aqui a dialética do atlas, tal como Walter Benjamin pôde caracterizá-la no decorrer dos seus textos sobre a memória, a coleção, o mundo das imagens: é uma prática *materialista* no sentido em que ela deixa às coisas sua anônima soberania, sua abundância, sua irredutível singularidade.[67] Mas é, ao

---

60   *Idem*, 1952, p. 747-751 (cf. F. A. Kuhn, 1886).
61   *Idem*, 1936, p. 385-400. *Idem*, 1937, p. 1.106-1.110. *Idem*, 1944, p. 515-517. *Idem*, 1949, p. 583. *Idem*, 1970, p. 252.
62   *Idem*, 1960, p. 57-59.
63   *Idem*, 1975a, p. 462-469. *Idem* 1975b, p. 485. *Idem*, 1975c, p. 563-564.
64   *Idem*, 1981, p. 790-791.
65   *Idem*, 1984, p. 865.
66   *Ibidem*, p. 863-920.
67   Cf. W. Benjamin, 1937, p. 224-225.

mesmo tempo, uma atividade *psíquica* onde o inventário arrazoado dá lugar à associação, à anamnese, à memória, à magia de um jogo que tem parte ligada com a infância e a imaginação.[68] A *imaginação*, de novo: a "rainha das faculdades", segundo Baudelaire, a que "tange a todas as outras", análise e síntese, ao mesmo tempo, porque ela é *material* até só se ver no mundo "uma imensa loja de observações"; *poética*, pois ela "decompõe toda a criação e, com os materiais reunidos e dispostos segundo regras de que não se pode encontrar a origem senão no mais profundo da alma, ela cria um mundo novo".[69] Esse "mundo novo" de que o atlas faz uma cartografia paradoxal e fecunda, uma cartografia capaz de nos desorientar e de nos orientar ao mesmo tempo nos espaços e movimentos da história.

BIBLIOGRAFIA DOS TEXTOS CITADOS

BAUDELAIRE, C. 1857. Notes Nouvelles sur Edgar Poe. *Œuvres Complètes, II*, Ed. C. Pichois. Paris: Gallimard, 1976. p. 319-337.

_____. 1859. Salon de 1859. *Œuvres Complètes, II*, Ed. C. Pichois. Paris: Gallimard, 1976. p. 608-682.

BENJAMIN, W. 1928. *Origine du Drame Baroque Allemand*. Tradução de S. Muller e A. Hirt, Paris: Flammarion, 1985.

_____. 1932. Fouilles et Souvenir. Tradução de J.-F. Poirier. *Images de Pensée*. Paris: Christian Bourgois, 1998. p. 181-182.

_____. 1933. Sur le Pouvoir d'Imitation. Tradução de M. de Gandillac, revista por P. Rusch. *Œuvres, II*. Paris: Gallimard, 2000. p. 359-363.

_____. 1933-1935. Enfance Berlinoise. Tradução de J. Lacoste. *Sens Unique, Précédé de Enfance Berlinoise et Suivi de Paysages Urbains*. Paris: Maurice Nadeau, 1988 (éd. 2000). p. 27-135.

_____. 1937. Eduard Fuchs, Collectionneur et Historien. Tradução de R. Rochlitz. *Œuvres, III*. Paris: Gallimard, 2000. p. 170-225.

BORGES, J. L. 1935. Histoire Universelle de l'Infamie. Tradução de R. Caillois e L. Guille, revista por J. P. Bernès. *Œuvres Complètes, I*, éd. J. P. Bernès. Paris: Gallimard, 1993. p. 297-362.

_____. 1936. *Histoire de l'Éternité*. Tradução de R. Caillois e L. Guille, revista por J. P. Bernès. *Œuvres Complètes, I*, éd. J. P. Bernès. Paris: Gallimard, 1993. p. 363-447.

_____. 1937. La Machine à Penser de Raymond Lulle. Tradução de J. P. Bernès. *Œuvres Complètes, I*, éd. J. P. Bernès. Paris: Gallimard, 1993. p. 1.106-1.110.

_____. 1944. *Fictions*. Tradução de R. Caillois, N. Ibarra e P. Verdevoye, revista por J. P. Bernès. *Œuvres Complètes, I*, éd. J. P. Bernès. Paris: Gallimard, 1993. p. 449-559.

_____. 1949. *L'Aleph*. Tradução de R. Caillois e R. L.-F. Durand, revista por J. P. Bernès. *Œuvres Complètes, I*, éd. J. P. Bernès. Paris: Gallimard, 1993. p. 561-669.

_____. 1952. *Autres Inquisitions*. Tradução de P. Bénichou, S. Bénichou-Roubaud, J. P. Bernès e R. Caillois. *Œuvres Complètes, I*, éd. J. P. Bernès. Paris: Gallimard, 1993. p. 671-819.

_____. 1960. *L'Auteur*. Tradução de J. P. Bernès, R. Caillois e N. Ibarra. *Œuvres Complètes, II*, éd. J. P. Bernès. Paris: Gallimard, 1999. p. 1-61.

_____. 1970. *Le Rapport de Brodie*. Tradução F. Rosset, revista por J. P. Bernès. *Œuvres Complètes, I*, éd. J. P. Bernès. Paris: Gallimard, 1993. p. 187-254.

_____. 1975a. *Préfaces avec une Préface aux Préfaces*. Tradução de F. Rosset, revista por J. P. Bernès. *Œuvres Complètes, I*, éd. J. P. Bernès. Paris: Gallimard, 1993. p. 299-478.

_____. 1975b. *Le Livre de Sable*. Tradução de F. Rosset, revista por J. P. Bernès. *Œuvres Complètes, I*, éd. J. P. Bernès. Paris: Gallimard, 1993. p. 479-556.

_____. 1975c. *La Rose Profonde*. Tradução de J. P. Bernès e N. Ibarra. *Œuvres Complètes, I*, éd. J. P. Bernès. Paris: Gallimard, 1993. p. 557-576.

_____. 1981. *Le Chiffre*. Tradução de C. Esteban. *Œuvres Complètes, I*, éd. J. P. Bernès. Paris: Gallimard, 1993. p. 781-820.

_____. 1984. *Atlas*. Tradução de F. Rosset e J. P. Bernès. *Œuvres Complètes, I*, éd. J. P. Bernès. Paris: Gallimard, 1993. p. 863-920.

_____. 1985. *Les Conjurés*. Tradução de C. Esteban. *Œuvres Complètes, I*, éd. J. P. Bernès. Paris: Gallimard, 1993. p. 921-956.

DELEUZE, G. 1969. *Logique du Sens*. Paris: Les Éditions de Minuit, 1969.

_____. 1986. *Foucault*. Paris: Les Éditions de Minuit, 1986.

DELEUZE, G.; GUATTARI, F., 1980. *Capitalisme et Schizophrénie*. Mille Plateaux. Paris: Les Éditions de Minuit, 1980.

DIDEROT, D.; D'ALEMBERT, J. 1765. Table, Tableau. *Encyclopédie ou Dictionnaire Raisonné des Sciences, des Arts et des Métiers*, XV. Neuchâtel: Samuel Faulche, 1765 (reed. Anastatique. Stuttgart: Friedrich Frommann Verlag, 1967. p. 797-806).

DIDI-HUBERMAN, G. 2002. *L'Image Survivante*. Histoire de l'Art et Temps des Fantômes selon Aby Warburg. Paris: Les Éditions de Minuit, 2002.

---

68 *Idem*, 1932, p. 181-182. *Idem*, 1933-1935, p. 27-135.
69 C. Baudelaire, 1859, p. 621-622.

ERNOUT, A.; MEILLET, A. 1932. *Dictionnaire Étymologique de la Langue Latine*. Paris: Klincksieck, 1932 (ed. revista, 1959).

FOUCAULT, M. 1961. *Histoire de la Folie à l'Âge Classique*. Paris: Gallimard, 1972.

_____. 1966a. *Les Mots et les Choses*. Une Archéologie des Sciences Humaines. Paris: Gallimard, 1966.

_____. 1966b. *Le Corps Utopique* Suivi *de Les Hétérotopies*. Ed. D. Defert. Paris: Nouvelles Éditions Lignes, 2009.

_____. 1969. *L'Archéologie du Savoir*. Paris: Gallimard, 1969.

_____. 1982. Espace, Savoir et Pouvoir. *Dits et Écrits* 1954-1988, IV. 1980-1988. Ed. D. Defert, F. Ewald e J. Lagrange. Paris: Gallimard, 1994. p. 270-285.

_____. 1984. Des Espaces Autres. *Dits et Écrits* 1954-1988, IV. 1980-1988. Ed. D. Defert, F. Ewald e J. Lagrange. Paris: Gallimard, 1994. p. 752-762.

FURETIÈRE, A. 1690. *Dictionnaire Universel, Contenant généralement tous les Mots Français tant Vieux que Modernes, et les Termes de toutes les Sciences et les Arts*. La Haye-Rotterdam, A. e R. Leers, 1690 (reed. eletronica, Paris: France-Expansion, 1972).

HAGELSTEIN, M. 2009. *Mnemosyne et Denkraum Renaissanilder*. Pratique du Document Visuel chez Aby Warburg. MethIS. Méthodes et Interdisciplinarité en Sciences Humaines, II, 2009, p. 87-111.

IMBS, P. (dir.). 1971-1994. *Trésor de la Langue Française*. Dictionnaire de la Langue du XIXe et du XXe Siècle (1789-1960). Paris: Éditions du CNRS, 1971-1994.

JOOSS, B. 1990. *Lebende Bilder*. Körperliche Nachahmung von Kunstwerken in der Goethezeit. Berlin: Reimer, 1999.

KUHN, F. A. 1886. *Mythologische Studien*. Gütersloh: Verlag von C. Bertelsmann, 1886.

LÉVI-STRAUSS, C. 1968 *Mythologiques, III*. L'Origine des Manières de Table. Paris: Plon, 1968.

MARIN, L., 1973. *Utopiques*: Jeux d'Espaces. Paris: Éditions de Minuit, 1973.

RIDDER, A. de. 1904. Mensa. *Dictionnaire des Antiquités Grecques et Romaines*, III-2, dir. C. Daremberg, E. Saglio e E. Pottier. Paris: Librairie Hachette, 1904. p. 1.720-1.726.

VOUILLOUX, B. 2002. *Le Tableau Vivant*. Pohryné, l'Orateur et le Peintre. Paris: Flammarion, 2002.

WARBURG, A. 1927. Begrüssungsworte zur Eröffnung des Kunsthistorischen Istituts im Pallazzo Guadagni zu Florenz am 15 Oktober 1927. *Gesammelte Schriften, I, 1-2. Die Erneuerung der Heidnischen Antike. Kulturwissenschaftlitche Beiträge zur Geschichte der europäischen Renaissance*. Ed. G. Bing e F. Rougemont. Leipizig-Berlin: Teubner, 1932. , p. 601-604 (reed. H. Bredekamp e M. Diers, Berlin: Akademie-Verlag, 1998).

_____. 1927-1929. *Der Bilderatlas Mnemosyne*. Gesammelte Schiften, II-1. Ed. M. Warnke e C. Brink. Berlin: Akademie Verlag, 2000 (2. ed. revista, 2003).

ILUSTRAÇÕES

1. Aby Warburg, *Bilderatlas Mnemosyne*, 1927-1929. Planche 50-51. Londres, Warburg Institute Archive. Photo The Warburg Institute.

2. Katsushika Hokusai, *Manga*, 1814. Gravure sur bois, 29,5x21cm. Paris, Bibliothèque nationale de France (Res. Dd 654, vol. 7, fol. 28v°-29r°). Photo DR.

3. Francisco Goya, *Disparate Femenino*, vers 1815-1824. Eau-forte et aquatinte, 24x35cm. Épreuve d'artiste. Madrid, Museo Lázaro Galdiano. Photo G. D.-H.

4. Fernand Deligny, *Calque de Monoblet*, 1976. Encre de Chine sur calque, 36,6x49,7cm. Archives Jacques allaires et Marie-Dominique Guibal. Photo DR.

5. Aby Warburg, *Schéma d'une Géographie Personnelle*, 1928. Dessin au crayon. Londres, The Warburg Institute. Photo The Warburg Institute.

6. "Le poignard de Pehuajó". D'après Jorge Luis Borges, *Atlas*. Buenos Aires, 1984, p. 66. Photo G. D.-H.

Elogio paradoxal de Michel Foucault através de *As Meninas*

Daniel Arasse

Penso que é preciso evitar o anacronismo, mas é preciso ser também consciente de que é inevitável, porque inscrito na própria obra por essa mistura dos três tempos que evoquei. Suprimi-lo é impossível, pode-se corrigi-lo e, em seguida, explorá-lo.

Que método utilizar? Há leituras que permitem conhecer a iconografia, os comanditários, a história das técnicas, todos esses elementos que, exteriores à obra, a situam em suas condições históricas de produção. É uma espécie de método, e há instrumentos que se aperfeiçoaram. Pode-se fazer a má iconografia, enganando-se, isso mostra que há um bom método iconográfico. Eu gosto dessa disciplina, mesmo pensando que ela só lê o quadro e não poderá jamais interpretá-lo. Mesmo assim, sem iconogrfia, deixaremos de lado elementos indispensáveis à compreensão de um quadro. Se tomarmos, por exemplo, uma Anunciação como uma Visitação, ou uma Anunciação como Napoleão na ponte de Arcole, não temos nenhuma chance de poder compreender uma *Anunciação* de Leonardo Da Vinci!

Como, fora isso, tentar corrigir um anacronismo? Não penso que haja um método geral. O termo, eu o retomo de Paul Veyne, em seu livro *Como se Escreve a História*, é a familiaridade. A familiaridade com a cultura de uma época, suas práticas sociais, o que aí era possível, verossímil. Não se trata de dizer que era verdadeiro, mas de tanto ler e reler, olhar, ter lido coisas extremamente diversas, sem encontrar jamais o estado de espírito do *Quattrocento* ou do século XVI, ter-se-á, assim mesmo, uma maior familiaridade com o que as pessoas tinham costume de pensar, de ver numa obra. Eu penso, assim como Paul Veyne, que essa familiaridade é um dos melhores corretivos ao anacronismo constitutivo de nossa relação com as obras de arte. O anacronismo da relação do historiador com seu objeto, é preciso tentar evitá-lo, corrigi-lo, é preciso, principalmente, tentar explorá-lo. Está aí uma posição paradoxal em relação à de muitos historiadores que têm uma concepção tradicional da história da arte: explorar o anacronismo no qual eu me encontro como historiador do início do século XXI em relação a uma obra do início ou do fim do século XVI. Esse anacronismo constitutivo de minha relação, seja ele material ou mental, pode chegar a resultados, teóricos por um lado, históricos por outro, extremamente interessantes e até proveitosos.

Vou tomar um exemplo célebre, o de *As Meninas*, de Velásquez, e do texto que lhe consagrou Michel Foucault, em prefácio de seu livro seminal *As Palavras e as Coisas*, que data de 1966. Esse livro, como vocês sabem, é uma arqueologia do saber: a *episteme* e a Renascença, depois, a passagem à idade clássica e à representação clássica, com o "Eu penso" que deve poder acompanhar toda representação... Michel Foucault coloca como exergo dessa reflexão *As Meninas*, de Velásquez, que ele qualifica, depois de uma magnífica análise, de "representação da representação clássica". É um texto célebre, fundamental, esplêndido, que é preciso ler e reler, mesmo se o tivermos lido há 20 anos. É um modelo de inteligência, de descrição e de elegância de escrita. É, ao mesmo tempo, um texto historicamente falso.

É inconcebível que o quadro possa ter sido pensado como Michel Foucault o escreve, ou produzido com um tal pensamento no momento em que ele foi pintado por Velásquez. E por uma simples razão: todo o sistema de Michel Foucault repousa (eu cito de memória) no espelho, é claro, que está no fundo de *As Meninas* e que reflete o retrado do rei e da rainha que o pintor está supostamente pintando. Lembramo-nos que, em *As Meninas*, Velásquez nos olha, frente ao quadro, tendo à sua direita do seu ponto de vista,

à esquerda para nós, o reverso de uma tela que tem aparentemente as mesmas dimensões que a que olhamos. Na sala vocês têm a Infanta, com um grupo de acompanhantes, donde o título *As Meninas*, numa peça iluminada por janelas à nossa direita. Na parede do fundo, mais ou menos no centro do quadro, entre outras pinturas penduradas na parede que se distinguem mal, um espelho onde se refletem o rei e a rainha da Espanha. Velásquez supostamente está pintando-os. A leitura do quadro por Foucault se funda na hipótese que é preciso fingir que não sabemos o que se reflete nesse espelho. Ora, historicamente, é absolutamente impossível, visto que esse quadro foi pintado a pedido do rei da Espanha, e destinado ao seu escritório privado. Não posso imaginar o rei da Espanha fingindo não saber que é ele que se reflete no espelho do fundo. Eu acho muito interessante o que fez Foucault, porque ele "democratizou" *As Meninas*. Ele viu *As Meninas* tal como elas estão expostas num museu. Efetivamente, não posso fingir acreditar que sou eu, espectador, que me reflito no espelho. Não. É o rei em seu escritório de verão, e ele era o único espectador. O rei foi pintado no fundo do quadro num espelho, mas ele era também o destinatário do quadro. Portanto, a ideia de que se pode fingir não saber o que se reflete no espelho é historicamente falsa.

E, no entanto, esse anacronismo de *As Meninas* democráticas, de museu, foi extraordinariamente produtor não somente do texto de Foucault, mas também de um debate teórico interminável sobre *As Meninas*, porque Foucault lançou uma tal máquina teórica que, agora, toda pessoa que tem vontade de fazer uma teoria da pintura vai ser obrigada, num momento ou noutro, interessar-se por *As Meninas*. Ele lançou também todo um debate sobre a concepção da perspectiva de *As Meninas*: onde estavam situados o pintor, o espectador etc. Há uma massa muito importante de textos sobre esse assunto. Principalmente, o texto de Foucault tem o mérito considerável de ter obrigado os historiadores da arte tradicionais a prestar atenção em *As Meninas*. Para poder se desembaraçar da explicação de Michel Foucault, magnífica, mas historicamente errônea, eles precisaram fazer um imenso trabalho nos arquivos para compreender o que era esse quadro. Como responder a um texto tão forte quanto o de Foucault senão por um estudo de documentos e de arquivos que permitem reconstituir a cultura, as práticas sociais do quadro? Eis, portanto, um efeito muito interessante do anacronismo de Foucault, tanto num nível teórico quanto no nível da produção histórica sobre *As Meninas*.

O que também é interessante com esse texto é que ele não é completamente arbitrário. Há efetivamente uma armadilha em *As Meninas*, mas uma armadilha de que Velásquez não é ele próprio o autor. Eis a ocasião de desenvolver uma frase de Hubert Damisch, de que eu gosto muito: "A pintura não mostra somente, pensa." Acontece que *As Meninas*, tal como nós as vemos hoje, pensam sozinhas, e independentemente do que pensou fazer Velásquez. Porque o que não sabia Foucault, e que ele não podia saber, só nos demos conta quando da última restauração de *As Meninas*, é que o quadro que vemos hoje é, de fato, o resultado de dois quadros superpostos. Na primeira versão, vista por radiografia, não havia o pintor pintando. Havia o espelho, uma grande cortina vermelha, e um jovem rapaz estendendo provavelmente um bastão de comando à Infanta, que estava, nesse momento, bem no centro do quadro. Era, portanto, um quadro dinástico muito claro. Havia a Infanta, herdeira do trono, e esse espelho no fundo como presença aurática do rei e da rainha como fundadores dessa linhagem dinástica. Essa composição entrava de maneira muito inteligente no programa político de um quadro dinástico. E depois, alguns anos mais tarde, um herdeiro nasceu, Próspero. O trono, voltou, evidentemente ao herdeiro masculino e não mais à herdeira mulher. A versão dinástica do quadro não valia, pois, mais, e foi nesse momento que Velásquez, a pedido do rei, mudou a parte esquerda do quadro (para nós), tirando o jovem que estende o bastão de comando, e se pintou a ele próprio pintando supostamente o rei e a rainha que estão no fundo. O espelho tinha mudado de função, conservando a mesma, porque o rei e a rainha permaneciam esses seres misteriosos, o assunto absoluto, como o diz, eu penso, Louis Marin, cuja presença é ao mesmo tempo a origem de toda a representação e incertificável na representação.

Não houve, de fato, jamais quadro comum do rei e da rainha, contrariamente ao que pretende Velásquez. Os arquivistas e os historiadores procuraram sem sucesso. Quando há um casal, são dois quadros separados como pares. Velásquez não está pintando o rei e a rainha. Acrescentando-se no quadro, ele fez uma ficção cortesã segundo a qual, e é a segunda versão do quadro, ele estava pintando o rei e a rainha quando a Infanta chegou à peça. Eis a anedota que sugere o quadro. Mas, a partir do momento em que o espelho que está no fundo tem uma função extremamente precisa na primeira versão do quadro (a versão dinástica), esse espelho mudava de função, tornava-se anedótico e cortesão, mas conservava, no entanto, sua função

Michel Foucault

dinástica na segunda versão. O quadro se torna assim insolúvel, porque o espelho, objeto central, muda aparentemente de função, conservando-a. A análise de Foucault, historicamente falsa, torna-se, portanto, perfeitamente legítima se fizermos profundamente a história do quadro. Sem saber a história detalhada do quadro, Foucault colocou o dedo sobre o que é, na minha opinião, a armadilha máxima do quadro *As Meninas*. Velásquez não respeita o princípio de base da pintura clássica enunciada por Alberti no século XV, a saber, que o pintor só trata daquilo que se vê. Ele representa o que se vê sob a luz do sol, diz também Poussin no século XVII. Pintando o rei e a rainha num quadro dinástico no começo, depois colocando-os como sujeitos supostos da representação na segunda versão, Velásquez brincou de aprendiz de feiticeiro. O rei e a rainha não podem estar aí onde eles se tornariam anedoticamente modelos sendo pintados. Infelizmente, não havia jamais sessões de pose na corte da Espanha. Infelizmente, não há quadro duplo do rei e da rainha como casal. O próprio quadro propõe, pois, um enigma insolúvel.

É graças a Foucault que se pode interrogar dessa maneira sobre o quadro. É evidentemente perigoso querer encontrar num quadro do século XVII o que legitima a interpretação do filósofo do século XX: o filósofo se engana, mas ele tem razão. Isso pode ser encantador, brilhante e interessante, mas também arbitrário e perigoso. Pode-se sempre demonstrar tudo, basta falar bem para fazer isso. O historiador inevitavelmente reage. Dessa forma, não posso procurar colocar a história a serviço do anacronismo. É preciso, entretanto, fazê-lo de vez em quando, porque é assim que a história da arte se fez. Falo aqui da história da arte dos próprios artistas. Assim que eles veem as obras do passado, eles só têm que fazer categorias da história da arte. Eles se apropriam delas, como Foucault com *As Meninas*. No fundo, Foucault reagiu como artista, como filósofo artista, de certa maneira. Não foram bem os artistas que viram as obras do passado e se apropriaram delas em função de seus próprios desejos, de suas próprias pesquisas e de suas próprias interrogações. E essa prática histórica do anacronismo controlado, que vai de Foucault a *As Meninas*, ou de Manet a Ticiano para ver como a *Vênus de Urbino* pode legitimar a *Olímpia*, é uma porta apaixonante que se abre à história da arte e à reflexão sobre o que é a História. Porque esta não existe fora das pessoas que fazem o seu relato.

Acredito que existe uma distinção em alemão entre "*Geschichte*", o relato, e "*Historie*", a sucessão dos fatos. O anacronismo está na "*Geschichte*", já que é o relato de fatos passados, mas também no que concerne à história da arte, na "*Historie*", porque os artistas se apropriaram regularmente das obras do passado para seu objetivo próprio. É por isso que gosto muito da frase de Hubert Damisch que citei antes. Ele disse também: "A pintura tem seu peso de pintura."

A pintura é um objeto histórico produzido em certo momento em condições precisas, mas o pensamento da pintura pode ir além das condições históricas do pensamento de seu tempo. Vocês observarão, por exemplo, que nas capas de disco, para ilustrar uma música do século XVIII, colocavam-se muito frequentemente quadros do século XVI. Fiquei surpreso com essa distância, que vou tentar explicar. A pintura, não tendo que conceitualizar, que verbalizar seu conteúdo, se quer somente uma representação do visível, uma imitação, mas ela pode também, por essa representação do visível, ir num sentido diferente dos conceitos do tempo. Ela não é obrigada a representar os conceitos do tempo; ela pode, mas como não é verbalizada, pode figurar outra coisa além do que se conceitualiza na época.

Tomarei um único exemplo, de que já falamos, que é o da perspectiva e do ponto de fuga, onde se encontram as linhas de fuga. Esse ponto de fuga, nós sabemos que está situado no infinito, porque as paralelas se juntam no infinito. Nessa ótica, a perspectiva nos mostraria o infinito. Sim, ele no-lo mostra, mas é preciso lembrar que o infinito não era pensável na época. Alguns indivíduos pensavam que o universo podia ser infinito, mas não era um conceito corrente, e, certamente, não o dos pintores da perspectiva, nem o de Alberti, que era seu teórico. O que acontece, assim que a pintura nos mostra em ato o infinito das linhas de fuga juntando-se no ponto de fuga, enquanto esse infinito é impensável na época em que a perspectiva se funda como técnica de representação? Os pintores, ou Alberti ou até Nicolau de Cusa, grande teórico do mundo indefinido, não têm a ideia do infinito em ato, mas a pintura o mostra por seus próprios meios não conceituais, e o pensa. Isso faz da pintura um objeto às vezes anacrônico em relação ao seu tempo. Efetivamente, as linhas de fuga se juntam no infinito; ora, no século XV o infinito não é pensável pela sociedade contemporânea. A pintura é, pois, anacrônica em relação ao seu tempo. Ela não se contenta em mostrar, ela pensa, não por conceitos, mas por figuras.

As fertilidades assumirão o rosto do destino... M. Foucault e J. Barraqué

Laurent Feneyrou

"Vocês me perguntam o que foi ter compreendido, pelo acaso e privilégio de uma amizade encontrada, um pouco do que acontecia na música, há quase 30 anos? Eu era apenas então um passante preso pela afeição, por certa perturbação, por curiosidade, pelo sentimento estranho de assistir a algo de que eu não era capaz de ser contemporâneo",[1] escreve Michel Foucault. Nessa homenagem a Pierre Boulez, eleito em 1975 para o Collège de France por sua iniciativa, o amigo é Jean Barraqué, "um dos músicos mais geniais e mais desconhecidos da geração atual".[2] Em 1952, Foucault, pensionista da Fondation Thiers, assistente de psicologia na Universidade de Lille e estagiário no serviço de Jean Delay no Hôpital Sainte-Anne, conhece Barraqué, cuja personalidade, livre, o seduz. Uma relação logo começa,[3] o que comprova uma correspondência onde "as cartas úteis manifestam a distância; inúteis, elas a suprimem".[4] No começo brincalhão, o tom de Foucault se torna lírico. Vertigem dos silêncios do compositor, "essa terra sem palavras onde você se enfia", rigor na solidão, apesar da ternura, e pavor diante de uma felicidade logo rejeitada, porque marcada pela "tradição do banimento", se acentuam ainda com a partida de Foucault para Uppsala, em 26 de agosto de 1955. Aí culminam o tempo imóvel da distância, o temor da saudade e o sentimento de se intrometer, sempre, na existência do outro. De volta a Paris, em 16 de dezembro de 1955, Foucault, "muito estranho, muito familiar", se choca com Barraqué. Quando da criação de *Séquence* (1950-1955), para soprano, percussão e diversos instrumentos, em 10 de março de 1956, no âmbito dos concertos do Domaine musical, Foucault, ausente, na Suécia, se desculpa numa carta datada do dia seguinte. "A única coisa que eu quero é que você ouça *Séquence*, que vai, sem dúvida, aparecer em disco proximamente, mas que já existe em fita. É a única realidade que pode dar uma estrutura às trocas, pelo menos para me dar uma aparência", responde, seco, Barraqué, que coloca brutalmente um termo em sua relação. Com ele, Foucault tinha dividido o estudo da música serial, de Beethoven e de Nietzsche, assim como a embriaguez, experiência que ele associa ao sonho e a essa desrazão que a *História da Loucura na Idade Clássica* situa historicamente "no ponto de contato do onírico e do errôneo".[5] Mas a intensidade da ligação entre os dois homens sugere seguir menos os vestígios de uma biografia que o enlaçamento

1   Michel Foucault, Pierre Boulez, l'Ecran Traversé (1982). In: *Dits et Écrits*, IV, Paris: Gallimard, 1994. p. 219. Há tradução brasileira: *Ditos e Escritos*, III, Estética.

2   Qui êtes-vous, Professeur Foucault?. Entrevista com Paolo Caruso, 1967. In: Michel Foucault, *Dits et Écrits*, I, Paris: Gallimard, 1994. p. 613. Há tradução brasileira: *Ditos e Escritos*, X, Filosofia, Diagnóstico do Presente e Verdade.

3   Daniel Defert, Chronologie. In: Michel Foucault, *Dits et Écrits*, I, p. 18. Didier Eribon esclarece: "Parece que sua relação tenha inicialmente sido de amizade antes de evoluir pouco a pouco para a relação amorosa vivida no modo da paixão tempestuosa" (*Michel Foucault*. Paris: Flammarion, 1991. p. 87). Há tradução brasileira: Cronologia. *Ditos e Escritos*, I.

4   Só são conservadas as cartas de Michel Foucault a Jean Barraqué, assim como um rascunho da carta de ruptura de Barraqué, de onde são extraídos os fragmentos de frase citados e o título desse artigo.

5   Michel Foucault, *Histoire de la Folie à l'Âge Classique* (1961). Paris: Gallimard, 1972. p. 260. Há tradução brasileira: *História da Loucura na Idade Clássica*.

de obras nascidas simultaneamente, no início dos anos 1950, liberadas da presunção humanista, e cuja exploração de um constitui uma mesma constelação com a do outro.

Foucault escapou da influência das filosofias que dominavam nos anos de pós-guerra por meio da música, cujo papel foi, diz ele, tão importante quanto a leitura, desde 1953, de Nietzsche. De Nietzsche precisamente, ele deu a ler a tradução, por Henri Albert, de *Ecce Homo* e das poesias a Barraqué, que substituiu em diversos textos inicialmente em perspectiva.[6] "Trois fragments", "Musique du midi", "De la pitié! De la pitié!" e extratos da "Plainte d'Ariane", em *Séquence* – Assim falava Zaratustra fez parte também de suas leituras.

Em 1954, Foucault publica *Doença Mental e Personalidade*, de que um exemplar figura na biblioteca de Barraqué, que aí destaca a definição por Bleuler da esquizofrenia como *Spaltung*. "O tempo do esquizofrênico é, também ele, descontínuo, mas ele é rompido pela iminência do Súbito e do Terrificante, do qual o doente não escapa senão pelo mito de uma eternidade vazia; a temporalidade do esquizofrênico se divide assim entre o tempo fragmentado da angústia e da eternidade, sem forma nem conteúdo, do delírio",[7] escreve antes Foucault. Ora, turbilhão e fragmentação são os movimentos que Barraqué coloca em evidência em suas análises de *La Mer*, de Claude Debussy, e da *Quinta Sinfonia*, de Ludwig van Beethoven, e cujo vestígio é mais evidente ainda na escuta de sua obra musical – no ciclo de séries proliferantes, o gesto instrumental decisivo e o silêncio, necrose do som. Em Debussy, os começos instalam uma inércia contrária à exposição clássica sempre em movimento, dinâmico; e o desenvolvimento se transforma em um essencial estatismo, que se resolve num rodopio, um "alucinante giro". Como Olivier Messiaen, seu mestre, Barraqué analisa uma outra forma deletéria, o desenvolvimento por eliminação da *Quinta Sinfonia*. No primeiro movimento, a célula perde aos poucos suas notas, o que acentua a orquestração austera, até propositadamente, desajeitada, inábil. Na terceira eliminação, só sobra uma nota. O desenvolvimento tonal, cíclico, sobre o qual repousava o conjunto do movimento, atinge um limite. "Tudo acabou. A célula não existe mais. É a morte completa. Era impossível continuar."[8] A obra se destruiu. Nesse cume estreito abrem-se as angústias de que a obra barraqueana é perfurada. Tais formas musicais, analisadas ou compostas, traduzem uma alteração do tempo vivido, que Foucault descreve nessa época com os termos da psiquiatria fenomenológica, e que o próprio Barraqué viverá.

Nada permite determinar se Barraqué teve conhecimento de outros estudos de Foucault redigidos ou em perspectiva na mesma época, mas publicados após sua ruptura: "A psicologia de 1850 a 1950", a tradução do *Cycle de la Structure*, de Viktor von Weizsacker e, mais tardiamente, a introdução à *Antropologia do Ponto de Vista Pragmático*, de Kant. É provável que não tenha havido nada, apesar de evidentes ressonâncias com a crise em Weizsacker, como crise do sujeito intimado a ser ele próprio e não ser. Durante os anos 1960, Barraqué lê, ainda, *As Palavras e as Coisas* e *A Arqueologia do Saber*, cuja ideia de "séries de séries" – ou de "quadros" (o músico diria também de "matrizes") – cruza, por sua própria formulação, princípios de combinatória serial experimentados desde 1958, em *Le Temps Restitué*, para soprano, coro e orquestra. A obra fundamental da amizade continua, todavia, a introdução ao ensaio de Ludwig Biswanger *Le Rêve et l'Existence*. Barraqué se entusiasmou por esse livro, que ele emprestou a Boulez, e de que Foucault lhe tinha destinado um exemplar, com a dedicatória seguinte: "Este livro, meu caro Jean, eu não lhe dou: ele pertence a você pela força de direitos fraternos que fazem dele um bem comum, e um sinal que não poderia apagar-se." Com certeza, a "cúpula do sonho" é um tema essencial de sua obra, até *Chant après Chant* (1966), para percussão, voz e piano. Mas suas raras anotações se referem, na segunda parte da introdução, à crítica da *Traumdeutung*, que o incita a distinguir dois eixos: Freud-Schoenberg/Binswanger-Webern. Na análise freudiana, segundo Foucault, a função semântica domina as estruturas morfológicas e sintáticas – uma palavra, em suma, não uma linguagem, como mundo de expressão que lhe seria anterior e a sustentaria. O símbolo, insuficientemente elaborado, com a validade

---

6   Um extrato do *Cântico dos Cânticos*, L'Étranger, de Baudelaire, e *L'Époux Infernal*, de Rimbaud.

7   Michel Foucault, *Maladie Mentale et Personnalité*. Paris: PUF, 1954. p. 62. Há tradução brasileira: *Doença Mental e Personalidade*.

8   Jean Barraqué, *Écrits*. Paris: Publications de la Sorbonne, 2001. p. 436.

imediata, como na obra de Schoenberg, onde a série não questiona nem o tema nem o ritmo do classicismo, é apenas "ponto de tangência" da significação e da imagem. Silêncios e melodia da voz, índices com os quais se preocupa todo músico, distanciam, no entanto, os termos dessa quase coalescência, em busca de um ato significativo "além e antes mesmo da expressão verbal ou da estrutura de imagem nas quais ele pode ganhar corpo".[9] Não somente a palavra, mas a expressão em sua totalidade. Isso, Barraqué, que não tinha lido filosofia e que se tinha precavido contra a especificidade das questões próprias a essa disciplina, o tinha compreendido em Webern. Toda noção de tema aí desaparece, em favor de esquemas rítmico-melódicos e de uma preocupação com a organização dos sons em si e no espaço, sugerindo menos a análise das ordens seriais do que a descrição das direções de seu mundo – o que ilustra seu estudo das *Variations pour Piano* op. 27 do aluno liberado de Schoenberg.

Em 1955, ainda por iniciativa de Foucault, Barraqué lê *A Morte do Virgílio*, de Hermann Broch, e o estudo que lhe consagra Maurice Blanchot. E no sábado, 24 de março de 1956, no movimento da ruptura com Foucault, ele redige e data, em duas páginas frente a frente, um plano geral para sua própria *Morte de Virgílio*, ciclo imenso ao qual ele pensa dedicar o resto de sua vida, e no qual ele trabalha efetivamente, num tempo como parado, até sua morte, em 1973.

---

9   Michel Foucault, Introduction. In: Ludwig Binswanger, *Le Rêve et l'Existence*. Paris: Desclée de Brouwer, 1954. p. 33. Há tradução brsileira: Introdução. *Ditos e Escritos,* I.

Uma história da fotografia

Bernd Stiegler

Aviso

O autor cita os textos de Foucault indiferentemente no original francês ou em sua tradução alemã. Em toda parte onde era possível, o tradutor fez a escolha de restabelecer o texto francês original; onde a tradução utilizada pelo autor manifestava divergência significativa em relação ao original francês, ele a retraduziu indicando entre colchetes e em itálico o texto francês. Para traduzir a palavra "Bild", que pode designar tanto a imagem no sentido abstrato quanto, muito concretamente, o quadro ou o clichê fotográfico, recorremos sempre onde era possível à palavra "imagem". Mesmo se esta não dispõe da polissemia da palavra alemã, essa solução nos pareceu impor-se por duas razões. A primeira se refere ao uso muito geral desse termo em Foucault, que não hesita em opor o paradigma da imagem (pintura e fotografia confundidos) ao da linguagem e do signo. A segunda se refere às "imagens" evocadas e comentadas neste texto: que se trate de Fromanger ou de Duane Michals, trata-se antes de tudo de "pseudofotografias" ou de "pseudoquadros", misturando técnicas fotográficas e picturais.

Os editores franceses dos *Ditos e Escritos* deixaram transparecer com um "*sic*" sua surpresa no momento em que Foucault, numa discussão referente ao "estabelecimento e efeitos da exploração capitalista",[1] que distingue entre os discursos no sentido amplo – entre os quais caem, por exemplo, os registros do comércio, índices de salários ou das alfândegas – e o discurso, no sentido restrito, chama a fotografia como exemplo destes, ao lado das decisões tomadas pelos conselhos de administração ou dos regulamentos das fábricas. Poder-se-ia colocar de maneira direta a questão implícita dos editores: as fotografias, enquanto acontecimentos resolutamente não linguísticos, podem no absoluto constituir discursos? E de que maneira se poderia analisá-los? A que poderia assemelhar-se uma análise de discurso aplicada à fotografia?

A surpresa dos editores pode também justificar-se pelo fato de que a fotografia, contrariamente à pintura, ocupa acima de tudo um lugar marginal na obra de Foucault. Ela não é evocada em seus livros e, entre os inúmeros textos reunidos nos *Ditos e Escritos*, há em tudo e para tudo dois textos que tratam da fotografia – os dois são de natureza mais ocasional e foram publicados cada vez no momento de uma exposição. O primeiro é consagrado ao pintor e fotógrafo francês Gérard Fromanger,[2] o segundo ao fotógrafo americano Duane Michals.[3] Entretanto, o primeiro desses dois artigos pelo menos tem um caráter programático e esquematiza até algo como uma espécie de história do discurso consagrada a essas ima-

---

1 Trata-se da mesa-redonda que segue Michel Foucault, La Vérité et les Formes Juridiques. *Dits et Écrits*, I, 1954-1975. Paris: Gallimard, "Quarto", 2001. p. 1.406-1.514, p. 1.505; o "sic" se encontra na p. 1.506. O autor cita os *Dits et Écrits* de M. Foucault segundo a edição em quatro volumes, hoje esgotada (M. Foucault, *Dits et Écrits 1954-1988*. Paris: Gallimard, 1994. 4 v.). Transpusemos essas referências à nova edição de referência, em dois volumes (M. Foucault, *Dits et Écrits 1954-1975* e *Dits et Écrits 1976-1988*. Paris: Gallimard, "Quarto", 2001) em todo o artigo. Há tradução brasileira: *Ditos e Escritos*.

2 Como Foucault, Fromanger pertencia ao GIP e trabalhava em seus quadros motivos diretamente ligados ao seu envolvimento político. Ver a esse respeito a bela análise de Tom Holert, Der Staub der Ereignisse und das Bad der Bilder. Foucault als Theoretiker der Visuellen Unkultur. In: Axel Honneth e Martin Saar (éd.). *Michel Foucault*. Zwischenbilanz einer Rezeption. Frankfurter Foucault-Konferenz 2001. Frankfurt, 2003. p. 335-354.

3 **N.T.:** O primeiro desses dois textos é La Peinture Photogénique. In: *Dits et Écrits*, I, 1954-1975, op. cit., p. 1.575-1.583 (há tradução brasileira: A Pintura Fotogênica. *Ditos e Escritos*, III); o segundo, La Pensée, l'Émotion. In: *Dits et Écrits*, II, Paris: Gallimard, « Quarto », 2001, p. 1.062-1.069. Há tradução brasileira: O Pensamento, A Emoção. *Ditos e Escritos*, III.

gens técnicas. Uma leitura desses dois textos pode, portanto, constituir uma primeira tentativa de resposta à questão colocada antes; farei uma segunda tentativa desse gênero, empreendendo a reconstrução da influência de Foucault na teoria da fotografia – influência que não é provavelmente conhecida senão pelos especialistas. Afinal das contas, é uma citação de Foucault – e isso também tem por que surpreender – que aparece como epígrafe da introdução no quarto e último volume da coletânea de textos *Teoria da Fotografia* [*Théorie de la Photographie*].[4]

I –

Se ele se refere, no caso da exploração capitalista, às fotografias como a discursos no sentido restrito, pensando nos clichês do pessoal que permitiam visualizar de maneira exemplar o ordenamento social do pessoal, nos outros textos, sua atenção se refere resolutamente aos pintores e, mais geralmente, às relações entre fotografia e pintura. Mesmo se fosse mais que simplesmente interessante continuar a história da fotografia industrial apoiando-se no exemplo dado por Foucault – é todo um panorama, sobre o qual haveria muitas coisas a dizer, que se esquematiza, desde os clichês do pessoal, com finalidade mais documental, no século XIX, passando pela monumentalização dos sítios industriais na técnica fotográfica da Nova Objetividade e pela fotografia com finalidade de documentação social na primeira metade do século XX, até o renascimento da representação ao mesmo tempo abstrata e monumental da arquitetura industrial na fotografia contemporânea, em particular no que constitui sua origem, a escola de Düsseldorf –,[5] vou limitar-me hoje aos exemplos explicitamente tratados por Foucault. A exposição de Fromanger é a ocasião para Foucault passar em revista a história da fotografia em seu conjunto. O resultado que ele extrai daí e a interpretação que ele dá são ao máximo surpreendentes; eles não se detêm, no entanto, na observação nem das estruturas da representação, nem dos dispositivos de poder: Foucault constata, antes, para o período situado entre 1860 e 1880,[6] "um frenesi novo para as imagens".[7] O que, na fotografia dessa época não somente o interessa manifestamente, mas até o fascina, é a transição fluida entre pintura e fotografia ou, para ser mais preciso, o fato de que é o conjunto do regime das imagens, em sua totalidade, que se vê colocado em movimento pela fotografia. Foucault observa na segunda metade do século XIX uma "liberdade de transposição, de deslocamento, de transformação, de semelhanças e de aparências enganosas, de reprodução, de repetição, de trucagem".[8] O que é decisivo para ele não é nem o incontestável diagnóstico de uma demarcação discursiva da pintura em face da fotografia, demarcação de que inúmeros textos estéticos do século XIX fornecem um testemunho eloquente; é, antes, a transição, a abertura das fronteiras, a transgressão. É de se surpreender pouco, portanto, que as metáforas que ele utiliza façam logo entrar em jogo também o contrabandista,[9] ao lado da migração, do travestimento, do deslocamento ou da inversão. São os contrabandistas que, mais ou menos em segredo, entraram no reino da pintura com fotografias em suas bagagens e que voltaram para encontrar o da fotografia com novas imagens de contrabando; são eles que, para Foucault, forneceram suas raízes aos "jogos do século XIX".[10] O que o fascina são – assim formula ele – as "imagens andróginas", os belos "hermafroditas do clichê e da tela".[11]

---

4   Hubertus von Amelunxen (ed.). *Theorie der Fotografie* [*Théorie de la photographie*] Munique, 2000. IV, p. 11.

5   **N.T.:** O autor faz referência ao movimento fotográfico originário da Escola de Belas-Artes de Düsseldorf, em torno de Bernd e Hilla Becher cujos protagonistas mais conhecidos são Becker, Gursky, Esser, Höfer, Ruff, Sasse e Struth. Cf. Stefan Gronert, *Die Düsseldorfer Photoschule*. Munich: Schirmer und Mosel, 2009.

6   Foucault mantém mais abertos os limites cronológicos: ele fala, às vezes, do período entre 1860 e 1880, depois introduz de novo exemplos tirados da virada do século e remete também a fotógrafos da primeira metade do século.

7   M. Foucault, La Peinture Photogénique. In: *Dits et Écrits*, I, p. 1.575. Há tradução brasileira: A Pintura Fotogênica. *Ditos e Escritos*, III.

8   *Ibidem*, p. 1.575.

9   **N.T.:** Primeira ocorrência em Foucault, *ibidem*, p. 1.578, a propósito de Robinson.

10   **N.T.:** Citação de La Peinture Photogénique, op. cit., p. 1.576. Há tradução brasileira: A Pintura Fotogênica.

11   M. Foucault, La Peinture Photogénique , op. cit., p. 1.575. Há tradução brasileira: A Pintura Fotogênica.

Essa interferência entre pintura e fotografia, que se colocaria hoje sob a categoria de intermedialidade, se manifesta – e são exemplos dados por Foucault, geralmente muito documentados, que eu menciono aqui de passagem – na colorização à mão e os retoques dados às fotografias, a aplicação de fundos pintados nos ateliês de fotografia, o trabalho dos negativos na fotografia pictorialista da virada do século – com a utilização que ela faz de novos procedimentos tais como as revelações ao bicromato ou de goma bicromatada ou de pigmentos para obter uma revelação fotográfica com um efeito pintado –, a escolha do quadro vivo como sujeito e principalmente a composição de uma imagem fotográfica a partir de vários negativos, recorrendo a desenhos e esquemas de composições, assim como a alegria de experimentar fotógrafos amadores que trabalhavam com a ajuda de fotomontagens, de exposições múltiplas e de outras intervenções sobre o material fotográfico. Ao inverso, alguns pintores, como Delacroix, Degas ou Aimé Morot, utilizam modelos fotográficos para seus quadros e contribuem assim à circulação entre o aparelho e o cavalete, a paleta e o papel.[12] As fotografias se tornam assim pseudoquadros, e os quadros, pseudofotografias.

O que existe, no entanto, de notável nessas aberturas de fronteiras? O que torna a colorização de um negativo fotográfico interessante? Não se trata nesses procedimentos esquematizados de banais experimentações técnicas ou de simples "truques" de fotógrafo? Para Foucault, essa prática inteiramente corrente – mas em nenhum caso consensual (é característico encontrar nas publicações da época consagradas à fotografia amplos debates tratando da questão de saber se o retoque era, como procedimento, simplesmente compatível com o programa da fotografia) – é o sinal visível de uma festa da imagem, de um livre jogo de imagens, que seria, segundo ele, característica do século XIX no fim e que, por outro lado, desapareceria no início do século XX. Segundo Foucault, isso se deve, por um lado, à separação técnica entre a tomada de vista e a revelação – doravante delegada a um laboratório –, por outro, ao puritanismo da arte, que proclama um desaparecimento da imagem, uma arte sem imagens. Enquanto a separação definitiva entre a tomada de vista e a produção da imagem tira do fotógrafo a possibilidade de permanecer até o último momento o mestre das imagens, de ter influência sobre sua aparição e de poder trabalhar com elas, a nova orientação estética, voltada para uma arte sem imagens, conduz, por um lado, a desqualificar a imagem, por outro, a atribuir um novo *status* às imagens: elas são doravante signos e devem por essa razão ser lidas como uma linguagem. Esses dois movimentos conduzem à produção de novas imagens, tanto políticas quanto comerciais, imagens sobre as quais não temos mais nenhum poder.[13]

Com o que se parece o que deixamos para trás? "Como", pergunta Foucault, "reencontrar essa loucura, essa estranha [insolente] liberdade que foram contemporâneas da origem da fotografia? As imagens, então, corriam o mundo sob identidades falaciosas. Nada lhes repugnava mais que ficar cativas, idênticas a si, em *um* quadro, *uma* gravura, sob o signo de *um* autor. Nenhum suporte, nenhuma linguagem, nenhuma sintaxe estável podiam retê-las; desde [*de*] sua origem ou sua última parada, elas estavam sempre em condição de [*elas sabiam*] evadir-se por novas técnicas de transposição".[14]

A festa das imagens fotográficas no fim do século XIX se distingue pelo fato de que ela repugna a qualquer etiqueta, ela foge das categorias de autor, de identidade e da distinção bem delimitada entre as artes, porque ela era mais "aberta a todos, uma prática comum da imagem" – uma prática "na fronteira comum entre (*nos confins de*) a pintura e a fotografia".[15] Por um lado, essas imagens tinham uma dívida com o realismo e apresentavam uma "relação aguda e austera com o real" e uma "fidelidade às coisas"; por outro, houve paralelamente um "deslizamento de imagens",[16] que não se preocupava com fronteiras e colocava em cena um jogo de alternância entre transposições e deslocamentos. A fotografia é – assim

---

12 **N.T.:** O último segmento de frase constitui uma quase-citação do texto de Foucault que traz: "Era o tempo de sua circulação rápida entre o aparelho e o cavalete, entre a tela, a placa e o papel", *ibidem*, p. 1.575.

13 **N.T.:** Quase-citação de Foucault: "Mediante o que, privados da possibilidade técnica de fabricar imagens, restringidos à estética de uma arte sem imagem, curvados à obrigação teórica de desqualificar as imagens, limitados a ler as imagens só como uma linguagem, nós podíamos ser entregues, com os pés e mãos atados, à força de outras imagens – políticas, comerciais – sobre as quais estávamos sem poder", *ibidem*, p. 1.578.

14 La Peinture Photogénique, p. 1.576.

15 *Ibidem*, p. 1.577.

16 **N.T.:** Para as duas últimas citações, p. 1.576.

poder-se-ia resumir esses dois momentos – um jogo aberto entre imagens da realidade, um livre jogo com as imagens da realidade, que estão à disposição tanto dos pintores quanto dos fotógrafos. A festa das imagens do século XIX coloca em cena a realidade sob a forma de um jogo de imagens livre de acesso, aberto, sem fronteiras, e, pelo menos segundo a representação que se faz dela Foucault, sem regulamentação e sem limitação. Esse jogo das imagens é totalmente comparável à maneira como Foucault remete enfaticamente, em *As Palavras e as Coisas* e em outros ensaios consagrados à literatura, a escritores, como por exemplo Blanchot, Mallarmé, Klossowski ou Roussel, que colocam em cena um jogo de semelhanças e simulacros, de repetições e identidades, o jogo de um "ser bruto da linguagem".[17] A fotografia – assim poder-se-ia formular – teria sob os mesmos auspícios que tratar com "o ser bruto da imagem", com imagens que – pelo menos na época dos inícios – não são (ainda) signos.[18]

A fotografia assume, assim, a função de um meio de transposição que torna possível e garante uma multiplicidade de operações de transposição:

- – a transposição da realidade visível, "coisal", em uma imagem;
- – a transposição dessa imagem técnica em arte;
- – a transposição de uma imagem em uma outra;
- – e, para terminar, a transposição de uma imagem individual em uma prática coletiva, por meio da qual as categorias de obra, de autor e de unidade da forma artística se encontram supersumidas.[19]

Mas, no início do século XX, os "jogos da festa se extinguiram". "A pintura [...] se encarregou de destruir a imagem, não sem dizer que ela se libertaria dela [*libertava*]. E discursos sombrios nos ensinaram que era preciso preferir ao círculo das semelhanças o recorte do signo, à corrida dos simulacros a ordem dos sintagmas, à fuga louca do imaginário o regime cinza do simbólico".[20] Em vez e lugar da imagem, é a escrita que entrou em cena; em vez e lugar da transição entre pintura e fotografia: o reino das fronteiras bem nítidas entre os domínios da arte; em vez e lugar das imagens saturadas de realidade: o aborrecimento de um reino ordenado dos signos. Foi preciso esperar a pop arte e o hiper-realismo para se amarrar de novo à "circulação infinita [*indefinida*] das imagens",[21] mas a partir de então sob um outro auspício. Não se trata mais, então, de um retorno à representação da realidade por meio de imagens ou de uma redescoberta do objeto, mas da reprodução de uma imagem. Contrariamente à fotografia do século XIX, para a qual se tratou geralmente de um reconhecimento do objeto, da coisa, sob a forma da imagem, as imagens da pop arte só captam precisamente imagens, não coisas. No novo grande banho de imagens, os objetos já estão dissolvidos, eles já desapareceram. Os artistas e os observadores não perguntam mais o que representam as imagens, nem pedem a ver o que jamais viram antes, mas eles interrogam apenas e unicamente a imagem.

Eis, ao mesmo tempo, o ponto onde se inserem historicamente as imagens de Fromanger. As imagens de Fromanger repousam, com efeito, por sua vez, num processo que religa a fotografia à pintura: o trabalho com a imagem começa partindo de uma fotografia qualquer, de uma foto de acaso, que Fromanger, em seu ateliê, projeta na tela. Se Foucault se interroga então o que procura Fromanger em seus trabalhos, e para ser mais preciso, contemplando longamente essa fotografia de acaso, essa interrogação equivale também a perguntar o que há para descobrir, não somente nas imagens de Fromanger, mas nas novas imagens simplesmente. Se Fromanger, na representação que se faz dele Foucault, está em busca do evento que acontece quando ele contempla – às vezes durante várias horas – a imagem projetada, eis

---

17 **N.T.:** Para essa última expressão, cf. *Les Mots et les Choses*, p. 58 e seguintes. Há tradução brasileira: *As Palavras e as Coisas*.
18 **N.T.:** Jogos de palavras intraduzíveis entre os "auspícios (*Vor – zeichen*: literalmente os pré-signos)" e as imagens que não são (ainda) "signos (*Zeichen*)".
19 **N.T.:** Este neologismo (*sursumer*) tornado clássico traduz tradicionalmente "*aufgehoben*" e remete à *Aufhenbung* hegeliana, que é ao mesmo tempo supressão e conservação.
20 La Peinture Photogénique, p. 1.578. Há tradução brasileira: A Pintura Fotogênica.
21 **N.T.:** *Ibidem*, p. 1.579.

que tem um caráter programático para a arte e a fotografia contemporânea enquanto tais. Só estamos tratando de um "evento da imagem" que é – tal é sua consequência pouco ortodoxa – "reprodutível, insubstituível e produzido pelo acaso [*aleatório*]".[22] Com o auxílio da fotografia reprodutiva, aleatória e, por essa razão, ao mesmo tempo insubstituível, o que acontece é que Foucault chama "fotodiapositivo- -projeção-pintura": uma reelaboração progressiva da imagem, que se metamorfoseia progressivamente em "fundo de imagens"[23] e não para de fazer aparecerem novas imagens. Consequentemente, a imagem acabada é também, por sua vez, uma transição, um lugar do trânsito, da passagem de novas imagens, um campo aberto,[24] um "*lieu de passage* – lugar de passagem*".[25] De novo, essas mesmas categorias que já encontramos nos primeiros tempos da fotografia, mas tomadas doravante num jogo de imagens sem referência a uma outra realidade visível e que seria pintada por estas últimas, num jogo de imagens que seria a única realidade visual, a manifestação visível do fato de que "o mundo inteiro [todo o mundo] entra no jogo das imagens e se põe a brincar".[26] A história da fotografia esquematizada por Foucault vale nessa medida como uma história exemplar da imagem na Modernidade.

Ousemos um resumo em forma de abstração: o nascimento da fotografia anuncia uma festa das imagens que vai durar mais ou menos até a virada do século e na ocasião da qual se entrecruzaram tanto pintura e fotografia quanto realidade e imagem. Estas imagens da realidade se distinguem pelo jogo que permitem: um jogo aberto, não regulamentado e resolutamente não linguístico, que se pode caracterizar por meio das categorias de migração, de travestimento, de inversão, de deslocamento e de transposição. Com a abstração voltada para o formalismo que caracteriza o entre-duas-guerras começou uma segunda fase dessa história da imagem, durante a qual, por um lado, a imagem se encontra destruída como imagem e, por outro, todas as formas de imagens foram transpostas nas formas do ordenamento da linguagem. No lugar das semelhanças, simulacros do imaginário, são os signos, os sintagmas e o simbólico que entram em cena. As imagens não são mais imagens da realidade, mas signos de uma realidade que não é figurável, mas pode somente ser representada em ordens de signos: elas são cadeias de signos. Numa terceira fase, que começa nos anos 1960, as imagens não remetem mais a uma realidade, mas exclusivamente a outras imagens. Estamos tratando doravante de uma "transumância autônoma da imagem".[27]

II –

Duane Michals, de quem Foucault trata no segundo de seus textos consagrados à fotografia, pertence incontestavelmente a essa terceira fase. Encontra-se nesse texto também – sob uma forma fortemente abreviada – um resumo das relações entre pintura e fotografia:

> Na história agora secular da relação entre pintura e fotografia, era de tradição procurar na fotografia a forma viva do real; e na pintura, o canto ou o recorte, a parte do sonho que podiam aí esconder-se. Duane Michals, no jogo com a pintura que ele começou durante esses últimos anos, inverte essa relação; ele empresta à fotografia, ao ato de fotografar, à cena cuidadosamente composta que ele fotografa, e ao rito complicado que permite fotografar uma tal cena, o poder do sonho e a invenção do pensamento. Não posso impedir-me de ver nessas fotos pintadas como um riso destinado ao hiper-realismo uma ironia em relação a toda tentativa de levar até a incandescência da pintura o real proposto ao olho do fotógrafo.[28]

---

22 *Ibidem*, p. 1.580.
23 **N.T.:** Para essas duas expressões (*photodiapositive-projection-peinture, fronde à images*): *ibidem*, p. 1.581.
24 **N.T.:** *Ibidem*, p. 1.583.
25 **N.T.:** Em francês no texto (citação de Foucault, *ibidem*, p. 1.581). As palavras ou expressões em francês no texto são sistematicamente seguidas de um asterisco.
26 **N.T.:** *Ibidem*, p. 1.583.
27 *Ibidem*, p. 1.582.
28 **N.T.:** M. Foucault, La Pensée, l'Émotion, op. cit., p. 1.064.

Uma nova determinação da relação do visível e do invisível aparece, consequência dessa inversão. A fotografia, a que não cabe mais doravante ser a reprodução do visível,[29] mas, antes, materializar sob a forma de uma imagem o sonho, o imaginário ou a experiência singular da imagem, "deixa escapar o visível, enquanto o invisível, indevidamente, surge, passa e deixa seus vestígios na película".[30] Outra consequência dessa inversão, a tarefa tradicional da fotografia e do fotógrafo – reproduzir o real e fazer-se responsável, justamente como fotografia, pela autenticidade do que é reproduzido, ser uma testemunha ocular – é questionada. Em Michals, Foucault encontra "todo um trabalho [...] para se separar dessa pesada ética do olhar: ele procura anular o que se poderia chamar a função ocular da fotografia".[31] Não cabe, doravante, mais à fotografia testemunhar a evidência do visível, mas, antes, produzir os espaços próprios à visibilidade e, ao mesmo tempo, destruir as certezas que nos prenderam. É por isso que encontramos em Duane Michals, assim como em Foucault, a transposição à fotografia de procedimentos picturais magritteanos que consistem "em polir, em perfazer uma forma até seu mais elevado ponto de realização, depois a esvaziá-la de toda realidade e subtraí-la de seu campo de visibilidade familiar por efeitos de contexto".[32]

É o que se pode demonstrar também em imagem, a partir de uma sequência fotográfica exemplar. Essa sequência de nove imagens já leva no seu título uma forma de remetimento à androginia e ao caráter hermafrodítico da imagem fotográfica que tinha fascinado Foucault nos primeiros tempos da fotografia: ela se chama " THINGS ARE QUEER" (a sequência das nove imagens é visível em: http://www.newshelton. com/wit/dry/?p=215).

Referimo-nos a nove imagens ou a uma só cujos detalhes muito aumentados seriam apresentados sob a forma de uma sequência de imagens? Duas das nove imagens – a primeira e a última – parecem no mínimo idênticas. As sete outras imagens apresentam um emaranhado interno complexo que não se pode discernir senão com muita dificuldade no primeiro olhar. Imagem após imagem, parece que seja a cada vez o aumento de um detalhe da foto seguinte que está sendo mostrado, para se chegar em seguida, finalmente, de novo, à primeira imagem; para ser mais preciso, parece que o observador se vê indicar uma imagem nessa imagem, na qual deveriam poder ser reencontrados todos os elementos da imagem precedente, que ele tem à disposição a possibilidade de aumento por meio dos quais as outras imagens nos são elas também mostradas. Olhando de mais perto, evidencia-se, todavia, que na transição da quarta à quinta imagem, além do aumento, uma mudança mínima é também introduzida: no lugar preciso que ocupa na terceira imagem o reflexo totalmente enigmático de um balde e fundindo-se parcialmente com esse reflexo – o que não acontece, no entanto, senão no caso das fotos expostas uma segunda vez, não no dos reflexos –, é o dedo sobre uma página de livro (será um polegar?) que entra em cena. Na quinta imagem, esse dedo (agora é um polegar) se deslocou a partir daí. Na transição entre a quinta e a sexta imagens, a perspectiva do fotógrafo – que determina ao mesmo tempo a posição do observador – se desloca também. Eis que não muda nada de fundamental na estrutura da colocação em abismo*[33] que é a da série de imagens, mais ou menos como a forma do aumento sucessivo – aplicada de maneira estrita e consequente – acrescenta-se um traço ao mesmo tempo dinâmico e narrativo. A sequência de imagens começa a contar uma história que produz, por sua vez, novos enigmas: por que o homem só tem uma perna? Que significam os painéis e os cartões que se encontram esquematizados nas imagens? Por que o homem é um gigante em comparação com uma parte dos objetos que equipam o banheiro (será mesmo um banheiro?)? Por que um cartão está pregado na parede? Por que se encontram livros e um painel "EXIT" – também eles gigantescos? Por que ele olha para baixo? O que existe para ver no chão? Alguns desses elementos são de novo retomados no texto da página na qual o livro está aberto (assim,

---

29 **N.T.:** O autor trabalha aqui sobre o parentesco entre "imagem (*Bild*)" e o verbo "reproduzir, representar, pintar (*abbilden*)".

30 *Ibidem*, p. 1.065.

31 *Ibidem*, p. 1.065.

32 *Ibidem*, p. 1.066.

33 As palavras ou expressões em francês no texto são sistematicamente seguidas de um asterisco.

por exemplo, "*the giant*"),[34] outros são sugeridos. Assim, os três "*treasure chests*"[35] que aparecem no livro parecem corresponder aos três níveis da sequência de imagens (a imagem de um banheiro, a imagem que está pregada no banheiro e a imagem que se insere acima dessa imagem no livro que se pode reconhecer). Mas o que pode – para retomar a promessa de casamento do livro – nos ser prometido, a nós?

Ao menos uma nova velha imagem, uma fotografia que não ficou a mesma. A fotografia do banheiro, aquela na qual não se pode justamente ver o homem, metamorfoseou-se durante a sequência: ela não ficou justamente a mesma. As ordens de grandeza se encontraram abaladas, a imagem na imagem modificou a perspectiva na primeira imagem e a mostra doravante ainda uma vez em sua novidade: ela não assume aqui a posição de um espelho pendurado muito baixo e cujo reflexo nos mostra um observador ao longe? E o jogo das ilusões recomeça de novo.

Envolvi-me numa falsa pista descrevendo essa série fotográfica? É pelo menos o que sugere o início do artigo de Foucault: "Eu sei", diz ele nesse texto, "que não convém contar uma fotografia. Sem dúvida, é o sinal que se é pouco hábil para falar dela; porque de duas coisas, uma: ela não conta nada, e o relato a altera; ou, se ela conta, ela não precisa absolutamente de nós".[36] Fotografia e linguagem parecem constituir duas formas diferentes de experiência que não são de maneira alguma compatíveis uma com a outra. A descrição acrescenta à imagem uma forma que não se encontra nela, ou então que é – no caso de uma sequência narrativa – muito simplesmente superfetatória. É a razão pela qual só se deve ver pura consequência no fato de que Foucault não fala nem da narratividade das fotografias de Duane Michals, nem de suas composições, mas de sua própria experiência – de ordem estética – que é, por sua vez, provocada pela de Michals: "Elas me atraem como experiências. Experiências que só foram feitas por ele."[37] Aí está o paradoxo de sua interpretação: as fotografias fascinam enquanto experiência visual, que é necessariamente singular e, ao mesmo tempo, visível e partilhável como experiência. A fotografia não propõe, no entanto, em nenhum caso, a evidência do visível, muito ao contrário: ela desloca o espaço do visível, ela "se abre para as imagens incertas do quase visível".[38] Na sequência de imagens de Duane Michals, a evidência do visível é justamente colocada em questão por meio dos procedimentos específicos da fotografia, e um espaço autônomo, próprio à imagem, é apresentado, no seio do qual o olhar não pode orientar-se e fixar-se sobre nada além do quase visível das fotografias.

III –

Nos dois textos de Foucault, assim como nos esquemas históricos que eles apresentam, trata-se quase exclusivamente de imagens, ou, então, para retomar a citação de Ingres no início do texto "A pintura fotogênica", de "uma série de operações manuais".[39] Os discursos estéticos ou epistemológicos exercem tão pouco um papel quanto o contexto social, científico ou econômico, ou quanto o esquema de investigação concernente à aplicação da fotografia em psiquiatria, criminologia ou nas ciências da natureza. Não se trata para Foucault de uma tecnologia das imagens; ele tenta, ao contrário, partindo de um material concreto feito de imagens, esquematizar em grandes traços e descrever uma forma determinada, a de uma experiência singular e, ao mesmo tempo, coletiva; trata-se para ele, para retomar a fórmula de Tom Holert, de "uma utopia do banho polimorfo e participativo das imagens".[40] A fotografia é uma festa das imagens.

Essa festa não somente acabou na arte do século XX, mas também nos ramos da teoria da fotografia que tiram sua orientação de teoremas foucauldianos. Aí, as coisas ganham força e não se trata em nenhum

---

34 **N.T.:** "*Le géant*" – O gigante.

35 **N.T.:** "*Coffres au trésor*".

36 La Pensée, l'Émotion, p. 1.062. Há tradução brasileira: O Pensamento, A Emoção.

37 *Ibidem*, op. cit., p. 1.063.

38 **N.T.:** *Ibidem*, p. 1.064. Foucault escreve "*du quasi-invisible*".

39 La Peinture Photogénique, p. 1.575. Há tradução brasileira: A Pintura Fotogênica.

40 Tom Holert, Der Staub der Ereignisse und das Bad der Bilder. Foucault als Theoretiker der Visuelle Unkultur, op. cit., p. 350.

caso de uma troca não regulamentada nem mesmo da possibilidade de uma experiência singular ou coletiva – é totalmente o contrário.

No fim de um artigo de Jonathan Crary[41] – cuja obra intitulada *L'Art de l'Observateur*[42] faz incontestavelmente parte dos estudos mais influentes no âmbito de uma história cultural da percepção centrada na análise do discurso – se encontra um resumo que formula de maneira condensada sua perspectiva sobre as teorias de Foucault assim como seu próprio programa.

Trata-se, de fato, de um contraprograma em relação à interpretação foucauldiana da fotografia. Não são as imagens – como o faz Foucault – que devemos examinar, e não é, em todo caso, certamente em torno do fim do século XIX – período que Foucault coloca no centro de seu resumo histórico, colocando-a assim em valor – que se deve examiná-las, mas – se quisermos aprender algo a respeito do observador – as práticas e os discursos. E a constatação que se pode fazer não é a de uma festa das imagens – que daria também um espaço aos fantasmas e ao imaginário –, mas a do desenvolvimento de novas formas de dominação que o próprio Foucault levou ao conceito com sua expressão de "tecnologia dos indivíduos". A Modernidade não representa, além disso, nenhuma ruptura com os esboços do século XIX: ela se encontra aí, ao contrário, preparada e definida de maneira precisa. E, para terminar – inspirando-se em Guy Debord – a sociedade do espetáculo contemporânea já está pré-formada no início do século XIX com um novo conceito de observador.

Vamos resumir em grandes linhas a argumentação de Crary. Ele faz a constatação, para o período que vai de 1820 a 1830, de uma confusão que vê a passagem de uma ótica geométrica, para a qual o modelo da *câmera obscura* é central, a uma ótica fisiológica, na qual a corporalidade do observador vem colocar-se no centro. Por essa razão, o indivíduo não se torna somente objeto da observação, ele é justamente a subjetividade objetivada da percepção que torna o indivíduo simplesmente visível e permite, ao mesmo tempo, desenvolver um procedimento que visa a estender "novos métodos para disciplinar o sujeito", com o objetivo de fixar "normas de comportamentos qualitativas e quantitativas".[43]

Referimo-nos à extensão de um "ver normativo" e de uma "refundição complexa do indivíduo que observa em uma grandeza mensurável e quantificável, e do ver humano em algo de mensurável e de cambiável".[44] As tecnologias visuais que conheceram, então, um desenvolvimento recente e que Crary examina em sua pesquisa – trata-se mais aqui do estereoscópio e de outros aparelhos óticos do que da fotografia – devem ser interpretadas como os instrumentos visuais e tecnológicos, que permitem "codificar de uma nova maneira a atividade do olho, dirigi-la, aumentar sua produtividade e impedir que ela seja desatenta", a fim de "suscitar a atenção visual, de racionalizar a percepção sensível e de estruturar a percepção".[45] A "soberania e a autonomia do ver" na Modernidade, assim como a "normalização e a regulação do observador"[46] são, segundo Crary, fenômenos correlativos. A dissolução do modelo da representação conduz a uma ancoragem da percepção no corpo, no sujeito, mas, ao mesmo tempo, ela conduz também a uma objetivação desse sujeito cujas capacidades de percepção são analisadas, quantificadas e exploradas no âmbito de uma tecnologia das mídias. A autonomia do ver, encarada como emancipação em relação ao modelo de um mundo que estaria situado no exterior do observador e lhe estaria representado, é, ao mesmo tempo, e num só gesto, uma "tecnologia do indivíduo" que se vê integrado em novos modelos de dominação.

A tese de Crary – que só se pôde resumir aqui deixando de lado a riqueza do material que ele propõe – é, do começo ao fim, um perfeito exemplo de toda uma série de outras tentativas que, no seio dos *Cultural* e *Visual Studies* ou da *Visual Anthropology*, visaram a cultivar com o auxílio de Foucault o campo

---

41 **N.T.:** Jonathan Crary, Die Modernisierung des Sehens. In: Herta Wolf (éd.), *Paradigma Fotografie. Fotokriktik am Ende des Fotografischen Zeitalters.* Frankfurt, 2002. v. 1, p. 67-81.

42 *Idem, Techniques of the Observer:* On Vision and Modernity in the Nineteenth Century. Boston: MIT Press, 1992; *L'Art de l'Observateur.* Tradução francesa de Frédéric Maurin. Paris: Jaqueline Chambon, 1994.

43 *Idem, Techniques of the Observer*, p. 27. Preocupados com a precisão e a concordância, traduzimos em francês a tradução alemã citada pelo autor. Para uma tradução francesa do original inglês, cf. *L'Art de l'Observateur*, p. 39.

44 J. Crary, *Techniken des Betrachters*, p. 28. *L'Art de l'Observateur*, op. cit., p. 41.

45 J. Crary, *Techniken des Betrachters*, p. 35. *L'Art de l'Observateur*, op. cit., p. 51.

46 J. Crary, *Techniken des Betrachters*, p. 152. *L'Art de l'Observateur*, op. cit., p. 207.

da teoria fotográfica. Que se trate de um estudo sobre a fotografia jurídica[47] ou da fotografia de retratos,[48] de fotografias pornográficas,[49] de direitos de autor[50] ou da fotografia psiquiátrica,[51] todas essas tentativas têm em comum que elas analisam a fotografia em sua relação com as instituições, com os discursos estéticos como científicos e com as instituições sociais. E todas essas tentativas mostram a obediência às regras que é própria da fotografia – e até suas implicações normativas – e não sua força de anarquia, que semearia a confusão na ordem das imagens. Com a máquina de fotografia, nós nos referimos – é o que nos ensinam as pesquisas em análise do discurso efetuadas pelos teóricos da fotografia – a uma máquina ótica de disciplinarização e de normativização; para interpretá-la, é preciso observar as novas imagens técnicas que ela produziu no contexto das formações discursivas onde elas preenchem uma função bem delimitada, a de ser o meio da objetividade. Elas não são também "imagens andróginas" ou "belos hermafroditas", mas, antes, exemplos muito significativos de uma indústria da imagem que, em matéria de gênero, produz justamente categorizações firmes e não as desestabiliza de forma alguma.[52] De causadora de tumulto que ela era em Foucault, a fotografia se metamorfoseia em estabilizadora do discurso na teoria da fotografia. Como, poder-se-ia perguntar outra vez com Foucault – e essa questão tem doravante contornos teóricos mais precisos –, "reencontrar essa loucura, essa estranha (*insolente*) liberdade que foram contemporâneas do nascimento da fotografia"?[53] Essa loucura, essa "festa das imagens" pelo menos aconteceu? Ou não estamos, antes, tratando, com essas tecnologias, de uma tecnologia mediática, que representa uma forma de dominação nova e, ao mesmo tempo, da mais alta efetividade?

Nos dois casos, seja em Foucault ou na teoria da fotografia que está em dívida com ele, a fotografia faz parte de uma estratégia argumentativa. Enquanto se trata para Foucault, segundo a fórmula de Tom Holert, de desenhar os contornos de uma "teoria da inteligibilidade específica dos eventos-imagens"[54] – teoria que se apresenta no contexto de *Vigiar e Punir* e *A Vontade de Saber*, seus trabalhos que têm a ver com a genealogia e a analítica do poder, assim como em seu esboço de uma microfísica do poder – e enquanto ele encontra justamente na fotografia um espaço de experiência próprio à imagem e que escapa de toda fixação, de toda categorização, de toda subjetivação e de toda sujeição, os teóricos da fotografia formados na análise do discurso encontram precisamente nas fotografias e em seu contexto histórico esse espaço do poder disciplinar que Foucault descreve. Para eles, a fotografia é parte integrante de um quadro no seio do qual as tecnologias visuais devem ser decifradas como tecnologias do poder e como tecnologias do indivíduo. A objetividade atribuída à fotografia é uma parte constitutiva de uma objetivação do indivíduo que se vê confiado, em discursos científicos, mas também estéticos e epistemológicos, a processos de submissão como de subjetivação. Por essa razão, pode-se, nessa perspectiva, fazer derivar a fotografia tanto de um *a priori* técnico quanto de um *a priori* discursivo. No primeiro caso, como, por exemplo, em Friedrich A. Kittler, "são somente soluções técnicas que resultam as estruturas de programa

47   Cf. John Tagg, *The Burden of Representation*. Essays on Photographies and Histories. Amherst: University of Massachussetts Press, 1988. p. 66-102.

48   Cf., por exemplo Susanne Regener, *Fotografische Erfassung*. Zu Geschichte Medialer Konstruktion des Kriminellen. Munich: Fink, 1999, e Martin Stingelin, Der Identifizierende Blick von Polizei und Psychiatrie. In: Busch B. *et al.*, *Fotovision. Projekt Fotografie nach 150 Jahren*. Hannovre-Zurich: Sprengel Museum Hannovre, 1988.

49   Cf. Abigail Solomon-Godeau, *Photography at the Dock*. Essays on Photographic History, Institutions and Practices. Minneapolis: University of Minnesota Press, 1991; *id.*, Die Beine der Gräfin. In: Liliane Weissberg (éd.), *Weiblichkeit als Maskerade*. Frankfurt: Fischer, 1994. p. 90-147.

50   Gerhard Plumpe, *Der Tote Blick*. Zum Diskurs der Photographe im Zeitalter des Realismus. Munich: Fink, 1990; assim como John Tagg, *The Burden of Representation*, op. cit., p. 103-116.

51   Georges Didi-Huberman, *Invention de l'Hystérie*. Charcot et l'Iconographie Photographique de la Salpêtrière. Paris: Macula, 1982. Há tradução brasileira: *Invensão da Histeria*.

52   Cf. a título de exemplo os trabalhos de Abigail Solomon-Godeau e Sigrid Schade, assim como a pesquisa programática – e contraleitura de Crary: Linda Hentschel, *Pornotopische Techniken des Betrachtens*. Raumwahrnehumng und Geschlechtordnung in Visuellen Apparaten der Moderne. Marbour: Jonas, 2001.

53   M. Foucault, La Peinture Photogénique, op. cit., p. 1.576. Há tradução brasileira: A Pintura Fotogênica. *Ditos e Escritos*, III.

54   Tom Holert, Der Staub der Ereignisse und das Bad der Bilder. Foucault als Theoretiker der Visuelle Unkultur, op. cit., p. 345.

correspondentes em sua dimensão jurídica, social e política";[55] no segundo caso – e é aqui que seria necessário fazer entrar todas as outras posições –, as descobertas técnicas são integradas a formações discursivas, e elas são, em seguida, exploradas de uma maneira visual e tecnológica.

Enquanto em Foucault referimo-nos à fotografia no modelo de um contrapoder ou, para dizê-lo em sua terminologia, com uma heterotopia,[56] na teoria da fotografia inspirada pela análise do discurso, ela se torna um espaço homogêneo no modelo do panoptismo e com as estratégias de subjetivação. Mais ainda: enquanto Foucault, em seus dois últimos esquemas reunidos, se concentra exclusivamente sobre as imagens, a teoria da fotografia tenta interpretar as imagens em relação com textos e instituições. Nesse contexto, as imagens podem ser decifradas como o que torna visíveis formações discursivas; sem estas, elas permanecem, entretanto, mudas.

Com que uma análise do discurso aplicada à fotografia poderia se parecer? Como se poderia fazer falar as imagens fotográficas? Ou, então – sem fazê-las falar e deixando-as em sua forma própria de experiência e de expressão –, como se poderia interpretá-las numa perspectiva como a da análise do discurso? Eis que voltamos para terminar na surpresa dos editores dos *Ditos e Escritos*, mas podemos doravante pelo menos reunir alguns minúsculos elementos de resposta. Incontestavelmente, espera-se ainda um procedimento de análise de discurso capaz de interpretar as imagens, por um lado, sem recorrer aos discursos que as envolvem e, por outro, sem as premissas de teoria do poder. Por um lado, as fotografias se tornam ilustrações de discurso enquanto elas poderiam perfeitamente, para retomar a crítica feita por Foucault no artigo sobre Duane Michals, se virar sem as formas da colocação em linguagem. Estas perdem o que a fotografia tem de específico e, no melhor dos casos, elas são simplesmente superfetatórias. Por outro, as fotografias apresentam uma forma não linguística de experiência cujos contornos não obtêm toda sua nitidez quanto no contexto de uma análise (genealógica) do poder. O elemento específico à fotografia é aqui uma nova experiência da imagem que se opõe a toda integração nas formas preexistentes do saber, da imagem, da arte ou da visibilidade. Essa perspectiva de interpretação fica, no entanto, estranhamente abstrata e pode apenas dissimular um envolvimento projectivo. Só o fato de que tenha havido uma transição fluida entre fotografia e pintura, no momento em que, simultaneamente, as duas tinham livremente acesso às novas técnicas, eis que parece apenas suficiente para exercer o papel de instância fundadora para a experiência enfática de uma festa das imagens. É verdade que o esboço de uma teoria da experiência fornece geralmente pontos de ligação nas duas direções. Ela permite encadear na mesma engrenagem imagens como discursos, a integração das fotografias como sua resistência, seu caráter linguístico como seu caráter de imagem. A experiência do fotogênico – para retomar o conceito de Foucault –, dessa aparição repentina e automática da imagem no papel sensibilizado, não era simplesmente um desafio lançado à categoria até aí bem conhecida de descrição, mas constituía também o nascimento de um novo tipo de imagens que não podiam ser integradas sem outra forma de processo a formações discursivas preexistentes. Daí resulta um duplo movimento que concerne às imagens tanto quanto os discursos: por um lado, as fotografias são *de facto* experimentadas como novas formas de imagens; por outro, elas são – *volens nolens* – descritas no contexto das categorias preexistentes. Essa descrição das novas imagens, que durou até a fotografia de vanguarda e que, ontem como hoje, vê nas fotografias uma imagem da realidade que não seria deformada pela tradição, eis que poderia e deveria constituir um objeto da análise. De que maneira – é assim que se deveria formular a questão final – as fotografias se opõem às categorizações tradicionais sendo, ao mesmo tempo, anexadas por discursos estéticos ou epistemológicos? A fotografia está assim, talvez, como procedimento tanto científico quanto artístico, situada desde o início no seio de dois domínios pretensamente opostos, o que tem finalmente consequências mais consideráveis que a transição entre fotografia e pintura. É a razão pela qual se deve também examinar os discursos sobre

55   Friedrich A. Kittler, *Optische Medien*. Berlin: Merve, 2002. p. 15. Nos outros trabalhos de Kittler, a fotografia exerce quando muito um papel secundário. Ele apenas a evoca, seja nos *Aufschreibesysteme 1800/1900* (Munich: Wilhelm Fink, 1987) ou em *Grammophon, Film, Typewriter* (Berlin: Brinkmann & Bose, 1986).

56   Michel Foucault, Des Espaces Autres. In: *Dits et Écrits*, II, p. 1.571-1.581. Há tradução brasileira: Espaços Outros. *Ditos e Escritos*, III.

a fotografia que situam o novo meio num contexto feito de estratégias de argumentação no máximo heterogêneas. É preciso perguntar aqui qual posição ocupa a fotografia, do ponto de vista de uma análise funcional referindo-se ao mesmo tempo às estratégias e à argumentação, nos projetos de uns e outros, que tarefa lhe é atribuída e que imagem da realidade lhe é dada como tarefa de desenhar. E é o caso em especial das imagens que são ao mesmo tempo meios de reflexão e de espaços de experiência que afastam os limites da visibilidade e proclamam, ao mesmo tempo, uma nova descoberta da realidade visível da superfície. Ela faz perceber isso como arranjos específicos do visível que produziram regras próprias. Uma história do discurso consagrada à fotografia não poderá nem deverá trazer simplesmente as imagens aos textos nem, ao inverso, os textos às imagens.

Tradução do alemão por Florian Nicodème.

As palavras e as imagens

Antoine de Baecque

Michel Foucault não é um pensador do cinema, nem um cinéfilo. Ele não tem recordações de cinema e não viu centenas de obras. Mas ele vai às vezes ao cinema, quando um filme, que no mais das vezes o aconselharam a ver, pode entrar em ressonância com um tema que, para ele, faz sentido: o popular, a representação da história, a sexualidade, a loucura... Contam-se, portanto, nos dedos das duas mãos, os cineastas que ele acompanha com atenção: Werner Schroeter, René Allio, Nagisa Oshima, Marguerite Duras, René Féret, Hans-Jürgen Syberberg, ou os filmes-sintomas a que ele decide assistir: *Les Camisards*, *Lacombe Lucien*, *Porteiro da Noite*, *Hitler, um Filme da Alemanha*, *La Voix de son Maître*... Senão, como ele próprio confessa: "Bergman me aborrece, Godard me irrita..."[1] Este lhe retornou, sarcástico, o que amalgamava Foucault com outros "novos intelectuais inúteis", no outono de 1966, algumas semanas depois da publicação de *As Palavras e as Coisas*: "Michel Foucault, Lacan e o Alsaciano marxista [Louis Althusser] não fariam bem de virem sentar-se à minha mesa. Sua conta seria rapidamente paga."[2]

Tanto o elo que aproxima Foucault da pintura é vivo, vibrante, fecundo, tanto o interesse que o conduz a uma sala é laborioso, guiado pela utilidade. "O que me agrada com a pintura", reconhece ele, "é que se é verdadeiramente obrigado a vê-la. Então aí, é meu descanso. É uma das raras coisas sobre a qual escrevo com prazer e sem brigar com quem quer que seja. Eu acredito não ter nenhuma relação tática ou estratégica com a pintura".[3] Ao contrário, o cinema entra numa estratégia de desdobramento intelectual: o filme é uma tática a fim de abordar uma região crítica e teórica cuja efervescência, no início e no meio dos anos 1970, pode suscitar seu interesse. Essa esfera de influência que se abre, então, alguns críticos audaciosos aí o introduzem. São, com efeito, principalmente os cinéfilos que vão ver Foucault para colocá-lo ao trabalho sobre um ou vários filmes, depois para fazê-lo falar: eles tentam assim sair de seu mundo e pensar o cinema com as palavras de um outro. Foucault é primeiramente essa ferramenta que poderia permitir aos críticos verem diferentemente. É o sentido do testemunho de Serge Toubiana, redator-chefe dos *Cahiers du Cinéma*, em 1974, no momento em que a revista se aproxima do filósofo: "O número 251-252 dos *Cahiers du Cinéma* (julho-agosto de 1974) se iniciava com uma longa entrevista com Michel Foucault. Não me recordo mais das circunstâncias desse encontro. Evidentemente, éramos leitores de seus livros, mas tinha sido preciso contatá-lo pessoalmente, obter seu acordo para que ele visse alguns filmes e que interviesse publicamente sobre um assunto que não era prioritário para ele: o cinema. Eu penso ter-lhe escrito um bilhete, e que ele me havia respondido muito gentilmente, com sua letrinha difícil de ler. Nós o tínhamos visitado, Pascal Bonitzer, Serge Daney e eu, na rua de Vaugirard, em seu apartamento moderno, branco, muito iluminado, invadido de livros. Revejo Michel Foucault sentado, com uma perna encolhida sob ele, descontraído e curioso com nossa visita. As palavras crepitavam saindo de sua boca, seu olhar brilhava, ele tinha pequenos óculos de aros... Nos *Cahiers*, acabávamos de sair de um período difícil, tendência pró-Revolução cultural chinesa, e queríamos tirar nosso atraso, reatar com o cinema, fazer ruptura com o dogmatismo teórico e ideológico, e esse encontro com Foucault ia ser uma virada decisiva, o sinal de uma abertura para um novo tipo de questionamento crítico operando um desvio pela História. [...] Nós o vínhamos ver para que ele nos ajudasse a formular uma resposta

---

1 Conversation avec Werner Schroeter, no livro de Gérard Courant, *Werner Schroeter*. Paris: Goethe Institut, 1982. p. 41.

2 Jean-Luc Godard, Trois Mille Heures de Cinéma. *Cahiers du Cinéma*, nº 184, novembre 1966.

3 Com que Sonham os Filósofos?. *L'Imprévu*, nº 2, 28 janvier 1975.

imediata, precisa: analisar as razões do sucesso de dois filmes, *Portier de Nuit*, de Liliana Cavani, e *Lacombe Lucien*, realizado por Louis Malle, conforme um roteiro coescrito com Patrick Modiano. Foucault fez imediatamente um recuo histórico, para melhor compreender e analisar por meio desses filmes um fenômeno mais geral e profundo: o recuo, senão o fracasso, da memória popular."[4] Tanto que, conduzido ao cinema pelos outros, Foucault acaba pensando o cinema *a pedido*: nove intervenções, essencialmente entrevistas, entre 1974 e 1981, fazem do cinema sua *arte por desafio/arte por falta*.

Em julho-agosto de 1974, os *Cahiers du Cinéma* dão, portanto, a palavra a Michel Foucault, sob o título: "Anti-rétro".[5] Trata-se, quando dessa primeira intervenção pública sobre o cinema, de compreender alguns filmes "cujo objetivo confessado é reescrever a história", *Lacombe Lucien*, *Portier de Nuit*, *Les Chinois à Paris*, *Le Trio Infernal*, no contexto da chegada ao poder de Giscard d'Estaing, do fim do gaullismo e de sua visão ilusória do heroísmo resistente. Essa aparição de uma ideologia cínica, livre da referência às origens resistente, propõe uma forma de "desprezo da história", doravante reapresentada segundo o fetichismo esnobe dos efeitos de velhos figurinos e de velhos cenários. Está aí uma "falsa arqueologia da história", à qual Foucault opõe uma "arqueologia verídica", a memória popular das lutas, que jamais pôde e soube falar, mas de que o filósofo traz à tona os arquivos malditos por meio de tudo o que esconde o texto oficial. Nessa entrevista de 10 páginas cheias, Foucault oferece aos *Cahiers du Cinéma* uma interpretação da história: o gaullismo, visto como "nacionalismo honorável", como "culto do grande homem", como "reconciliação milagrosa da direita e da História da França". A eleição de Giscard, dois meses antes da entrevista, consiste, pois, em uma "reescrita" da História pela "velha direita petainista", "velha direita colaboradora", "velha direita maurassiana", que volta à cena depois de sua desqualificação. Em face desse cinismo, Foucault defende o desafio que representa a redescoberta da "memória popular": " É absolutamente verdade que pessoas que não têm direito à palavra escrita, que não têm direito de redigir sua própria história, têm mesmo assim uma maneira de registrar a história, de se lembrar, de vivê-la e de utilizá-la." Essa memória popular, suscetível de utilizar meios eficazes no presente, como a televisão e o cinema, eis que é possível opor aos filmes da moda "retrô": "filmes antirretrô" baseados numa "batalha para a história". As críticas dos *Cahiers* evocam filmes sul-americanos (*Le Courage du Peuple*, obra boliviana de Sanjines), francês (*Les Camisards*, de René Allio), africanos (*Le Mandat*, de Ousmane Sembene), europeus (Schroeter, Fassbinder, Straub), e fazem, *in fine*, observar a Foucault que *Moi, Pierre Rivière*, obra que eles "leram muito atentamente", seria o perfeito vetor de um filme que permitia à memória popular "reapropriar-se da história da França..." Eis o filósofo entronizado senão como roteirista do cinema antirretrô, pelo menos como seu pensador histórico,[6] alguns meses antes que René Allio, levado pela leitura dos *Cahiers du Cinéma*, lhe propusesse realizar concretamente esse filme.

O cineasta observa, aliás, em seus cadernos, em 12 de fevereiro de 1974: "Leitura de *Moi, Pierre Rivière, ayant Tué*... da equipe Foucault. É de uma história dessa espécie, com essa espécie de violência, que remete ao que remete, que seria necessário falar: ver os fatos corriqueiros."[7] Em 13 de agosto seguinte, uma vez lida a entrevista com Foucault, o tom dos cadernos torna-se certeza: "É preciso que *Pierre Rivière* se torne o filme-manifesto de um cinema que escolheu falar do povo, em sua história verdadeira.

---

4   Serge Toubiana, Michel Foucault et le cinéma, em Philippe Artières (s.d.), *Michel Foucault, la Littérature et les Arts, Colloque de Cerisy*, juin 2001. Paris: Étidions Kimé, 2004. p. 187-194.

5   A entrevista com Michel Foucault só pode ser lida, e compreendida, em relação com os textos e os encontros que desenham seu contexto, a saber: Serge Daney, Serge Toubiana, Les *Cahiers* aujourd'hui, nº 250, maio 1974; Culture Populaire et Travail Militant: Dario Fo et le Collectif La Comune, nº 250, maio 1974; Pascal Bonitzer, Histoire de Sparadrap (*Lacombe Lucien*), nº 250, maio 1974; Pascal Bonitzer, Le Secret Derrière la Porte (*Portier de Nuit*), nº 251/252, julho-agosto 1974; Serge Daney, Anti-Rétro (Suite), Fonction Critique (Fin), nº 253, outubro-novembro 1974; Pascal Kané, L'Effet d'Étrangeté: Cinéma et Histoire, nº 254-255, dezembro 1974, janeiro 1975; Jacques Rancière, L'Image Fraternelle, nº 268-269, julho-agosto 1976; Jacques Ranciére, Fleurs Intempestives: Sur la Fiction de Gauche, nº 278, julho 1977.

6   É preciso dizer aqui que a leitura de Foucault inspirou ideias de cinema antes dessa entrevista de 1974. Desde 1968, alguns escritos de Michel Foucault tiveram uma clara influência sobre textos críticos. Ler-se-á a propósito: Sylvie Pierre, Le Film sans Maître. *Cahiers du Cinéma*, nº 204, setembro 1968; Jacques Auymont, Le Caractère Inépuisable du Murmure. *Cahiers du Cinéma*, nº 204, setembro 1968.

7   René Allio, *Carnets* (apresentação de Arlette Farge). Ed. Lieu Commun, 1991. p. 39.

Devolver ao povo sua história. Eu não procurei fazer nada além em meus filmes."[8] René Allio aborda, a partir de então, Michel Foucault, que reconheceu, na mesma entrevista dos *Cahiers du Cinéma*, que seus *Camisards* eram "historicamente impecável. É belo, é inteligente, faz compreender uma porção de coisas. Eu gostei muito desse filme".[9] A carta de introdução está escrita.

Allio procura, também ele, em Foucault, uma ferramenta de pensamento que lhe permita melhor trabalhar sua arte, como ele escreve em 18 de abril de 1975 em seus cadernos, depois de três semanas de trabalho no roteiro de *Moi, Pierre Rivière* e algumas sessões de discussão com o filósofo: "Interesse, até necessidade, de tirar do procedimento de Foucault algo que seja em nossa arte um operador de seu método. Como Brecht tinha feito do 'efeito de distanciação' o operador do marxismo em sua dramaturgia. Em que, a partir de Foucault, isso se traduziria para nós, para os cineastas?"[10] Allio não sabe responder claramente a esta pergunta, mas adianta uma hipótese: "Menos a invenção de um personagem, menos a cena, o jogo, a narração, as peripécias, que a utilização-restituição de momentos verdadeiros por monólogo, não interior, exterior: as memórias."[11] O *efeito-Foucault* seguido por Allio tem a ver com uma prática artística do escrito: dar conta de uma palavra, ao mesmo tempo como escrito (memórias) e como palavra representada (a página, o monólogo). O cineasta vai a partir de então aprofundar essa relação com o texto foucauldiano, com essa ressurgência do arquivo e da palavra populares, o que nos rende, em 8 de abril de 1975, um impressionante retrato do filósofo no trabalho: "Foucault. Sua surpreendente presença física, inteiramente trêmulo com uma possibilidade de intervenção que se disciplina. Em todo seu ser, ele tende a parecer, culminando em seu crânio raspado, a um sexo em ereção; e com toda sua inteligência penetrante".[12]

René Allio acaba, sob a condução mais distante de Foucault, seu roteiro[13] no meio de junho de 1975, e o roda, apesar das dificuldades financeiras,[14] em 10 semanas, a partir de 20 de setembro, na Normandie, no mesmo vilarejo onde foram cometidos os assassinatos de Pierre Rivière 140 anos antes. O filósofo fica uma semana com a equipe de filmagem, no fim de setembro, depois não hesita, em seguida, uma vez visto e apreciado o filme,[15] a investir-se num apoio quase sem falha no trabalho do cineasta quando da saída de *Moi, Pierre Rivière...* em novembro de 1976. Desse momento datam três entrevistas, dadas sucessivamente aos *Cahiers du Cinéma*[16] (Pascal Kané), à *Parispoche*[17] (François Châtelet), e à *Revue du Cinéma*[18] (Guy Gauthier). Foucault esclarece imediatamente seu lugar aí, que ele considera modestamente como de pura "inspiração" e minora (bem fortemente) seu papel: "Eu não participei de modo algum da elaboração do filme. Não é que eu não me solidarize, ao contrário, mas meu papel, publicando esse texto, era de dizer a quem quisesse, médicos, psiquiatras, psicanalistas, comentaristas, cineastas, homens de teatro: "Façam dele o que quiserem...". René Allio fez disso algo de bom, de grande."[19]

---

8   *Ibidem*, p. 42.

9   *Cahiers du Cinéma*, nº 251/252, julho-agosto 1974.

10   René Allio, *Carnets*, op. cit., p. 46-47.

11   *Ibidem*.

12   *Ibidem*, p. 46.

13   O roteiro do filme é editado por *L'Avant-Scène*, nº 183, março 1977, acompanhado de textos de Jean-Pierre Sarrazac, Michel Foucault, René Allio, e de uma seleção de extratos críticos.

14   Com a intervenção pessoal de Michel Foucault, as edições Gallimard, editor do livro *Moi, Pierre Rivière* (coll. *Archives*, dirigida por Pierre Nora e Jacques Revel), decidem não pedir direitos sobre a adaptação, e entram assim em coprodução no financiamento do filme de René Allio. Há tradução brasileira: *Eu, Pierre Rivière*.

15   Foucault confidenciou, no entanto, a Claude Mauriac que Werner Schroeter "teria melhor executado a tarefa" (*Mauriac et Fils*. Paris: Grasset, 1986. p. 217).

16   O número 271 dos *Cahiers du Cinéma*, em novembro de 1976, é amplamente consagrado a *Moi, Pierre Rivière, ayant Égorgé ma Mère, ma Sœur et mon Frère*, compreendendo, além da entrevista com Michel Foucault, textos de Jean Jourdheuil, Serge Toubiana Danièle Dubroux, Serge Le Péron. A redação dos *Cahiers du Cinéma* participou da escrita do roteiro, a pedido do cineasta. Há tradução brasileira: *Eu, Pierre Rivière, que Degolei Minha Mãe, Minha Irmã e Meu Irmão*.

17   Pourquoi le Crime de Pierre Rivière?. *Parispoche*, 10-16 de novembro de 1976.

18   Le Retour de Pierre Rivière. *La Revue du Cinéma*, nº 312, dezembro 1976.

19   *Parispoche*, 10-16 de novembro de 1976.

Foucault conserva do filme sua autenticidade (os próprios lugares, os camponeses-atores): "O filme não distanciou a história do que ela foi";[20] assim como a onipresença da dissertação, diz em voz *off*: "Tudo o que é dito no filme foi escrito por Pierre Rivière, pretensamente analfabeto, nas memórias. Creio que é muito novo, porque não há nenhuma palavra original do filme".[21] Foi dessa maneira que René Allio filmou o efeito-Foucault tão procurado:[22] ele não reconstituiu historicamente o caso Rivière, mas, retomando os documentos, apresentando as memórias, considerando o que foi efetivamente dito e escrito, por Rivière, sua família, vizinhos, juízes, ele se perguntou como, no presente, é possível, e filmável, recolocar essas palavras, essas questões, esses gestos, na boca, no corpo, no comportamento de camponeses de 1975, que têm uma encarnação próxima dos de 1836. Assim, para Foucault, esse filme não "faz história", ele *faz passar história*. Porque se "não se pode colocar no cinema a questão do saber – seria parte perdedora –, pode-se-lhe colocar outras questões":[23] ter uma relação com a história, instaurar um modo de presença da história, permitir fazer desaparecer esse grande corte intimidador entre o saber e a arte. Para Foucault, e é o cerne de sua relação com o cinema, um filme autoriza, às vezes, se ele tem sucesso, uma requalificação do saber, o que se pode considerar como a mutação do saber em uma forma artística, o que confere ao arquivo, ao seu comentário, à sua restituição, uma presença como obra de arte. Foucault dá um exemplo na entrevista concedida a *La Revue du Cinéma*, que ele chama "o grão minúsculo da história"[24] e aproxima da estética de *Blow-Up*[25] de Michelangelo Antonioni. *"Uma espécie de fenômeno de explosão que se produz em todos os empreendimentos históricos desse gênero, precisa o filósofo. Quando você abre seu jornal, você lê que um homem matou sua mulher por causa de uma briga, e é simplesmente a vida quotidiana que, num dado momento, por causa de um desvio, de um pequeno excesso, se tornou algo de enorme, que vai desaparecer logo como um balão de tripa que explode. É isso, o caso Rivière, e é bem isso que o filme pode mostrar: uma vida quotidiana, uma briga sobre um campo, móveis, rebanhos. É isso, o inconsciente da história, não é uma espécie de grande força. Nosso inconsciente histórico é feito desses milhões de pequenos acontecimentos que, pouco a pouco, como pingos de chuva, fazem sulcos em nosso corpo, nossa maneira de pensar, e depois o acaso faz com que um desses microacontecimentos deixe vestígios, e possa tornar-se um livro ou um filme."*[26]

Do filme de René Allio, nasce, pois, um efeito-Foucault que marca o cinema. Pelo menos alguns cineastas, que, durante alguns anos, se prevalecem de uma leitura de seus textos. É o caso de René Féret, próximo de Allio, quando ele roda *Histoire de Paul*, sobre a loucura, o asilo, a fulgurante revelação que pode nascer daí, um filme que emociona muito Foucault.[27] É também a posição de Gérard Mordillat e de Nicolas Philibert, que foram assistentes de *Moi, Pierre Rivière...* e propõem uma série de intervenções artísticas sobre o discurso patronal "sob influência foucauldiana": um filme, *La Voix de son Maître*, uma série de televisão, *Patrons/Télévision* (censurada por Antenne em 2 de outubro de 1978), uma emissão de rádio, *Tous Derrière et lui Devant*, e uma obra, *Ces Patrons Éclairés qui Craignent la Lumière*, dedicada a Michel Foucault, "que ajudou a fazer esse livro".[28] Por meio dessa comunidade de cineastas inspirados pelos textos do filósofo, sobre a história, a cultura popular, a loucura, pode-se esquematizar a hipótese de uma "escola Foucault", ativa na segunda metade dos anos 1970, uma escola cujo eco teórico se desdobraria nos *Cahiers du Cinéma*.

Como se essas poucas associações tinham feito arrebentar o ferrolho da falta cinéfila e da palavra crítica não autorizada, Michel Foucault se mostra muito mais livre e prolixo no domínio cinematográfico

---

20 *Idem*.
21 *La Revue du Cinéma*, nº 312, dezembro 1976.
22 Priska Morrissey, De l'Autre à Soi. Retour sur les Films Historiques de René Allio. *Double Jeu. Théâtre/Cinéma*, nº 2, consagrado ao cinema de René Allio, Presses Universitaires de Caen, 2004. p. 75-84.
23 *La Revue du Cinéma*, nº 312, dezembro 1976.
24 *Ibidem*.
25 J. Revel, Un Exercice de Désorientation: *Blow-Up*, em Antoine de Baecque, Christian Delage, *De l'Histoire au Cinéma*. Complexe, 1998. p. 99-110; reed. de bolso Complexe, 2008.
26 *La Revue du Cinéma*, nº 312, dezembro 1976.
27 Michel Foucault escreve em *Le Monde*, 16 de outubro de 1975, *"Faire les fous"*, a respeito de *Histoire de Paul*, de René Féret. Há tradução brasileira: *"Bancou os loucos"*. *Ditos e Escritos* I.
28 *Ces Patrons Éclairés qui Craignent la Lumière*. Éditions Albatros, 1979. O mesmo Nicolas Philibert, 30 anos mais tarde, volta com a filmagem de *Moi, Pierre Rivière*, num documentário autobiográfico, *Retour en Normandie*, 2007.

no fim dos anos 1970. Contam-se assim uma meia dúzia de intervenções, geralmente solicitadas, sobre filmes ou cineastas bem diversos. É a propósito de Sade, e de um número fetichista consagrado às adaptações do divino marquês na tela, que a revista *Cinématographe* propõe a Foucault uma entrevista, "Sade, sargento do sexo",[29] onde ele "ultrapassa o comando" e analisa livremente seus gostos e suas sensações em matéria de cinema "sexuado". Foucault começa constatando a ausência de Sade no cinema: "Penso que não há nada mais alérgico no cinema que a obra de Sade." A câmera seria como renitente ao ritual da meticulosidade sexual própria a Sade. "Sem lugar para uma imagem: os 'brancos' não devem ser preenchidos senão pelos desejos e pelos corpos. Desde que algo falte ou venha em sobreimpressão, tudo é mal executado", escreve ele. E como é preciso, em seguida, falar de cinema, aos artistas "sadeanos" propostos por *Cinématographe*, Pasolini, Jodorowsky, Borowczyk, Wilder, Cavani, que ele negligencia, Foucault propõe um contraexemplo: o jovem cineasta alemão Werner Schroeter, de quem ele viu e apreciou *A Morte de Maria Malibran*, filme "que faz cantarem os corpos e seus prodígios". O filósofo consagra, então, a esse filme, que ele viu no cinema Olympic-Entrepôt, dirigido por Frédéric Mitterrand, algumas linhas que demonstram plenamente a acuidade de seu olhar e sua inteligência visual: "Fazer de um rosto, de uma bochecha, de lábios, de uma expressão dos olhos, fazer o que faz Schroeter, tem a ver com um borbulhamento do corpo, com uma exaltação de alguma maneira autônoma de suas menores partes, com todas as possibilidades de um fragmento do corpo. Há aí anarquização do corpo, onde as hierarquias, as localizações e as denominações, a organicidade, se assim quiserem, estão se desfazendo. É uma coisa inominável, inutilizável, fora de todos os programas do desejo: é o corpo tornado inteiramente plástico pelo prazer, algo que se abre, que se estende, que palpita, que bate, que escancara. Em *A Morte de Maria Malibran*, a maneira como as duas mulheres se beijam, o que é? Dunas, uma caravana no deserto, uma flor voraz que brota, mandíbulas de inseto, uma "infractuosidade" no chão de erva? São os movimentos lentos do prazer-dor." Saber assim descrever um plano é o sinal de uma potencialidade analítica que Foucault não explorou, mas que faz dele, em potencial, um grande crítico de cinema.

Ele volta, às vezes, a essas análises de filmes, em especial a propósito de *O Império dos Sentidos*, de Nagisa Oshima, que ele viu "duas vezes" e comenta quando de uma de suas conferências no Japão, na primavera de 1978, em companhia do professor Watanabe. Primeiro, para ironizar sobre a exigente censura nipônica; em seguida, para inscrever o sexo do filme numa oposição de civilização: "Fiquei muito impressionado pela forma das relações entre o homem e a mulher, mais precisamente suas relações com o sexo do homem: esse objeto é o elo entre os dois, para o homem tanto quanto para a mulher, e ele parece pertencer aos dois de maneira diferente. Essa amputação, no fim, é absolutamente lógica e é uma coisa que não se produzirá jamais nos filmes ou na cultura na França. Para os franceses, o sexo do homem é literalmente o atributo do homem: eles o assimilam a seu sexo e conservam relações absolutamente privilegiadas com ele. Assim, as mulheres não se beneficiam do sexo masculino unicamente no caso em que os homens lhes concedem esse direito: ou eles lhes emprestam a elas, ou eles lhes impõem, donde a ideia de que o gozo masculino passa antes de tudo e que é essencial. Para Oshima, ao contrário, o sexo masculino é um objeto que existe entre os dois personagens, e cada um possui à sua maneira um direito sobre esse objeto. É um instrumento de prazer para os dois e o que obtém mais prazer acaba possuindo mais direito em relação a esse objeto. É precisamente por isso que, no fim, a mulher pode possuir exclusivamente esse sexo: ele só pertence a ela, e o homem se deixa desapossar dele. Não é uma castração no sentido ordinário, ocidental. É melhor dizer que o sexo foi arrancado do homem para ser oferecido à mulher".[30] Enquanto ele trabalha em sua história da sexualidade, Michel Foucault se interessa com toda lógica a essas maneiras tão singulares de filmar o sexo, em Schroeter como em Oshima.

Uma outra motivação atrai Foucault para alguns filmes alemães: filmar a história no presente. "É certo, precisa ele em outubro de 1978, a propósito de Herzog ou Fassbinder, que o cinema alemão nos

---

29   Sade, Sergent du Sexe (entrevista com G. Dupont), *Cinématographe*, nº 16, dezembro 1975-janeiro 1976. Há tradução brasileira: *Ditos e Escritos*, IX, Genealogia da Ética. Subjetividade e Sexualidade.

30   Sexualidade e Política, conferência proferida em Tóquio, em 1978, reproduzida em Michel Foucault, *Dits et Écrits*, III (1976-1979), Gallimard, 1994. p. 523-524. Há tradução brasileira: Sexualidade e Política.

deu uma ideia nova do que acontecia na sociedade alemã. Ele não desenhou, digamos, uma 'outra Alemanha', mas ele deu a ver uma Alemanha tensa e inquietante."[31] Por essa razão, o filósofo se interessa pela obra-prima de Hans-Jürgen Syberberg, *Hitler, um Filme da Alemanha*, porque este filme responde, enfim, às questões sobre a marca histórica do nazismo: "O que acontece na cabeça dos alemães? O que acontece em seu coração? O que acontece em seu corpo? Devia acontecer algo, e esperava-se com um pouco de ansiedade ver como isso ia aparecer do outro lado do túnel: sob a forma de que mito, de que história, de que ferimento iria reaparecer?"[32] O filósofo vê nessa forma "um monstro belo", não esteticamente – "Eu não conheço nada da estética do filme", reconhece ele humildemente –, mas historicamente: "Syberberg chegou a fazer realçar certa beleza da história sem nada mascarar do que ela tinha de sórdido, de ignóbil, de quotidianamente abjeto. Foi talvez aí onde ele apreendeu o nazismo: certa intensidade da abejção, certo reflexo da mediocridade, que, sem dúvida, foi o poder enfeitiçador do nazismo". O filme de Syberberg não banaliza o horror, ele chega a tornar ignóbil o banal, ele constrói uma reversibilidade entre o horror e a banalidade. Foucault compara essa operação do filme ao *status* reservado em pintura ou em literatura aos cavaleiros do Apocalipse: "Sob que forma eles fazem irrupção, com que aparência? São eles esses heróis suntuosos e negros que esperam o fim do mundo, ou são quatro pequenos vermes que todos temos no fundo do coração?" Syberberg – é o sucesso de sua maneira – escolhe os vermes quotidianos.

Em 3 de dezembro de 1981, por iniciativa de Gérard Courant, que consagra um livro ao cineasta, Michel Foucault aceita encontrar Werner Schroeter, que ele não conhece pessoalmente, cinco anos após a análise fina e precisa de *A Morte de Maria Malibran*. É sua última intervenção cinematográfica.[33] Ele viu um novo filme do cineasta alemão, *Willow Springs*, e comenta em sua companhia o que os liga: a paixão, sua filmagem na tela. "É um estado sempre móvel, mas que não vai em direção a um dado ponto. Há momentos fortes e momentos fracos, momentos onde é levado à incandescência. Flutua, balança. É uma espécie de instante instável que avança por razões obscuras. Procura, no limite, manter-se e desaparecer. A paixão se dá todas as condições para continuar e, ao mesmo tempo, ela se destrói a si própria." Aí, dividindo um idêntico sentimento passional da existência, colocado em confiança por uma admiração recíproca, entregando-se sem desvio a propósito de uma homossexualidade dividida, Schroeter faz falar Foucault como em uma confissão íntima: "Qual é sua vida? Muito prudente", resume o filósofo. "Você pode me falar de sua paixão?", pergunta o cineasta, a quem o intelectual responde: "Eu vivo há 18 anos num estado de paixão em relação a alguém, por alguém. Talvez num dado momento essa paixão assumiu a forma do amor. Na verdade, trata-se de um estado de paixão entre nós dois, de um estado permanente, que não tem outra razão para acabar senão ele mesmo e no qual eu estou completamente preso, que passa através de mim. Acredito que não haja nenhuma coisa no mundo, nada, o que quer que seja, que me pararia quando se trata de ir encontrá-lo, falar-lhe." Sem dúvida, é por intermédio do cinema, de uma conversação sobre o cinema, com um cineasta, que o efeito-Foucault pôde transformar-se pouco a pouco em confissão-Foucault.

Michel Foucault ajudou a pensar filmes, nisso seu aporte à teoria do cinema e à crítica não é desprezível. Mas, em mais ou menos muito raras exceções, ele não pensou ele próprio o cinema, nem o cinema ele próprio. Seu interesse pelos filmes é conjuntural, orientado, dependente da encomenda: está aí um pensador mercenário, praticante, em companhia de críticos que o estimulam, a propósito de algumas obras, incursões teóricas agudas e precisas, como campanhas predatórias que nutrem o *continuum* obsessivo de seu trabalho, sobre a loucura, sobre a cultura popular, sobre a representação da história ou da sexualidade. Às vezes, seus interlocutores se cansaram dessa ausência de interesse profundo e contínuo que eles puderam interpretar como uma falta de generosidade. Assim o conta Jean Narboni, então re-

---

31   Une Énorme Surprise (a respeito da exposição Paris-Berlin, do Centro Pompidou), *Der Spiegel*, 30 de outubro de 1978 (reproduzido em *Dits et Écrits*, op. cit., III, p. 698-700). Há tradução brasileira: Uma Enorme Surpresa. *Ditos e Escritos* III, Estética.

32   Les Quatre Cavaliers de l'Apocalypse et les Vermisseaux Quotidiens. *Cahiers du Cinéma*, hors-série nº 6, "Syberberg", p. 95-96, fevereiro 1980. Há tradução brasileira: Os Quatro Vermes do Apocalipse e os Vermes Cotidianos. *Ditos e Escritos*, III, Estética: Literatura e Pintura, Música e Cinema.

33   Conversation avec Werner Schroeter, em Gérard Courant, *Werner Schroeter*. Paris: Goethe Institut, 1982. p. 39-47.

dator dos *Cahiers du Cinéma*, numa relação da passagem da referência teórica da revista de Foucault a Deleuze: "Foucault esteve um momento bem próximo dos *Cahiers*, em torno do trabalho sobre a moda retrô no cinema, sobre o poder, sobre o fascismo, e do filme de René Allio, *Moi, Pierre Rivière...* Mas ele não gostava do mesmo cinema que nós. Godard o irritava. Herzog ou Tavernier lhe pareciam mais claramente cruzar suas pesquisas sobre o saber e o poder, os enfrentamentos entre dominadores e dominados, e, para nós, nos *Cahiers*, isso criava problema. Quando, no outono de 1976, fiquei sabendo que Deleuze tinha ficado impressionado com *Six Fois Deux* e apreciava o trabalho de Godard, isso tornava muito mais estimulante. Não somente o pensamento filosófico de Deleuze, e o uso que se podia fazer dele no campo do cinema, mas essa comunidade de gostos."[34]

Faltou a Foucault uma "comunidade de gostos" cinematográficos, dividida com um grupo, uma revista, amigos, até com ele próprio. Mas algumas imagens próprias aos seus textos, seu uso da metáfora, conferem a uma parte não desprezível de seu trabalho, o *status* de obra habitada pelo cinema, até e inclusive "dentro", subtexto que ressurge às vezes como uma fonte subterrânea. "Pierre Boulez, a Tela Atravessada",[35] lança ele, por exemplo, com muita imagem a respeito do trabalho do músico num livro sobre o Festival de outono, em 1982. E um dos mais belos textos de Foucault, "La Pensée du Dehors", sobre Maurice Blanchot, publicado em *Critique*, em 1966, não está obsecado por um pensamento visual absolutamente cinematográfico? "Ser atraído não é ser convidado pela atração do exterior; é, antes, experimentar no vazio e na necessidade, a presença visual do exterior. Como esta, pura atração aberta aos sentidos, não seria essencialmente negligente – deixando as coisas serem o que elas são, deixando o tempo passar e voltar, deixando os homens avançarem para ela – visto que ela é o exterior infinito, visto que não há nada que caia fora dela, visto que ela desliga na pura dispersão todas as figuras da interioridade?"[36] Para Michel Foucault, o cinema é um *arrependimento*.

34   Jean Narboni, Une Aile de Papillon, texto escrito em homenagem a Gilles Deleuze, pouco depois de seu desaparecimento, *Cahiers du Cinéma*, nº 497, dezembro 1995. Deleuze "sucede" de alguma maneira Foucault como pensador referente nos *Cahiers du Cinéma*, publicando, em novembro de 1976 (nº 271), "À propos de *Sur et sous la Communication*. Trois Questions sur *Six fois Deux*".

35   Pierre Boulez, l'Écran Traversé, em Marie Colin, Jacqueline Markovits (s.d.), *Dix Ans et Après*. Album Souvenir du Festival d'Automne. Paris: Messidor, 1982. p. 232-236. Há tradução brasileira: Tela Atravessada.

36   La Pensée du Dehors. *Critique*, nº 229, especial Blanchot, 1966, retomado em uma curta obra pelas éditions Fata Morgana, 1986 (aqui, p. 28-29). Aproximação e ideia que me foram sugeridos na leitura de um texto de Maroussia Dubreuil, Depardon: Individuation par Heccéité, dissertação de "master", Université de Paris I, 2009. Há tradução brasileira: O Pensamento do Exterior. *Ditos e Escritos* III, Estética: Literatura e Pintura, Música e Cinema.

Foucault: a ordem sem o poder

Gérard Mordillat

Meus encontros com Michel Foucault foram sempre ligados ao cinema; cinema que em inglês se diz "*movie*", movimento... e é bem a imagem que eu guardo dele, a de um homem em movimento, de um pensamento em movimento, de uma inteligência fulgurante e de um riso tonitruante.

Em *Eu, Pierre Rivière, que Degolei Minha Mãe, Minha Irmã e Meu Irmão...*, as memórias do "assassino parricida" que Michel Foucault tinha editado ao termo de um trabalho coletivo realizado num seminário do Collège de France, há uma cena onde o pai de Rivière vai consultar dois advogados. O infeliz procura como sair dignamente de um conflito que o arruína: sua mulher recusa obstinadamente vir viver sob seu teto e acumula dívidas e despesas. O primeiro advogado, mestre Beaucher, lhe explica: "Seria infamante fazer publicar que ninguém dá nada de crédito à sua esposa", e que quem quer que se arriscasse assim jamais seria pago. Ele sugere tentar tudo para fazer voltar a recalcitrante à razão e, quase em confidência, diz ao infortunado marido: "Vá recuperar seus móveis um dia que você sabe que ela não está lá." Antes de agir, o pai, circunspecto, prefere prudentemente consultar um outro advogado. Este, mestre Pouillier, lhe recomenda, ao contrário, que não se afaste da legalidade e que "apresente um requerimento ao tribunal" para fazer obedecer essa mulher que lhe causa tantas misérias.

Numa tarde de sábado chuvoso, na rodagem do filme realizado por René Allio a partir das memórias de Pierre Rivière, numa sala da prefeitura de Athis de l'Orne, os dois advogados são interpretados pelo próprio René Allio e Michel Foucault. Michel Foucault, com a sobrecasaca presa com quatro alfinetes, abotoada até o pescoço, pequenos óculos com aro de ouro, interpreta o advogado Beaucher, o advogado que incita o pai a retirar os móveis; René Allio interpreta o outro, o legalista, caído numa poltrona, desalinhado numa camisa com colarinho aberto...

Essa cena não foi conservada na montagem final e é pena. Pena, porque Michel Foucault aí se revelava um ator natural, muito à vontade diante da câmera, o olho brilhante de insolência, captando perfeitamente a luz, fazendo seu papel maravilhosamente, sua voz com timbre levemente metálico. Pena, também, porque, com o recuo do tempo, ela parece emblemática do próprio Foucault, cujas vida e obra são inteiramente envolvidas do lado da dissidência contra a ordem imposta.

Nicolas Philibert e eu éramos os assistentes de René Allio em *Eu, Pierre Rivière*... Terminado o filme, lançamo-nos na realização de nosso primeira longa-metragem: *La Voix de son Maître*, um documentário sobre o discurso patronal. Um filme onde uma quinzena dos mais importantes patrões franceses dos anos 1970 desenvolviam frente à câmera sua teoria do mundo, analisavam o papel do capital, o lugar da hierarquia, o do sindicalismo, e definiam como pode e deve exercer-se o poder numa empresa. Um trabalho crítico e político, pensado na perspectiva que tinha traçado Foucault em seu discurso inaugural no Collège de France, "suponho que em toda sociedade a produção do discurso é, ao mesmo tempo, controlada, selecionada, organizada e redistribuída por certo número de procedimentos que têm como papel conjurar os poderes e os perigos, dominar o acontecimento aleatório, esquivar a pesada, a temível materialidade" (*L'Ordre du Discours*). Ou, em outros termos, como o discurso é por excelência o campo onde se medem os desafios e as formas do poder.

Mas como filmar o discurso?

Durante a preparação do filme, Michel Foucault aceitou ser nosso *sparring-partner*, aquele em frente do qual nós aguçaríamos nossas reflexões e nossas hipóteses de filmagem, tanto no plano intelectual quanto no estético. Michel Foucault era um homem de palavra – em todos os sentidos do termo! – e se

nas discussões ele era sempre muito firme, muito seguro dos argumentos que desenvolvia numa língua tão elegante quanto articulada, ele não era jamais peremptório e se prestava geralmente à contestação, até à polêmica. Enquanto sua obra o exigia completamente, quero insistir sobre a paciência que mostrou em relação a nós. Michel Foucault era incrivelmente disponível, curioso, aberto, com essa qualidade dos grandes pedagogos de sempre nos deixar o sentimento que éramos nós que lhe ensinávamos alguma coisa. Assim, mesmo se ele não participou diretamente da filmagem, seu papel de anjo tutelar foi essencial na realização de *La Voix de son Maître*...

Michel Foucault voltava da China na "*avant-première*" do filme. Usava um paletó azul "matelassé" com gola de pele, que ele tinha comprado em Pequim, em Xangai, ou em outro lugar. Um porte estrito, confortável, quase militar. Era, de repente, ver reaparecer o advogado Beaucher, um espírito rebelde numa roupa incensurável, um homem cuja palavra e a escrita, por mais provocantes que fossem, não se deixavam jamais ir ao negligenciado. Como o pai Rivière, tínhamos seguido o conselho mais radical e "desmobilizado" o discurso patronal. Nós o tínhamos violentado para expô-lo, para colocá-lo à luz. Uma luz tão crua que *La Voix de son Maître* foi proibido durante 13 anos nos canais do serviço público...

Se Michel Foucault não era realmente nosso primeiro espectador, era, em todo caso, aquele que nos importava em primeiro lugar. Acredito que ele não ficou decepcionado com nosso trabalho. Ele nos escreveu: "A análise política do discurso se fez principalmente, até o presente, em termos dualistas: oposição de um discurso dominador e de um discurso dominado, tendo, entre os dois, a barreira de classes e dos mecanismos cujo modelo é emprestado da repressão, da exclusão, da expulsão. Trata-se aqui de mostrar o discurso como um campo estratégico, onde os elementos, as táticas, as armas não cessam de passar de um campo ao outro, de se trocar entre os adversários e de se voltar contras aqueles que as utilizam." Se ele era um bom ator, Michel Foucault era também um espectador de qualidade...

É curioso, mas quando penso nele, penso sempre nessa frase de Élisée Reclus, grande geógrafo e anarquista: "a ordem sem o poder".

Michel Foucault, loucura, psiquiatria

Roger Ferreri

Não é cômodo evocar o que Michel Foucault poderia trazer à psiquiatria. Inicialmente, porque sua obra mais célebre, *Loucura e Desrazão. História da Loucura na Idade Clássica* (1961), não trata da psiquiatria como tal. Em seguida, porque seu objeto não é também a loucura tomada como um fato, algo que existiria por conta própria e que se trataria somente de encarar de maneira diferente do que faz a psiquiatria, de modo que o olhar do filósofo viria aqui cruzar-se, avizinhar-se com o do médico, ou dominá-lo. Os psiquiatras, aliás, não se enganaram nisso. Quando publicado, o livro será fortemente rejeitado pela enorme maioria deles. E Henri Ey, que tinha aconselhado o jovem Foucault em suas leituras, não hesitará em qualificar a obra como "psiquiatricida". Desde então, a água rolou sob as pontes. Foucault se tornou um autor reconhecido, objeto de ensino e assunto de teses universitárias. E é pouco concebível hoje que alguém que se ponha a tratar da função social da psiquiatria não o faça sem uma referência a Foucault. Mas é, talvez, então, sobre um fundo de mal-entendido e de um evitamento dessa dificuldade que eu salientava há pouco. Se o psiquiatra pode efetivamente entender algo que o interpele no trabalho de Foucault, é com a condição de se desprender de certas confusões referentes à loucura e à pessoa do louco.

Do que fala, com efeito, essa obra? Das relações existentes entre a razão, a loucura e aqueles que são chamados de "loucos". Fato de estrutura antes mesmo de ser evento histórico, para construir-se politicamente a partir da referência à razão, nossas sociedades modernas devem proceder à separação entre a razão e o que a ameaça como ficção partilhada. Na aurora da idade clássica, o povo dos insensatos foi primeiramente variado: leprosos, portadores de doença venérea, criminosos, maus filhos de boa família, caídos no erro, delirantes etc. Depois, na paisagem social vão difundir-se enunciados e práticas que atestam e esperam um mundo novo onde o conhecimento estaria completamente contido na promessa de um progresso contínuo pronto a poder ultrapassar as antigas evoluções, tais como a história dos homens e de seus conflitos traçava seu movimento, constitutivo do Homem moderno. Isso deixa um resto, de que nem a coruja em seu voo noturno pode apropriar-se; esse resto, aqui, toma a forma dos princípios que difundem, ornados com um novo sujeito do universal; ele designa seu ponto de apoio. Esse resto desliza na loucura, fundando a psiquiatria: ninguém melhor que o louco está apto a encarar o insuportável para os que têm em comum "a não loucura"; estes agirão de forma que sua razão comum se transforme em "ciência prática" ou "moral" e exigirão, assim, da psiquiatria que nasce ou devolver aos loucos "o uso da razão" que faz o Homem, ou, então, não conseguindo, manter a sociedade fora de seu alcance. Ou seja, o problema propriamente filosófico que coloca Foucault levanta uma questão política: até onde a promessa das Luzes, que colocava o Homem e a Razão no centro da constituição política, até onde essa promessa pode manter-se se ela continua a desconhecer como se renovam nela os processos de segregação dos homens que ficam fora de seu alcance? Talvez, daí, uma entrada tumultuada no discurso das ciências humanas, onde o fim do Homem não cessaria de esgotar-se e de se renovar no movimento sempre recomeçado de saída do Homem de sua minoridade.[1]

---

1 Emmanuel Kant, Qu'est-ce que les Lumières?. In: *Œuvres*. Tradução de Wismann. Paris: Gallimard, coll. "Bibliothèque de la Pléiade", 1985. t. II: "Qu'est-ce que les Lumières? La Sortie de l'Homme de sa Minorité dont il est lui-même Responsable.

É CONSTITUTIVO O GESTO QUE DIVIDE A LOUCURA

Desde as primeiras linhas de seu prefácio à primeira edição, Foucault nos adverte sobre essa finalidade que é a sua. Retomando por sua conta a fórmula famosa de Pascal, "precisamos", diz ele, fazer a história "dessa outra etapa de loucura – dessa outra etapa pela qual os homens, no gesto da razão soberana que enquadra seu vizinho, se comunicam e se reconhecem por meio da linguagem impiedosa da "não loucura" e, assim, voltar ao momento em que o fosso entre a razão dividida e seu outro não existe ainda, "tratar de alcançar, na história, o grau zero da história da loucura, onde ela é experiência indiferenciada, experiência não ainda dividida da própria divisão".[2] Ele continua um pouco adiante, e isso é de uma extrema importância para a sequência do propósito: "Essa é, sem dúvida, uma região incômoda. É preciso, para percorrê-la, renunciar ao conforto das verdades terminais, e jamais se deixar conduzir pelo que podemos saber da loucura. Nenhum dos conceitos da psicopatologia deverá, até e sobretudo no jogo implícito das retrospecções, exercer o papel organizador. É constitutivo o gesto que divide a loucura e não a ciência que se estabelece, essa divisão uma vez feita, na calma que voltou."[3] De saída, por conseguinte, o autor nos adverte que, para proceder a essa narração da divisão entre razão e loucura, não é permitido usar categorias da ciência uma vez estabelecida, porque seria tornar impossível a descoberta das condições efetivas de sua origem e da relação de forças real que a colocou no mundo. A divisão de que se trata é "constitutiva" da ciência e de seu papel no seio dos empreendimentos de "veridicção" sem que ela própria o saiba. É "trágico", dizia Foucault, em homenagem a Nietzsche, ou "político", segundo o sentido que se atribui a esse termo, mas em nenhum caso "natural": não há essência natural da razão nem de natureza em si da loucura, porque a razão é primeiramente uma ficção dividida na exclusão da desrazão e é o processo histórico dessa exclusão, inauguração do modelo alienista num primeiro movimento, que, na própria desrazão, fixará a loucura.

Pode-se, com certeza, rejeitar a tese central de Foucault, mas não se pode rejeitá-la ignorando-a simplesmente, sem verdadeiramente discuti-la, como o faz, por exemplo, Henri Ey. Recusando-se a entender na prudência epistemológica de Foucault – as categorias da ciência estabelecida são inutilizáveis para pensar a origem da ciência e a divisão trágica que a tornou possível – outra coisa senão um grosseiro questionamento da realidade da doença, do valor da ciência e do prestígio da medicina, Henri Ey naturaliza a razão como faculdade, e a loucura como sua disfunção.[4] Com efeito, o que ele opõe a Foucault? Inicialmente, a afirmação de uma origem da psiquiatria que deve tudo ao desvendamento de um fato de natureza, até aí encoberto pela superstição, a saber "a doença mental", nada à divisão em questão.[5] Em seguida, a loucura reduzida a não ser mais que uma "injúria feita à razão", o organo-dinamismo de Henri Ey permitiria ler as "regressões da vida psíquica" até suas bases corporais. Sua doutrina se apoia, com efeito, na presunção de continuidade das condições e das efetuações do movimento do pensamento a partir do corpo: "Se eu corro para pegar meu trem, se estou aflito pela ameaça de uma guerra, se discuto aqui diante de vocês, submeto à minha organização pessoal, integro ao meu eu, as possibiliddes de meu corpo, suas capacidades de movimento e de sensibilidade. Essas formas de comportamento, de percepção ou de sentimento constituem formas mais evoluídas, as mais diferenciadas, as mais bem adaptadas de minha vida psíquica. O processo de dissolução são, ao contrário, perturbações que tornam a vida

---

2   Michel Foucault, Préface. d'*Histoire de la Folie in Dits et Écrits*. Paris: Gallimard, 1994. I, p. 159. Há tradução brasileira: Prefácio. *História da Loucura na Idade Clássica. Ditos e Escritos*.

3   *Ibidem*, p. 159.

4   Henri Ey, Commentaires Critiques sur l'*Histoire de la Folie* de Michel Foucault. In: *L'Évolution Psychiatrique*, 1971. t. 36, fasc. 2, p. 245: "Porque sua aparição [a doença mental] não se tendo tornado impossível senão pela espessura do mito que a ocultava sob os sortilégios, a magia, as superstições e os 'autos-da-fé' da Idade Média, ela se tornou possível somente pela descoberta de sua natureza, isto é, enquanto desvio contra a natureza da organização psíquica e não mais enquanto aparição sobrenatural."

5   Henri Ey, *Études Psychiatriques*. Paris: Desclée de Brower & Cie., 1952. t. I, Étude nº 4, p. 77: Les "Maladies Mentales" sont des Atteintes à la Liberté, "La Psychiatrie est une Pathologie de la Liberté, c'est la Médecine Appliquée aux Amoindrissements da la Liberté.

psíquica incapaz de operar essas integrações."[6] Uma psiquiatria assim voltada para o reconhecimento entusiasta das capacidades de integração do eu, órgão superior do corpo e que, mesmo se no envolvimento de seu ponto de vista Henri Ey, ela pôde provocar controvérsias abertas e humanismo, é no mínimo arriscada politicamente. Com efeito, não conhecendo doravante em seu campo senão patologias naturais da liberdade, ela deixa necessariamente na sombra a extraordinária plasticidade cultural, histórica e política das limitações efetivas dessa liberdade.

O importante na tese de Foucault é que ela se refere ao conjunto das ciências humanas: não há essência natural do homem, mas para cada época existem enunciados coletivos daquilo para o que os homens deveriam tender. Enunciados que fazem consenso, isto é, cultura, com a condição de traçar um limite a partir do qual "o desumano" se torna identificável. Foucault os inclui numa história dos sistemas de pensamento, histórias das rupturas e das descontinuidades na chegada dos grandes modos de referência que participam do estabelecimento de uma verdade, sempre circunscrita a um dado período. Ele toma esse caminho difícil que consiste na análise das condições que permitem que tal tipo de verdade mais do que outro se imponha diante do palco. Pelo viés da loucura, ele interpela como psiquiatria, psicologia, psicopatologia sustentam verdades no seio de um subconjunto mascarado pela política. A loucura recolhe os restos dessa divisão sempre recomeçada da razão e de seu outro, sem que a ciência saiba, em seus efeitos, visto que ela é, em sua teoria como em sua prática, seu apagamento renovado. Cada uma das ciências do homem, a psicopatologia como as outras, repousa assim em seu fundo sobre uma atribuição prévia do que se deverá reconhecer como verdade, inclusive a que se incrementa por ser estabelecida pelo "avanço" dessas mesmas ciências. Estas se distinguem, com efeito, somente em deixar crer que elas poderiam estabelecer referências de uma base para a Razão, enquanto são as práticas que elas induzem que as julgam, a ponto de Foucault ter podido dizer da psiquiatria que sua função era reduzir a loucura ao silêncio. Pode-se compreender que isso seja bastante difícil de suportar para os psiquiatras. É, no entanto, a psiquiatria, enquanto apoio de um sistema de verdade sobre a Razão como norma social e não os psiquiatras em seus combates e em suas diversidades, que é mirada por ele, mesmo se no elã de seus propósitos, ele os acautela pouco e faz pouco caso de suas dissensões,[7] nas antipsiquiatrias, por exemplo, o que aos olhos do que fala disso,[8] significa alguma coisa.

A LOUCURA NÃO PODE SER REDUZIDA À DOENÇA MENTAL

Sabe-se que, no início da idade clássica, de Erasmo a Pascal, pelo menos para certa corrente do pensamento, não existia "razão sem um grão de loucura", que a razão tinha o mundo da loucura, mas para fazer dele um momento de sua própria realidade. O que Foucault se esforça em nos mostrar é que, no espaço dos dois séculos e meio que seguem, se assiste à naturalização e à medicalização definitivas da loucura: "O louco não é mais o insensato no espaço dividido da desrazão clássica; ele é alienado na forma moderna da doença."[9] É assim que, para fundar a esperança de uma terapêutica, Pinel vai inverter a fórmula do pensamento clássico: "Não há loucura sem um grão de razão." Na sequência lógica dessa constatação, Foucault

---

6   Henri Ey, *Le Problème de la Psychogenèse des Névroses et des Psychoses*. Bibliothèque Neuro-Psychiatrique de Langue Française. Paris: Desclée de Brower, 1950. p. 115.

7   Lucien Bonnafé, Le Personnage du Psychiatre III ou les Métamorphoses. In: *L'Évolution Psychiatrique*, 1967 – I : "Portanto, Foucault tem profundamente razão (*Histoire de la Folie*). Digo-o tão livremente que minha concordância profunda sobre a utilidade desse tiro de revólver no concerto de ações de graças psiquiátrico e meu muito forte interesse por um conteúdo de uma extrema riqueza não me impedem de contestar vigorosamente certas posições de nosso autor sobre muitos registros..., e, em especial, sobre o tema favorito de minhas reflexões, o personagem do psiquiatra, tema sobre o qual os conteúdos de Foucault se empobrecem de maneira bastante notável."

8   "Toda a psiquiatria moderna está no fundo atravessada pela antipsiquiatria, e eu entendo por antipsiquiatria, para dar uma definição da qual não digo ser verdadeira nem restrita, mas, pelo menos, ser cômoda, eu chamo antipsiquiatria tudo o que questiona o papel de um psiquiatra encarregado outrora de produzir a verdade da doença no espaço hospitalar" (Foucault, Les Antipsychiatries).

9   Michel Foucault, *Histoire de la Folie àá l'Âge Classique*. Paris: Tel-Gallimard, 1972. p. 651. Há tradução brasileira: *História da Loucura na Idade Clássica*.

poderá observar que, no que concerne à liberação dos loucos por Pinel e Pussin, "Não é de uma liberação dos loucos que se trata nesse fim do século XVIII; mas de uma objetivação do conceito de sua liberdade".[10] Suas correntes lhes foram tiradas, e é uma felicidade, mas é logo para que a figura do louco seja fixada na do doente, a doença fornecendo então o modelo social do não acesso à liberdade: o louco é alienado, alienado no próprio movimento da razão triunfante que o antecipa e o designa para poder fazer o retorno, a partir de seu "pequeno grão de razão" ao seu regaço. Assim, não conseguiria escapar dessa razão não somente triunfante, mas, doravante, sem limite. Nesse gesto que os torna livres, a razão moderna reconhece sua liberdade em potencial para que a possibilidade de cura tome forma numa terapêutica, digamos aqui sem muito exagerar, com o tratamento moral. Convenhamos em lembrar uma evidência, o tratamento moral se apresenta em oposição às múltiplas formas de contenção física. Seria pena minorar o trabalho de Michel Foucault, limitando-o a uma simples sucessão de oposições puramente críticas, enquanto ele não cessa de nos recolocar na questão das Luzes. Aqui, os elementos de análise do tratamento moral apontam a cegueira que consistiria em não levar em conta o que um aparente progresso levanta como novas questões: em que o apelo à função de um simbolismo bastaria por si só para apagar a questão colocada pela loucura? Quando Henri Ey afirma que "a psiquiatria diz respeito à patologia da liberdade", ele só está repetindo o que Foucault já analisou. Mas se Foucault e Henri Ey estão de acordo com essa constatação, eles tiram disso conclusões perfeitamente opostas: "Basta, aliás, abordar o problema que o livro de M. Foucault nos obrigaria a colocar se há muito tempo todo psiquiatra sério não se tinha já colocado, para compreender que, na perspectiva da organogênese, a psiquiatria é fundada ao mesmo tempo que a liberdade humana é afirmada – ao passo que na perspectiva da sociogênese não há nem liberdade, nem doente alienado, nem ninguém."[11] A doença mental entendida como preponderância da organogênese se concilia com a afirmação do caráter natural da liberdade humana. A essa liberdade natural corresponderia um "órgão da razão", misturando a medicina dos órgãos com uma fenomenologia orientada do julgamento. A intencionalidade, tornando-se o índice efetivo dessa maravilhosa integração numa organogênese da relação com o mundo onde "a alucinação transgride a lógica do plano de organização da vida psíquica como o câncer transgride a lógica do vivo",[12] permite-lhe dar-lhe a definição seguinte: "A alucinação é o ato inconsciente pelo qual o Sujeito desorganizado em seu corpo psíquico é ludibriado com uma percepção sem objeto a perceber."[13] Retirando todo peso ficcional e político do enunciado das Luzes, a doutrina de Ey, que faz da razão uma faculdade natural, não tem nenhuma dificuldade em reconhecê-la na "causalidade psíquica" e em poupá-la de ser nela mesma tomada na dissolução que a ameaça do exterior: "Esta [a doutrina organo-dinâmica], nós insistimos ainda nisso, se faz uma tão 'alta' ideia da causalidade psíquica encarando-a como a forma suprema da atividade do organismo, que ela recusa confundi-la com o processo de dissolução."[14] Ora, toda essa teoria já está em germe no que denuncia Michel Foucault quando ele identifica com fineza a objetivação do conceito de liberdade que opera a psiquiatria em sua origem. Quanto à sociogênese da loucura, ela só existe na deformação que a leitura de Henri Ey impõe ao trabalho de Foucault. Este não fala da sociogênese da loucura, mas do fato de que a loucura nasce do encontro entre os que têm em partilha um limite do aceitável e aquele cujo comportamento ultrapassa justamente este limite. A loucura aparece assim no afastamento, o entre-dois, do limite e do que o ultrapassa: "A loucura só existe numa sociedade, ela não existe fora das formas da sensibilidade que a isolam e das formas de repulsa que a excluem ou a capturam."[15] Parece-me importante

---

10   *Ibidem*, p. 636.

11   Henri Ey, Commentaires Critiques..., op. cit., p. 243.

12   *Idem, Traité des Hallucinations*, t. 2, p. 1.341.

13   *Ibidem*, p. 1.221: "o 'corpo psíquico' de que descrevemos tão longamente a arquitectonia, é um 'aparelho de integração' que constitui a própria organização do ser consciente, e é a desorganização das estruturas sincrônicas ou diacrônicas do ser consciente que refletem as alucinações delirantes."

14   *Idem, Le Problème de la Psychogenèse des Névroses et des Psychoses*, op. cit., p. 118. Ele acrescenta mais adiante: "Ora, admitir a natural necessidade de um processo orgânico de dissolução não nos interdiz nem toda consideração psicogenética da formação dos sintomas nem toda psicoterapia."

15   Michel Foucault, La Folie n'Existe que dans une Société. In: *Dits et Écrits*, I, Paris: Gallimard, 1994. p. 169. Há tradução brasileira: A Loucura só Existe numa Sociedade. *Ditos e Escritos*, I, Problematização do Sujeito.

insistir aqui no debate que não aconteceu verdadeiramente na comunidade psiquiátrica, citando várias vezes Henri Ey, que dominava a psiquiatria francesa da altura de um humanismo "médico", porque ele coloca interrogações essenciais ainda mais importantes a reatualizar em nossos dias, de tanto que o nível de reflexão global em psiquiatria se dessecou para ser substituído pela avaliação de uma gestão imediata dos comportamentos que visa a fundar uma norma social destacada das políticas societais. É louco, em suma, aquele que é designado como tal por seus semelhantes, e os momentos históricos colorem essa designação, mas a loucura não é o louco.

Para a loucura, o louco por si só não basta

A sociedade em geral produz a loucura, isto é, faz aliança contra esse insuportável desencadeamento pelo encontro com o louco. O louco não é produzido pela sociedade, ele designa suas zonas de obstáculo, de rasgo, de subtração de sua trama, tão insuportáveis que seus motivos, suas políticas são uniformes e repetitivas. Que uma sociedade mais do que outra reforce, colore, ofereça seus pontos de combate, seus campos de batalha ao louco, ninguém pode negá-lo, é até nesses terrenos que ele tenta avançar em nossa direção. Avanço que Lucien Bonnafé reconhece em sua definição da loucura: "A loucura, porquanto ela seja outra coisa, não deixa de ser um justo protesto do espírito, contra injustas restrições", para remanejá-la como segue a fim de apoiar o propósito: "O louco, porquanto ele seja outra coisa, não deixa de representar um justo protesto do espírito contra a injusta restrição da loucura que lhe atribuem".

Essa constatação não tem valor crítico das formas que podemos dar à loucura. Ela só visa a destacar que – tanto do lado do discurso científico, a título da clínica, quanto do discurso social, a título, não tanto da exclusão, mesmo se algumas políticas a promovam com alegria, mas no mais difícil, o da proteção das pessoas – o discurso sobre a loucura não pode mascarar a questão do acolhimento do louco. Se a loucura não coloca mais a questão da alteridade radical, ao mesmo tempo que ela represente para além do louco, até contra ele, o que nenhuma política poderá jamais integrar definitivamente: não é certa ideia da democracia que, aceitando não mais se confrontar com os limites de seu acolhimento, se veria assim amputada de horizonte? Conceder seus olhares para o horizonte não permite dividir o que não se alcançará jamais?

O tratamento do louco não pode fazer-se contra seu acolhimento. Debater o acolhimento do louco permite manter as questões colocadas pela loucura, eis, talvez, uma maneira de levar em conta a advertência de Michel Foucault. Assim que todos os loucos estivessem curados, os limites da significação humana estariam sempre presentes. É disso que se trata e que Michel Foucault isola nos propósitos dos psiquiatras e que até prova do contrário dá seu estilo à psiquiatria. Até onde a psiquiatria avançará no caminho da biopolítica sabendo que a tentação é forte para uma sociedade de se nutrir de seus propósitos para validar a prevenção das ações humanas bem além da imediatidade da segurança das pessoas? A recente "retenção de segurança" atesta isso. Ela corre o risco de atrair em sua rede alguns insetos voadores cegados pelo que eles imaginam luminoso e fascinante a título de um "perito em futuro dos atos não cometidos". Quem poderia imaginar que nosso direito abriria suas portas às ciências ocultas da vidência psiquiátrica, com a desculpa de identificar em um indivíduo a série classificatória estatística que poderia dar conta disso? Ser-nos-ia, um dia, imposto dever votar na estrita observância de nossa inclusão sociológica?

O psiquiatra: um personagem dividido e esticado

Aquele que se pensa inscrito no cuidado psíquico deve aceitar ser dividido entre o louco e a loucura, assim como entre a psiquiatria como discurso comum sobre a loucura e sua prática de psiquiatra. Ele não pode desconhecer que, para o louco, ele representa a sociedade e suas obrigações, tanto quanto a linguagem com suas projeções de enunciados prontos para consumir. Contra a loucura e a sociedade, talvez ele deva aceitar correr o risco, para retomar uma proposta cara a Lucien Bonnafé, de se fazer de louco. Essa divisão comprova uma descontinuidade entre a pessoa do louco e a sociedade, um corte epistemológico,

diria Bachelard. Quem sabe seja aí que se situa o aporte de Michel Foucault? Aceitar a ficção das Luzes é aceitar a Razão como ficção política e não a Razão como norma. Não vendo no louco senão a falência do "órgão da Razão", mesmo se para aquele seu cérebro carregasse os estigmas, consistiria em desconhecer o desafio das Luzes para restringir seu alcance, pedindo ao homem moderno não ser nada além do lugar da adaptação de seu corpo à ficção de uma Razão como norma. A disciplina dos corpos identificada por Michel Foucault se prolongaria por uma disciplina imposta ao "corpo em si mesmo", tendo como retorno uma ciência política não somente da gestão dos corpos, representada pelo internamento ou pela hospitalização forçada, como afeição mental, mas também desse "corpo em si mesmo", em nome do que se poderia designar uma construção "cientasmática" a serviço de uma gestão biopolítica. Retorno, desvio da ciência de apoio, da posse do corpo de cada um pela antiga figura do monarca absoluto. Dupla sujeição, nas línguas dominantes de parte a outra à ciência dos órgãos, o cérebro tornando-se o órgão excretor do pensamento analisável em escalas de adaptação. Manter também a loucura como diferente do projeto político da razão e não somente como falência contestada, tal é o desafio a levantar do nosso mundo contemporâneo. Não há aí nenhuma luta de poder entre a psique e o soma. O progresso dos conhecimentos quanto ao funcionamento mais afinado de nossos órgãos não tem por finalidade estabelecer a substância do ser, mas, ao contrário, estender o campo de divisão de nossas alteridades. O infinitamente pequeno não diz quase nada sobre a norma e quase tudo sobre o desconhecido da aventura humana. Aceitar ser esticado, interrogado por esse afastamento entre a loucura e o louco, poder agir sem renegar a dúvida define um espaço de práticas que leva comumente um nome, não é aí que se expande a arte do artesão? É ele que realiza em suas obras múltiplas e variadas o salto qualitativo efêmero que religa a loucura ao louco, da mesma forma que o louco à loucura.

Ousemos tomar partido, a arte do artesão se nos apresenta como uma absoluta necessidade com a condição de não acreditar que ela se bastaria em si mesmo. Ele precisa, por um lado, de um imaginário da política, política que, para Jacques Rancière, aceita a questão da "parte dos sem parte" e, por outro, de um imaginário do singular. Essas obras desenham a paisagem das psiquiatrias, nenhuma pode pretender ser a verdade do louco, nenhuma pode pretender ser a verdade da loucura e, no entanto, todas participam dela. Para terminar, passemos a palavra a Michel Foucault: "O homem, em nossos dias, somente tem a verdade no enigma do louco que ele é ou não é; cada louco leva e não leva nele essa verdade do homem que ele põe a nu na recaída de sua humanidade...". "Em nossa ingenuidade, nós nos imaginávamos talvez ter descrito um tipo psicológico, o louco, através de 150 anos de sua história. Somos obrigados a constatar que, fazendo a história do louco, fizemos – não certamente no nível de uma crônica das descobertas, ou de uma história das ideias, mas seguindo o encadeamento das estruturas fundamentais da experiência – a história do que tornou possível a própria aparição de uma psicologia. E por aí nós entendemos um fato cultural próprio ao mundo ocidental desde o século XIX: esse postulado maciço definido pelo homem moderno, mas que lhe retorna: o ser humano não se caracteriza por uma certa relação com a verdade; mas ele detém, como pertencendo-lhe como própria ao mesmo tempo oferecida e oculta uma verdade."[16]

Talvez pudéssemos estar de acordo para aceitar que essa verdade não seja bem inquietante para se fazer dela toda uma doença, por que não conceder à coragem da verdade a figura do artesão do extremo de um pensamento político do singular?

---

16 *Idem, Histoire de la Folie*, op. cit., p. 653. Há tradução brasileira: *História da Loucura na Idade Clássica*.

Que psiquiatria depois de Foucault?

Mario Colucci

Em 1969, Foucault é convidado a Toulouse por ocasião das Jornadas de Evolução Psiquiátrica, mas ele declina do convite. Henri Ey, irritado com sua recusa e muito polêmico contra seu livro *História da Loucura na Idade Clássica*,[1] acabará etiquetando sua posição de "psiquiatricida".[2] Foucault se pergunta por que tanta hostilidade em relação a um texto que é, apenas, no fundo, na origem, um trabalho acadêmico sobre um assunto histórico-filosófico, que tem muito pouco a ver com a psiquiatria institucional.[3]

A resposta já está talvez no título do colóquio, "Concepção ideológica da História da Loucura": H. Ey e inúmeros outros psiquiatras consideram que Foucault declarou uma guerra ideológica contra sua disciplina e se preparam para contra-atacar.

Mas qual seria, segundo os psiquiatras, a ideologia de Foucault? A resposta é clara: seria a história, ou, digamos, a utilização que ele faz da história para invalidar sua ciência. Fazendo da loucura um produto cultural mais que uma doença mental,[4] Foucault lhe atribui um *status* de verdade cambiante, resultado de construções históricas sucessivas, e demole implicitamente sua pretensa solidez natural e científica. Os psiquiatras ficam profundamente irritados com isso: Foucault frustra sua pretensão a uma respeitabilidade médica, revelando que suas práticas, frequentemente coercitivas, encontram sua origem em acontecimentos contingentes que poderiam ter-se desenvolvido de outra maneira ou não ter jamais acontecido. Não há natureza que se mostre por si mesma pelo que ela é, mas há um discurso de verdade que se encarrega de defini-la e que deve sua força somente ao fato de ter conseguido dominar. Essa concepção da história não dá aos psiquiatras nenhuma garantia: descobre-se que os objetos de natureza não são nem eternos nem necessários, porque é a própria história que os cria em sua natureza de objeto.[5]

---

1   M. Foucault, *Folie et Déraison*. Histoire de la Folie à l'Âge Classique. Paris: Plon, 1961. Há tradução brasileira: *Loucura e Desrazão*. História da Loucura na Idade Clássica.

2   H. Ey, Commentaires Critiques sur "L'Histoire de la Folie" de Michel Foucault. In: *Évolution Psychiatrique*, tome 36, fasc. II, p. 226, Actes du Colloque, Toulouse: Privat, 1971. p. 257. *Cf.* Também D. Eribon, *Michel Foucalt (926-1984)*. Paris: Flammarion, 1989. p. 151.

3   Cf. M. Foucault, Un Problème m'Intéresse depuis Longtemps, c'est celui du Système Pénal (1971). In: *Dits et Écrits*, 1954-1988, 4 v. edição estabelecida sob a direção de D. Defert e F. Ewald com a colaboração de J. Lagrange. Paris: Gallimard, 1994. II, p. 208-209 (há tradução brasileira: Um Problema que Me Interessa Há Muito Tempo é o do Sitema Penal); Vérité, Pouvoir et Soi (1988). In: *Dits et Écrits*, IV, nº 362, p. 777-783 (há tradução brasileira: Verdade, Poder e Si Mesmo); cf. também M. Colucci, Hystériques, internés, hommes infâmes: Michel Foucault et la Résistance au Pouvoir. In: A. Beaulieu (dir.). *Michel Foucault et le Contrôle Social*. Québec: Les Presses de l'Université Laval, 2005. p. 62-63.

4   *Commentaires Critiques sur "L'Histoire de la Folie" de Michel Foucault*, p. 243.

5   Foucault diz: "A história tem por função mostrar que o que existe não existiu sempre, isto é, que está sempre na confluência de encontros, de acasos, no fio de uma história frágil, precárias, que se formaram as coisas que nos dão a impressão de ser as mais evidentes. O que a razão experimenta como sua necessidade, ou o que, antes, as diferentes formas de racionalidade dão como lhes sendo necessárias, pode-se perfeitamente fazer sua história e descobrir as redes de onde isso emergiu; o que não quer dizer, no entanto, que essas formas de racionalidade eram irracionais; isso quer dizer que elas repousam sobre uma base de prática humana e de história humana, e visto que essas coisas foram feitas, elas podem, com a condição que se saiba como elas foram feitas, ser desfeitas." Structuralisme et Poststructuralisme (1983). In: *Dits et Écrits*, IV, nº 330, p. 449.

Com certeza, teria sido mais simples para Foucault olhar o objeto loucura na lupa hagiográfica do mito de Pinel e contar a sombria noite da ignorância que a aurora da psiquiatria vinha enfim iluminar. Depois da longa série de erros dos séculos passados, esse objeto, ora manifestação do sagrado, ora possessão diabólica, teria adquirido sua precisa realidade de natureza, constituindo-se como uma doença mental e integrando-se num campo institucional ao lado das outras doenças.[6]

Para Foucault, ao contrário, foi preciso tentar dizer o que a loucura não é: ela não deve incluir-se nos universais antropológicos – aos quais é preciso opor um ceticismo sistemático –,[7] isto é, que ela não pode pretender um *status* privilegiado, exigindo a natureza do ser humano, que se faz valer "como verdade imediata e intemporal do sujeito".[8] Ela não é uma teoria nascida na cabeça dos psiquiatras, nem uma ciência que se aplica nos asilos que eles construíram.[9] Ela não é a obra de um sujeito constituinte, nem a explicação ou a justificação de instituições preexistentes. A loucura não é um discurso necessário, ou, antes, não se pode demonstrar sua necessidade, em função justamente de uma universalidade. No limite, a loucura é um discurso "possível":[10] não um entre todos, porque nem todos são possíveis, mas esse discurso precisamente, historicamente variável e exposto às contingências do tempo, que foi construído a partir de práticas concretas. É somente no seio dessas práticas que se consegue encontrar esses processos de formação e de transformação dos sujeitos e dos objetos uns em relação aos outros e que aparecem claramente suas relações e suas funções de constituição recíproca.[11]

O processo de medicalização da loucura é, pois, exemplar: um saber científico, uma dinâmica socioeconômica, uma organização institucional se estruturam juntos. Formou-se, como o diz Foucault, um quadro de inteligibilidade,[12] isto é, um domínio de efeitos se delimitou, nascendo da correlação entre jogos de verdade e relações de poder. "Esse fato não abala de forma alguma a validade científica ou a eficacidade terapêutica da psiquiatria: ele não a garante, mas também não a anula."[13]

Definitivamente, é ingênuo acusar Foucault de psiquiatricida, é preciso, sendo o caso, reconhecer-lhe ter mostrado à psiquiatria quanto é vão pretender possuir uma verdade. Infelizmente, essa pretensão está na própria raiz do poder psiquiátrico, nesse papel que o médico se arroga o direito de assumir, enquanto depositário absoluto da verdade. Um papel que ele desempenha antes de tudo em relação ao sujeito louco mais que em relação aos outros saberes disciplinares, "direito absoluto da não loucura sobre a loucura",[14] domínio de uma verdade estabelecida uma vez por todas porque fundada nas evidências de uma ciência médica e de uma pretensa normalidade que exigem um reconhecimento universal. Para Foucault, é essa pretensão que deve ser questionada. Mas é ainda possível fazê-lo? Essa verdade pode ainda ser o objeto de uma contestação e de uma refutação? Pode estar no centro de um conflito entre os sujeitos que aí se encontram implicados, isto é, em primeiro lugar, o médico e o paciente em seu palco de enfrentamento?

São questões às quais é difícil responder. Partamos do fato de que a produção de verdade em psiquiatria tentou uniformizar-se com a dos outros campos da ciência, subordinando-se ao que Foucault chama uma "tecnologia da demonstração",[15] método que permite procurar a verdade em toda parte e

---

6   Cf. M. Foucault, L'Éthique du Souci de soi comme Pratique de la Liberté. In: *Dits et Écrits*, IV, nº 356, p. 726. Há tradução brasileira: A Ética do Cuidado de Si como Prática da Liberdade. *Ditos e Escritos*, V.

7   Cf. M. Foucault, Foucault. In: *Dits et Écrits*, IV, nº 345, p. 634.

8   *Ibidem*.

9   Cf. M. Foucault, *Naissance de la Biopolitique*. Cours au Collège de France. 1978-1979. Paris: Gallimard/Seuil/Hautes Études, 2004. p. 35. Há tradução brasileira: *Nascimento da Biopolítica*.

10   *Ibidem*.

11   Foucault diz: "São as 'práticas' entendidas como modo de agir e de pensar ao mesmo tempo que dão a chave de inteligibilidade para a constituição correlativa do sujeito e do objeto." *Foucault*, op. cit., p. 635.

12   Ibidem; cf. também Qu'est-ce que la Critique? (Critique et Aufklärung). In: *Bulletin de la Société Française de Philosophie*, 2, p. 35-63, avril-juin 1990. Há tradução brasileira: O Que é Crítica?

13   *L'Éthique du Souci de soi comme Pratique de la Liberté*, op. cit., p. 724-725. Há tradução brasileira: Ética do Cuidado de Si como Prática da Liberdade. *Ditos e Escritos*, V.

14   *Résumé du Cours in Le Pouvoir Psychiatrique*. Cours au Collège de France. 1973-1974. Edição estabelecida sob a direção de F. Ewald e A. Fontana por J. Lagrange, Paris, Gallimard/Seuil/Hautes Études, 2003. p. 350; cf. também a aula de 12 de dezembro de 1973, p. 133-134.

15   *Ibidem*, p. 236 e seguintes.

sempre, através da constatação de sinais e da realização de experiências universalmente repetíveis. Não há mais um só evento da verdade que, como o raio, percorre o ar e só se manifesta em condições determinadas, mas é um céu eternamente sereno que prevalece, sob a abóbada da qual se estende um conhecimento sempre possível.[16] E, contudo, embora a psiquiatria tente fundar-se no modelo da medicina-constatação, ela jamais pôde desligar-se totalmente de um funcionamento contingente de sua verdade que nasce desde o instante em que se enfrentam o médico e o doente no interior de uma instituição e em que, simultaneamente, o saber/poder do primeiro, por um lado, e o *status* de doença do segundo, por outro, encontram seu fundamento. É essa cena que deveria lembrar à psiquiatria a natureza de sua verdade: uma natureza que não é, certamente, metafísica, mas mais concretamente política, que encontra sua origem numa relação entre sujeitos que têm diferentes posições de poder.

Como é possível modificar os jogos de poder e de verdade que implica esse enfrentamento?[17] Hoje, a psiquiatria evita a questão e a relega a uma estação passada, que só é feita com *inúteis* conflitos ideológicos. Em compensação, Foucault faz justiça às diferentes formas de antipsiquiatria que, apesar de seus limites e heterogeneidades, foram as primeiras a colocar o problema.[18] Suas lutas, desde então longínquas – as de Szasz, Laing, Cooper, Basaglia –, interrogaram esse palco de enfrenteamento e de conflito que vê oporem-se o médico, bajulado enquanto "mestre da loucura",[19] e o paciente, inválido enquanto doente mental. Essa cena de vitória e de submissão, escreve Foucault, "esse jogo de uma relação de poder que dá lugar a um conhecimento, o qual funda, em retorno, os direitos desse poder",[20] representa na psiquiatria asilar o grande modelo de produção de verdade e, ao mesmo tempo, de constituição de subjetividades. A partir do momento em que são colocadas as bases do saber psiquiátrico, o sujeito é constituído como louco, isto é, "desqualificado, despojado de todo poder e de todo saber quanto à sua doença"; ele é colocado, em todos os casos, numa posição de subordinação e de passividade.

Todavia, Foucault convida à prudência, porque ele está convencido de que é necessário ir além dessa imagem de coerção, se se quer realmente captar a relação entre subjetividade e verdade que está em jogo no dispositivo psiquiátrico.[21] O sujeito não é completamente passivo, afirma ele numa entrevista: "Se é verdade, por exemplo, que a constituição do sujeito louco pode ser considerada como a consequência de um sistema de coerção – é o sujeito passivo –, vocês sabem muito bem que o sujeito louco não é um sujeito não livre e que, precisamente, o doente mental se constitui como sujeito louco em relação e em face daquele que o declara louco."[22] Ou seja, há uma formação ativa do paciente no palco de enfrenta-

---

16   Sobre a distinção entre verdade-raio e verdade-céu ou o ritual da verdade-prova e a epistemologia da verdade-constatação cf. também La Maison des Fous. In: *Dits et Écrits*, II, nº 146, p. 693-698. Há tradução brasileira: A Casa dos Loucos. *Ditos e Escritos*, I.

17   Foucault diz: "Meu problema sempre foi [...] o das relações entre sujeito e verdade: como o sujeito entra num certo jogo de verdade [...] como se faz, por exemplo, com que a loucura tenha sido problematizada a partir de certo momento e na sequência de certo número de processos como uma doença dependente de uma certa medicina? Como o sujeito louco foi colocado nesse jogo de verdade definido por um saber ou um modelo médico?". *L'Éthique du Souci de soi comme Pratique de la Liberté*, op. cit., p. 717-718. Há tradução brasileira: A Ética do Cuidado de Si como Prática da Liberdade.

18   Foucault escreve: "As relações de poder constituíam o *a priori* da prática psiquiátrica: elas condicionavam o funcionamento da instituição asilar, elas aí distribuíam as relações entre os indivíduos, elas regiam as formas da intervenção médica. A inversão própria, a antipsiquiatria, consiste em colocá-las, ao contrário, no centro do campo problemático e a questioná-las de maneira primordial." *Résumé du Cours in Le Pouvoir Psychiatrique*, op. cit., p. 350. Há tradução brasileira: *Resumo do Curso em O Poder Psiquiátrico*.

19   *Ibidem*, p. 345.

20   *Ibidem*, p. 351.

21   Foucault sustenta ter querido continuar, no curso sobre *Le Pouvoir Psychiatrique*, o trabalho que ele tinha começado na *Histoire de la Folie (História da Loucura)*, dispensando, entretanto, a centralidade de três noções empregadas por ele: a violência, a instituição e a família. Além disso, no que concerne à antipsiquiatria, Foucault declara não compartilhar de sua tese central, isto é, a ideia de um poder repressivo que esmaga a pretensa liberdade da loucura. Cf. Leçon du 7 novembre 1973. In: *Le Pouvoir Psychiatrique*, op. cit., p. 4-20; cf. também Entretien avec Michel Foucault. In: *Dits et Écrits*, III, nº 192, p. 148-149. Há tradução brasileira: *O Poder Psiquiátrico*.

22   *L'Éthique du Souci de soi comme Pratique de la Liberté*, op. cit., p. 719. Há tradução brasileira: *A Ética do Cuidado de Si como Prática da Liberdade*.

mento com o médico. O sujeito não é completamente privado de liberdade, e, de qualquer maneira, essa imagem passiva não permite compreender até o fim como o próprio sujeito entra e participa de um jogo de verdade de que depende sua constituição. O exemplo das histéricas é esclarecedor: na Salpêtriere, Charcot é o mestre absoluto de um espaço asilar imóvel, cheio de doentes apáticos e dóceis, doravante desprovidos de sintomas, sem crises e sem violência. Só as histéricas são ainda capazes de se subtrair ao destino do asilo que condensou todas as formas de loucura no único diagnóstico de *demência*:[23] à classificação "espíritos pobres", elas respondem por uma exposição de seus corpos. O que elas exigem é uma atenção médica e não somente um olhar carcerário, porque elas consideram que vale mais ser julgadas doentes do que loucas. Elas preferem a medicalização da histeria à psiquiatrização da loucura,[24] porque, no momento em que elas se constituem uma condição de doença, reencontram um *status* de cidadania perdido pelo fato da invalidação psiquiátrica.[25] Na realidade, a medicalização se superpõe à coerção, sem jamais eliminá-la completamente. Eis a razão pela qual Foucault insiste na necessidade de ir mais adiante: o verdadeiro desafio das lutas antipsiquiátricas é a *desmedicalização*. Isso significa a liberação da loucura desse dispositivo de poder-saber da psiquiatria clássica que impede o sujeito, em nome do bom senso e da normalidade, de viver sua experiência até o fim, atribuindo-lhe um diagnóstico de doença e conferindo inevitavelmente um *status* médico aos comportamentos, aos sofrimentos e aos desejos.[26] Para agir contra esse dispositivo, um processo de luta contra as coerções da instituição psiquiátrica não é suficiente, é preciso também criticar a fundo o mecanismo de medicalização que preside à constituição do sujeito como doente. Assim, Foucault sugere não se deixar enganar pela força exemplar dos processos de liberação das instituições totais. Eles podem, com efeito, se revelar inadequados para explicar a natureza do poder e do gesto de resistência que a ele se opõe. Porque eles deixam crer que existe uma natureza humana que ficou aprisionada sob o poder repressivo. Os sujeitos seriam modelados, no interior dessas relações de poder bloqueadas – que seria mais oportuno chamar "estados de dominação" –, de maneira totalmente passiva. Mas os processos de liberação, ainda que preliminares e necessários, são destinados ao provisório. Eles abrem o caminho para novas relações de poder, mais móveis, que devem ser regulados por práticas de liberdade centradas sobre uma ética da *não dominação*, isto é, sobre um modo de controle do poder, do abuso de poder, do excesso de governo sobre os outros.[27]

A experiência da reforma psiquiátrica italiana pode fornecer, nesse sentido, um exemplo útil[28] porque, com a Lei 180, de 1978, ela tem um efeito prático importante, isto é, o fechamento de todos os asilos e a eliminação do âmbito legislativo de preconceito de periculosidade. Trata-se da etapa crucial de uma viagem para a liberação que tinha começado por uma tomada de palavra das vítimas do asilo contra a estrutura social que as denunciava como loucos.[29] Em resposta a seus detratores, que o acusam de falta de credibilidade científica e de ter politizado um domínio médico, Franco Basaglia demonstra, pela prática, que se pode ir além do gesto de resistência das histéricas de Charcot: a emancipação dos internos dos asilos italianos é uma prática de liberdade que não se opõe somente à exclusão social que os afasta da vida da cidade, mas também à medicalização de sua condição de excluídos. O diagnóstico, que naturaliza sua loucura como perturbação mental, justifica sua internação, priva inexoravelmente essa condição de sentido político e reduz o gesto de resistência ao poder psiquiátrico a um comportamento patológico.

---

23 Cf. *Le Pouvoir Psychiatrique*, op. cit., p. 253. Há tradução brasileira: *O Poder Psiquiátrico*.

24 *Ibidem*, p. 310. Cf. também *Résumé du Cours*, op. cit. Há tradução brasileira: *Resumo do Curso*.

25 Foucault diz: "Assim o histérico não será mais um louco no interior do asilo; ele vai obter um direito de cidade no interior de um hospital digno desse nome, isto é, de um hospital que não terá mais direito a ser somente um asilo. O direito de não ser louco, mas de ser doente é obtido pelo histérico graças à constância e à regularidade de seus sintomas." *Ibidem*, p. 312.

26 *Ibidem*, p. 351.

27 Cf. *L'Éthique du Souci de soi comme Pratique de la Liberté*, op. cit., p. 708-729.

28 É preciso esclarecer que esta não pode ser assimilada às outras experiências antipsiquiátricas de que ela recusa, aliás, a etiqueta: sobre esse ponto cf. M. Colucci, P. Di Vittorio, *Franco Basaglia*. Portrait d'un Psychiatre Intempestif. Toulouse: Éditions Éres, 2005; cf. também F. Basaglia, *Psychiatrie et Démocratie*. Éditions Éres, 2007.

29 M. Foucault, "Par-delà le bien et le mal". In: *Dits et Écrits*, nº 98, II, p. 233. Foucault fala também de uma insurreição dos saberes sujeitados em *Il faut Défendre la Société*. Cours au Collège de France, 1975-1976, edição estabelecida sob a direção de F. Ewald e A. Fontana por M. Bertani e A. Fontana, Paris: Gallimard/Seuil/Hautes Études, 1997. p. 8-10.

Basaglia propõe, em compensação, que a leitura política desse gesto se torne o prévio de toda pretensa verdade científica. Colocar a doença entre parênteses não quer dizer negar sua existência, mas dar-lhe uma prioridade diferente.

É claro que nada se conseguiu porque Basaglia se dá perfeitamente conta da precariedade das lutas empreendidas e do perigo de um retorno a uma medicalização maciça de todas as formas de mal-estar social.[30] Com o fim do asilo, a categoria da periculosidade social que conduzia a uma internação cega hoje cedeu lugar a uma codificação médica das patologias em função do encarrego destas por serviços especializados e fragmentados. Critérios de diagnóstico descritivos se impõem, que passam por universais; um método clínico se afirma, baseado na evidência; todos os modelos que se proclamam neurociências triunfam, fundados principalmente em estudos bioquímicos, neurobiológicos e instrumentais. Cada vez mais, a farmacologia é encarregada de um dever de cura, acompanhando-se até, às vezes, de técnicas de desenvolvimento psicoeducativo. A cura do sujeito e de seus elos sociais, que tinha estado no centro das lutas de emancipação da instituição total, é suplantada por uma clínica moderna do indivíduo, de que é preciso preencher as faltas e restabelecer os níveis de prestação e de funcionamento social.

Nessa paisagem desoladora, a obra de Foucault, para uma certa psiquiatria italiana passada pela experiência da desinstitucionalização, é indispensável. E associada aos textos e às entrevistas de Basaglia dos anos 1960 e 1970, ela forma uma mistura detonadora. Pode-se aí encontrar o fio que tenta pacientemente tecer a teia frágil de uma psiquiatria da *não dominação*. Numerosas são, no entanto, as questões abertas: depois da estação dos processos de liberação, é possível pensar numa prática psiquiátrica que seja também uma prática de liberdade? É possível explicar o incômodo sem recorrer à linguagem da doença? É possível regular o excesso de governo sobre o outro? E é possível permitir-lhe resistir ao poder psiquiátrico, mesmo quando este passou por uma reforma que restitui direitos e inclui numa cidadania?

Evidentemente, no palco de enfrentamento entre médico e doente, o reconhecimento de um *status* jurídico com aceitação de uma naturalidade da condição de doença foi, a partir de agora, negociada: como doente, têm-se direitos.[31] Mesmo se eles podem ser negados, sua legitimidade não pode ser excluída. O sujeito louco se tornou um cidadão de direito graças a um mecanismo de medicalização de sua loucura. Sua subjetivação se fez desde o momento em que ele foi reconhecido como doente, doente a quem é preciso garantir o tratamento e a saúde. Em outros termos, a restituição de seus direitos é concedida ao indivíduo que já foi normalizado numa identidade de doente mental.

A coexistência desses dois planos heterogêneos, o do direito e o da doença, isto é, da soberania jurídica e da normalização disciplinar está bem distante de ser fácil, como no-lo diz Foucault.[32] É daí, no entanto, que se deve partir: abandonar a ilusão de que se possa, em face do desenvolvimento da medicina e do avanço de um poder ligado ao saber científico, fazer valer a soberania de um direito de cidade.[33] Mas lembrar também que medicalizar *com entusiasmo* (*allègrement*)[34] os comportamentos, os discursos, os desejos que chamávamos loucura e que supõem sempre uma implicação social, comporta o risco de tirar sua dignidade política do sujeito que se tem diante de si. Talvez seja sobre o equilíbrio precário entre esses dois planos que pode ser pensada, hoje, uma prática de liberdade fundada numa ética da não dominação ou, se parafrasearmos as palavras de Foucault, uma *introdução à psiquiatria não fascista*.[35]

---

30   Cf. *Franco Basaglia*, Portrait d'un Psychiatre Intempestif, op. cit., p. 210.

31   Tomemos o exemplo da França, onde se permite o acesso aos benefícios da lei de 11 de fevereiro de 2005 dita "sobre a igualdade das oportunidades" às pessoas que são reconhecidas como "deficientes psíquicas".

32   Cf. M. Foucault, *Il faut Défendre la Société*, op. cit., p. 35.

33   *Ibidem*.

34   Foucault utiliza essa expressão a propósito da psiquiatrização da sexualidade das crianças. Cf. *Les Anormaux*. Cours au Collège de France. 1974-1975, edição estabelecida sob a direção de F. Ewald e A. Fontana por V. Marchetti e A. Salomoni. Paris: Gallimard/Seuil/Hautes Études, 1999. p. 278. Há tradução brasileira: *Os Anormais*. Curso no Collège de France. 1974-1975.

35   Emprestamos a expressão que Foucault utiliza no prefácio da edição americana de *L'Anti-Œdipe*, de Deleuze e Guatari (ainda que não nos refiramos à obra), quando ele fala de "uma introdução à vida não fascista", Préface. In: *Dits et Écrits*, op. cit., nº 189, III, p. 135. Há tradução brasileira: O *Anti-Édipo*.

Como escrevi alguns dos meus textos

Didier Fassin

Por mais distante que eu me recorde, a leitura de Michel Foucault sempre me acompanhou em meu trabalho de escrita. Essa companhia não era, no entanto, a que procura um discípulo que teria conhecido seu mestre a título póstumo e que se nutriria de seu pensamento com uma nostalgia febril. Eu não tinha, com certeza, seguido seus ensinamentos no Collège de France, mas, de qualquer maneira, a própria ideia de magistério intelectual me era profundamente estranha. Provavelmente, a longa frequentação da Faculdade de Medicina me havia premunido contra essa forma de legitimação pela invocação da autoridade do mestre, que é a expressão mais tradicional da reprodução da ordem médica – e de algumas outras. Meu companheirismo com a obra de Michel Foucault era de uma natureza totalmente diferente. Durante muito tempo, ele foi o autor de quem eu lia algumas páginas, mais ou menos ao acaso, no momento de me pôr a escrever – não para aí buscar ideias, mas para aí procurar inteligência. Bem mais que uma influência, eu encontrava em seus livros uma inspiração.

Ele não é, evidentemente, o único cuja leitura teve sobre mim esse efeito. Se eu precisasse explorar os domínios profundos de meu olhar sobre o mundo, era, com certeza, do lado da *Pesquisa* que eu precisaria ir, tanto esse livro esteve, para mim, como para muitos outros, na origem de minha educação intelectual. E se me refiro aos anos quando comecei a me formar em ciências sociais, é sem maior originalidade, pelo menos para minha geração, em *Tristes Tropiques* que eu senti o gosto da antropologia, e em *Le Sens Pratique* que eu descobri o que decifrar o social quer dizer. Eu poderia assim prolongar a evocação das obras, e, portanto, dos antropólogos, sociólogos, historiadores, e, principalmente, filósofos, que foram referências em meu trabalho científico. O único, no entanto, que me continuou fiel – mais que o inverso – foi Michel Foucault. Não que eu tenha lido sempre as mesmas obras dele nem feito delas o mesmo uso. Seguindo um caminho bem banalmente cronológico, que é, ao mesmo tempo, o da obra e o das publicações, eu tinha rapidamente atravessado o período arqueológico da *História da Loucura* e do *Nascimento da Clínica*, a que, provavelmente, meu primeiro ofício me tornava sensível, antes de me envolver mais substancialmente no momento genealógico de *A Vontade de Saber* e de *É Preciso Defender a Sociedade*, de que os biopolíticos faziam, então, eco aos meus trabalhos sobre o espaço político da saúde e, finalmente, de descobrir progressivamente, à medida que eles aparecem, a riqueza sempre renovada dos *Cursos* do fim da década de 1970 e, principalmente, do início dos anos 1980, mas também dos *Ditos e Escritos*. Paralelamente, minha prática da obra se modificava, tornando-se menos aleatória, mais orientada, e isso enquanto as edições recentes permitiam, graças aos notáveis indices, uma utilização arrazoada; mais bem dirigido doravante, eu procurava menos fazer nascerem popostas novas, ou que me pareciam tais, quanto a encontrar uma espécie de *sparring partner* graças ao qual eu podia colocar minhas ideias à prova; mas para além dessas variações, ficava essa maneira de ler que, ao lado do exercício de leitura tradicional da obra, consistia em uma espécie de afloramento meditativo dos textos que me serviam de convite a pensar. A que se deve, então, essa força de inspiração que é bem diferente de um apelo à iniciação? A três elementos, eu penso: um método, uma atitude crítica, um espírito de liberdade. Bem mais que um procedimento mental, por mais notável que seja,[1] trata-se aqui para mim de explorar uma heurística.

---

1 Raymond Roussel, *Comment j'ai Écrit certains de mes Livres*. Paris: Gallimard, 1995 (1ère édition 1938), e Michel Foucault, *Raymond Roussel*. Paris: Gallimard, 1963.

Método

Há, inicialmente, em Michel Foucault, um pensamento do método. Ele o definiu inicialmente como arqueologia, depois como genealogia: alguns, aliás, quiseram ver na diferença entre essas duas abordagens um desafio teórico maior, considerando que tanto uma como a outra se situavam além da atitude hermenêutica – até que ele próprio intitula seu curso "Hermenêutica do Sujeito". Em seguida, ele falou de problematização e de eventualização: encontra-se, com efeito, nele essa propensão a regularmente requalificar o conjunto de sua obra e, assim, a fazer dela outro sentido – pronto a recorrer a neologismos que ele próprio reconhece serem "extremamente bárbaros". Mas, no fundo, esse método pode exprimir-se muito mais simplesmente. O trabalho intelectual de Michel Foucault consiste em mostrar, a propósito de todas as grandes questões que ele abordou, que "não era tão evidente assim", como ele próprio o diz.[2] Formulação quase banal para descrever uma forma de questionamento radical do que se tem como garantido, do que se crê natural, do que não se interroga mais por conta de ser penetrado por essa espécie de osmose social que nos faz ver o mundo como avançando sozinho e esquecer os processos históricos pelos quais ele é o que nos parece. "Não era tão evidente que os loucos fossem reconhecidos como doentes mentais; não era tão evidente que a única coisa a fazer com um delinquente fosse prendê-lo; não era tão evidente que as causas da doença tivessem que ser procuradas no exame individual do corpo", observa ele. Ruptura de evidência, portanto, que é, no fundo, uma transformação do "olhar", à maneira como ele descreve ele próprio a "diferença ínfima e total" entre duas observações clínicas, a do *Traité des Affections Vaporeuses des Deux Sexes*, de Pomme, no século XVIII e a da *Nouvelle Doctrine des Maladies Mentales*, de Bayle, no século XIX, pensamento mágico por um lado, esforço científico, por outro.[3] Aprender a olhar o mundo social é, pois, desaprender o que se acreditava saber. "Conhece-se contra um conhecimento anterior", escrevia Gaston Bachelard,[4] de quem Michel Foucault pode ser considerado como um distante herdeiro, mais ou menos porque não é à ciência que ele quer aceder, mas à verdade. Uma verdade não transcendental, mas, ao contrário, situada: uma relação com o dizer verdadeiro – com a "veridicção" – que caracteriza um momento e uma sociedade a ponto de tornar-se imanente, e, portanto, invisível.

Os historiadores de seu tempo tiveram muita dificuldade para entender essa exigência, eles que pensavam chegar a captar, pelo exame sistemático de documentos de arquivos e de séries estatísticas, as estruturas sociais e as condições de vida de uma época. Eles se interessavam assim por uma totalidade das práticas, quando Michel Foucault explorava os detalhes dos discursos. Eles procuravam regularidade quando ele dirigia sua atenção sobre as singularidades. Eles falavam de realidade quando ele se apegava à verdade. É logicamente junto a historiadores que trabalham com objetos marginais, com grupos minoritários, com situações de dominação política ou simbólica que a recepção da obra de Michel Foucault foi a mais fácil e a mais decisiva, na França e na Europa, mas principalmente na América do Norte, embora nos Estados Unidos a resistência às teses foucaultianas tenha sido bem mais forte do que se acredita:[5] a história colonial e pós-colonial, os estudos feministas e subalternistas, os trabalhos sobre as questões raciais e sexuais encontraram em sua abordagem não somente ferramentas científicas para explorar esses novos territórios, mas também recursos estratégicos para legitimar suas posições sempre frágeis.

Dos antropólogos, em compensação, poderia ter-se esperado uma adesão mais imediata ao método foucaultiano. Sua atitude não consiste em se deslocar, no sentido, ao mesmo tempo, literal e de imagem, em aprender outras línguas e outras culturas, livrando-se dos seus preconceitos sobre essas sociedades

---

2   Michel Foucault, Table Ronde du 20 mai 1978. In: *Dits et Écrits*, t. II, 1976-1988. Paris: Gallimard, "Quarto", 2001. p. 839-853. Há tradução brasileira: *Ditos e Escritos*.

3   *Idem, Naissance de la Clinique*. Une Archéologie du Regard Médical. Paris: PUF, 1963. Há tradução brasileira: *O Nascimento da Clínica*.

4   Gaston Bachelard, *La Formation de l'Esprit Scientifique*. Contribution à une Psychanalyse de la Connaissance Objective. Paris: Vrin, 1983. Há tradução brasileira: *A Formação do Espírito Científico*.

5   Joan W. Scott, L'Histoire comme Critique. In: *Théorie Critique de l'Histoire*. Identités, Expériences, Politiques. Paris: Fayard, 2009. p. 13-63.

diferentes que eles estudam. O próprio princípio do famoso *going native*, essa indigenização do espírito que o torna às vezes também do corpo, e sua versão teórica, a saber, o relativismo cultural sem o qual a disciplina não existiria, não convidam a explorar outras relações com a verdade? Ora, nos anos em que Michel Foucault publica o essencial de sua obra, a antropologia é dominada, na França, em especial, pelo estruturalismo e, embora em um menor grau, pelo marxismo. Longe de procurar apreender as singularidades, os antropólogos estão, então, em busca de universais, que se trate de descobri-los no parentesco e na aliança, nos mitos e nos relatos, no econômico ou no político. A etnografia se encontra reduzida a uma técnica de coleta de informações que a etnologia coloca em forma no contexto cultural local e às quais a antropologia dá um sentido geral graças ao método comparado. Os universais apagam as singularidades. Melhor: eles as tornam desprezíveis. Seguramente, é ainda uma vez mais no país de Clifford Geertz, para quem "as frases que começam por: 'Todas as sociedades têm...' são sem fundamento ou banais",[6] do que no país de Claude Lévi-Strauss e generalizações abstratas, que o pensamento de Michel Foucault podia receber uma acolhida favorável. Será necessário esperar a erosão dos pensamentos estruturalista e marxista, o retorno da etnografia como fundação da disciplina e a chegada de paradigmas teóricos abertos à mudança mais do que à permanência, para que esse pensamento encontrasse, pouco a pouco, seu lugar na antropologia francesa e mais amplamente europeia.

De minha parte, a ideia que eu me fazia da antropologia como "ciência das possibilidades"[7] se achava perfeitamente em harmonia com a abordagem foucauldiana. O que é, em dado momento e num determinado lugar, e se impõe a todos como evidente e necessário, é somente uma das configurações possíveis que, diferentemente das outras, se realizou. Pode-se, certamente, desenvolver conjecturas para tentar compreender por que essa configuração se impôs, mas, para estar em condição de fazê-lo, é preciso primeiramente compreender que outras saídas teriam podido aparecer. É dessa capacidade de surpreendimento que nasce, quase por princípio, todo pensamento de ciências sociais. A grande investigação que eu tinha começado no início dos anos 1990 sobre o que eu chamei a razão humanitária[8] e que me havia levado a conduzir uma série de estudos empíricos sobre as políticas colocadas em ação em relação a desempregados e precários, estrangeiros doentes e pedindo asilo, mais tarde no domínio da assistência internacional às vítimas de conflitos e de catástrofes, repousava precisamente nessas premissas. Tratava-se de compreender como, e talvez por que, os sentimentos morais, como os chamava Adam Smith,[9] se tornaram tão importantes em nossa maneira de dizer e de fazer a política – como e por que um governo humanitário se desenvolvia progressivamente. Como teria dito Michel Foucault, não era tão evidente que as desigualdades fossem chamadas exclusão, que as injustiças sociais fossem rebatizadas como sofrimento psíquico, e que lugares de escuta fossem considerados como a melhor solução para enfrentar isso; não era tão evidente que os demandantes de asilo obtivessem frequentemente mais facilmente uma permissão de estada enquanto doentes do que como refugiados, e que a compaixão acabasse assim ganhando do direito; não era tão evidente que guerras contra inimigos pudessem encontrar justificações na linguagem humanitária.

CRÍTICA

Há, portanto, em Michel Foucault, um pensamento da crítica. É, com efeito, segundo ele, nessa contestação da evidência que reside a "modernidade" da crítica da qual ele faz de Kant o inventor, e das Luzes, o momento.[10] O estado do mundo não é mais dado, ele é um produto histórico, e hoje se torna "uma diferença

---

6   Richard Schweder, *Clifford James Geertz 1926-2006*. A Biographical Memoir. Washington, D. C.: National Academy of Sciences, 2010.

7   Michael Carrithers, Anthropology as a Moral Science of Possibilities. *Current Anthropology*, 46 (3), p. 433-456, 2005.

8   Didier Fassin, *La Raison Humanitaire*. Une Histoire Morale du Temps Présent. Paris: Gallimard/Seuil/Hautes Études, 2010.

9   Adam Smith, *Théorie des Sentiments Moraux*. Paris: PUF, 1999; 1ère édition anglaise 1759.

10   Michel Foucault, Qu'est-ce que les Lumières?. In: *Dits et Écrits*, t. II, 1976-1988, Paris: Gallimard, "Quarto", 2001. p. 1.380-1.397. Há tradução brasileira: O que são as Luzes? *Ditos e Escritos*, II, Arqueologia das Ciências e História dos Sistemas de Pensamento.

na história". Essa descoberta, que é a da *Aufklärung*, é uma confusão não somente epistemológica, mas também política. Visto que o que é poderia ter sido de outra forma, então o que será pode ser inventado. Não há que se submeter a uma ordem das coisas. "A crítica é a análise dos limites, observa ele. Mas se a questão kantiana era saber quais limites o conhecimento deve renunciar a transpor, a questão crítica, hoje, deve ser invertida em questão positiva: no que nos é dado como universal, necessário, obrigatório, qual é a parte de singular, contingente, devido às restrições arbitrárias. Trata-se, em suma, de transformar a crítica exercida na forma da limitação necessária em uma crítica prática na forma da transposição posssível." Contra aquelas e aqueles que lhe opuseram que seu trabalho filosófico incidia na passividade e desestimulava a ação, ele responde que, ao contrário, desvendando a contingência do presente, ele revela potencialidades no futuro. Com a condição, no entanto, de compreender que a ação não decorre da aplicação de receitas (ditar o que é preciso fazer para que isso mude), mas da transformação dos sujeitos (deslocar o olhar para abrir outros possíveis). Mas é verdade que complicar a realidade mostrando que ela não é óbvia, inclusive política e moralmente, não é sempre fácil de defender e pode até levar a contradições delicadas a ultrapassar.

Quando, nos anos 1990, comecei a investigar sobre a questão do corpo do imigrado e, em especial, do recurso à doença como argumento de regularização, eu era, eu mesmo, um médico que tratava dos sem-documentos e lhes emitia certificados médicos para a prefeitura.[11] Por um lado, eu analisava a inversão de uma economia moral. Por muito tempo considerado antes de tudo como um trabalhador, o imigrado era apenas seu corpo, como o escrevia Abdelmalek Sayad,[12] e é desse corpo que ele tinha sua legitimidade, conquanto fosse apto ao trabalho: nesses tempos, o acidente e a doença, principalmente se eles se prolongavam em sintomas dificilmente objetiváveis mantendo o imigrado na inatividade, eram suspeitos; consequências supostas de uma simulação ou de uma histeria, essas perturbações eram identificadas sob o nome estigmatizante de sinistrose. Com a crise econômica e as restruturações industriais que interromperam o período de crescimento das 30 gloriosas, a presença do imigrado se tornou indesejável, e ele foi apresentado como um concorrente desleal no mercado do emprego; excluído como força de trabalho, o corpo do imigrado reencontrou um paradoxal espaço de reconhecimento com o estabelecimento de uma cláusula que permitia a obtenção de uma permissão de estada aos doentes cujo estado de saúde era julgado suficientemente grave e cujo país de origem não podia garantir o tratamento; em alguns anos, as regularizações em razão dessa cláusula tinham ultrapassado em número as obtenções de títulos de refugiado. Ontem, portanto, a doença do imigrado era ilegítima; hoje, ela lhe permite um reconhecimento legal. Nesse novo contexto, um amplo consenso existia tanto no mundo político quanto entre as organizações não governamentais para considerar que esse "protocolo de compadecimento" era um progresso moral considerável. Mostrando que nossa sociedade não era mais capaz de aceitar o estrangeiro senão no âmbito do que Giorgio Agamben designava como a "vida nua",[13] a saber, a existência biológica ameaçada, eu dividia esse consenso. Mas, por outro lado, tendo eu criado uma consulta médico-social para as pessoas sem proteção social, que se encarregava de fato principalmente dos estrangeiros em situação irregular, eu era frequentemente levado nessa situação a redigir a seu pedido documentos que atestavam a gravidade de sua doença e a impossibilidade de se beneficiarem de tratamento em seu país. Tornando-me alguns anos mais tarde o presidente do Comitê Médico para os Exilados, uma organização não governamental que vinha ao auxílio dos imigrados e demandantes de asilo, eu me encontrava ainda mais implicado nessa política, visto que essa associação era o mais importante provedor de certificados médicos para o fórum nacional do direito de asilo. A contradição podia parecer flagrante. Ela apenas confirmava, a meu ver, o fato de que a crítica de uma política e, mais amplamente, de uma evolução antropológica, tal como havia feito por sua vez Michel Foucault a propósito da prisão, tinha a ver com uma

---

11   Didier Fassin, Quand le Corps Fait Loi. La Raison Humanitaire dans les Procédures de Régularisation des Étrangers. *Sciences Sociales et Santé*, 19 (4), p. 5-34, 2001, e Une Double Peine. La Condition Sociale des Immigrés Malades du Sida. *L'Homme*, p. 160, 137-162, 2001.

12   Abdelmalek Sayad, *La Double Absence*. Des Illusions de l'Émigré aux Souffrances de l'Immigré. Paris: Seuil, 1999.

13   Giorgio Agamben, *Homo Sacer*. Le Pouvoir Souverain et la Vie Nue. Paris: Seuil, 1997 (1ère édition italienne, 1995). Há tradução brasileira: O Poder Soberano e a Vida Nua.

forma de reflexividade coletiva que não poderia de maneira alguma resolver-se por ações individuais, tais como recusar fazer certificados, por exemplo, como alguns pensaram num dado momento.

Mas parece-me que se pode ir mais longe – e, talvez, um mais longe até que Michel Foucault não pôde, conservando o espírito de sua atitude. Falando, em seu texto sobre as Luzes, da crítica como "ontologia histórica de nós mesmos", ele escreve: "É preciso fugir da alternativa do de fora e do de dentro; é preciso estar nas fronteiras." Eu desejaria reconsiderar essa ideia à luz da alegoria da caverna de que Michael Walzer se serve para pensar a questão da crítica.[14] Segundo ele, há duas espécies de críticos: os que ficam do lado de fora da caverna, em plena luz, "no clarão da verdade"; e os que ficam no interior, entre os homens e as mulheres, "à sombra de verdades contingentes e incertas". Reconhecer-se-á na primeira postura a herança marxista tal como ela se manifesta, por exemplo, na sociologia crítica de Pierre Bourdieu: postura de desvendamento que revela aos humanos o que eles não podem ver já que são prisioneiros da ideologia. Ver-se-á na segunda posição a tradição pragmatista tal como a reivindica em especial a sociologia da crítica de Luc Boltanski: posição de tradução que descreve a gramática das ações e de suas justificações por atores conscientes e reflexivos.[15] De minha parte, defendo uma crítica na fronteira, como o diz Michel Foucault, entendendo, todavia, essa fórmula como refletindo uma situação liminar que autoriza e até obriga os deslocamentos alternativamente no interior e no exterior da caverna: criticar as evidências é levantar um certo véu de ignorância; mas reconhecer a capacidade crítica dos agentes é renunciar a uma concepção das ciências sociais como dominando a sociedade.

A investigação que realizei sobre o traumatismo procedia desse esforço de situar a crítica na fronteira.[16] Tratava-se, por um lado, de uma genealogia da categoria de traumatismo, mostrando como a ideia segundo a qual o acontecimento violento inscreve um vestígio no psiquismo tem uma história que não é somente sábia, isto é, o reconhecimento pelos psiquiatras de uma neurose traumática torna, um século mais tarde, um estado de estresse pós-traumático, mas também moral, a saber, a inversão de sua significação social de uma extrema suspeita junto aos traumatizados com um reconhecimento geral do traumatismo. Mas tratava-se, por outro lado, de uma etnografia realizada em organizações humanitárias que intervinham nos territórios palestinos e, mais particularmente, de sua prática do testemunho público apoiando-se na noção de traumatismo: a operação de tradução da violência em traumatismo tinha por corolário a operação de designação do combatente como traumatizado; esse duplo processo participava, certamente, de uma humanização dos jovens palestinos que aparecem como vítimas infelizes mais do que como potenciais terroristas, mas também de uma "desistoriazação" da realidade social do conflito israelo-palestino que se encontrava reduzido à expressão de corpos doentes. Aqui, a genealogia se enunciava do exterior da caverna, e a etnografia mostrava as contradições no interior. Ou seja, a crítica ia além da ruptura de evidência (o traumatismo não é somente uma realidade psíquica que diagnosticaram cada vez melhor os psiquiatras, é também um fato social pelo qual a sociedade toma conhecimento da violência) para analisar de maneira quase contábil os efeitos dessa configuração singular pela qual a violência é dita na linguagem do traumatismo (tratava-se de compreender seus benefícios, por exemplo, em termos de produção de uma solidariedade fundada na compaixão, mas também o custo, em especial, o desconhecimento da subjetividade política dos atores e da historicidade da situação com a qual eles são confrontados). A crítica na fronteira não se limita, portanto, em mostrar que a verdade é contingente, e que outras verdades são possíveis (que a verdade do humanitário não é a verdade do adolescente palestino ou do militar israelense), mas em interrogar-se sobre o preço a pagar de uma escolha de uma verdade em relação a uma outra (o que se ganha e o que se perde no aparecimento dessa verdade?). Fazer essa pergunta é abrir de novo, conforme ao ideal foucaudiano da crítica, o espaço dos possíveis e, portanto, das liberdades.

---

14   Michael Walzer, *La Critique Sociale au XXe Siècle*. Solitude et Solidarité. Paris: Métailié, 1996 (1ère édition états-unienne, 1988).

15   Pierre Bourdieu, *Méditations Pascaliennes*. Paris: Seuil, 1977, e Luc Boltanski, *De la Critique*. Précis de Sociologie de l'Émancipation. Paris: Gallimard, 2009.

16   Didier Fassin, The Humanitarian Politics of Testimony. Sujectification through Trauma in the Israeli-Palestinian Conflict. *Cultural Anthropology*, 23 (3), p. 531-558, 2008; e L'Empire du Traumatisme. Enquête sur la Condition de Victime (avec Richard Rechtman). Paris: Flammarion, 2008.

LIBERDADE

Porque há, enfim, em Michel Foucault, um pensamento da liberdade que é indissociável de uma liberdade do pensamento. A liberdade está estreitamente ligada, segundo ele, por um lado, ao poder que está no cerne de uma parte importante de sua obra e, por outro, à ética, à qual ele consagra seus últimos anos. "O poder só se exerce sobre sujeitos livres e enquanto estão livres", escreve ele.[17] Nessas condições, não há entre o poder e a liberdade uma relação antagonista, como se pensa geralmente, mas "um 'agonismo' – uma relação que é, ao mesmo tempo, de incitação recíproca e de luta; menos de uma oposição termo a termo que os bloqueia um em face do outro que de uma provação permanente". Longe de ser somente uma força repressiva e destuidora, o poder é também uma força produtiva e potencialmente emancipadora. Concebe-se facilmente o que essa concepção do poder, nietzscheana mais que marxista, tem de inovador na época em que ela é desenvolvida, visto que os paradigmas dominantes implicam uma denúncia unívoca do poder. Mas compreende-se quanto seus herdeiros, em especial de língua inglesa, que não guardaram de sua crítica do poder médico senão a denúncia da medicina como modo de controle social, restringiram as perspectivas teóricas que ele entendia abrir. Um pouco mais tarde, é quando ele explora a hermenêutica do sujeito que ele dá uma nova dimensão à liberdade, situando-a doravante no espaço da ética: "A liberdade é a condição ontológica da ética. Mas a ética é a forma reflexiva que assume a liberdade", afirma ele.[18] Mais do que "nos processos de liberação", que lhe parecem trair uma representação em termos de repressão que bastaria levantar, tanto na esfera da política quanto no domínio da sexualidade, ele fica atento às "práticas de liberdade" que, em diferentes épocas e em diferentes culturas, os homens e as mulheres se dão em relação a eles mesmos e em relação aos outros para se constituírem como sujeitos éticos.

Esse pensamento da liberdade, aplicado à compreensão da história das sociedades, segue paralelo a uma liberdade do pensamento, aplicado à sua própria reflexão filosófica. É notável – e as entrevistas são a esse respeito particularmente reveladoras, porque elas o obrigam sem cessar a melhor esclarecer não somente suas teorias, mas também sua trajetória – constatar quanto o pensamento de Michel Foucault é maleável, quanto ele se transforma, quanto ele resiste às tentativas de confiná-lo em esquemas, quanto também ele se reformula sob a pressão das críticas sem que por isso essas evoluções manifestem renúncias ou exprimam renegações. É a razão pela qual eu sempre tive dificuldade em compreender os ataques dos que pretendiam encerrá-lo num estado de seu pensamento sem ver que no intervalo ele já o havia ultrapassado, integrando observações que lhe tinham sido feitas ou que ele próprio se tinha feito: assim, sua teoria do poder disciplinar, tal como ele é desenvolvido em *Vigiar e Punir*, se redefine numa teoria da governamentalidade, que se distancia substancialmente daquela, sob o efeito em especial das observações amigavelmente críticas de Michel de Certeau.[19] É por isso que, ao inverso, eu sempre fiquei surpreso com a postura doutrinária adotada por alguns guardiões do templo que pensavam poder decidir sobre heranças legítimas, isto é, conformes com sua teoria tal qual eles a compreendiam: se se considera, entretanto, e, aliás, fielmente às suas próprias declarações, de que mais do que um sistema teórico, é um método que caracteriza melhor seu trabalho intelectual, então é uma heurística, tal como o analisa Paul Veyne,[20] mais que uma doutrina, que é preciso defender em seu nome. E foi por isso, enfim, que eu me autorizei a pensar com Michel Foucault, mas frequentemente também para além dele, entendendo essa fórmula não em termos de ultrapassagem, mas simplesmente como um prolongamento livre de sua reflexão.

---

17   Michel Foucault, Le Sujet et le Pouvoir. In: *Dits et Écrits*, t. II, 1976-1988, Paris: Gallimard, "Quarto", 2001. p. 1.041-1.062. Há tradução brasileira: O Sujeito e o Poder, IX. *Ditos e Escritos*, IX, Genealogia da Ética. Subjetividade e Sexualidade.

18   *Idem*, L'Éthique du Souci de soi comme Pratique de la Liberté. In: *Dits et Écrits*, t. II 1976-1988, Paris: Gallimard, "Quarto", 2001. p. 1.527-1.548. Há tradução brasileira: A Ética do Cuidado de Si como Prática da Liberdade. *Ditos e Escritos*, V, Ética, Sexualidade, Política.

19   Michel de Certeau, *L'Invention du Quotidien*, t. 1, Paris: Arts de Faire, 10/18, 1980.

20   Paul Veyne, *Foucault*. Sa Pensée, sa Personne. Paris: Albin Michel, 2008.

A história do biopoder é, desse ponto de vista, interessante. Sabe-se que no fim de *A Vontade de Saber*,[21] ele tem esse brilho que o leva, num livro onde se trata da história da sexualidade, a teorizar sobre a oscilação maior do poder soberano, como "direito de fazer morrer ou de deixar viver", para o biopoder, que é o "poder de fazer viver ou de rejeitar a morte". Essa tese gerou inúmeros trabalhos de história, de sociologia e de antropologia, na França e em outros lugares, e o conceito de biopoder conhecerá um sucesso internacional. Entretanto, a tese assim como o conceito permanecem uma espécie de parêntese misterioso na obra. No ano seguinte, Michel Foucault começa seu curso com essas palavras: "Este ano, eu gostaria de começar o estudo de algo que eu tinha chamado assim, um pouquinho no ar, o biopoder." E bem mais que desenvolver seu conteúdo, como ele anuncia então, o novo ciclo que se abre concerne bem menos ao poder sobre a vida do que o que ele começa a designar sob o nome de governamentalidade. O uso que fiz, em meus próprios trabalhos, do conceito de biopoder e de sua declinação biopolítica procede dessa liberdade que autoriza o pensamento de Michel Foucault.[22] Por um lado, meus trabalhos sobre a saúde pública, mas também sobre as organizações humanitárias, e mais amplamente sobre a maneira como a questão da vida é colocada nas sociedades contemporâneas, me conduziam a pensar que bem mais que um poder sobre a vida, a transformação política e moral maior de nosso tempo era a chegada de um poder da vida. Mais que de biopoder, tratava-se de uma biolegitimidade, isto é, de um reconhecimento da vida como bem supremo e valor último, mas uma vida entendida como "simples fato de viver", para retomar a fórmula de Walter Benjamin.[23] Por outro, a redescoberta dos cursos de Michel Foucault do fim dos anos 1970, à luz de minhas próprias investigações, me levava a compreender que, contrariamente ao que a etimologia deixava adivinhar, nem o biopoder nem a biopolítica tais como ele as concebia não concerniam à vida: tratava-se da constituição da espécie humana e das populações como objetos de políticas, através da demografia, do eugenismo, da polícia ou da proteção social. A partir de então, afirmar, como eu o propunha, que as biopolíticas não eram políticas da vida, era sugerir um domínio de pesquisa que ele não tinha explorado, onde a vida era abordada do ponto de vista da matéria e da significação do político. Aliás, nada permitia dizer que, se sua obra não tivesse sido interrompida pela morte, ele não teria trabalhado nessa direção, tanto estava preso ao que chamava atualidade e que é a forma pública do presente.

Que me autorizem, nesse ponto, uma nota pessoal para concluir. Deixei entender no início deste texto que eu não tinha conhecido Michel Foucault. De fato, eu o encontrei uma única vez, em condições tão trágicas quanto singulares. Médico de plantão, eu tinha sido chamado à sua cabeceira por ocasião do que foi sua última hospitalização, num grande serviço de neurologia. Conservo desse breve encontro a recordação de uma mistura de suavidade, de simplicidade e de serenidade na qual não posso impedir-me de ver, levando em conta seu estado e o que ele sabia dele, uma forma última dessa "coragem da verdade" ao que ele tinha consagrado seus últimos cursos[24] – coragem não mais de dizer a verdade, mas doravante de enfrentá-la. Ele tinha entrado no hospital no início de um longo fim de semana. Quando me informei sobre ele no início da semana seguinte, fiquei sabendo que ele tinha sofrido uma intervenção neurocirúrgica com finalidade diagnóstica. Nos dias que seguiram, seu estado se agravou e ele morreu duas semanas mais tarde. A notícia me confundiu não somente, como muitas outras, pelo que esse fim prematuro representava de um pensamento brutalmente interrompido, mas também, e principalmente, porque eu realizava a que ponto ele era o produto de contingências dramáticas. A conduta a manter (para utilizar

---

21 Michel Foucault, *Histoire de la Sexualité*. Paris: Gallimard, 1976. t. 1: *La Volonté de Savoir*, e *Sécurité, Territoire, Population*. Cours au Collège de France 1977-1988. Paris: Gallimard/Seuil/Hautes Études, 2009. Há tradução brasileira: *História da Sexualidade, A Vontade de Saber; Segurança, Território, População*.

22 Didier Fassin, Humanitarianism as a Politics of Life. *Public Culture*, 19 (3), p. 499-520, 2007; La Biopolitique n'est pas la Politique de la Vie. *Sociologie et Sociétés*, 38 (2), p. 35-48, 2007, e Another Politics of Life is Possible, *Theory, Culture and Society*, 26 (5), p. 44-60, 2009.

23 Walter Benjamin, Critique de la Violence. In *Œuvres*. Paris: Gallimard. v. I, p. 210-243 (1ère édition allemande, 1921). Há tradução brasileira: *Crítica da Violência*.

24 Michel Foucault, *Le Courage de la Vérité*. Cours au Collège de France 1984. Paris: Gallimard/Seuil /Hautes Études, 2009. Há tradução brasileira: *A Coragem da Verdade*.

um termo clínico) em face da afecção de que ele sofria estava, com efeito, mudando radicalmente. Até então, praticava-se uma biopsia cerebral para estabelecer seu diagnóstico com certeza antes de colocar o tratamento em andamento. Há alguns meses, no entanto, os raros serviços especializados na doença de que ele sofria, como aquele em que eu trabalhava, tinham revisado sua estratégia. Considerando ao mesmo tempo a mortalidade pós-operatória observada muito forte e, ao contrário, as melhoras obtidas pela administração de um tratamento médico que curava a quase totalidade dos pacientes de sua infecção cerebral, recomendava-se doravante não mais praticar intervenção neurocirúrgica para privilegiar o medicamento como prova diagnóstica: eu tinha podido constatar, eu mesmo, várias vezes, os resultados espetaculares dessa nova abordagem. Quando eu tinha visto Michel Foucault, à sua chegada, eu estava, pois, convencido de que seu dossiê seria discutido, como requer o uso, entre as equipes médicas especializadas concernidas, a fim de estabelecer uma estratégia de que eu não duvidava que ela consistiria em lhe administrar esse tratamento de prova. Foi diferente. A decisão de biopsiar o cérebro, tomada muito rapidamente e sem a habitual concertação, teve as consequências infelizmente previsíveis que eu lembrei. Não se reescreve a história. Entretanto, muito frequentemente desde então, eu me perguntei o que teria acontecido se Michel Fouault tivesse entrado num outro serviço e aí tivesse sido tratado diferentemente. Essa ideia, cujo corolário era tentar imaginar o que teriam podido ser seus novos canteiros, suas novas reflexões, seus novos envolvimentos, não é certamente estranha à liberdade que me dei e que defendo hoje na discussão de seu pensamento.

Michel Foucault

O sujeito da saúde mental: da atualidade de Foucault

Roland Gori

Quais são hoje as formas de subjetividade que tende a privilegiar nossa cultura, que, às vezes, se qualificou de "pós-moderna"? Que *sujeito* fabricam hoje os procedimentos de normalização social que tendem a elevar a razão econômica e a racionalidade médica das condutas à posição de valores antropológicos maiores, outrora reservados às religiões, à Razão de Estado ou aos grandes sistemas ideológicos? Como compreender hoje o triunfo dos dispositivos de sujeição que visam, sem cessar, a individualizar o sujeito enquanto exemplar da espécie ou segmento de população, mais ou menos potencialmente *com risco*? Como compreender em psicopatologia esse imperialismo arrogante do objetivismo médico e técnico cujas perícias pretensamente científicas em saúde mental anunciam cada dia a palavra certa, num "mercado" do tratamento maquiado de salvação messiânica? Como analisar a emergência dessa civilização médico-econômica do humano que reduz o sofrimento psíquico e o conhecimento trágico que ela convoca a uma "perturbação do comportamento" destinada a ser sedada por psicotrópicos ou corrigida por terapias cognitivo-comportamentais? Como disciplinas como a medicina e a psicologia puderam, em nome da Razão Sanitária, se fazer os instrumentos "de um poder que trata o homem como instrumento" (Georges Canguilhem)?

Hoje, mais do que ontem, a psiquiatria, colocando-se sob a bandeira da saúde mental, participa de um "sequestro" suave, líquido, flexível dos sujeitos, inserindo-os em redes de conformização. Robert Castel[1] tinha antecipado essa paisagem da saúde mental transformada em gestão previsional das populações com risco, conduzindo a sempre aplainar mais a origem do setor e do tratamento psiquiátricos em proveito de uma higiene técnico-administrativa de normalização social. Ele postula, por um lado, que a mutação das tecnologias sociais minimizará a parte das intervenções terapêuticas diretas e, por outro, que o esquadrinhamento sanitário das populações *com risco*[2] permitirá uma prevenção e uma gestão por assim dizer administrativas de suas diferenças. Em resumo, ele antecipava um dispositivo que instituiria sistemas de vigilância e de manutenção *permanente*. Com efeito, a "nova" psiquiatria não tem mais a cura como objetivo porque a manutenção lhe basta. E, ao lado dessa administração social do desvio, desenvolvem-se técnicas psicorreeducativas que ensinam aos indivíduos a sempre melhor se governarem eles próprios, consentindo livremente à sua normalização. Nenhuma necessidade de tratar quando se pode vigiar e reeducar suavemente, livremente e de maneira igualitária.

Uma civilização médico-econômica dos costumes

A medicina e a psicologia não são somente racionalidades científicas ou práticas profissionais, mas elas constituem *também práticas sociais* que participam do governo das condutas.

---

1   Robert Castel, *La Gestion des Risques* – De l'Anti-Psychiatrie à l'Après-Psychanalise. Paris: Éditions de Minuit, 1981.
2   As noções de risco, periculosidade, deficiência, disfunção neuronal, déficit de aprendizagem tendem a se substituir às de angústia, culpabilidade, sofrimento psíquico.

Desde o século XVIII, a medicina não cessa de abrir "estados gerais" infinitos de controle social das populações em nome da razão sanitária e da higiene pública. Nessa "medicalização da existência",[3] a psicologização do social somente constituiu um anexo, uma residência secundária dessa "biopolítica" e desse "biopoder".[4] A medicina, a psiquiatria e a psicologia participam em nome da saúde pública transformada em verdadeira salvação religiosa em nos dizer como é preciso nos comportar em todos os aspectos de nossa vida quotidiana para bem viver.

Hoje, as "ciências" da saúde enquanto práticas sociais não cessam de se inscrever numa lógica *securitária* da perícia generalizada dos atos e das condutas e cobrem com sua autoridade ideológica sua própria dissolução numa economia política cujo poder aumenta indefinidamente. E isso em nome da promoção do bem-estar e do melhor-viver de um indivíduo definido como um "empreendedor de si mesmo", transformado em microempresa liberal autogerida e aberta à performance assim como à competição, encarregado de produzir uma série de condutas ao mesmo tempo "usufruíveis" e socialmente conformistas.

Foi o neoliberalismo americano que empurrou para mais longe essa ideologia de um "homem comportamental"[5] concebido como uma empresa econômica à qual se pode aplicar os modelos, as estratégias e as leis do mercado. Somente se impõem as técnicas de rentabilidade comportamental, as estratégias de "administração" das condutas[6] que vão educar o indivíduo a se governar melhor ele próprio em seus próprios interesses. Eis como o *pathos* do sofrimento psíquico e do conhecimento trágico que ele convoca se encontrou reduzido a uma *perturbação do comportamento*!

DA PSIQUIATRIA À SAÚDE MENTAL

Os diagnósticos e os tratamentos psiquiátricos se mostram como um desafio essencial dessa normalização das condutas como naturalização das normas sociais que legitima os dispositivos de cuidados e de vigilância. É à psiquiatria que se confia a tarefa de construir normas e de definir desvios sociais. Desde o século XIX, a psiquiatria não cessou de ser solicitada para constituir *um sujeito ético* e definir normas de individualização. Em sua participação no poder de controle social dos indivíduos e em suas funções de sujeição institucional, os objetos do saber e as práticas psiquiátricas têm uma história, eles constituem verdadeiramente *um fato de civilização*. Respondendo à demanda social, a psiquiatria contribui para uma socialização da medicina, assim como à higiene pública de que ela é originária. Em retorno, ela garante uma legitimidade à medicalização e à psicologização dos problemas sociais. Para fazer isso, seu saber e suas práticas devem, sem cessar, distanciar-se da alienação e da loucura, para se aproximar sempre mais de uma *perícia* dos comportamentos, e isso qualquer que seja o domínio de sua ação. Foucault escreve:

> A psiquiatria não precisa mais da loucura, ela não precisa mais da demência, ela não precisa mais do delírio, ela não precisa mais da alienação, para funcionar. A psiquiatria pode psiquiatrizar toda conduta sem se referir à alienação. A psiquiatria se desaliena. [...] A psiquiatria vê-se abrir diante dela, como domínio de sua ingerência possível, como domínio de suas volorizações sintomatológicas, o domínio completo de todas as condutas possíveis.[7]

A psicanálise é originária dessa "hermenêutica do sujeito" psiquiátrico[8] e, ao mesmo tempo, ela se diferencia dela. A psicanálise nasceu dessa necessidade de reconhecer um *resto* irredutível à lógica médica

---

3   Roland Gori, Marie-José del Volgo, *La Santé Totalitaire*. Essai sur la Médicalisation de l'Existence. Paris: Denoël, 2005.

4   Cf. o conjunto da obra de Michel Foucault, da qual se encontrará uma excelente análise em Frédéric Gros, 1996, *Michel Foucault*. Paris: PUF, 2004.

5   Élisabeth Roudinesco, 1999, *Pourquoi la Psychanalyse?*. Paris: Flammarion, 2001.

6   Roland Gori, Pierre Le Coz, *L'Empire des Coachs*. Une Nouvelle Forme de Contrôle Social. Paris: Albin Michel, 2006.

7   *Idem, Les Anormaux*. Cours au Collège de France, 1974-1975. Paris: Gallimard, 1999. p. 148.

8   Michel Foucault, *L'Herméneutique du Sujet*. Cours au Collège de France, 1981-1982. Paris: Gallimard, 2001. Há tradução brasileira: *A Hermenêutica do Sujeito*.

e ao seu saber anatomofisiopatológico. Constatemos que a transformação contemporânea da psiquiatria em saúde mental, do sofrimento psíquico em "deficiência" ou em perturbações do comportamento, do paciente em consumidor esclarecido dos psicotrópicos ou das terapias cognitivo-comportamentais (TCC), nos fez entrar numa das fases mais reacionárias da história da loucura.

Durante essa regressão do humano em psiquiatria,[9] a medicalização do sofrimento psíquico, a perícia cientista que a cobre com sua autoridade,[10] a arrogância dos interesses famacêuticos[11] e industriais conduzem a políticas higienistas e securitárias de um governo das condutas sempre mais precoce e sempre mais feroz.

Essa ideologia reacionária se protege com a lógica médica para fazer da doença mental uma doença como as outras; do psiquiatra, um médico especialista como um outro. Vê-se aqui como os objetos específicos da psicopatologia, que se trate da loucura ou do sofrimento psíquico, produzidos por seus métodos e suas terapêuticas deveriam ser *dissolvidos* por essa *lógica médico-econômica* da avaliação sanitária. Esse resto irredutível à lógica médica que, há séculos com a loucura e a histeria, perturba a paisagem ordenada do saber anatomofisiopatológico, seria enfim reduzido, obrigado a "vomitar" sob os efeitos conjugados do imaginário cerebral que "visualiza" a alma, do sistema dopaminérgico que o "substantifica", dos antipsicóticos que o "modificam" e das terapias cognitivo-comportamentais que o "reerguem". Poder-se-ia, enfim, transformar a esquizofrenia em categoria médica como uma outra, com seus riscos mais ou menos altos, suas evoluções mais ou menos cíclicas e sua prevenção química mais ou menos precoce.

Por novos dispositivos de "sequestro" social, a psiquiatria pós-moderna se mostra ao mesmo tempo mais totalitária e sempre mais liberal. Em nome da prevenção e do despistamento dos riscos sanitários e sociais, ela pretende dirigir democraticamente as condutas e os comportamentos das populações nos recônditos mais íntimos de sua existência, requerendo o consentimento dos indivíduos. Porque a maior parte do tempo e insidiosamente, não se trata somente de *coacher* os comportamentos alimentares ou de controlar a observância das prescrições medicamentosas, mas, mais indiretamente, de controlar a maneira de se comportar e de viver dos grupos de população. Essa normalização da existência se faz em nome de uma civilização dos costumes para o proveito de cada um e o bem-estar de todos.

Muito evidentemente, trata-se de despistar o mais precocemente possível os sinais de contraconduta e de desvio social a fim de vigiá-los e de corrigi-los. Assim, o BO da educação nacional de 11 de novembro de 2003 incita ao "fichamento" das crianças psicologicamente com riscos, e a última perícia[12] coletiva do INSERM sobre o despistamento e a prevenção das perturbações mentais na criança e no adolescente propõe ações desde a idade de 36 meses.

Até onde iremos nós nesses despistamentos cada vez mais precoces e cada vez mais ferozes dos comportamentos desviantes? Quando se conhecem os problemas de validade e de fiabilidade dos diagnósticos psiquiátricos, não se pode senão legitimamente se inquietar com tais derivas.[13] Quem se queixará dessa preocupação de prevenção no campo da saúde médica? Certamente não os acionistas das indústrias de saúde. E não nos surpreendamos que o dignóstico de depressão se encontre multiplicado por sete entre 1979 e 1996.[14] É apenas um começo. Essa proliferação dos diagnósticos se deduz simplesmente da condenação realizada por essa supermedicalização[15] do sofrimento psíquico e social. Sofrimento psíquico e social que os dispositivos sanitários atuais tentam incessantemente *naturalizar* a fim de melhor normalizá-los e rentabilizá-los.

---

9 Edouard Zarifian, 1994, *Des Paradis Plein la Tête*. Paris: Odile Jacob, 1998.

10 Élisabeth Roudinesco, *Le Patient, le Thérapeute et l'État*. Paris: Fayard, 2004.

11 Philippe Pignarre, *Le Grand Secret de l'Industrie Pharmaceutique*. Paris: La Découverte, 2003.

12 *Site*: http://ist.inserm.fr/basisrapports/trouble_conduites/trouble_conduites_syntese.pdf

13 Roland Gori, Idéologies Scientistes et Pratiques Sécuritaires. In: *Pas de 0 de Conduite pour les Enfants de 3 Ans!*. Ouvrage collectif. Toulouse: Érès, 2006, p. 149-162.

14 Philippe Pignarre, *Comment la Dépression est Devenue Épidémie*. Paris: Hachette, 2001. p. 24.

15 Cf. Roland Gori, La Surmédicalisation de la Souffrance Psychique au Profit de l'Économie de Marché. In: *Psychiatrie Française*, 4, p. 76-92, 2005.

É o momento lógico em que para permitir à psiquiatria que tinha substituído a medicina alienista a transformar-se em saúde mental, era preciso *imperativamente* desmembrar os objetos que faziam a especificidade de seus paradigmas: a loucura, a angústia, a neurose e o delírio.

Para fazer isso, era preciso desconstruir a especificidade dos objetos da psiquiatria tradicional, substituindo-os pela noção extremamente *flexível* de "perturbações do comportamento". Aquilo a que se destinou, como se sabe, o DSM III e isso, essencialmente fragmentando o continente psíquico da neurose. Para promover os novos conceitos dessas patologias flexíveis, era essencial fragmentá-la, a palavra neurose mantida entre parênteses no DSM III desaparece no momento do DSM IV e confirma o ato de falecimento epistemológico estabelecido por seu predecessor. Esse desaparecimento do próprio conceito de neurose é um *desafio estratégico* maior nessa mudança de paradigma. Com o DSM III, entramos no que Lantéri--Laura chama uma "psiquiatria pós-moderna". "Psiquiatria pós-moderna", que Jacques Hochmann[16] situa na "idade econômica". Mudamos o paradigma para melhor entrar no campo de uma saúde mental securizada pela legitimidade das "ciências" psiquiátricas de retorno ao seio da neurobiologia e da genética.

O DSM III (1980) e o DSM IV (1990) são classificações que repartem as "perturbações mentais" em "perturbações do comportamento" a partir de critérios estatísticos. Essas classificações conduzem a uma codificação das perturbações a partir de uma abordagem multiaxial puramente descritiva chegando a um acordo entre peritos. O consenso vem substituir a objetividade e, progressivamente, o DSM III pretensamente ateórico se encontrou substituído pelos mesmos promotores do projeto de remedicalização da psiquiatria pelo DSM IV. Salvo que o DSM IV confessa o que fingia ignorar o DSM III, que sustentava a origem orgânica das doenças mentais e da consideração do estresse. Essa ferramenta permite selecionar os pacientes com o objetivo de experimentar os psicotrópicos, avaliar comparativamente os tratamentos e fornecer sistemas de classificação cômodos para as autoridades sanitárias e as companhias de seguro nos Estados Unidos. Mas essas ferramentas de investigação se transformaram progressivamente em operadores conceituais da psiquiatria. Uma política *retórica e comercial* apoiada pelo expansionismo dos meios científicos e industriais americanos impôs rapidamente ao mundo inteiro o DSM como referência exclusiva. Há aí uma das mais fabulosas imposições políticas da psiquiatria americana, de sua influência científica, de seu mercado econômico e de suas aderências culturais.

Muito evidentemente, esse objetivismo médico dos DSM dissocia sempre mais o diagnóstico do tratamento que ele requer. Quanto ao saber psicopatológico contemporâneo, ele se torna o simples instrumento de uma política de gestão diferencial das populações. É, aliás, o gestor técnico-administrtivo que se torna, graças a múltiplos operadores de decisão, o verdadeiro responsável pelos atos praticados tornados necessários pela responsabilização médica do desviante. Essa redistribuição do poder entre as instituições de saúde mental e as diferentes tutelas político-econômicas, políticas, administrativas, sociais, que presidem ao seu funcionamento, recompõe a função psiquiátrica, seu saber e suas práticas. Porque, evidentemente, essa normalização das classificações psiquiátricas se revela no campo da saúde mental como uma *normalização dos profissionais* que nele trabalham. Trata-se, uma vez mais, de ocultar sob o manto de misericórdia do objetivismo médico em psiquiatria o estado de uma relação de forças das oposições sociais, culturais, políticas, econômicas e epistemológicas. A despeito do cientificismo dos DSM e da ideologia da saúde mental, a "realidade transacional" dos diagnósticos psicopatológicos se deduz de uma negociação incessante entre o saber dos peritos e o sofrimento psíquico dos doentes; e isso, qualquer que seja a etiologia suposta das ditas doenças. Essa negociação não se reduz à cartografia de um saber sobre as doenças mentais, mas se estende evidentemente aos operadores e aos dispositivos que extraem *o fato psicopatológico* e garantem seu tratamento, no primeiro lugar dos quais as práticas de tratamento e de prevenção. Como um diagnóstico psicopatológico pode emergir, originar-se num momento e num lugar determinado e acabar, em seguida, sendo desmembrado? Se não é no campo do que Ian Hacking chamou de "nicho ecológico", ou seja, na minha opinião, as condições sociais e culturais pelas quais se redistribui um quadro de sintomas em diagnóstico de sinais.

---

16   Jacques Hochmann, *L'Histoire de la Psychiatrie*. Paris, PUF, 2004.

Michel Foucault

Pareceria que, com a expansão dos paradigmas atuais da saúde mental, a epidemia das perturbações do comportamento progride sempre mais. Em particular no ritmo dos "novos" medicamentos colocados no mercado. Esses medicamentos paradoxalmente fabricariam os diagnósticos mais do que tratariam as doenças. A ponto de certos autores se emocionarem com essas manobras de manipulação da indústria farmacêutica responsáveis pela invenção de doenças.[17]

A partir do momento em que cada cultura desenha um perfil da doença mental, este se revela como o reflexo inverso da concepção não somente da saúde, mas também da condição humana que a sociedade se dá num momento dado. Nesse sentido, os perfis da saúde e da doença, em particular mentais, são desenhados pelo conjunto das *virtualidades antropológicas* que uma cultura despreza ou que ela rechaça. É nesse nicho ecológico cultural que a ciência e a arte psicopatológicas recortam os operadores que fundam a legitimidade de seus programas de pesquisa como a de suas práticas de tratamento.

UM POSITIVISMO DIABÓLICO

Não se conseguiria compreender o estado da psiquiatria americana atual fora do nicho cultural de que ela emerge e da lógica histórica de que ela provém. Conforme observa Jacques Hochmann, o ano de 1980 não constitui somente a data de publicação do DSM III, que pretende remedicalizar a psiquiatria e tornar científicas suas classificações, é também o momento em que Ronald Reagan corta os créditos federais que tinham permitido à psiquiatria comunitária nascer e se desenvolver. E paralelamente a essa recomposição do campo psicopatológico com esse novo operador que constitui a noção de "*perturbações*" (do comportamento), é todo um regime discursivo cultural, político e econômico que se instala. Regime discursivo que recompõe ou decompõe, mais precisamente, a psicopatologia. Não se vai somente praticar a avaliação, a padronização, a uniformização dos diagnósticos pelos belos olhos da ciência neokraepeliniana, mas também por causa de novas necessidades provenientes das restrições de uma verdadeira *economia política* na qual a psiquiatria como a psicologia tenderão a dissolver-se. Assim, paralelamente a essa "revolução" epistemológica do DSM III se encontra colocada em ação uma reforma dos sistemas de seguro americanos que exclui em psiquiatria os tratamentos de longa duração, privilegiando as técnicas atingíveis sobre o sintoma, que essas técnicas sejam quimioterápicas ou cognitivo-comportamentais. E o DSM III dá a ilusão de uma possível avaliação, privilegiando a fiabilidade dos diagnósticos sobre sua validade. A fiabilidade de um diagnóstico revela sua capacidade de diminuir os desacordos entre os peritos e nela repousa. A validade de um diagnóstico revela sua aptidão em dar conta da realidade clínica ou da existência real de uma doença e nela repousa. Por exemplo, durante os anos 1980, a epidemia de Perturbações das Personalidades Múltiplas que invade os Estados Unidos se mostrou fiável, mas não válida.[18] Ironia da história, os mesmos peritos positivistas da psiquiatria que denunciavam outrora a psicanálise foram vítimas de "um retorno do demoníaco"[19] que eles contribuíram a instalar e a propagar.

A "Perturbação das Personalidades Múltiplas" tinha por assim dizer desaparecido dos diagnósticos europeus e só reapareceu na América nos anos 1970 para, em seguida, transformar-se em verdadeira epidemia durante os anos 1980. A reaparição da Perturbação das Personalidades Múltiplas nos Estados Unidos se inscreve no nicho ecológico de uma psiquiatria positivista que dá conta do funcionamento psíquico sobre o modelo estrutural de um cérebro que, à maneira de um computador, possuiria vários sistemas mentais moduláveis. Essa antropologia do sujeito modular permite considerar as Personalidades Múltiplas como entidades reais, verdadeiros sujeitos psicológicos que por alternância ocupam o campo

---

17 Jörg Blech, 2003, *Les Inventeurs de Maladies*. Arles: Actes Sud, 2005; Philippe Pignarre, 2001, op. cit.; 2003, op. cit.; Guy Hugnet, 2004, *Antidépresseurs*. La Grande Intoxication. Paris: Le Cherche-MNidi, 2004.
18 Ian Hacking, 1998, *L'Âme Réécrite*: Étude sur la Personnalité Multiple et les Troubles de la Mémoire. Paris: Seuil, 2006.
19 Jean-Claude Maleval; Nathalie Charraud, Modernité du Démoniaque. *Psychologie Clinique*, 1997. 4, p. 117-130.

da consciência e da identidade do paciente.[20] Esse positivismo dos peritos americanos encontrava nas reivindicações feministas o apoio maciço de um outro vetor dessa doença mental transitória: o sofrimento das mulheres gerado pelos abusos sexuais das crianças que elas tinham sido e que a cultura machista tinha por muito tempo desconhecido. Os psiquiatras psicanalistas eram evidentemente acusados desses crimes de memória que desconheciam a realidade dos estupros e dos incestos que essas pacientes teriam sofrido e que eles tratavam como sintomas histéricos. Graças aos seus esforços, com o apoio das mídias, a opinião pública foi trabalhada para acolher favoravelmente os diagnósticos de Perturbação das Personalidades Múltiplas e sua difusão pandêmica. A partir da metade dos anos 1970, a promoção da Perturbação das Personalidades Múltiplas foi garantida por alguns clínicos entusiastas cujo *lobbying* permitiu inscrever a Perturbação das Personalidades Múltiplas na seção das perturbações dissociativas do DSM III. Apesar das reservas de vários psicoterapeutas, as instituições psiquiátricas recompuseram o campo das práticas e das teorias em favor dessa *concepção traumática* dos sofrimentos dos pacientes. Como escreve Sherrill Mulhern "Com a criação do TPM (*Perturbação das Personalidades Múltiplas*), a psicoterapia foi transformada em um processo de atribuição da responsabilidade de inúmeros problemas psicológicos e sociais a pessoas exteriores; os psicoterapeutas se tornaram parteiros e fiadores dos testemunhos das vítimas dos crimes."[21] A partir desse momento, veio-se recomendar aos psicoterapeutas estabelecer vários contratos de tratamentos com as diferentes personalidades que alternavam durante psicoterapias, aos parceiros amorosos aconselhou-se interromper seus "jogos" quando surgia durante o amor uma outra personalidade entre as múltiplas. E isso principalmente quando se tratasse de uma criança e que ele corria o risco de ser acusado de pedofilia continuando seus "jogos". Os casos se multiplicaram, e as acusações também. As recordações "reencontradas" durante sessões conduziram os pacientes a prestar queixa contra os pais, os pais contra os terapeutas e, finalmente, os terapeutas contra seus pacientes. E, principalmente, porque os relatos feitos em sessão mencionavam sempre mais ritos satânicos impostos às crianças e que a possessão diabólica dos "múltiplos" dava às sessões de terapia ares de exorcismo.

Os mesmos peritos da psiquiatria *positivista* foram, pois, abusados como no tempo das bruxas. Mas esse procedimento inquisitorial e a parte que esses peritos tomaram na fabricação da síndrome encontraram, sem nenhuma dúvida, um elemento facilitador na rejeição da neurose pela psiquiatria positivista e suas condutas de evitamento em relação à psicanálise.

Assim, a epidemia de TPM teve origem num nicho ecológico no seio do qual *o animismo se revela como a verdade do positivismo*.

Esse breve exemplo ilustra a que ponto não se deve desesperar frente aos processos de normalização que garantem em nossos dias o retorno do positivismo em psicopatologia. Embora essa maneira de formalizar a clínica produza um sistema que abandonou algo de concreto pelo incerto em todos os domínios onde ele opera, seja o do diagnóstico, do tratamento ou da pesquisa, ficam os pacientes. Seja o que neles resiste, corpo e bens, à avaliação burocrática do poder, a seus dispositivos de *sujeição*. O que bem se poderia revelar um *sujeito*!! Seja um "resto" irredutível às técnicas de sujeição que se arrisca a dividir com outros "plurais singulares" (Hannah Arendt) o espaço de uma "ética da palavra".

---

20 Cf. Sherril Mulhern, 2001, Le Trouble de la Personnalité Multiple; Vérités e Mensonges du Sujet. In: Alain Ehrenberg; Anne M. Lorell, *La Maladie Mentale en Mutation*. Psychiatrie et Société. Paris: Odile Jacob, 2010. p. 75-100.
21 Sherrill Mulhern, 2001, *ibidem*, p. 90.

Michel Foucault

Michel Foucault: verdade, conhecimento e ética

Pascal Engel

I –

Como muitos estudantes de filosofia de minha geração, eu segui com paixão os cursos de Michel Foucault no Collège de France, principalmente de 1972 a 1976, mais raramente em seguida. Eu tinha lido, desde meus anos de liceu, tudo o que ele publicava, dos livros aos artigos mais ou menos confidenciais e às entrevistas que ele dava em jornais, inclusive seu livro sobre Roussel, seus ensaios sobre Blanchot, Flaubert ou Brisset. Eu tinha também lido seu artigo "*Theatrum Philosophicum*", em sua publicação em *Crítica*, e, tendo aí aprendido que o século seria um dia deleuzeano, eu adiantei a chamada. Eu seguia em paralelo os cursos de Deleuze em Vincennes (como era preciso, para um, viajar a longínquos subúrbios, e, para o outro, guardar seu lugar mais de duas horas antes, isso tomava uma boa parte da semana, além de diversas manifestações onde nos acontecia percorrer as calçadas parisienses avistando algumas vezes ao longe nossos heróis teóricos). Mas Foucault desviava um pouco do "*khâgneux*" metafísico que eu era, por seu lado positivista e historiador. Não se decifrava imediatamente por que era preciso passar por todos esses arquivos e essas crônicas para chegar a propostas sobre o poder e a verdade que eu encontrava mais facilmente acessíveis por uma atitude *a priori* (isso porque eu preferia o estilo mais especulativo de Deleuze). Mas compreendia-se que por trás dos positivistas se desenhava um plano filosófico meticuloso. Esse plano era, como ele explicou muitas vezes, mostrar como as instituições de saber se tornam instituições de poder, e como se pode fazer uma arqueologia da normatividade e das relações entre verdade e subjetividade. Eu tinha lido e relido a famosa entrevista Deleuze/Foucault sobre os intelectuais e o poder, e, sem verdadeiramente entender o que isso queria dizer, eu estava convencido de que "a generalidade da luta não se faz sob a forma... da totalização teórica, na forma da verdade... O que faz a generalidade da luta é o próprio sistema do poder, todas as formas de exercício e de aplicação do poder".[1]

Mas eu não me tornei foucauldiano, assim como deixei de ser deleuzeano. Alguns amores se desatam bruscamente, e não se sabe por que dos braços de Lolita se passa aos de Lavínia, mesmo se é sempre tempo, em seguida, de se interrogar sobre nossas razões.[2] Eu me interessei pela filosofia analítica, a mesma que Foucault, relatando seus ensaios de leitura, achava perfeitamente opaca e que ele tomava, como a maior parte de

---

1   Les Intellectuels et le Pouvoir, *L'Arc*, 49, 1972. In: *Dits et Écrits*, II, Paris: Gallimard, 1994. p. 315. Há tradução brasileira: *Ditos e Escritos*, IV, Os Intelectuais e o Poder, IV.

2   Um episódio contribuiu muito para me tirar algumas ilusões que eu podia ainda ter sobre as instituições universitárias francesas pós-1968. Em 1976, fui à defesa de tese de François Delaporte, desde então publicada sob o título Le Second Règne de la Nature, que tratava da história natural e dos vegetais. O júri era prestigioso. Além de Foucault, orientador da tese, havia Georges Canguilhem, François Dagognet, Suzanne Bachelard e um outro jurado de quem esqueci o nome. A defesa terminou logo. Foucault declarou de saída não ter lido a tese, mas ter toda estima e toda confiança em seu autor, e passou a palavra a Canguilhem, que declarou que ele também não a tinha lido, mas a achava muito boa também, passando a palavra a François Dagognet, que fez a mesma declaração. Só Suzane Bachelard e o outro jurado tinham vagamente lido a tese, e tudo foi resolvido rapidamente. O cinismo de Foucault e de seus colegas era pelo menos afetado? Duvido. Alguns anos antes eu tinha assistido a essas sessões surrealistas onde os estudantes de Vincennes chegavam à sala de aula de Deleuze, pedindo-lhe, meio reivindicativos, meio brincalhões, que assinasse a folha que lhes concedia seu exame de filosofia com ele – sem que ele tivesse tido a menor prova a aplicar. Deleuze obtemperava rindo. Sabe-se, no entanto, que Foucault não aprovava o espírito de 1968, mas penso que o desprezo que ele e Deleuze tinham pela academia e seus ritos era bem real.

seus contemporâneos, como uma mistura de positivismo vienense doutrinário e de detalhes linguísticos.[3] No Collège de France, desertei das salas lotadas de Foucault para ir àquelas, por assim dizer vazias, onde oficiava Jules Vuillemin, e descobri também o charme dos seminários de "analistas" na Inglaterra e nos Estados Unidos, onde, diferentemente dos de Foucault e de Deleuze, não era o professor quem intervinha mais. Acabei acreditando que a verdade e o conhecimento não podem analisar-se em termos de vontade, de instintos, de poder e de luta, e que a filosofia tem por objetivo a pesquisa da verdade, no sentido mais clássico e mais banal do termo, que ela é uma busca antes de tudo teórica, que não tem nada de especial a ver com uma história dos processos de subjetivação. Onde Foucault tentava nos fazer pensar historicamente, tentei pensar a-historicamente, a ponto de passar por um defensor da *philosophia perennis*.[4] Onde ele se revelava uma criança um pouco disforme e estranha de nossos historiadores da filosofia à francesa, tentei, eu próprio, ser um analista bastardo à inglesa. Onde ele tentava fazer genealogias, procurei, antes, teses, argumentos. Enquanto ele queria nos ensinar a desconfiar da razão, adotei o racionalismo. Resumindo, eu me tornei um filósofo tradicional, no sentido em que Vuillemin, em sua homenagem a Foucault, o define como aquele que "admite e até institui uma tripla divisão entre o que é razoável e o que não o é, entre o direito e a força, principalmente entre o verdadeiro e o falso, pelo menos, segundo a opção cética dessa filosofia, entre a aparência autêntica e a ilusão",[5] e observa que seu colega tinha sempre rejeitado essas divisões.

Eu tinha até um certo prazer em me sentir assim reacionário, inclusive frente a meu antigo ídolo.[6] Eu me tornei antifoucauldiano e antideleuzeano e não me privei de dizê-lo.[7] E, no entanto, pode-se dizer,

---

3   *L'Archéologie du Savoir* leva o vestígio da leitura que fez à época Foucault dos que ele chamava "os analistas ingleses" (ainda que Foucault tivesse como ponto de honra quase não citar ninguém, pode-se supor que ele leu Austin, comentado também nessa época, com o sucesso que se sabe, por Derrida), mas pode-se desafiar a qualquer um que tenha lido um pouco estes últimos a compreender o que ele pode entender por "enunciado", "função enunciativa", "correlato do enunciado", ou mesmo *speech act*. Mas é preciso dizer para aliviá-lo que ele não era o único na época a não entender nada aí. Há tradução brasileira: *A Arqueologia do Saber.*

4   O historiador Roger Chartier, comentando em *Le Monde* um de meus artigos sobre esse assunto (La Philosophie a-t-elle besoin de l'Histoire? In: J. Boutier e D. Julia, dir., *Passés Recomposés*, número especial da revista *Autrement*, 1994), lamentou que se tenha confiado a um tal mau brincalhão tratar da filosofia nesse volume. Jean-Louis Fabiani, assim como Étienne Anheim me atribuem também a preocupação de livrar os problemas filosóficos de todo contexto histórico e de ignorar toda preocupação sociológica concernente à sua emergência (cf. J.-L. Fabiani, Controverses Scientifiques, Controverses Philosophiques, Figures, Positions, Trajets. In: *Enquêtes*, 5 *Débats et controverses*, E. Anheim, A. Litti e S. Vandamme, Quelle Histoire de la Philosophie? *Annales*, 1, 64, p. 7, 2009. Não é nada disso: não vejo por que os problemas filosóficos não poderiam comportar invariantes trans-históricas, tendo formulações historicamente perfeitamente contextualizadas. Admito que os historiadores acham que tudo é histórico. Não poderiam eles se corrigir um pouco? Eu mesmo não penso que tudo seja filosófico, contrariamente a muitos dos meus colegas dessa capela.

5   Jules Vuillemin, Hommage à Michel Foucault, 1984.

6   Meu último encontro com Foucault aconteceu na primavera de 1983. Eu era então professor na Universidade de Grenoble, e Henri Joly, que era a alma do departamento de filosofia, tinha convidado para uma conferência, muitas vezes adiada, seu velho amigo Foucault, que ele conhecia desde que tinham sido os dois colegas em Clermont-Ferrand, sob a autoridade de Jules Vuillemin. O especialista de Platão que era Joly se interessava pelo "retorno aos gregos" de Foucault, e este tinha aceitado vir fazer uma exposição. Fomos juntos buscá-lo na estação, esperando-o na saída principal, mas aí nada de Foucault. A estação de Grenoble tem uma segunda saída, por assim dizer clandestina, que raramente se utiliza. Foucault encontrou o meio de passar por lá e nós tivemos a surpresa de ouvi-lo chamar atrás de nós. Ele tinha, como ele diz numa página célebre de *L'Archéologie du Savoir*, "ressurgido em outra parte" e estava "zombando de nós" (1969, p. 28). No carro que nos conduzia ao *campus*, eu explicava a Foucault que eu tinha seguido seus cursos 10 anos antes, mas que eu me tinha tornado naquela época um lógico. Ele se apiedou amavelmente de meu destino. Eu me queixava de não ter, em Grenoble, uma verdadeira biblioteca de pesquisa. Ele zombou gentilmente de mim, dizendo-me que, visto que eu era lógico, não precisava de biblioteca, só de papel e de um lápis. Ele tinha exigido que não se desse publicidade à sua conferência, a fim que a discussão pudesse acontecer em pequeno grupo. Mas quando penetramos na sala, perto de uma centena de pessoas nos esperava e, como outrora no Collège, a conferência virou espetáculo. A exposição de Foucault tratava da *parrêsia*. Eu lhe fiz uma pergunta mais confusa sobre o elo que podia haver, segundo ele, com o ideal do dizer-verdadeiro de que ele falava e a noção de controle de si de que Aristóteles falava, discutindo a *akrasia*, mas ele respondeu que isso não tinha grande coisa a ver. Ele devia inicialmente passar a noite na casa de seu amigo Henri Joly. Terminada a conferência, ele anuncia que não teria o tempo de ficar, devendo tomar o avião para ir fazer exames médicos que parecia temer. Há tradução brasileira: *A Arqueologia do Saber.*

7   Cf. P. Engel, The Decline and Fall of French Nietzscheo-Structuralism. In: *French Philosophy and the American Academy*. Illinois: Éd. B. Smith, Open Court, La Salle, 1994. p. 21-41; resenha de G. Deleuze e F. Guattari, *in Lettres Philosophiques*, 2, Grenoble, 1990.

num sentido, que muitas temáticas sobre as quais eu me encontrei trabalhando, têm, por uma espécie de curiosa homonímia, ecos foucauldianos. Não para, nos livros de Michel Foucault, de tratar-se de verdade, de saber e de normas: *A Arqueologia do Saber, A Vontade de Saber, Subjetividade e Verdade, Os Anormais*, ou *A Coragem da Verdade*. Em sua introdução à sua antologia dos textos de Michel Foucault, *Une Philosophie de la Vérité*, Frédéric Gros indica muito claramente em que Foucault derruba sistematicamente as dimensões clássicas da verdade: em vez de ser o objeto de uma descoberta com vocação universal, a verdade é produzida por rituais, procedimentos e tecnologias historicamente datadas; em vez de se conformar com um real pré-dado, a verdade é inventada e criadora de realidades; em vez de se referir a um sujeito conhecedor autônomo, ela é técnica de sujeição e de normalização dos indivíduos.[8] Poder-se-ia dizer, da mesma maneira, que a filosofia de Foucault é uma filosofia do conhecimento (ou, antes, do saber), que procede ela também à derrubada das propriedades clássicas dessa noção: produzida por formações discursivas variáveis e historicamente datadas mais que objeto de validações universais, efeito de vontades e de desejos mais do que de atos cognitivos, inserida em práticas e dispositivos múltiplos de poder mais do que objeto de teorias. Enfim, a filosofia do último Foucault é, como o diz Gros, uma "ética da verdade", mas ela também derruba as maneiras tradicionais de pensar essas questões: em vez de produzir uma teoria das virtudes intelectuais, à maneira aristotélica, ou uma teoria universalista da autonomia, à maneira kantiana, Foucault se interessa por uma ética particularista e, por assim dizer, casuística das maneiras pelas quais o sujeito se constitui no seio das técnicas de declaração e de confissão, antes de descobrir nele uma interioridade prévia.

Quando ele considerava as concepções tradicionais da verdade e do saber e suas relações com a prática e com o poder, Foucault não escondia que ele os considerava como puras mitologias: "O Ocidente vai ser dominado pelo grande mito segundo o qual a verdade não pertence jamais ao poder político, o poder político é cego, o verdadeiro saber é o que se possui quando se está em contato com os deuses ou quando se recorda das coisas, quando se olha o grande sol eterno ou que se abrem os olhos para o que aconteceu. Com Platão começa um grande mito ocidental: que há antinomia entre saber e poder. Se há saber, é preciso que ele renuncie ao poder. Onde saber e ciência se encontram em sua verdade pura, não pode mais haver poder político. Esse grande mito deve ser liquidado. Foi esse mito que Nietzsche começou a demolir, mostrando que, por trás de todo saber, por trás de todo conhecimento, o que está em jogo é uma luta de poder. O poder político não está ausente do saber, ele é tramado com o saber".[9] Mas os nietzscheanos como Foucault, e em geral todos os que consideram que a filosofia é essencialmente um empreendimento de desmitologização, se colocam raramente a questão de saber se as noções que eles consideram como puras mitologias são realmente defendidas por aqueles aos quais eles as atribuem. Enquanto eles reivindicam uma história afinada dos conceitos e de uma microscopia por assim dizer cirúrgica dos discursos, eles têm tendência a apresentar as teses que atacam sob uma forma maciça, e, enquanto eles são tão sutis na análise das diferenciações históricas, eles apresentam frequentemente as mitologias que eles denunciam sob a forma de dualismos grosseiros. Eles jogam o bebê com a água do banho. Eu gostaria, ao contrário, tentar aqui mostrar que é possível encarar uma filosofia realista da verdade, do conhecimento e das normas – no sentido em que ela não trata estas como construções fictícias ou puros efeitos de poder – que seja ao mesmo tempo uma ética e uma política da verdade. Meu objetivo não é corrigir ou redirigir Foucault – ele é, com toda evidência, incorrigível, e ele não teria deixado de entender minhas sugestões como uma pequena tentativa de conduzir os arqueólogos do saber para a casa de reeducação epistemológica – mas tentar reconstruir – ainda que muito distante, e presentemente numa distância muito grande, o improvável diálogo que eu poderia ter tido com ele.

---

8   Frédéric Gros, Michel Foucault, Une Philosophie de la Vérité. Introcution à Michel Foucault, *Philosphie, Anthologie*. Paris: Gallimard, Folio, 2004. p. 11-25.

9   *Dits et Écrits*, I, p. 1.421-1.456, *in Philosophie*, Folio Gallimard, éd. F. Gros, p. 447-448. Há tradução brasileira: *Ditos e Escritos*, IV, *Estratégia, Poder-Saber*.

II –

Comecemos pela noção de verdade. Foucault não faz mistério do fato de que ele não acredita na verdade. Viu-se nele um relativista, principalmente porque sua concepção do progresso científico, sobretudo em *As Palavras e as Coisas*, tem afinidades com a de Kuhn e supõe que existem esquemas, quadros, matrizes de conceitos que tornam possíveis certos tipos de discursos. O termo "relativismo" não é bem visto, e recentemente Paul Veyne veio nos explicar que Foucault era bem mais um cético quanto à verdade, doutrina mais simpática aparentemente aos seus olhos, ainda que seja difícil, lendo Veyne, de ver a diferença entre os dois tipos de doutrinas, que Foucault me parece ter defendido ambas.[10] Eu preferiria chamá-lo, como antes, um "ficcionalista" quanto à verdade, um pouco como Hume (mas também Nietzsche) o é a respeito das verdades morais, que são para ele projeções de nossas atitudes psicológicas e de nossos sentimentos. Para Foucault a verdade não é jamais senão um efeito dos discursos, dos poderes, das práticas. Não há nenhuma propriedade desse gênero que possuiriam objetivamente e realmente nossos enunciados, nossas crenças ou nossos julgamentos. Há *dizer-verdadeiro*, dispositivos de verdade, instituições que se reivindicam a verdade, mas não verdades. Segundo Veyne, pode-se ser um cético quanto à verdade, e, contudo, admitir, como Foucault, que há verdades empíricas que se pode procurar, e se se fala de uma coragem da verdade, é mesmo da coragem da *verdade* que se fala, não da coragem de um fantasma ou de uma ilusão. Se Foucault fosse um cético, ele deveria antes assumir sua posição, e recusar-se a falar de verdades, até no sentido empírico. Ou então ele não é um cético verdadeiro, assim como Nietzsche não o é quando ele fala de "nós outros, os pesquisadores de verdade", como observou Bernard Williams.[11] A posição de Foucault me parece ser antes a seguinte. O que ele critica é a concepção abstrata da verdade, como uma propriedade geral que possuiriam em comum todos os enunciados ou crenças verdadeiras. Ele rejeita, para falar como Richard Rorty, a mitologia do "grande Espelho" e da Representação. Ele denuncia a pretensão de um certo número de discursos e de indivíduos falando em nome da Verdade e posando, segundo a expressão de Marcel Detienne tornada por assim dizer um *gimmick*, como "mestres de verdade". Mas não se segue a partir disso que Foucault recuse concordar com o que Kant chama "conceito formal de verdade", que é o da *adaequatio rei et intellectus*. Ele não rejeitaria, sem dúvida, também, o que os filósofos analíticos contemporâneos chamam minimalismo ou deflacionismo quanto à verdade, segundo o qual não há nada de mais na noção de verdade além das banalidades como "'P' é verdadeiro se e somente se P".[12] O minimalismo consiste em sustentar que não pode haver conceito *substancial* de verdade, no sentido de uma essência própria a todos os discursos verdadeiros. O problema desse gênero de concepção é que, se não há *nada* de mais no conceito de verdade além dessas banalidades, não se consegue compreender como o conceito em questão pode ter uma propriedade, que Foucault considera, por outro lado, como absolutamente essencial ao conceito, a saber, seu caráter normativo e avaliativo. "Verdadeiro" não é somente uma propriedade descritiva, mas é também a norma de nossas asserções e de nossas crenças.[13] As propriedades de verdade e de falsidade são nelas mesmas puramente descritivas, mas nós valorizamos o fato de ter crenças verdadeiras e conhecimentos. Mesmo

---

10 Paul Veyne, *Michel Foucault, sa Pensée, sa Personne*. Paris: Albin Michel, 2008, reeditado em livro de bolso, ch. 3. Habitualmente o relativista é aquele que sustenta que a verdade é relativa a esquemas, estruturas, quadros, paradigmas, significação etc., e que está pronto, por essa razão, a sustentar que se dois indivíduos X e Y pertencem a âmbitos diferentes, e dizem um que P e outro que não P, eles não se contradizem porque P é verdadeiro "para" um e falso para o outro. O cético é aquele que nega simplesmente a existência de uma propriedade tal como a verdade. Mas as descrições que Veyne faz das teses de Foucault, em especial quando ele nos diz que nossas concepções são relativas a esquemas no sentido kantiano (noção sobre a qual Veyne seria bem-vindo na releitura de seu Kant), parecem perfeitamente relativistas, assim como a glosa que ele atribui a J. M. Schaeffer: "A partir do momento em que um real é enunciado, ele sempre já está discursivamente estruturado", que me parece um exemplo típico de idealismo linguístico.

11 Bernard Williams, *Truth and Truthfulness*. Princeton, 2002; tradução francesa, *Vérité et Véracité*. Paris: Gallimard, 2006, ch. I.

12 Foucault poderia ter-se familiarizado com versões dessas doutrinas se ele tivesse lido a troca entre Austin e Strawson na *Aristotelian Society*, em 1950, mas eu duvido que ele tenha lido.

13 Não posso aqui explicitar esse ponto, mas permito-me remeter ao meu ensaio *Truth*, Acumen, 2002.

se ele não formularia essa ideia assim, parece-me que Foucault poderia concordar com ela, e é esse valor do verdadeiro de que ele entende fazer a arqueologia. Mas então ele não pode ser um minimalista também, porque o minimalismo nega que a verdade tenha propriedades normativas. Uma outra confusão que Foucault mantém sistematicamente, em especial quando ele fala de uma "vontade de verdade" e de uma "história da verdade" – mas é verdade que ele não é o único: todos os pensadores idealistas e construcionistas fazem a mesma confusão – é a da verdade e das crenças e desejos que nós mantemos a seu respeito. A primeira é perfeitamente intemporal e imutável, e seu conceito jamais mudou, nem histórica nem geograficamente: o que um antigo grego entendia pela palavra "verdadeiro" quando ele dizia, por exemplo, que é verdadeiro que Sócrates está sentado, é exatamente a mesma coisa que o que nós designamos por essa palavra quando dizemos que é verdade que Habermas está sentado, e o que um chinês pode querer dizer com esse adjetivo, quando, por exemplo, ele negocia um contrato com um europeu, é exatamente a mesma coisa que o que quer dizer o mesmo europeu quando ele fala a um islandês. Em compensação, se se fala do que pensam os humanos, de uma época e de um lugar diferente quanto à verdade, e do sentido religioso, cultural e social de que eles carregam a noção, não há dúvida de que as concepções diferem. Quem o negaria? Mas isso não autoriza, senão por um deslize verbal, a sustentar que há uma história da própria verdade.

Se admitimos isso, isso muda em algo o projeto histórico-crítico de Foucault? Não, porque o lugar continua inteiramente livre para o trabalho pioneiro que ele empreendeu de uma história dos regimes de verdade e de veridicção. Nada está perdido de suas análises históricas sobre a história da doença mental, da confissão e da declaração, ou da sexualidade e das prisões, com essa nuance aproximadamente de que seu debate tem a ver antes de tudo com os historiadores e não mais com os filósofos. Se estes contestam o uso que ele fez do arquivo ou dos períodos, é assunto deles e dele. Mas isso não diz respeito à natureza dos conceitos filosóficos. Bem frequentemente Foucault admitiu isso. Mas é verdade que ele não podia contentar-se com isso. Ou se é filósofo ou não se é. Quando escreve sobre Kant e as Luzes, em vão ele se refugia por trás da modéstia do historiador, ele desce, no entanto, na arena filosófica. Em vão ele nos diz, como nessa página famosa de *A Arqueologia do Saber*,[14] que se vai acusá-lo de incessantemente se distanciar em relação ao seu próprio discurso, e "ressurgir em outra parte" e nos "desprezar", ele precisará também explicar-se sobre suas posições propriamente filosóficas, que, embora ele tenha, não o deixaram jamais. Quando ele assume posturas nietzscheanas, Foucault é mais ofensivo. Por exemplo, no início de seu curso sobre o *Governo de Si*, Foucault, anunciando seu projeto de uma história do pensamento,[15] enuncia claramente os deslocamentos de perspectiva que ele entende introduzir e as consequências que espera: "Era preciso tentar não analisar os desenvolvimentos ou o progresso dos conhecimentos, mas identificar quais eram as práticas discursivas que podiam constituir matrizes de conhecimentos possíveis, estudar nessas práticas discursivas que organizam e constituem o elemento matricial desses saberes, e estudar essas práticas discursivas como formas regradas de veridicção [...], passar da análise da norma (de comportamento) à dos exercícios de poder [...], ir da questão do sujeito à análise das formas de subjetivação e analisar essas formas de subjetivação através das tecnologias da relação consigo, ou através de um pragmático de si".[16] E ele consagra uma nota interessante às objeções que se pode fazer a ele de nihilismo, nominalismo e historicismo: "Que sentido dar a esse empreendimento? São principalmente seus aspectos negativistas que aparecem ao primeiro olhar: um negativismo histórico, já que se trata de substituir a uma teoria do conhecimento, do poder ou do sujeito a análise de práticas históricas determinadas; um negativismo nominalista, já que se trata de substituir a universais como a loucura, o crime, a sexualidade, a análise de experiências que constituem formas históricas singulares; um negativismo com tendência nihilista, se se entende por isso uma forma de reflexão que, em vez de indexar práticas com sistemas de valores que permitem medi-las, inscreve esses sistemas de valores no jogo de práticas arbitrárias mesmo se elas são inteligíveis. Deve-se diante dessas objeções, ou, para dizer a verdade, essas 'censuras', ter uma

---

14 Gallimard, 1969, p. 28.
15 *Le Gouvernement de soi et des Autres*. Paris: Gallimard/Seuil, 2008. p. 5. Há tradução brasileira: *O Governo de Si e dos Outros*.
16 Gallimard/Seuil, 2008. p. 6-7.

atitude muito firme: porque são 'censuras', isto é, objeções que são tais que, defendendo-se delas, se subscrevem fatalmente ao que elas sustentam. Mas quais são os efeitos do historicismo? Do nominalismo? Do nihilismo? Às objeções que postulam a desqualificação do nihilismo/nominalismo/historicismo, seria preciso tentar responder fazendo uma análise nihilista nominalista historicista dessa corrente. E por aí eu quero dizer: não edificar em sua sistematicidade universal essa forma de pensamento e justificá-la em termos de verdade ou de valor moral, mas procurar saber como se pôde constituir e se desenvolver esse jogo crítico, essa forma de pensamento."[17]

Trata-se, evidentemente, aqui, de notas não publicadas durante a vida, mas é bastante característico que ele não tenha nada além a opor às críticas do que um argumento retórico *Tu quoque*, do gênero dos que se ouvia em 1968 sobre o modo "De onde você fala?": "E você que me propõe falar de verdade, de teoria, de doutrinas filosóficas, quais são os efeitos de poder de seu discurso?" Na minha opinião, se Foucault tivesse sido consistente, ele deveria ter adotado sobre essas questões o mais perfeito silêncio pirrônico, o que ele fez algumas vezes. Ou, então, ele deveria ter admitido que sua genealogia e sua crítica dos regimes de verdade não afetavam em nada a própria verdade, o sentido que a filosofia lhe atribuiu, e o dever que cada um que abraça essa profissão tem de reconhecer-lhe. De fato, penso que, assim como Nietzsche, ele reconhecia esse sentido e esse dever. Mas fazê-lo explicitamente teria quebrado o encanto que se liga sempre à destruição do preconceito.

III –

Um genealogista da verdade e da moral deve sustentar que a verdade e a moral são ilusões? Foucault enunciou esse programa desde 1971, em "Nietzsche, a Genealogia e a História"[18], e não cessou mais tarde de requintá-lo. Entretanto, ele pertencia ao grupo dos que Bernard Williams chamou de "negadores de verdade". Estes são aptos a admitir que a verdade é um valor. Mas eles veem aí essencialmente um valor instrumental: tem-se necessidade da verdade em vista de outras coisas, como o poder social, mas não há valor intrínseco da verdade. Com certeza, se não há verdade, mas somente, como o dizia Nietzsche, metáforas disfarçadas, a questão do valor de algo que não existe não se coloca, senão por razão psicológica. Mas Williams apresenta aqui um argumento que ele já tinha empregado em sua crítica do utilitarismo: se a verdade tivesse, numa comunidade, um valor somente instrumental, não se poderia nem compreender como ela pode manter-se como valor, visto que cada um teria a possibilidade de violá-la segundo seus interesses. "Nenhuma sociedade", diz-nos Williams, "pode resolver-se sem uma noção objetiva de verdade".

Contrariamente ao que consideram em geral os nietzscheanos, admitir que a verdade é uma propriedade objetiva não provoca em nada a impossibilidade de lhe fornecer uma genealogia, com a condição de não considerar uma genealogia como uma demolição sistemática das noções em causa (como as de verdade e de saber), mas como um empreendimento positivo de valorização. É o que faz Williams em *Vérité et Véracité*. Os filósofos modernos como Hobbes e Rousseau praticavam já uma forma de genealogia quando remontavam ao estado de natureza, e contemporâneos como Rawls fazem o mesmo quando eles entendem voltar à "posição original". Parte-se de uma situação inicial fictícia, na qual se supõe que os humanos são dotados de certo número de informações, de necessidades e de capacidades, e se tenta ver como, durante a história, os elementos dessa situação original evoluíram. É muito importante ver que essa evolução não significa em nada uma erosão da estrutura inicial. A história de nossas atitudes quanto à verdade, admitamos, não é outra coisa senão uma história das interpretações sucessivas desse núcleo de base. Em que consiste ele? A verdade funciona numa certa estrutura mínima de comunicação e de pensamento, que se pode chamar "triângulo verdade-asserção-crença". A verdade é o objeto da crença: ninguém pode crer conscientemente numa proposição, crendo, ao mesmo tempo, que ela é falsa. A falsidade é uma objeção fatal a uma crença. A verdade é também aquilo a que visa a asserção como expressão

---

17   *Ibidem*, p. 7, nota.
18   W.R.T.: *Ditos e Escritos,* II, Arqueologia das Ciências e História dos Sistemas de Pensamento.

da crença, e é o que torna a mentira possível. A genealogia tem por objetivo mostrar como um conjunto de disposições em relação à verdade, e, em particular, a disposição de dizer o verdadeiro, a veracidade, se constroem sobre esse triângulo de base. De maneira resumida, o princípio é que os humanos precisam dizer o verdadeiro porque eles precisam compartilhar informações, no seio de um sistema social de cooperação. Mas essa explicação, que tem afinidades com as derivações das normas sociais dos teóricos dos jogos e dos evolucionistas, pode deixar perplexo, porque ela parece reduzir o verdadeiro a um valor instrumental. Mas o fato de que o verdadeiro tenha uma certa função não implica que se reduza essa função a algo de mais simples, como desejos ou vontades de poder, por exemplo.

A partir daí, pode-se mostrar como se constituem os valores de verdade: a sinceridade ou veracidade, a exatidão e a autenticidade. Essas virtudes, como a coragem da verdade, não provocam absolutamente que se negue que elas tenham um objeto. Se a verdade não existe, como se pode ser sincero, exato ou autêntico? Encontram-se aqui etapas da história que Foucault realizou nos anos 1980: a invenção da ideia de um passado objetivo em Tucídides,[19] a crítica da mentira nos padres da Igreja e em Kant, a invenção da noção de sinceridade em Diderot e Rousseau. Mas a partir do momento em que se consideram as virtudes de verdade como ao mesmo tempo inevitáveis e positivas, a perspectiva cessa de ser a de uma história das ideias que tem em vista mostrar a contingência de nossos ideais.

IV –

Em um de seus últimos textos, "Sobre a Genealogia da Ética"[20], Foucault escreve: "Na cultura europeia, e isso até o século XVI, a questão permanece: "Qual é o trabalho que eu devo efetuar sobre mim mesmo a fim de ser capaz e digno de aceder à verdade?" Ou, para dizer as coisas diferentemente, a verdade se paga sempre, não há acesso à verdade sem ascese. Até o século XVI, o ascetismo e o acesso à verdade estão sempre mais ou menos obscuramente ligados na cultura ocidental. Penso que Descartes rompeu com isso dizendo: "Para aceder à verdade basta que eu seja qualquer sujeito que possa ver o que é evidente". A evidência se substituiu à ascese como ponto de junção entre a relação com os outros e a relação com o mundo. A relação consigo não precisa ser ascética para estar em relação com a verdade. Basta que a relação consigo me revele a verdade evidente do que eu vejo para apreender definitivamente essa verdade. Penso que é uma ideia que, de maneira mais ou menos explícita, foi rejeitada por todas as culturas anteriores. Antes de Descartes, não se podia ser impuro, imoral e conhecer a verdade. Com Descartes, a prova direta se torna suficiente. Depois de Descartes, é um sujeito de conhecimento não submetido à ascese que vê o dia [...], tem-se um sujeito do conhecimento que coloca a Kant o problema de saber qual é a relação entre o sujeito moral e o sujeito de conhecimento. Muito se discutiu no século das luzes para saber se esses dois sujeitos eram diferentes ou não. A solução de Kant foi encontrar um sujeito universal que, na medida em que ele é universal, podia ser sujeito de conhecimento, mas que exigia, contudo, uma atitude ética, precisamente essa relação consigo que Kant propõe na *Crítica da Razão Prática*".[21]

Mas é verdade que as relações entre conhecimento, verdade e ética se tenham rompido a partir da chegada da ciência moderna e de Descartes em particular? Mesmo se não se subscreve à tese de Merton sobre as origens puritanas da ciência inglesa, um leitor das *Meditações*, de Descartes poderia duvidar disso. O Foucault do *Cuidado de Si* entendia remontar para cima, ao período helenístico e ao do primeiro cristianismo, quando os elos entre verdade e ética eram ainda fortemente atados. Mas segue-se daí que uma concepção realista, até positivista da verdade seja incompatível, como ele o deixa entender, com uma ética, assim como com uma política da verdade? Talvez não seja o caso.

---

19 Episódio outrora estudado por François Châtelet em *La Naissance de l'histoire*. Paris: Éditions de Minuit, 1962.
20 *Ditos e Escritos*, IX.
21 *Dits et Écrits*, IV, éd. cit., p. 411.

A segurança ao abandono

Didier Bigo

Os dispositivos de segurança em Michel Foucault

A publicação do curso no Collège de France de 1977-1978 sobre *Segurança, Território e População*, em 2004, na edição francesa, relançou a discussão sobre a maneira como Michel Foucault analisava a questão da segurança em sua relação com a polícia, com a disciplina e com a punição, por um lado, com o liberalismo, com o risco e com a biopolítica, por outro. Ele toma, também, uma dimensão nova no contexto da discussão sobre os efeitos das políticas de contraterrorismo depois de 11 de setembro, e a interpretação desses dispositivos de segurança como dispositivos de exceção que suspendem a regra de direito e autoriza práticas de vigilância policial ampliada. Será possível, a partir dessa série de lições, que tem, agora, mais de 30 anos, ler de outra maneira os desafios de segurança? Como evitar as formas de "fetichização" que envolvem Foucault e fazer "trabalhar" o texto? O que nos diz esse "arquivo"?

Esse curso de 1978 tem uma história por assim dizer sulfurosa, como sua questão. Frequentemente evocado, em particular pelos biógrafos de Foucault, ele foi durante muito tempo reservado aos que tinham a coragem de ir escutá-lo a partir das cassetes da época guardadas na biblioteca do Saulchoir. E eles eram pouco numerosos: um pequeno círculo de especialistas da violência política, da polícia ou de historiadores e demógrafos que debatem essa temática "Segurança, território e população", afastado das discussões consideradas como centrais sobre as relações saber-poder, sobre o poder psiquiátrico, sobre os anormais e sobre a subjetivação. Para uma ampla maioria "de iniciados", o curso do ano de 1978 se mostrava como um parêntese entre duas teses centrais, a que vinha da *Société Punitive*, prolongando-se em *Os Anormais* e *É Preciso Defender a Sociedade*, e culminando na polêmica entre Foucault e os autores marxistas em torno da concepção do poder, depois da publicação de *Vigiar e Punir*, e a que começava com *Naissance de la Biopolitique* e termina com *A Hermenêutica do Sujeito* e *O Governo de Si e dos Outros*. Esse curso era marginal. Era o das hesitações em público, da crise de confiança, e não é tão surpreendente que os que conseguiram a (re)edição dos cursos tenham preferido publicar primeiramente os anos 1973, 1974, 1975, 1976, antes de publicar o ano de 1978. Não se devia, disseram, para justificar essa ordem original, dar argumentos aos críticos antes de ter mostrado a coerência da obra. Seria aí, em 1978, que seriam detectáveis as fraquezas da articulação do pensamento foucauldiano sobre a disciplinarização e governamentalidade, ainda mais que o resumo de cursos, lacônico, favorecia uma interpretação do curso que Foucault rejeitará durante suas aulas, insistindo sobre o fato de que ele mudava de "pista" e de sujeito.

Mas parece-me, ao contrário, que são essas hesitações, distanciando-se da dicção magistral e da certeza do tom característico de Foucault, que fazem todo o interesse retrospectivo desse curso 30 anos depois. Fica claro na leitura do curso que Michel Foucault não consegue pensar a segurança em suas lógicas de funcionamento e de transformação, e ele se irrita. O curso não está verdadeiramente pronto, diferentemente dos outros anos. A série de aulas desse ano universitário é ofuscada. As introduções de cada sessão visam a colmatar as brechas. A segurança não será, finalmente, o objeto da reflexão. Será o biopoder, a população e o liberalismo. É esse fracasso sobre a segurança como conceito que articula a relação território e população, e que vem completar a soberania como microfísica do poder, e essa linha de fuga que descobre, para além da soberania e da disciplina, a governamentalidade e o biopoder, assim como a ligação mantida entre segurança e governamentalidade que eu desejaria, pois, começar a discutir.

Sei que a tendência em sacralizar o texto, inclusive as aulas, visa a recobrir as hesitações e que falar de fracasso seria mal apreciado. Mas Foucault não se engana com suas próprias afirmações. Ele não pode reproduzir sobre a segurança o paradigma que tinha estabelecido, desenvolvendo relações entre soberania e disciplina, e especificando e distribuindo suas características próprias.

Michel Foucault, nas primeiras aulas, lança hipóteses que ele vai refutando aos poucos. A segurança é e não é a soberania ou o poder de punir e de matar. Ela é e não é a ordem da justiça e do castigo que ele acaba de estudar. Ela é e não é o Estado de polícia e seu panótico. Ela é e não é a disciplina que trata do corpo individual, e ela é e não é a ordem da vigilância. Ela divide traços com esses termos, mas como em *A Caça ao Snark*, de Lewis Caroll, a cada vez que se procura apreendê-lo, é um Boujeum. Inapreensível, a segurança tem relação com o espaço, com o território, mas o liberalismo se emancipa dos controles pelo território, e ele trabalha com o controle das populações, articulando segurança e liberdade. Ela também tem relação com a temporalidade, com a prevenção, com o futuro, mas que fenômeno não o tem. Ela tem, enfim, uma relação com os limites e com o desvio padrão, com as médias. É a primeira pista. Ela é da ordem do cálculo de probabilidade, da regularidade estatística. A partir de então, a segurança não pode ser analisada como derivando de uma lógica ou situação de exceção. Foucault não faz menos de 13 perguntas para tentar cercar o que seria um dispositivo de segurança em sua especificidade (p. 7), depois, *de fato* renuncia a isso. Ele mesmo não acredita que o dispositivo de segurança possa ser essencializado como "uma série de acontecimentos possíveis que remetem ao temporal e ao aleatório que vai ser necessário inscrever num determinado espaço" (p. 22), como "uma técnica política que se destinaria ao meio" (p. 25). Ele considera que os critérios assim determinados diferenciam a disciplina e a segurança, mas não são capazes de precisar o que é esta última. Ele encara, então, uma segunda pista. A segurança é da ordem da liberdade de circulação. Não se trata de "fixar os limites, as fronteiras... mas, principalmente, essencialmente, de permitir, garantir, assegurar circulações: circulação das pessoas, circulação das mercadorias, circulação do ar..." (p. 31). Não se trata de fixar as fronteiras, de isolar um espaço, de marcar as extremidades e de encerrar como na soberania e na disciplina, mas de constituir um "meio de vida" para as populações, abrindo, integrando, ampliando, e isso supõe, antes, um princípio de liberdade que se vai conectar no cálculo probabilístico a fim de que o governo possa gerir o acontecimento para fazer existir o meio de maneira dinâmica. A disciplina é centrípeta, os dispositivos de segurança são centrífugos. A segurança deixa solto. Ela não proíbe. A lei proíbe, a disciplina prescreve, a segurança regula "respondendo a uma realidade de maneira a que essa resposta anule essa realidade" (p. 48). A segurança imagina. Mas se a segurança é e se substitui à ordem da realidade, tornando-se realidade por simulacro, ela não é nada além do que diz que é. Ela pode dizer-se liberdade, proteção, salvaguarda, sobrevivência, amor, usando da soberania e da disciplina. Foucault recua diante da amplitude do processo de (in)securitização assim atualizado. Ele se encolhe na história. Ele falará da segurança sob a forma de "segurança liberal" iniciada no século XVIII, como dispositivo particular ligado a uma "faculdade de circulação" que permite regular e que só funciona como tecnologia de poder se a liberdade é uma dimensão dele. E ele insiste em vão, não se trata de uma ideologia, "não é propriamente, fundamentalmente, primeiramente uma ideologia, é primeiramente e antes de tudo uma tecnologia de poder"; ele acrescenta "é, em todo caso, nesse sentido que se pode lê-lo" (p. 50). A aula de 18 de janeiro de 1978 é crucial. A segurança normaliza, mas o faz estatisticamente. E, enquanto tal, ela vai a partir de então opor-se à disciplina (p. 57). A disciplina classifica, estabelece uma repartição entre os aptos e os inaptos. Ela constrói normas e, a partir daí, designa o que é normal e o que não o é. Ela postula um modelo ótimo, e, a partir de então, frágil. A segurança, por distinção, normaliza diferentemente. Ela parte dos casos, de sua distribuição estatística, dos riscos diferenciais colocados por cada caso, de suas probabilidades de ocorrência, e determina formas de periculosidade mais ou menos graves, e tendo mais ou menos oportunidades de se atualizarem. Ela balança para seu contrário (a insegurança), ou mais exatamente segurança e insegurança são apenas um único e mesmo processo: identifica-se o normal a partir das curvas de distribuição estatística da periculosidade e tenta-se corrigir as distribuições estatísticas mais distantes da curva, chamando-as de anormais. "A operação de normalização vai consistir em fazer trabalhar umas em relação às outras, essas diferentes distribuições de normalidade" (p. 65). "A norma é um jogo no interior das normalidades diferenciais" (p. 65). Resultado e não princípio de divisão ou resultado de um

interdito. Efeito de uma relação e não fronteira traçada *a priori*. Foucault insiste na articulação do processo segurança-insegurança que se apoia no fenômeno, não tenta impedi-lo, pará-lo, mas, ao contrário, "fazer funcionar em relação a ele outros elementos do real, de maneira que o fenômeno de alguma maneira se anule por ele mesmo" (p. 61) e o exemplifica com a valorização. Ele é fascinado pelo efeito de real criado aqui sem recorrer a um enunciado de princípios exteriores, e pela morfogênese da norma. Aparece, então, uma terceira pista. A segurança é da ordem do risco. Foucault posiciona a segurança em relação a uma categoria do risco diferencial a partir das distribuições estatísticas, e funda o dispositivo de segurança sobre o caso, o risco, o perigo e a crise (p. 63) reunidos no seio do estudo de uma "população no sentido estatístico do termo, a saber, nem a totalidade efetiva (soberania) nem o ponto por ponto dos sujeitos (disciplina) (p. 68). A segurança não é, pois, da ordem da vigilância generalizada. Ela não é da ordem do panótico. Ela não concerne ao olhar soberano colocado sobre todos. Ela é da ordem da categoria, do perfil. A dúvida hiperbólica surge a propósito da tese concomitante de *Vigiar e Punir*, onde a organização da modernidade se faz através da racionalidade de diagrama do panótico. Foucault suspende o raciocínio que contradiz seu livro. Mas ele não permanece na lição. É só afirmado "o panótico é o mais antigo sonho do mais antigo soberano... em compensação o que se vê aparecer agora é não a ideia de um poder que tomaria a forma de uma vigilância exaustiva dos indivíduos... mas o conjunto de mecanismos que vão tornar pertinentes para o governo e para os que governam fenômenos bem específicos que não são exatamente os fenômenos individuais... ainda que os indivíduos aí figurem de certa maneira" (p. 68), isto é, perfis construídos a partir das categorias estatísticas e do risco diferencial, normalizando e banindo alguns casos em relação a outros. A segurança não é a disciplina e não é a vigilância. É um dispositivo diferente? Não haverá resposta. Foucault acaba de perceber uma nova linha de fuga que não se refere mais verdadeiramente à segurança, mas ao que é um governo das populações, apoiando-se na estatística e no risco. A segurança não o interessa mais. A oposição à soberania e à disciplina não passa por ela, mas pela relação com o biopoder, isto é, nesse momento exato, pelo fato de que a população emerge como problema, e como problema de governo. A população estatística e a consideração de sua regulação mostram, então, que o governo é mais que a soberania, mais que o reino, mais que o *imperium* (p. 78). Jogo de cena teórico, o horizonte do curso se desloca, como o assinala com justeza Michel Senellart, dos dispositivos de segurança para a história da governamentalidade. A quarta sessão se abre com esse esforço teórico. O plano de curso mudou. O objeto da pesquisa, também. Não se trata mais de analisar a série segurança-população-governo e muito menos a série inicial segurança-território-população, mas de explorar a ideia nova da governamentalidade política como excedendo a soberania (p. 111). Foucault tem Hobbes na linha de mira. Sabe-se que a aula de 1º de fevereiro de 1978 vai redefinir o programa de trabalho de Foucault. Ele aborda aí os temas que o ocuparão em todos os livros seguintes: a multiplicidade das práticas de governo (governo de si, governo das almas, governo das crianças, governo do Estado), a supervalorização do problema do Estado e a necessidade de fazer uma história da governamentalidade que analisa a origem da biopolítica, o governo dos vivos, a subjetivação, o governo de si e dos outros (em resumo, os cursos de 1978 a 1984).

Não retomarei aqui, diretamente, o comentário dessas quatro aulas, senão identificando episodicamente o retorno do termo dispositivo de segurança como subcategoria do biopoder e da governamentalidade dos vivos, ainda mais que Mick Dillon soube com força e brio mostrar essa sujeição da segurança à governamentalidade, e eu me concentrarei sobre os "órfãos" da tese foucaldiana sobre a série segurança-território-população, sobre os que se interrogavam sobre cidade, violência, segurança, guerra, e que ficaram com sua fome, e terminarei apresentando minhas próprias hipóteses, que tentam repartir dessas questões deixadas em suspense, e que estão, de alguma maneira, abandonadas.

Os dispositivos de segurança nas pesquisas inspiradas em Foucault

O trabalho de Michel Foucault sobre a segurança, ainda que inacabado e complicado quando ele tenta fazer um elo entre sua ideia de dispositivos de segurança e a governamentalidade dos outros, depois de si, sugeriu pistas interessantes de pesquisa que foram exploradas em parte, mas a noção de dispositivo

de segurança, crucial para Foucault vai *de fato* desaparecer da agenda, e são as pesquisas sobre a questão do risco, da governamentalidade liberal em oposição ao Estado de polícia que vão suscitar o interesse de seus colaboradores.

Essas foram desenvolvidas por toda uma série de autores dos quais muitos estavam no círculo próximo dos ouvintes do Collège de France. Pode-se citar os trabalhos de Michelle Perrot, François Ewald, Jacques Donzelot, Pierre Lascoumes, Gérard Noiriel para os franceses, Pasquale Pasquino, Giovanna Procacci, Alessandro Dal Lago, o grupo da revista *Aut-Aut* para os italianos, Nikolas Rosse, Colin Gordon, G. Burchell para os ingleses, H. Dreyfus e P. Rabinow para os americanos.

Sobre essa relação entre segurança, território e população, a maioria dos autores foucauldianos vão inclinar-se sobre a questão do espaço e da gestão das fronteiras, que se trate da relação com a cidade e com sua urbanidade no sentido de civilidade, ou se trate da relação com a cidadania e com a gestão pela polícia da questão da circulação e das ruas. A análise das margens no seio de um grupo social vai tomar toda sua amplitude, mas antes de tudo como processo de exclusão, de anormalização, e a questão da segurança em relação à guerra, e à guerra internacional, não vai verdadeiramente ser discutida. Essa clivagem entre segurança e guerra vai ficar bem profunda, com exceção dos trabalhos recentes de Frédéric Gros, e pode-se perguntar por quê. Será um "esquecimento", uma "lacuna"? Sem dúvida, não. Foucault não ignora absolutamente a guerra. Ele a evocou frequentemente e remexeu a fórmula clausewitziana da guerra como continuação da política por outros meios. A política é uma continuação da guerra, da luta. Pode-se, então, ter o fim das lutas e da guerra, inclusive internas, graças à segurança? Esta é da ordem da paz social? Ela supõe uma força superior que tem a capacidade de pôr fim à luta e à violência? Em nenhum momento, Foucault retoma por conta própria a teodiceia do Estado sobre a proteção das fronteiras, a criação de um espaço comum homogêneo e a contrapartida da segurança individual que resulta da renúncia pelo indivíduo à sua própria soberania, com a delegação desta a um Leviatã qualquer. Esse conto de criança, para adultos e professores de ciência política, não o interessa. A violência de Estado não é a segurança, mesmo que ela o pretenda. Ele não se preocupa nem mesmo em lembrá-lo. O que sobra é o poder bruto de matar. É a invasão e a subordinação. A ideia de proteção pelo Estado, argumento primeiro nos realistas clássicos e nos liberais, não aparece, ou, então, como simples alegação de soberania.

Agindo assim, Michel Foucault recusa associar a segurança ao excepcional à sobrevivência, ao horizonte da guerra. Ele evita associar segurança individual e segurança do Estado contra uma agressão estrangeira. Para ele, a segurança é da ordem da população, ela é da ordem da segurança "interna". Mas essa segurança insecuriza o conjunto, o povo. A segurança produz insegurança e exclusão no próprio interior da sociedade. Ela anormaliza as margens e cria fronteiras no seio do espaço social. Numerosos criminólogos (Ericson, Hagerty, Sheptyckik, Harcourt) mostraram desde então como a associação desvio-criminalidade *via* discursos sobre as incivilidades permitiu a extensão de práticas policiais derrogatórias em relação a torcedores, drogados, nacionalistas radicais, migrantes, jovens, sem que isso seja percebido como atentatório a liberdades fundamentais, visto que a maioria cidadã não se reconhecia nessas margens. A segurança dos cidadãos se lê politicamente como a segurança da maioria e a insecurização das margens, margens que incomodam o sentimento de homogeneidade dos "bons" cidadãos. Anastassia Tsoukala, trabalhando sobre os hooligans, mostrou, por exemplo, como a classe dos torcedores de futebol estava associada primeiramente a um desvio benigno, depois, cada vez mais, delinquente, justificando, então, medidas especiais da polícia em relação a eles. Eu mesmo adiantei a terminologia de *continuum* de (in)segurança para permitir compreender os desafios de legitimidade referindo-se à transferência dessas práticas derrogatórias e dessas técnicas especiais de investigações dos domínios da luta antiterrorista e antidroga para os domínios da luta contra a imigração clandestina e o controle das fronteiras e da circulação das pessoas. Trata-se aí de recusar essa anormalização das margens que constitui também a segurança como maioria normalizada estatisticamente.

O corolário dessa análise foi menos discutido, mas ele é, no entanto, central. Se a securização vem da normalidade estatística, das rotinas, ela difere da colocação em ação de medidas políticas e jurídicas excepcionais. Estas são, com certeza, importantes, como "marcadores" das fronteiras internas estabelecidas por uma sociedade entre ela e suas próprias margens, mas elas não são de modo algum fundadoras,

como o desejariam as interpretações de Giorgio Agamben, ou as reflexões de Barry Buzan e Ole Waever sobre as quais voltaremos. Encontra-se a distinção entre segurança e guerra sob um outro ângulo. A segurança não é o resultado de uma lógica ou de um momento de exceção que suspende a normalidade e determina a regra do momento. Ela não provém de um para além do político que transforma o sistema de ação e favorece as soluções coercitivas. Ela é o resultado de um processo que se apoia na maioria estatística de uma classe de acontecimentos, de uma população estatística. A normalização deriva da constituição de regularidade estatística e de operações de classificação que distribuem os acontecimentos por categoria particular, que estas sejam das categorias reconhecidas pelos sistemas de saberes ou das categorias comuns etiquetadas pelas administrações do Estado. A normalização não se faz através de um princípio de divisão, mas por meio de uma distribuição estatística. Ela é da ordem do meio de vida e da gestão das margens, não do controle coercitivo de uma fronteira soberana ou de uma decisão política extraordinária. Michelle Perrot insistiu imediatamente, assim como Gérard Noiriel, um pouco mais tarde, sobre o fato de que a segurança se faz pela regulação estatística. Chama-se insegurança o que é desvio, o que é raro, o que está nas margens estatísticas de uma classe de práticas, e chama-se segurança as práticas de uma maioria. A tirania do nacional se lê nessa marginalização do refugiado e na constituição da cidadania nacional à francesa. A maioria de uma classe de população particular se sente em segurança, independentemente de suas práticas éticas, na medida em que se anormaliza o desvio, transformando-a em ataque à ordem e, a partir de então, em comportamento criminoso por um lado e que, por outro, o trabalho policial se concentra nessas margens e evita olhar de muito perto as práticas majoritárias. A resistência a práticas de violência, exclusão ou discrimação de uma maioria é lida como ataque à segurança, e esse fenômeno vai bem além da resistência, qualificada de terrorista, à opressão nazista. Ele atinge essas margens do político e sua relação com a luta e o uso da violência. Isso é particularmente delicado, onde se julga que as regras de direito são aplicadas e dão voz à oposição, com a condição de que esta não passe pela via das armas. A questão é a do limite entre a maioria e as margens no próprio seio de um meio de vida, e das formas de resistência e de luta que aí se desenvolvem. O estrondo da batalha também se faz sentir no interno. A segurança vive da luta e das insecurizações das margens. Ela é relacional. Ela não depende de decisões tomadas num dado momento. Foucault se opõe inteiramente a Schmitt e em filigrana a Hobbes. A segurança é da ordem da microfísica das relações de poder. Ela é efeito de um sistema de liberdades e nisso difere da soberania e da disciplina. Ela não vem do Estado.

A segurança não pode existir sem um regime de liberdades, e em particular da livre circulação. A segurança supõe que se analisem as mobilidades, os lados, as margens e não a fronteira e os guetos que ela produz. A segurança é, pois, da ordem da circulação num meio de vida e não da ordem da disciplina dos corpos. A segurança não isolaria, ela colocaria em rede. Ela não encerraria, mas teceria o social. Ela não funcionaria nem sob o olhar e a vigilância, ela deixaria acontecer. A proposição derruba aqui ainda o esquema habitual. A segurança não é o oposto da liberdade. Ela não é um princípio equivalente. Ela não é a marcação dos limites da liberdade. Ela é o resultado das liberdades. A segurança se exerce sobre uma dada área e favorece o duplo movimento de extensão da zona e da livre circulação. Os especialistas das questões europeias têm que se interrogar sobre essa dimensão onde a liberdade de circulação produz uma normalidade, uma segurança que desestabiliza as prisões disciplinares e as lógicas soberanas. Com efeito, no jogo de forças que se opõem, a segurança se estende pelo deslocamento das fronteiras que permite afastar os controles sobre os outros, externalizar a disciplina para só conservar uma securização em nome da liberdade e da maioria.

Zygmunt Baumann, com o conceito de modernidade líquida, vai seguir essa abordagem (sem o saber?), criticando o Michel Foucault de *Vigiar e Punir* e seu panotismo. Para ele, Foucault só viu a disciplina e o controle; ora, a circulação vem primeiro. Ela gera liberdades e exclusão. A circulação num sistema de liberdades não somente incentiva a mobilidade, mas procura impô-la. A segurança imagina o futuro e aí se projeta como forma máxima tendo reduzido as margens à sua inexistência, ela fantasma o homogêneo e o fim das resistências e das lutas. Gary Marx, David Lyon e eu mesmo prolongamos essa hipótese da segurança como marcação temporal da mobilidade incidindo numa polícia a distância e a "destempo". A segurança se digitaliza e persegue os vestígios deixados por tudo o que se move (produto, informação,

capital, humano). Com Elspeth Guild mostramo-lo sobre o jogo das fronteiras europeias e o desenvolvimento de bases de dados com identificadores biométricos e de formas de polícia a distância *via* os vistos, assim como pela constituição de perfis de indivíduos suspeitos em função de uma categoria estatística de população com a qual ele se poderia parecer no futuro. Philippe Bonditti adiantou essa transformação recente do sistema de segurança americano e a tensão entre a disciplinarização do *homeland* com o controle das fronteiras e a securização do *cyberspace*. Jef Huysmans conectou essa relação com a mobilidade com a noção de risco, assim como Claudia Aradau e Rens Van Munster. Esse conjunto de pesquisas explorou a noção de governamentalidade pela inquietude e mal-estar, rejeitando a ideia de uma política do medo instrumentalizada pelos governos, e articulando sobre os desafios contemporâneos a relação entre mobilidade, segurança e risco.

Se a segurança é da ordem da maioria de uma categoria de população estatística e é o resultado de um sistema de relações fundadas nas liberdades e na mobilidade que gera uma dinâmica de desestabilização das fronteiras fechadas e que geram exclusões por anormalização das margens, então a noção de segurança está bem ligada à de risco, mas uma forma de risco que não é necessariamente a estudada pela lógica da segurança. Esta supõe uma incerteza dominada por cálculos probabilísticos e formas de mutualização do risco, enquanto a dinâmica da modernidade líquida destrói as fronteiras espaciais, mas também as da ordem probabilística que supõe um futuro não catastrófico. Essa dinâmica de (in)securização provoca formas de desfronteirização, transformando o mundo em mundo fronteira ele próprio e a invenção de novas linhas, de novos limites, como destaca Rob Walker. Ela reintroduz por sua relação com o futuro e com a vontade de dominar este último, uma incerteza e uma excepcionalidade maior, e reintroduz também a guerra e a disciplina no cerne da segurança. O risco não é mais a partir de então racionalizado pelo assegurável.

Sabe-se que a posteridade mais forte da reflexão de Foucault foi justamente sobre essa relação entre risco e segurança em governamentalidade liberal, mas a ênfase posta sobre o assegurável levou os autores próximos de Foucault a estudar as relações entre segurança e racionalidade em relação com o social. As reflexões dos autores ingleses às voltas com o thatcherismo e o blairismo como empreendimento de desconstrução da racionalidade "pastoral" ligada ao Estado providência vão enfatizar o elo apresentado por Foucault entre racionalidade estatística, risco, segurança e governamentalidade, em sua quarta aula. Nikolas Rose vai apoiar-se fortemente nos trabalhos de *Segurança, Território e População*, mas principalmente para desenvolver a noção de governamentalidade liberal, e muito pouco em relação com a segurança. Para ele, o liberalismo é uma fórmula de governo, não uma filosofia política ou um tipo de sociedade. O que importa é pensar "além do Estado", analisar as artes de governar e muito particularmente o neoliberalismo emergente. Sabe-se a posteridade e a importância das pesquisas do grupo Economy and Society. É, por assim dizer, um novo Foucault, imerso no banho anglo-americano, que vai difundir-se fora da França. A noção de governamentalidade liberal vai suscitar numerosas polêmicas e vai influenciar muitos autores, até os mais tradicionais, apoiando-se nessa abordagem do poder como uma ação sobre uma ação. Mas, em compensação, a discussão sobre os dispositivos de segurança ligados aos aparelhos de coerção vai estiolar-se ao mesmo tempo. Reinstitui-se um corte. A segurança é da ordem da gestão do vivo, o poder de matar continua, ele, da ordem soberana e do arcaísmo que sobrevive. Nessa ordem soberana que se perpetua, a segurança é apenas uma declinação particular, e mais grosseira, da soberania onde a alta polícia se une à baixa política, o interessante está em outra parte, na gestão das modalidades de vida que implica liberdade e risco. O liberalismo otimiza essa maneira de gerir as populações pela ordem da perpetuação e do crescimento do vivo.

François Ewald, em sua obra sobre *O Estado Providência*, e Jacques Donzelot, em *A Invenção do Social*, assim como Giovanna Procacci, em *Governar a Miséria*, vão influenciar profundamente a análise sobre a segurança como forma de governamentalidade liberal, enfatizando a gestão da vida e do social, por meio de uma relação diferente com a responsabilidade. É em torno do seguro e da seguridade social, em torno da noção de Estado providência que o debate vai acontecer. François Ewald define o risco como forma de solidariedade, depois, mais recentemente, como forma de responsabilidade. A existência do risco é, a partir de então, um elemento indissociável da sociedade moderna, inseparável da ideia de tomada de decisão e de liberdade de escolha. O risco pode ser lido como perigo ou oportunidade, mas se ele é

lido como perigo, então ele é mutualizado. O cálculo dos riscos é probabilístico e fundado na gestão das inquietudes assim como na regularidade estatística. Mas um tal cálculo supõe certo grau de previsibilidade do futuro a fim de estabelecer as tendências que permitem antecipar as consequências da ocorrência do perigo uma vez atualizado, e ter também certa ideia de sua probabilidade de acontecer durante certo período de tempo. Trata-se de reduzir a incerteza pelo cálculo estatístico.

Mas a tese de Ewald acaba por ser ambígua. A dimensão crítica tem tendência a transformar-se em apologia de uma forma particular de liberalismo combinando segurança e liberdade. O olhar incisivo de Foucault sobre a normalização da maioria é mais ou menos esquecido. A ordem gestionária toma a frente em nome da própria regularidade.

Por outro lado, a teoria do risco assegurável é passível de uma segunda crítica. Para muitos pesquisadores, o seguro não produz os mesmos efeitos na época do que Ulrich Beck qualificou de segunda modernidade. Hoje, as consequências de nossas decisões, indo, talvez, até colocar em perigo a existência de uma vida em nosso planeta, se tornaram "incontroláveis, imprevisíveis e incomunicáveis, nos diz ele. O roteiro do pior não responde mais à mutualização do risco e à elaboração de séries de acontecimentos. Ele só tem como limite a imaginação política dos que o enunciam. Como destaca Ciccarelli, o risco não é mais hoje um "acidente perigoso e calculável", ele se tornou incalculável, principalmente quando induz a intenção estratégica de destruição e sai da ordem natural. É difícil pensar a catástrofe se esta é de tal modo destruidora que é preciso impedi-la de acontecer, pelo menos uma vez, insiste Jean-Pierre Dupuy. Vê-se, então, ressurgirem os argumentários da exceção e da urgência, do estado de necessidade e da derrogação, a fim de prevenir a ocorrência de um só acontecimento, com uma focalização só sobre o futuro e sobre a imaginação necessária a fim de garantir a segurança. Giorgio Agamben, Mick Dillon vão desenvolver essa conexão entre um imaginário do risco, uma forma de biopolítica e uma teoria da exceção. É claro, a partir de então, que a linha de pensamento assegurável não basta para pensar a relação entre risco e segurança, mas que a do roteiro do pior conduz quanto a ela a uma forma de astrologia mascarada pela crença nas capacidades técnicas das trocas de informação e da capacidade de estabelecer perfis que antecipam as ações desses agentes do pior.

É possível, então, articular em conjunto pensamento da segurança como forma de exceção e como forma de regularidade, como acontecimento raro de um para além do político e como banalidade das lógicas práticas?

Não é certo que se possa reconciliar um pensamento da exceção como o de Agamben, ou da securização como sobrevivência a exemplo do de Buzan, e para além de toda forma de pensamento hobbesiano, com a abordagem foucauldiana de *Segurança, Território e População* que enfatiza a segurança como norma. Existe uma tensão profunda entre as duas abordagens. Ao mesmo tempo, Foucault se facilita a tarefa, distinguindo a segurança da soberania e da disciplina e colocando a relação com a luta e com a violência fora da análise da segurança. Se há normalidade da luta e da guerra no político, como se constitui a normalidade da segurança, senão como integração de uma certa forma de luta e de violência? É preciso em dado momento uma crença na inversão simbólica da violência em força de paz e de proteção para constituir o quadro do meio de segurança, e é preciso a garantia do Estado no liberalismo. Essa alquimia segundo a qual a violência do Estado (ou do mais forte) põe fim à violência e a partir de então se transmuta em paz e em proteção não pode ser tão facilmente deixada de lado. Ela não é da ordem da soberania e de suas declarações. Ela não é, ou não unicamente, o resultado de uma disciplinarização dos corpos. Ela tem a ver com a noção de risco, e de risco de morte.

BIBLIOGRAFIA

AGAMBEN, Giorgio. *État d'Exception, l'Ordre Philosophique*. Paris: Seuil, 2003.

ARTIERES, Philippe; LASCOUMES, Pierre. *Gouverner, Enfermer*: La Prison, Modèle Indépassable? Paris: Presses de Sciences Po, 2004.

BAUDRILLARD, Jean. *Oublier Foucault*. Paris: Éditions Galilée, 1977. Há tradução brasileira: *Esquecer Foucault*.

BAUMAN, Zygmunt. *Liquid Modernity.*, Cambridge Malden, MA:, Polity Press: ; Blackwell, 2000. Há tradução brasileira: *Modernidade Líquida.* Jorge Zahar Editor.

BIGO, Didier. Detention of Forigner, States of Exception, and the Social Practices of Control of the Banopticon. In: *Borderscapes.* Edited by Prem Kuram Rajaram: University of Minesotta Press, 2007.

_____. Globalized-in-Security: The Field and the Ban-Opticon. *Traces:* A Multilingual Series of Cultural Theory, v. 4/2005, nº Translation, Philosophy and Colonial Difference, English ed. Jon Solomon, Naoki Sakai, p. 109-157, 2006.

BONDITTI, Philippe. From Territorial Space to Networks: A Foucaldian Approach to the Implementation of Biometric. *Alternatives. Global, Local, Political. Special English-Language Issue of Cultures Conflits,* v. 29, nº 4, p. 465-482, 2004.

BURCHELL, Graham; GORDON, Coli; MILLER, Peter (Eds.). *The Foucault Effect:* Studies in Governmentality. Chicago: University of Chicago Press, 1991.

C.A.S.E. Collective. Critical Approaches to Security in Europe: A Networked Manifesto. *Security Dialogue,* v. 37, nº 4, p. 443-487, 2007.

CASTEL, Robert. *Les Métamorphoses de la Question Sociale:* Une Chronique du Salariat. Paris: Fayard, 1995.

CHEVALLIER, Philippe. *Michel Foucault:* Le Pouvoir et la Bataille. Nantes: Pleins Feux, 2004.

DAL LAGO, Alessandro. *Lo Straniero e Il Nemico:* Materiali per l'Etnogfia Contemporanea. Genova: Costa & Nolan, 1997.

DILLON, Michael. Governing Terror: The State of Emergency of Biopolitical Emergence. *International Political Sociology,* v. 1, nº 1, p. 7-28, 2007.

DONZELOT, Jacques. *La Police des Familles.*, Paris:, Les Éditions de Minuit, 1980. Há tradução brasileira: *A Polícia das Famílias.* Graal.

ERICSON, Richard V.; HAGGERTY, Kevin D. The Surveillant Assemblage. *British Journal of Sociology,* v. 51, nº 4, p. 605-622, 2000.

FOUCAULT, Michel. *Sécurité, Territoire, Population:* Cours au Collège de France (1977-1978)., Paris:, Gallimard/Seuil/Hautes Études, 2004c. Há tradução brasileira: *Segurança, Território, População.* Martins Fontes.

GROS, Frédéric. *États de Violence,* Essai sur la Fin de la Guerre. NRF, Paris: Gallimard, 2006.

HAGGERTY, Kevin D. Tear Down the Walls: On Demolisching the Panopticon. In: *Theorizing Surveillance:* The Panopticon and Beyond. Edited by David Lyon, Cullompton, Devon: Willan Publishing, 2006.

HUYSMANS, Jef. A Foucautian View on Spill-Over: Freedom and Security in the EU. *Journal of International Relations and Development,* v. 7, nº 3, p. 294-318, 2004.

LASCOUMES, Pierre. La Gouvernementalité. *Actes, les Cahiers d'action Juridique.* v. 54, nº été, p. 7-15, 1986.

NOIRIEL, Gérard. *La Tyrannie du National:* Le Droit d'Asile en Europe 1793-1993. Paris: Calmann-Lévy, 1991.

PROCACCI, Giovanna. *Gouverner la Misère:* La Question Sociale en France (1789-1848). Paris: Seuil, 1993. Há tradução brasileira: *Governar a Miséria.*

RANCIÈRE, Jacques. *Aux Bords du Politique.* Paris: Éditions Osiris, 1990.

ROSE, Nikolas.. Government, Authority and Expertise in Advanced Liberalism. *Economy and Society,* v. 22, nº 3, 1993.

_____. *Powers of Freedom:* Reframing Political Thought. 5th printing. Cambridge; New York: Cambridge Univ. Press, 2005.

SENELLART, Michel. *Machiavélisme et Raison d'État:* XII-XVIIIe Siècle; Suivi d'un Choix de Textes. Paris: PUF, 1989.

SFEZ, Lucien. *Critique de la Décision.* Paris: A. Colin, 1973.

VEYNE, Paul. *Comment on Écrit l'Histoire;* Suivi de Foucault Révolutionne l'Histoire, Point. Histoire; H40, Paris: Seuil, 1979. Há tradução brasileira: *Como se Escreve a História.* Foucault Revoluciona a História.

WALKER, R. B. J. After the Future, Encolosures, Connections, Politics. In: *Reframing the International:* Law, Culture, Politics. Edited by Richard A. Falk, Lester Edwin J. Ruiz and R. B. J. Walker, New York: Routledge, 2002. xiii, p. 258.

Foucault, a história e a epistemologia

François Delaporte

Nos anos 1980, Foucault ligava a questão de Kant "O que chamam as Luzes?" a uma reflexão sobre a história das ciências. Ele esboçava uma filiação que partia de Comte para terminar em Canguilhem *via* Bachelard.[1] Muito esquematicamente, não se pode dizer que essa corrente de pensamento ilustre uma filosofia normativa visando a reinscrever a racionalidade da ciência na experiência da vida. Era bem possível que a filosofia de Foucault prolongasse, não sem modificações, essa tradição da história das ciências. No campo da filosofia francesa, seria necessário, então, apontar um evento que se poderia chamar "transformação Foucault". Canguilhem escreve: "Paradoxalmente, a *episteme* não é um objeto para a epistemologia." Um pouco mais adiante, ele acrescenta: "Não há, hoje, filosofia menos normativa que a de Foucault, mais estranha à distinção do normal e do patológico."[2] Entretanto, em *A Ordem do Discurso*, monstros rondam.

A HISTÓRIA DAS IDEIAS

Foucault teve um olhar crítico sobre os relatos dos historiadores da medicina. Para se convencer disso, basta dar algumas amostras e destacar seus pressupostos metodológicos. Diz-se, por exemplo, que o êxodo rural e a Revolução Industrial estimularam a revolução médica, e inversamente. Porque o capitalismo tinha necessidade de mão de obra, a doença tomou sua dimensão social: donde a racionalização da medicina. Trata-se aqui de uma síntese, refrescada, da história das ideias e da história social. A percepção da ciência como instituição social é acompanhada por um interesse pelos conteúdos de saber. Descreve-se o intrincado do social e do cognitivo.

A clínica é a medicina de um contexto cultural e de um meio socioeconômico. Fazer a história da clínica é fazer uma análise sincrônica cuja coerência é fundada nas noções de "mentalidade", "espírito", "clima" ou "ambiência cultural". Essas noções bastam para estabelecer relações de causalidade. Por exemplo, uma análise dos elos simbólicos que permitem reencontrar analogias entre as formas da sociedade e as da medicina. A Revolução Francesa exerceria assim o papel de um acontecimento exterior do qual se deveria descobrir o efeito de divisão, com os mesmos paradoxos, nos discursos médicos. Para Ackerknecht, a figura da "revolução médica" culmina em resultados inversos daqueles aos quais ela tende no início. Era preciso suprimir os hospitais, acaba-se melhorando-os. Era preciso abolir o ensino da medicina, acaba-se criando um. Era preciso reduzir a medicina a nada, acaba-se abrindo-lhe uma nova era.

Fazer a história da clínica é também dar um relato que repousa em noções de "desenvolvimento", de "evolução" ou de "maturação". Mas é a noção de "influência", essa noção vulgar da historiografia usual, que fornece um suporte mágico aos fatos de transição e de comunicação. Graças a ela, os fenômenos de seme-

---

1   Introduction by Michel Foucault. In: G. Canguilhem, *On the Normal and the Pathological*. Boston: D. Reidel, 1978. p. IX-XX. Há tradução brasileira: Introdução. *O Normal e o Patológico*. Cf. Introduction par Michel Foucault. *Dits et Écrits*, III, 1976-1979, Paris: Gallimard. p. 429-442. Há tradução brasileira: *Ditos e Escritos*, II, Arqueologia das Ciências e História dos Sistemas do Pensamento.

2   G. Canguilhem, Mort de l'Homme ou Épuissement du Cogito. *Critique*, 242, p. 609-612, juillet 1967.

lhança ou de repetição são referidos a um processo de atitude causal. Através do tempo se atam unidades para além de toda suspeita. Muitas histórias da medicina descrevem tudo o que tinha podido desenhar antecipadamente os métodos e as análises da Escola de Paris. "Em razão dos parentescos, afetuosos ou difíceis, da medicina, não somente com as outras ciências, mas também com a justiça, com a religião, com a educação, com o exército etc., sem esquecer a literatura e a filosofia, seria preciso ter feito muitas investigações pluridisciplinares, antes de esperar realizar um balanço exaustivo dessas redes de influências".[3]

Os historiadores da medicina realizaram assim seus estudos a partir de temas a meio caminho entre mitos fundadores e a história mais tradicional. Eles acreditam numa medicina eterna. Eles acreditam nas continuidades, nas antecipações e nos esquemas prévios. Os progressos da clínica e da anatomia patológica prolongam tendências que existiam há muito tempo. Tudo o que se pode dizer da clínica teria seu lugar na época clássica: "Sejamos claro, diz Léonard, a clínica não data de 1795, e a anatomia patológica, também não. Basta citar Boerhaave (morto em 1738) ou Morgagni (morto em 1771) [...]. Desde sempre, professores particulares se fazem acompanhar por discípulos, em suas visitas na cidade [...]. A clínica não parte de zero [...]. Uma protoclínica principalmente pedagógica se transforma em método de pesquisa."[4] Mostra-se como se deslocou o interesse dos médicos e por que modelo institucional, teórico ou experimental eles foram influenciados. Destaca-se que filosofia ou que temática moral definiu o clima de sua reflexão. Descreve-se que esforços lhe foram necessários para se liberarem dos preconceitos ou da tradição e por que vias eles instauraram, enfim, uma medicina científica.

Permanecendo no nível das obras, temas e teorias , os historiadores desenvolvem generalidades e relatam pequenos fatos. Generalidades, porque eles aceitam sínteses já prontas e ligações cuja validade não é questionada. Pequenos fatos, na medida em que eles se interessam por biografias, por anedotas e por ruidosas controvérsias. Donde a análise das opiniões, das atitudes e das mentalidades mais do que a descrição dos conceitos e dos fundamentos históricos. Foucault criticou o humanismo que subentende essa história tradicional. Esta é carregada pelo fantasma de uma medicina que aspria ao progresso e ao aperfeiçoamento da natureza humana.

Mas há mais; os historiadores da medicina perceberam, também, o acontecimento da clínica como o enfrentamento de um olhar e de um corpo. Retorno, pois, ao princípio sem idade segundo o qual o saber médico se forma no leito do doente. Essa reatualização da medicina hipocrática repousa sobre a adesão ao princípio de uma história linear. O leito do doente é o lugar de uma experiência constante, acabada, que teria sido recoberta pelas vãs teorias. Em outros termos, a pureza da evidência clínica teria sido mascarada pelas especulações. "A tela de fundo antiescolástica sobre a qual se recorta a análise, diz Léonard, é composta de rejeições de sistemas e teorias *ex cathedra* e de respeito da experiência".[5] Uma vez que se acreditava que a clínica tinha saído toda armada desse encontro entre médicos e doentes, era preciso que um dia a observação e a experiência acabassem dissipando as quimeras da imaginação e encontrasse a antiga medicina: "Na invariante da clínica, a medicina teria atado a verdade e o tempo".[6]

O pensamento de Foucault pode entender-se como a antítese do dos historiadores e pela rejeição de suas atitudes. Onde estes identificam falhas que é preciso corrigir pelo restabelecimento das filiações, o arqueólogo vê rupturas e diferenças que é preciso aprofundar. A ideia de clínica, em sua formulação geral, é, talvez, a mesma em Boerhaave e em Bichat. Mas o que a torna possível não é absolutamente da mesma ordem aqui e lá. Quanto aos paradoxos da Revolução Francesa, eles são facilmente dissipados. Foucault mostra como os temas dos economistas e os dos médicos classificadores coincidiram num momento. Com um olhar médico que se coloca sobre uma espécie e uma assistência que compensa a pobreza, a ideia de suprimir o hospital só podia impor-se. O que não impedirá a inversão dessa temática, mas a partir de uma nova espacialização institucional da doença. Pode-se dizer que, antes do *Nascimento da Clínica*, sua história não existe, visto que nada pode desaparecer.

---

3   J. Léonard, *La Médecine entre les Pouvoirs et les Savoirs*. Paris: Aubier, 1981. p. 7.
4   *Ibidem*, p. 23-24.
5   *Ibidem*, p. 32.
6   M. Foucault, *Naissance de la Clinique*. Paris: PUF, 1963. p. 53-54. Há tradução brasileira: *O Nascimento da Clínica*. Forense Universitária.

Trata-se de substituir o enigma das coisas de antes do dicurso pela formação regular dos objetos que só se desenham nele. É preciso, resumindo, fazer uma história dos objetos discursivos. Ou seja, é preciso tratar os discursos como práticas que formam os objetos de que eles falam e descrever suas regras de formação. Se Foucault fala do nascimento da clínica, é porque há a morte do que a precede. Não somente o nome das doenças e o agrupamento dos sintomas eram os mesmos, mas variavam também os códigos perceptivos que se aplicavam ao corpo dos doentes, o campo dos objetos aos quais se destinava a observação, as superfícies e as profundezas que olhar percorria. Descrever as regras de formação dos discursos é estabelecer o princípio de sua multiplicidade e de sua dispersão. Foucault substituiu a pesquisa da origem pela dos começos, o dado pelo construído, o primado do contínuo pelo do descontínuo.

A crítica da invariante atravessa, como uma linha vermelha, a *História da Loucura*, a *História da Sexualidade* e a *História da Prisão*. Poder-se-ia dizer que essa crítica é uma das raras invariantes de seu método histórico. Por exemplo, na *História da Sexualidade*, Foucault escreve: "Era preciso libertar-se de um esquema de pensamento que era bastante corrente: fazer da sexualidade uma invariante, e supor que, se ela fica em suas manifestações, formas historicamente singulares, é pelo efeito de mecanismos diversos de repressão, aos quais, em toda sociedade, ela se encontra exposta; o que equivale a colocar fora do campo histórico o desejo e o sujeito do desejo, e a pedir à forma geral do interdito de dar conta do que pode haver de histórico na sexualidade."[7]

Mas em que a crítica da invariante é também uma crítica da ontologia? Para Foucault, trata-se de descrever, não como se manifesta a medicina clínica, mas como ela se constitui. O arqueólogo rejeita a pesquisa do fundamento ontológico que se dissimula por trás do discurso dos historiadores. Se a clínica existe como invariante, a única história possível seria a de tudo o que a oculta. Ouvindo a história mais do que a metafísica, Foucault é levado a mostrar que as coisas são sem essência. A clínica não remete a uma experiência fundamental e sem idade. Nenhum enunciado pode dar-se como pertencente a continuidades milenares. A palavra medicina recobre realidades diferentes segundo as sociedades e as épocas. Para Foucault, a clínica se identifica com um começo, relativo, pertencente a um espaço-tempo cultural determinado.

A HISTÓRIA EPISTEMOLÓGICA

O objeto da história epistemológica é a descrição da formação dos conceitos em sua história. Ora, esta deve envolver o domínio dos conhecimentos empíricos. Tomar-se-á aqui o termo *empírico* no sentido operatório de tentativa, experiência ou ensaio. Para Canguilhem, fazer a história de uma ciência é descrevê-la como uma aventura e apreendê-la em seu imprevisível devir. Essa história epistemológica se distancia de uma história fundada no princípio de descontinuidade. Para Bachelard, com efeito, o corte separa o pré-científico e o científico, o concreto e o abstrato, o ultrapassado e o sancionado.

Muito cedo, Canguilhem tomou suas distâncias em relação à epistemologia bachelardiana. Valorizando o pré-científico, o concreto e o caduco, ele procede ao inverso de Bachelard. Em *A Teoria Celular* (1945), onde Bachelard teria registrado descontinuidades, Canguilhem destaca continuidades. Trata-se de restituir uma dignidade teórica ao pré-científico (conhecem-se as ressonâncias que ele desperta). Em seguida, em *La Formation du Réflexe* (1955), Canguilhem desfaz e ata a trama do imaginário e do conceitual e mostra que se o médico vitalista Willis pertence à idade pré-científica (no calendário bachelardiano), nem por isso ele depende da "paleontologia de um espírito científico que desapareceu".[8] Enfim, em *Ideologia e Racionalidade* (1977), ele elabora um *status* epistemológico do conceito de "ideologia científica" de modo a fundar a conjunção dos temas da continuidade e da descontinuidade em histórias das ciências.

Seria possível que um dos limites da história epistemológica residisse em sua incapacidade de integrar práticas não científicas e não discursivas. Ora, essa impossibilidade, parece, é apenas a contrapartida negativa de uma história que se considera, no essencial, história normativa. A rigor, colocando a questão de saber se as proposições de um discurso médico são cientificamente verdadeiras ou falsas, limita-se seu

---

7   *L'Usage des Plaisirs*. Paris: Gallimard, 1984. p. 10. Há tradução brasileira: *O Uso dos Prazeres*.
8   G. Canguilhem, *La Formation du Concept de Réflexe aux XVIIᵉ et XVIIIᵉ Siècles*. Paris: PUF, 1955. p. 166.

domínio de estudo só aos enunciados médicos. Na medida em que a história epistemológica é história da verdade, ela destaca mais a exclusão do falso.

Em *O Normal e o Patológico* (1943), Canguilhem procede ao exame de um dogma da medicina fisiológica. A terapêutica supõe uma patologia científica fundada na ciência fisiológica, que se confunde ela mesma com a descoberta das leis dos fenômenos. O julgamento de Canguilhem sobre Broussais é conhecido: "A reflexão metodológica não era seu forte. As teses da medicina fisiológica tinham, para ele, menos o valor de uma antecipação especulativa a justificar por pesquisas pacientes do que o de uma receita terapêutica a impor, sob forma de sangrias, a todo mundo."[9] Sabe-se que Canguilhem não cessou de denunciar a incoerência da doutrina segundo a qual o estado patológico é homogêneo ao estado normal do qual ele só constitui uma variação quantitativa em mais ou em menos.

Continuando, no terreno da história das ciências, Canguilhem dará a essa tese o *status* de uma "ideologia médica" que, de Brown até Claude Bernard, passando por Broussais, subentende um ativismo terapêutico. Atribuir ao sistema de Broussais o *status* de ideologia científica é reconhecer-lhe um lugar na história. Por um lado, essa doutrina se liga à ciência: Broussais deve figurar na história dos conhecimentos médicos, porque ele inventa um princípio de patologia causal. Por outro, essa doutrina se liga a uma ideologia: o sistema de Broussais é um cadáver especulativo que sai do campo científico. Canguilhem insistiu sobre essa ambivalência: "É inevitável que seja colocada a questão de saber se a história do que é ciência autêntica deve excluir ou tolerar, ou reivindicar e incluir também a história das relações de evicção do inautêntico pelo autêntico."[10] Para essa história epistemológica, a história do verídico comporta a história de seu contrário, mas sob a forma de uma história da exclusão do falso pelo verdadeiro. À qualificação da tese de Broussais como doutrina incoerente que suporta uma receita terapêutica, é preciso acrescentar que suas proposições são cientificamente falsas. Vê-se aqui a história epistemológica de Canguilhem cair na epistemocrítica.

Sabe-se, por outro lado, que Foucault encontra um dos elementos constitutivos da clínica na política. Para ser exato, seria preciso falar de uma consciência política que toma a forma de uma consciência médica generalizada. Aparece o tema de uma medicalização militante da sociedade, visto que se trata de ligar a medicina ao destino dos Estados: "A medicina não deve ser somente o *corpus* das técnicas da cura e do saber que elas exigem; ela envolverá também um conhecimento do *homem em saúde*, isto é, ao mesmo tempo, uma experiência do *homem não doente*, e uma definição do *homem modelo*."[11] Donde a integração dos conhecimentos fisiológicos pela medicina do século XIX. É porque esse conceito de saúde, numa profunda ambiguidade de sentido, remete a uma experiência do homem natural, do homem social e do homem modelo, que é preciso falar da normalidade. Eis uma bipolaridade do normal e do patológico que é bem diferente daquela a que visava Canguilhem. Pela integração das práticas não científicas e não discursivas na história da clínica, Foucault opera a conversão do vital ao social.

A partir daí, vê-se melhor por que a descrição de uma *transformação epistemológica* ligada à *história arqueológica*, se distingue de uma *análise epistemológica* que tem a ver com a história das ciências. Para Canguilhem, não somente a questão das relações do normal e do patológico é estranha ao campo político, mas não há ciências biológicas do normal, e a saúde é um conceito vulgar. Para Foucault, em compensação, a divisão do normal e do patológico opera no projeto de uma medicina de Estado, em que a integração da medicina fisiológica na medicina é tanto um objetivo quanto uma ferramenta da nosopolítica. Há uma outra diferença, complementar à precedente. Foucault leva em conta o fato de que a fisiologia "definida como ciência do normal" se instala no cerne da reflexão médica. Mas ele não se pergunta se essa definição é epistemologicamente verdadeira ou falsa. A exclusão do inautêntico pelo autêntico não é seu problema. Para ele, o essencial reside no fato de que nessa época a medicina começa a ordenar-se com a normalidade mais do que com a saúde. É preciso descrever o nascimento da clínica integrando todas as suas condições de possibilidades, sejam elas materiais, técnicas, políticas, econômicas ou sociais.

---

9   *Idem, Le Normal et le Pathologique.* Paris: PUF, 1966. p. 26. Há tradução brasileira: *O Normal e o Patológico.* Forense Universitária.

10   *Idem,* Qu'est-ce qu'une Idéologie Scientifique? *Idéologie et Rationalité dans l'Histoire des Sciences de la Vie.* Paris: Vrin, 1977. p. 33. Há tradução brasileira: O Que é uma Ideologia Científica? *Ideologia e Racionalidade na História das Ciências e da Vida.*

11   M. Foucault, *Naissance de la Clinique.* Paris: PUF, 1963. p. 35. Há tradução brasileira: *O Nascimento da Clínica.* Forense Universitária.

Michel Foucault

Em suma, trata-se de compreender como o historiador é levado a constituir um objeto cuja novidade exclui que ele seja o objetivo histórico de um estado anterior da medicina. Trata-se de mostrar, não como a política determinou a forma do discurso médico, mas com que razão ela pode fazer parte de suas condições de emergência. A política não impôs à medicina novos objetos como os de lesões tissulares ou de correlações anatomo-fisiológicas. Ela somente abriu novos campos de identificação dos objetos médicos. Como exemplos: a população, o registro estatístico, o controle médico nos exércitos ou instituições de assistência hospitalar.

EPISTEMOLOGIA E ARQUEOLOGIA

É preciso voltar às diferenças entre a história epistemológica e a arqueologia. Mas, previamente, não é inútil responder à questão de saber se se deve dizer "epistemologia histórica" ou "história epistemológica". A escolha do substantivo e da adjunção de um qualificativo não remetem a um simples ponto de história lexicográfica. Ela é o indício de um problema, na medida em que essa escolha remete à questão fundamental da norma em história. Sabe-se que a epistemologia histórica designa, ora uma epistemologia de tipo continuísta que se interessa pelos começos (Duhem, Koyré), ora uma epistemologia de tipo descontinuísta que se aplica aos períodos de aceleração da história das ciências (Cavaillès, Bachelard).

Mas qualquer que seja a modalidade, a denominação de epistemologia histórica apresenta um inconveniente maior. Tomando a atualidade da ciência como norma, a epistemologia histórica corre o risco, a cada instante, de se confundir com a epistemologia crítica. Com efeito, o que a interessa é a ciência do passado, na medida em que essa ciência do passado é um passado da ciência de hoje. Uma epistemologia histórica nos encerra numa história de que se conhece, *antecipadamente*, todos os aspectos. Seus limites são bem identificados. Uma epistemologia histórica, que se interessa pela medicina científica, identifica o corte e os começos com o pastorismo. Uma epistemologia histórica, que se interessa pela ciência dos vivos, identifica o corte e seus começos à obra de Darwin.

Sem dúvida, como o diz Canguilhem, "olhando bem, a epistemologia sempre foi histórica".[12] Mas, inversamente, não se pode dizer que a história sempre foi epistemológica. O interesse, talvez, de fazer da epistemologia um ramo da história, é ampliar o campo de um estudo comparado das maneiras de fazer a história. No mais, acontece a Canguilhem de falar do "valor de uma história epistemológica". A propósito, justamente, do livro de François Jacob, *A Lógica da Vida* (Ed. Graal) (1970), que ele considera um modelo de história das ciências. Observemos, de passagem, que não seria falso considerar também essa obra como um modelo de história arqueológica.

Uma história epistemológica toma por norma uma ciência constituída, mas ela se interroga também sobre as relações entre o que é científico e o que não o é. Em *La Formation du Réflexe*, Canguilhem dizia que ele tinha trabalhado para a história do pensamento científico. Ele mostrava que Willis, que pertence à idade pré-científica no calendário bachelardiano, tem sua parte na história da formação do conceito de reflexo. Willis forma um conceito de futuro a partir de uma mitologia da chama e de uma metáfora ótica. Sem dúvida, a história epistemológica apresenta vários traços comuns com a epistemologia histórica. No essencial, uma e outra têm a ver com a história das ciências e se ordenam com uma história da verdade. Ora, a divisão do verdadeiro e do falso supõe resolvido o problema filosófico do *status* do erro.

Foucault deu uma solução completamente diferente a esse problema. Sua história arqueológica se opõe à história epistemológica, como uma história para a qual a cientificidade não serve como norma, opõe-se a uma história que toma por norma a ciência constituída. Para endurecer a oposição entre história arqueológica e história epistemológica, é preciso considerar o problema de mais alto. Enfatizando novas denominações, que comportam uma redefinição das disciplinas. Para Canguilhem, o domínio de pesquisa, isto é, a disciplina, não é a epistemologia histórica, ou a história epistemológica, é a *historiografia*. Para ser preciso, seria necessário dizer uma historiografia que enquadra a ciência moderna como

---

12   G. Canguilhem, *Idéologie et Rationalité dans l'Histoire des Sciences de la Vie*. Paris: Vrin, 1977. p. 19. Há tradução brasileira: *Ideologia e Racionalidade na História das Ciências e da Vida*.

objeto de estudo. Com efeito, em *Ideologia e Racionalidade*, Canguilhem tem em vista "o papel da episte-mologia na historiografia científica contemporânea".

Foucault propõe uma categoria mais ampla, mais aberta e mais acolhedora que a de "historiografia científica contemporânea". Foucault designa a disciplina pelo termo *epistemografia*, isto é, "a descrição des-ses discursos que em uma sociedade, num dado momento, funcionaram e foram institucionalizados como discursos científicos".[13] Quais são esses discursos que funcionaram *como* discursos científicos? Por um lado, discursos autenticamente científicos: *como* é empregado no sentido de "na qualidade de", "enquanto". Por ou-tro, figuras epistemológicas, formações discursivas ou saberes: *como* é então empregado a título de advérbio conjuntivo de maneira. Há, parece, uma razão complementar que justifica a pertinência do termo *epistemo-grafia*. Ele é formado com o grego *epistêmê*, termo derivado de *epistanai* ("saber", e, propriamente falando, "se manter acima de"). Guardemos o essencial: para Foucault, a epistemografia remete tanto à ciência quanto ao saber. Ou seja, história epistemológica e história arqueológica são ramos da disciplina epistemografia.

Em história, a questão não é tanto o corte vertical, que separa o antes do depois. Nem mesmo o corte horizontal, que separa os efeitos de superfície da base epistemológica. O essencial reside no fato de que a história epistemológica, como a história arqueológica, impõe o *procedimento* de relatos históricos sem que por isso encerre os historiadores numa forma estereotipada. Há histórias diferentes, porque há maneiras distintas de fazer funcionar a recorrência. A identificação, ou o traçado, de uma linha de se-paração é sempre o efeito da aplicação do método regressivo ligado à escolha do critério da recorrência. Mas a identificação de um corte não significa nada além da identificação de um problema. É claro que o sujeito de um estudo histórico e crítico é indissociável de nosso presente.

Vejam-se alguns exemplos. Em "O efeito da bacteriologia no fim das 'Teorias Médicas' no século XIX", Canguilhem indica claramente o termo, provisório, de sua história, que é também o ponto de partida de seu estudo: qual é a ciência do passado que constitui um passado da ciência bacteriológica? Ficando bem entendido que a bacteriologia tem a ver com uma medicina que cura. A linha de divisão é a clínica no início do século XIX, mas as etapas que encaminham a medicina para sua cientificidade se identificam com uma série de teorias médicas. Essas diferentes "ideologias científicas", que contribuem para a elaboração de uma medicina científica, saindo, ao mesmo tempo, do campo científico.

Segundo exemplo, um período longo. O critério escolhido é mais amplo, é a linguagem da biologia moderna. O conceito de "normalidade" designa a originalidade distintiva dos organismos vivos: estru-turas confiáveis e falíveis. Daí, uma dupla recorrência que, ao mesmo tempo, legitima e enfraquece as conceitualizações pré-científicas da vida. Tanto que essas conceitualizações devem ser também prolon-gadas e abandonadas. Esses conceitos axiológicos são identificáveis ao termo, provisório, do itinerário histórico. Mas basta reportar-se ao capítulo inicial da história da biologia para identificá-los. Aristóteles, naturalista, ordena a série animal segundo a hierarquia do perfeito ao imperfeito. Hipócrates, médico, orienta sua terapêutica em função de uma reflexão sobre o normal e o anormal. Canguilhem registra o deslocamento da superfície para a profundidade do plano de inteligibilidade onde se legitima o aspecto normal e anormal dos modos de existência dos organismos vivos. O ponto de partida dessa história coincide, sem anacronismo, com os começos do pensamento médico e biológico.

Seria possível dizer que Foucault faz descer a história dos pontos privilegiados, ou das rupturas fundadoras e de suas divisões, para as transformações dos campos de saber. Daí, algumas reviravoltas inesperadas: o que a história epistemológica inscreve habitualmente no registro das condições de im-possibilidade, quaisquer que sejam suas modalidades (o irracional, o falso, os obstáculos e as ideologias científicas) torna-se condição de possibilidade. Liberando a história da tutela da epistemologia, Foucault mostra que o que ela exclui torna possível o que ela privilegia: Darwin, Claude Bernard e Pasteur se ins-crevem no espaço aberto por Cuvier, Bichat e Broussais. É verdade, como diz Canguilhem, que a *episteme* não é um objeto para a epistemologia. Mas a filosofia de Foucault não é familiar à distinção do normal e do patológico? Em *A Ordem do Discurso*, monstros rondam.

---

13   Discussion. Journées Cuvier, Institut d'Histoire des Sciences, 30-31 mai 1969. In: *Revue d'Histoire des Sciences et de leurs Applications*, t. 23, nº 1, p. 61, janvier-mars 1970.

Traduzir ao infinito

Frédéric Boyer

Na história das obras escritas, muito raramente insistimos sobre a história de sua transmissão, e menos ainda sobre a história de suas migrações, de um lugar a outro, de um tempo a outro, de uma instituição a outra, de uma língua a outras. Esses deslocamentos da obra escrita são eles mesmos escritas e eventos que não escapam ao controle dos poderes históricos e institucionais. O mais familiar desses deslocamentos é, sem dúvida, a tradução das obras. Eis a hipótese que eu gostaria, então, de apresentar: que é necessário estudar a tradução sob o aspecto foucauldiano da relação com os poderes institucionais diversos que suscita o próprio ato da tradução na história, e o estabelecimento de controles, de uma polícia da tradução e de suas recepções "que se organizam em torno de contingências históricas, que são não somente modificáveis, mas estão em perpétuo deslocamento, que são suportadas por todo um sistema de instituições que as impõem e as reconduzem, que não se exercem sem restrição".

Sob esse aspecto, o ato de tradução assume uma dimensão política que não tinha escapado ao grande realizador e tradutor que foi Antoine Vitez: "Convocam-nos diante do tribunal do mundo para traduzir, respondia ele aos que o interrogavam sobre a impossibilidade de traduzir. É quase um dever político, moral, esse desencadeamento da necessidade de traduzir as obras."

Quem autoriza a tradução? E de que se autoriza a tradução? Certamente não de uma simples competência linguística. E não basta jamais definir o tradutor como mediador entre duas línguas diferentes. O ato de tradução perturba a ordem estabelecida dos discursos e o *status* das obras, a polícia das obras, porque ele questiona o modelo "original". Toda tradução necessita de uma reescrita, um processo que desaloja seu autor, sua autoridade. Realizando isso, o ato de traduzir mergulha em profundidade na ideologia ou na política da escrita, perturba também a sacralidade do *status* do autor e da obra. Seguindo Foucault, Edward Said lembrava que essa oposição ideológica entre original e tradução, entre autor e tradutor, foi na realidade estabelecida a fim de preservar, garantir, de alguma maneira, a própria ideia de Autoridade.

Cada um pode compreender e verificar que não se traduz mais da mesma maneira de uma época a outra. Esse evento exerce uma transformação e um deslocamento, uma migração. Traduzir é um evento que atinge os corpos escritos em sua dupla migração linguística e histórica. Esses deslocamentos criam afastamento, distância. Distância que, por sua vez, cria suspeita, um vago. Isto é, um deslocamento subversivo. Minha atenção, na trilha do trabalho e do pensamento de Michel Foucault, se exerce sobre o que toda cultura deve a esse vago dos discursos migrantes, a essa parte de *traição* sem a qual nenhuma transmissão se autorizaria. A tradução é uma entorse à "limitação do acaso dos discursos", para retomar uma expressão de Foucault. O que se torna a obra quando ela passa a uma outra língua, a um novo contexto cultural e social, em um outro tempo? Até mesmo quando ela é retraduzida numa mesma língua? O controle das traduções seria ele mesmo um objeto de estudo. Ele se exerce, desde as primeiras grandes traduções da Antiguidade, em nome da fidelidade à obra. Fidelidade a uma versão, fidelidade a um original, mas que dissimulam, na realidade, uma fidelidade a uma ordem do discurso, da língua e da transmissão dos escritos. Fidelidade que pode aparecer regularmente como uma "maquinaria destinada a excluir", e principalmente a regrar, a controlar a circulação dos textos e das versões, para controlar seu uso e seu alcance. A dupla fiel e infiel pertence à polícia dos discursos, à polícia desse evento da outra língua na língua nacional, do outro discurso no discurso comum ou reconhecido, discurso adotado. Polícia ou controle da hospitalidade que uma língua deve a outra língua, da hospitalidade das obras e dos textos. Entretanto, nenhuma tradução pode pretender à fidelidade de uma equivalência, de uma língua

a outra, de uma escrita a outra, de uma cultura a outra... Traduzir é irremediavelmente transformar e criar uma versão suplementar, observando o luto necessário de uma *VO*. A tal ponto que, na história das grandes traduções, se assistiu regularmente à oposição entre diferentes versões. A palavra versão deve ser entendida etimologicamente como uma torção, uma volta (do latim *vertere*: girar, fazer girar) impressa à obra ou ao texto que se traduz. A palavra versão indica a pluralidade, a série; uma versão supõe outras. Não há jamais versão única.

"Toda sociedade de produção do discurso", escrevia Michel Foucault, "é controlada, selecionada, organizada e redistribuída por certo número de procedimentos que têm por função conjurar seus poderes e perigos, dominar seu evento aleatório, esquivar sua pesada, temível materialidade".

Essa constatação é indispensável efetuar para entender a suspeita constante ligada à prática da tradução. Todo mundo acredita saber que traduzir é trair. A palavra latina *traditor* designava ao mesmo tempo o traidor e o que transmite ou ensina. Entre os Padres da Igreja, o *traditor* (do verbo *trado*: transmitir, fazer passar a um outro, ensinar, recomendar, confiar, mas também entregar, abandonar) tem frequentemente o sentido daquele que perjura os textos, que trai as verdades sagradas. A etimologia aqui associa de maneira perturbadora o próprio ato de ensinar, de transmitir, ao ato infamante da traição. Sem dúvida porque a tradução, desde suas origens, foi percebida como uma linha de fuga, no sentido deleuzeano, uma linha de desterritorialização, colocando em jogo as propriedades, os códigos, os territórios das obras e das línguas. O que trai, escreve Deleuze, "não tem mais passado nem futuro. Traem-se os poderes fixos que nos querem reter".

Traduzir as obras do passado é uma forma de combate solitário. Um combate que só tem sentido se ele nos salva do passado e dos pais. Se ele nos arranca à tradição e faz de nós sobreviventes em nossa língua e nossa cultura. A tradução deverá ser considerada como uma aprendizagem de si pelo exterior – colocar de si onde o si ainda não está. Seria preciso considerar as obras como um espaço outro pertencendo-nos, onde se procurar, onde, literalmente, se praticar. É preciso colocar aí todas as suas forças para não ceder à tentação da equivalência ou da transposição. A tradução é uma emulação no sentido retórico do latim (*aemulatio*), isto é, de uma rivalidade que tenta igualar, confrontar-se, até ultrapassar, se quisermos entender bem nossa tarefa no tempo: inventar as formas contemporâneas da linguagem de nossa sobrevivência. E sabendo que não havia na Antiguidade emulação eficaz sem a outra figura, paralela, da simpatia (*sympathia*), isto é, de uma comunidade de afetos. A tradução é uma arte da transformação, e esta transformação deve assumir o valor de um conhecimento novo, de um amor novo.

A tradução responde sempre a uma curiosidade cultural e política. Há obras carregadas e um enorme desafio. A esse título, a Bíblia é certamente exemplar. Ela pertence a esses discursos definidos por Foucault, que "são ditos, permanecem ditos e estão ainda por dizer". Pode-se dizer que a leitura e a transmissão da Bíblia se acompanharam de uma "colocação em ação de um ritual que determina para os sujeitos falantes ao mesmo tempo propriedades singulares e papéis combinados". Essa história das traduções bíblicas começa na Alexandria, no século III antes de Cristo, quando em um mundo helenizado, Ptolemeu II, um faraó esclarecido, e sua administração cultural pedem à diáspora judia da cidade que traduza em grego seus textos e sua Lei. A primeira tradução da Bíblia nasce assim da curiosidade estrangeira e hospitaleira. Mas também de uma certa relação de forças por meio da qual uma cultura dominante se interroga sobre a autoridade escriturária de uma minoria que ela acolhe. Essa versão grega dita dos *Septuaginta*, segundo o número lendário [70] de seus tradutores, produzirá estranhos efeitos e deslocamentos de sentido no mundo greco-romano, trabalhado por numerosas correntes apocalípticas e messiânicas (basta pensar nos deslocamentos produzidos pelo emprego das palavras gregas *logos* e *hamartia*, que confundiu a profunda ressonância cultural, religiosa e literária desse vocabulário na *koïné* da época). Decisiva alguns séculos mais tarde na elaboração e difusão da literatura e da fé cristãs, essa tradução será rejeitada pelo judaísmo rabínico em proveito de uma outra, realizada logo depois – aquela, muito mais literal, de Áquila, no século II antes de Cristo. No relato lendário da *Carta de Aristeias*, que selará a extraordinária aventura da *Septuaginta* e seu caráter inspirado, conta-se que outros tradutores ficaram loucos por ter querido traduzir a Bíblia antes dos *Septuaginta*, porque privados da autoridade sagrada necessária! Ao rei que se surpreende que a Bíblia não tenha sido traduzida antes, Demetrios explica que essa lei vem de um deus. Mais adiante ele relata

que os gregos que se tinham arriscado a citar páginas traduzidas tinham perdido a vista ou tinham sido acometidos de perturbações mentais (§§ 313 e 315).

E, mais tarde ainda, uma vez o cristianismo tendo-se tornado religião do imenso Império Romano decadente, já dilacerado e abalado pelos bárbaros, Agostinho, intelectual númida convertido à fé cristã e pouco apaixonado pelo grego e quase ignorante em hebraico, prevenirá, no entanto, Jerônimo, em sua tentativa de retraduzir a Bíblia, desta vez em latim, corrigindo e melhorando as traduções latinas já existentes, e voltando ao texto hebraico, com o risco de se afastar da tradução grega em vigor em todo o império. Sem duvidar da imensa fortuna dessa versão no Ocidente cristão que fará dela sua vulgata – sua versão difundida – e de sua adoção pelo Concílio de Trento, enquanto aparecerão em toda a Europa do século XVI novas traduções em línguas vernáculas destinadas aos "simples e aos idiotas" aquelas e aqueles, cada vez mais numerosos, que não liam nem compreendiam as línguas eruditas da alta cultura religiosa.

Foi frequentemente em espaços novos, nas fronteiras, em lugares e tempos de dissidência, de invenção e de reforma, que nasceram as traduções da Bíblia mais importantes. Levantando, a cada vez, a mesma pesada nuvem de interrogações. Com que direito passar de uma língua dita sagrada a uma outra, profana, mas que se terá sacralizado por sua vez? Como as línguas humanas e diversas poderiam acolher Escrituras divinas e pretender conter em sua familiaridade até a palavra da Revelação? Pode-se propor novas traduções das palavras que o uso litúrgico e teológico das igrejas, mas também a longa linhagem de traduções sucessivas em diferentes línguas, terá consagrado? Tradutores condenados, livros queimados, textos censurados... Mas também quantas invenções decisivas, renascimentos magníficos no seio das línguas modernas da Europa! Porque a Bíblia não foi jamais separada, desde sua lenta elaboração nas culturas do Oriente Próximo antigo e da Antiguidade até as grandes traduções da Renascença na Europa, das literaturas e das línguas dos diferentes povos que a receberam.

Toda tradução da Bíblia é polêmica. Esses debates, frequentemente violentos, opuseram inicialmente os que aceitavam que se traduzisse a Bíblia aos que o rejeitavam. Retraduzi-la foi sempre uma maneira de confundir os códigos de sua recepção. Há assim três razões maiores que fizeram do cristianismo uma espécie de pensamento da tradução e da diversidade linguística. 1. O reconhecimento e a incorporação à palavra cristã do *corpus* hebraico das Escrituras em contexto helenístico e latino criam uma situação de tradução complexa no próprio cerne do estabelecimento do cânon (entre o século I e o século V). 2. A conversão do Império Romano ao cristianismo no século IV acelerou, de fato, a tradução das Escrituras em latim e a constituição de uma língua litúrgica latina (é no decorrer no século IV, no seio da comunidade cristã de Roma que se produz a passagem da língua grega à língua latina). Essas duas razões principais bastaram para criar uma espécie de conflito de influência linguística, especialmente em torno do longo debate do *status* sagrado e inspirado da tradução grega dos *Septuaginta*. Mas essa situação se reproduzirá no momento da passagem às línguas vernaculares europeias, na Renascença. 3. Acrescento, enfim, uma terceira razão, ao mesmo tempo teológica e literária: o debate difícil sobre a autoridade divina, ou a inspiração, das Escrituras ligado à necessidade, na Antiguidade e durante o longo período medieval que seguiu, de justificar e provar o caráter literário e genial das Escrituras cristãs pela mesma razão, senão mais, que os *corpora* literários da Antiguidade pagã, de Homero a Virgílio. Jerônimo, que se queixava ao senador Pamáquio de ser acusado de ter, traduzindo as Escrituras, "corrompido os dogmas da fé", colocará muito claramente os termos desse debate reivindicando (como Cícero, um de seus mestres) sua qualidade de *orator*, e de poeta tradutor, e reservando o carisma de profecia somente aos autores ou atores das Escrituras. Contrariamente a Agostinho, ele não atribui um tal carisma aos tradutores da *Septuaginta*. Mas muito rapidamente também se coloca a questão da retradução das Escrituras numa mesma língua. Não é já o sentido do empreendimento de Jerônimo? Retraduzir em latim as Escrituras retomando o trabalho de interpretação e de leitura a partir do hebraico, mas também (ele insistirá muito) a partir das próprias Escrituras cristãs, redigidas em grego, e posteriores à *Septuaginta*. Ele mostrará como os autores do Novo Testamento utilizaram e traduziram, citando-os, as Escrituras hebraicas com certa liberdade. Mas uma tradução funda uma tradição. As palavras se tornam memória. É ao mesmo tempo necessário e problemático retraduzi-las. Como e por que retraduzir hoje pecado, graça, tentação, ressurreição...? Que

parte de nós mesmos, sim, que parte inesquecível jaz na memória desses textos? Traduzir seria sempre decair? Quero dizer traduzir em outras línguas, ou por outras palavras que não as herdadas como línguas e palavras de um tesouro considerado único pelas gerações precedentes.

Toda tradução é uma prática de apropriação que fabrica o inédito. Posso dizer que traduzi para ser um outro. Eu traduzi para metamorfosear a herança que se pretendia me ter reservado. A necessidade da tradução não foi inicialmente, para mim, cultural ou linguística, mas foi uma necessidade de ruptura íntima. E somente depois de ter escrito em minha própria língua, ou, mais exatamente, na língua que pais e professores me terão designado como sendo minha língua (toda aprendizagem de uma língua materna já é, de maneira decisiva, um ato de tradução), que se fez sentir a necessidade de uma confrontação, de um desafio. Estranhamente, traduzir me levou a aceitar o sentimento de ser um órfão em toda língua. Nesse sentido, sim, só há escritor tradutor. E eu acredito ter feito da tradução, em meu próprio trabalho de escrita, uma espécie de pacto de sobrevivência. Não ser sozinho. Não aprofundar sua dívida nem deixar o esquecimento imiscuir-se, mas, ao contrário, vir retornar para mim os palácios vazios ou falsamente povoados das obras e das línguas de outrora. Traduzir é deixar as ruínas ou sair dos silêncios. É jamais satisfazer-se com o que se lê. Dessa maneira, eu posso compreender meu apego a esse esporte de combate. Não penso jamais ter tido o projeto de me tornar tradutor. Mas eu sou como "um nadador entre duas palavras", para retomar, uma vez ainda, uma expressão de Michel Foucault. Escapo às equivalências e gostaria nessa aprendizagem inacabada de minha própria língua adotar a obra de ontem, o texto do outro. Sem dúvida, jamais tive, em alguma circunstância da vida, o sentimento de ter herdado do que quer que seja. Não pertenço a uma geração da memória. Muito menos a uma geração da esperança. Para mim, traduzir não é jamais simplesmente receber, passar, transmitir, mas primeiramente, e com toda urgência vital, apropriar-se, associar-se. Ser solidário durante algum tempo e colocar reciprocamente minha língua, minha escrita no desafio desse outro horizonte, e esse texto estranho ao desafio de minha própria recepção contemporânea. Há para mim na atividade do tradutor como uma ação xamânica entre vários mundos e vários tempos.

Sinto a maior das suspeitas quando ouço falar de intraduzível ou de tradução literal (expressão "desarmadora" de ingenuidde e de ideologia). Antoine Vitez falava de um sofrimento "com a ideia de que se pudesse deixar algo intraduzido, sabendo que jamais se traduzirá definitivamente". Não se encontra jamais nem a origem nem a letra. É sua definição. Uma obra e sua língua são uma instalação em devir que não se reproduz jamais de forma idêntica e que só deve sua vitalidade às circunstâncias históricas, aos encontros, ao trabalho de outrem. A tradução não é jamais uma reprodução do Mesmo. É um deslocamento. Nosso dever é, pois, vir bater no que é pretensamente adquirido, e que se crê nos ter transmitido. Agarrados que somos na ilusão de uma herança fechada e policiada. Estou convencido de que nós não somos jamais definitivamente os destinatários de qualquer obra que seja. "Tudo o que foi escrito desde a origem nos pertence a todos", como o lembrava Antoine Vitez. É preciso inverter regularmente essa relação do conhecimento e traduzir como se fôssemos nós mesmos a destinação da obra do passado. No sentido em que entendia já com audácia Cícero, traduzindo em latim o *Timeu*, de Platão: *nec interpres sed ut orator*. Não traduzo como um tradutor intérprete (*interpres* tem os dois sentidos), mas como escritor, como responsável e artesão da palavra que escrevo (*orator*, que é também o intercessor).

Essas questões ganham hoje uma importância capital quando assistimos, um pouco em toda parte, a um superinvestimento político da palavra patrimônio como nova polícia da transmissão das obras. Uma apologia melancólica e hipócrita do passado que autoriza frequentemente os mais grosseiros contrassensos sobre as obras. Como se nossos afetos não agissem em nada sobre essa recepção. Contrariamente ao que enunciava já Santo Agostinho: "O Deus único adaptou a literatura sacra às nossas sensibilidades múltiplas."

Compreendamos que nossas sensibilidades adaptam a literatura sacra a elas mesmas. Algo de si está bem em jogo no texto e na língua do outro, quando compreendo que traduzir é sempre escrever si no outro. Num célebre estudo sobre Klossowski e sua tradução da *Eneida*, Foucault examina o exercício da tradução, mostrando como se trata de fazer passar uma linguagem numa outra, de submeter um conjunto já construído a uma nova ordem, ao mesmo tempo linguística, sintática e afetiva. Traduzir

não é uma operação linguística. É primeiramente uma forma de engajamento, uma confrontação num terreno novo com uma pátria que não será jamais completamente a nossa. Mas, deportando-nos para a outra língua de uma obra, aprendemos então que nós não éramos de nenhum solo particular, de nenhuma pátria. Traduzir, e retraduzir, é uma necessidade para nos salvar, coletiva e individualmente, do esquecimento no qual estamos. Somos esquecidos das obras e de suas línguas. Retraduzi-las é despertar sua memória e sua linguagem. Dizer-lhes, estamos aqui também nós. E fazer de forma que possamos nos entender. Fazer-lhes dizer: façam-se entender em nós, acordem, eu os pego em minhas palavras, em minha língua imperfeita e inacabada. "Se me trouxessem algo que eu reconhecesse, eu, como uma grande tradução", explicava Antoine Vitez, "então é nela que eu trabalharia, e eu esqueceria o original, ela se tornaria para mim o original."

Foucault pensador oriental?

Guillaume le Blanc

FILÓSOFO DA CONTINGÊNCIA

A filosofia é uma arte do Ocidente? Pode, então, desocidentalizar-se e é esse, afinal das contas, seu problema? Existe um problema ocidental da filosofia que viria de sua vocação imperialista de fazer a lei sobre outros modos de discurso, de rejeitá-los para o lado dos murmúrios vãos de um pensamento frágil ou de fazer deles espécies de alienações? A filosofia pode encontrar-se em outra parte que não em seu nicho ocidental? É isso uma boa maneira de colocar a questão? Talvez se trate menos da possibilidade de um outro lugar da filosofia do que do esforço para criar um outro lugar na filosofia. Tratar-se-ia, então, de *desessencializar* a filosofia rejeitando seu documento de identidade: lugar de nascimento, Grécia. Residências principais: França, Alemanha etc. O desafio seria voltar a certas evidências do discurso filosófico ocidental, entre os quais a distinção do mesmo e do outro que, desde o *Sofista*, de Platão, não cessa de funcionar como matriz ativa de partituras não questionadas. Sabe-se, com efeito, que, para Platão, as categorias do mesmo e do outro têm a propriedade de só aplicar-se a elas mesmas: o mesmo se diz sempre do mesmo, e o outro se diz sempre relativamente a um outro, está escrito em 256e. Separando assim o mesmo e o outro, a filosofia ocidental não cessaria, então, com raras exceções, de construir soberanias metafísicas, políticas referindo-as a um centro hiperbólico envolvido por periferias duvidosas, que se curvam à lei do distante, do bárbaro, do outro. Sabe-se quanto a evicção dos escravos, dos artesãos, das mulheres, das crianças, dos bárbaros da cidade grega tem valor, desde Platão e Aristóteles, de uma assinatura filosófica que permitiu jugular a trilogia de classe, de gênero e de raça. Isso equivalia a dizer que, em filosofia, só um certo tipo de sujeitos tinha o direito de falar, os que eram reconhecidos como podendo filosofar, como podendo tricotar, à sua maneira, os universais da filosofia ocidental.[1] Mas isso equivalia, por essa razão, a confirmar uma certa partitura do mesmo e do outro com a qual a declaração de quem pode ser filósofo estava relacionada. A partir de então, cada conquista metafísica europeia, a cidadania, a soberania, o sujeito meditante, pôde acabar na produção de uma alteridade fetichizada na posição de símbolo negativo. Uns, cidadãos, precisaram, então dos outros, mulheres, crianças, operários, para poder considerar-se como uns, enquanto estes mesmos não tiram sua consistência, como o destaca Christine Delphy, senão de sua capacidade de alterizar, por seu poder, uma população.[2]

Sem dúvida, coube a Michel Foucault a contribuição para desfazer uma das tramas desse discurso filosófico hegemônico graças a arqueologias originais que se propuseram revirar até o esgotamento o subsolo acima do qual puderam florescer certas categorias-farol como a razão, o poder, a sexualidade, que provocaram com ela tantas divisões. Assumir uma disseminação fundamental, reconhecendo que modos de filosofar foram alterizados pela fábrica da filosofia ocidental, e que esses modos de filosofar têm que ser reconquistados, é isso, afinal das contas, uma das grandes lições de Michel Foucault. A menos que se considere essa lição em sua vertente crepuscular e que se sugira, então, que não há mais filosofia, mas somente eventos de pensamento singulares que devem seu aspecto a uma cartografia particular. Nos dois casos, no entanto, o ensinamento de Foucault permanece o mesmo: praticar uma arte da filosofia ou do

---

1   Cf. Jacques Rancière, *Le Philosophe et ses Pauvres*. Paris: Flammarion, 2007 pour la réédition.
2   Cf. Christiane Delphy, *Classer, Dominer: Qui sont les Autres?* Paris: La Fabrique, 2008.

pensamento exorbitado, entregue a seu anonimato soberano, tecedor de multiplicidades. E, na ocasião, reinventar uma filosofia desentorpecida, consciente das condições de sua fabricação.

É, com certeza, isso uma característica de época própria dos anos 1960, uma nova maneira de fazer filosofia, atenta às minorias,[3] às margens,[4] a algo como um "fora da filosofia", como tão bem evocou Merleau-Ponty.[5] Tratava-se, no fundo, de voltar à profissão inicial de Georges Canguilhem, segundo a qual "a filosofia é uma reflexão para a qual toda matéria estranha é boa e, diríamos de bom grado, para a qual toda boa matéria é estranha".[6] Somente Michel Foucault pôde desejar ao máximo que essa arte se tornasse estranha a ela mesma, sustentando que a assunção de uma categoria hegemônica como a razão só tinha podido tornar-se possível pela possibilidade de jugular o rival pretendido, a desrazão, a paixão, a loucura, doravante atribuída à margem, ao margeado externalizado da construção dominante, servindo-lhe como contraste, como sombra a excluir. É assim que, desde o Prefácio de 1961 de *Loucura e Desrazão*. História da Loucura na Idade Clássica, Foucault pode afirmar querer "fazer uma história dos limites, desses gestos obscuros, necessariamente esquecidos depois de feitos, pelos quais uma cultura rejeita algo que será para ela o Exterior".[7] A alterização da razão pela loucura vale como uma mortalha para a razão no que ela só pode afirmar-se por uma série de exclusões que a obsediam então irremediavelmente. Decidindo convocar todos os espectros suspensos para a razão, mas necessários ao seu desdobramento, Foucault pode revelar que o chão da filosofia é móvel e profundamente instável enquanto ela não consegue naturalizar suas próprias produções. Sob a aparente necessidade de sua história, a arqueologia dos discursos revela, ao contrário, sua profunda contingência. É essa contingência que reaparece sob os arranhões dos espectros excluídos como a loucura ou o sonho. Lembremo-nos da desqualificação da loucura por Descartes e teremos então um percurso não traçado da razão meditante até a possibilidade da loucura, que aparecerá, ao mesmo tempo, proibido ao filósofo Descartes, mas presente como uma pista infrequentável e cuja existência equivale a um questionamento da distância entre o mesmo e o outro produzido pela figura alterizada.

Ocidente/Oriente

Foucault não somente contribuiu para a transformação de uma necessidade discursiva em contingência. Ele referiu em pontilhados sua arqueologia da razão sob o luar do Oriente e assim contribuiu para aprofundar a genealogia nitzscheana do trágico, revelando a alteridade do Ocidente e do Oriente. É assim que se encontra no Prefácio de 1961 isto: "Na universalidade da *ratio* ocidental, há essa divisão que é o Oriente: o Oriente pensado como a origem [...], o Oriente oferecido à razão colonizadora do Ocidente, mas indefinidamente inacessível, porque permanece sempre o limite [...]. O Oriente é para ele [o Ocidente] tudo o que ele não é [...]. Seria preciso fazer uma história dessa grande divisão."[8] De onde vem essa grande divisão? Seria ela produzida pela própria razão ocidental que cria no Oriente seu limite? Existe um transcendental à obra nessa divisão e que dobra o Oriente e o Ocidente à sua própria lei? Foucault, sugerindo a primeira hipótese, pôde contribuir às suas custas para *essencializar* o Oriente, considerando-o como um bloco monótono de alteridade intacta. É o que censurou nele a filósofa indianista Gayatri Chakravorty Spivak, uma das fundadoras dos *Subaltern Studies*, em um texto de 1988, *Les Subalternes Peuvent-Elles Parler?* [As Subalternas Podem Falar?] Encontra-se em sua escrita a observação seguinte: "Foucault é um brilhante pensador da espacialização do poder, mas seus pressupostos não são informados pela consciência de reinscrição topográfica do imperialismo. Ele foi abusado pela versão res-

---

3   Gilles Deleuze, Félix Guattari, *Kafka*. Pour une Littérature Mineure. Paris: Éditions de Minuit, 1975.

4   Jacques Derrida, *Marges de la Philosophie*. Paris: Éditions de Minuit, 1972.

5   Maurice Merleau-Ponty, La Philosophie et son Dehors. In: *Signes*. Paris: Gallimard, 1960.

6   Georges Canguilhem, *Le Normal et le Pathologique*. Paris: PUF, 1966, Préface. Há tradução brasileira: *O Normal e o Patológico*. Forene Universitária.

7   *Dits et Écrits*. Paris: Gallimard, 1994, 2001 para a presente edição, texto nº 4, p. 189. Há tradução brasileira: *Ditos e Escritos*.

8   *Ibidem*.

334   Michel Foucault

trita do Ocidente produzida por essa reinscrição e contribui, por conseguinte, a consolidar seus efeitos."[9] A observação de Spivak se refere ao tipo de investigação sobre o Ocidente realizada por Foucault. Spivak censura Foucault, por um lado, por não ter construído uma história descontínua e fragmentada do Ocidente, destacando especialmente o papel maior de operador crítico desenvolvido por Marx e por Freud, na origem de um remanejamento do imperialismo ocidental. Ela censura nele, por outro lado, ter-se dado com outros filósofos, como Deleuze, o papel de representante dos "sem-voz", sem ser interrogado sobre o tipo de traição ligado a essa representação. Ela censura nele, enfim, não ter tratado sua análise do Ocidente dos circuitos coloniais subjacentes que tornavam sua supremacia cogitável. Esta última censura vale como uma crítica maior. Afastando as colônias de seu domínio de problematização, Foucault não soube criar as condições da heterogeneidade Oriente/Ocidente, África/Ocidente, e reforçou, assim, às suas custas, esquemas narrativos já em vigor na supremacia do Ocidente. Ausentou-se pouco a pouco a possibilidade de uma análise crítica do terceiro mundo no discurso ocidental. A censura última atinge aqui a impossibilidade do descentramento. O intelectual ocidental alternativo como Foucault (mas também Deleuze), a despeito de sua vontade de voltar aos modos de alterização e de abrir assim as comportas de uma representação descentrada, choca-se com uma história estereotipada do sujeito e do poder de que ele reproduz às suas custas as premissas da inteligibilidde. Se é claro que o Ocidente é, para Spivak, um produto do imperialismo, as descrições por Foucault do asilo, da prisão, da clínica, da fábrica, não são absolutamente, segundo ela, narrações alternativas que destacam seu modo de emprego, mas bem mais "relatos-tela" que provocam a forclusão de uma leitura dos "relatos mais amplos do imperialismo".[10]

É preciso demorar-se aqui na análise de Spivak, porque ela situa Foucault num momento crucial e lhe confere, por essa razão, um papel ambivalente. Ele é aquele que iniciou uma história crítica do Ocidente, e isso poderia, aliás, ser compreendido como um dos gestos teóricos maiores do que é possível chamar o efeito Maio de 1968 em filosofia, mas essa história crítica do Ocidente não soube ou não quis aprofundar até as premissas imperialistas e é a razão pela qual, no fim das contas, segundo Spivak, Foucault *relegitimou* sem querer um Ocidente certo de deter os esquemas narrativos no seio dos quais os subalternos[11] do terceiro mundo puderam falar e encontrar suas vozes. Para Spivak, e mais amplamente para a corrente dos estudos subalternos, não pode ser assim, porque é então dar-se a palavra da ou do subalterno enquanto a questão de um acesso a uma tal palavra merece ser inteiramente recolocada: como essa palavra pode ser garantida e quais são seus canais de autentificação? Para Spivak, a filosofia de Foucault tem isso de irritante, que ela acaba tornando a dar-se a palavra subalterna como a última característica do intelectual ocidental.[12]

Vozes ordinárias, vozes precárias

Se abrirmos mais o foco, podemos ficar atentos a isto: por um lado, Foucault, escrevendo algo como uma contra-história do Ocidente, cria as condições epistemológicas e políticas de uma crítica da razão colonial da qual um dos elementos mais importantes se torna uma ciência dos saberes sujeitados em relação com a possibilidade de um acesso descentrado nas experiências pós-coloniais.[13] Por outro, desprezando voluntariamente o imperialismo subjacente a uma certa fábrica do Ocidente, Foucault pode ser levado a desprezar certos termos do descentramento necessário oculto pela fabricação de seus outros pelo Ocidente. Pode resultar disso uma retomada de um Oriente nietzscheano visto como o outro do Ocidente, enquanto seu trabalho

---

9   *Les Subalternes Peuvent-Elles Parler?*. Paris: Amsterdam, 2009 para a presente tradução, p. 59.

10   *Ibidem*, p. 61.

11   Ler a esse respeito Mamadou Diouf, *L'Historiographie Indienne en Débat*. Colonialisme, Nationalisme et Sociétés Postcoloniales. Paris: Kartala/Sophis, 1999.

12   Cf. Gayatri Chakravorty Spivak, *The Spivak Reader:* Selected Works of Gayatri Chakravorty Spivak. New York: Routledge, 1995.

13   Ler em especial a esse respeito Homi Bhabba, *Les Lieux de la Culture*. Paris: Payot, 2007 para a tradução francesa, e Stuart Hall, *Identités et Cultures*. Politiques des Cultural Studies. Paris: Amsterdam, 2007 para a tradução francesa.

pôde dar lugar a genealogias críticas, como a de Edward Said, que destacaram com vigor, louvando-se em Foucault, quanto o Oriente foi uma invenção do Ocidente,[14] mas também, segundo outros gestos, a África.[15]

É preciso aqui retornar ao projeto de conjunto da filosofia de Foucault como arqueologia das Luzes. Fazendo a cartografia do "arquipélago carcerário" das Luzes, Foucault não quer sair da possibilidade de uma passagem à idade da maioridade como se explica em seus diferentes comentários do opúsculo de Kant, "O que são as Luzes?", mas ele procura destacar que a filosofia política originária das Luzes continua um evento de superfície condicionado pelo trabalho subterrâneo dos mecanismos disciplinares. Sua análise contribui assim para lançar um olhar novo ao projeto ocidental das Luzes, revelando que ele é articulado, de dentro, com uma disciplinarização incompatível com o apelo formalizado às liberdades. Se Foucault tenta retornar a essa torção disciplinas/liberdades pelo recurso ulterior ao conceito de governamentalidade liberal, era, em compensação, tentador para ele, na época da radiografia das Luzes produzida por *Vigiar e Punir*, opor esse "dentro" ocidental a um "fora" oriental, para, em retorno, essencializar como uma alteridade inatribuível. É essa essencialização de um Fora que Foucault convoca implicitamente desde a *História da Loucura na Idade Clássica*, situando-se sob a perspectiva do Oriente trágico nietzscheano e é, finalmente, essa visão monocrômica do "Em outro lugar" que Spivak rejeita, não sem razão.

Entretanto, a crítica de Spivak faz totalmente justiça à perspectiva de Foucault? De modo algum, porque ela a incita a negligenciar a fábula imperialista de que Foucault quis precisamente se desprender em sua própria análise do poder, afastando os termos marxistas, até mesmo freudianos do descrédito. O apagamento da textura imperialista em Foucault oculta, talvez, alguns termos de uma crítica da razão colonial, mas ela lhe permite, em compensação, construir uma crítica alternativa da fabricação do Ocidente em termos que não renovam o esquema econômico da dominação. As análises em termos de ralés de poder disciplinares e de saberes locais permitem, ao contrário, novas formas de exploração das relações entre as populações subalternas e as formas hegemônicas de poder nas colônias. Pode-se, em particular, mais claramente compreender como, por um lado, o Ocidente se baseou, nas colônias, sobre toda uma série de valores segregados e separados, como o pudor ou a intimidade, separando a ordem política branca das práticas indígenas, tornando, por isso, impossível toda forma de miscigenação (matrimonial etc.) e como, por outro lado, essas práticas impostas do poder que constroem um texto público manifesto foram relacionadas, pelo lado dos subalternos, com um respeito imitativo do texto público, dissimulando um texto oculto irredutível, portador de críticas internas e até de uma política subalterna.[16]

Há ainda mais. O próprio conceito de voz subalterna pode encontrar um certo vigor a despeito da crítica de Spivak. Para Spivak, com efeito, as mulheres subalternas hindus não têm acesso à palavra, porque seu texto, em razão das condições da dominação colonial, é, por assim dizer, tornado antecipadamente ininteligível. Toda possibilidade de fazer voltar essa voz é então destinada ao insucesso e restitui algumas esperadas deformações do papel do intelectual ocidental como porta-voz. Essa ideia de porta-voz tem uma história em Foucault que remonta especialmente à criação do GIP e se articula intensamente com uma história das lutas, na prisão, no hospital, no asilo etc. Retomando o fio dessas lutas, pode parecer, então, que Foucault procurou menos ser o porta-voz das vozes precárias, mas que ele quis ser o contemporâneo dessas vozes. Ser o contemporâneo das vozes subalternas equivalia, então, a estar atento não somente às vozes desqualificadas das vidas ditas infames,[17] mas também aos potenciais políticos e narrativos desenvolvidos por essas vozes. Não seria assim propor, antes mesmo da formulação à qual James C. Scott chegará, algo como uma infrapolítica como única política, e abrir assim as possibilidades de todos os descentramentos, como o compreenderão à sua maneira pensadores fundadores na perspectiva pós-colonial, Stuart Hall, por um lado, Homi Bhabba, por outro?

---

14   Edward W. Said, *L'Orientalisme. L'Orient créé par l'Occident*. Paris: Seuil, 2005 para a tradução francesa. Há tradução brasileira: *O Orientalismo. O Oriente Criado pelo Ocidente*.

15   Mudimbe, *The Invention of Africa*. Philosophy and the Order of Knowledge. Boombington-Indianapolis University Press, 1988.

16   Cf. James C. Scott, *La Domination et les Arts de la Résistance*. Fragments du Discours Subalterne. Paris: Éditions Amsterdam, 2009 para a tradução francesa.

17   Cf. La Vie des Hommes Infâmes. *Dits et Écrits*, II, texto 198. Há tradução brasileira: A Vida dos Homens Infames. *Ditos e Escritos*, IV. Forense Universitária.

Em viagem. Michel Foucault e a crítica pós-colonial

Sandro Mezzadra

Como se recordará, Edward Said escreveu duas versões de seu ensaio consagrado à *travelling theory*,[1] fazendo supor a ambivalência do processo que ele tentava descrever a partir da teoria da reificação de Lukacs: "viajando", a teoria crítica pode certamente perder sua carga de provocação inicial; mas ela pode também hibridar-se de maneira feliz no interior de outras constelações históricas, geográficas e culturais e dar lugar a aberturas apaixonantes. Michel Foucault não escapou a esse fenômeno: as numerosas viagens que escandiram sua existência foram, com efeito, acompanhadas, desde o fim dos anos 1970, por uma circulação mundial, tão intensa quanto incontrolável, de seu trabalho.

É uma história que mereceria ser estudada seriamente, e que se revelaria, sem dúvida, mais complexa que a oposição entre um Foucault "autêntico" – restituído em seu contexto de origem – e um Foucault traduzido e "traído" no mundo anglófono (e em particular nos Estados Unidos) no seio desse estranho edifício teórico que se chamou a *French Theory*.[2] Estudar as modalidades e os trajetos da circulação mundial do pensamento de Foucault é bem diferente da reconstituição da *Wirkungsgeschichte* de um grande filósofo: seria necessário, com efeito, seguir o pregueado e as torções das categorias que ele contribuiu a forjar, deixando-se guiar pelas múltiplas reações (no sentido químico do termo) provocadas pelo contato com condições materiais e urgências frequentemente radialmente diferentes das do próprio Foucault. Isso implicaria distinguir com rigor entre as "banalizações" de seu pensamento e os deslocamentos fecundos aos quais algumas dessas categorias foram submetidas.

É evidente que esse rigor e esse cuidado não podem ser puramente "filológicos"; e visto que se trata de se medir com contextos linguísticos e geográficos tão distantes – da América Latina à China – vê-se mal como um tal trabalho não conseguiria ser coletivo. Eu me limitarei, pois, aqui, a abordar o problema do uso de alguns conceitos (discurso, poder, governamentalidade) no interior desse domínio de estudos heterogêneo que, a partir dos anos 1980, tomou a forma dos estudos pós-coloniais.[3] Sabe-se que essa experiência de pesquisa (esse conjunto de práticas teóricas) tem sua origem no mundo anglófono, nas trocas intelectuais complexas entre as universidades americanas e britânicas, por um lado, e as antigas colônias, por outro. Gostaria, então, de limitar minha abordagem àquele mundo. O Foucault que os historiadores indianos dos *Subaltern Studies* utilizam e que exerce mais amplamente um papel de primeiro plano no debate pós-colonial todo, é um Foucault "traduzido" em inglês – o que significa, evidentemente, mais que um simples dado linguístico: é o Foucault lido e interpretado nos anos 1970 no interior da crítica literária e dos *Cultural Studies* na Inglaterra e nos Estados Unidos.

Não posso aqui reconstruir totalmente essa leitura, por falta de espaço. O que se deve, apesar de tudo, destacar é que, até a publicação do livro de Said, *Orientalismo*, em 1978, ninguém tinha ainda tentado utilizar Foucault para ler realidades diferentes, fora do mundo europeu e ocidental (e ainda menos

1   E. W. Said, *Traveling Theory* (1982). In: M. Bayoumi e A. Rubin, *The Edward Said Reader*. New York: Vintage Books, 2000; Traveling Theory Reconsidered. In: *Reflections on Exile and Other Essays* (1994). Cambridge, MA: Harvard University Press, 2000.

2   F. Cusset, *French Theory*. Paris: La Découverte, 2003.

3   S. Mezzadra, *La Condizione Postcoloniale*. Storia e Politica nel Presente Globale. Vérone: Ombre corte, 2008.

para colocar em discussão as "fronteiras" desse mundo). O fato de tomar o "Ocidente" e suas sociedades "liberais" como terreno de referência exclusivo – sem problematizar os processos de sua constituição material e conceitual – continua a caracterizar o trabalho de alguns grandes intelectuais de língua inglesa que se sentem, no entanto, muito próximos do "magistério" foucauldiano – de Paul Rabinow a Nikolas Rose.[4]

Esses pesquisadores reproduzem na realidade um gesto teórico que é constitutivo de toda a pesquisa foucauldiana. É claro, há a tese de Robert Young, segundo a qual a experiência tunisiana (1966-1968) desempenhou um papel essencial não somente para a politização do pensamento de Foucault antes de Maio de 1968, mas para "aguçar o olhar crítico que ele tinha sobre a cultura francesa";[5] mas é indiscutível que a Europa e o Ocidente (começando pela França) sempre representaram os objetos exclusivos de sua reflexão e da pesquisa histórica e teórica que ele realizava. E, como observou muito justamente P. Rabinow, recentemente,[6] não é, sem dúvida, um acaso se as referências a Max Weber se fizeram mais numerosas em Foucault no fim de sua vida. E, para além das menções explícitas do nome de Weber, é difícil não ler em filigrana no conceito de "conduta", tão importante nos trabalhos dos últimos anos, uma maneira de se medir com a categoria de *Lebensführung* (literalmente: "conduta de vida") sobre a qual é construída uma boa parte da sociologia weberiana.

Sejamos claros: não se trata de censurar a Foucault seu eurocentrismo. Mesmo se o termo é recorrente nas críticas que lhe são dirigidas desde os estudos pós-coloniais,[7] este não é jamais expresso de maneira moralizadora nem acompanhado de um discurso sobre a "relatividade" da experiência histórica e da cultura europeia. É bem mais útil levar a sério esse "eurocentrismo" – compreendido como um conjunto inextricável de dispositivos de saber e de poder *que fizeram a história da modernidade*, mas que foram, desde sua emergência, contestados tanto do interior quanto do exterior da Europa.[8] A ênfase nas características "únicas e próprias", "absolutamente singulares" da Europa e do Ocidente alimentou, sem dúvida, pesquisas de uma extraordinária importância; e no caso de Weber como no caso de Foucault, tratava-se do exato contrário de um trabalho apologético. Mas essa atitude reproduziu, apesar de tudo, a linha de divisão entre a Europa e seus "espaços outros" que foi uma das condições epistêmicas do colonialismo moderno – esse conjunto de projetos e de processos de conquista através do qual a história da Europa se construiu desde o início da modernidade. É, no fundo, o sentido das críticas que Gayatri Spivak dirige a Foucault num texto de 1988: "Ainda que Foucault seja um brilhante teórico da organização-do-poder-no-espaço, não há, nas premissas de seu trabalho, nenhum vestígio da consciência de proceder à reinscrição topográfica do imperialismo. Ele fica inteiramente preso na versão restrita do Ocidente que essa topografia produziu: dessa maneira, ele contribui para consolidar seus efeitos."[9]

Em suas produções teóricas mais interessantes, os estudos pós-coloniais dirigiram sua atenção sobre esse tipo de problema. Elas tornaram, pois, possível a abertura de novos canteiros de pesquisa: como observa Ann Laura Stoler em seu belo livro sobre Foucault,[10] canteiros que não concernem somente ao mundo não ocidental, mas à modernidade europeia em si.

A esse respeito, é muito útil voltar à observação de Gayatri Spivak. Sabe-se que Foucault, numa conferência feita durante os anos "tunisianos", disse que nosso tempo podia ser caracterizado como uma "época do espaço".[11] Destacou-se a que ponto o pensamento de Foucault era marcado pelo que Said chama

---

4   Ver por exemplo N. Rose, *The Politics of Life Itself*. Biomedicine, Power, and Subjectivity in the Twenty-First Century. Princeton-Oxford: Princeton University Press, 2007, em particular p. 81 e 176.

5   **N.T.:** R. J. C. Young, *Postcolonialism*. A Historical Introduction. Oxford-Malden, MA: Backwell, 2001. p. 397. Salvo indicação contrária, traduzimos as citações feitas por Sandro Mezzadra a partir do texto original em inglês.

6   P. Rabinow, *Anthropos Today*. Reflections on Modern Equipment. Princeton, NJ: Princeton University Press, 2003, em particular p. 37 e seguintes.

7   Ver por exemplo E. W. Said, *Reflections on Exile and Other Essays*. Cambridge, Mass.: Harvard University Press, 2000. p. 196.

8   M. Hardt e A. Negri, *Commonwealth*. Cambridge, MA: Harvard University Press, 2009. p. 67-118.

9   G. Spivak, Can the Subaltern Speak?. In: L. Grossberg e C. Nelson (éd.). *Marxism and the Interpretations of Culture*. Urbana-Chicago: University of Illinois Press, 1988. p. 290.

10   A. L. Stoler, Race and the Education of Desire: Foucault's History of Sexuality and the Colonial Order of Things. Durham, NC-Londres: Duke University Press, 1995.

11   M. Foucault, Des espaces autres. Há tradução brasileira: Outros Espaços. Ditos e Escritos, vol. III.

"um imaginário eminentemente espacial".[12] O grande crítico palestino, envolvido nos últimos anos de sua vida, numa pesquisa original sobre as diferentes tradições do que ele definia como um "materialismo geográfico", não podia deixar de ficar fascinado por isso. Mais geralmente, o conjunto dos estudos pós-coloniais participa dessa nova atenção concedida ao espaço, e é, sem dúvida, uma das razões pelas quais um certo tipo de pensamento foucauldiano (rico de metáforas espaciais: posições, campos, regiões...) penetrou profundamente na crítica pós-colonial.

Mas se se relê a entrevista sobre a geografia que Foucault concedeu à revista *Hérodote* em 1976,[13] não se pode deixar de ficar uma vez mais surpresos pela maneira elusiva com a qual Foucault responde aos redatores da revista quando eles lhe observam que seus espaços de referência ("a cristandade, o mundo ocidental, a Europa do Norte e a França") não são jamais "verdadeiramente justificados nem mesmo esclarecidos".[14] A colocação em discussão radical da escolha de espaços de referência também importantes, sem mesmo justificá-los, representa um dos pontos de honra da crítica pós-colonial e das pesquisas que ela inaugura.

Entretanto, a crítica pós-colonial é desde o início colocada em prática utilizando paradoxalmente alguns dos conceitos e dos aportes fundamentais de Foucault. A pesquisa foucauldiana sobre a ligação entre saber e poder foi uma referência constante para os estudos pós-coloniais. Melhor ainda, a inovação fundamental da crítica pós-colonial sobre o estudo do colonialismo deriva precisamente de uma atitude eminentemente foucauldiana: é a descoberta da dimensão epistêmica do colonialismo moderno, do entrecruzamento inextricável de saberes e poderes que aí se esconde. Essa descoberta liberou os estudos sobre o colonialismo da hipoteca que uma interpretação rígida das relações entre estrutura e superestrutura – e do conceito de ideologia – lhe tinha feito sofrer. Os estudos sobre a cultura do colonialismo,[15] sobre a consciência colonial[16] ou sobre os arquivos coloniais,[17] para não dar aqui senão alguns exemplos, teriam sido literalmente impensáveis sem esse "elã" foucauldiano.

Se, portanto, se destaca às vezes a grande distância entre a perspectiva da pesquisa inaugurada por esse tipo de estudos e a de Foucault, é preciso reconhecer – num outro plano – que sua convergência é absolutamente significativa, em particular quando se leva em conta a enorme importância que o tema da subjetividade e das "contracondutas" teve nos últimos anos da vida do filósofo francês, e que se reencontra nos *Subaltern Studies*. Os *Subaltern Studies* indianos, por exemplo, insistiram de maneira muito convincente sobre a dimensão política – no sentido próprio – da subjetividade: é forçando os arquivos coloniais, "a contrapelo", para retomar a expressão de Benjamin, a "prosa da contrainsurreição", que Ranajit Guha reconstruiu os contornos dos processos de subjetivação que enervaram as revoltas rurais contra a dominação colonial britânica no século XIX.[18] Ora, o que fica muito evidente nesses processos de subjetivação é sua discrasia em relação às figuras essenciais da subjetividade que o pensamento ocidental construiu – a cidadania, a nação, a classe – e que, por meio da dimensão epistêmica do colonialismo, acabaram imprimindo-se na imaginação política dos próprios "sujeitos" coloniais.

A pesquisa de Partha Chatterjee sobre o nacionalismo no mundo colonial[19] representa desse ponto de vista uma referência fundamental. O problema colocado em evidência por Guha – a subjetividade como figura que delimita o campo de encontro e de enfrentamento entre a sujeição e a resistência, entre

---

12 E. W. Said, *Reflections on Exile and other Essays*, op. cit., p. 239.

13 M. Foucault, Questions à Michel Foucault sur la géographie. *Hérodote*, nº 1, janvier-mars 1976, retomado *in* M. Foucault, *Dits et Écrits*. Paris: Gallimard, 1994, III, texte nº 169. Há tradução brasileira: Questões à Michel Foucault sobre a Geografia. *Ditos e Escritos*, IV.

14 *Ibidem*, p. 31.

15 Ver, por exemplo, N. Thomas, *Colonialism's Culture*. Anthropology, Travel and Government. Princeton (NJ): Princeton University Press, 1994.

16 B. Cohn, *Colonialism and its Forms of Knowledge*. The British in India. Princeton (NJ): Princeton University Press, 1996.

17 A. L. Stoler, *Along the Archival Grain:* Epistemic Anxieties and Colonial Common Sense. Princeton (NJ): Princeton University Press, 2009.

18 Ver R. Guha, *Elementary Aspects of Peasant Insurgency in Colonial India*. New Delhi: Oxford University Press, 1997; The Prose of Counterinsurrection. In: R. Guha e G. Ch. Spivak (éd.). *Selected Subaltern Studies*. Oxford-New York: Oxford University Press, 1988.

19 P. Chatterjee, *Nationalist Thought and the Colonial World*. A Derivative Discourse. Londres: Zed Press, 1986.

Em viagem. Michel Foucault e a crítica pós-colonial

339

as lutas, os processos de negociação, entre a experiência subjetiva da política e as figuras políticas da subjetividade – continuou a ocupar o centro do projeto dos *Subaltern Studies* nos anos seguintes.[20] Eu gostaria brevemente de me fixar em dois exemplos dessas pesquisas, que concernem em particular aos conceitos de poder e de governamentalidade.

Ann Laura Stoler, relendo à luz da experiência pós-colonial *A Vontade de Saber*[21] e o *Curso no Collège de France de 1976, É Preciso Defender a Sociedade*,[22] observou que somos assim levados a destacar menos o elemento da "descontinuidade" que o do "entrecruzamento" e da "superposição" entre as diferentes formações discursivas e tecnologias de poder: no seio da dominação colonial, os dispositivos soberanos e disciplinares não seriam, pois, suscetíveis de serem classificados segundo uma sequência linear, mas se articulariam entre eles sob a forma de configurações cambiantes e complexas de que se trataria precisamente de estudar a economia.[23] Essa profunda heterogeneidade das técnicas e das modalidades de exercício do poder que coloca o problema de sua "combinação" unitária no interior de uma forma política específica é, do ponto de vista de Chatterjee, um elemento de continuidade entre as condições colonial e pós-colonial. É bom fixar-se um instante nesse ponto: a ênfase colocada por Chatterjee nas diferentes temporalidades dos dispositivos de poder ("modos tipicamente 'modernos'", "modos mais antigos") tem por objetivo muito preciso problematizar uma categoria de grande importância – tanto do ponto de vista político quanto do ponto de vista econômico: a da *transição*. Bem longe de querer exibir uma evolução linear de um estágio do desenvolvimento a outro (do feudalismo ao capitalismo, ou à democracia), segundo a ideia de uma modernização progressiva, o caso específico estudado por Chatterjee (a Índia colonial e pós-colonial) mostra, ao contrário, "combinações variáveis entre dispositivos de poder, formações discursivas e modelos de organização social "modernos" e "tradicionais".

É uma tese que me parece de um grande poder de análise. É preciso destacar que em seu percurso de pesquisa sucessivo, Chatterjee teve de novo que utilizar conceitos foucauldianos a fim de descrever as diferentes modalidades de experiência subjetiva da política que coexistiam na Índia contemporânea; e, como o confirma o subtítulo do livro ao qual me refiro em particular, *The Politics of the Governed*: "na maior parte do mundo". É o elemento de heterogeneidade radical destacado por Foucault através do conceito de "população", em oposição com a homogeneidade tendencial que constitui a própria marca do conceito de cidadania, que retém a atenção de Chatterjee. Enquanto a cidadania, com sua linguagem abstrata dos direitos, parece corresponder, numa metrópole como Calcutá, à experiência política de uma elite acima de tudo restrita, a "população" descreve, ao contrário, segundo Chatterjee, as modalidades de subjetivação que tecem a trama da "política popular".[24] Nos bairros populares e nos gigantescos *slums* das áreas metropolitanas da "maior parte do mundo", uma infinidade de enfrentamentos e negociações, fragmentárias, reticentes a toda síntese política, e, no entanto, decisivos para a satisfação das necessidades vitais, mostram tanto as modalidades segundo as quais os poderes se exercem quanto as lutas e as formas de auto-organização "popular" que emergem no interior da longa história da governamentalidade biopolítica das "populações".

Gostaria de concluir chamando a atenção sobre o trabalho ambicioso de um economista indiano, Kalyan Sanyal, que retoma inúmeras sugestões foucauldianas a fim de chegar a uma teoria do "capitalismo pós-colonial".[25] No centro da pesquisa de Sanyal, há o *desenvolvimento*, considerado como a "formação

20 D. Chakrabarty, Subaltern History as Political Thought. In: V. R. Mehta e Thomas Pantham (éd.). *Political Ideas in Modern India:* Thematic Explorations. Delhi: Sage, 2006.

21 M. Foucault, *La Volonté de Savoir (Histoire de la Sexualité,* tome 1). Paris: Gallimard, 1976. Há tradução brasileira: *A Vontade de Saber (História da Sexualidade).*

22 M. Foucault, *Il faut Défendre la Société.* Cours au Collège de France 1975-1976. Edição estabelecida por M. Bertani e A. Fontana. Gallimard/Seuil/Hautes Études, 1997. Há tradução brasileira: *É Preciso Defender a Sociedade.*

23 A. L. Stoler, *Race and the Education of Desire:* Foucaults History of Sexuality and the Colonial Order of Things, op. cit., p. 38 e seguintes, 61, 64.

24 Para a referência a Foucault, ver em particular P. Chatterjee, *The Politics of the Governed.* Reflections on Popular Politics in Most of the World. New York: Columbia University Press, 2004. p. 34 e 37.

25 K. Sanyal, *Rethinking Capitalist Develpment.* Primitive Accumulation, Governmentality & Post-Colonial Capitalism. Londres-New York-New Delhi: Routledge, 2007.

discursiva" hegemônica no interior dos países que saíram da colonização depois da Segunda Guerra Mundial. A mistura de referências a Foucault e a Gramsci na definição do conceito de "formação discursiva" lhe permite fazer um instrumento suficientemente adaptável e flexível para lhe permitir registrar as transformações radicais que a continuidade das lutas e das resistências – no interior do "desenvolvimento", e contra este – impõem. Seu trabalho se torna, a partir de então, uma genealogia fascinante da constituição e da crise desse "Estado do desenvolvimento" que se afirmou, nos países do terceiro mundo, como o critério geral de organização e de legitimação da forma-Estado nas mesmas décadas durante as quais, no Ocidente, se construía o "Estado social".

A crise do Estado do desenvolvimento é, para Sanyal, a crise de um conjunto de dispositivos de poder e de saber que tinham até então construído e imposto a perspectiva de uma generalização linear do trabalho assalariado como meio privilegiado de acesso a uma plena cidadania "nacional". Trabalhando em particular sobre o caso indiano, ele mostrou de maneira extremamente eficaz que o capitalismo contemporâneo é caracterizado pela permanência do processo de "acumulação originária": esses processos produzem estruturalmente multidões de "despossuídos" que, em vez de serem reabsorvidos pela indústria, vão somar-se à população que vive nas zonas desoladas dos *slums* e trabalha nos setores informais da economia. É nesse ponto que a pesquisa de Sanyal encontra a de Chatterjee: em vez de se situar no espaço da cidadania, essas multidões de despossuídos desenvolvem seus próprios movimentos, suas próprias tensões a fim de se reapropriar das bases elementares da existência no espaço governamental da "sociedade política". E uma das teses mais originais de Sanyal consiste em afirmar que, diferentemente do que aconteceu nas origens do capitalismo moderno, na Europa, o capital pós-colonial da época contemporânea é de certa maneira *obrigado* a se encarregar da sobrevivência desses despossuídos que seu próprio desenvolvimento produz: ele deve, pois, contribuir a financiar programas de governo biopolítico que têm precisamente como objetivo *fazer sobreviverem* os despossuídos.

Vê-se bem, por conseguinte, como uma torção evidente é aqui imposta ao conceito foucauldiano de governamentalidade, mesmo se as características originárias não são modificadas. O que passa doravante ao primeiro plano é a heterogeneidade profunda dos processos e dos programas de governamentalidade, que agem decompondo e recompondo continuamente o conjunto das "populações" em grupos e subgrupos, dos quais cada um se torna nele mesmo o alvo de intervenções *ad hoc*. A multiplicidade dos atores implicados torna, aliás, a distinção entre público e privado estruturalmente opaca – ao menos por causa da centralidade das ONGs –, da mesma maneira que ela confunde a fronteira entre as dimensões "interna" e "externa" dos diferentes processos (em particular por causa do papel essencial desempenhado pelas agências internacionais). E, ao mesmo tempo, uma análise como a de Sanyal coloca o problema da articulação do conjunto dos aparelhos e dos programas governamentais no interior da figura do Estado em seu conjunto: porque esta, bem longe de ser esgotada, se compõe também dos aparelhos e das políticas que correspondem ao espaço e às lógicas da cidadania, ou das que refletem as exigências de desenvolvimento do capital etc.

Embora os trabalhos de Sanyal não careçam de pontos teoricamente discutíveis – por exemplo, a definição do que são uma "economia da necessidade" ou "uma sociedade política" consideradas como espaços exteriores ao capital, isto é, ao pé da letra como "não capital" –,[26] eles representam, pois, um dos exemplos mais maduros e mais interessantes, nos estudos pós-coloniais, de utilização do conceito foucauldiano de governamentalidade. Retoma-se, com efeito – e enfatiza-se em relação à versão que o próprio Foucault dá dela – o caráter *relacional* dos processos de subjetivação, das lutas e das resistências.[27]

O conceito de governamentalidade, tal como ele é utilizado por Sanyal, pode também esclarecer alguns problemas importantes que estão no centro das discussões na Europa e no Ocidente – enquanto são ligados muito exclusivamente à gestão e ao cálculo do risco em função do indivíduo neoliberal. A con-

---

26 S. Mezzadra e G. Ruggero, *Introduzione a K. Sanyal,* Ripensare lo Sviluppo Capitalistico. Accumulazione Originaria, Governamentalità e Capitalismo Postcoloniale: Il Caso Indiano. Firenze: La Casa Usher, 2010.

27 R. Samaddar, *Rethinking Capitalist Development.* Primitive Accumulation, Governmentality & Pos-Colonial Capitalism. Londres-New York-New Delhi: Routledge, 2007.

tribuição de Sanyal e, mais geralmente, a dos estudos pós-coloniais deveriam, na realidade, ser utilizadas em nossos próprios debates – admitindo que não nos limitamos a uma perspectiva "comparatista" (por exemplo entre a Índia e a Europa), mas deixando, ao contrário, "ressoar" esses resultados de pesquisa em contextos outros, o que os pesquisadores e as pesquisadoras pós-coloniais fizeram eles próprios com os conceitos foucauldianos. Como escreveram Naoki Sakai e Jon Solomon, num comentário a um diálogo, no Japão, entre Foucault e monges zen, um dos desafios fundamentais do pensamento crítico consiste em desconstruir radicalmente a ideia do que eles chamam "cofiguração": a existência de espaços discretos, distintos e mensuráveis, delimitados de maneira estável, que "apaga os momentos de relação social e só constrói a ideia de um diálogo em termos de comunicação entre posições subjetivas fixas".[28] Não se trata, no sentido restrito, de uma reflexão que pertence a Foucault; entretanto, a discussão que dela decorre pode, sem dúvida, dar lugar a aberturas tão imprevistas quanto positivas.

Tradução do italiano por Judith Revel.

---

28   N. Sakai e J. Solomon, Addressing the Multitude of Foreigners, Echoing Foucault. In: *Traces*, nº 4: *Translation, Biopolitics, Colonial Discourse*. Hong Kong: Hong Kong University Press, 2006.

O que está em jogo em uma crítica "transcultural" a partir da obra do último Foucault

Fabian Heubel

CULTURA DE SI E CRÍTICA

Na obra de Foucault identificam-se os contornos de uma filosofia crítica da cultura de si, "crítica" engajada nas duas direções da arqueologia e da genealogia. A crítica se situa aqui na tensão entre a análise transcendental de Kant e a genealogia da moral de Nietzsche. Essa situação revela a espessura histórica, do ponto de vista da reflexão metodológica, da cultura de si em Foucault. É aí que se ligam a análise histórica da relação entre sujeito e verdade, e a atitude da modernidade ancorada numa estética da existência. Essa dupla direção da crítica corresponde à relação entre a cultura de si e o discurso, visto que, tomando o caminho da genealogia, a crítica implica práticas de si, e que, por outro lado, a direção tomada pela arqueologia obriga a refletir sobre as condições históricas dessas práticas. A arqueologia e a genealogia correspondem metodologicamente à tensão complexa entre conhecimento de si e cultura de si, e a filosofia contemporânea da cultura de si deve fazer face a essa tensão. O primeiro elo que Foucault, em seu último período, estabeleceu entre a crítica e a cultura de si é de uma importância decisiva, e isso mesmo fora do contexto dos estudos sobre Foucault, porque ele visa a resolver o problema do desenvolvimento de uma filosofia transcultural da cultura de si. A esse respeito, a atenção exclusiva atribuída por Foucault à antiguidade europeia aparece como uma limitação, certamente voluntária, mas que não tinha nada de necessário.

Desde os anos 1970, a reflexão metodológica de Foucault se deslocou da arqueologia para a genealogia. Ao mesmo tempo, o problema da "prática" se inscreveu no cerne de seu trabalho filosófico (precisemos, todavia, que ele não se preocupa com a grande prática revolucionária, mas se concentra nas práticas do poder e nas técnicas de si). A crítica operada pela genealogia, para Foucault, assim como para Nietzsche, visa a um si se constituindo na prática e através das práticas. Depois da virada em direção da genealogia, o conceito de arqueologia poderia ter perdido seu sentido essencial; na realidade, ele não desapareceu completamente. Em sua introdução a *O Uso dos Prazeres*, e principalmente em "O Que são as Luzes?", Foucault estabelece uma nova relação entre a arqueologia e a genealogia através do conceito de crítica.

"A ontologia crítica de nós mesmos" implica da parte da arqueologia "a análise histórica dos limites que nos são colocados", e da parte da genealogia, "a prova de sua transposição possível". Aos meus olhos, esse conceito de crítica, que vai nas duas direções, pode ser considerado como uma expressão altamente reflexiva de uma crítica ao mesmo tempo teórica e prática. Mas nessa concepção da crítica, a filosofia enquanto discurso teórico e enquanto cultura de si encontra um equilíbrio dinâmico entre a radicalidade da crítica que caracteriza a teoria filosófica de Kant e a radicalidade da vida filosófica em Nietzsche. Esse novo gênero de relações se tornou possível a partir do momento em que Foucault formulou uma crítica profunda dessas duas filosofias.

Foucault dá uma virada histórica na problemática transcendental da condição de possibilidade kantiana da verdade. É assim que ele abre "a história da verdade" como domínio de pesquisa; do ponto de vista do que ele chama "*a priori* histórico", a comparação entre a arqueologia e a doutrina transcendental

toma a direção universalista da filosofia transcendental kantiana, enquanto a arqueologia, esta, pode ser vista como caminho histórico-transcendental. Tratando-se de Kant e de Foucault, a crítica concerne à reflexão e à análise dos limites. Para Kant, o essencial é saber quais limites é preciso renunciar a transpor; a análise arqueológica de Foucault constitui, esta, um trabalho preparatório para a "transposição possível" dos limites. Entretanto, o conceito crítico de Foucault admite nos fatos um certo limite necessário.

É nesse sentido que o *éthos* filosófico tal como o concebe Foucault se ataca às relações complexas entre a experiência teórica e a experiência prática. O surgimento desse *éthos* repousa num processo de exercícios sem fim. Sendo assim, ele não pode ser realizado senão por um trabalho crítico e ascético de transformação de si. É nisso que se pode compreender como Foucault ultrapassa a crítica da ascese em Nietzsche: a crítica que se refere à ascese cristã e sua tendência em negar a vida se vê transposta ao plano da genealogia das livres práticas de si. As práticas da ascese estética implicam "uma crítica prática na forma da transposição possível". Assim, a direção da existência filosófica passa da vontade de poder e da louca pretensão do super-homem à possibilidade de uma liberdade suscetível de se atualizar num presente limitado e historicamente circunscrito.

A China e "nossa modernidade"

A modernidade que toma impulso na Europa se ampliou progressivamente no mundo inteiro. Todavia, a modernidade "oriental" forçada pelo Ocidente começou a exercer uma influência profunda sobre os que lhe haviam dado seu impulso primeiro no Ocidente em muitos domínios (hoje essa influência aparece principalmente no domínio econômico). Assim, depois da mundialização da modernidade, "nossa" análise da modernidade não pode mais limitar-se ao mundo americano ou europeu, mas é intimada a ultrapassar essas fronteiras para se desenvolver em análise transcultural. A dificuldade é, a partir de então, saber como os recursos históricos das outras esferas culturais (tal como a história chinesa) podem exercer uma função mais positiva na reflexão sobre a modernidade. Se a modernidade já integrou toda a humanidade numa rede fechada de imanência (o "*geschlossene Immanenzzusamenhang*" de Adorno), a análise histórica de nossa modernidade e de seus limites deve nesse caso estar associada com a mesma pertinência aos recursos históricos europeus e chineses. Isso significa, em outros termos, que a China concebida como totalidade não é mais uma "heterotopia", não está mais fora da modernidade (ocidental), mas que ela é imanente à modernidade (mundial). Esse *status* de heterotopia constituía na arqueologia foucauldiana um limite do pensamento: "a impossibilidade nua de pensar isso". No prefácio da obra *As Palavras e as Coisas*, a China só aparece como uma heterotopia fictícia, e que faz rir. Toda sua vida, Foucault se consagrou à reflexão sobre o mundo ocidental e sobre os limites da razão, sem jamais encarar que o saber chinês pudesse apresentar algum interesse que fosse para a análise arqueológica de "nossa modernidade".

Do ponto de vista dos pesquisadores chineses contemporâneos, o "Ocidente" não poderia em nenhum caso ser unicamente considerado como um "fora" que suscitasse efeitos teóricos. Em razão da influência que o Ocidente exerceu poderosamente sobre a tradição chinesa por seu imperialismo violento, o "Ocidente" se tornou uma componente essencial da China moderna. A transculturalidade também se tornou hoje um elemento essencial da filosofia contemporânea em chinês (ou da filosofia sinófona contemporânea). O fora ou a exterioridade, que definem a maneira como François Jullien, em *Chemin Faisant*, considera a China, concerne à China histórica, anterior à época moderna, isto é, o longo período em que a China e a Europa se ignoravam mutuamente e se desenvolviam, em geral, de maneira independente no plano histórico e linguístico. Essa estratégia de discurso faz enfatizar "a origem" da história e atribui a primazia a nossas raízes (nós, europeus, ocidentais) em "nosso âmbito original". Para François Jullien, colocar a exterioridade da China é uma coisa extremamente "simples", visto que ela não faz parte do contexto em que "nós" evoluímos e em que nós nos situamos. Mas essa própria maneira de ver as coisas parece tão "simples" que ela não pode deixar de despertar dúvidas sobre o que autoriza Jullien a se servir da noção de heterotopia de Foucault. A partir do momento em que Jullien tenta de maneira construtiva elaborar o que parece muito um essencialismo cultural, a razão desse elo com Foucault se

esclarece progressivamente: Jullien considera o trabalho de análise comparada como "construção da alteridade". Por esse trabalho, o "nós" pressuposto na origem se torna objeto de desconstrução. Assim, a consideração da China como "heterotopia" se confunde com uma espécie de "desconstrução do fora". Essa dupla via que religa uma exterioridade dada geográfica e historicamente a uma construção da alteridade é até o presente uma das posições mais vanguardistas na filosofia intercultural na Europa.

A colocação em questão do ponto de vista de Jullien, que faz da "China" uma heterotopia, se refere mais particularmente à passagem teórica da indiferença mútua na história à construção da diferença específica moderna. No fundo, o que fica mais surpreendente na atitude de Jullien é que, passando do discurso sobre a relação heterotópica entre a Europa e a China à importância que o pensamento chinês assume para a filosofia europeia, a questão da modernidade chinesa parece para ele não existir em nenhum momento. No retrato que ele oferece da filosofia contemporânea, a filosofia que se pratica hoje em chinês é com toda evidência ausente: ela se vê ignorada na estrutura diferencial que assimila a Europa à filosofia, e a China à sabedoria. Assim, "a interrogação comum" desenvolvida em seu trabalho comparatista não pode ter sentido senão no âmbito da filosofia europeia contemporânea. François Jullien é incapaz de levar em conta em sua reflexão o fato de que a filosofia contemporânea em francês e a filosofia contemporânea em chinês enfrentam questões similares e desenvolvem possibilidades de interações dinâmicas. *Ele fica cego à modernidade filosófica da China.* Ora, se se quer ultrapassar esses limites da reflexão, é preciso reconhecer plenamente o fato de que, no que concerne à China, a indiferença entre a Europa e a China deixou o lugar, no mais tardar a partir da metade do século XIX, a um poderoso interesse pela filosofia e pelo saber vindos do Ocidente, interesse associado à consciência de uma crise sem precedente. Em razão do choque com o exterior, a China se colocou na escola do Ocidente há uma centena de anos. Mas na configuração dos saberes e dos poderes nascida nos séculos XIX e XX, essa aprendizagem se fez de maneira relativamente unilateral (foi assim que todas as obras clássicas da filosofia europeia foram traduzidas em chinês; de um ponto de vista comparativo, só as pesquisas kantianas em chinês ultrapassaram em quantidade todas as pesquisas realizadas na Europa sobre o pensamento chinês).

Essa situação deu lugar a vários paradoxos em aparência, visto que o pensamento contemporâneo em chinês se ocidentalizou em ampla medida, enquanto o pensamento ocidental se livrou de maneira coincidente do âmbito metafísico grego e cristão, e evolui na direção do pensamento pós-metafísico (essa tendência é manifesta em especial no desenvolvimento de uma "filosofia da força" a partir de Nietzsche). Decorre daí para a filosofia contemporânea uma correspondência totalmente inédita. Desse ponto de vista, a construção das diferenças interculturais pode ser situada no âmbito da construção transcultural de problemas comuns (problemas que provêm da imanência comum a toda a modernidade). A partir dos problemas específicos que se colocam hoje, o pensamento crítico pode ter simultaneamente acesso aos recursos chineses e europeus a fim de transpor "nossos limites históricos". Ou seja, para a arqueologia do saber transcultural, a China e a Europa são as duas igualmente dos fora. Elas se tornaram recursos do "pensamento do de fora" assim como as condições de possibilidade para fazer a experiência dos limites da modernidade. É assim que se revela a possibilidade de uma outra crítica de "nossa modernidade".

Desde que se considere o último Foucault como um pioneiro da filosofia contemporânea da cultura de si, estamos em condição de construir um modelo interativo com a filosofia contemporânea em chinês. Não podemos aqui entrar nos detalhes da análise, mas podemos tomar por exemplo a relação entre Foucault e Mou Zongsan (1909-1995), um dos representantes maiores do confucionismo contemporâneo, a fim de descrever em seus grandes traços a orientação da arqueologia transcultural. Mou Zongsan tentou reconstruir a filosofia chinesa e fazê-la aceder à modernidade. Ele escolheu Kant como representante principal da filosofia moderna, e, pela análise crítica minuciosa da obra deste, defendeu o paradigma da cultura de si na filosofia chinesa, assim como o trabalho de ascese (no sentido de trabalho de si sobre si) que esta implica. O mais estranho é que de uma maneira totalmente teorizada ele fez do confucionismo contemporâneo um elemento da filosofia acadêmica, tentando, assim, salvar o espírito confuciano que tinha perdido no século XX seu fundamento institucional. Em outros termos, Mou Zongsan entendia defender de maneira teórica a filosofia prática à chinesa. A partir de então, a condição de possibilidade da filosofia contemporânea da cultura de si se tornava no confucionismo uma questão das

mais urgentes. Mou Zongsan tentou analisar os limites que Kant atribui ao conhecimento, servindo-se dos recursos históricos do confucionismo das dinastias Song (960-1278) e Ming (1368-1644), a fim de mostrar que esses limites não são universais e necessários, mas, ao contrário, particulares e contingentes. Nesse sentido, ele se entrega a uma problematização arqueológica.

Mou Zongsan se chocou com o obstáculo que representava o modelo principal da filosofia contemporânea, a saber, a discursividade e a sistematicidade: por um lado o desenvolvimento teórico encontra uma rica inspiração nas práticas da cultura de si tradicional, mas, por outro, essas práticas são difíceis de ser reconhecidas pela filosofia ocidental contemporânea. Mou Zongsan deve enfrentar a tensão que existe entre o discurso filosófico e a vida filosófica. É assim que ele é não somente um "pensador", mas também um "filósofo" contemporâneo. Nesse sentido, a semelhança estrutural entre os problemas que enfrentam Mou Zongsan e Foucault oferece uma via de acesso ao campo dinâmico da filosofia transcultural. A reflexão crítica da filosofia contemporânea teórica, por um lado, por outro, as possibilidades de exploração da cultura de si, se encontram presas juntas numa relação dinâmica de crítica mútua. O arqueológico foucaultiano permite fazer aparecerem melhor os pontos cegos na reflexão de Mou Zongsan sobre a relação entre cultura de si e modernidade. Pela perspectiva transcultural que Mou Zongsan desenvolve, pode-se liberar a reflexão do âmbito da filosofia europeia na qual Foucault teve tendência em encerrá-lo.

FOUCAULT E A CULTURA DE SI CONTEMPORÂNEA

É possível conceber uma cultura de si cuja finalidade resida na tensão entre a adesão mantida às Luzes e à crítica das Luzes, tensão que se desejaria capaz de gerar uma "atitude de modernidade"?

Colocando-se na perspectiva da cultura de si, estética, crítica e transcultural, a obra de Foucault, em particular sua "filosofia da verdade" – englobando as relações entre sujeito e verdade, assim como seus três estágios de desenvolvimento – seria suscetível de revelar plenamente seu alcance transcultural. Essa interpretação continuaria a tentativa do último Foucault e garantiria ao seu próprio desenvolvimento teórico uma "coerência", por meio da distinção entre os três eixos do saber, do poder e da ética. De que maneira se pode considerar esses três eixos da filosofia foucaultiana da verdade como três direções para a análise da filosofia crítica da cultura de si? Deve-se conservar presente no espírito a correspondência estabelecida entre a teoria foucaultiana dos três eixos e as três grandes críticas kantianas: à teoria kantiana do conhecimento se substitui a análise da estrutura histórica do conhecimento verdadeiro; à filosofia moral de Kant se substitui a análise da política histórica da verdade, cujo desafio é saber como a ligação entre a estrutura do saber e as técnicas de poder pode chegar a um efeito de normalização. Enfim, quanto à teoria estética de Kant, assume o lugar uma ética sob a forma de uma estética da existência, na qual fusionam a constituição do sujeito autônomo (criação de si), um *éthos* da atitude-limite e a coragem de dizer-verdadeiro (*parrêsia*). Cada um desses ângulos pode esclarecer a compreensão da dimensão crítica da cultura de si contemporânea.

1. A partir da análise do saber guiado pela noção do *a priori* histórico, pode-se colocar a questão das condições de possibilidade de uma filosofia da cultura de si hoje. Na configuração do saber moderno, que tipo de mudança pode provocar o deslocamento dos limites da filosofia e permitir-lhe dominar essa redução empobrecedora para um conjunto de sistemas teóricos? Esse progresso nos colocaria em condição de considerar a tensão – na verdade, o conflito – entre saber científico e cultura de si como uma força motriz no desenvolvimento da filosofia. O período arqueológico de Foucault, que contém o impulso crítico contra o sujeito e a racionalidade, toca na questão de saber de que espécie de saber tratamos, no fim das contas, na cultura de si, isto é, mais precisamente na relação entre si e si mesmo que se liga no processo de cultura de si. A atitude crítica recoloca radicalmente em questão o modelo de cultura de si que se apoia no sujeito racional como instância soberana. Assim desmorona a noção tradicional de cultura de si que encontrava seu ponto de partida na relação entre os exercícios espirituais e o progresso do espírito. A crítica foucaultiana do sujeito racional se inspira em profundidade na filosofia do corpo

e da experiência estética da arte moderna. Foi assim que nasceu a noção de estética da existência e que apareceu, em seu prolongamento, a questão de saber a que tipo de sujeito corresponde esse tipo de cultura de si. É aqui que a perspectiva adotada na análise do poder faz sentir seus efeitos. Se o tipo de sujeito corresponde à cultura crítica de si é um "sujeito energético" (sujeito que não pode ser fechado unilateralmente na razão-espírito, nem do lado do corpo-matéria, mas que, ao contrário, chega a uma relação de transformação entre esses dois aspectos), então, a questão é saber que "relação de forças" e que técnicas de poder constituem esse sujeito.

2. Se todas as práticas de cultura de si se fundam num saber considerado como verdade, esse saber é, ao mesmo tempo, produzido na história e suscetível de mudança. O conhecimento acompanha as práticas ou orienta a relação consigo; também a cultura de si revela ligações contínuas com as técnicas de poder. Antes que se desenvolva essa cultura de si ativa e autônoma, alguns "dispositivos" de saber e de poder colocados em ação pela educação habituam o sujeito a alguns regimes de energia ou o forçam a aceitá-los. As técnicas de poder ou o que se chama as "técnicas políticas da vida" referem-se aqui à noção moderna de criatividade (ela também considerada como uma energia que é preciso, ao mesmo tempo, controlar e fortalecer). O problema é então saber se a relação entre a criatividade e a economia das energias vitais se tornou ou não uma espécie de dispositivo da "bioestética", e se, por outro lado, a noção de cultura de si, de que a criação de si constitui o cerne, é arrazoada por esse dispositivo a ponto que a criação de si perca aí sua possibilidade de resistência e de liberdade. Pode-se, a partir daí, passar à perspectiva ética e à sua relação com a estética.

3. Que espécie de significação ética implica uma cultura de si que toma seu ponto de partida no sujeito energético? A estética da existência apresentada por Foucault se apoia no campo livre aberto por Nietzsche, mas a dificuldade dessa estética da existência se deve ao fato de que ela não pode explicitar inteiramente a significação contemporânea da relação entre a estética e as técnicas de si. A razão disso é que a estética moderna, esforçando-se para sair do mundo espiritual do cristianismo, cortou, ao mesmo tempo, o elo entre a arte e a cultura de si. O último Foucault tinha associado a estética a uma teoria da ascese e já tinha, com evidência, dominado a censura operada por Nietzsche entre a arte de viver e o ascetismo. Mas, apoiando-se em forças vivas da estética moderna, Foucault vê na "atitude-limite" um ponto de contato entre a estética e o ascetismo. Se ele abre a possibilidde da "ascese criativa" através das concepções estéticas de Baudelaire, essa via representa uma limitação da cultura crítica de si na transgressão. Confrontada com esse problema bem específico, a estética dos letrados chineses nos oferece um outro recurso histórico, e isso é tanto mais verdadeiro que, em relação à cultura dos letrados chineses, a cultura europeia influenciada pelo cristianismo se mostra de uma grande pobreza. É aqui que aparece a possibilidade de desenvolver a "insipidez" como um conceito de filosofia contemporânea e de introduzi-la na filosofia crítica da cultura de si. Se a insipidez pode ser vista como uma experiência dos limites, e se ela se opõe à transgressão como experiência dos limites, ela é a partir de então levada a preencher uma função extremamente precisa na cultura de si, tanto no seu aspecto crítico quanto no seu aspecto estético.

O conceito de cultura estética de si toma suas distâncias com esses dois tipos de busca unidimensional que são a sublimação do espírito e a intensificação da experiência. Parece que o novo modelo de cultura de si desenvolvido por Foucault é estraçalhado entre duas escolhas extremas: por um lado, ele admite claramente que é impossível retornar à cultura espiritual de si da época greco-romana, enquanto, por outro, ele é incapaz de liberar a noção de subjetividade (que entendemos aqui como relação dinâmica entre a subjetivação e a dessubjetivação) da lógica unidimensional da estética da transgressão. Em outros termos, Foucault não consegue se desembaraçar do modelo da criatividade transgressiva. O problema é, pois, saber como a cultura estética de si pode libertar-se das restrições da atitude-limite e evitar, ao mesmo tempo, recair no modelo tradicional da cultura espiritual de si. A passagem da filosofia europeia contemporânea ao domínio da filosofia chinesa e da estética dos letrados implica, é verdade, a intervenção da atitude-limite, mas precisamente importa proceder a uma reflexão sobre essa atitude e a uma transformação desta. As pesquisas referentes a esse problema carregam a esperança, contando com os recursos da estética dos letrados chineses, de poder proceder à crítica de uma experiência dos limites que insistem de maneira unilateral na transgressão; por outro lado, elas têm que examinar em profundidade

na obra de Foucault o que a cultura crítica de si comporta de mais poderoso, e dominar pela noção da experiência dos limites os aspectos mais rígidos nas pesquisas chinesas em filosofia e em estética.

A partir do elo estabelecido no nível da genealogia das práticas entre a cultura crítica de si e a cultura dos letrados chineses, pode-se voltar à relação entre Foucault e Mou Zongsan e descobrir o sujeito comum a essas duas linhas de pesquisas: a filosofia dos limites. Aqui se encontram a questão ontológica da relação entre a finitude a a infinidade do homem, e a questão estética da relação entre a transgressão e a insipidez. A dupla direção metodológica da crítica, arqueológica e genealógica, envolve aqui uma reflexão histórica sobre a possibilidade de uma cultura de si contemporânea, ao mesmo tempo estética e crítica, que toma seu impulso no campo dinâmico da transculturalidade.

Michel Foucault

Sexualidade: biopoder ou *trieb*?

Teresa de Lauretis

Não se deve descrever a sexualidade como um impulso renitente, estranho por natureza e indócil por necessidade a um poder que, por sua vez, se esgota ao submetê-lo e frequentemente fracassa ao dominá-lo inteiramente. Ela aparece mais como um ponto de passagem particularmente denso para as relações de poder: entre homens e mulheres, entre jovens e velhos, entre pais e progenitora, entre educadores e alunos, entre padres e leigos, entre uma administração e uma população.
Michel Foucault, *A Vontade de Saber*

Nos Estados Unidos, a recepção dos trabalhos de Foucault sobre a sexualidade deu lugar a uma dicotomia redutora e, na minha opinião, errônea entre duas concepções da sexualidade: o essencialismo e o construcionismo social, respectivamente percebidos como conservador e progressista. Num contexto cultural geralmente resistente a Freud, a afirmação de Foucault segundo a qual a sexualidade é um "ponto de passagem para as relações de poder" foi acolhida como um contrapé à teoria freudiana da sexualidade, do inconsciente e das pulsões. A tese construcionista, que pretende que a pulsão freudiana tem um fundamento biológico e é, portanto, essencialista, se serve de Foucault para refutar seu caráter limitado e rígido, e opor-lhe a tese mais otimista, mas voluntarista, segundo a qual a sexualidade é "discursiva" e pode, pois, ser transformada, até mesmo sublimada, por práticas de "ressignificação".

Paradoxalmente, a obsessão contemporânea pela sexualidade comprova o que Foucault denunciava como o dispositivo da sexualidade no capitalismo tardio. "Vivemos uma época", escreve ele em 1976, "onde a exploração do trabalho assalariado não exige as mesmas obrigações violentas e físicas como no século XIX, e quando a política do corpo não exige mais a elisão do sexo ou sua limitação somente ao papel reprodutor; ela passa, antes, por sua canalização múltipla nos circuitos controlados da economia". Em outros termos, a produção discursiva de "heterogeneidades sexuais" (ou, como as chamam às vezes, neossexualidades) e a proliferação das identidades sexuais desde os anos 1990 transformam a imagem "de uma sexualidade reprimida por razões econômicas" em uma imagem de uma sexualidade *produzida* por razões econômicas. Aí, não se trata mais de biopoder e de hegemonia da classe burguesa, que Foucault remete ao fim do século XVIII e ao século XIX, mas, antes, da economia do capital transnacional e do mercado pós-colonial mundializado (turismo sexual proveniente dos Estados Unidos e da Europa para a Ásia, importação-exportação de trabalhadores sexuais através do mundo, adoção internacional, redes de pedofilia na Internet, tráfico de órgãos etc.). A tese construcionista, que confunde a sexualidade e o gênero, parece ter passado ao largo desse fenômeno.

Vou mostrar que a dicotomia essencialismo-construcionismo repousa sobre uma confusão, e que é inábil e injustificado virar as costas para as teorias sexuais de Freud e de Foucault. Com efeito, mesmo se Foucault refuta a tese segundo a qual a sexualidade é "um impulso renitente" exterior ao poder e em conflito com ele – tese falsamente atribuída a Freud –, sua concepção da sexualidade não é antitética à de Freud. Ela é formulada diferentemente, analisada em seus aparelhos discursivos, como tecnologia social, mais que em seu aparelho psíquico e seus efeitos subjetivos. Mostrarei, além disso, que, longe de serem incompatíveis ou mutuamente exclusivas, as teorias de Foucault e as de Freud são as duas necessárias

para articular o fenômeno da sexualidade em sua complexidade psicossocial. Diria até que é somente juntos que eles podem esquematizar uma teoria materialista da subjetividade.

Foucault vê na psicanálise uma última tentativa para refundar a sexualidade na Lei (lei da aliança, da família, tabu do incesto, lei do pai). Ele considera que o esforço de Freud é motivado por sua reação "ao grande aumento do racismo que lhe era contemporâneo" e que o ameaçava diretamente, assim como a seus próximos e a sua comunidade diaspórica. Apesar da atitude progressista de oposição ao fascismo adotada pela psicanálise, a tentativa de Freud "de convocar em torno do desejo toda antiga ordem do poder" era um gesto regressivo, uma "retroversão histórica". Desse ponto de vista, na perspectiva de uma história efetiva, Foucault não estava errado.

Entretanto, o que pensar da volta de interesse por Freud e pela psicanálise neofreudiana desde os anos 1990 e, em particular, no contexto da teoria pós-colonial e da reconceitualização das identidades raciais-sexuais-de gênero? O recente retorno a Freud apresenta com novos custos a questão da sexualidade em relação ao corpo como lugar de uma inscrição concomitante da raça, do gênero e da sexualidade no sujeito social. Não é inconcebível que essas questões procurem uma reformulação ao prisma de Freud, na medida em que elas também são motivadas por uma oposição política a formas contemporâneas do racismo. Mas, a meu ver, esse retorno a Freud tem a ver com um outro aspecto da psicanálise, mais significativo em termos epistemológicos, a saber, a teorização freudiana da pulsão (*Trieb*) inscrita numa concepção da sexualidade que Foucault parece contestar.

"Não se deve descrever a sexualidade como um impulso renitente". Estranhamente, Foucault não utiliza o termo "pulsão", equivalente ao *Trieb* freudiano, mas seu sinônimo ou metonímia "impulso". A tradução inglesa de "impulso renitente" por "*stubborn drive*" (*drive* sendo a tradução literal de *Trieb*) pode ter cristalizado para os leitores anglófonos de Foucault a oposição frontal a Freud que eles acolheram no primeiro volume de sua *História da Sexualidade, A Vontade de Saber*. Vou tentar analisar a diferença entre essas duas concepções da sexualidade, a de Freud e a de Foucault, mas apontar também as intersecções. A definição que Foucault dá da sexualidade como uma "tecnologia do sexo" afasta do exame os indivíduos aos quais se aplica essa tecnologia, que faz deles sujeitos sexuais. A teoria freudiana da sexualidade, em compensação, pressupõe e toma até como pivô um sujeito específico, uma psique, um eu-corpo (*Körper-Ich*). Essas duas concepções da sexualidade se inscrevem em projetos teóricos diferentes, mas elas não são tão antitéticas quanto o pretenderia a dicotomia essencialismo-construcionismo.

Foucault não cessa de desaprovar toda influência da psicanálise em sua obra e marca sua distância em relação a Freud ao mesmo tempo lexicalmente, falando de "impulso" mais do que pulsão, e discursivamente, como em *O Cuidado de Si*, onde ele consagra uma longa análise à *Oneirocritica*, de Artemidoro, sem fazer a menor alusão a essa outra célebre *Interpretação dos Sonhos*. Entretanto, como ele próprio reconheceu por ocasião de uma entrevista com os membros do departamento de psicanálise da Universidade de Vincennes, em 1977 (que o editor inglês descreve como uma "conversação", mas que se lê mais como um interrogatório), existe uma certa semelhança entre seu projeto em *A Vontade de Saber* e o de Freud:

> O forte da psicanálise é ter incidido em uma outra coisa, que é a lógica do inconsciente. E aí, a sexualidade não é mais o que ela era no início [...]. O importante não são os *Três Ensaios sobre a Sexualidade*, mas é a *Traumdeutung*. A grande originalidade de Freud não foi descobrir a sexualidade sob a neurose. Ela estava aí, a sexualidade, Charcot já falava dela. Mas sua originalidade foi levar isso ao pé da letra, e edificar sobre isso a *Traumdeutung*, que é algo diferente da etiologia sexual das neuroses. Eu, sendo muito pretensioso, diria que faço um pouco igual. Parto de um dispositivo de sexualidade, dado histórico fundamental, e a partir do qual não se pode deixar de falar. Levo ao pé da letra, não me coloco do lado de fora, porque não é possível, mas isso me conduz a outra coisa.

Essa "outra coisa" é o poder. Assim, não é que a concepção freudiana da sexualidade coloque um sujeito enquanto Foucault o afaste; é, antes, que o projeto do primeiro volume não é uma teoria da sexualidade enquanto tal, mas uma teoria do poder. Ele o afirma sem rodeios, numa entrevista para *La Quinzaine Litttéraire* nesse mesmo ano:

Para mim, o essencial do trabalho é uma reelaboração da teoria do poder, e eu não estou certo de que só o prazer de escrever sobre a sexualidade me teria motivado o bastante para começar essa série de seis volumes (pelo menos), se eu não me tivesse sentido impulsionado pela necessidade de retomar um pouco essa questão do poder [...]. O que eu procuro é tentar mostrar como as relações de poder podem passar materialmente na própria espessura dos corpos sem ter que ser substituídos pela representação dos sujeitos. Se o poder atinge o corpo, não é porque ele foi interiorizado primeiramente na consciência das pessoas. Há uma rede de biopoder, de somato-poder que é ela mesma uma rede a partir da qual nasce a sexualidade como fenômeno histórico e cultural, no interior do qual, ao mesmo tempo, nós nos reconhecemos e nos perdemos.

Aqui, a ênfase colocada sobre a sexualidde como fenômeno histórico e cultural deixa de lado seus efeitos sobre os indivíduos, que poderíamos chamar efeitos de subjetivação. Estes serão, contudo, estudados nos volumes seguintes da *História da Sexualidade*. Na introdução ao volume 2, *O Uso dos Prazeres*, Foucault reconhece ter operado uma mudança metodológica e histórica a fim de estudar os "modos segundo os quais os indivíduos são levados a se reconhecerem como sujeitos sexuais". Em outros termos, colocando a ênfase sobre a noção de sujeito, Foucault redefine a sexualidade como "uma experência historicamente singular" na sociedade ocidental moderna, que levou os indivíduos a "se reconhecerem como sujeitos dessa sexualidade". O sujeito introduzido aqui é, ao mesmo tempo, destinatário, agente e enunciador dessas tecnologias e dessas técnicas pelas quais os indivíduos se tornam sujeitos sexuais: "Em suma, para compreender como o indivíduo moderno podia fazer a experiência dele mesmo como sujeito de uma 'sexualidade', era indispensável destacar antes a maneira como, durante séculos, o homem ocidental tinha sido levado a se conhecer como sujeito de desejo." Os termos *indivíduo*, *experiência* e *sujeito de desejo* não são aqui anódinos: eles são essenciais para a compreensão foucauldiana da sexualidade, pela mesma razão que eles o são, sobre outras apelações, para Freud.

A estruturação dessas duas teorias em termos de modelo essencialista-construcionista está relacionada, por conseguinte, com um primeiro mal-entendido. A tese construcionista desejaria substituir a concepção pretensamente essencialista da sexualidade (essencialista porque biologicamente determinada) por uma concepção da sexualidade que, sendo construída ("discursiva") e não inata, seria suscetível de mudar graças a um poder de agir individual – a mudança sendo designada por termos como *reapropriação*, *ressignificação*, *subversão*, *rearticulação* etc. Essa segunda concepção é atribuída a Foucault. Para ele, entretanto, a sexualidade é uma formação multidiscursiva complexa, apoiada por um conjunto de práticas e de discursos médicos, científicos, jurídicos e religiosos, firmemente ancorados nas instituições privadas e estatais. A questão do poder de agir individual não é abordada no primeiro volume, que apresenta uma arqueologia da sexualidade como uma formação sociopolítica multidiscursiva e complexa. A questão se coloca mais tarde na obra de Foucault, quando ele empreende escrever a história dos homens que desejam homens e que seu interesse epistemológico (o que ele chama de arqueologia do saber) toma a forma de uma genealogia, estudo tático das práticas ou "anticiência" dos saberes revolucionários.

Meu argumento é que o quadro construcionista alinha o sujeito dos trabalhos ulteriores de Foucault, o agente individual de práticas que fazem da sexualidade uma "arte de viver", com o sujeito do discurso inverso do primeiro volume que, de fato, não subverte a lei, mas a assume, responde à sua interpelação e aceita assim a identidade sexual, masculina ou feminina, que ela lhe atribui, a ele ou a ela. A ele ou a ela, com efeito, visto que a lei só reconhece sujeitos masculinos ou femininos.

O que Foucault chama sexualidade no primeiro volume sendo o produto discursivo de práticas e de aparelhos institucionais de poder/saber, quando um indivíduo, um advogado, um médico, um pai, um filho, uma filha (escolho esses termos, como o faz Foucault, para designar não indivíduos, mas sua posição num sistema hierárquico, social ou familiar) age ou fala de sexualidade, ele ou ela se refere ou reitera esses saberes. Ele ou ela não age nem fala como agente/sujeito do poder/saber, mas, antes, enquanto função do que Judith Butler chama "uma prática de reiteração ou de reformulação imanente ao poder", uma forma de "citacionalidade", uma citação da lei (o simbólico em Lacan). Mas, contrariamente à análise de Butler, essa sexualidade, essa tecnologia social maciça, não é algo que os indivíduos podem subverter, rearticular, ressignificar ou se apropriar, seja por uma performance *drag* ou por uma vontade política.

Esse equívoco repousa sobre o parentesco etimológico entre a performatividade, um termo meta-linguístico originário da teoria linguística, e o termo referencial *performance*. A performance designa o que realiza o sujeito, um ato consciente, uma escolha pessoal fundada numa aptidão individual (saber--fazer ou talento), um treino ou um estilo que fazem com que a performance seja mais ou menos eficaz. A performatividade, em compensação, é uma função da estrutura dos discursos, da ideologia tal como Althusser a define, como "a relação imaginária dos indivíduos com as relações reais sob as quais eles vivem"; relações pelas quais, destaca ele, "os indivíduos são já sempre sujeitos". Althusser mostra em que medida a estrutura do discurso e sua performatividade são "implacáveis" e inconscientes.

> Antes de nascer, a criança já é, pois, sempre um sujeito, designado ao ser na e pela configuração ideológica familiar particular na qual ele é 'esperado' depois de ter sido concebido. Inútil dizer que essa configuração ide-ológica familiar é, em sua unicidade, fortemente estruturada, e que é nessa estrutura implacável mais ou menos 'patológica' (supondo que esse termo tenha um sentido atribuível) que o antigo futuro-sujeito deve "encontrar seu lugar", isto é, tornar-se o sujeito sexual (menino ou menina) que ele já é por antecipação. Compreende-se que essa restrição e essa pré-designação ideológicas, e todos os rituais de criação, depois, da educação familia-res têm alguma relação com o que Freud estudou nas formas das "etapas" pré-genitais e genitais da sexualidade, portanto, na 'consideração' ['*prise*'] do que Freud identificou, por seus efeitos, como sendo o inconsciente.

Para Freud, também, a sexualidade é o produto de convenções sociais (a civilização) que são trans-mitidas através das gerações (filogênese) e recapituladas no desenvolvimento psíquico e social de cada indivíduo (ontogênese). Elas são também mantidas por relações de poder, a começar entre pais e filhos. Para Freud, entretanto, há um sujeito que tem pulsões e representações. Sua teoria, a metapsicologia, é, aliás, o produto de sua autoanálise. A psicanálise e seu método (livre associação de ideias, interpretação, transferência) implicam o sujeito psíquico na tradução do enigma da sexualidade, esse fenômeno socio-cultural no qual, como entendeu Foucault, "ao mesmo tempo nós nos reconhecemos e nos perdemos". É aí que está o segundo mal-entendido: se Foucault se interessa pelas condições e pelos mecanismos sociais de onde são originados os saberes e as práticas que produzem algo que chamamos sexualidade e que a implantam no sujeito social, Freud se interroga sobre os mecanismos psíquicos que a implantam articu-lando as pulsões ao corpo por intermédio de representações, de recordações ou de fantasmas particula-res. Para Freud, não há nada de inato na sexualidade como tal. O que poderia ser qualificado de inato, mas somente no sentido em que elas preexistem às suas possíveis articulações, são, antes, as pulsões e a estrutura psíquica do fantasma, suscetíveis de envolver, focalizar e orientar as pulsões parciais.

Evidencia-se, portanto, que a opinião recebida que dispensa uma concepção essencialista (freudiana) e uma concepção construcionista (foucauldiana) da sexualidade é fundada num duplo mal-entendido. Por um lado, a "sexualidade" segundo Foucault não é algo que os indivíduos podem rearticular, reapropriar-se ou subverter, seja pela cirurgia ou pela performance. Por outro lado, o que é, talvez, inato para Freud não é a sexualidade, como o pretendem os construcionistas, mas a pulsão – e até esta, talvez, pode ser questionada, e ela o foi. De fato, a noção de pulsão freudiana abala e desmantela a oposição entre construcionismo e essen-cialismo: porque a sexualidade é sempre construída, e se ela pode ser implantada num sujeito, é justamente por causa desse "impulso renitente" que Freud chama de *Trieb*. Senão, como as práticas e os discursos sociais poderiam investir o corpo a ponto de modelar nossa identificação sexual, de gênero, de classe ou de raça?

Como já tive a oportunidade de destacar, lendo Freud em relação a noções de interpretante e cos-tumeiramente elaboradas por C. S. Peirce, é precisamente no corpo que os efeitos dos signos se realizam. A pulsão sexual é conscientemente sentida como uma pressão somática que tem sua origem num estí-mulo corporal, mas que não tem origem nele. Ela atinge o corpo depois de ter atravessado um espaço não homogêneo, heterótopo, no qual os vestígios mnésicos inconscientes estão ligados às representações mentais pelo viés do fantasma. Assim, a pulsão não deve ser assimilada à consciência (psicológica), que é simplesmente o aspecto sensorial ou perceptual do eu e não, como o sugere Foucault, sua interioridade. Reexaminemos sua afirmação segundo a qual "as relações de poder podem passar materialmente na pró-pria espessura dos corpos sem ter que ser substituídas pela representação dos sujeitos. Se o poder atinge o corpo, não é porque ele inicialmente foi interiorizado na consciência das pessoas".

Michel Foucault

Esses propósitos datam do fim dos anos 1970: eles se inscrevem num clima intelectual amplamente influenciado pela leitura lacaniana de Freud, que enfatizava o inconsciente desprezando a segunda teoria de Freud. Lacan acabava, então, de criticar a psicologia americana do eu (*ego-psychology*) que privilegiava a consciência em detrimento do inconsciente e das pulsões. Parece-me que a insistência de Foucault num biopoder operando sobre e no corpo, independentemente da consciência, reflete essa leitura de Freud. Ela marca uma separação, senão uma oposição, entre as duas instâncias psíquicas da percepção--consciência (*Pcs.-Cs.*) e do inconsciente (*Ucs.*), oposição mais radical ainda que ela não o fosse para Freud, mesmo para o Freud da primeira teoria.

A ideia de que as relações de poder (a sexualidade) penetram materialmente o corpo sem a mediação da consciência ou das próprias representações do sujeito implica uma noção de sujeito na qual a consciência e a representação de si são radicalmente dissociadas do corpo, e, mais ainda, do eu-corpo da segunda teoria freudiana, onde o eu está em relação direta e interativa com o *id*. A afirmação de Foucault implica, pois, um sujeito plenamente consciente e racional e, no entanto, enganado em sua certeza e em seu domínio de si, porque ele é constituído no terreno do Outro, "pelos efeitos do significante". Mais adiante, na medida em que a armadilha do sujeito, ou seu desconhecimento, é uma função do que Lacan chama de imaginário, a consciência, nesse sujeito, é sinônimo de ideologia no sentido em que Althusser a redefiniu como uma relação imaginária dotada de uma existência material.

Em outros termos, a concepção do sujeito de que a afirmação de Foucault parece pressupor e combater é uma concepção segundo a qual a consciência e a representação de si estão alinhadas na ideologia, por um lado, e na psicologia do eu, por outro. É em antítese com uma tal concepção do sujeito – para contrapor, diria eu, sua tentação idealista – que Foucault propõe uma concepção materialista do corpo diretamente investido do biopoder. Um corpo que o biopoder pode investir, penetrar, ocupar, regular, controlar, disciplinar, gerir, inserir nas relações econômicas e sociais da produção capitalista sem passar pelos desfiles da consciência, da ideologia ou do imaginário burguês. Entretanto, esse poder que opera sobre e no corpo é concebido como um dispositivo dotado de sua lógica própria e de uma teleologia específica (a "tarefa de gerir a vida"), que não deixa de lembrar a concepção lacaniana do inconsciente: assim como "o inconsciente é a soma dos efeitos da palavra sobre um sujeito", poder-se-ia definir o biopoder como a soma dos efeitos do poder sobre um corpo. Nesse sentido, o biopoder se situa em relação ao sujeito num lugar conceitual, um campo transcendental análogo a esse onde o insconsciente lacaniano se situa em relação à consciência – dois universos paralelos, incomensuráveis e sem comunicação.

De fato, os primeiros trabalhos de Foucault tinham sido profundamente influenciados pelo estruturalismo, em particular pela concepção estrutural do inconsciente. Sua comparação da psicanálise e da etnologia em *As Palavras e as Coisas* (1966) evoca com certeza Lévi-Strauss:

> Descobre-se a importância e o prestígio de uma etnologia que, em vez de se definir inicialmente como ela o fez até aqui, pelo estudo das sociedades sem história, procuraria deliberadamente seu objeto do lado dos processos inconscientes que caracterizam o sistema de uma dada cultura [...]; ela definiria como sistema dos inconscientes culturais o conjunto das estruturas formais que tornam significantes os discursos míticos [...]. Descobre-se a importância simétrica de uma psicanálise que, por sua vez, alcançaria a dimensão de uma etnologia, não pela instauração de uma 'psicologia cultural', não pela explicação sociológica de fenômenos manifestados no nível dos indivíduos, mas pela descoberta que o inconsciente também possui – ou, antes, que ele *é*, nele mesmo uma certa estrutura formal.

De novo, no prefácio à edição inglesa de 1970, Foucault define seu projeto como uma tentativa de "revelar um *inconsciente positivo* do saber: um plano que escapa à consciência do cientista e que, no entanto, tem a ver com o discurso científico", a saber "as regras de formação" dos conceitos, dos objetos e das teorias científicas reveladas num nível que ele qualifica de "arqueológico". Mas desde a introdução e da conclusão de *A Arqueologia do Saber*, Foucault se dissocia do estruturalismo, mesmo com uma afirmação tão calculada quanto esta: "Vocês me fazem facilmente essa justiça que eu não empreguei uma só vez o termo de estrutura em *As Palavras e as Coisas.*" Em 1976, quando aparece o primeiro volume da *História da Sexualidade*, Foucault já tinha deixado o navio do estruturalismo lacaniano e apelava para

contra-atacar o dispositivo da sexualidade: não "o sexo-desejo, mas os corpos e os prazeres". Com certeza, numa perspectiva psicanalítica, os corpos não podem ser desconectados do desejo, ou, antes, do que Freud chama de *Wunsch*, mas como Foucault conceitualiza o corpo pela relação com o biopoder?

O que Foucault chama de biopoder é "toda a tecnologia política da vida" que se desenvolveu a partir do século XVII, quando o poder político acabava de assumir como tarefa "gerar a vida". Num primeiro tempo, esse poder sobre a vida se referia ao "corpo como máquina: seu treino, a majoração de suas atitudes, a extensão de suas forças, o crescimento paralelo de sua utilidade e de sua docilidade, sua integração em sistemas de controle eficazes e econômicos"; em seguida, ele se centrou "no corpo-espécie, no corpo atravessado pela mecânica do vivo e servindo de suporte aos processos biológicos: a proliferação, os nascimentos e a mortalidade, o nível de saúde, a duração da vida, a longevidade". A principal técnica do biopoder no século XIX é o dispositivo da sexualidade, que gerou a noção moderna de sexo e fez dela um desafio político "criando esse elemento imaginário que é 'o sexo.'"

Assim como "o sexo" é a criação, o efeito discursivo da tecnologia política complexa que Foucault chama "a tecnologia do sexo", o corpo também é uma criação, um produto ou um efeito da "tecnologia política da vida" que ele chama biopoder. Mas o paralelismo estrutural e léxico dessa construção – dois objetos imaginários ou efeitos discursivos criados por duas tecnologias políticas – é ilusório, porque o corpo não é somente um efeito discursivo, um elemento imaginário, como o é o sexo; ou pelo menos, ele não o é a ponto de que o biopoder possa investir o corpo e passar materialmente em sua própria espessura. Enquanto o *status* do sexo é o de um efeito puramente discursivo, de uma construção, o *status* do corpo é duplo: enquanto corpo-espécie, é um efeito discursivo do biopoder, mas enquanto corpo-máquina, cuja "inserção controlada [...] no aparelho de produção" fez do biopoder "um elemento indispensável ao desenvolvimento do capitalismo", é um corpo físico, um fragmento da natureza instrumentalizada.

Se se pode dizer que o biopoder é "uma rede a partir da qual nasce a sexualidade", é porque o biopoder não somente se desdobra no corpo-máquina para maximizar sua eficacidade e a produtividade, mas *produz* o corpo em si como corpo-espécie, sede dos processos biológicos e constituído em seu centro pela sua sexualidade. Assim, Foucault considera que a burguesia se aplicou, a partir do meio do século XVIII, "em se dar uma sexualidade e em se constituir a partir dela um corpo específico, um corpo 'de classe' com uma saúde, uma higiene, uma descendência, uma raça. [...] Nesse investimento de seu próprio sexo por uma tecnologia de poder e de saber que ela própria inventava, a burguesia fazia valer o alto preço político de seu corpo, de suas sensações, de seus prazeres, de sua saúde, de sua sobrevivência". Nesse sentido, o biopoder coloca os fundamentos da sexualidade no duplo sentido do termo: ele produz as razões que justificam o controle e a gestão do corpo sexuado por meio da regulação da sexualidade, mas ele produz também o terreno corporal onde o implantar. Nessa última atividade, o biopoder ou somato-poder não me parece tão diferente da pulsão freudiana. Um e outro se situam numa corporalidade que ultrapassa o sujeito cartesiano, e eles servem de território ao que Foucault chama "a implantação perversa" da sexualidade no sujeito.

Esse conceito de pulsão, essencial à teoria freudiana da sexualidade e revisitado ao longo de suas obras maiores, encontra sua primeira formulação finalizada em "Pulsão e destinos de pulsão" (1915), com a distinção entre estímulo (*Reiz*) e pulsão (*Trieb*): um estímulo opera como uma força vinda do exterior do organismo "e ele age como um impacto único; ele pode, então, ser liquidado também por uma única ação apropriada [do tipo da] fuga motora diante da origem de estímulo".

A pulsão (*Trieb*), em compensação, "nos aparece como um conceito fronteira entre anímico e somático, como representante psíquico dos estímulos originados no interior do corpo e chegando à alma, como uma medida da exigência de trabalho que é imposta ao anímico em consequência de sua correlação com o corporal".

A diferença entre a concepção foucauldiana da sexualidade como efeito do biopoder e a concepção freudiana da sexualidade como *Trieb* reside, parece-me, na relação respectiva da pulsão e do biopoder com a representação, e na concepção diferente do sujeito que decorre. Para uma, as relações de poder (biopoder) produzem o corpo como sexuado, passando sua própria espessura, sem atravessar a consciência. Para a outra, a pulsão se encontra envolvida no corpo sem passar *necessariamente* pela consciência. A pulsão de morte, por exemplo, não tem representação; a pulsão sexual, esta, investe o corpo sob a forma de excitação ou de afetos (representantes da pulsão, *Triebrepresentanz*) que pode transformar-se

Michel Foucault

em representações mentais ou conscientes (*Vorstellungsrepresentanz*) ou ficar sem representação (isto é, inconscientes), senão através da distorção do trabalho onírico ou do compromisso do sintoma.

Para Freud, o próprio corpo é uma representação: é a projeção do limite perceptual do eu, que é "primeiramente e antes de tudo um eu corporal (*Körper-Ich*)". Mas o eu-corpo é o eu consciente, e somente uma ínfima parte da entidade psíquica que Freud chama *das Ich* na segunda teoria, onde as duas outras instâncias que constituem o sujeito freudiano, a saber, o id e o superego, operam inteira ou principalmente sobre um modo inconsciente, tanto que Freud pode dizer que "não é somente o mais profundo, mas também o mais elevado no eu que pode ser inconsciente". Em outros termos, o eu que se conhece como *Gestalt*, como eu encarnado, é o eu imaginário, o eu lacaniano; não é o *das Ich* freudiano. Já na primeira teoria do aparelho psíquico, na *Traumdeutung* acolhida por Foucault, o inconsciente era concebido como "o círculo maior" da vida psíquica que "inclui este, menor, do consciente", a consciência não sendo nada além de um "órgão sensorial".

"Em nossa apresentação, que papel fica para a consciência, outrora todo-poderosa, recobrindo todo o resto? Nenhum outro além de um órgão sensorial para a percepção das qualidades psíquicas. [...] Esse sistema [*Cs*], nós o imaginamos [...] assim como os sistemas de percepção *Pc*, portanto, excitável por qualidades e incapaz de guardar o vestígio de modificações, portanto sem memória."

A consciência psicológica (*Bewusstsein, consciouness*) não é para Freud a consciência (*Gewissen, conscience*), como poderia deixar crer a ambiguidade do termo francês. Não é também a racionalidade, a moralidade nem a ideologia. Diferentemente do sujeito implícito nos propósitos de Foucault (sujeito cartesiano, consciente e coerente, mesmo se ele está na ilusão), constituído por uma ordem simbólica que o transcende, o sujeito freudiano é um lugar – e um efeito – dos processos conscientes e inconscientes.

Em Freud, é porque o eu é encarnado que ele fornece o fundamento material da formação do sujeito. Eu gostaria de sugerir que é justamente por essa razão que o biopoder "passa materialmente na própria espessura dos corpos", para retomar a estranha fórmula de Foucault. Porque o que é essa espessura do corpo senão a mais ampla parte do que Freud chama o eu, a parte que se encontra abaixo ou dentro do eu consciente como projeção mental da superfície do corpo? Essa questão retórica permite trazer à luz o problema levantado pela concepção freudiana da psique, e não somente por Foucault. Os indicadores espaciais "abaixo" ou "dentro" são manifestamente inapropriados para representar o eu como entidade psíquica, e o corpo, como projeção mental. Estão aí termos referenciais que pretendem representar um espaço conceitual, a psique, que não pode ser definido senão de maneira figurada, como o faz Freud com a metáfora da pulsão, como conceito fronteira (*Grenzbegriff*) atravessando o espaço entre espírito e matéria.

A metáfora sexual do corpo penetrado pelo biopoder, que me surpreendeu por sua estranheza porque ela parece resistir à lógica rigorosa da argumentação foucauldiana, ocupa um espaço figurado que não deixa de lembrar o espaço da pulsão freudiana. Na fórmula "as relações de poder podem passar materialmente na própria espessura dos corpos", o caminho que atravessa o espaço conceitual entre biopoder e materialidade do corpo não é traçado pela finalidade referencial do discurso, mas pela figuralidade da linguagem. Em seu próprio espaço conceitual, a tríade ego-id-superego que designa o sujeito freudiano representa a estratificação das lembranças, das impressões passadas, das reminiscências, das sensações fugazes, das excitações indomáveis, das quais algumas se prestam à autorrepresentação consciente e outras não; uma figura articulada de maneira mais complexa, mas que sugere, contudo, "a espessura" do corpo.

Em seu ataque contra o idealismo burguês, Foucault fala de corpo, e não de sujeitos. Com certeza, os corpos são penetrados de lado a lado pela sexualidade e pelas relações de poder. Mas se as relações de poder, o biopoder (em suas múltiplas articulações como heterossexualidade obrigatória, escravidão, incesto, ética do trabalho etc.) podem passar na espessura dos corpos para produzir a sexualidade como "fenômeno histórico e cultural no interior do qual ao mesmo tempo nós nos reconhecemos e nos perdemos", elas têm obrigatoriamente efeitos, conscientes ou inconscientes, em cada um de nós – seja o "nós" designado pela palavra *corpos*, seja pela palavra *sujeitos*. Porque é somente na medida em que somos corpos que podemos nos tornar sujeitos e, reciprocamente, é somente na medida em que nos tornamos sujeitos que adquirimos um corpo sexuado e com raça.

Tradução do inglês por Myriam Dennehy.

Retorno à insurreição iraniana

Christian Jambet

De setembro de 1978 a maio de 1979, Michel Foucault interveio publicamente, nos jornais, sobre o que se convencionou chamar a "revolução islâmica" no Irã. Nada, aparentemente, deixava pressagiar uma tal atividade, nem os centros de interesse filosóficos, nem os domínios de intervenção política anteriores. A forma da reportagem, da investigação imediata, combinada com lições tiradas da escansão dos acontecimentos surpreendeu a opinião, acostumada com crenças que a experiência nova confundia, a ponto de os mal-entendidos, as cobranças, as más interpretações não deixarem de afligir aquele que se julgava fiel à regra de uma ética da verdade. Aquela de que M. Foucault enunciava, para ele mesmo e para todos, as três palavras-mestras, tomando-as de Blanchot: a atenção, a presença e a generosidade.[1]

Seria hoje possível ler os textos de M. Foucault "sobre o Irã" sem projetar a curva histórica posterior a maio de 1979 sobre o breve período insurreicional de que Foucault se julgou a testemunha atual? Sem confundir, como já o faziam alguns de seus detratores, a análise da insurreição e uma adesão à revolução? Seria possível não entrar na lógica da confissão, que recusava M. Foucault, para liberar uma interrogação mais rica? Seria possível perguntar-nos se os julgamentos induzidos da experiência da revolta dos iranianos contra o regime do xá desenhavam os contornos de uma história por vir, hoje verificável, se eles abrissem ao pensamento político ocidental as vias de acesso a uma compreensão nova do político, se eles fossem uma decisão de saber o que é feito do islã xiita, em sua singularidade e em seu poder gerador?

Esses textos podem ser lidos em três níveis de análise. Primeiramente, eles participam do questionamento da filosofia política, tal como ela é tradicionalmente construída sobre a dupla de conceitos formada pelo "Estado" e pela "Revolução". Em seguida, eles introduzem um conceito novo, o de "espiritualidade política": "Que sentido, para os homens que a habitam, em procurar, com o próprio risco de sua vida, essa coisa de que nós esquecemos a possibilidade desde a Renascença e as grandes crises do cristianismo: uma espiritualidade política. Já ouço franceses que riem, mas eu sei que eles estão errados."[2] Enfim, eles se pronunciam sobre um "barril de pólvora chamado islã" (esse é o título do artigo datado de 13 de fevereiro de 1979) e anunciam, de alguma maneira, que o momento da história que começa é aquele onde se coloca "o problema do Islã": "O problema do Islã como força política é um problema essencial para nossa época e para os anos que virão. A primeira condição para abordá-lo com o mínimo de inteligência é não começar colocando aí o ódio."[3]

O primeiro nível de análise é, sem dúvida, o que nos reconduz às temáticas do Curso no Collège de France de 1975-1976, "*É Preciso Defender a Sociedade*". Não somente conviria lembrar a polêmica iniciada contra a tradição jurídica que vai de Hobbes a Carl Schmitt (que não é nomeado, como acontece frequentemente sobre alvos ou aliados sintomáticos), mas a dupla preocupação de resolver, pelo recurso à história, a crise presente do marxismo e dar à ideia da revolução seu caráter enigmático. O dualismo metodológico reconduz a uma dualidade das histórias. Michel Foucault propõe, com efeito, "reconhecer duas grandes morfologias, dois grandes focos principais, duas funções políticas do discurso histórico. Por um lado, a história romana da soberania, por outro a história bíblica da servidão e dos exílios".[4] O

---

1   *Dits et Écrits*, 1979, p. 762
2   *Ibidem*, p. 694.
3   *Ibidem*, p. 708.
4   *Il faut Défendre la Société*. Cours au Collège de France (1975-1976). Paris, 1997. p. 67-68. Há tradução brasileira: *É Preciso Defender a Sociedade*.

conceito da "história-insurreição" se inscreve, pois, na perspectiva da profecia bíblica, tal como ela é retomada e historicizada pelo discurso de revolução, quando esta não é ainda, ou não é mais o discurso da soberania, de sua conquista e de sua mutação. Apreender esse instante gerador em que a guerra vence o desafio da soberania, não inscrever a dupla "amigo-inimigo" no espaço da teologia política, tal é o desafio desse esforço teórico sem precedente.

Como se vê, Foucault trata de dois tipos de esquecimento que ele tenta dissipar: o esquecimento do discurso profético e o esquecimento da guerra, do dual das histórias. A oposição da "revolta" e da "revolução" só se consegue a esse preço. Por um lado, compreender por que, desde os conflitos de interpretação da Escritura na Renascença até as batalhas teológicas e místicas do século XVII europeu, algo se ligou entre revolta e recurso ao texto sagrado. Por outro lado, compreender por que essa ligação se submeteu pouco a pouco à muito antiga problemática da soberania. Sem esse pano de fundo histórico, o interesse extremo repentino de Foucault pela insurreição do povo iraniano e pela inscrição escatológica do xiismo se tornaria incompreensível.

Michel Foucault não é a testemunha da revolução islâmica, mas o analista da "insurreição de homens com mãos vazias que querem levantar o peso formidável que pesa sobre cada um de nós, mas mais particularmente sobre eles, esses exploradores do petróleo, esses lavradores nas fronteiras dos impérios: o peso da ordem do mundo inteiro. É talvez a primeira insurreição contra os sistemas planetários, a forma mais moderna da revolta mais louca".[5] Frase surpreendente para quem a lê com cuidado. A singularidade do levante dos iranianos exprime um engajamento que poderia ser o nosso, ele carrega com ele um universal potencial, que, entretanto, não é distinto da singularidade da experiência, *omnes et singulatim*". Mas eis que se sobreimpõe a essa constatação, já muito determinada, uma outra constatação, que é a da forma futura, já presente, pressentida pelos "exploradores do petróleo", lavradores deslocados para os lugares de escravidão moderna, a forma da ordem do mundo: o sistema planetário da exploração das riquezas. Enfim, a designação de uma topografia espiritual, se ousamos dizer, a partilha das soberanias e dos que se levantam contra elas, a partilha enigmática das fronteiras. A situação "mediana e mediatriz" do Irã, como chama Henry Corbin, é metamorfoseada em situação fronteiriça entre o império e as populações amotinadas. O Irã amotinado é mesmo "uma contratestemunha do destino finalmente escolhido pelo Ocidente",[6] como escrevia Corbin em 1972. Num sentido um pouco diferente do que H. Corbin dá à sua própria missão de estudar essa "contratestemunha", Foucault destaca bem sua intenção, e ele a situa onde convém, na articulação entre a "coisa iraniana", os dados escatológicos do xiismo e a novidade radical do que aconteceu na insurreição iraniana. Visão histórica magistral, que não foi, talvez, suficientemente valorizada, visão que remete o leitor ao conjunto dos trabalhos da iranologia erudita, de Dumézil a Corbin.

Já nós estamos colocados em contato com a segunda temática, que é a que fez correr mais tinta e suscitou a reticência mais perene. Quero dizer o conceito de "espiritualidade política". Não nos fixemos no que podia fazer rir os franceses, ligados à ideia segundo a qual toda espécie de compromisso com o discurso religioso é incompatível com a modernidade do discurso político, e não compreendamos o conceito como se ele fosse uma categoria das doutrinas da soberania. É, infelizmente, assim que ele foi sumariamente compreendido: Foucault exaltaria o poder soberano do clero xiita. Ora, não é nada disso. Mais delicada é a questão de saber se Michel Foucault estava em condição de sentir a força desse clero e o deslizamento rápido da insurreição na forma estatal do poder. Sabe-se, pelo menos, que ele teme seus efeitos, que ele recusa seus termos. O que ele percebe, aquilo de que dá conta, não é o futuro sedimentado, mas o elã, o impulso de uma "revolta com mãos vazias". Em termos quase bergsonianos, não escreve ele: "Não sei fazer a história do futuro. E sou um pouco inábil para prever o passado. Eu gostaria, no entanto, de tentar compreender o que está acontecendo, porque nestes dias nada está acabado, e os dados estão ainda rolando."[7]

---

5   *Ibidem*, p. 716.
6   H. Corbin, *En Islam Iranien, Aspects Spirituels et Philosophiques* IV, Paris: Gallimard, 1972. p. 13.
7   *Dits et Écrits*, 1979, p. 714.

O conceito de "espiritualidade política" não caiu do céu. Ele se enraíza nos estudos já numerosos dos movimentos insurreicionais no Islã. Vimos como Foucault tinha também sentido a necessidade dele no estudo dos discursos da luta das raças e da luta das classes, mas a "espiritualidade política" surge toda armada do trabalho de jornalismo no presente da insurreição iraniana, como se, para se formar, a experiência estranha ao Ocidente, a de um levante referente às crenças xiitas, lhe tivesse sido indispensável. De fato, o Islã é o laboratório central da experiência escatológica de levantes, quando se calou, no Ocidente, a voz profética, inquietante e perigosa dos grandes reformadores. Foucault não evoca "todo o vilarejo, todo o bairro cheio dessas vozes, terríveis como devem ter sido em Florença a de Savonarola, a dos anabatistas em Münster ou a dos presbiterianos no tempo de Cromwell?".[8] A escatologia ocidental, para retomar uma expressão familiar aos historiadores da espiritualidade política, de Ernst Bloch a Jacob Taubes, é testemunha da escatologia xiita. Resta seguir os caminhos pelos quais passa a compreensão do xiismo por Michel Foucault.

Destaquemos primeiramente o efeito que produziu esse simples fato: Michel Foucault, incontestável pensador positivista, armado da ciência da medicina sob G. Canguilhem, teórico dos cortes epistêmicos, leva em conta aquilo de que a França, mãe das revoluções, guia da filosofia dominante e das paixões emancipadoras, não quer mais nada ouvir! Ei-lo citando Louis Massignon, inspirador (um pouco involuntariamente) de Ali Sahariati, que visita o aiatolá Shariat Madari, que se interroga sobre a função política do "guia", o aiatolá Khomeiny. Éramos então muito pouco numerosos a sustentar que o estudo dos movimentos insurreicionais e da destinação trans-histórica do Islã iraniano importava no mais alto ponto à compreensão do presente. Michel Foucault, em contracorrente, como sempre, nos tira de uma solidão onde o desaparecimento brutal de Henry Corbin, em 1978, nos tinha mergulhado.

Porque se trata mesmo de trans-historicidade. Michel Foucault lembra expressamente que o espírito de levante para a justiça nasceu no Islã com o próprio Islã: "Desde os primeiros tempos do islã, e para os xiitas principalmente, desde o assassinato de Ali, o assassinato de um muçulmano por outro muçulmano – e sabe Deus se houve – conserva sempre a força do escândalo religioso, o que quer dizer também político e jurídico."[9] Com efeito, o assassinato de 'Alî ibn Abî Tâlib, genro do Profeta e quarto califa, chefe da "Casa profética" (Ahl al-bayt) por um kharijita, em 21 do ramadã/28 de janeiro de 661 é considerado pelos xiitas, mas também pela quase totalidade dos muçulmanos, como um crime de sangue que transgride no ponto mais elevado a Lei divina e o sentido inato da justiça. O martirológio xiita, cujo ponto culminante é o assassinato de Husayn ibn 'Alî em 61/680, em Kerbela, é um recital da história, pontuado de testemunhos sangrentos dos Justos. A história é aqui a da criação completa, visto que "o sangue do Imame não recairá" antes do fim dos tempos, e que o sentido e a orientação da história integral para o Dia do Julgamento se encontram elucidados nela. Massignon lembra que, segundo os xiitas, no Dia Último, Fátima, a filha do Profeta, surgirá descabelada, segurando em suas mãos o corpo de Muhsin, seu filho morto pelos golpes do "guarda da ordem estabelecida", *dixit* Massignon, o futuro califa Omar. O "gesto da rainha abandonada", escreve Massignon, "é a origem de toda uma cavalaria, *futuwwa*, de revoltosos: de *fityân*, de *fidâwiyîn*, antigos bandidos passados para o serviço da desgraça desarmada, vingadores dos erros, vingadores dos Álidas, dos Fatimitas assediados e perseguidos, de *qurbâniyîn*, penitentes da honra: *abât al-daym* que se recusam a ceder diante da injustiça; morrendo pelos oprimidos, eles recuperam assim a pureza primordial, essencial, divina de seu voto de cavalaria "templária", "*votum sanguinarium*".[10] Às especulações "templárias" de Massignon se substitui, em Foucault, a articulação do direito, da política e da justiça, mas o sentimento trans-histórico da reivindicação da justiça transcendente e do sacrifício consentido é exatamente, nele, o que o estudo erudito de Massignon permitiu conhecer. Foucault pode assim escrever: "É a justiça que faz a lei, e não a lei que fabricou a justiça",[11] de maneira que a verdade mais profunda, a da religião interiorizada, não é, para os xiitas, o sentido aparente das normas da xariá, mas

---

8   *Ibidem*, p. 686.
9   *Ibidem*, p. 665.
10   Louis Massignon, La Mubâhala de Médine et l'Hyperdulie de Fâtima. *Écrits Mémorables*, 1, Paris: Laffont, 2009. p. 244.
11   *Dits et Écrits*, p. 687.

Retorno à insurreição iraniana

359

seu sentido oculto. Ora, esse sentido, Foucault o compreende bem, é escatológico, ele se desvendará, para os xiitas, no dia do retorno do Imame oculto, do XII Imame, o Mahdî, o "Bem-guiado". Não é a xariá que faz a justiça, mas a justiça que funda a xariá. Interpretação audaciosa, interpretação que desequilibra a relação do aparente e do oculto, interpretação que, sem nenhuma dúvida, anima o espírito de insurreição durante toda a curva trans-histórica das revoltas em favor dos Álidas.

Penso que o retorno a essas fontes é indispensável para a compreensão dos artigos de Foucault sobre o Irã. Se a origem importa, no drama dos Álidas, o termo *eschaton* não é menos decisivo. Toda a questão se sustenta em duas postulações que não cessaram de impor-se, de contrariar-se, de acordar-se custe o que custe. Por um lado, o "retorno" do Imame no fim dos tempos foi neutralizado no plano temporal, interiorizado, a título de um evento da alma do fiel, como se se tratasse de um evento tão imprevisível e tão suspensivo de reivindicações políticas quanto o são os outros eventos da Ressurreição. Conservando seu sentido, o restabelecimento da Justiça, a vinda do XII Imame inspirou, ao longo da história, aos xiitas duodecimanos, um ceticismo, uma reticência profunda em relação ao político. Mas, por outro lado, as insurreições cármatas, ismaelitas, e, em nossos dias, a insurreição iraniana, se nutriram da convicção segundo a qual esse retorno do Imame – para uns o descendente do Imame Ismail, para outros o XII Imame – devia acontecer no tempo da história, para inaugurar um ciclo de religião e de vida política apaziguado sob o jugo de uma espiritualidade edênica. É incontestavelmente a esse segundo modo de interpretação que Foucault não cessa de fazer referência. Ele resume muito rigorosamente as crenças xiitas na missão do imamato, manter o sentido oculto da revelação, mas ele destaca que essa conservação do sentido do Livro não basta, que ela se acompanha de uma liberação, *ao longo do tempo*, do sentido espiritual que ela revela.[12] Os modos de manifestação do Mahdî, do Imame oculto, durante todo o período atual, o que começou em 329/940-941, são inspirações diretas do espírito de levante: "Mesmo invisível, antes do seu retorno prometido, o décimo segundo imame não está, pois, radicalmente ausente: são os próprios homens que o fazem voltar à medida que os esclarece mais a verdade para a qual eles despertam."[13] Foucault se apoia nas exegeses que lhe fornece Shariat Madari: "Esperamos o Mahdî, mas cada dia nós nos batemos por um bom governo."[14]

Parece-me que Michel Foucault sintetiza, de algum modo, o que ele leu em Corbin, os relatos das aparições do XII Imame,[15] e a interpretação "historicista" de Shariat Madari. Essa interpretação tem, ela própria, uma dupla origem. No plano doutrinal, ela deve tudo à evolução da doutrina do "representante" do Imame oculto, desde a época dos Buaihidas. O "clero" xiita, isto é, os eruditos em religião, filósofos racionalistas, teólogos e juristas, se dividiu nessa questão fundamental. Sem entrar no detalhe dessa história, é permitido lembrar que a ideia de representação do Imame, primeiramente estritamente ultrapassada com a Grande Ocultação, tomou a forma da autoridade do erudito em religião, do espiritual místico ou, ao contrário, do erudito jurista. Nesse sentido, a formação de um corpo de eruditos institucionais no Irã safávido evidentemente serviu a realeza, antes de criar múltiplos conflitos de autoridade, o que é comprovado pela reivindicação de um "bom governo". É a primeira raiz de uma política, ou, pelo menos, de uma governamentalidade que entende representar o ensinamento do Imame. A outra raiz é mais sensível a Michel Foucault, mas, estranhamente, seria encontrada mais presente, mais eficiente, nas formas insurreicionais do xiismo ismaelita, do século X ao XIII. A escatologia aí se liga, com efeito, intimamente, com a doutrina da presença insistente do "Imame desse tempo".

Fico surpreso com o fato de Foucault ter deixado de lado a aspiração ao governo, aspiração revolucionária e, portanto, estatal, para ouvir a voz dos humildes, e a aspiração incondicional à Justiça. A "espiritualidade política" se situa manifestamente nessa interpenetração do tempo e do fim dos tempos, e não no governo do erudito em religião.

---

12 *Ibidem*, p. 691.
13 *Ibidem*, p. 691.
14 *Ibidem*, p. 686.
15 H. Corbin, *En Islam Iranien*, IV, "au temps de la "Grande Occultation", p. 338-389.

Michel Foucault

É a razão pela qual Foucault interpreta o papel do aiatolá Khomeiny nos termos mais paradoxais. "Khomeiny *não está aí*", escreve ele, "Khomeiny *não diz nada*", "Khomeiny *não é um homem político*".[16] Essas frases – é Foucault quem destaca – são escritas antes do "retorno" do guia ao Irã. Elas são, pois, anteriores ao tempo em que Khomeiny estará aí, dirá "o verdadeiro" e será o homem político. A retirada, o exílio de Khomeiny são interpretados como uma espécie de "teologia negativa" do guia, como se cada uma das funções da soberania se apagasse diante do poder imperativo e silencioso. Há aí uma profunda intuição, e não um desconhecimento. Porque as diversas insurreições anteriores foram bem caracterizadas pelo fato de que o Imame, presente ou não, se ausentava, e que, ausente ou não, ele estava presente (sem participar) paradoxalmente. Essa simultaneidade da presença e da ausência é um dos traços mais gerais da soberania insurreicional, se me permitem essa expressão. Acontece que "ponto de fixação de uma vontade coletiva", como o diz Foucault, o guia é, cedo ou tarde, trazido à terra, e tal é o drama permanente do xiismo político, como se vê com os Fatimitas, em Alamût depois do evento da "Grande Ressurreição", e uma vez mais, no evento capital que é a insurreição iraniana.

O terceiro nível de análise, o momento islâmico da história, se justifica melhor. Ele não é o lugar de uma predição, mas de um julgamento positivo. Se o islã é capaz de uma "espiritualidade política", ele é fator de história no presente. Cabe ao Ocidente identificar em sua própria história, os vestígios dessas "espiritualidades políticas", de que o amigo de Michel Foucault, Maurice Clavel clamava (um pouco depressa) a irrupção nova, e sem o que toda "resposta" do Ocidente ao islã é inaudível.

Na inquietude de compreender, Michel Foucault nos abre o livro estranho dessa história do islã, que é feita de ciclos de insurreição e de ciclos de agonia, história que os políticos do Ocidente têm, decididamente, dificuldade em compreender.

---

16   *Dits et Écrits*, 1979, p. 716.

VII
Sobre Manet

O negro e a superfície

Este texto intitulado "O negro e a superfície", lido por Foucault durante uma conferência sobre o pintor Manet, faz parte de um projeto de obra empreendido a partir de 1966 que estava prometido às edições de Minuit. Essas pesquisas provocaram várias conferências: em Milão, em 1967, onde ele encontrou Umberto Eco; na Albright-Knox Art Gallery de Buffalo, em 8 de abril de 1970, sobre o Bar des Folies Bergères, assim como em Florença, em novembro de 1970; em Tóquio, durante o outono do mesmo ano, e, enfim, em Túnis, em 1971. Só era conhecida até então a apresentação feita por Foucault em Túnis, em 20 de maio de 1971, no Club Haddad, e intitulada "A Pintura de Manet", retomada nos Cahiers d'Esthétique, *e que republicamos aqui.*

Das notas da conferência "Le noir et la surface" só foram retranscritas as passagens não riscadas pelo autor. Assim também os acréscimos e a ordem desejados por Michel Foucault foram observados.

A transcrição foi realizada por Jean-François Bert.

Le noir et la surface.

—

Tradition[n] , Manet est considéré [...]

1/ Le premier peintre du XIXe s. qui ait rompu, sur le mode de la violence et du scandale, avec l'Académisme, — avec la tradition des Ateliers (tradition euxs implicite et contraignante).

Et [...] non pas c/ Courbet, par le choix des sujets, mais par la manière m d. peindre.

Une certaine éducation de la main et de l'œil est remise en jeu par Manet.

2/ Le 1[er] peintre impressionniste
— éclaircis[ment] de la palette
— peu de valeurs pr signifier l'espace et la perspective
— rapport nouveau de la couleur et de [...]
— technique n[ouv]elle couleur posée [...]
   la toile.

O negro e a superfície

Tradicionalmente, Manet é considerado como

1/ O primeiro pintor no século XIX que rompeu, sob o modo da violência e do escândalo, com o Academismo. – Com a tradição dos Ateliês (tradição bastante imprecisa e limitada).

E não como Courbet, pela escolha dos assuntos, mas pela própria maneira de pintar.

Uma certa educação da mão e do olho é recolocada em jogo por Manet.

2/ O primeiro pintor impressionista:
– clarificação da paleta
– jogo de valores para significar o espaço e a perspectiva
– relação nova da luz e do espaço
– técnica nova: cor colocada diretamente na tela.

2

Ora, não é certo que a modernidade de Manet esteja ligada ao nascimento do impressionismo.
– as telas impressionistas de Manet são tardias (a partir do *Port de Bordeaux*, 1871)
– Manet não participou do nascimento do movimento impressionista:
  – Ateliê Gleyre
  – Ateliê Suisse

Ele não expôs no Salon des Indépendants
– E principalmente as grandes telas dos anos 1863-1870 –

| *Olympia* | *Déjeuner dans* |
| *Fifre* | *l'Atelier* |

não são telas impressionistas.

Sem dúvida houve algo da pintura de Manet que tornava o impressionismo possível; e algo que resistia a ele.

Mas o que resistia ao impressionismo não era o Academismo ou o classicismo da pintura, mas, antes, algo que devia aparecer em plena luz depois do impressionismo.

A modernidade não impressionista de Manet.

A relação de Manet com a tradição pictural.

Ela não é de simples ruptura

Manet, aluno de Couture (seis anos)
  – *Les Romains de la Décadence* as querelas (*Le Buveur d'Absinthe*)[1]
  – Mas afinal das contas ele ficou seis anos.

E como por sorte Couture deixou duas pequenas obras[2] teóricas, pode-se saber qual era seu ensinamento (melhor, sem dúvida, que sua pintura)

1 Não era o Academismo puro e simples
  – ele recusa seus assuntos (Turqueries)
  – ele recusa sua frieza (Ingres)
  – ele faz a apologia da insubmissão
  (rejeição do consagrado, que dá a independência do pensamento)

E contra esse Academismo, Couture convidava a um retorno ao passado: pintura do século XVI-XVII, Tiziano, Poussin, Lorrain, Salvator Rosa.

Com certeza, esse retorno aos mestres estava na tradição

do Academismo, mas esses mestres não eram os da academia. E, principalmente, essa incitação era o primeiro sinal da aparição de uma pintura de museu:
  – não mais o ateliê, com seus moldes e modelos
  – não mais a natureza
  – mas uma pintura que estaria em referência com os quadros.

Manet: *Le Déjeuner sur l'Herbe* tem mais relação com *Giorgione* do que com um verdadeiro almoço.
    Olympia com *La Vénus d'Urbin*[3]

2 De uma maneira mais precisa, Couture encontrava nos pintores do século XVII
  – a técnica do eco: Poussin. Uma série de valores idênticos se repercutem no quadro e lhe fixam sua profundidade e sua perspectiva.
    O eco não se substitui à perspectiva, mas ele a acompanha.
    cf. *Déjeuner sur l'herbe* | [em profundidade/branco-azul/
    Déjeuner dans l'atelier | vermelho-bistre/e em círculo]

---

1   Foucault faz aqui referência à querela entre Manet e Couture após o *Buveur d'Absinthe*. Thomas Couture devia condenar o quadro. Atribuem-lhe esta frase: "Pinta-se algo de tão feio? Meu pobre amigo, aqui só há um bebedor de absinto, foi o pintor que produziu essa insanidade."
2   Trata-se de *Méthodes et Entretiens d'Atelier* (1867) e de *Paysages:* Entretiens d'Atelier (1869).
3   Tableau du Titien (1538).

Michel Foucault

– em Lorrain, substituição da cor pelo cinza – segundo Couture, Lorrain, para evitar que seus quadros parecessem sombrios,
  – em vez de reforçar simplesmente a luz e as sombras (o que faz cair nos tons escuros)
  – dar à totalidade um tom âmbar

– no Correggio, Couture encontrava uma técnica de contraste
  – nas margens do quadro, *dégradé* de tom e de valor
  – mas no centro, contraste vivo
    – dos valores (claros, sombrios)
    – dos tons (quente e frio) sem intermediário

– em Poussin de novo, simplificação arquitetural. Em vez de folhas múltiplas e exatas, algumas, mas aumentadas
  – despojamento-aumento, donde desproporção (cf. *Maîtresse* de Baudelaire)

enfim em todos os clásicos um jogo de linhas curvas e de linhas retas
  Contra a sinuosidade de Ingres.
  – *Maximilien*
  – *Nana*

Esse ensinamento de Couture – é certo que Manet o seguiu e escutou. Cópias

Tiziano:	Vênus de Urbino, Madona com o coelho, Júpiter e Antíope
Veronese:	As núpcias de Cana
Rembrandt:	Lições de anatomia
Velásquez:	Infanta Maria Teresa
	attr: *Pequenos Cavaleiros*[4]

3 Mas fora isso, Couture transmitia lições de Ateliê e colocava com clareza os problemas dessa pintura de ateliê
  – composição com luz de vela
    claro no centro
    verde nos lados
    azulados e negros nas margens
  – organização triangular
    – vertical para o alto do quadro
    – horizontal para a linha do horizonte

---

4   Foucault utiliza "attr." visto que se trata de uma água-forte que foi realizada por Manet segundo o quadro de Velásquez intitulado *A Reunião de Treze Personagens* (1855).

Ora, parece-me que é ao mesmo tempo
– a utilização
– o deslocamento
– e muito frequentemente também a confusão dessas receitas e conselhos que vão dar lugar a essa pintura de
Manet e à particularidade dessa pintura que resiste ao
impressionismo.

Muitas soluções dadas por Manet aos problemas
– que ele tinha visto aparecer no seu trabalho com Couture
– ou _____ contra Couture muitas
dessas soluções vão ficar ocultas pelo impressionismo.

Eles ficarão em suspense, despercebidos até que a pintura pós-
-impressionista – Cézanne e Gauguin, Bonnard, os Nabis, os
Fauves – despertem para nós seus poderes sonolentos.

II
As primeiras grandes experiências.

Algumas telas que permitem identificar as grandes rupturas
– ou, antes, os problemas principais de Manet e as soluções
trazidas por ele.

1 *Musique aux Tuileries* (1860)
Sandblad[5] mostrou tudo o que era ainda próprio a Couture
<u>a</u> tom fundamental: verde escuro
<u>b</u> composição em luzes de vela
<u>c</u> oposição │ verde-vermelho
│ alaranjado-azul
<u>d</u> colunas, fechamento pelo alto (<u>Les romains de la déca-
dence</u>) apesar dessa fidelidde, pode-se observar já

<u>1</u> decisão sobre horizontalidade:
– os personagens formam frisa na primeira fileira ao longo
da tela (contrariamente a Debucourt)
– a ondulação continua até o fundo sem perspectiva penetrante
– olhar à altura do próprio quadro, um exterior tratado
como interior

---

5 N. Sandblad, *Manet:* Three Studies in Artistic Concep-
tion, Lund (Sweden), C. W. K. Gleerup, 1954.

Michel Foucault

2 Uma repartição das linhas retas e das linhas curvas em dois setores separados
    – o alto em todo o quadro
    – o baixo para as pessoas [tubos, crinolina]

Um eixo ortogonal que se substitui à profundidade

3 Oposição entre vestidos claros sem sombra e roupas pretas que absorvem as sombras

De maneira que se não houvesse a tonalidade fundamental verde-sombrio, haveria o claro e o escuro tratados como cores separadas

4 Enfim o quadro é separado em duas metades, direita-esquerda
    – seja inabilidade, devida a essa rejeição da profundidade
    – seja ainda (mas não é exclusivo) decisão, característica
       da disposição do espaço em Manet

2 *Le Déjeuner sur l'Herbe*. Ele deve sua importância

a à decomposição do modelo da chama. O preto é projetado no meio do quadro, ao lado do claro
– o que, num sentido, é conforme ao famoso modelo de *L'Antílope* (Correggio), mas é preciso observar

① Que não se trata de uma oposição claro-escuro (valor), mas de dois sistemas de oposições superpostos
    { – o corpo claro da mulher
      – as vestes sombrias dos homens
    { – os dois personagens coloridos
       (um claro e um sombrio)
      – o personagem negro

O preto funciona como cor e como valor (distinguindo-se assim do branco e do claro que continuam a ser assimilados: nada de branco em Manet.)

Portanto, há ao mesmo tempo
    – deslocamento local do preto
    – deslocamento funcional

O negro e a superfície

② O que provoca, por conseguinte, uma difusão das funções claras que em torno desse foco sombrio vão-se repartir em eco
  – o claro na profundidade, dando as linhas de fugas
  – o vermelho, na altura, formando uma coroa.

③ A partir do momento em que o preto funciona como cor, as outras cores se liberam dele:
  – o verde ácido das árvores
  – os rostos e o corpo são absolutamente lisos

o fundo se ilumina dando um curioso efeito de iluminação dupla
  – o primeiro plano sendo visto sob uma vasta luz frontal
  – e depois uma luz vindo do fundo em relação ao que os rostos deveriam estar em contraclaridade.

④ A oposição dos rostos claros e das roupas sombrias era frequente na pintura dos séculos XVI-XVII | Lotto, Bronzino

Mas isso só existia nos retratos: a roupa sombria era apenas um elemento do contraste.

Manet abole a distinção cena-retrato
  – Gainsborough tinha colocado retratos sobre fundo de paisagem
  – Courbet e Corot tinham colocado personagens (às vezes parecidos) em paisagens, e eles eram iluminados como elas.

Jamais se tinha pintado numa paisagem retratos com o tamanho de um retrato, a iluminação de um retrato, o contraste abrupto de um retrato

É evidente que na evolução de Manet (pelo menos até 1870) é a técnica do retrato que vai dominar sobre as exigências das paisagens.

Michel Foucault

3 *La Chanteuse de Rue*[6] e *Olympia*

Essas duas telas são importantes porque resolvem dois problemas ligados um ao outro:
– as funções recíprocas da linha e da cor
– a homogeneização, em sua substância, da sombra e da luz.

a Sombra-luz
① Na tradição acadêmica
   – as sombras eram transparentes (massa muito líquida), banhando o objeto e deixando-lhe sua cor fundamental

– a luz era produzida
   – ou por cores foscas e claras (em contraste com sombras)
   – ou por pinceladas de massa

② Os Venezianos faziam uma preparação homogênea, pastosa, espessa e por cima sombra e luz podiam ter uma igual consistência (transparência)

É essa solução veneziana que Manet retoma

mas invertendo-a completamente.

a   – sem preparação pastosa, as sombras e as luzes são estabelecidas de maneira homogênea sobre a tela.
   – e isso não por uma transparência comum, mas por uma idêntica opacidade
   – as sobrancelhas: ao mesmo tempo linha e sombra, cor e valor identificados, e tratados como o claro
   – as pregas do vestido (como na pintura dos séculos XVI-XVII, como em Velásquez) não formam cantos de sombra mas desenham, antes, como o amarrotamento de um tecido uniformemente iluminado

[Observar de novo a dupla iluminação: de frente e por trás. Não se sabe se ela entra ou sai; se é um interior ou um exterior]

b Mesma coisa em *Olympia*

1 É a mesma consistência de massa que dá sua cor clara ao lençol e ao corpo, mas também às duas cortinas atrás (a transparência do verde se deixa apenas supor)

---

6   Também intitulado *Victorine Meurent*.

a justaposição da mulher negra e da mulher branca, do ramalhete e do rosto da mulher negra manifesta essa homogeneização

c Ao mesmo tempo a linha muda de função na pintura. Na tradição acadêmica
– ela limita a cor, ou, então
– ela isola os volumes desaparecendo em sombras, ou, ainda
– indica o movimento

Ora, a Não há movimento em Manet
  b As sombras são colocadas como linhas
  c Em relação aos volumes, ela os isola;

isola, não os repartindo na profundidade, mas recortando-os na imobilidade do plano.

Ela os isola, mas em vez de sugerir o espaço que os separa, em vez de fazer passar o ar entre elas, e de instaurar a distância, ela as recorta no plano.

Daí o efeito curioso:
– nem mais nem menos distância entre a cabeça e o pescoço de Olympia por um lado, e o corpo e o lençol
– as pregas do travesseiro são da mesma natureza que o pequeno laço de veludo.

A linha como auréola negra recebe por ela mesma e em sua extrema exiguidade os mesmos poderes

que outrora a sombra, o modelado, o relevo e a perspectiva.

Ou melhor, ela é agora carregada de um poder:
– ela recorta a superfície do quadro para separar e repartir os elementos que se escalam em profundidade
– mas ela abole ao mesmo tempo os modos tradicionais da representação; e abaixa a velha ilusão da terceira dimensão num espaço que é apenas superfície.

Para transpor depois de d[7]

---

7 Respeitamos a observação de Foucault e transpusemos o ponto c depois do ponto d.

Michel Foucault

d Assim também desaparece um dos elementos mais importantes da pintura clássica: o tom local (tom do próprio objeto
oposto ao tom fundamental do quadro).

Mas a maneira como Manet suprime o tom local não é a maneira como os impressionistas chegam ao mesmo resultado
   – os impressionistas, pela cor pura, ao mesmo tempo subs-
     tância da luz e substância do objeto
   – em Manet, ela é suprimida pela utilização de cores com-
     plexas oferecidas à luz, mas à luz que ilumina realmente
     o quadro.

(Talvez Mada-
me Manet au
canapé bleu)

A iluminação frontal é quase constante em Manet, tanto que
não há luz interior no quadro (diferentemente dos impressionistas): os quadros de Manet são praias de cor expostas à luz
real (cf. a sombra sobre a mão do tocador de Flautim), e a
Femme à l'Éventail

Flautim

Sem dúvida, ele encontra iluminações vindas

do interior do quadro (sob a influência dos impressionistas).
Mas é raro.
E o que Manet prefere é uma espécie de enfrentamento e de ri-
validade entre a iluminação vinda de frente e uma iluminação
representada como vindo do fundo:
   – *La Liseuse*
    principalmente: *Le Clair de lune sur le port de Boulogne*
   – E *Le portrait de Zacharie*
    Astruc

– c A consequência disso é ao mesmo tempo uma aproximação sistemática do fundo em relação à superfície, e do espaço
de desligamento da figura no fundo
   – a figura se reabsorve no fundo
   – e ela imerge daí misteriosamente, o que permite da mes-
    ma forma

a solução do Flautim = efeito de carta de baralho

Th. Duret[8]

---

8   Retrato pintado por Manet em 1868.

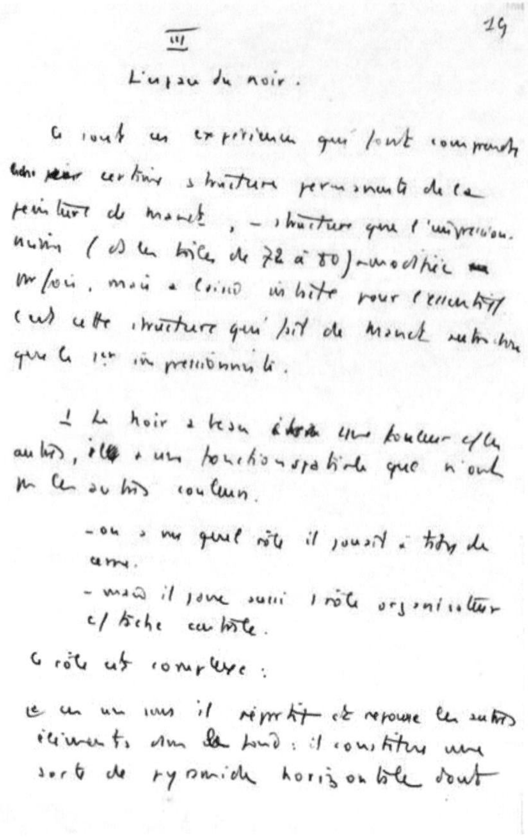
III 19

L'espace du noir.

Ce sont ces expériences qui font comprendre certaine structure permanente de la peinture de Manet, — structure que l'impressionnisme (ds les toiles de 72 à 80) modifie parfois, mais a laissé intacte pour l'essentiel; c'est cette structure qui fait de Manet autre chose que le 1er impressionniste.

1 Le noir a beau être une couleur c/ les autres, elle a une fonction spatiale que n'ont pas les autres couleurs.

– on a vu quel rôle il jouait à titre de cerne.

– mais il joue aussi 1 rôle organisateur c/ tache centrale.

Ce rôle est complexe:

a en un sens il répartit et repousse les autres éléments dans le fond: il constitue une sorte de pyramide horizontale dont

III

O espaço do preto

São essas experiências que dão a entender alguma estrutura permanente da pintura de Manet – estrutura que o impressionismo (nas telas de 1872 a 1880) modificou às vezes, mas deixou intacta quanto ao essencial, é essa estrutura que faz de Manet ser diferente do primeiro impressionista.

1 Em vão, o preto é uma cor como as outras, ele tem uma função espacial que as outras cores não têm

- viu-se que papel ele tinha como auréola
- mas ele desempenha também um papel organizador como mancha central.

Esse papel é complexo:

a Num sentido, ele reparte e afasta os outros elementos no fundo: ele constitui uma espécie de pirâmide horizontal cujo

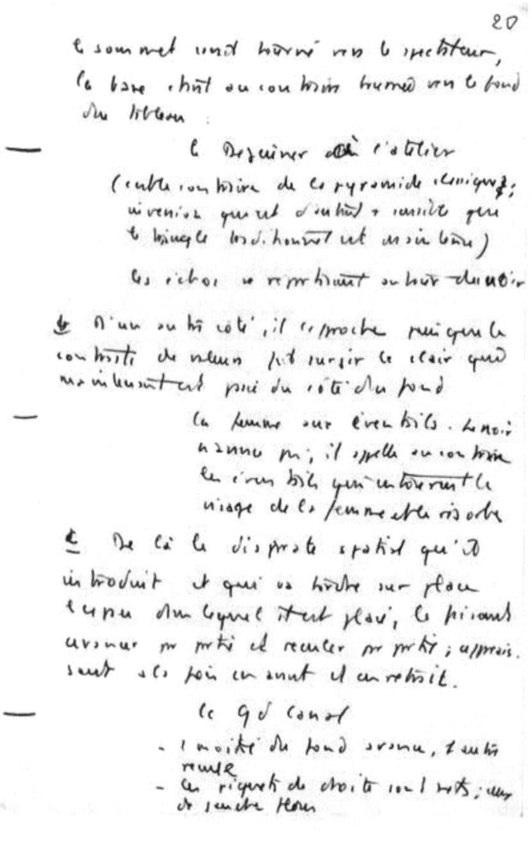
20

le sommet est tourné vers le spectateur, la base étant au contraire tournée vers le fond du tableau:

— Le Déjeuner dans l'atelier

(c'est le contraire de la pyramide classique; inversion qui est d'autant + sensible que le triangle traditionnel est maintenu)

Les échos se répartissent autour du noir

b D'un autre côté, il rapproche puisque le contraste de valeurs fait surgir le clair qui maintenant est passé du côté du fond

— La femme aux éventails. Le noir n'avance pas, il appelle au contraire les éventails qui entourent le visage de la femme et les résorbe

c De là le disparate spatial qu'il introduit et qui va tordre sur place l'espace dans lequel il est placé, le faisant avancer par partie et reculer par partie; apparaissant à la fois en avant et en retrait.

— Le Gd Canal

- 1 moitié du fond avance, l'autre recule
- les piquets de droite sont nets; ceux de gauche flous

pico estaria voltado para o espectador, sendo a base, ao contrário, voltada para o fundo do quadro

- *Le Déjeuner à l'atelier*

(é o contrário da pirâmide clássica; inversão que é tão mais sensível que o triângulo tradicional é mantido)

Os ecos se repartem em torno do preto

b Por outro lado, ele aproxima visto que o contraste de valores faz surgir o claro que agora passa para o fundo

- *La femme aux éventails.*

O preto não avança, ele chama, ao contrário, os leques que envolvem o rosto da mulher e o reabsorve

c Daí o disparate espacial que ele introduz e que vai torcer aí mesmo o espaço no qual ele está colocado, fazendo-o avançar por parte e recuar por parte; aparecendo ao mesmo tempo adiantado e afastado.

- *Le Grand Canal*
  - uma metade do fundo avança, a outra recua
  - os piquetes da direita são nítidos, os da esquerda, vagos

21

Le Balcon
O preto projeta os personagens, e por intermédio das janelas os lança num espaço exterior aó quadro; espaço feito de uma luz invisível

d De forma, finalmente, que o espaço do quadro se projeta sob o efeito desse preto, e parece volatilizar-se pelo poder dessa mancha enigmática. Espécie de mancha cega que faz cintilar o visível.

Enquanto o preto como valor sombrio ordenava o espaço dos quadros clássicos, o encerrava em seu quadro e o engajava no caminho e uma perspectiva no horizonte, o preto de Manet reagrupa na superfície todo o visível do quadro, mas o distende, o torce, o difunde na direção lateral, e faz curiosamente sair o visível do próprio quadro.

(em vez de ligar de uma maneira suave o visível do primeiro plano, ao invisível do fundo, o preto, aqui, força o visível do quadro a transpor o quadro e a atacar o invisível exterior ao quadro)

Este deixa de existir como representação e se põe a existir como espaço autônomo e lugar soberano

2 É por isso, sem dúvida, que o espaço dos quadros de Manet é ao mesmo tempo tão fortemente estruturado no plano e tão complexo.

Fortemente estruturado no plano – por uma arquitetura de verticais e de horizontais em geral muito sustentadas

– *La Mort de Maximilien*
– e, principalmente, *Nana*

a a vertical direita do espelho
_____ sinuosa de *Nana*

b a horizontal direita da lareira
_____ sinuosa do canapé

c o triângulo que na horizontal do assoalho leva o espelho, os móveis, a mulher, o triângulo sobre a superfície do quadro faz repousar o conjunto na ponta do sapato.

– Simples também por uma configuração em degrau de escada
① um plano vertical, um plano horizontal um plano vertical
– *La Jetée de Boulogne*

② Mais frequentemente, um plano horizontal muito curto onde se amontoam os personagens, um plano vertical alto, um plano horizontal

Le Bal à l'Opéra
- o recorte do fundo da cena completamente em retângulos
- ou seja, sob forma de simples a plano *Portrait de Zola 1868*
  (e esses horizontais são principalmente livros, papel, reproduções de quadros, puras superfícies que não são feitas para introduzir volumes suplementares)

24

<u>3</u> Ora, essa simplificação do espaço é compensada por uma complexidade interna, ou, melhor, por um jogo que dispersa esse espaço assim juntado, fechado e enclausurado.

Essa dispersão é devida, em geral, à divergência dos olhares, ao deslocamento dos espaços, a uma descentração do quadro, a um deslocamento das dimensões.

<u>a</u> A divergência dos olhares
- desde a Renascença italiana, a divergência dos olhares tinha por função definir, e de alguma maneira, enquadrar, percorrer e solidificar o espaço do quadro
- em Manet, os olhares saem do quadro, mas numa direção inapreciável [?], não para olhar o espectador, mas para algo que contesta o quadro
  (ele parece não estar completo; seria desejável saber o que ele vê) e que, no entanto, estabelece o quadro como espaço real
    - *Au café*
    - *Monet dans son atelier*

b Já nesse quadro vê-se combinarem a divergência dos olhares e o deslocamento de um espaço ao outro:
– o espaço da água
– o do barco
– o da cabine e da colina

Seria preciso, talvez, acrescentar o quadro pintado por Monet e as margens

Uma combinação sutil faz com que de um lugar ao outro, a gente se olhe: o ziguezague dos olhares percorrendo os diferentes lugares.

Tem-se a mesma coisa em *Le père Lathuille*

E a solução mais brutal em
La Serveuse de bocks
Um olhar dirigido para a frente,
todos os outros dirigidos para trás, ou nessa direção, há uma cena deslocada, vista com dificuldade, e, aliás, sem profundidade,
um pouco como *As Meninas* ao contrário.

c Há em *La Serveuse de Bocks* um curioso efeito de enquadramento, uma descentração que não é a assimetria tradicional.

– Na pintura clássica, dispõem-se no interior do quadro e do espaço que ele representa personagens ou objetos segundo certo ritmo, certa assimetria em torno de um centro que não é jamais ocupado realmente por um objeto central (em relação à pintura do "*quattrocento*", os personagens foram deslocados em oposição ao centro).
– Em Manet, é, de alguma forma, o próprio quadro que se deslocou em relação ao espaço que ele representa. De tal maneira que o fato de que os personagens não estejam no centro do quadro não se deve a eles, mas a um deslizamento do quadro em relação ao seu próprio espaço.
Daí personagens cortados [...], daí a presença dessas margens que parecem ter deixado um vazio.
cf. *La Gare Saint-Lazare*

d O deslocamento das proporções
– Victorine Meurent
– L'exposition

Um jogo assim se reencontrará
na pintura cubista

– Talvez todo o conjunto desse edifício se junte num dos últimos quadros: *Un Bar aux Folies-Bergères*

① Composição em escada, mas muito complexa, num sentido há um balcão e logo depois um vazio mal visível, a grande parede revestida com um espelho.

22

– Mas esse espelho representa, por sua vez, o balcão e o que há por trás; e o que há por trás é depois de um espaço vazio, os camarotes que se apresenta em recuo uns em relação com os outros.

② A descentração provavelmente mais ousada que Manet tentou
  – em aparência nada além de bastante banal, visto que a garçonete está quase no meio, não totalmente conforme as regras clássicas
  – Mas seu reflexo está situado tão à diretia que o observador (ou o pintor) não pode ter ficado na frente, mas muito à esquerda, tão à esquerda que ele pode ver o reflexo não somente da garçonete, mas do homem com quem fala a garçonete.
  Esse homem que está na frente dela, no lugar do observador (e do pintor quando ele pintou seu quadro).
  De tal maneira que o mesmo personagem (tecnicamente realmente frente à imagem da garçonete) é obrigado a se desdobrar:
      – como olhar, ele é chamado a deslizar frente ao quadro, e a sair para a esquerda para olhar
      – depois, enquanto reflexo olhado, ele desliza no outro sentido, e vai alojar-se no canto direito

380

Michel Foucault

para explicar esse
apagamento neutro, esse
olhar sobre o vazio que
caracteriza a mulher

esse desdobramento e essa oscilação lateral, é, ao mesmo
tempo, semelhante e contrário à que se encontra em Velásquez em *As Meninas* (onde ele se faz no sentido sagital)

③ Uma decomposição em subquadros de aspecto e de técnicas diferentes:
 – o balcão
 – o primeiro reflexo
 – o segundo reflexo.

E se se acrescenta a isso o sistema dos ecos que o espelho
autoriza, redescobrem-se todas as técnicas preferidas de
Manet

④ Enfim, é preciso indicar no centro da tela, o corpete preto da mulher em torno do qual todo o espaço se mostra,
brotando na direita por essa incerteza que faz com que não
se fique seguro de que não seja um personagem, para o
fundo, já que o espelho reproduz o que está na frente, para
a esquerda, já que é aí que o observador deveria estar (mas
ele não está aí), para a frente, enfim, onde há, ao mesmo
tempo, alguém e ninguém.

Esse negro, central, ordena e desfaz, abre e irrealiza todo o
espaço ao redor.

Em vez de tratar com sombras o ponto de fuga do quadro no fundo da representação, ele restaura todo o quadro,
mas para restituir em superfície o ponto de eclosão.

É toda a organização espacial da pintura ocidental desde
o século XVI que é assim invertida. O preto e a superfície
ligam seus poderes ao mesmo tempo constituintes e des-
truidores.

A vibração da luz na profundidade de um espaço mantido
(o que procuraram os impressionistas) é, sem dúvida, menos perigosa para a pintura ocidental que essa explosão a
partir da mancha negra e, de alguma forma, cega.

→ Uma última olhada sobre o *Bar*: essa mancha negra em
forma de busto tem as linhas de uma ampulheta: é a figura
do tempo e da morte; como a gôndola do *Grand Canal*,
errando num espaço incerto e decomposto, tinha todos os
poderes da barca dos mortos.

A pintura de Manet

Michel Foucault

Eu gostaria também de me desculpar[1] por lhes falar de Manet, porque, é claro, não sou especialista de Manet; não sou especialista de pintura;[2] é, pois, como profano, que lhes falarei de Manet. E o que eu gostaria de lhes dizer sobre ele é, por alto, isto: não tenho absolutamente a intenção de lhes falar em geral sobre Manet, não lhes apresentarei, eu penso, senão uma dezena ou uma dúzia de telas desse pintor, que tentarei senão analisar, pelo menos explicar em alguns de seus pontos. Não lhes falarei em geral sobre Manet, não lhes falarei nem dos aspectos, sem dúvida, os mais importantes e mais conhecidos da pintura de Manet.

Manet figura sempre, na história da arte, na história da pintura do século XIX, como aquele, evidentemente, que modificou as técnicas e os modos de representação pictural, de maneira tal que ele tornou possível esse movimento do impressionismo que ocupou a dianteira do palco da história da arte durante quase toda a segunda metade do século XIX.

É verdade que Manet é, com efeito, o precursor do impressionismo, foi ele que tornou possível o impressionismo; mas não é a esse aspecto que eu desejaria fazer alusão: parece-me, com efeito, que Manet fez outra coisa, que ele fez, talvez, até bem mais, além de tornar possível o impressionismo. Parece-me que, além mesmo do impressionismo, o que Manet tornou possível foi toda a pintura de depois do impressionismo, foi toda a pintura do século XX, foi a pintura no interior da qual ainda, atualmente, se desenvolve a arte contemporânea. Essa ruptura profunda ou essa ruptura em profundidade que Manet operou, ela é, sem dúvida, um pouco mais difícil de situar do que o conjunto das modificações que tornaram possível o impressionismo.

O que tornou na pintura de Manet o impressionismo possível, vocês sabem, são essas coisas relativamente conhecidas: novas técnicas da cor, utilização de cores senão completamente puras, pelo menos relativamente puras, utilização de algumas formas de iluminação e de luminosidde que não eram conhecidas na pintura precedente etc. Em compensação, as modificações que tornaram possível, para além do impressionismo, de alguma maneira, acima do impressionismo, a pintura que ia vir depois, essas modificações são aí, eu penso, mais difíceis de reconhecer e de situar.

Acredito que essas modificações, pode-se mesmo assim resumi-las e caracterizá-las numa palavra: Manet, com efeito, é aquele que, pela primeira vez, parece-me, na arte ocidental pelo menos desde a Renascença, pelo menos desde o *Quattrocento*, se permitiu utilizar e fazer funcionar, de alguma maneira, no próprio interior de seus quadros, no próprio interior do que eles representavm, as propriedades materiais do espaço sobre o qual ele pintava.

---

1 Depois dos agradecimentos de costume, Michel Foucault acrescenta: "Eu gostaria mesmo assim de começar desculpando-me, desculpar-me primeiramente porque estou um pouquinho cansado. Acontece que eu me fiz, durante os dois anos em que estava aqui, bastantes amigos para não ter mais muitos minutos livres quando me encontro em Túnis, de modo que o dia passou com diálogos, discussões, questões, objeções, respostas etc., e eis-me chegado ao termo desse dia já mais ou menos esgotado. Então eu lhes pedirei que me desculpem os lapsos, os erros, o cansaço de minha exposição." As palavras retranscritas no texto acima intervêm após essas primeiras desculpas. Esclareçamos que Foucault associava conferências, diálogos amigáveis e entrevistas políticas durante cada uma de suas viagens na Tunísia [M. S.].

2 Foucault tinha ministrado em Túnis, em 1968, um curso público sobre a pintura italiana do *Quattrocento*, à qual ele faz várias vezes referência. O curso tinha sido acompanhado por um público numeroso, do qual várias personalidades [M. S.].

Eis mais claramente o que eu quero dizer: desde o século XV, desde o *Quattrocento*, era uma tradição na pintura ocidental tentar fazer esquecer, tentar mascarar e esquivar o fato de que a pintura era depositada ou inscrita num certo fragmento de espaço que podia ser ou uma parede, no caso do afresco, ou um painel de madeira, ou ainda uma tela, ou, eventualmente, até um pedaço de papel; fazer esquecer, portanto, que a pintura repousava nessa superfície mais ou menos retangular e com duas dimensões, e substituir esse espaço material sobre o qual a pintura repousava, um espaço representado que negava, de alguma maneira, o espaço sobre o qual se pintava; e foi assim que essa pintura, desde o *Quattrocento*, tentou representar as três dimensões, ao passo que ela repousava num plano com duas dimensões.

É uma pintura que, não somente representava as três dimensões, mas privilegiava, em toda medida do possível, as grandes linhas oblíquas, ou as espirais, para mascarar e negar o fato de que a pintura estava, no entanto, inscrita no interior de um quadrado ou de um retângulo de linhas retas que se cortam em ângulos retos.

A pintura tentava também representar uma iluminação interior à tela, ou, ainda, uma iluminação exterior à tela, vinda do fundo ou da direita, ou da esquerda, de maneira a negar e a esquivar o fato de que a pintura repousava sobre uma superfície retangular, iluminada realmente por uma certa claridade real, variando, aliás, evidentemente, com o lugar do quadro e variando com a claridade do dia.

Era preciso negar também que o quadro era um pedaço de espaço diante do qual o espectador podia deslocar-se, em torno do qual o espectador podia dar volta, do qual ele podia, por conseguinte, captar um ângulo, ou, eventualmente, as duas faces, e é por isso que essa pintura, desde o *Quattrocento*, fixava um certo lugar ideal, a partir do qual, e somente a partir do qual, se podia e se devia ver o quadro; de maneira que, se vocês quiserem, essa materialidade do quadro, essa superfície retangular, plana, iluminada realmente por certa luz e em torno da qual, ou diante da qual, era possível deslocar-se, tudo isso era mascarado e esquivado pelo que era representado no próprio quadro; e o quadro representava um espaço profundo, iluminado por um sol lateral e que se via como um espetáculo, a partir de um lugar ideal.

Eis, se vocês quiserem, o jogo de esquiva, de ocultação, de ilusão ou de elisão que praticava a pintura representativa ocidental desde o *Quattrocento*.

O que Manet fez (é, em todo caso, um dos aspectos, eu penso, importantes da modificação trazida por Manet à pintura ocidental) é fazer ressurgir, de algum modo, no próprio interior do que era representado no quadro, essas propriedades, essas qualidades ou essas limitações materiais da tela que a pintura, que a tradição pictural, tinha até então tido por missão, de alguma maneira, esquivar e mascarar.

A superfície retangular, os grandes eixos verticais e horizontais, a iluminação real da tela, a possibilidade para o espectador de olhá-la num sentido ou no outro, tudo isso está presente nos quadros de Manet, e refeito, restituído nos quadros de Manet. E Manet reinventa (ou talvez inventa?) o quadro--objeto, essa reinserção da materialidade da tela no que é representado, é isso que eu acredito que está no cerne da grande modificação trazida por Manet à pintura, e é nesse sentido que se pode dizer que Manet confundiu para além de tudo o que podia preparar o impressionismo, tudo o que era fundamental na pintura ocidental, desde o *Quattrocento*.

Pois bem, é isso que eu desejaria agora lhes mostrar um pouquinho sobre os fatos, isto é, sobre os próprios quadros, e tomarei uma série de quadros, uma dúzia, pois, de telas, que tentarei analisar um pouco com vocês; e se vocês quiserem, para a comodidade da exposição, eu os agruparei em três rubricas: primeiramente, a maneira como Manet tratou o próprio espaço da tela, como ele fez funcionar as propriedades materiais da tela, a superfície, a altura, a largura, de que maneira ele fez funcionar essas propriedades espaciais da tela no que ele representava nessa tela. Será o primeiro conjunto de quadros que estudarei; em seguida, num segundo conjunto, tentarei mostrar-lhes como Manet tratou o problema da iluminação, como em seus quadros ele utilizou, não uma luz representada que iluminava do interior o quadro, mas como ele utilizou a luz exterior real. E em terceiro lugar, como ele fez funcionar também o lugar do espectador em relação ao quadro; e para esse terceiro ponto, não estudarei um conjunto de telas, mas uma só, que resume, aliás, sem dúvida, toda a obra de Manet, que é, aliás, uma das últimas e uma das mais perturbadoras de Manet, é *Un Bar aux Folies-Bergère*.

Michel Foucault

O espaço da tela

Pois bem, então, se vocês quiserem, primeiro conjunto de problemas e primeiro conjunto de telas: de que maneira Manet representou o espaço?

Então, agora, vamos passar às projeções, seria preciso apagar a luz.

(*Michel Foucault aproveita a interrupção para tirar seu paletó e sua gravata e convidar seus ouvintes a ficarem à vontade.*)

A Música nas Tulherias[3]

Então, vocês têm aí uma das primeiras telas pintadas por Manet, tela ainda muito clássica; vocês sabem que Manet tinha seguido uma formação inteiramente clássica: ele tinha trabalhado nos ateliês conformistas da época, relativamente conformistas, ele trabalhou com Couture, e é toda a grande tradição pictural que ele dominou e que ele possui; e nessa tela (é uma tela que data de 1861-1862), pode-se dizer que Manet utiliza ainda todas as tradições que ele pôde aprender nos ateliês onde tinha feito seus estudos.

É preciso simplesmente, assim mesmo, destacar já certo número de coisas: vocês veem o privilégio que Manet concede a essas grandes linhas verticais que são representadas aqui pelas árvores. E vocês veem que a tela de Manet se organiza, de fato, segundo, no fundo, dois grandes eixos, um eixo horizontal, que é destacado pela última linha de cabeças dos personagens e, depois, os grandes eixos verticais, que são indicados aqui com, como para redobrá-los ou como para apontá-los melhor, esse pequeno triângulo de luz pelo qual se derrama toda a luz que vai iluminar a frente da cena. Essa cena, o espectador ou o pintor a vê muito levemente em vista penetrante, de tal maneira que se pode ver um pouco o que acontece atrás; mas não se vê isso muito bem: não há muita profundidade, os personagens da frente mascaram de uma maneira quase completa o que acontece atrás, donde esse efeito de frisa. Os personagens formam uma espécie de frisa plana aqui, e a verticalidade prolonga esse efeito de frisa com uma profundidade relativamente abreviada.

O Baile de Máscaras no Opéra[4]

Pois bem, agora, 10 anos mais tarde, Manet vai pintar um quadro que é num sentido o mesmo, e que é como uma outra versão desse mesmo quadro, é "Un Soir à l'Opéra", desculpem, *Le Bal à l'Opéra*. Num sentido, é o mesmo quadro, vocês estão vendo: mesmo tipo de personagens, homens vestidos com chapéu alto [*haut de forme*], alguns personagens femininos com vestidos claros, mas vocês veem que, já, todo o equilíbrio espacial se modificou.

O espaço foi obturado, fechado por trás; a profundidade de que eu lhes dizia que não era muito marcada no quadro anterior, mas que, no entanto, existia, essa profundidade agora é fechada, ela é fechada por uma parede espessa; e como para bem destacar que há uma parede e que não há nada a ver atrás, vocês observam os dois pilares verticais e essa enorme barra horizontal [Michel Foucault escreve "vertical"] que está aqui e que enquadra o quadro, que redobra, de alguma maneira, no interior do quadro, a vertical e a horizontal da tela. Esse grande retângulo da tela, vocês o encontram repetido no interior, e ele fecha o fundo do quadro, impedindo, por conseguinte, o efeito de profundidade.

Não somente o efeito de profundidade é apagado, mas a distância que há entre a borda do quadro e esse fundo é relativamente curta, de modo que os personagens se encontram projetados para a frente; longe de haver profundidade, vocês têm, ao contrário, uma espécie de fenômeno de relevo; os personagens, aqui, avançam, e o negro dos ternos aqui, do vestido também, o negro bloqueia absolutamente tudo

---

3   Édouard Manet, *La Musique aux Tuileries*, 1862, óleo sobre tela, 76x118cm, Londres, National Gallery. Foucault não tinha nomeado esse primeiro quadro diante da assistência. Os títulos dos quadros (que observamos em itálico) foram indicados por Rachida Triki no texto dos *Cahiers de Tunisie*. Alguns complementos de informação nos foram dados por Daniel Defert [M. S.].

4   Édouard Manet, *Bal masqué à l'Opéra*, 1873-1874, óleo sobre tela, 60x73cm, Washington D. C., National Gallery of Art.

o que cores claras poderiam, de alguma maneira, ter aberto, de fato, de espaço. O espaço é fechado no fundo pela parede, e eis que é fechado na frente por esses vestidos e esses ternos. Vocês não têm verdadeiramente espaço, vocês só têm espécies de pacotes, de pacotes de volumes e de superfícies que são aí projetados para a frente, aos olhos do espectador.

A única abertura real, ou, antes, a única abertura que está representada no quadro é essa abertura muito curiosa que está aqui, completamente no alto do quadro, e que não abre para uma profundidade verdadeira, que não abre para algo como o céu ou a luz. Lembrem-se, no quadro anterior, vocês tinham, lá, um pequeno triângulo de luz, um pequeno triângulo que abria para o céu e por onde se expandia a luz; aqui, por uma espécie de ironia, a abertura só abre para o quê? Bom, vejam vocês, para pés, para pés, calças etc. Isto é, o próprio recomeço disso; como se o quadro recomeçasse aqui, como se fosse a mesma cena e isso indefinidamente; um efeito, por conseguinte, de tapeçaria, um efeito de parede, um efeito de papel de parede que vocês veem prolongar-se ao longo, com a ironia dos dois pezinhos que pendem aqui e que indicam o caráter fantasmático desse espaço que não é o espaço real da percepção, que não é o espaço real da abertura, mas que é o jogo dessas superfícies e dessas cores espalhadas e repetidas indefinidamente de cima para baixo na tela.

As propriedades espaciais desse retângulo de tela são assim representadas, manifestadas, exaltadas pelo que é representado na própria tela, e vocês veem como Manet, em relação à tela precedente, que tratava, no fundo, um pouco do mesmo assunto, fechou inteiramente o espaço, mas, agora, são as propriedades materiais da tela que são representadas no próprio quadro.

A Execução de Maximiliano[5]

Vocês gostariam de passar ao quadro seguinte, que é *L'Exécution de Maximilien*? Quadro que data de 1867, evidentemente, e onde vocês reencontram, vocês o veem, a maior parte das características que eu destacava há pouco a propósito do *Bal à l'Opéra*; isto é um quadro anterior, mas vocês veem aí já os mesmos procedimentos, ou seja, fechamento violento marcado e apoiado do espaço pela presença de uma grande parede, uma grande parede que é apenas o redobramento da própria tela; de maneira que, vejam vocês, todos os personagens são colocados numa estreita faixa de terra aqui, de maneira que se tem como um degrau de escada, um efeito de degrau de escada, isto é, horizontal, vertical, e de novo, algo como uma vertical, uma horizontal que se abre aí com pequenos personagens que estão olhando a cena. Vocês veem, aliás, que se tem aí quase o mesmo efeito que há pouco na cena no *Opéra*, onde vocês tinham uma parede que era fechada e uma cena que recomeçava aí: pois bem, aí vocês têm, presa acima da parede, de novo, uma pequena cena que redobra o quadro.

Ora, se eu lhes mostrei essa tela, não é simplesmente porque ela torna a dar, ou dá antecipadamente esses elementos que se devia reencontrar mais tarde no *Bal à l'Opéra*, é por uma razão suplementar: vocês estão vendo que todos os personagens são, pois, colocados num mesmo e estreito pequeno retângulo no qual eles têm os pés colocados (uma espécie de degrau de escada atrás do qual vocês têm uma grande vertical). Eles estão todos apertados, nesse pequeno espaço, eles estão todos muito perto uns dos outros, estão tão perto uns dos outros que, vocês o veem, os canos dos fuzis vêm tocar seu peito. Eu deveria ter destacado, aliás, que essas horizontais e a posição vertical dos soldados, ainda aí, só multiplicam e repetem no interior do quadro os grandes eixos horizontais e verticais da tela. Em todo caso, os soldados aqui tocam com a ponta de seus fuzis esses personagens que estão aí. Não há distância entre o pelotão de execução e as vítimas do pelotão de execução. Ora, se vocês olharem, verão que esses personagens são menores que aqueles, enquanto, normalmente, eles deveriam ser do mesmo tamanho, visto que estão bem exatamente no mesmo plano e dispõem uns e outros de muito pouco espaço para se exporem; o que significa que Manet se serviu dessa técnica muito arcaica que consistia em fazer diminuir os personagens

---

5   Édouard Manet, *L'exécution de Maximilien*, 1868, óleo sobre tela, 252x305cm, Mannheim, Kunsthalle. Foucault não descreve o quadro de Boston (1867) chamado *L'Exécution de l'Empereur Maximilien*, mas o de Mannheim chamado *L'Exécution de Maximilien* (1868) [M. S.].

sem os repartir no plano (é a técnica da pintura antes do *Quattrocento*); ele utiliza essa técnica para significar ou simbolizar uma distância que não está realmente representada.

Em seu quadro, no espaço que ele se dá, nesse retângulo bem pequeno onde ele colocou todos os seus personagens, é bem evidente que Manet não pode representar a distância. A distância não pode ser dada à percepção; não se vê a distância. Em compensação, a diminuição dos personagens direciona a uma espécie de reconhecimento puramente intelectual e não perceptivo, que deveria haver uma distância entre estes e aqueles, entre as vítimas e o pelotão de execução; e essa distância não perceptível, essa distância, que não é mostrada, é simplesmente indicada por esse sinal, que é o da diminuição dos personagens. Assim, estão se desfazendo, como vocês veem, no próprio interior desse pequeno retângulo que Manet criou e onde ele coloca esses personagens, alguns dos princípios fundamentais da percepção pictural no Ocidente.

A percepção pictural devia ser como a repetição, o redobramento, a reprodução da percepção de todos os dias. O que devia ser representado seria um espaço por assim dizer real, onde a distância podia ser lida, apreciada, decifrada como quando olhamos nós mesmos uma paisagem. Aqui, entramos num espaço pictural onde a distância não se mostra mais, onde a profundidade não é mais objeto de percepção e onde a posição espacial – a distância dos personagens – é simplesmente dada por sinais que só têm sentido e função no interior da pintura (isto é, a relação, de alguma maneira, arbitrária, em todo caso puramente simbólica, entre o tamanho destes personagens e o tamanho daqueles).

O Porto de Bordeaux[6]

Vocês gostariam, agora, de passar ao quadro seguinte, que, este vai trabalhar com uma propriedade da tela? Nas que eu lhes apresentei há pouco, *Le Bal à l'Opéra* ou *L'Exécution de Maximilien*, o que Manet utilizava, o que entrava em jogo em sua representação era, principalmente, o fato de que a tela era vertical, que ela era uma superfície com duas dimensões, que ela não tinha profundidade; e essa ausência de profundidade, Manet, de alguma maneira, tentava representá-la, diminuindo ao máximo a espessura da cena que ele representa. Aqui, neste quadro, que data do ano de 1872, se tenho boa memória, o que está em jogo, vocês estão vendo, é essencialmente os eixos horizontais e verticais; esses eixos horizontais ou verticais que são, é claro, a repetição no interior da tela desses eixos horizontais e verticais que enquadram a tela e que formam a própria moldura do quadro. Mas, vocês estão vendo, é também a reprodução, de alguma maneira, na própria filigrana da pintura, de todas as fibras horizontais e verticais que constituem a tela em si, a tela no que ela tem de material.

É como se o tecido da tela estivesse começando a aparecer e a manifestar sua geometria interna, e vocês veem esse entrecruzamento de linhas que é como o esquema representado da própria tela. Se, aliás, vocês isolarem essa parte, esse quarto, esse sexto, não sei, da tela, verão que vão ter um jogo quase exclusivo de horizontais e de verticais, de linhas que se cortam como em ângulos retos, e aqueles dentre vocês que têm no espírito o quadro de Mondrian sobre a árvore, enfim, a série das variações que Mondrian fez sobre a árvore, vocês sabem, durante os anos 1910-1914, vocês veem aí o próprio nascimento da pintura abstrata. Mondrian tratou sua árvore, sua famosa árvore a partir da qual ele descobriu, ao mesmo tempo que Kandinsky, a pintura abstrata, um pouco como Manet tratou os barcos do *Port de Bordeaux*. De sua árvore, ele extrai finalmente um certo jogo de linhas que se recortam em ângulos retos e que formam como uma trama, um tabuleiro de dama, uma trama de linhas retas horizontais e verticais. Pois bem, da mesma maneira desse emaranhado de barcos, de toda essa atividade do porto, Manet chegou a extrair isto, esse jogo de verticais e de horizontais que são a representação geométrica da própria geometria da tela no que ela tem de material. Esse jogo do tecido da tela, vocês vão revê-lo, então, de uma maneira ao mesmo tempo divertida e, para a época, absolutamente escandalosa, no quadro seguinte que se chama *Argenteuil*.

---

6   Édouard Manet, *Le Port de Bordeaux*, 1871, óleo sobre tela, 66x100cm, coleção privada.

Argenteuil[7]

Vamos passar à tela seguinte? Vocês estão vendo o eixo vertical do mastro, que vem redobrar a borda do barco, essa horizontal quem vem redobrar essa outra; e os dois grandes eixos estão, então, representados no interior da tela, mas vocês estão vendo que o que está representado são precisamente tecidos, tecidos que têm linhas verticais e linhas horizontais; e o caráter ao mesmo tempo popular, grosseiro, tanto dos personagens como do que é representado nessa tela, é apenas um jogo para Manet, o jogo que consiste em representar numa tela as próprias propriedades do tecido e o entrecruzamento e os recortes da vertical e da horizontal.

Na estufa[8]

Passemos à tela seguinte, que se chama *Dans la Serre*, e que é mesmo assim uma das mais importantes telas de Manet, para compreender a maneira como ele trabalha... [*Parece que houve nesse momento algumas dificuldades para encontrar a reprodução em questão; por outro lado, alguns segundos de gravação foram perdidos durante a troca da cassete*]... a vertical, a horizontal e esse entrecruzamento das próprias linhas do quadro. Vocês estão vendo quanto espaço, a profundidade do quadro é restrita. Imediatamente atrás, os personagens, vocês têm essa tapeçaria de plantas verdes que nenhum olhar parece penetrar e que se mostra absolutamente como uma tela de fundo, absolutamente como uma parede de papel que haveria aí; nenhuma profundidade, nenhuma iluminação vem penetrar nessa espécie de floresta de folhas e caules que povoam a estufa onde acontece a cena.

O personagem da mulher está aqui inteiramente projetado para a frente, as próprias pernas não são vistas no quadro, elas excedem; os joelhos da mulher excedem, de alguma maneira, o quadro do qual ela é projetada para a frente para que não haja profundidade, e o personagem que está atrás dela cai inteiramente em nossa direção com esse enorme rosto que vocês estão vendo, que o mostra, de alguma maneira, muito perto de nós, quase muito perto para ser visto, de tanto que ele veio para a frente, e de tanto que o espaço de que ele mesmo dispõe se acha tão curto. Fechamento, pois, do espaço e, é claro, o jogo das verticais e das horizontais, todo o quadro é barrado por essa prancha, esse encosto do banco, linha do encosto que se encontra repetida uma primeira vez aqui, que se encontra repetida uma segunda vez aí, que se encontra repetida uma quarta vez aqui, linha que se encontra redobrada em branco desta vez pela sombrinha da mulher; e para as verticais, agora então, todo esse quadriculado, com simplesmente essa pequena diagnoal muito curta para indicar a profundidade. Todo o quadro é arquiteturado em torno e a partir dessas verticais e dessas horizontais.

E se vocês acrescentarem agora que as pregas do vestido da mulher são pregas verticais aqui, mas que aqui vocês têm todo esse movimento de leque do vestido da mulher, que faz com que as primeiras pregas fiquem na horizontal como essas quatro linhas fundamentais, mas que, virando, o vestido acaba chegando quase na vertical, vocês veem que esse jogo de pregas que vai da sombrinha até os joelhos da mulher reproduz, virando, o movimento que vai da horizontal para a vertical; e é esse movimento que é reproduzido aqui. Acrescentem agora que vocês têm uma mão que pende e uma mão no outro sentido e vocês têm bem no centro do quadro, em mancha clara, reproduzindo os eixos do quadro, as mesmas linhas verticais e horizontais que vocês reencontram em linhas sombrias, constituindo a própria armação do banco e a arquitetura interior do quadro. E aí, vocês têm, pois, todo o jogo que consiste em suprimir, apagar, comprimir o espaço no sentido da profundidade, exaltar, ao contrário, as linhas da verticalidade e da horizontalidade.

Eis o que eu queria dizer-lhes no que concerne ao jogo da profundidade, da vertical e da horizontal em Manet, mas existe ainda uma outra maneira para Manet de trabalhar com as propriedades materiais

---

7   Édouard Manet, *Argenteuil*, 1874, óleo sobre tela, 149x115cm, Tournai, Musée des Beaux-Arts.
8   Édouard Manet, *Dans la Serre*, 1879, óleo sobre tela, 115x150cm, Berlin, Staalliche Museen Preussischer Kulturbesitz, Nationalgalerie.

da tela; porque a tela é, com efeito, uma superfície, uma superfície que tem uma horizontal e uma vertical, mas é, além disso, uma superfície com duas faces, um *verso* e um *recto*. E é esse jogo, do *verso* e do *recto*, que, de uma maneira muito mais viciosa e ainda malvada, se vocês quiserem, Manet vai fazer funcionar.

A Servidora de Cervejas[9]

E eis como, se vocês passarem ao quadro seguinte, que é *La Serveuse de Bocks*, temos dela um exemplo bem curioso. Com efeito, em que consiste esse quadro e o que ele representa? Pois bem, num sentido, ele não representa nada, nesse sentido que ele não dá nada a ver. Com efeito, vocês têm quase inteiramente e para tudo nesse quadro, esse personagem da garçonete, que vocês estão vendo muito próxima do pintor, muito próxima do espectador, muito próxima de nós, que tem o rosto de repente voltado para nós, como se, bruscamente, diante dela um espetáculo se produzisse pelo qual seu olhar fosse atraído; vocês estão vendo que ela não está olhando para o que ela faz, isto é, servir sua cerveja, ela tem o olho atraído para algo que não vemos, que não conhecemos, que está aí, à frente da tela. E, por outro lado, a tela é composta por um, dois, no limite três outros personagens, em todo caso, certamente um e dois que não vemos quase, já que de um deles só vemos o perfil fugaz e, depois, daquele só vemos o chapéu. Ora, eles olham, eles também olham e eles olham na direção exatamente oposta. O que eles veem? Pois bem, não sabemos nada, não sabemos nada, já que o quadro é cortado de tal maneira que o espetáculo que está aí, e pelo qual esses olhares são atraídos, esse espetáculo nos é, também ele, roubado.

Pensem agora em qualquer pintura, se vocês quiserem, de tipo clássico. Acontece, com efeito, muito tradicionalmente, na pintura, que um quadro represente pessoas olhando algo. Por exemplo, se vocês tomarem em Masaccio o quadro do dinheiro de São Pedro,[10] verão personagens que estão em círculo e que estão ollhando algo; esse algo é um diálogo, ou é, antes, a troca de uma moeda de prata entre São Pedro e o barqueiro. Existe, então, um espetáculo, mas esse espetáculo que os personagens do quadro estão olhando, nós o conhecemos, nós o vemos, ele é mostrado no quadro.

Ora, aqui temos dois personagens que olham; ora, primeiramente esses dois personagens não olham a mesma coisa, e, em segundo lugar, o quadro não nos diz o que os personagens olham. É um quadro onde só são representados dois olhares, dois olhares em duas direções opostas, dois olhares em duas direções opostas do quadro recto verso, e nenhum dos dois espetáculos que são atualmente acompanhados com tanta atenção pelos dois personagens, nenhum desses dois espetáculos nos é mostrado; e para bem destacar aqui, vocês têm a curiosa ironia desse pequeno pedaço de mão que vocês estão vendo aí e desse pequeno pedaço de vestido.

É que, com efeito, numa primeira versão desse quadro, Manet tinha representado o que era olhado por esses personagens; o que era representado é uma cantora de cabaré, de café-concerto, aí, passando, cantando ou ensaiando um passo de dança (é uma versão que se encontra em Londres); e depois dessa versão, essa segunda versão[11] que eu lhes mostro agora: pois bem, Manet, nessa segunda versão, cortou o espetáculo de tal maneira que não há, de modo algum, nada a ver, senão o quadro, olhares voltados para o invisível, de maneira que a tela não diz, no fundo, senão o invisível, só mostra o invisível e indica pela direção dos olhares opostos algo que é obrigatoriamente invisível, já que isso está na frente da tela e que o que é olhado por este, ao contrário, está atrás da tela. De cada lado da tela, vocês têm dois espetáculos que são olhados por dois personagens, mas a tela ao fundo, em vez de mostrar o que há para ver, o oculta e o disfarça. A superfície com suas duas faces, *recto verso*, não é um lugar onde se manifesta uma visibilidade; é o lugar que garante, ao contrário, a invisibilidade do que é olhado pelos personagesns que estão no plano da tela.

---

9   Édouard Manet, *La Serveuse de Bocks*, 1879, óleo sobre tela, 77,5x65cm, Paris, Musée d'Orsay.

10 Trata-se do afresco de Masaccio *Le Paiement du Tribut* [M. S.].

11 Daniel Defert nos indica que não se trata realmente de duas versões, mas que Foucault faz referência ao quadro de 1879 *Coin de Café Concert* (óleo sobre tela, 98x79cm, Londres, National Gallery), do qual *La Serveuse de Bocks* apresenta uma outra abordagem [M. S.].

A Estrada de Ferro[12]

E isso fica claro nesse quadro, mais claro ainda no que vocês vão ver agora e que se chama *La Gare Saint Lazare*.[13] Então aí, vocês têm de novo o mesmo procedimento; é claro vocês estão vendo de novo sempre as mesmas verticais e as mesmas horizontais que encontramos: essas verticais e essas horizontais que definem um certo plano do quadro, o plano, de alguma maneira, da tela, e depois, vocês têm dois personagens, como há pouco, em *La Serveuse de Bocks*, dois personagens que nós chamamos de *tête- -bêche* [pés com cabeça], um olha em nossa direção, o outro olha na mesma direção que nós. Um nos vira seu rosto, o outro nos vira ao contrário as costas. Ora, o que olha a mulher, e vocês veem que ela o olha com uma espécie de intensidade bem grande, é um espetáculo que nós não podemos ver, já que ele está na frente da tela; e o que a menininha está olhando, pois bem, nós não podemos vê-lo, já que Manet colocou aí a nuvem de um trem que está passando, de tal maneira que nós não devemos ver nada. E para ver o que se deveria ver, seria preciso ou que nós olhássemos por cima do ombro da menininha ou que fizéssemos a volta do quadro e que olhássemos por cima do ombro da mulher.

E vocês estão vendo como Manet trabalha assim com essa propriedade material da tela que faz com que seja um plano, um plano que tem um *recto* e um *verso*; e, até o presente, jamais nenhum pintor se tinha divertido utilizando o *recto* e o *verso*. Aí, ele o utiliza, não pintando a parte da frente e a de trás da tela, mas forçando, de alguma maneira, o espectador a ter vontade de rodar em torno da tela, de mudar de posição para conseguir, enfim, ver o que se sente que se deveria ver, mas que não é, no entanto, mostrado no quadro. E é esse jogo da invisibilidade garantida pela própria superfície da tela que Manet faz funcionar no próprio interior do quadro, maneira como, vocês estão vendo, pode-se dizer, assim mesmo, que ela é viciosa, maliciosa e maldosa; já que, enfim, é a primeira vez que a pintura se mostra como o que nos mostra algo de invisível: os olhares estão aí para nos indicar que algo está à mostra, algo que é por definição e pela própria natureza da pintura, e pela própria natureza da tela, necessariamente invisível.

A ILUMINAÇÃO

Vocês poderiam passar à tela seguinte, que nos leva, então, à segunda série de problemas de que eu gostaria de lhes falar? São os problemas da iluminação e da luz.

O Tocador de Flautim[14]

Vocês conhecem esse quadro, é *Le Fifre*, que data de 1864 ou 1865,[15] quadro que, na época, teve certa repercussão escandalosa. Vocês estão vendo que Manet (e isso é só a consequência do que eu lhes disse até agora) suprimiu inteiramente a profundidade do quadro. Vocês estão vendo que não há nenhum espaço atrás do personagem; não somente não há nenhum espaço atrás do personagem, mas o personagem não está colocado, de alguma maneira, em nenhum lugar. Vocês estão vendo que o lugar onde ele põe seus pés, esse lugar, esse assoalho, o chão, só é indicado por quase nada; essa sombra bem pequena, essa leve mancha cinza aqui, que faz a diferença entre a parede do fundo e o espaço sobre o qual ele coloca os pés. O degrau de escada, que tínhamos visto nos quadros precedentes, é até suprimido aqui. Só existe como lugar onde ele coloca os pés essa leve sombra. É numa sombra, é sobre absolutamente nada, é no vazio que ele coloca o pé.

Mas não é principalmente disso que eu desejava falar-lhes a respeito do *Fifre*, é da maneira como ele é iluminado. Geralmente, na pintura tradicional, vocês sabem que a iluminação é sempre situada em

---

12   Édouard Manet, *Le Chemin de Fer*, 1872-1873, óleo sobre tela, 93x114cm, Washington d. C., National Gallery of Art.
13   Mesmo se ele se refere à estação Saint-Lazare, o quadro é chamado *Le Chemin de Fer* [M. S.].
14   Édouard Manet, *Le Fifre*, 1866, óleo sobre tela, 160x98cm, Paris, Musée d'Orsay.
15   *Le Fifre* data de 1866.

Michel Foucault

algum lugar. Há, seja no próprio interior da tela, seja no exterior, uma fonte luminosa que é representada diretamente ou simplesmente indicada por raios luminosos: uma janela aberta indica que a luz vem, por exemplo, da direita, ou de cima, da esquerda, de baixo etc.; e fora a luz real que vem bater na tela, o quadro representa sempre, além disso, uma certa fonte luminosa que varre a tela e provoca sobre os personagens que aí estão seja sombras carregadas, seja modelados, relevos, vazios etc. É toda essa sistematicidade da luz que tinha sido inventada no início do *Quattrocento* e à qual, vocês sabem, o Caravaggio, a quem se deve, evidentemente, prestar uma homenagem particular aqui, tinha dado sua regularidade e sua sistematicidade perfeitas.

Aqui, ao contrário, vocês estão vendo que não há absolutamente nenhuma iluminação vindo seja de cima, seja de baixo, seja do exterior da tela; ou, antes, toda iluminação vem do exterior da tela, mas ela vem atingir absolutamente na perpendicular, aqui. Vocês estão vendo que o rosto não apresenta absolutamente nenhum modelado, simplesmente dois pequenos ocos de cada lado do nariz, para indicar as sobrancelhas e o oco dos olhos. Vocês veem, aliás, que a sombra, praticamente a única sombra que está presente no quadro, é essa minúscula pequena sombra que está aqui sob a mão do instrumentista e que indica que, com efeito, a iluminação vem abalutamente de frente, já que é atrás do flautista, no oco da mão, que se desenha a única sombra presente no quadro, com isso que garante a estabilidade, e vocês o veem, essa minúscula pequena sombra aqui, que é a indicação do ritmo que o flautista imprime em sua música, batendo com o pé: vocês o veem, ele levanta levemente o pé, o que dá dessa sombra à outra a grande diagonal que é reproduzida aqui em claro pelo estojo do flautim; iluminação, portanto, inteiramente perpendicular, iluminação que é a iluminação real da tela, se a tela em sua materialidade fosse exposta a uma janela aberta, diante de uma janela aberta.

Ao passo que, tradicionalmente, era um costume na pintura representar no interior do quadro uma janela pela qual uma iluminação fictícia varreria os personagens e lhes daria seu relevo, aqui, é preciso admitir uma tela, um retângulo, uma superfície que é colocada ela mesma diante de uma janela, uma janela que ilumina absolutamente em cheio. Essa técnica radical da supressão de uma iluminação interior e de sua substituição pela iluminação real exterior e frontal, Manet não a tinha evidentemente realizado, colocado em jogo desde o início; e num de seus mais célebres quadros, o primeiro de seus grandes quadros, vocês vão ver que ele tinha utilizado de uma maneira concorrente duas técnicas de iluminação.

O Almoço no Gramado[16]

Poderiam passar o quadro seguinte, por favor? É o famoso *Déjeuner sur l'Herbe*. Esse *Déjeuner sur l'Herbe*, eu não pretendo absolutamente analisá-lo por inteiro, há evidentemente quantidade de coisas a dizer a seu respeito. Eu desejaria simplesmente falar da iluminação. De fato, nesse quadro, vocês têm dois sistemas de iluminação que são justapostos e que são justapostos em profundidade. Vocês veem, com efeito, que, na segunda parte do quadro, se admitirmos que aquela linha, da grama, divide o quadro em dois, vocês têm uma iluminação que é uma iluminação tradicional com uma fonte luminosa que vem de cima, à esquerda, que varre a cena, que ilumina essa grande pradaria do fundo, que vem atingir as costas da mulher, que modela aqui seu rosto, uma parte mergulhado na sombra; e essa iluminação vem morrer aqui nas duas moitas claras (não se vê muito bem porque a reprodução não é muito boa), duas moitas claras e um pouco flamejantes, que são, de alguma maneira, os pontos de chegada dessa iluminação lateral e triangular aqui e lá. Vocês têm, então, um triângulo luminoso que varre o corpo da mulher e modela seu rosto: iluminação tradicional, iluminação clássica que deixa o relevo e que é constituída por uma luz interior.

Agora, se vocês pegarem os personagens da frente, o que os caracteriza é o fato de que eles são iluminados por uma luz, esta, completamente diferente e que não tem nada a ver com a precedente, que morre e se fixa nessas duas moitas. Vocês têm uma iluminação que, esta é frontal e perpendicular, vem atingir, vocês estão vendo, a mulher e esse corpo inteiramente nu, que vem atingi-la absolutamente de

---

16   Édouard Manet, *Le Déjeuner sur l'Herbe*, 1863, óleo sobre tela, 208x264cm, Paris, Musée d'Orsay.

frente: vocês veem que não há absolutamente nenhum relevo, nenhum modelado. É uma espécie de esmalte o corpo da mulher, de pintura à japonesa. A iluminação só pode vir brutalmente e de frente. É essa iluminação que atinge também o rosto do homem, que atinge esse perfil também absolutamente plano, sem relevo, sem modelado, e os dois corpos sombrios, os dois paletós sombrios desses dois homens, são os pontos de chegada e de escora dessa iluminação frontal, assim como as duas moitas aqui eram os pontos de finalização e de flamejamento da iluminação interior. Uma iluminação exterior bloqueada pelo corpo dos dois homens e uma iluminação interior redobrada pelas duas moitas.

Esses dois sistemas de representação, ou, antes, esses dois sistemas de manifestação da luz no interior do quadro são aqui justapostos nessa própria tela, estão numa justaposição que dá a esse quadro seu caráter, de algum modo, discordante, sua heterogeneidade interior; heterogeneidade interior que Manet tentou, de alguma maneira, reduzir ou, talvez, ainda, destacar, eu não sei, por essa mão que está aí, essa mão clara que está no meio do quadro; lembrem-se, aliás, das duas mãos que eu lhes mostrava há pouco em *La Serre*, e que eram a reprodução pelos dedos dos próprios eixos do quadro, pois bem, aqui, vocês têm essa mão com seus dois dedos, um dedo que aponta nessa direção; ora, essa direção é precisamente a direção da luz interior, dessa luz que vem de cima e que vem de outro lugar. E, ao contrário, o dedo está dobrado, dobrado para fora, no eixo do quadro, e ele indica a origem da luz que vem atingir aqui; de maneira que ainda aí vocês têm nesse jogo da mão os eixos fundamentais do quadro e o princípio ao mesmo tempo de ligação e de heterogeneidade desse *Déjeuner sur l'Herbe*.

Olympia[17]

Vamos chegar a esse outro, então, sobre o qual eu serei breve. Não lhes falarei muito desse quadro, simplesmente porque não sou capaz, e é muito difícil; eu desejaria simplesmente lhes falar dele do ponto de vista da iluminação; ou, se vocês quiserem, vou-lhes falar dele do ponto de vista da relação que pode haver entre o escândalo que essa tela provocou e certo número de suas características puramente picturais, e acredito, essencialmente, a luz.

Essa *Olympia*, como vocês sabem, escandalizou quando foi exposta, no Salão de 1865; ela criou um escândalo tal que foram obrigados a retirá-la. Houve burgueses que, visitando o Salão, quiseram furá-la com o guarda-chuva, de tanto que eles achavam isso indecente. Ora, a representação da nudez feminina na pintura ocidental é uma tradição que remonta ao século XVI, e tinham-se visto muitas outras antes de *Olympia*; viam-se, aliás, muitas outras no mesmo Salão onde essa *Olympia* tinha feito escândalo. O que havia, pois, de escandaloso nesse quadro, que fez com que ele não fosse suportado?

Os historiadores da arte dizem, e eles têm, evidentemente, profunda razão, que o escândalo moral era só uma maneira inábil de formular algo que era o escândalo estético: não se suportava essa estética, essas pinturas lisas, essa grande pintura à japonesa, não se suportava a própria feiura dessa mulher, que é feia e que é feita para ser feia; tudo isso é absolutamente verdadeiro. Eu me pergunto se não há, de uma maneira um pouco mais precisa, uma outra razão do escândalo e que está ligada precisamente à iluminação.

Com efeito (infelizmente, eu esqueci de trazer aqui) é preciso comparar essa tela com a que lhe serve até certo ponto de modelo e de contraste; vocês sabem que essa Vênus, enfim, essa *Olympia* de Manet, é a cópia, a reprodução, digamos, em todo caso, uma variação sobre o tema das Vênus nuas, das Vênus deitadas, e, em particular, da Vênus de Tiziano. Ora, na *Vênus* de Tiziano, vocês têm uma mulher, uma mulher nua que está deitada mais ou menos nessa posição; há em torno dela roupagens como aqui, uma fonte luminosa que está em cima, à esquerda, e que vem iluminar suavemente a mulher, que lhe ilumina, se tenho boa memória, o rosto, em todo caso, certamente o seio e a perna, e que está aí como uma espécie de douramento que acaricia seu corpo e que é, de alguma maneira, o princípio da visibilidade do corpo. Se o corpo da *Vênus* de Tiziano, se a *Vênus* de Tiziano é visível, se ela se mostra, é porque há essa espécie de fonte luminosa, discreta, lateral e dourada que a surpreende, que a surpreende de alguma

---

17   Édouard Manet, *Olympia*, 1863, 130,5x190cm, Paris, Musée d'Orsay.

Michel Foucault

maneira sem que ela queira e sem que queiramos. Há essa mulher nua que está aí, não pensa em nada, não olha para nada, há essa luz que, indiscretamente, vem atingi-la ou acariciá-la, e nós, espectadores, que supreendemos o jogo entre essa luz e essa nudez.

Ora, aqui, vocês estão vendo que se a *Olympia* de Manet é visível, é porque uma luz vem atingi-la. Essa luz não é absolutamente uma suave e discreta luz lateral, é uma violenta luz que a atinge aí em cheio. Uma luz que vem da frente, uma luz que vem do espaço que se encontra diante da tela, isto é, a luz, a fonte luminosa que é indicada, que é suposta por essa própria iluminação da mulher, essa fonte luminosa, onde ela está, senão precisamente onde nós estamos? Isto é, não há três elementos: a nudez, a iluminação e nós que surpreendemos o jogo da nudez e da iluminação; há a nudez e nós que estamos no próprio lugar da iluminação, há a nudez e a iluminação que está no mesmo lugar onde estamos, ou seja, nosso olhar que, abrindo-se sobre a nudez da *Olympia*, a ilumina. Somos nós que a tornamos visível; nosso olhar sobre a *Olympia* é lampadóforo, é ele que leva a luz; nós somos responsáveis pela visibilidade e pela nudez da *Olympia*. Ela só está nua para nós, já que somos nós que a tornamos nua e nós a tornamos nua, visto que, olhando-a, nós a iluminamos, pois, em todo caso, nosso olhar e a iluminação são apenas uma e mesma coisa. Olhar um quadro e iluminá-lo é apenas uma só e mesma coisa numa tela como essa, e é por isso que nós somos – todo espectador se julga – necessariamente implicados nessa nudez e nós somos até certo ponto responsáveis por isso; e vocês veem como uma transformação estética pode, num caso como esse, provocar o escândalo moral.

A Sacada[18]

Eis o que eu queria lhes dizer sobre esse jogo de iluminação em Manet, e agora, o que eu lhes disse ao mesmo tempo sobre o espaço e sobre a iluminação, eu gostaria de sintetizá-lo brevemente num quadro que será o penúltimo daqueles de que eu lhes falarei, é *Le Balcon*.

Poderia passar a tela seguinte? Então, aí, nessa tela, eu penso que temos a combinação de tudo o que eu lhes disse até agora. Infelizmente, aí ainda, a reprodução é muito ruim. É preciso que vocês o suponham, o quadro, um pouco mais amplo; o fotógrafo, de uma maneira realmente estúpida, cortou o quadro. Aí, vocês têm janelas que são verdes, de um verde muito mais estridente, aliás, que vocês estão vendo aqui, e janelas, persianas muito exatamente, com linhas horizontais muito numerosas que vêm margear o quadro. Vocês têm, portanto, vocês o veem, um quadro que é arquiteturado muito manifestamente, por linhas verticais e horizontais. A própria janela redobra muito exatamente a tela e reproduz suas verticais e suas horizontais. A sacada que está diante da janela, ou, antes, a ferragem que está diante da janela reproduz aí ainda as verticais e as horizontais, as diagonais sendo feitas apenas para lhes servir de apoio e melhor manifestar esses grandes eixos. Se vocês acrescentarem a isso essas persianas que vocês não veem, verão que todo o quadro está emoldurado por essas verticais e essas horizontais. Longe de Manet querer ter feito esquecer o retângulo sobre o qual ele pintava, o que ele faz é reproduzi-lo, insistir nele, redobrá-lo, multiplicá-lo no próprio interior do seu quadro.

Bem mais, vocês estão vendo que todo o quadro está em preto e branco, tendo como única cor não preta e branca, como cor fundamental, o verde. Ora, é até uma inversão da receita que era a do *Quattrocento*, quando os grandes elementos arquiteturais deviam ser mergulhados na sombra, representados simplesmente em sombrio, com personagens que, eles sim, usavam cores, esses grandes vestidos azuis, vermelhos, verdes etc., como vocês veem nos personagens dos quadros daquela época; portanto, os elementos arquiteturais são em claro e sombrio, preto e branco, e os personagens são tradicionalmente coloridos. Aí, vocês têm todo o contrário, os personagens estão em preto e branco e os elementos arquiteturais, em vez de serem mergulhados na penumbra, são, ao contrário, exaltados e realçados, de alguma maneira, pelo verde gritante da tela. Eis para o vertical e o horizontal.

No que concerne à profundidade, ainda aí, o jogo de Manet é aí particularmente vicioso e maldoso, porque o quadro abre bem, por uma janela, sobre uma profundidade; mas vocês veem que essa profun-

---

18   Édouard Manet, *Le Balcon*, 1868-1869, óleo sobre tela, 169x125cm, Paris, Musée d'Orsay.

didade é da mesma forma esquivada aqui como há pouco, na *Gare Saint Lazare*, a paisagem era esquivada pela fumaça do trem; aí vocês têm uma janela que se abre sobre algo que é inteiramente obscuro, inteiramente negro; distingue-se com dificuldade um muito vago reflexo de objeto metálico, uma espécie de chaleira que está aí com um menininho que a carrega, mas é dificilmente visível. E todo esse grande espaço oco, esse grande espaço vazio que normalmente deveria abrir sobre uma profundidade, nos é tornado absolutamente invisível, e ele nos é tornado invisível por quê? Pois bem, simplesmente porque toda a luz está no exterior do quadro.

Em vez de penetrar no quadro, a luz está fora, e ela está fora, já que, precisamente, se está numa sacada; é preciso supor o sol de meio-dia que vem atingir a sacada em cheio, atinge os personagens aqui, a ponto de corroer as sombras, e vocês veem essas grandes camadas brancas dos vestidos nas quais não se desenha absolutamente nenhuma sombra, apenas simplesmente alguns reflexos mais brilhantes; nenhuma sombra, por conseguinte, e, depois, toda a sombra está atrás, porque, pelo efeito de contraclaridade, evidentemente, não se pode ver o que há no cômodo; e em vez de ter um quadro claro-obscuro, em vez de ter um quadro onde a sombra e a luz se misturam, vocês têm um curioso quadro no qual toda a luz está de um lado, toda a sombra, do outro, toda a luz está na frente[19] do quadro, toda a sombra está do outro lado do quadro, como se a própria verticalidade da tela separasse um mundo de sombra, atrás, e um mundo de luz, na frente.

No limite da sombra e da luz há três personagens que estão, de alguma maneira, suspensos, e não se assentam quase sobre nada, a ponto que o pezinho da irmã de Berthe Morisot pende como se ele não tivesse nada sobre o que repousar, como na *Doação do Manto*, de Giotto. Os personagens estão, pois, suspensos entre a obscuridade e a luz, entre o interior e o exterior, entre o cômodo e a plena luz do dia. Eles estão aí: duas brancas, uma negra, como três notas de música; eles saem da sombra para chegar à luz, um pouco como ressurreição de Lázaro, no limite da vida e da morte. Magritte, pintor surrealista, fez uma variação sobre esse quadro, onde ele representou os mesmos elementos, mas em vez dos três personagens, ele representou três caixões.[20] É esse limite da vida e da morte que é manifestada por esses três personagens; estes olham com intensidade para algo que nós não vemos.

A invisibilidade é como indicada pelo fato de que os três personagens olham em três direções diferentes, os três absorvidos por um espetáculo intenso, um na frente da tela, o outro à direita da tela, o terceiro, à esquerda da tela. Nós, nós não vemos nada. Nós só vemos olhares; esses elementos divergentes não são outra coisa senão o aparecimento da própria invisibilidade.

O LUGAR DO ESPECTADOR

Um Bar no *Folies-Bergère*[21]

Há um personagem central, do qual se faz, de alguma maneira, o retrato por ele mesmo e, depois, atrás, um espelho nos remete sua imagem (procedimento clássico na pintura).

Entretanto, o quadro de Manet é diferente: o espelho ocupa praticamente todo o fundo do quadro. A borda do espelho é a faixa dourada, de maneira que Manet fecha o espaço por uma espécie de superfície

---

19 A gravação inicial original é, a partir desse momento, deteriorada. Nossas pesquisas para encontrar uma cópia em bom estado (acreditamos que há pelo menos uma) ficaram sem sucesso. Restituímos então a sequência do texto a partir da publicação de 1989, em *Les Cahiers de Tunisie* e indicações de Daniel Defert [M. S.].

20 O quadro de Magritte de 1950, que pertence ao Museu de Gand, foi exposto por um dia, na primavera de 2000 no Musée d'Orsay, ao lado do quadro de Manet. A correspondência de Foucault com Magritte é reproduzida em *Ceci n'est pas une pipe*, Fata Morgana, 1973. As conferências de Foucault sobre Manet foram escritas após a morte de Magritte, em 15 de abril de 1967 [M. S.]. Há tradução brasileira: *Isso não é um circuito*. Editado no *Ditos e Escritos* III, Estética, Forense Universitária.

21 Édouard Manet, *Un Bar aux Folies-Bergère*, 1881-1882, óleo sobre tela, 96x130cm, Londres, Courtauld Institute Galleries. Um esquema de 1881 se encontra em Amsterdam. O quadro analisado é a versão do Courtauld Institute de Londres, e não o esquema de 1881 [M. S.].

Michel Foucault

plana como para uma parede. Manet representou no espelho o que há diante da tela, de maneira que é uma dupla negação da profundidade. Não se vê o que há atrás da mulher situada imediatamente diante do espelho, não se vê atrás dela senão o que há na frente. A iluminação é inteiramente frontal e vem atingir a mulher em cheio. Aí ainda, Manet representa a iluminação frontal no interior do quadro pela reprodução dos lampadários em espelho. Portanto, as fontes luminosas são representadas no quadro, ainda que elas não venham realmente senão de fora do quadro, no espaço da frente.

Muito mais importante é a maneira como os personagens são representados no espelho. De fato, há distorção entre o que é representado no espelho e o que deveria ser refletido nele. A grande distorção está no reflexo da mulher. Para ter o reflexo da mulher tal como ele é representado no espelho, seria preciso que o pintor e o espectador, que ficam efetivamente em face dele, fossem colocados lateralmente a essa mulher, afastados para a direita. O pintor ocupa, pois, sucessivamente, ou, antes, simultaneamente dois lugares incompatíveis; há uma solução que poderia permitir arrumar as coisas; um caso é possível onde se poderia encontrar-se face a face com a mulher e ver seu reflexo lateralmente; é preciso que o espelho esteja em oblíquo. Mas já que a borda do espelho é bem paralela à borda do quadro, não se pode admitir a hipótese de um espelho em diagonal. Há, pois, dois lugares para o pintor. Há também o reflexo de um personagem falando à mulher; deve-se, pois, supor alguém cujo reflexo está no espelho. Ora, se ele estivesse tão perto da mulher quanto está no reflexo, haveria necessariamente no rosto da mulher, em seu peito branco, algo como uma sombra. Ora, não há nada; a iluminação vem em cheio, atinge sem obstáculo todo o corpo da mulher e o mármore.

Portanto, para que haja reflexo, é preciso que haja alguém, e para que haja uma iluminação como essa, é preciso que não haja ninguém. Isso poderia ser o olhar do pintor de quem Manet indicou a presença no reflexo e a ausência na iluminação: presença e ausência do pintor. Mas o rosto refletido não parece com o do pintor, e tem uma vista penetrante sobre a criada e sobre o bar. Se, portanto, fosse o olhar do pintor refletido no espelho, seria necessário, se ele estivesse falando com a mulher, que ele a visse não como nós a vemos, na mesma altura, mas em vista penetrante, e o bar seria visto com uma perspectiva totalmente diferente. Na realidade, o espectador e o pintor estão na mesma altura que a criada, talvez até um pouco mais baixo (donde a distância muito pequena que há entre a borda do mármore e a borda do espelho).

Há, portanto, três sistemas de incompatibilidade: 1. o pintor deve estar aqui e aí; 2. deve haver alguém e ninguém; 3. há um olhar que desce e um olhar que sobe. Essa tripla impossibilidade em que estamos de saber onde é preciso colocar-se para ver o espetáculo que vemos é uma das propriedades fundamentais desse quadro e explica o encantamento e o mal-estar que se sente olhando-o.

Enquanto toda a pintura clássica, por seu sistema de linhas e de perspectivas, atribui ao espectador e ao pintor um lugar preciso, fixo, inamovível, de onde o espetáculo é visto, aqui, ao contrário, apesar da extrema proximidade do personagem, embora se tenha a impressão de que se pode, de alguma maneira, tocá-lo, não é possível saber onde se encontrava colocado o pintor para pintar esse quadro como ele o fez, e onde deveríamos nos colocar para ver o espetáculo.

Com essa última técnica, Manet fez a propriedade do quadro ser não um espaço normativo cuja representação fixa ao espectador um ponto único de onde olhar, mas um espaço em relação ao qual é possível deslocar-se: o espectador é móvel diante do quadro que a luz atinge em cheio; as verticais e as horizontais são perpetuamente redobradas, a profundidade é suprimida; eis que a tela no que ela tem de físico está aparecendo e fazendo funcionar todas as suas propriedades, em sua representação.[22]

Manet não inventou certamente a pintura não representativa, visto que tudo nele é representativo. Mas ele fez funcionar na representação os elementos materiais fundamentais da tela. Ele estava, portanto, inventando o quadro-objeto. Era essa a condição fundamental para que um dia nos livrássemos da representação em si e que deixássemos funcionar o espaço com suas propriedades puras e simples, suas próprias propriedades materiais.

---

22   Como nos fez ver Daniel Defert, *Le Bar aux Folies-Bergères* era para Foucault o inverso exato das *As Meninas* de Velásquez que ele descreve também minuciosamente em *Les Mots et les Choses* (Paris: Gallimard, 1966. p. 19-31) [M. S.]. Há tradução brasileira: *As Palavras e as Coisas*.

Bibliografia

(Para os dados biográficos remetemos à cronologia estabelecida por Daniel Defert nos *Ditos e Escritos*, I, 1994.)

Maladie mentale et personnalité. Paris: PUF, 1954. Há tradução brasileira: *Doença mental e personalidade*.

Maladie mentale et psychologie. Paris: PUF, rééd. 1962. Há tradução brasileira: *Doença mental e psicologia*.

Folie et déraison. Histoire de la folie à l'âge classique. Paris: Plon, 1961. Há tradução brasileira: *Loucura e desrazão*. História da loucura na idade clássica.

Histoire de la folie à l'âge classique. Paris: Gallimard, rééd. 1972 (novo prefácio e dois apêndices). Há tradução brasileira: *História da loucura na Idade Clássica*.

Naissance de la clinique. Une archéologie du regard médical. Paris: PUF, 1963 (reedição levemente modificada em 1972). Há tradução brasileira: *O Nascimento da Clínica*. Forense Universitária.

Raymond Roussel. Paris: Gallimard, 1963. Há tradução brasileira: *Raymond Roussel*. Forense Universitária.

Les mots et les choses. Une archéologie des sciences humaines. Paris: Gallimard, 1966. Há tradução brasileira: *As palavras e as coisas*.

L'archéologie du savoir. Paris: Gallimard, 1969. Há tradução brasileira: *A arqueologia do saber*. Forense Universitária.

L'ordre du discours. Paris: Gallimard, 1971. Há tradução brasileira: *A ordem do discurso*.

Moi, Pierre Rivière, ayant égorgé ma sœur, ma mère et mon frère. Un cas de parricide au XIXe siècle (ouvrage collectif). Paris: Gallimard-Julliard, 1973. Há tradução brasileira: *Eu, Pierre Rivière, que degolei minha mãe, minha irmã e meu irmão*.

Surveiller et punir. Naissance de la prison. Paris: Gallimard, 1975. Há tradução brasileira: *Vigiar e Punir*. Nascimento da Prisão.

Histoire de la sexualité. Paris: Gallimard, 1976. tomo I: *La volonté de savoir*. Há tradução brasileira: História da sexualidade. *A vontade de saber*.

Le désordre des familles. Lettres de cachet des archives de la Bastille (com Arlette Farge). Paris: Gallimard-Julliard, 1983.

Histoire de la sexualité. Paris: Gallimard, 1984. tomo II: *L'usage des plaisirs*, e tomo III: *Le souci de soi*. Há tradução brasileira: *História da sexualidade*.

Dits et Écrits. Paris: Gallimard, 1994. 4 volumes (edição elaborada sob a direção de François Ewald e Daniel Defert, com a colaboração de Jacques Lagrange). Há tradução brasileira: *Ditos e Escritos*. Forense Universitária.

"Introduction". In: KANT, I. *Anthropologie du point de vue pragmatique*. Paris: Vrin, 2008. Há tradução brasileira: Introdução. *Antropologia de um ponto de vista pragmático*.

CURSOS NO COLLÈGE DE FRANCE
(Sob a direção de François Ewald e Alessandro Fontana)

Leçons sur la volonté de savoir. Cours au Collège de France 1970-1971, editado e apresentado por Daniel Defert. Paris: Gallimard-Seuil-EHESS, 2011.

Le pouvoir psychiatrique. Cours au Collège de France 1973-1974, editado e apresentado por Jacques Lagrange. Paris: Gallimard-Seuil-EHESS, 2003. Há tradução brasileira: *O poder psiquiátrico*.

Les anormaux. Cours au Collège de France 1974-1975, editado e apresentado por Valerio Marchetti e Antonella Salomoni. Paris: Gallimard-Seuil-EHESS, 1999. Há tradução brasileira: *Os anormais.*

Il faut défendre la société. Cours au Collège de France 1975-1976, editado e apresentado por Mauro Bertani e Alessandro Fontana. Paris: Gallimard-Seuil-EHESS, 1997. Há tradução brasileira: *É preciso defender a sociedade.*

Sécurité, territoire, population. Cours au Collège de France 1977-1978, editado e apresentado por Michel Sennelart, Gallimard-Seuil-EHESS, 2004. Há tradução brasileira: *Segurança, território, população.*

Naissance de la biopolitique. Cours au Collège de France 1978-1979, editado e apresentado por Michel Sennelart. Paris: Gallimard-Seuil-EHESS, 2004. Há tradução brasileira: *Nascimento da biopolítica.*

L'herméneutique du sujet. Cours au Collège de France 1981-1982, editado e apresentado por Frédéric Gros. Paris: Gallimard-Seuil-EHESS, 2001. Há tradução brasileira: *A hermenêutica do sujeito.*

Le gouvernement de soi et des autres. Cours au Collège de France 1982-1983, editado e apresentado por Frédéric Gros. Paris: Gallimard-Seuil-EHESS, 2008. Há tradução brasileira: *O governo de si e dos outros.*

Le courage de la vérité. Le gouvernement de soi et des autres II. Cours au Collège de France 1984, editado e apresentado por Frédéric Gros. Paris: Gallimard-Seuil-EHESS, 2009. Há tradução brasileira: *A coragem da verdade.*

Existem numerosas bibliografias da literatura secundária sobre Michel Foucault.

Remetemos ao *site* "bibliographie", que levanta os trabalhos conservados na biblioteca de estudo da Association pour le Centre Michel Foucault registrada no IMEC (Institut Mémoires de l'Édition Contemporaine): http://portail-michel-foucault.org

Biografia dos colaboradores

Antoine de Baecque. Professor de história do cinema na Université de Paris-Ouest Nanterre. Autor de inúmeras obras, das quais a biografia de Jean-Luc Godard (2010).

Antonio Negri. Filósofo.

Arlette Farge. Historiadora. Diretora de pesquisa no CNRS na École des Hautes Études en Sciences Sociales. Autora de inúmeras obras, das quais *Le Désordre des Familles*, com M. Foucault (1982).

Bernard Stiegler. Professor de literatura moderna alemã na Universidade de Constance. Suas pesquisas tratam da história e da teoria da fotografia, da literatura e das mídias.

Christian Jambet. Professor de filosofia. Especialista em assuntos árabes e iranianos, historiador da filosofia islâmica, autor de várias obras consagradas aos filósofos xiitas e aos poetas do Irã.

Christian Revon. Advogado honorário, tendo exercido em Paris durante cerca de 40 anos, depois de ter sido religioso dominicano durante 15 anos. Casado e pai de dois filhos.

Claude Mauriac. Escritor e jornalista.

Daniel Arasse. (1944-2003) Historiador da arte.

Daniel Defert. Formado em filosofia, ensinou sociologia.

Danielle Rancière. Professora honorária de filosofia, participou da criação do *Grupo de Informações sobre as Prisões*. Membro do coletivo *Révoltes Logiques*, publicou inúmeros textos e artigos.

Denis Goloborodko. Fisófoso. Ensina na Academia de Ciências de Moscou.

Denys Foucault. Cirurgião.

Didier Bigo. Professor no King's College London. Mestre de Conferências das Universités à Sciences-Po Paris. Redator-chefe das revistas *International Political Sociology* e de *Cultures et Conflits*.

Didier Fassin. Antropólogo e médico. Professor no Institute for Advanced Study de Princeton e na École des Hautes Études en Sciences Sociales. Autor em especial de *La Raison Humanitaire. Une Histoire Morale du Temps Présent* (2010).

Fabian Heubel. Pesquisador associado no Instituto de Literatura e Filosofia Chinesas na Academia Sínica de Taipei.

Facundo E. Casullo. Professor na Facultad de Ciencias Sociales de la UBA e na Université San Andrès. Doutorando em filosofia sobre a ética do último Foucault, na Universidad Nacional de La Plata.

François Delaporte. Historiador das ciências. Professor de filosofia na Université de Picardie Jules-Verne. Autor de várias obras, das quais *Figures de la Médecine* (2009).

François Ewald. Filósofo. Professor no Conservatoire National des Arts et Métiers. Responsável pela edição dos cursos de Michel Foucault no Collège de France.

Frédéric Boyer. Escritor, tradutor e diretor editorial das edições Bayard. Dirigiu em especial *La Nouvelle Traduction de la Bible* (2001).

Frédéric Gros. Professor de filosofia na Université de Paris XII – Val-de-Marne e no Institut d'Études Politiques de Paris. Editor de vários cursos de Michel Foucault no Collège de France.

Frieder Vogelmann. Bolsista do Centre de Recherches "A Formação das Ordens Normativas" da Universidade de Frankfurt-am-Main. Prepara uma tese de filosofia no seio do grupo de pesquisa "Variações do Neoliberalismo".

Georges Didi-Huberman. Filósofo e historiador da arte. Diretor de Estudos na École des Hautes Études en Sciences Sociales. Autor de inúmeras obras e organizador de exposições.

Gérard Mordillat. Escritor e cineasta. Autor de romances, dos quais *Les Vivants et les Morts*. Realizador de filmes para o cinema e a televisão, longa-metragens de ficção e documentários.

Guillaume Bellon. Professor de Letras Modernas. Doutor da Université Stendhal, Grenoble-III. Suas pesquisas tratam do ensino no Collège de France.

Guillaume le Blanc. Filósofo. Professor na Université de Bordeaux. Autor de inúmeras obras das quais *La Pensée Foucault* (2006).

Hidetaka Ishida. Decano e professor na Graduate School of Interdisciplinary Information Studes da Universidade de Tóquio. Diretor da tradução integral em língua japonesa de *Ditos e Escritos*.

Jean-Claude Passeron. Sociólogo e epistemólogo. Diretor de estudos na École des Hautes Études en Sciences Sociales.

Jean-François Bert. Sociólogo (IIAC, École des Hautes Études en Sciences Sociales). Especialista em história das ciências sociais francesas.

Jean-Louis Rocca. Encarregado de pesquisa no CERI – Sciences Po e professor de sociologia na Universidade de Tsinghua.

Judith Revel. Filósofa, italianista e tradutora. Mestre de conferências na Université de Paris I Panthéon-Sorbonne. Autora em especial de *Foucault. Une Pensée du Discontinu* (2010).

Laurent Feneyrou. Musicólogo. Encarregado de pesquisa no CNRS.

Luca Paltrinieri. Filósofo. Engenheiro de pesquisas na ENS Lyon.

Manuel Mauer. Doutorando em filosofia em cotutela sobre a noção de vida nos trabalhos de Michel Foucault (Université Paris-Est/UBA). Professor na Facultad de Ciencias Sociales de la UBA.

Márcio Alves da Fonseca. Professor de filosofia na Universidade Católica de São Paulo (Brasil). Tradutor em português (em colaboração com Salva Tannus Muchail) de *A Hermenêutica do Sujeito*.

Mariana Canavese. Professora e doutoranda em cotutela sobre a recepção de Michel Foucault na Argentina entre 1970 e 1989 (UBA – École des Hautes Études en Sciences Sociales).

Mario Colucci. Psiquiatra no departamento de saúde mental de Trieste. Coautor com Pierangelo Di Vittorio, Franco Basaglia, de *Portrait d'un Psychiatre Intempestif* (2005).

Martin Saar. Filósofo e mestre de conferências em ciências sociais na Universidade de Frankfurt-am-Main. Responsável por várias coletâneas dos escritos de e sobre Foucault, e, em especial, de *Genealogie als Kritik* (2007).

Mathieu Lindon. Nascido em 1955, jornalista e escritor.

Mathieu Potte-Bonneville. Filósofo. Presidente da Assemblée Collégiale do Collège International de Philosophie.

Michal Kozlowski. Professor de filosofia na Universidade de Varsóvia. Participante das revistas *Bez Dogamtu*, *Le Monde Diplomatique* e *Edycja Polska*.

Michel Porret. Professor de história na Université de Genève. Autor de *Beccaria*, Le Droit de Punir (2003).

Michel Senellart. Professor de filosofia, ENS Lyon (Triangle). Especialista da filosofia política e da história do pensamento político da Idade Média à Idade Clássica.

Michèle Bancilhon. Fotógrafa.

Nazli Ökten Gülsoy. Professora-pesquisadora na Universidade Galatasaray (Istambul), departamento de Sociologia e TAM (Centro de Pesquisas Sociológicas).

Pascal Engel. Professor regular de filosofia contemporânea na Université de Genève. Autor em especial de *Philosphie et Psychologie* (1996). Diretor da revista *Dialectica*.

Pascal Michon. Filósofo e historiador no Laboratoire Triangle de l'ENS de Lyon. Autor de inúmeras obras, das quais *Fragments d'Inconnu. Pour une Histoire du Sujet* (2010).

Philippe Artières. Historiador (IIAC, École des Hautes Études en Sciences Sociales). Presidente da Associação para o Centro Michel Foucault.

Philippe Chevallier. Doutor em filosofia da Université Paris-Est. Atualmente na Bibliothèque Nationale de France. Autor de *Michel Foucault. Le Pouvoir et la Bataille* (2004).

Pierre Macherey. Filósofo. Professor honorário de filosofia na Université Lille-III. Membro da UMR do CNRS "Savoirs Textes Langages".

Roberto Nigro. Filósofo. Autor de vários trabalhos sobre a filosofia alemã.

Roger Ferreri. Psiquiatra, psicanalista e chefe de um serviço de psiquiatria infanto-juvenil no departamento de Essone.

Roland Gori. Psicanalista. Professor de Psicopatologia Clínica na Université d'Aix-Marseille-I. Autor em especial, com M.-J. Del Volgo, de *La Santé Totalitaire* (2005), *Exilés de l'Intime* (2008) e *De quoi la Psychanalyse est-elle le Nom?* (2010).

Salma Tannus Muchail. Doutora em filosofia. Professora emérita na Universidade Católica de São Paulo (Brasil). Tradutora em português de *As Palavras e as Coisas* e (em colaboração com Márcio Alves da Fonseca) de *A Hermenêutica do Sujeito*.

Sandro Chignola. Professor de Filosofia política na Universidade de Padova. Redator de "Filosofia política", de *Politica et Società* e de *Res Publica. Revista de Filosofia Política*.

Sandro Mezzadra. Professor na Faculdade de Ciências Políticas da Universidade de Bologna. Trabalha sobre as relações entre globalização, cidadania e migrações.

Teresa De Lauretis. Professora de história da consciência na Universidade da Califórnia, Santa Cruz (Estados Unidos). Autora de inúmeras obras, das quais *Pulsions Freudiennes. Psychanalyse, Littérature et Cinéma* (2010).

Thierry Voeltzel. Ele fez 20 anos em 1975. Hoje tem 59 anos.

Wang Min'an. Professor no Centro de Estudos da Literatura Estrangeira da Universidade de Línguas Estrangeiras de Beijing.

FORENSE
UNIVERSITÁRIA

www.forenseuniversitaria.com.br
bilacpinto@grupogen.com.br

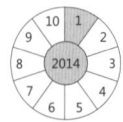

Pré-impressão, impressão e acabamento

GRÁFICA
SANTUÁRIO

grafica@editorasantuario.com.br
www.editorasantuario.com.br

Aparecida-SP